ŒUVRES COMPLÈTES

DE

H. DE BALZAC

LA

COMÉDIE HUMAINE

SEIZIÈME VOLUME

DEUXIÈME ET TROISIÈME PARTIES

ÉTUDES PHILOSOPHIQUES

ET

ÉTUDES ANALYTIQUES

PARIS. — IMPRIMERIE DE E. MARTINET, RUE MIGNON, 2

ÉTUDES

PHILOSOPHIQUES

ET

ÉTUDES ANALYTIQUES

SUR CATHERINE DE MÉDICIS (2e PARTIE) : LA CONFIDENCE DES RUGGIERI
(3e PARTIE) : LES DEUX RÊVES
LES PROSCRITS — LOUIS LAMBERT — SÉRAPHITA

La physiOLOGIE DU MARIAGE

PARIS
Vve Adre HOUSSIAUX, ÉDITEUR
HÉBERT ET Cie, SUCCESSEURS
7, RUE PERRONET, 7

1874

IMP. E. MARTINET.

LAURENT RUGGIERI.

Sa figure sévère, où des yeux noirs jetaient une flamme aiguë,
communiquait le frémissement
d'un génie sorti de sa profonde solitude.

(CATHERINE DE MÉDICIS.)

ÉTUDES
PHILOSOPHIQUES.

SUR CATHERINE DE MÉDICIS.

DEUXIÈME PARTIE.

LA CONFIDENCE DES RUGGIERI.

Entre onze heures et minuit, vers la fin du mois d'octobre 1573, deux Italiens, de Florence, deux frères, Albert de Gondi le maréchal de France, et Charles de Gondi La Tour, grand-maître de la garde-robe du roi Charles IX, étaient assis en haut d'une maison située rue Saint-Honoré, sur le bord d'un chéneau. Le chéneau est ce canal en pierre qui, dans ce temps, se trouvait au bas des toits pour recevoir les eaux, et percé de distance en distance par ces longues gouttières taillées en forme d'animaux fantastiques à gueules béantes. Malgré le zèle avec lequel la génération actuelle abat les anciennes maisons, il existait à Paris beaucoup de gouttières en saillie, lorsque, dernièrement, l'ordonnance de police sur les tuyaux de descente les fit disparaître. Néanmoins, il reste encore quelques chéneaux sculptés qui se voient principalement au cœur du quartier Saint-Antoine, où la modicité des loyers n'a pas permis de construire des étages dans les combles.

Il doit paraître étrange que deux personnages revêtus de charges si éminentes fissent ainsi le métier des chats. Mais pour qui fouille les trésors historiques de ce temps, où les intérêts se croisaient si diversement autour du trône, que l'on peut comparer la politique intérieure de la France à un écheveau de fil brouillé, ces deux Florentins sont de véritables chats très à leur place dans un chéneau. Leur dévouement à la personne de la reine-mère Catherine de Médicis qui les avait plantés à la cour de France, les obligeait à ne reculer devant aucune des conséquences de leur intrusion. Mais pour expliquer comment et pourquoi les deux courtisans étaient ainsi perchés, il faut se reporter à une scène qui venait de se passer à deux pas de cette gouttière, au Louvre, dans cette belle salle brune, la seule peut-être qui nous reste des appartements d'Henri II, et où les courtisans faisaient après souper leur cour aux deux reines et au roi. A cette époque, bourgeois et grands seigneurs soupaient les uns à six heures, les autres à sept heures; mais les raffinés soupaient entre huit et neuf heures. Ce repas était le dîner d'aujourd'hui. Quelques personnes croient à tort que l'étiquette a été inventée par Louis XIV, elle procède en France de Catherine de Médicis, qui la créa si sévère, que le connétable Anne de Montmorency eut plus de peine à obtenir d'entrer à cheval dans la cour du Louvre qu'à obtenir son épée; et encore! cette distinction inouïe ne fut-elle accordée qu'à son grand âge. Un peu relâchée sous les deux premiers rois de la maison de Bourbon, l'étiquette prit une forme orientale sous le grand roi, car elle est venue du Bas-Empire qui la tenait de la Perse. En 1573, non-seulement peu de personnes avaient le droit d'arriver avec leurs gens et leurs flambeaux dans la cour du Louvre, comme sous Louis XIV les seuls ducs et pairs entraient en carrosse sous le péristyle, mais encore les charges qui donnaient entrée après le souper dans les appartements se comptaient. Le maréchal de Retz, alors en faction dans sa gouttière, offrit un jour mille écus de ce temps à l'huissier du cabinet pour pouvoir parler à Henri III, en un moment où il n'en avait pas le droit. Quel rire excite chez un véritable historien la vue de la cour du château de Blois, par exemple, où les dessinateurs mettent un gentilhomme à cheval. Ainsi donc, à cette heure, il ne se trouvait au Louvre que les personnages les plus éminents du royaume. La reine Élisabeth d'Autriche et sa belle-mère Catherine de Médicis étaient assises au coin gauche de la cheminée. A l'autre coin, le roi plongé dans son fauteuil affectait une apathie autorisée par la digestion, il avait mangé en prince qui revenait de la chasse. Peut-être aussi voulait-il se dispenser de parler en présence de tant de gens qui espionnaient sa pensée. Les courtisans restaient debout et découverts au fond de la salle. Les uns causaient à voix basse; les autres observaient le roi en attendant de lui un regard ou une parole. Appelé par la reine-mère, celui-ci s'entretenait pendant quelques instants avec elle. Celui-là se hasardait à dire une parole à Charles IX, qui répondait par un signe de tête ou par un mot bref. Un seigneur allemand, le comte de Solern, demeurait debout dans le coin de la cheminée auprès de la petite-fille de Charles-Quint qu'il avait accompagnée en France. Près de cette jeune reine, se tenait sur un tabouret sa dame d'honneur, la comtesse de Fiesque, une Strozzi parente de Catherine. La belle madame de Sauves, une descendante de Jacques Cœur, tour à tour maîtresse du roi de Navarre, du roi de Pologne et du duc d'Alençon, avait été invitée à souper; mais elle était debout, son mari n'était que secrétaire d'État. Derrière ces deux dames, les deux Gondi causaient avec elles. Eux seuls riaient dans cette morne assemblée. Gondi, devenu duc de Retz et gentilhomme de la chambre, depuis qu'il avait obtenu le bâton de maréchal sans avoir jamais commandé d'armée, avait été chargé d'épouser la reine à Spire. Cette faveur annonce assez qu'il appartenait ainsi que son frère au petit nombre de ceux à qui les deux reines et le roi permettaient certaines familiarités. Du côté du roi, se remarquaient en première ligne le maréchal de Tavannes venu pour affaire à la cour, Neufville de Villeroy, l'un des plus habiles négociateurs de ce temps et qui commençait la fortune de cette maison; messieurs de Birague et de Chiverny, l'un l'homme de la reine-mère, l'autre chancelier d'Anjou et de Pologne qui, sachant la prédilection de Catherine, s'était attaché à Henri III, ce frère que Charles IX regardait comme son ennemi; puis Strozzi, le cousin de la reine-mère; enfin quelques seigneurs, parmi lesquels tranchaient le vieux cardinal de Lorraine, et son neveu le jeune duc de Guise, tous deux également maintenus à distance par Catherine et par le roi. Ces deux chefs de la Sainte-Union, plus tard la Ligue, fondée depuis quelques années d'accord avec l'Espagne, affichaient la soumission de ces serviteurs qui attendent l'occasion de devenir les maîtres : Catherine et Charles IX observaient leur contenance avec une égale attention.

Dans cette cour aussi sombre que la salle où elle se tenait, chacun avait ses raisons pour être triste ou songeur. La jeune reine était en proie aux tourments de la jalousie, et les déguisait mal en feignant de sourire à son mari, qu'en femme pieuse et adorablement bonne, elle aimait passionnément. Marie Touchet, la seule maîtresse de Charles IX et à laquelle il fut chevaleresquement fidèle, était revenue depuis plus d'un mois du château de Fayet, en Dauphiné, où elle était allée faire ses couches. Elle amenait à Charles IX *le seul fils qu'il ait eu, Charles de Valois*, d'abord comte d'Auvergne, puis duc d'Angoulême. Outre le chagrin de voir sa rivale donner un fils au roi, tandis qu'elle n'avait eu qu'une fille, la pauvre reine éprouvait les humiliations d'un subit abandon. Pendant l'absence de sa maîtresse, le roi s'était rapproché de sa femme avec un emportement que l'histoire a mentionné comme une des causes de sa mort. Le retour de Marie Touchet apprenait donc à la dévote autrichienne combien le cœur avait eu peu de part dans l'amour de son mari. Ce n'était pas la seule déception que la jeune reine éprouvât en cette affaire; jusqu'alors Catherine de Médicis lui avait paru son amie; or, sa belle-mère, par politique, avait favorisé cette trahison, en aimant mieux servir la maîtresse que la femme du roi. Voici pourquoi.

Quand Charles IX avoua sa passion pour Marie Touchet, Catherine se montra favorable à cette jeune fille, par des motifs puisés dans l'intérêt de sa domination. Marie Touchet, jetée très-jeune à la cour, y arriva dans cette période de la vie où les beaux sentiments sont en fleur : elle adoraît le roi pour lui-même. Effrayée de l'abîme où l'ambition avait précipité la duchesse de Valentinois, plus connue sous le nom de Diane de Poitiers, elle eut sans doute peur de la reine Catherine, et préféra le bonheur à l'éclat. Peut-être jugea-t-elle que deux amants aussi jeunes qu'elle et le roi ne pourraient lutter contre la reine-mère. D'ailleurs, Marie, fille unique de Jean Touchet, sieur de Beauvais et du Quillard, conseiller du roi et lieutenant au bailliage d'Orléans, placée entre la bourgeoisie et l'infime noblesse, n'était ni tout à fait noble, ni tout à fait bourgeoise, et devait ignorer les fins de l'ambition innée des Pisseleu, des Saint-Vallier, illustres filles qui combattaient pour leurs maisons avec les armes secrètes de l'amour. Marie Touchet, seule et sans famille, évitait à Catherine de Médicis de rencontrer dans la maîtresse de son fils, une fille de grande maison qui se serait posée comme sa rivale. Jean Touchet, un des beaux esprits du temps et à qui quelques poètes firent des dédicaces, ne voulut rien être à la cour. Marie, jeune fille sans entourage, aussi spirituelle et instruite qu'elle était simple et naïve, de qui les désirs devaient être inoffensifs au pouvoir royal, convint beaucoup à la reine-mère, qui lui prouva la plus grande affection. En effet, Catherine fit reconnaître au Parlement le fils que Marie Touchet venait de donner au mois d'avril et permit qu'il prît le nom de comte d'Auvergne, en annonçant à Charles IX qu'elle lui laisserait par testament ses *propres*, les comtés d'Auvergne et de Lauraguais. Plus tard, Marguerite, d'abord reine de Navarre, contesta la donation quand elle fut reine de France, et le parlement l'annula ; mais plus tard encore, Louis XIII, pris de respect pour le sang des Valois, indemnisa le comte d'Auvergne par le duché d'Angoulême. Catherine avait déjà fait présent à Marie Touchet, qui ne demandait rien, de la seigneurie de Belleville, terre sans titre, voisine de Vincennes et d'où la maîtresse se rendait quand, après la chasse, le roi couchait au château. Charles IX passa dans cette sombre forteresse la plus grande partie de ses derniers jours, et, selon quelques auteurs, y acheva sa vie comme Louis XII avait achevé la sienne. Quoiqu'il fût très-naturel à un amant si sérieusement épris de prodiguer à une femme idolâtrée de nouvelles preuves d'amour, alors qu'il fallait expier de légitimes infidélités, Catherine, après avoir poussé son fils dans le lit de la reine, plaida la cause de Marie Touchet comme savent plaider les femmes, et venait de rejeter le roi dans les bras de sa maîtresse. Tout ce qui occupait Charles IX, en dehors de la politique, allait à Catherine ; d'ailleurs, les bonnes intentions qu'elle manifestait pour cet enfant, trompèrent encore un moment Charles IX, qui commençait à voir en elle une ennemie. Les raisons qui faisaient agir en cette affaire Catherine de Médicis, échappaient donc aux yeux de dona Isabel qui, selon Brantôme, était une des plus douces reines qui aient jamais régné et qui ne fit mal ni déplaisir à personne, *lisant même ses Heures en secret.* Mais cette candide princesse commençait à entrevoir les précipices ouverts autour du trône, horrible découverte qui pouvait bien lui causer quelques vertiges ; elle dut en éprouver un plus grand pour avoir pu répondre à une de ses dames qui lui disait à la mort du roi, que si elle avait eu un fils elle serait reine-mère et régente : « — Ah ! louons Dieu de ne m'avoir pas donné de fils. Que fût-il arrivé ? le pauvre enfant eût été dépouillé comme on a voulu faire au roi mon mari, et j'en aurais été la cause. Dieu a eu pitié de l'État, il a tout fait pour le mieux. » Cette princesse de qui Brantôme croit avoir fait le portrait en disant qu'elle avait le teint de son visage aussi beau et délicat que les dames de sa cour et fort agréable, qu'elle avait la taille fort belle, encore qu'elle l'eût moyenne assez, comptait pour fort peu de chose à la cour; mais l'état du roi lui permettant de se livrer à sa double douleur, son attitude ajoutait à la couleur sombre du tableau qu'une jeune reine, moins cruellement atteinte qu'elle, aurait pu égayer. La pieuse Élisabeth prouvait en ce moment que les qualités qui sont le lustre des femmes d'une condition ordinaire peuvent être fatales à une souveraine. Une princesse occupée à toute autre chose qu'à ses Heures pendant la nuit, aurait été d'un utile secours à Charles IX, qui ne trouva d'appui ni chez sa femme, ni chez sa maîtresse.

Quant à la reine-mère, elle se préoccupait du roi qui, pendant le souper, avait fait éclater une belle humeur qu'elle comprit être de commande et masquer un parti pris contre elle. Cette subite gaieté contrastait trop vivement avec la contention d'esprit qu'il avait difficilement cachée par son assiduité à la chasse, et par un travail maniaque à la forge où il aimait à ciseler le fer, pour que Catherine en fût la dupe. Sans pouvoir deviner quel homme d'État se prêtait à ces négociations et à ces préparatifs, car Charles IX dépistait les espions de sa mère, Catherine ne doutait pas qu'il ne se préparât quelque dessein contre elle. La présence inopinée de Tavannes, arrivé en même temps que Strozzi qu'elle avait mandé, lui donnait beaucoup à penser. Par la force de ses combinaisons, Catherine était au-dessus de toutes les circonstances; mais elle ne pouvait rien contre une violence subite. Comme beaucoup de personnes ignorent l'état où se trouvaient alors les affaires si compliquées par les différents partis qui agitaient la France, et dont les chefs avaient des intérêts particuliers, il est nécessaire de peindre en peu de mots la crise périlleuse où la reine-mère était engagée. Montrer ici Catherine de Médicis sous un nouveau jour, ce sera d'ailleurs entrer jusqu'au vif de cette histoire. Deux mots expliquent cette femme si curieuse à étudier, et dont l'influence laissa de si fortes impressions en France. Ces deux mots sont Domination et Astrologie. Exclusivement ambitieuse, Catherine de Médicis n'eut d'autre passion que celle du pouvoir. Superstitieuse et fataliste comme le furent tant d'hommes supérieurs, elle n'eut de croyances sincères que dans les Sciences Occultes. Sans ce double thème, elle restera toujours incomprise. En donnant le pas à sa foi dans l'astrologie judiciaire, la lueur va tomber sur les deux personnages philosophiques de cette Étude.

Il existait un homme à qui Catherine tenait plus qu'à ses enfants, cet homme était Cosme Ruggieri; elle le logeait à son hôtel de Soissons, elle avait fait de lui son conseiller suprême, chargé de lui dire si les astres ratifiaient les avis et le bon sens de ses conseillers ordinaires. De curieux antécédents justifiaient l'empire que Ruggieri conserva sur sa maîtresse jusqu'au dernier moment. Un des plus savants hommes du seizième siècle fut certes le médecin de Laurent de Médicis, duc d'Urbin, père de Catherine. Ce médecin fut appelé Ruggiero-le-Vieux (*vecchio Ruggier*, et *Roger l'Ancien* chez les auteurs français qui se sont occupés d'alchimie), pour le distinguer de ses deux fils, de Laurent Ruggiero, nommé *le Grand* par les auteurs cabalistiques, et de Cosme Ruggiero, l'astrologue de Catherine, également nommé Roger par plusieurs historiens français. L'usage a prévalu de les nommer Ruggieri, comme d'appeler Catherine, Médicis au lieu de Médici. Ruggieri-le-Vieux donc était si considéré dans la maison de Médicis, que les deux ducs Cosme et Laurent furent les parrains de ses deux enfants. Il dressa, de concert ave le fameux mathématicien Bazile, le thème de nativité de Catherine, en sa qualité de mathématicien, d'astrologue et de médecin de la maison de Médicis, trois qualités qui se confondaient souvent. A cette époque, les Sciences Occultes se cultivaient avec une ardeur qui peut surprendre les esprits incrédules de notre siècle si souverainement analyste; peut-être verront-ils poindre dans ce croquis historique le germe des sciences positives, épanouies au dix-neuvième siècle, mais sans la poétique grandeur qu'y portaient les audacieux chercheurs du seizième siècle; lesquels, au lieu de faire de l'industrie, agrandissaient l'Art et fertilisaient la Pensée. L'universelle protection accordée à ces sciences par les souverains de ce temps était d'ailleurs justifiée par les admirables créations des inventeurs qui partaient de la recherche du Grand Œuvre pour arriver à des résultats étonnants. Aussi jamais les souverains ne furent-ils plus avides de ces mystères. Les Fugger, en qui les Lucullus modernes reconnaîtront leurs princes, en qui les banquiers reconnaîtront leurs maîtres, étaient certes des calculateurs difficiles à surprendre, eh! bien, ces hommes si positifs qui prêtaient les capitaux de l'Europe aux souverains du seizième siècle endettés aussi bien que ceux d'aujourd'hui, ces illustres hôtes de Charles-Quint, commanditèrent les fourneaux de Paracelse. Au commencement du seizième siècle, Ruggieri-le-Vieux fut le chef de cette Université secrète d'où sortirent les Cardan, les Nostradamus et les Agrippa, qui tour à tour furent médecins des Valois, enfin tous les astronomes, les astrologues, les alchimistes qui entourèrent à cette époque les princes de la chrétienté, et qui furent plus particulièrement accueillis et protégés en France par Catherine de Médicis. Dans le thème de nativité que dressèrent Bazile et Ruggieri-le-Vieux, les principaux événements de la vie de Catherine furent prédits avec une exactitude désespérante pour ceux qui nient les Sciences Occultes. Cet horoscope annonçait les malheurs qui pendant le siége de Florence signalèrent le commencement de sa vie, son mariage avec un fils de France, l'avénement inespéré de ce fils au trône, la naissance de ses enfants, et leur nombre. Trois de ses fils devaient être rois chacun à leur tour, deux filles devaient être reines, et tous devaient mourir sans postérité. Ce thème se réalisa si bien, que beaucoup d'historiens l'ont cru fait après coup.

Chacun sait que Nostradamus produisit au château de Chaumont, où Catherine alla lors de la conspiration de la Renaudie, une femme qui possédait le don de lire dans l'avenir. Or, sous le règne de François II, quand la reine voyait ses quatre fils en bas âge et bien portants, avant le mariage d'Elisabeth de Valois avec Philippe II, roi d'Espagne, avant celui de Marguerite de Valois avec Henri de Bourbon, roi de Navarre, Nostradamus et son amie confirmèrent les circonstances du fameux thème. Cette personne, douée sans doute de seconde vue, et qui appartenait à la grande école des infatigables chercheurs du grand œuvre, mais dont la vie secrète a échappé à l'histoire, affirma que le dernier enfant couronné mourrait assassiné. Après avoir placé la reine devant un miroir magique où se réfléchissait un rouet, sur une des pointes duquel se dessina la figure de chaque enfant, la sorcière imprimait un mouvement au rouet et la reine comptait le nombre des tours qu'il faisait. Chaque tour était pour chaque enfant une année de règne. Henri IV mis sur le rouet fit vingt-deux tours. Cette femme (quelques auteurs en font un homme) dit à la reine effrayée que Henri de Bourbon serait en effet roi de France et régnerait tout ce temps. La reine Catherine voua dès lors au Béarnais une haine mortelle en apprenant qu'il succéderait au dernier des Valois assassiné. Curieuse de connaître quel serait le genre de sa mort à elle, il lui fut dit de se défier de Saint-Germain. Dès ce jour, pensant qu'elle serait renfermée ou violentée au château de Saint-Germain, elle n'y mit jamais le pied, quoique ce château fût infiniment plus convenable à ses desseins par sa proximité de Paris, que tous ceux où elle alla se réfugier avec le roi durant les troubles. Quand elle tomba malade quelques jours après l'assassinat du duc de Guise aux États de Blois, elle demanda le nom du prélat qui vint l'assister, on lui dit qu'il se nommait Saint-Germain. — *Je suis morte!* s'écria-t-elle. Elle mourut le lendemain, ayant d'ailleurs accompli le nombre d'années que lui accordaient tous ses horoscopes.

Cette scène, connue du cardinal de Lorraine qui la traita de sorcellerie, se réalisait aujourd'hui. François II n'avait régné que ses deux tours de rouet, et Charles IX accomplissait en ce moment son dernier tour. Si Catherine a dit ces singulières paroles à son fils Henri partant pour la Pologne : — *Vous reviendrez bientôt!* il faut les attribuer à sa foi dans les Sciences Occultes, et non au dessein d'empoisonner Charles IX. Marguerite de France était reine de Navarre, Élisabeth était reine d'Espagne, le duc d'Anjou était roi de Pologne.

Beaucoup d'autres circonstances corroborèrent la foi de Catherine dans les Sciences Occultes. La veille du tournoi où Henri II fut blessé à mort, Catherine vit le coup fatal en songe. Son conseil d'astrologie judiciaire, composé de Nostradamus et des deux Ruggieri, lui avait prédit la mort du roi. L'histoire a enregistré les instances que fit Catherine pour engager Henri II à ne pas descendre en lice. Le pronostic et le songe engendré par le pronostic se réalisèrent. Les mémoires du temps rapportent un autre fait non moins étrange. Le courrier qui annonçait la victoire de Moncontour arriva la nuit, après être venu si rapidement qu'il avait crevé trois chevaux. On éveilla la reine-mère, qui dit : *Je le savais.* En effet, la veille, dit Brantôme, elle avait raconté le triomphe de son fils et quelques circonstances de la bataille. L'astrologue de la maison de Bourbon déclara que le cadet de tant de princes issus de saint Louis, que le fils d'Antoine de Bourbon serait roi de France. Cette prédiction rapportée par Sully fut accomplie dans les termes mêmes de l'horoscope, ce qui fit dire à Henri IV qu'à force de mensonges, ces gens rencontraient le vrai. Quoi qu'il en soit, si la plupart des têtes fortes de ce temps croyaient à la vaste science appelée *le Magisme* par les maîtres de l'astrologie judiciaire, et *Sorcellerie* par le public, ils y étaient autorisés par le succès des horoscopes.

Ce fut pour Cosme Ruggieri, son mathématicien, son astronome, son astrologue, son sorcier si l'on veut, que Catherine fit élever la colonne adossée à la Halle-au-Blé, seul débris qui reste de l'hôtel de Soissons. Cosme Ruggieri possédait, comme les confesseurs, une mystérieuse influence, de laquelle il se contentait comme eux. Il nourrissait d'ailleurs une ambitieuse pensée supérieure à l'ambition vulgaire. Cet homme, que les romanciers ou les dramaturges dépeignent comme un bateleur, possédait la riche abbaye de Saint-Mahé, en Basse-Bretagne, et avait refusé de hautes dignités ecclésiastiques; l'or que les passions superstitieuses de cette époque lui apportaient abondamment suffisait à sa secrète entreprise, et la main de la reine, étendue sur sa tête, en préservait le moindre cheveu de tout mal.

Quant à la soif de domination qui dévorait Catherine, et qui fut engendrée par un désir inné d'étendre la gloire et la puissance de la maison de Médicis, cette instinctive disposition était si bien connue, ce génie politique s'était depuis longtemps trahi par de telles démangeaisons, que Henri II dit au connétable de Montmorency, qu'elle avait mis en avant pour sonder son mari : — *Mon compère, vous ne connaissez pas ma femme; c'est la plus grande brouillonne de la terre, elle ferait battre les saints dans le paradis, et tout serait perdu le jour où on la laisserait toucher aux affaires*. Fidèle à se défiance, ce prince occupa jusqu'à sa mort de soins maternels cette femme qui, menacée de stérilité, donna dix enfants à la race des Valois et devait en voir l'extinction. Aussi l'envie de conquérir le pouvoir fut-elle si grande, que Catherine s'allia, pour le saisir, avec les Guise, les ennemis du trône; enfin, pour garder les rênes de l'État entre ses mains, elle usa de tous les moyens, en sacrifiant ses amis et jusqu'à ses enfants. Cette femme, de qui l'un de ses ennemis a dit à sa mort : *Ce n'est pas une reine, c'est la royauté qui vient de mourir*, ne pouvait vivre que par les intrigues du gouvernement, comme un joueur ne vit que par les émotions du jeu. Quoique Italienne et de la voluptueuse race des Médicis, les Calvinistes, qui l'ont tant calomniée, ne lui découvrirent pas un seul amant. Admiratrice de la maxime : *Diviser pour régner*, elle venait d'apprendre, depuis douze ans, à opposer constamment une force à une autre. Aussitôt qu'elle prit en main la bride des affaires, elle fut obligée d'y entretenir la discorde pour neutraliser les forces de deux maisons rivales et sauver la couronne. Ce système nécessaire a justifié la prédiction de

Henri II. Catherine inventa ce jeu de bascule politique imité depuis par tous les princes qui se trouvèrent dans une situation analogue, en opposant tour à tour les Calvinistes aux Guise, et les Guise aux Calvinistes. Après avoir opposé ces deux religions l'une à l'autre, au cœur de la nation, Catherine opposa le duc d'Anjou à Charles IX. Après avoir opposé les choses, elle opposa les hommes en conservant les nœuds de tous leurs intérêts entre ses mains. Mais à ce jeu terrible, qui veut la tête d'un Louis XI ou d'un Louis XVIII, on recueille inévitablement la haine de tous les partis, et l'on se condamne à toujours vaincre, car une seule bataille perdue vous donne tous les intérêts pour ennemis; si toutefois, à force de triompher, vous ne finissez pas par ne plus trouver de joueurs.

La majeure partie du règne de Charles IX fut le triomphe de la politique domestique de cette femme étonnante. Combien d'adresse Catherine ne dut-elle pas employer pour faire donner le commandement des armées au duc d'Anjou sous un roi jeune, brave, avide de gloire, capable, généreux et en présence du connétable Anne de Montmorency! Le duc d'Anjou eut, aux yeux des politiques de l'Europe, l'honneur de la Saint-Barthélemi, tandis que Charles IX en eut tout l'odieux. Après avoir inspiré au roi une feinte et secrète jalousie contre son frère, elle se servit de cette passion pour user dans les intrigues d'une rivalité fraternelle les grandes qualités de Charles IX. Cypierre, le premier gouverneur, et Amyot, le précepteur de Charles IX, avaient fait de leur élève un si grand homme, ils avaient préparé un si beau règne, que la mère prit son fils en haine le premier jour où elle craignit de perdre le pouvoir après l'avoir si péniblement conquis.

Sur ces données, la plupart des historiens ont cru à quelque prédilection de la reine-mère pour Henri III; mais la conduite qu'elle tenait en ce moment prouve la parfaite insensibilité de son cœur envers ses enfants. En allant régner en Pologne, le duc d'Anjou la privait de l'instrument dont elle avait besoin pour tenir Charles IX en haleine, par ces intrigues domestiques qui jusqu'alors en avaient neutralisé l'énergie en offrant une pâture à ses sentiments extrêmes. Catherine fit alors forger la conspiration de La Mole et de Coconnas où trempait le duc d'Alençon qui, devenu duc d'Anjou par l'avénement de son frère, se prêta très-complaisamment aux vues de sa mère en déployant une ambition qu'encourageait sa sœur Marguerite, reine de Navarre. Cette conspiration, alors arrivée au point où la voulait Catherine, avait pour but de mettre le jeune duc et son beau-frère, le roi de Navarre, à la tête des Calvinistes, de s'emparer de Charles IX et de retenir prisonnier ce roi sans héritier, qui laisserait ainsi la couronne au duc, dont l'intention était d'établir le Calvinisme en France. Calvin avait obtenu quelques jours avant sa mort la récompense qu'il ambitionnait tant, en voyant la Réformation se nommer le *Calvinisme* en son honneur. Si Le Laboureur et les plus judicieux auteurs n'avaient déjà prouvé que La Mole et Coconnas, arrêtés cinquante jours après la nuit où commence ce récit et décapités au mois d'avril suivant, furent les victimes de la politique de la reine-mère, il suffirait, pour faire penser qu'elle dirigea secrètement leur entreprise, de la participation de Cosme Ruggieri dans cette affaire. Cet homme, contre lequel le roi nourrissait des soupçons et une haine dont les motifs vont se trouver suffisamment expliqués ici, fut impliqué dans la procédure. Il convint d'avoir fourni à La Mole une figure représentant le roi, piquée au cœur par deux aiguilles. Cette façon d'*envoûter* constituait, à cette époque, un crime puni de mort. Ce verbe comporte une des plus belles images infernales qui puissent peindre la haine, il explique d'ailleurs admirablement l'opération magnétique et terrible que décrit, dans le monde occulte, un désir constant en entourant le personnage ainsi voué à la mort, et dont la figure de cire rappelait sans cesse les effets. La justice d'alors pensait avec raison qu'une pensée à laquelle on donnait corps était un crime de lèze-majesté. Charles IX demanda la mort du Florentin; Catherine, plus puissante, obtint du Parlement, par le conseiller Le Camus, que son astrologue serait condamné seulement aux galères. Le roi mort, Cosme Ruggieri fut gracié par une ordonnance de Henri III, qui lui rendit ses pensions et le reçut à la cour.

Catherine avait alors frappé tant de coups sur le cœur de son fils, qu'il était en ce moment impatient de secouer le joug de sa mère. Depuis l'absence de Marie Touchet, Charles IX inoccupé s'était pris à tout observer autour de lui. Il avait tendu très-habilement des piéges aux gens desquels il se croyait sûr, pour éprouver leur fidélité. Il avait surveillé les démarches de sa mère, et lui avait dérobé la connaissance des siennes propres, en se servant pour la tromper de tous les défauts qu'elle lui avait donnés. Dévoré du désir d'effacer l'horreur causée en France par la Saint-Barthélemi, il s'occupait avec activité des affaires, présidait le conseil et tentait de saisir les rênes du gouvernement par des actes habilement mesurés. Quoique la reine eût essayé de combattre les dispositions de son fils en employant tous les moyens d'influence que lui donnaient sur son esprit son autorité maternelle et l'habitude de le dominer, la pente de la défiance est si rapide, que le fils alla du premier bond trop loin pour revenir. Le jour où les paroles dites par sa mère au roi de Pologne lui furent rapportées, Charles IX se sentit dans un si mauvais état de santé qu'il conçut d'horribles pensées, et quand de tels soupçons envahissent le cœur d'un fils et d'un roi, rien ne peut les dissiper. En effet, à son lit de mort, sa mère fut obligée de l'interrompre en s'écriant : *Ne dites pas cela, monsieur!* au moment où, en confiant à Henri IV sa femme et sa fille, il voulait le mettre en garde contre Catherine. Quoique Charles IX ne manquât pas de ce respect extérieur dont elle fut toujours si jalouse qu'elle n'appela les rois ses enfants que monsieur; depuis quelques mois, la reine-mère distinguait dans les manières de son fils l'ironie mal déguisée d'une vengeance arrêtée. Mais qui pouvait surprendre Catherine devait être habile. Elle tenait prête cette conspiration du duc d'Alençon et de La Mole, afin de détourner, par une nouvelle rivalité fraternelle, les efforts que faisait Charles IX pour arriver à son émancipation; seulement avant d'en user, elle voulait dissiper des méfiances qui pouvaient rendre impossible toute réconciliation entre elle et son fils; car laisserait-il le pouvoir à une mère capable de l'empoisonner? Aussi se croyait-elle en ce moment si sérieusement menacée, qu'elle avait mandé Strozzi, son parent, soldat remarquable par son exécution. Elle tenait avec Birague et les Gondi des conciliabules secrets, et jamais elle n'avait si souvent consulté son oracle à l'hôtel de Soissons.

Quoique l'habitude de la dissimulation autant que l'âge eussent fait à Catherine ce masque d'abbesse, hautain et macéré, blafard et néanmoins plein de profondeur, discret et inquisiteur, si remarquable aux yeux de ceux qui ont étudié son portrait, les courtisans apercevaient quelques nuages sur cette glace florentine. Aucune souveraine ne se montra plus imposante que le fut cette femme depuis le jour où elle était parvenue à contenir les Guise après la mort de François II. Son bonnet de velours noir façonné en pointe sur le front, car elle ne quitta jamais le deuil de Henri II, faisait comme un froc féminin à son impérieux et froid visage, auquel d'ailleurs elle savait communiquer à propos les séductions italiennes. Elle était si bien faite qu'elle fit venir pour les femmes la mode d'aller à cheval de manière à montrer ses jambes; c'est assez dire que les siennes étaient les plus parfaites du monde. Toutes les femmes montèrent à cheval *à la planchette* en Europe, à laquelle la France imposait depuis longtemps ses modes. Pour qui voudra se figurer cette grande figure, le tableau qu'offrait la salle prendra tout à coup un aspect grandiose. Ces deux reines si différentes de génie, de beauté, de costume, et presque brouillées, l'une naïve et pensive, l'autre pensive et grave comme une abstraction, étaient beaucoup trop préoccupées toutes deux pour donner pendant cette soirée le mot d'ordre qu'attendent les courtisans pour s'animer.

Le drame profondément caché que depuis six mois jouaient le fils et la mère, avait été deviné par quelques courtisans; mais les Italiens l'avaient surtout suivi d'un œil attentif, car tous allaient être sacrifiés si Catherine perdait la partie. En de pareilles circonstances, et dans un moment où le fils et la mère faisaient assaut de fourberies, le roi surtout devait occuper les regards. Pendant cette soirée, Charles IX, fatigué par une longue chasse et par les occupations sérieuses qu'il avait dissimulées, paraissait avoir quarante ans. Il était arrivé au dernier degré de la maladie dont il mourut, et qui autorisa quelques personnes graves à penser qu'il fut empoisonné. Selon de Thou, ce Tacite des Valois, les chirurgiens trouvèrent dans le corps de Charles IX des taches suspectes (*ex causâ incognitâ reperti livores*). Les funérailles de ce prince furent encore plus négligées que celles de François II. De Saint-Lazare à Saint-Denis, Charles IX fut conduit par Brantôme et par quelques archers de la garde que commandait le comte de Solern. Cette circonstance, jointe à la haine supposée à la mère contre son fils, put confirmer l'accusation portée par de Thou; mais elle sanctionne l'opinion émise ici sur le peu d'affection que Catherine avait pour tous ses enfants; insensibilité qui se trouve expliquée par sa foi dans les arrêts de l'astrologie judiciaire. Cette femme ne pouvait guère s'intéresser à des instruments qui devaient lui manquer. Henri III était le dernier roi sous lequel elle devait régner, voilà tout. Il peut être permis aujourd'hui de croire que Charles IX mourut de mort naturelle. Ses excès, son genre de vie, le développement subit de ses facultés, ses derniers efforts pour ressaisir les rênes du pouvoir, son désir de vivre, l'abus de ses forces, ses dernières souffrances et ses derniers plaisirs, tout démontre à des esprits impartiaux qu'il mourut d'une maladie de poitrine, affection alors peu connue, mal observée, et dont les symptômes purent porter Charles IX lui-même à se croire empoisonné. Mais le véritable poison que lui donna sa mère se trouvait dans les funestes conseils des courtisans placés autour de lui pour lui faire gaspiller ses forces intellectuelles aussi bien que ses forces physiques, et qui causèrent ainsi sa maladie purement occasionnelle et non constitutive. Charles IX se distinguait alors, plus qu'en aucune époque de sa vie, par une majesté sombre qui ne messied pas aux rois. La grandeur de ses pensées secrètes se réflétait sur son visage remarquable par le teint italien qu'il tenait de sa mère. Cette pâleur d'ivoire, si belle aux lumières, si favorable aux expressions de la mélancolie, faisait rigoureusement ressortir le feu de ses yeux d'un bleu noir qui, pressés entre des paupières grasses, acquéraient ainsi la finesse acérée que l'imagination exige du regard des rois, et dont la couleur favorisait la dissimulation. Les yeux de Charles IX étaient surtout terribles par la disposition de ses sourcils élevés, en harmonie avec un front découvert et qu'il pouvait hausser et baisser à son gré. Il avait un nez large et long, gros du bout, un véritable nez de lion; de grandes oreilles, des cheveux d'un blond ardent, une bouche quasi-saignante comme celle des poitrinaires, dont la lèvre supérieure était mince, ironique, et l'inférieure assez forte pour faire supposer les plus belles qualités du cœur. Les rides imprimées sur ce front dont la jeunesse avait été détruite par d'effroyables soucis, inspiraient un violent intérêt; les remords causés par l'inutilité de la Saint-Barthélemi, mesure qui lui fut astucieusement arrachée, en avaient causé plus d'une; mais il y en avait deux autres dans son visage qui eussent été bien éloquentes pour un savant à qui un génie spécial aurait permis de deviner les éléments de la physiologie moderne. Ces deux rides produisaient un vigoureux sillon allant de chaque pommette à chaque coin de la bouche et accusaient les inforts intérieurs d'une organisation fatiguée de fournir aux travaux de la pensée et aux violents plaisirs du corps. Charles IX était épuisé. La reine-mère, en voyant son ouvrage, devait avoir des remords, si toutefois la politique ne les étouffe pas tous chez les gens assis sous la pourpre. Si Catherine avait su l'effet de ses intrigues sur son fils, peut-être aurait-elle reculé? Quel affreux spectacle! Ce roi né si vigoureux était devenu débile, cet esprit si fortement trempé se trouvait plein de doutes: cet homme, en qui résidait l'autorité, se sentait sans appui; ce caractère ferme avait peu de confiance en lui-même. La valeur guerrière s'était changée par degrés en férocité, la discrétion en dissimulation; l'amour fin et délicat des Valois se changeait en une inextinguible rage de plaisir. Ce grand homme méconnu, perverti, usé sur les mille faces de sa belle âme, roi sans pouvoir, ayant un noble cœur et n'ayant pas un ami, tiraillé par mille desseins contraires, offrait la triste image d'un homme de vingt-quatre ans désabusé de tout, se défiant de tout, décidé à tout jouer, même sa vie. Depuis peu de temps, il avait compris sa mission, son pouvoir, ses ressources, et les obstacles que sa mère apportait à la pacification du royaume; mais cette lumière brillait dans une lanterne brisée.

Deux hommes que ce prince aimait au point d'avoir excepté l'un du massacre de la Saint-Barthélemi, et d'être allé dîner chez l'autre au moment où ses ennemis l'accusaient d'avoir empoisonné le roi, son premier médecin Jean Chapelain et son premier chirurgien Ambroise Paré, mandés par Catherine et venus de province en toute hâte, se trouvaient là pour l'heure du coucher. Tous deux contemplaient leur maître avec sollicitude, quelques courtisans les questionnaient à voix basse, mais les deux savants mesuraient leurs réponses en cachant la condamnation qu'ils avaient portée. De temps en temps, le roi relevait ses paupières alourdies et tâchait de dérober à ses courtisans le regard qu'il jetait sur sa mère. Tout à coup, il se leva brusquement et se mit devant la cheminée.

— Monsieur de Chiverny, dit-il, pourquoi gardez-vous le titre de chancelier d'Anjou et de Pologne? Êtes-vous à notre service ou à celui de notre frère?

— Je suis tout à vous, sire, dit-il en s'inclinant.

— Venez donc demain, j'ai dessein de vous envoyer en Espagne car il se passe d'étranges choses à la cour de Madrid, messieurs.

Le roi regarda sa femme et se rejeta dans son fauteuil.

— Il se passe d'étranges choses partout, dit-il à voix basse au maréchal de Tavannes, l'un des favoris de sa jeunesse.

Il se leva pour emmener le camarade de ses amusements de jeunesse dans l'embrasure de la croisée située à l'angle de ce salon, et lui dit : — J'ai besoin de toi, reste ici le dernier. Je veux savoir si tu seras pour ou contre moi. Ne fais pas l'étonné. Je romps mes lisières. Ma mère est cause de tout le mal ici. Dans trois mois je serai ou mort, ou roi de fait. Sur ta vie, silence! Tu as mon secret, toi, Solern et Villeroy. S'il se commet une indiscrétion, elle viendra de l'un de vous. Ne me serre pas de si près, va faire la cour à ma mère, dis-lui que je meurs, et que tu ne me regrettes pas parce que je suis un pauvre sire.

Charles IX se promena le bras appuyé sur l'épaule de son ancien favori, avec lequel il parut s'entretenir de ses souffrances pour tromper les curieux; puis craignant de rendre sa froideur trop visible, il vint causer avec les deux reines en appelant Birague auprès d'elles. En ce moment, Pinard, un des Secrétaires d'État, se coula de la porte auprès de Catherine en filant comme une anguille le long des murs. Il vint dire deux mots à l'oreille de la reine-mère, qui lui répondit par un signe affirmatif. Le roi ne demanda point à sa mère ce dont il s'agissait, il alla se remettre dans son fauteuil et garda le silence, après avoir jeté sur la cour un regard d'horrible colère et de jalousie. Ce petit événement eut aux yeux de tous les courtisans une énorme gravité. Ce fut comme la goutte d'eau qui fait déborder le verre, que cet exercice du pouvoir sans la participation du roi. La reine Élisabeth et la comtesse de Fiesque se retirèrent sans que le roi y fît attention; mais la reine-mère reconduisit sa belle-fille jusqu'à la porte. Quoique la mésintelligence de la mère et du fils donnât un très-grand intérêt aux gestes, aux regards, à l'attitude de Catherine et de Charles IX, leur froide contenance fit comprendre aux courtisans qu'ils étaient de trop; ils quittèrent le salon quand la jeune reine fut sortie. A dix heures il ne resta plus que quelques intimes, les deux Gondi, Tavannes, le comte de Solern, Birague et la reine-mère.

Le roi demeurait plongé dans une noire mélancolie. Ce silence était fatigant. Catherine paraissait embarrassée, elle voulait partir, elle désirait que le roi la reconduisît, mais le roi demeurait obstinément dans sa rêverie; elle se leva pour lui dire adieu, Charles IX fut contraint de l'imiter; elle lui prit le bras, fit quelques pas avec lui pour pouvoir se pencher à son oreille et y glisser ces mots:
— Monsieur, j'ai des choses importantes à vous confier.

Avant de partir, la reine-mère fit dans une glace à messieurs du Gondi un clignement d'yeux qui put d'autant mieux échapper aux regards de son fils qu'il jetait lui-même un coup d'œil d'intelligence au comte de Solern et à Villeroy. Tavannes était pensif.

— Sire, dit le maréchal de Retz en sortant de sa méditation, je vous trouve royalement ennuyé, ne vous divertissez-vous donc plus? Vive Dieu! où est le temps où nous nous amusions à vaurienner par les rues le soir?

— Ah! c'était le bon temps, répondit le roi non sans soupirer.

— Que n'y allez-vous? dit monsieur de Birague en se retirant et jetant une œillade aux Gondi.

— Je me souviens toujours avec plaisir de ce temps-là, s'écria le maréchal de Retz.

— Je voudrais bien vous voir sur les toits, monsieur le maréchal, dit Tavannes. — Sacré chat d'Italie, puisses-tu te rompre le cou, ajouta-t-il à l'oreille du roi.

— J'ignore qui de vous ou de moi franchirait le plus lestement une cour ou une rue; mais ce que je sais, c'est que nous ne craignons pas plus l'un que l'autre de mourir, répondit le duc de Retz.

— Eh! bien, sire, voulez-vous vaurienner comme dans votre jeunesse? dit le Grand-Maître de la Garde-Robe.

Ainsi, à vingt-quatre ans, ce malheureux roi ne paraissait plus jeune à personne, pas même à ses flatteurs. Tavannes et le roi se remémorèrent, comme de véritables écoliers, quelques-uns des bons tours qu'ils avaient faits dans Paris, et la partie fut bientôt liée. Les deux Italiens, mis au défi de sauter de toit en toit, et d'un côté de la rue à l'autre, parièrent de suivre le roi. Chacun alla prendre un costume de vaurien. Le comte de Solern, resté seul avec le roi, le regarda d'un air étonné. Si le bon Allemand, pris de compassion en devinant la situation du roi de France, était la fidélité, l'honneur même, il n'avait pas la conception prompte. Entouré de gens hostiles, ne pouvant se fier à personne, pas même à sa femme, qui s'était rendue coupable de quelques indiscrétions en ignorant qu'il eût sa mère et ses serviteurs pour ennemis, Charles IX avait été heureux de rencontrer en monsieur de Solern un dévouement qui lui permettait une entière confiance. Tavannes et Villeroy n'avaient qu'une partie des secrets du roi. Le comte de Solern seul connaissait le plan dans son entier; il était d'ailleurs très-utile à son maître, en ce qu'il disposait de quelques serviteurs discrets et affectionnés qui obéissaient aveuglément à ses ordres. Monsieur de Solern, qui avait un commandement dans les Archers de la garde, y triait, depuis quelques jours, des hommes exclusivement attachés au roi, pour en composer une compagnie d'élite. Le roi pensait à tout.

Eh! bien, Solern, dit Charles IX, ne nous faut-il pas un prétexte pour passer la nuit dehors? J'avais bien madame de Belleville, mais ceci vaut mieux, car ma mère peut savoir ce qui se passe chez Marie.

Monsieur de Solern, qui devait suivre le roi, demanda la permission de battre les rues avec quelques-uns de ses Allemands, et Charles IX y consentit. Vers onze heures du soir, le roi, devenu gai, se mit en route avec ses trois courtisans pour explorer le quartier Saint-Honoré.

— J'irai surprendre ma mie, dit Charles IX à Tavannes, en passant par la rue de l'Autruche.

Pour rendre cette scène de nuit plus intelligible à ceux qui n'auraient pas présente à l'esprit la topographie du vieux Paris, il est nécessaire d'expliquer où se trouvait la rue de l'Autruche. Le Louvre de Henri II se continuait au milieu des décombres et des maisons. A la place de l'aile qui fait aujourd'hui face au Pont-des-Arts, il existait un jardin. Au lieu de la colonnade, se trouvaient des fossés et un pont-levis sur lequel devait être tué plus tard un Florentin, le maréchal d'Ancre. Au bout de ce jardin, s'élevaient les tours de l'hôtel de Bourbon, demeure des princes de cette maison jusqu'au jour où la trahison du grand connétable, ruiné par le séquestre de ses biens qu'ordonna François Ier pour ne pas prononcer entre sa mère et lui, termina ce procès si fatal à la France, par la confiscation des biens du connétable. Ce château, qui faisait un bel effet sur la rivière, ne fut démoli que sous Louis XIV. La rue de l'Autruche commençait rue Saint-Honoré et finissait à l'hôtel de Bourbon sur le quai. Cette rue nommée d'Autriche sur quelques vieux plans, et aussi de l'Austruc, a disparu de la carte comme tant d'autres. La rue des Poulies dut être pratiquée sur l'emplacement des hôtels qui s'y trouvaient du côté de la rue Saint-Honoré. Les auteurs ne sont pas d'accord sur l'étymologie de ce nom. Les uns supposent qu'il vient d'un hôtel d'Osteriche (*Osterrichen*) habité par une fille de cette maison qu épousa un seigneur français au quatorzième siècle. Les autres prétendent que là étaient jadis les volières royales où tout Paris accourut un jour voir une autruche vivante. Quoi qu'il en soit, cette rue tortueuse était remarquable par les hôtels de quelques princes du sang qui se logèrent autour du Louvre. Depuis que la royauté avait déserté le faubourg Saint-Antoine, où elle s'abrita sous la Bastille pendant deux siècles, pour venir se fixer au Louvre, beaucoup de grands seigneurs demeuraient aux environs. Or, l'hôtel de Bourbon avait pour pendant du côté de la rue Saint-Honoré le vieil hôtel d'Alençon. Cette demeure des comtes de ce nom, toujours comprise dans l'apanage, appartenait alors au quatrième fils de Henri II, qui prit plus tard le titre de duc d'Anjou et qui mourut sous Henri III, auquel il donna beaucoup de tablature. L'apanage revint alors à la Couronne, ainsi que ce vieil hôtel qui fut démoli. En ce temps, l'hôtel d'un prince offrait un vaste ensemble de constructions; et pour s'en faire une idée, il faut aller mesurer l'espace que tient encore, dans le Paris moderne, l'hôtel Soubise au Marais. Un hôtel comprenait les établissements exigés par ces grandes existences qui peuvent paraître presque problématiques à beaucoup de personnes qui voient aujourd'hui le piètre état d'un prince. C'était d'immenses écuries, le logement des médecins, des bibliothécaires, des chanceliers, du clergé, des trésoriers, officiers, pages, serviteurs gagés et valets attachés à la maison du prince. Vers la rue Saint-Honoré, se trouvait, dans un jardin de l'hôtel, une jolie petite maison que la célèbre duchesse d'Alençon avait fait construire en 1520, et qui depuis avait été entourée de maisons particulières bâties par des marchands. Le roi y avait logé Marie Touchet. Quoique le duc d'Alençon conspirât alors contre son frère, il était incapable de le contrarier en ce point.

Comme pour descendre la rue Saint-Honoré qui, dans ce temps, n'offrait de chances aux voleurs qu'à partir de la barrière des Sergents, il fallait passer devant l'hôtel de sa mie, il était difficile que le roi ne s'y arrêtât pas. En cherchant quelque bonne fortune, un bourgeois attardé à dévaliser ou le guet à battre, le roi levait le nez à tous les étages, et regardait aux endroits éclairés afin de voir ce qui s'y passait ou d'écouter les conversations. Mais il trouva sa bonne ville dans un état de tranquillité déplorable. Tout à coup, en arrivant à la maison d'un fameux parfumeur nommé René, qui fournissait la cour, le roi parut concevoir une de ces inspirations soudaines que suggèrent des observations antérieures, en voyant une forte lumière projetée par la dernière croisée du comble.

Ce parfumeur était véhémentement soupçonné de guérir les oncles riches quand ils se disaient malades, la cour lui attribuait l'invention du fameux *Élixir à successions*, et il fut accusé d'avoi empoisonné Jeanne d'Albret, mère de Henri IV, laquelle fut ensevelie sans que sa tête eût été ouverte, *malgré l'ordre formel de Charles IX*, dit un contemporain. Depuis deux mois, le roi cherchait un stratagème pour pouvoir épier les secrets du laboratoire de René, chez qui Cosme Ruggieri allait souvent. Le roi voulait, s'il y trouvait quelque chose de suspect, procéder par lui-même sans aucun intermédiaire de la police ou de la justice, sur lesquelles sa mère ferait agir la crainte ou la corruption.

Il est certain que pendant le seizième siècle, dans les années qui le précédèrent et le suivirent, l'empoisonnement était arrivé à une perfection inconnue à la chimie moderne et que l'histoire a constatée. L'Italie, berceau des sciences modernes, fut, à cette époque, inventrice et maîtresse de ces secrets dont plusieurs se perdirent. De là vint cette réputation qui pesa durant les deux siècles suivants sur les Italiens. Les romanciers en ont si fort abusé, que partout où ils introduisent des Italiens, ils leur font jouer des rôles d'assassins et d'empoisonneurs. Si l'Italie avait alors l'entreprise des poisons subtils dont parlent quelques historiens, il faudrait seulement reconnaître sa suprématie en toxicologie comme dans toutes les connaissances humaines et dans les arts, où elle précédait l'Europe. Les crimes du temps n'étaient pas les siens, elle servait les passions du siècle comme elle bâtissait d'admirables édifices, commandait les armées, peignait de belles fresques, chantait des romances, aimait les reines, plaisait aux rois, dessinait des fêtes ou des ballets, et dirigeait la politique. A Florence, cet art horrible était à un si haut point, qu'une femme partageant une pêche avec un duc, en se servant d'une lame d'or dont un côté seulement était empoisonné, mangeait la moitié saine et donnait la mort avec l'autre. Une paire de gants parfumés infiltrait par les pores une maladie mortelle. On mettait le poison dans un bouquet de roses naturelles dont la seule senteur une fois respirée donnait la mort. Don Juan d'Autriche fut, dit-on, empoisonné par une paire de bottes.

Le roi Charles IX était donc à bon droit curieux, et chacun concevra combien les sombres croyances qui l'agitaient devaient le rendre impatient de surprendre René à l'œuvre.

La vieille fontaine située au coin de la rue de l'Arbre-Sec, et depuis rebâtie, offrit à la noble bande les facilités nécessaires pour atteindre au faîte d'une maison voisine de celle de René, que le roi feignait de vouloir visiter. Le roi, suivi de ses compagnons, se mit à voyager sur les toits, au grand effroi de quelques bourgeois réveillés par ces faux voleurs qui les appelaient de quelque nom drôlatique, écoutaient les querelles et les plaisirs de chaque ménage, ou commençaient quelques effractions. Quand les Italiens virent Tavannes et le roi s'engageant sur les toits de la maison voisine de celle de René, le maréchal de Retz s'assit en se disant fatigué, et son frère demeura près de lui. — Tant mieux, pensa le roi qui laissa volontiers ses espions. Tavannes se moqua des deux Florentins qui restèrent seuls au milieu d'un profond silence, et dans un endroit où ils n'avaient que le ciel au-dessus d'eux et des chats pour auditeurs. Aussi les deux Italiens profitèrent-ils de la circonstance pour se communiquer des pensées qu'ils n'auraient exprimées en aucun autre lieu du monde et que les événements de la soirée leur avaient inspirées.

— Albert, dit le grand-maître au maréchal, le roi l'emportera sur la reine, nous faisons de mauvaise besogne pour notre fortune en restant attachés à celle de Catherine. Si nous passions au roi dans le moment où il cherche des appuis contre sa mère et des hommes habiles pour le servir, nous ne serions pas chassés comme des bêtes fauves quand la reine-mère sera bannie, enfermée ou tuée.

— Avec des idées pareilles, tu n'iras pas loin, Charles, répondit gravement le maréchal au grand-maître. Tu suivras ton roi dans la tombe, et il n'a pas long-temps à vivre, il est ruiné d'excès, Cosme Ruggieri a pronostiqué sa mort pour l'an prochain.

— Le sanglier mourant a souvent tué le chasseur, dit Charles de Gondi. Cette conspiration du duc d'Alençon, du roi de Navarre et du prince de Condé, pour laquelle s'entremettent La Mole et Coconnas, est plus dangereuse qu'utile. D'abord, le roi de Navarre, que la reine-mère espérait prendre en flagrant délit, s'est défié d'elle et ne s'y fourre point. Il veut profiter de la conspiration sans en courir les chances. Puis voilà qu'aujourd'hui tous ont la pensée de mettre la couronne sur la tête du duc d'Alençon qui se fait Calviniste.

— *Budelone!* ne vois-tu pas que cette conspiration permet à notre reine de savoir ce que les Huguenots peuvent faire avec le duc d'Alençon, et ce que le roi veut faire avec les Huguenots? car le roi négocie avec eux; mais pour faire chevaucher le roi sur un cheval de bois, Catherine lui déclarera demain cette conspiration qui neutralisera ses projets.

— Ah! fit Charles de Gondi, à profiter de nos conseils, elle est devenue plus forte que nous. Voilà qui est bien.

— Bien pour le duc d'Anjou, qui aime mieux être roi de France que roi de Pologne, et à qui j'irai tout expliquer.

— Tu pars, Albert?

— Demain. N'avais-je pas la charge d'accompagner le roi de Pologne? j'irai le rejoindre à Venise où leurs Seigneuries se sont chargées de l'amuser.

— Tu es la prudence même.

— *Che bestia!* je te jure qu'il n'y a pas le moindre danger pour nous à rester à la cour. S'il y en avait, m'en irais-je? Je demeurerais auprès de notre bonne maîtresse.

— Bonne! fit le grand-maître, elle est femme à laisser là ses instruments quand elle les trouve lourds.....

— *O coglione!* tu veux être un soldat, et tu crains la mort? Chaque métier a ses devoirs, et nous avons les nôtres envers la fortune. En s'attachant aux rois, source de toute puissance temporelle et qui protégent, élèvent, enrichissent nos maisons, il faut leur vouer l'amour qui enflamme pour le ciel le cœur du martyr; il faut savoir souffrir pour leur cause; quand ils nous sacrifient à leur trône, nous pouvons périr, car nous mourons autant pour nous-mêmes que pour eux, nos maisons ne périssent pas. *Ecco.*

— Tu as raison, Albert, on t'a donné l'ancien duché de Retz.

— Écoute, reprit le duc de Retz. La reine espère beaucoup de l'habileté des Ruggieri pour se raccommoder avec son fils. Quand notre drôle n'a plus voulu se servir de René, la rusée a bien deviné sur quoi portaient les soupçons de son fils. Mais qui sait ce que le roi porte dans son sac? Peut-être hésite-t-il seulement sur le traitement qu'il destine à sa mère, il la hait, entends-tu? Il a dit quelque chose de ses desseins à la reine, la reine en a causé avec madame de Fiesque, madame de Fiesque a tout rapporté à la reine-mère, et depuis, le roi se cache de sa femme.

— Il était temps, dit Charles de Gondi.

— De quoi faire? demanda le maréchal.

— D'occuper le roi, répondit le grand-maître qui pour être moins avant que son frère dans l'intimité de Catherine n'en était pas moins clairvoyant.

— Charles, je t'ai fait faire un beau chemin, lui dit gravement son frère ; mais si tu veux être duc aussi, sois comme moi l'âme damnée de notre maîtresse ; elle restera reine, elle est ici la plus forte. Madame de Sauves est toujours à elle, et le roi de Navarre, le duc d'Alençon sont toujours à madame de Sauves ; Catherine les tiendra toujours en laisse, sous celui-ci, comme sous le règne du roi Henri III. Dieu veuille que celui-là ne soit pas ingrat !

— Pourquoi ?

— Sa mère fait trop pour lui.

— Eh ! mais j'entends du bruit dans la rue Saint-Honoré, s'écria le grand-maître ; on ferme la porte de René ! Ne distingues-tu pas le pas de plusieurs hommes ? Les Ruggieri sont arrêtés.

— Ah ! *diavolo !* voici de la prudence. Le roi n'a pas suivi son impétuosité accoutumée. Mais où les mettrait-il en prison ? Allons voir ce qui se passe.

Les deux frères arrivèrent au coin de la rue de l'Autruche au moment où le roi entrait chez sa maîtresse. A la lueur des flambeaux que tenait le concierge, ils purent apercevoir Tavannes et les Ruggieri.

— Eh ! bien, Tavannes, s'écria le grand-maître en courant après le compagnon du roi qui retournait vers le Louvre, que vous est-il arrivé ?

— Nous sommes tombés en plein consistoire de sorciers ; nous en avons arrêté deux qui sont de vos amis et qui pourront expliquer, à l'usage des seigneurs français, par quels moyens vous avez mis la main sur deux charges de la couronne, vous qui n'êtes pas du pays, dit Tavannes moitié riant, moitié sérieux.

— Et le roi ? fit le grand-maître en homme que l'inimitié de Tavannes inquiétait peu.

— Il reste chez sa maîtresse.

— Nous sommes arrivés par le dévouement le plus absolu pour nos maîtres, une belle et noble voie que vous avez prise aussi, mon cher duc, répondit le maréchal de Retz.

Les trois courtisans cheminèrent en silence. Au moment où ils se quittèrent en retrouvant chacun leurs gens pour se faire accompagner chez eux, deux hommes se glissèrent lestement le long des murailles de la rue de l'Autruche. Ces deux hommes étaient le roi et le comte de Solern qui arrivèrent promptement au bord de la Seine, à un endroit où une barque et des rameurs choisis par le seigneur allemand les attendaient. En peu d'instants tous deux atteignirent le bord opposé.

— Ma mère n'est pas couchée, s'écria le roi, elle nous verra, nous avons mal choisi le lieu du rendez-vous.

— Elle pourra croire à quelque duel, répondit Solern, et comment distinguerait-elle qui nous sommes, à cette distance ?

— Eh ! qu'elle me voie, s'écria Charles IX, je suis décidé maintenant !

Le roi et son confident sautèrent sur la berge et marchèrent vivement dans la direction du Pré aux Clercs. En y arrivant le comte de Solern, qui précédait le roi, fit la rencontre d'un homme en sentinelle, avec lequel il échangea quelques paroles et qui se retira vers les siens. Bientôt deux hommes, qui paraissaient être des princes aux marques de respect que leur donnait leur vedette, quittèrent la place où ils s'étaient cachés derrière une mauvaise clôture de champ, et s'approchèrent du roi, devant lequel ils fléchirent le genou ; mais Charles IX les releva avant qu'ils n'eussent touché la terre et leur dit : — Point de façons, nous sommes tous, ici, gentilshommes.

A ces trois gentilshommes vint se joindre un vieillard vénérable que l'on aurait pris pour le chancelier de Lhôpital s'il n'était mort l'année précédente. Tous quatre marchèrent avec vitesse afin de se mettre en un lieu où leur conférence ne pût être entendue par les gens de leur suite, et Solern les suivit à une faible distance pour veiller sur le roi. Ce fidèle serviteur se livrait à une défiance que Charles IX ne partageait point, en homme à qui la vie était devenue trop pesante. Ce seigneur fut, du côté du roi, le seul témoin de la conférence, qui s'anima bientôt.

— Sire, dit l'un des interlocuteurs, le connétable de Montmorency, le meilleur ami du roi votre père et qui en a eu les secrets, a opiné avec le maréchal de Saint-André qu'il fallait coudre madame Catherine dans un sac et la jeter à la rivière. Si cela eût été fait, beaucoup de braves gens seraient sur pied.

— J'ai assez d'exécutions sur la conscience, monsieur, répondit le roi.

— Eh ! bien, sire, reprit le plus jeune des quatre personnages, du fond de l'exil la reine Catherine saura brouiller les affaires et trouver des auxiliaires. N'avons-nous pas tout à craindre des Guise, qui depuis neuf ans ont formé le plan d'une monstrueuse alliance catholique dans le secret de laquelle votre majesté n'est pas, et qui menace son trône? Cette alliance est une invention de l'Espagne, qui ne renonce pas à son projet d'abattre les Pyrénées. Sire, le Calvinisme sauverait la France en mettant une barrière morale entre elle et une nation qui rêve l'empire du monde. Si elle se voit proscrite, la reine-mère s'appuiera donc sur l'Espagne et sur les Guise.

— Messieurs, dit le roi, sachez que, vous m'aidant et la paix établie sans défiance, je me charge de faire trembler un chacun dans le royaume. Tête Dieu, pleine de reliques ! il est temps que la royauté se relève. Sachez-le bien, en ceci ma mère a raison, il s'en va de vous comme de moi. Vos biens, vos avantages sont liés à notre trône; quand vous aurez laissé abattre la religion, ce sera sur le trône et sur vous que se porteront les mains dont vous vous servez. Je ne me soucie plus de me battre contre des idées, avec des armes qui ne les atteignent point. Voyons si le protestantisme fera des progrès en l'abandonnant à lui-même; mais surtout, voyons à quoi s'attaquera l'esprit de cette faction. L'amiral, que Dieu veuille le recevoir à merci, n'était pas mon ennemi, il me jurait de contenir la révolte dans les bornes du monde spirituel, et de laisser dans le royaume temporel un roi maître et des sujets soumis. Messieurs, si la chose est encore en votre pouvoir, donnez l'exemple, aidez votre souverain à réduire des mutins qui nous ôtent aux uns et aux autres la tranquillité. La guerre nous prive tous de nos revenus et ruine le royaume. Je suis las de cet état de troubles, et tant, que, s'il le faut absolument, je sacrifierai ma mère. J'irai plus loin, je garderai près de moi des Protestants et des Catholiques en nombre égal, et je mettrai au-dessus d'eux la hache de Louis XI pour les rendre égaux. Si messieurs de Guise complotent une Sainte-Union qui s'attaque à notre couronne, le bourreau commencera sa besogne par eux. J'ai compris les misères de mon peuple, et suis disposé à tailler en plein drap dans les grands qui mettent à mal notre royaume. Je m'inquiète peu des consciences, je veux désormais des sujets soumis, qui travaillent, sous mon vouloir, à la prospérité de l'État. Messieurs, je vous donne dix jours pour négocier avec les vôtres, rompre vos trames, et revenir à moi qui deviendrai votre père. Si vous refusez, vous verrez de grands changements, j'agirai avec de petites gens qui se rueront à ma voix sur les seigneurs. Je me modèlerai sur un roi qui a su pacifier son royaume en abattant des gens plus considérables que vous ne l'êtes qui lui rompaient en visière. Si les troupes catholiques font défaut, j'ai mon frère d'Espagne que j'appellerai au secours des trônes menacés; enfin, si je manque de ministre pour exécuter mes volontés, il me prêtera le duc d'Albe.

— En ce cas, sire, nous aurions les Allemands à opposer à vos Espagnols, répondit un des interlocuteurs.

— Mon cousin, dit froidement Charles IX, ma femme s'appelle Élisabeth d'Autriche, vos secours pourraient faillir de ce côté; mais, croyez-moi, battons-nous seuls et n'appelons point l'étranger. Vous êtes en butte à la haine de ma mère, et vous me tenez d'assez près pour me servir de second dans le duel que je vais avoir avec elle, eh! bien, écoutez ceci. Vous me paraissez si digne d'estime, que je vous offre la charge de connétable, vous ne nous trahirez pas comme l'autre.

Le prince auquel parlait Charles IX lui prit la main, frappa dedans avec la sienne en disant : — Ventre-saint-gris! voici, mon frère, pour oublier bien des torts. Mais, sire, la tête ne marche pas sans la queue, et notre queue est difficile à entraîner. Donnez-nous plus de dix jours, il nous faut au moins un mois pour faire entendre raison aux nôtres. Ce délai passé, nous serons les maîtres.

— Un mois, soit. Mon seul négociateur sera Villeroy, vous n'aurez foi qu'en lui, quoi qu'on vous dise d'ailleurs.

— Un mois, dirent à la fois les trois seigneurs, ce délai suffit.

— Messieurs, nous sommes cinq, dit le roi, cinq gens de cœur. S'il y a trahison, nous saurons à qui nous en prendre.

Les trois assistants quittèrent Charles IX avec les marques du plus grand respect, et lui baisèrent la main. Quand le roi repassa la Seine, quatre heures sonnaient au Louvre. La reine Catherin n'était pas encore couchée.

— Ma mère veille toujours, dit Charles au comte de Solern.

— Elle a sa forge aussi, dit l'Allemand.

— Cher comte, que vous semble d'un roi réduit à conspirer? dit avec amertume Charles IX après une pause.

— Je pense, sire, que si vous me permettiez de jeter cette femme à l'eau, comme disait ce jeune cadet, la France serait bientôt tranquille.

— Un parricide, après la Saint-Barthélemi, comte? dit le roi.

Non, non! l'exil. Une fois tombée, ma mère n'aura ni un serviteur, ni un partisan.

— Eh! bien, sire, reprit le comte de Solern, ordonnez-moi de l'aller arrêter à l'instant et de la conduire hors du royaume; car demain elle vous aura tourné l'esprit.

— Eh! bien, dit le roi, venez à ma forge, là personne ne nous entendra; d'ailleurs, je ne veux pas que ma mère soupçonne la capture des Ruggieri. En me sachant ici, la bonne femme ne se doutera de rien, et nous concerterons les mesures nécessaires à son arrestation.

Quand le roi, suivi du comte de Solern, entra dans la pièce basse où était son atelier, il lui montra cette forge et tous ses instruments en souriant.

— Je ne crois pas, dit-il, que parmi tous les rois qu'aura la France, il s'en rencontre un second auquel plaise un pareil métier. Mais, quand je serai vraiment le roi, je ne forgerai pas des épées, je les ferai rentrer toutes dans le fourreau.

— Sire, dit le comte de Solern, les fatigues du jeu de paume, votre travail à cette forge, la chasse et, dois-je le dire, l'amour, sont des cabriolets que le diable vous donne pour aller plus vite à Saint-Denis.

— Solern! dit lamentablement le roi, si tu savais le feu qu'on m'a mis au cœur et dans le corps! rien ne peut l'éteindre. Es-tu sûr des hommes qui gardent les Ruggieri?

— Comme de moi-même.

— Eh! bien, pendant cette journée j'aurai pris mon parti. Pensez aux moyens d'exécution, je vous donnerai mes derniers ordres à cinq heures chez madame de Belleville.

Quand les premières lumières de l'aube luttèrent avec la lumière de l'atelier, le roi, que le comte de Solern avait laissé seul, entendit tourner la porte et vit sa mère qui se dessina dans le crépuscule comme un fantôme. Quoique très-nerveux et impressible, Charles IX ne tressaillit point, bien que, dans les circonstances où il se trouvait, cette apparition eût une couleur sombre et fantastique.

— Monsieur, lui dit-elle, vous vous tuez...

— J'accomplis les horoscopes, répondit-il avec un sourire amer. Mais vous, madame, n'êtes-vous pas aussi matinale que je le suis?

— Nous avons veillé tous deux, monsieur, mais dans des intentions bien différentes. Quand vous alliez conférer avec vos plus cruels ennemis en plein champ, en vous cachant de votre mère, aidé par les Tavannes et par les Gondi avec lesquels vous avez feint d'aller courir la ville, je lisais des dépêches qui contenaient les preuves d'une terrible conspiration où trempent votre frère le duc d'Alençon, votre beau-frère le roi de Navarre, le prince de Condé, la moitié des grands du royaume. Il ne s'agit de rien moins que de vous ôter la couronne en s'emparant de votre personne. Ces messieurs disposent déjà de cinquante mille hommes de bonnes troupes.

— Ah! fit le roi d'un air incrédule.

— Votre frère se fait Huguenot, reprit la reine.

— Mon frère passe aux Huguenots? s'écria Charles en brandissant le fer qu'il tenait à la main.

— Oui, le duc d'Alençon, Huguenot de cœur, le sera bientôt d'effet. Votre sœur la reine de Navarre n'a plus pour vous qu'un reste d'affection, elle aime monsieur le duc d'Alençon, elle aime Bussy, elle aime aussi le petit La Mole.

— Quel cœur! fit le roi.

— Pour devenir grand, le petit La Mole, dit la reine en continuant, ne trouve rien de mieux que de donner à la France un roi de sa façon. Il sera, dit-on, connétable.

— Damnée Margot! s'écria le roi, voilà ce que nous rapporte son mariage avec un hérétique...

— Ce ne serait rien; mais avec le chef de votre branche cadette que vous avez rapproché du trône malgré mon avis, et qui voudrait vous faire entretuer tous. La maison de Bourbon est l'ennemie de la maison de Valois, sachez bien ceci, monsieur. Toute branche cadette doit être maintenue dans la plus grande pauvreté, car elle est née conspiratrice, et c'est sottise que de lui donner des armes quand elle n'en a pas, et de les lui laisser quand elle en prend. Que tout cadet soit incapable de nuire, voilà la loi des couronnes. Ainsi font les sultans d'Asie. Les preuves sont là-haut, dans mon cabinet, où je vous ai prié de me suivre en vous quittant hier au soir, mais vous aviez d'autres visées. Dans un mois, si nous n'y mettions bon ordre, vous auriez eu le sort de Charles-le-Simple.

— Dans un mois! s'écria Charles IX atterré par la coïncidence de cette date avec le délai demandé par les princes la nuit même. *Dans un mois nous serons les maîtres!* se dit-il en répétant leurs paroles. — Madame, vous avec des preuves? demanda-t-il à haute voix.

— Elles sont sans réplique, monsieur, elles viennent de ma fille Marguerite. Effrayée elle-même des probabilités d'une semblable combinaison, et malgré sa tendresse pour votre frère d'Alençon, le trône des Valois lui a tenu plus au cœur cette fois-ci que tous ses amours. Elle demande pour prix de ses révélations qu'il ne soit rien fait à La Mole; mais ce croquant me semble un dangereux coquin de qui nous devons nous débarrasser, ainsi que du comte de Coconnas, l'homme de votre frère d'Alençon. Quant au prince de Condé, cet enfant consent à tout, pourvu que l'on me jette à l'eau; je ne sais si c'est le présent de noces qu'il me fait pour lui avoir donné sa jolie femme. Ceci est grave, monsieur. Vous parlez de prédictions!.... j'en connais une qui donne le trône de Valois à la maison de Bourbon, et si nous n'y prenons garde, elle se réalisera. N'en voulez pas à votre sœur, elle s'est bien conduite en ceci. — Mon fils, dit-elle après une pause et en donnant à sa voix l'accent de la tendresse, beaucoup de méchantes gens à messieurs de Guise veulent semer la division entre vous et moi, quoique nous soyons les seuls dans ce royaume de qui les intérêts soient exactement les mêmes : pensez-y. Vous vous reprochez maintenant la Saint-Barthélemi, je le sais; vous m'accusez de vous y avoir décidé. Le catholicisme, monsieur, doit être le lien de l'Espagne, de la France et de l'Italie, trois pays qui peuvent, par un plan secrètement et habilement suivi, se réunir sous la maison de Valois à l'aide du temps. Ne vous ôtez pas des chances en lâchant la corde qui réunit ces trois royaumes dans le cercle d'une même foi. Pourquoi les Valois et les Médicis n'exécuteraient-ils pas pour leur gloire le plan de Charles-Quint à qui la tête a manqué? Rejetons dans le Nouveau-Monde, où elle s'engage, cette race de Jeanne-la-Folle. Maîtres à Florence et à Rome, les Médicis subjugueront l'Italie pour vous; ils vous en assureront tous les avantages par un traité de commerce et d'alliance en se reconnaissant vos feudataires pour le Piémont, le Milanais et Naples, où vous avez des droits. Voilà, Monsieur, les raisons de la guerre à mort que nous faisons aux Huguenots. Pourquoi nous forcez-vous à vous répéter ces choses? Charlemagne se trompait en s'avançant vers le nord. Oui, la France est un corps dont le cœur se trouve au golfe de Lyon, et dont les deux bras sont l'Espagne et l'Italie. On domine ainsi la Méditerranée, qui est comme une corbeille où tombent les richesses de l'Orient, et desquelles ces messieurs de Venise profitent aujourd'hui, à la barbe de Philippe II. Si l'amitié des Médicis et vos droits peuvent vous faire espérer l'Italie, la force ou des alliances, une succession peut-être, vous donneront l'Espagne. Prévenez sur ce point l'ambitieuse maison d'Autriche, à laquelle les Guelfes vendaient l'Italie, et qui rêve encore d'avoir l'Espagne. Quoique votre femme vienne de cette maison, abaissez l'Autriche, embrassez-la bien fort pour l'étouffer ; là, sont les ennemis de votre royaume, car de là viennent les secours aux Réformés. N'écoutez pas les gens qui trouvent un bénéfice à notre désaccord, et qui vous mettent martel en tête, en me présentant comme votre ennemie domestique. Vous ai-je empêché d'avoir des héritiers? Pourquoi votre maîtresse vous donne-t-elle un fils et la reine une fille? Pourquoi n'avez-vous pas aujourd'hui trois héritiers qui couperaient par le pied les espérances de tant de séditions? Est-ce à moi, monsieur, de répondre à ces questions? Si vous aviez un fils, monsieur d'Alençon conspirerait-il?

En achevant ces paroles, Catherine arrêta sur Charles IX le coup d'œil fascinateur de l'oiseau de proie sur sa victime. La fille des Médicis était alors belle de sa beauté; ses vrais sentiments éclataient sur son visage qui, semblable à celui du joueur à son tapis vert, étincelait de mille grandes cupidités. Charles IX ne vit plus la mère d'un seul homme, mais bien, comme on le disait d'elle, la mère des armées et des empires (*mater castrorum*). Catherine avait déployé les ailes de son génie et volait audacieusement dans la haute politique des Médicis et des Valois, en traçant les plans gigantesques dont s'effraya jadis Henri II, et qui, transmis par le génie des Médicis à Richelieu, restèrent écrits dans le cabinet de la maison de Bourbon. Mais Charles IX, en voyant sa mère user de tant de précautions, pensait en lui-même qu'elles devaient être nécessaires, et il se demandait dans quel but elle les prenait. Il baissait les yeux, il hésitait : sa défiance ne pouvait tomber devant des phrases. Catherine fut étonnée de la profondeur à laquelle gisaient les soupçons dans le cœur de son fils.

— Eh! bien, monsieur, dit-elle, ne me comprendrez-vous donc point? Que sommes-nous, vous et moi, devant l'éternité des couronnes royales? Me supposez-vous des desseins autres que ceux qui doivent nous agiter en habitant la sphère où l'on domine les empires?

— Madame, je vous suis dans votre cabinet, il faut agir...

— Agir ! s'écria Catherine, laissons-les aller, et prenons-les sur le fait, la justice vous en délivrera. Pour Dieu ! monsieur, faisons-leur bonne mine.

La reine se retira. Le roi resta seul un moment, car il était tombé dans un profond accablement.

— De quel côté sont les embûches ? s'écria-t-il. Qui d'elle ou d'eux me trompe ? Quelle politique est la meilleure ? *Deus ! discerne causam meam,* dit-il les larmes aux yeux. La vie me pèse. Naturelle ou forcée, je préfère la mort à ces tiraillements contradictoires, ajouta-t-il en déchargeant un coup de marteau sur son enclume avec tant de force que les voûtes du Louvre en tremblèrent. — Mon Dieu ! reprit-il en sortant et regardant le ciel, vous, pour la sainte religion de qui je combats, donnez-moi la clarté de votre regard pour pénétrer le cœur de ma mère en interrogeant les Ruggieri.

La petite maison où demeurait la dame de Belleville et où Charles IX avait déposé ses prisonniers, était l'avant-dernière dans la rue de l'Autruche, du côté de la rue Saint-Honoré. La porte de la rue, que flanquaient deux petits pavillons en briques, semblait fort simple dans un temps où les portes et leurs accessoires étaient si curieusement traités. Elle se composait de deux pilastres en pierre taillée en pointe de diamant, et le cintre représentait une femme couchée qui tenait une corne d'abondance. La porte, garnie de ferrures énormes, avait, à hauteur d'œil, un guichet pour examiner les gens qui demandaient à entrer. Chacun des pavillons logeait un concierge. Le plaisir extrêmement capricieux du roi Charles exigeait un concierge jour et nuit. La maison avait une petite cour pavée à la vénitienne. A cette époque où les voitures n'étaient pas inventées, les dames allaient à cheval ou en litière, et les cours pouvaient être magnifiques, sans que les chevaux ou les voitures les gâtassent. Il faut sans cesse penser à cette circontance pour s'expliquer l'étroitesse des rues, le peu de largeur des cours, et certains détails des habitations du quinzième siècle.

La maison, élevée d'un étage au-dessus du rez-de-chaussée, était couronnée par une frise sculptée, sur laquelle s'appuyait un toit à quatre pans, dont le sommet formait une plate-forme. Ce toit était percé de lucarnes ornées de tympans et de chambranles que le ciseau de quelque grand artiste avait dentelés et couverts d'arabesques. Chacune des trois croisées du premier étage se recommandait également par ses broderies de pierre, que la brique des murs faisait ressortir. Au rez-de-chaussée, un double perron décoré fort délicatement, et dont la tribune se distinguait par un lac d'amour, menait à une porte d'entrée en bossages taillés à la vénitienne en pointe de diamant, système de décors qui se trouvait dans la croisée droite et dans celle de gauche.

Un jardin distribué planté à la mode de ce temps, et où abondaient les fleurs rares, occupait derrière la maison un espace égal en étendue à celui de la cour. Une vigne tapissait les murailles. Au milieu d'un gazon s'élevait un pin argenté. Les plates-bandes étaient séparées de ce gazon par des allées sinueuses menant à un petit bosquet d'ifs taillés qui se trouvait au fond. Les murs revêtus de mosaïques composées de différents cailloux assortis, offraient à l'œil des dessins grossiers, il est vrai, mais qui plaisaient par la richesse des couleurs en harmonie avec celles des fleurs. La façade du jardin, semblable à celle de la cour, offrait comme elle un joli balcon travaillé qui surmontait la porte et embellissait la croisée du milieu. Sur le jardin comme sur la cour, les ornements de cette maîtresse croisée, avancée de quelques pieds, montaient jusqu'à la frise, en sorte qu'elle simulait un petit pavillon semblable à une lanterne. Les appuis des autres croisées étaient incrustés de marbres précieux encadrés dans la pierre.

Malgré le goût exquis qui respirait dans cette maison, elle avait une physionomie triste. Le jour y était obscurci par les maisons voisines et par les toits de l'hôtel d'Alençon qui projetaient une ombre sur la cour et sur le jardin; puis, il y régnait un profond silence. Mais ce silence, ce clair-obscur, cette solitude faisaient du bien à l'âme qui pouvait s'y livrer à une seule pensée, comme dans un cloître où l'on se recueille, ou comme dans la coite maison où l'on aime.

Qui ne devinerait maintenant les recherches intérieures de cette retraite, seul lieu de son royaume où l'avant-dernier Valois pouvait épancher son âme, dire ses douleurs, déployer son goût pour les arts et se livrer à la poésie qu'il aimait, toutes affections contrariées par les soucis de la plus pesante des royautés. Là seulement sa grande âme et sa haute valeur étaient appréciées; là seulement il se livra, durant quelques mois fugitifs, les derniers de sa vie, aux jouissances de la paternité, plaisirs dans lesquels il se jetait avec la frénésie que le pressentiment d'une horrible et prochaine mort imprimait à toutes ses actions.

Dans l'après-midi, le lendemain, Marie achevait sa toilette dans son oratoire, qui était le boudoir de ce temps-là. Elle arrangeait quelques boucles de sa belle chevelure noire, afin d'en marier les touffes avec un nouvel escoffion de velours, et se regardait attentivement dans son miroir.

— Il est bientôt quatre heures, cet interminable conseil est fini, se disait-elle. Jacob est revenu du Louvre, où l'on est en émoi à cause du nombre des conseillers convoqués et de la durée de cette séance. Qu'est-il donc arrivé? quelque malheur. Mon Dieu, sait-*il* combien l'âme s'use à l'attendre en vain! Il est allé peut-être à la chasse? S'il s'est amusé, tout ira pour le mieux. Si je le vois gai, j'oublierai que j'ai souffert.

Elle appuya ses mains le long de sa taille afin d'effacer quelque léger pli, et se tourna de côté pour voir en profil comment allait sa robe; mais elle vit alors le roi sur le lit de repos. Les tapis assourdissaient si bien le bruit des pas, qu'il avait pu se glisser là sans être entendu.

— Vous m'avez fait peur, dit-elle en laissant échapper un cri de surprise promptement réprimé.

— Tu pensais à moi? dit le roi.

— Quand ne pensé-je pas à vous? demanda-t-elle en s'asseyant près de lui.

Elle lui ôta son bonnet et son manteau, lui passa les mains dans les cheveux, comme si elle eût voulu les lui peigner avec les doigts. Charles se laissa faire sans rien répondre. Étonnée, Marie se mit à genoux pour bien étudier le pâle visage de son royal maître, et reconnut alors les traces d'une fatigue horrible et d'une mélancolie plus dévorante que toutes les mélancolies qu'elle avait déjà dissipées. Elle retint une larme, et garda le silence pour ne pas irriter par d'imprudentes paroles des douleurs qu'elle ne connaissait pas encore. Elle fit ce que font, en semblable occurrence, les femmes tendres : elle baisa ce front sillonné de rides précoces, ces joues décomposées, en essayant d'imprimer la fraîcheur de son âme à cette âme soucieuse, en faisant passer son esprit dans de suaves caresses qui n'eurent aucun succès. Elle leva la tête à la hauteur de celle du roi, qu'elle étreignait doucement de ses bras mignons, et se tint coi, le visage appuyé sur ce sein douloureux, en épiant le moment opportun pour questionner ce malade abattu.

— Mon Charlot, ne direz-vous pas à votre pauvre amie inquiète es pensées qui embrunent votre front chéri, qui font pâlir vos belles lèvres rouges ?

— A l'exception de Charlemagne, dit-il d'une voix sourde et creuse, tous les rois de France du nom de Charles ont fini misérablement.

— Bah ! dit-elle, et Charles VIII ?

— A la fleur de son âge, reprit le roi, ce pauvre prince s'est cogné la tête à une porte basse au château d'Amboise, qu'il embellissait, et il mourut en d'horribles souffrances. Sa mort a donné la couronne à notre maison.

— Charles VII a reconquis son royaume.

— Petite, il y est mort (le roi baissa la voix) de faim, redoutant d'être empoisonné par le dauphin, qui avait déjà fait mourir sa belle Agnès. Le père craignait son fils; aujourd'hui, le fils craint sa mère !

— Pourquoi fouillez-vous ainsi dans le passé? dit-elle en pensant à l'épouvantable vie de Charles VI.

— Que veux-tu, mon minon? les rois peuvent trouver, sans recourir aux devins, le sort qui les attend, ils n'ont qu'à consulter l'histoire. Je suis en ce moment occupé d'éviter le sort de Charles-le-Simple, qui fut dépouillé de sa couronne, et mourut en prison, après sept ans de captivité.

— Charles V a chassé les Anglais! dit-elle victorieusement.

— Non lui, mais du Guesclin; car, empoisonné par Charles de Navarre, il a traîné des jours languissants.

— Mais Charles IV? dit elle.

— Il s'est marié trois fois sans pouvoir obtenir d'héritiers, malgré la beauté masculine qui distinguait les enfants de Philippe-le-Bel. A lui, finirent les premiers Valois, les nouveaux finiront de même; la reine ne m'a donné qu'une fille, et je mourrai sans la laisser grosse, car une minorité serait le plus grand malheur dont puisse être affligé le royaume. D'ailleurs, vivrait-il, mon fils? Ce nom de Charles est de funeste augure, Charlemagne en a épuisé le bonheur. Si je redevenais roi de France, je tremblerais de me nommer Charles X.

Qui donc en veut à ta couronne?

— Mon frère d'Alençon conspire contre moi. Je vois partout des ennemis...

Monsieur, dit Marie en faisant une adorable petite moue, contez-moi des histoires plus gaies.

Mon joyau chéri, répliqua vivement le roi, ne me dis jamais monsieur, même en riant; tu me rappelles ma mère qui me blesse sans cesse avec ce mot, par lequel elle semble m'ôter ma couronne. Elle dit mon fils au duc d'Anjou, c'est-à-dire au roi de Pologne.

SIRE, fit Marie en joignant les mains comme si elle eût prié Dieu, il est un royaume où vous êtes adoré, VOTRE MAJESTÉ l'emplit de sa gloire, de sa force; et là, le mot monsieur veut dire mon bien-aimé seigneur.

Elle déjoignit les mains, et, par un geste mignon, désigna du doigt son cœur au roi. Ces paroles furent si bien *musiquées*, pour employer un mot du temps qui peint les mélodies de l'amour, que Charles IX prit Marie par la taille, l'enleva avec cette force nerveuse qui le distinguait, l'assit sur ses genoux, et se frotta doucement le front aux boucles de cheveux que sa maîtresse avait si coquettement arrangées. Marie jugea le moment favorable, elle hasarda quelques baisers que Charles souffrit plutôt qu'il ne les acceptait; puis, entre deux baisers, elle lui dit: — Si mes gens n'ont pas menti, tu aurais couru Paris pendant toute cette nuit, comme dans le temps où tu faisais des folies en vrai cadet de famille.

— Oui, dit le roi qui resta perdu dans ses pensées.

— N'as-tu pas battu le guet et dévalisé quelques bons bourgeois? Quels sont donc les gens que l'on m'a donnés à garder, et qui sont si criminels que vous avez défendu d'avoir avec eux la moindre communication? Jamais fille n'a été verrouillée avec plus de rigueur que ces gens qui n'ont ni bu, ni mangé; les Allemands de Solern n'ont laissé approcher personne de la chambre où vous les avez mis. Est-ce une plaisanterie, est-ce une affaire sérieuse?

— Oui, hier au soir, dit le roi en sortant de sa rêverie, je me suis mis à courir sur les toits avec Tavannes et les Gondi; j'ai voulu avoir les compagnons de mes anciennes folies, mais les jambes ne sont plus les mêmes: nous n'avons osé sauter les rues. Cependant nous avons franchi deux cours en nous élançant d'un toit sur l'autre. A la dernière, arrivés sur un pignon, à deux pas d'ici, serrés à la barre d'une cheminée, nous nous sommes dit, Tavannes et moi, qu'il ne fallait pas recommencer. Si chacun de nous avait été seul, aucun n'aurait fait le coup.

— Tu as sauté le premier, je gage? (Le roi sourit.) — Je sais pourquoi tu risques ainsi ta vie.

— Oh! la belle devineresse!

— Tu es las de vivre.

— Foin des sorciers! je suis poursuivi par eux, dit le roi reprenant un air grave.

— Ma sorcellerie est l'amour, reprit-elle en souriant. Depuis le jour heureux où vous m'avez aimée, n'ai-je pas toujours deviné vos pensées? Et, si vous voulez me permettre de vous dire la vérité, les pensées qui vous tourmentent aujourd'hui ne sont pas dignes d'un roi.

— Suis-je roi? dit-il avec amertume.

— Ne pouvez-vous l'être? Comment fit Charles VII, de qui vous portez le nom? il écouta sa maîtresse, monseigneur, et il reconquit son royaume, envahi par les Anglais comme le vôtre l'est par ceux de la Religion. Votre dernier coup d'État vous a tracé une route qu'il faut suivre. Exterminez l'hérésie.

— Tu blâmais le stratagème, dit Charles, et aujourd'hui...

— Il est accompli, répondit-elle; d'ailleurs, je suis de l'avis de madame Catherine, il valait mieux le faire soi-même que de le laisser faire aux Guise.

— Charles VII n'avait que des hommes à combattre, et je trouve en face de moi des idées, reprit le roi. On tue les hommes, on ne tue pas des mots! L'empereur Charles-Quint y a renoncé, son fils Don Philippe y épuise ses forces, nous y périrons tous, nous autres rois. Sur qui puis-je m'appuyer? A droite, chez les Catholiques, je trouve les Guise qui me menacent; à gauche, les Calvinistes ne me pardonneront jamais la mort de mon pauvre père Coligny, ni la saignée d'août; et, d'ailleurs, ils veulent supprimer les trônes; enfin devant moi, j'ai ma mère...

— Arrêtez-la, régnez seul, dit Marie à voix basse et dans l'oreille du roi.

— Je le voulais hier et ne le veux plus aujourd'hui. Tu en parles bien à ton aise.

— Entre la fille d'un apothicaire et celle d'un médecin la distance n'est pas si grande, reprit Marie Touchet qui plaisantait volontiers sur la fausse origine qu'on lui prêtait.

Le roi fronça le sourcil.

— Marie, point de ces libertés! Catherine de Médicis est ma mère, et tu devrais trembler de...

— Et que craignez-vous?

— Le poison! dit enfin le roi hors de lui-même.

— Pauvre enfant! s'écria Marie en retenant ses larmes, car tant de force unie à tant de faiblesse l'émut profondément. — Ah! reprit-elle, vous me faites bien haïr madame Catherine, qui me semblait si bonne, et de qui les bontés me paraissent être des perfidies. Pourquoi me fait-elle tant de bien, et à vous tant de mal? Pendant mon séjour en Dauphiné, j'ai appris sur le commencement de votre règne bien des choses que vous m'aviez cachées, et la reine votre mère me semble avoir causé tous vos malheurs.

— Comment? dit le roi vivement préoccupé.

— Les femmes dont l'âme et dont les intentions sont pures se servent des vertus pour dominer les hommes qu'elles aiment; mais les femmes qui ne leur veulent pas de bien les gouvernent en prenant des points d'appui dans leurs mauvais penchants; or, la reine a fait des vices de plusieurs belles qualités à vous, et vous a fait croire que vos mauvais côtés étaient des vertus. Était-ce là le rôle d'une mère? Soyez un tyran à la façon de Louis XI, inspirez une profonde terreur; imitez Don Philippe, bannissez les Italiens, donnez la chasse aux Guises et confisquez les terres des Calvinistes; vous vous élèverez dans cette solitude, et vous sauverez le trône. Le moment est propice, votre frère est en Pologne.

— Nous sommes deux enfants en politique, dit Charles avec amertume, nous ne savons que faire l'amour. Hélas, mon minon, hier je songeais à tout ceci, je voulais accomplir de grandes choses, bah! ma mère a soufflé sur mes châteaux de cartes. De loin, les questions se dessinent nettement comme des cimes de montagnes, et chacun se dit: — J'en finirais avec le Calvinisme, je mettrais messieurs de Guise à la raison, je me séparerais de la cour de Rome, je m'appuierais sur le peuple, sur la bourgeoisie; enfin, de loin, tout paraît simple; mais en voulant gravir les montagnes, à mesure qu'on s'en approche, les difficultés se révèlent. Le Calvinisme est en lui-même le dernier souci des chefs du parti, et messieurs de Guise, ces emportés Catholiques, seraient au désespoir de voir les Calvinistes réduits. Chacun obéit à ses intérêts avant tout, et les opinions religieuses servent de voile à des ambitions insatiables. Le parti de Charles IX est le plus faible de tous : celui du roi de Navarre, celui du roi de Pologne, celui du duc d'Alençon, celui des Condé, celui des Guise, celui de ma mère se coalisent les uns contre les autres et me laissent seul jusque dans mon conseil. Ma mère est, au milieu de tant d'éléments de trouble, la plus forte, elle vient de me démontrer l'inanité de mes plans. Nous sommes environnés de sujets qui narguent la justice. La hache de Louis XI, de qui tu parles, nous manque. Le Parlement ne condamnerait ni les Guise, ni le roi de Navarre, ni les Condé, ni mes frères ; il croirait mettre le royaume en feu. Il faudrait avoir le courage que veut l'assassinat ; le trône en viendra là avec ces insolents qui ont supprimé la justice ; mais où trouver des bras fidèles ! Le conseil tenu ce matin m'a dégoûté de tout : partout des trahisons, partout des intérêts contraires. Je suis las de porter ma couronne, je ne veux plus que mourir en paix.

Et il retomba dans une morne somnolence.

— Dégoûté de tout ! répéta douloureusement Marie Touchet en respectant la profonde torpeur de son amant.

Charles était, en effet, en proie à l'une de ces prostrations complètes de l'esprit et du corps, produites par la fatigue de toutes les facultés, et augmentées par le découragement que causent l'étendue du malheur, l'impossibilité reconnue du triomphe, ou l'aspect de difficultés si multipliées que le génie lui-même s'en effraie. L'abattement du roi était en raison de la hauteur à laquelle avaient monté son courage et ses idées depuis quelques mois ; puis un accès de mélancolie nerveuse, engendrée par la maladie elle-même, l'avait saisi au sortir du long conseil qui s'était tenu dans son cabinet ; Marie vit bien qu'il se trouvait en proie à l'une de ces crises où tout est douloureux et importun, même l'amour, elle demeura donc agenouillée, la tête sur les genoux du roi, qui laissa sa main plongée dans les cheveux de sa maîtresse, sans mouvement, sans dire un mot, sans soupirer, ni elle non plus. Charles IX était plongé dans la léthargie de l'impuissance, et Marie dans la stupeur du désespoir de la femme aimante qui aperçoit les frontières où finit l'amour.

Les deux amants restèrent ainsi dans le plus profond silence pendant un long moment, pendant une de ces heures où toute réflexion fait plaie, où les nuages d'une tempête intérieure voilent jusqu'aux souvenirs du bonheur. Marie se crut pour quelque chose dans cet effrayant accablement. Elle se demanda, non sans terreur, si les joies excessives par lesquelles le roi l'avait accueillie, et si le violent amour qu'elle ne se sentait pas la force de combattre n'affaiblissaient point l'esprit et le corps de Charles IX. Au moment où elle leva ses yeux, baignés de larmes comme son visage, vers son amant, elle vit des larmes dans les yeux et sur les joues décolorées du roi. Cette entente qui les unissait jusque dans la douleur émut si fort Charles IX, qu'il sortit de sa torpeur comme un cheval éperonné; il prit Marie par la taille, et, avant qu'elle pût deviner sa pensée, il l'avait posée sur le lit de repos.

— Je ne veux plus être roi, dit-il, je ne veux plus être que ton amant, et tout oublier dans le plaisir! Je veux mourir heureux, et non dévoré par les soucis du trône.

L'accent de ces paroles, et le feu qui brilla dans les yeux naguère éteints de Charles IX, au lieu de plaire à Marie, lui firent une peine horrible : en ce moment elle accusait son amour de complicité avec les causes de la maladie dont mourait le roi.

— Vous oubliez vos prisonniers, lui dit-elle en se levant avec brusquerie.

— Et que m'importent ces hommes, je leur permets de m'assassiner.

— Eh! quoi! des assassins? dit-elle.

— Ne t'en inquiète pas, nous les tenons, chère enfant! ne t'occupe pas d'eux, mais de moi; ne m'aimes-tu donc pas?

— Sire! s'écria-t-elle.

— Sire, répéta-t-il en faisant jaillir des étincelles de ses yeux, tant fut violent le premier essor de la colère excité par le respect intempestif de sa maîtresse. Tu t'entends avec ma mère.

— Mon Dieu! s'écria Marie en regardant le tableau de son prie-Dieu et s'efforçant d'y atteindre pour y dire quelque oraison, faites qu'il me comprenne!

— Ah! reprit le roi d'un air sombre, aurais-tu donc quelque chose à te reprocher? Puis, la regardant entre ses bras, il plongea ses yeux dans les yeux de sa maîtresse : — J'ai entendu parler de la folle passion d'un certain d'Entragues pour toi, dit-il d'un air égaré, et depuis que le capitaine Balzac, leur grand-père, a épousé une Visconti à Milan, les drôles ne doutent de rien.

Marie regarda le roi d'un air si fier qu'il devint honteux. En ce moment, les cris du petit Charles de Valois, qui venait de s'éveiller, et que sa nourrice apportait sans doute, se firent entendre dans le salon voisin.

— Entrez, la Bourguignonne! dit Marie en allant prendre son enfant à la nourrice et l'apportant au roi. — Vous êtes plus enfant que lui, dit-elle à demi courroucée, à demi calmée.

— Il est bien beau, dit Charles IX en prenant son fils.

— Moi seule sait combien il te ressemble, dit Marie, il a déjà tes gestes et ton sourire...

— Si petit? demanda le roi en souriant.

— Les hommes ne veulent pas croire ces choses-là, dit-elle; mais, mon Charlot, prends-le, joue avec lui, regarde-le! tiens, n'ai-je pas raison?

— C'est vrai, s'écria le roi surpris par un mouvement de l'enfant qui lui parut la miniature d'un de ses gestes.

— La jolie fleur! fit la mère. Il ne me quittera jamais, lui! il ne me causera point de chagrins.

Le roi jouait avec son fils, il le faisait sauter, il le baisait avec un entier emportement, il lui disait de ces folles et vagues paroles, jolies onomatopées que savent créer les mères et les nourrices; sa voix se faisait enfantine; enfin son front s'éclaircit, la joie revint sur sa figure attristée, et quand Marie vit que son amant oubliait tout, elle posa la tête sur son épaule, et lui souffla ces mots à l'oreille : — Ne me direz-vous pas, mon Charlot, pourquoi vous me donnez des assassins à garder, et quels sont ces hommes, et ce que vous en comptez faire? Enfin, où alliez-vous sur les toits? J'espère qu'il ne s'agit pas d'une femme?

— Tu m'aimes toujours autant! dit le roi surpris par le rayon clair d'un de ces regards interrogateurs que les femmes savent jeter à propos.

— Vous avez pu douter de moi? reprit-elle en roulant des larmes entre ses belles paupières fraîches.

— Il y a des femmes dans mon aventure; mais c'est des sorcières. Où en étais-je?

— Nous étions à deux pas d'ici, sur le pignon d'une maison, dit Marie, dans quelle rue?

— Rue Saint-Honoré, mon minon, dit le roi qui parut s'être remis et qui, en reprenant ses idées, voulut mettre sa maîtresse au fait de la scène qui allait se passer chez elle. En y passant hier pour aller vaurienner, mes yeux furent attirés par une vive clarté qui partait des combles de la maison où demeure René, le parfumeur et le gantier de ma mère, le tien, celui de la cour. J'ai des doutes violents sur ce qui se fait chez cet homme, et si je suis empoisonné, là s'est préparé le poison.

— Dès demain je le quitte, dit Marie.

— Ah ! tu l'avais conservé quand je l'avais quitté, s'écria le roi. Ici était ma vie, reprit-il d'un air sombre, on y a sans doute mis la mort.

— Mais, cher enfant, je reviens de Dauphiné, avec notre dauphin, dit-elle en souriant, et René ne m'a rien fourni depuis la mort de la reine de Navarre... Continue, tu as grimpé sur la maison de René ?

— Oui, reprit le roi. En un moment, je suis arrivé, suivi de Tavannes, dans un endroit d'où j'ai pu voir, sans être vu, l'intérieur de la cuisine du diable et y remarquer des choses qui m'ont inspiré les mesures que j'ai prises. N'as-tu jamais examiné les combles qui terminent la maison de ce damné Florentin ? Les croisées du côté de la rue sont toujours fermées, excepté la dernière d'où l'on voit l'hôtel de Soissons et la colonne qu'a fait bâtir ma mère pour son astrologue Cosme Ruggieri. Dans ces combles, il se trouve un logement et une galerie qui ne sont éclairés que du côté de la cour, en sorte que, pour voir ce qui s'y fait, il faut aller là où nul homme ne peut avoir la pensée de grimper, sur le chaperon d'une haute muraille qui aboutit aux toits de la maison de René. Les gens qui ont établi là leurs fourneaux où ils distillent la mort, comptaient sur la couardise des Parisiens pour n'être jamais vus ; mais ils ont compté sans leur Charles de Valois. Moi, je me suis avancé dans le chéneau jusqu'à une croisée, contre le jambage de laquelle je me suis tenu droit, en passant mon bras autour du singe qui en fait l'ornement.

— Et qu'avez-vous vu, mon cœur ? dit Marie effrayée.

— Un réduit où se fabriquent des œuvres de ténèbres, répondit le roi. Le premier objet sur lequel était tombé mon regard était un grand vieillard assis dans une chaise, et doué d'une magnifique barbe blanche comme était celle du vieux Lhôpital, vêtu comme lui d'une robe de velours noir. Sur son large front, profondément sillonné par des rides creuses, sur sa couronne de cheveux blanchis, sur sa face calme et attentive, pâle de veilles et de travaux, tombaient les rayons concentrés d'une lampe d'où jaillissait une vive lumière. Il partageait son attention entre un vieux manuscrit dont le parchemin doit avoir plusieurs siècles, et deux fourneaux allumés où cuisaient des substances hérétiques. Le plancher du laboratoire ne se voyait ni en haut ni en bas, tant il s'y trouvait d'animaux suspendus, de squelettes, de plantes desséchées, de minéraux, d'ingrédients qui farcissaient les murs : ici, des livres, des instruments de distillation, des bahuts remplis d'ustensiles de magie, d'astrologie; là, des thèmes de nativité, des fioles, des figures envoûtées et peut-être des poisons qu'il fournit à René pour payer l'hospitalité et la protection que le gantier de ma mère lui donne. Tavannes et moi nous avons été saisis, je te l'assure, par l'aspect de cet arsenal du diable; car, rien qu'à le voir, on est sous un charme, et n'était mon métier de roi de France, j'aurais eu peur. — « Tremble pour nous deux! » ai-je dit à Tavannes. Mais Tavannes avait les yeux séduits par le plus mystérieux des spectacles. Sur un lit de repos, à côté du vieillard, était étendue une fille de la plus étrange beauté, fine et longue comme une couleuvre, blanche comme une hermine, livide comme une morte, immobile comme une statue. Peut-être est-ce une femme fraîchement tirée d'un tombeau qui servait à quelque expérience, car elle nous a semblé avoir encore son linceul; ses yeux étaient fixes, et je ne la voyais pas respirer. Le vieux drôle n'y faisait pas la moindre attention; je le regardais si curieusement, que son esprit a, je crois, passé en moi; à force de l'étudier, j'ai fini par admirer ce regard si vif, si profond, si hardi, malgré les glaces de l'âge; cette bouche remuée par des pensées émanées d'un désir qui paraissait unique, et qui restait gravé dans mille plis. Tout en cet homme accusait une espérance que rien ne décourage et que rien n'arrête. Son attitude pleine de frémissements dans son immobilité, ces contours si déliés, si bien fouillés par une passion qui fait l'office d'un ciseau de sculpteur, cette idée acculée sur une tentative criminelle ou scientifique, cette intelligence chercheuse, à la piste de la nature, vaincue par elle et courbée sans avoir rompu sous le faix de son audace à laquelle elle ne renonce point, menaçant la création avec le feu qu'elle tient d'elle... tout m'a fasciné pendant un moment. J'ai trouvé ce vieillard plus roi que je ne le suis, car son regard embrassait le monde et le dominait. J'ai résolu de ne plus forger des épées, je veux planer sur les abîmes, ainsi que fait ce vieillard, sa science m'a semblé comme une royauté sûre. Enfin, je crois aux Sciences Occultes.

— Vous le fils aîné, le vengeur de la sainte Église catholique, apostolique et romaine? dit Marie.

— Moi!

— Que vous est-il donc arrivé? Continuez, je veux avoir peur pour vous, et vous aurez du courage pour moi.

— En regardant son horloge, le vieillard se leva, reprit le roi; il est sorti, je ne sais par où, mais j'ai entendu ouvrir la croisée du côté de la rue Saint-Honoré. Bientôt une lumière a brillé, puis j'ai vu, sur la colonne de l'hôtel de Soissons, une autre lumière qui répondait à celle du vieillard, et qui nous a permis de voir Cosme Ruggieri sur le haut de la colonne. — « Ah! ils s'entendent! » ai-je dit à Tavannes qui trouva dès lors tout effroyablement suspect, et qui partagea mon avis de nous emparer de ces deux hommes et de faire examiner incontinent leur atelier monstrueux. Mais avant de procéder à une saisie générale, nous avons voulu voir ce qui allait advenir. Au bout d'un quart d'heure, la porte du laboratoire s'est ouverte, et Cosme Ruggieri, le conseiller de ma mère, le puits sans fond où s'engloutissent tous les secrets de la cour, à qui les femmes demandent du secours contre leurs maris et contre leurs amants, à qui les amants et les maris demandent secours contre leurs infidèles, qui trafique de l'avenir et aussi du passé, en recevant de toutes les mains, qui vend des horoscopes et qui passe pour savoir tout, cette moitié de démon est entré en disant au vieillard : — « Bonjour, mon frère ! » Il amenait une effroyable petite vieille édentée, bossue, tordue, crochue comme un marmouset de fantaisie, mais plus horrible; elle était ridée comme une vieille pomme, sa peau avait une teinte de safran, son menton mordait son nez, sa bouche était une ligne à peine indiquée, ses yeux ressemblaient aux points noirs d'un dé, son front exprimait l'amertume, ses cheveux s'échappaient en mèches grises de dessous un sale escoffion; elle marchait appuyée sur une béquille; elle sentait le fagot et la sorcellerie; elle nous fit peur, car ni Tavannes, ni moi, nous ne la prîmes pour une femme naturelle, Dieu ne les a pas faites aussi épouvantables que cela. Elle s'assit sur un escabeau près de la jolie couleuvre blanche dont s'amourachait Tavannes Les deux frères ne firent aucune attention ni à la vieille ni à la jeune qui, l'une près de l'autre, formaient un couple horrible. D'un côté la vie dans la mort, de l'autre la mort dans la vie.

— Mon gentil poète! s'écria Marie en baisant le roi.

— « Bonjour, Cosme, a répondu le vieil alchimiste à son frère. Et tous deux ont regardé le fourneau. — Quelle force a la lune aujourd'hui? demanda le vieillard à Cosme. — Mais, caro Lorenzo, a répondu l'astrologue de ma mère, la marée de septembre n'est pas encore finie, on ne peut rien savoir par un pareil désordre. — Que nous dit l'*orient*, ce soir? — Il vient de découvrir, a répondu Cosme, une force créatrice dans l'air qui rend à la terre tout ce qu'elle y prend; il en conclut, comme nous, que tout ici-bas est le produit d'une lente transformation, mais que toutes les diversités sont les formes d'une même substance. — C'est ce que pensait mon prédécesseur, a répondu Laurent. Ce matin, Bernard de Palissy me disait que les métaux étaient le résultat d'une compression, et que le feu, qui divise tout, réunit tout aussi; que le feu a la puissance de comprimer aussi bien que celle de séparer. Il y a du génie chez ce bonhomme. » Quoique je fusse placé de manière à ne pas être vu, Cosme dit en prenant la main de la jeune morte : — « Il y a quelqu'un près de nous! — Qui est-ce? demanda-t-il. — Le roi! dit-elle. » Je me suis montré en frappant le vitrail, Ruggieri m'a ouvert la croisée, et j'ai sauté dans cette cuisine de l'enfer, suivi de Tavannes. — « Oui, le roi, dis-je aux deux Florentins qui nous parurent saisis de terreur. Malgré vos fourneaux et vos livres, vos sorcières et votre science, vous n'avez pas su deviner ma visite. Je suis bien aise de voir ce fameux Laurent Ruggieri de qui parle si mystérieusement la reine ma mère, dis-je au vieillard qui se leva et s'inclina. Vous êtes dans le royaume sans mon agrément, bonhomme. Pour qui travaillez-vous ici, vous qui, de père en fils, êtes au cœur de la maison de Médicis? Écoutez-moi! Vous puisez dans tant de bourses, que depuis long-temps des gens cupides eussent été rassasiés d'or; vous êtes des gens trop rusés pour vous jeter imprudemment dans des voies criminelles, mais vous ne devez pas non plus vous jeter en étourneaux dans cette cuisine; vous avez donc de secrets desseins, vous qui n'êtes satisfaits ni par l'or, ni par le pouvoir? Qui servez-vous? Dieu ou le diable? Que fabriquez-vous ici? Je veux la vérité tout entière, je suis homme à l'entendre et à vous garder le secret sur vos entreprises, quelque blâmables qu'elles puissent être. Ainsi vous me direz tout, sans feintise. Si vous me trompez, vous serez traités sévèrement. Païens ou Chrétiens, Calvinistes ou Mahométans, vous avez ma parole royale de pouvoir sortir impunément du royaume au cas où vous auriez quelques peccadilles à vous reprocher. Enfin je vous laisse le demeurant de cette nuit et la matinée de demain pour faire votre examen de conscience, car vous êtes mes prisonniers, et vous allez me suivre en un lieu où vous serez gardés comme des trésors. » Avant de se rendre à mon ordre, les deux Florentins se sont consultés l'un l'autre par un regard fin, et Laurent Ruggieri m'a dit que je devais être certain qu'aucun supplice ne pourrait leur arracher leurs secrets; malgré leur faiblesse apparente, ni la douleur, ni les sentiments humains n'avaient prise sur eux; la confiance pouvait seule faire dire à leur bouche ce que gardait leur pensée. Je ne devais pas m'étonner qu'en ce moment ils traitassent d'égal à égal avec un roi qui ne connaissait que Dieu au-dessus de lui, car leur pensée ne relevait aussi que de Dieu. Ils réclamaient donc de moi autant de confiance qu'ils m'en accorderaient. Or, avant de s'engager à me répondre sans arrière-pensée, ils me demandaient de mettre ma main gauche dans la main de la jeune fille qui était là, et la droite dans la main de la vieille. Ne voulant pas leur donner lieu de penser que je craignais quelque sortilége, je tendis mes mains. Laurent prit la droite, Cosme prit la gauche, et chacun d'eux me la plaça dans la main de chaque femme, en sorte que je fus comme Jésus-Christ entre ses deux larrons. Pendant tout le temps que les deux sorcières m'examinèrent les mains, Cosme me présenta un miroir en me priant de m'y regarder, et son frère parlait avec les deux femmes, dans une langue inconnue. Ni Tavannes ni moi, nous ne pûmes saisir le sens d'aucune phrase. Avant d'amener ces gens ici, nous avons mis les scellés sur toutes les issues de cette officine que Tavannes s'est chargé de garder jusqu'au moment où, par mon exprès commandement, Bernard de Palissy et Chapelain, mon médecin, s'y seront transportés pour faire une exacte perquisition de toutes les drogues qui s'y trouvent et s'y fabriquent. Afin de leur laisser ignorer les recherches qui se font dans leur cuisine, et de les empêcher de communiquer avec qui que ce soit au dehors, car ils auraient pu s'entendre avec ma mère, j'ai mis ces deux diables chez toi au secret, entre des Allemands de Solern qui valent les meilleures murailles de geôle. René lui-même a été gardé à vue dans sa chambre par l'écuyer de Solern, ainsi que les deux sorcières. Or, mon minon aimé, puisque je tiens les clefs de la Cabale, les rois de Thune, les chefs de la sorcellerie, les princes de la Bohême, les maîtres de l'avenir, les héritiers de tous les fameux pronostiqueurs, je veux lire en toi, connaître ton cœur, enfin nous allons savoir ce qui adviendra de nous !

— Je serai bien heureuse, s'ils peuvent mettre mon cœur à nu, dit Marie sans témoigner aucune appréhension.

— Je sais pourquoi les sorciers ne t'effraient pas : toi aussi, tu jettes des sorts.

— Ne voulez-vous pas de ces pêches ? répondit-elle en lui présentant de beaux fruits sur une assiette de vermeil. Voyez ces raisins, ces poires, je suis allée tout cueillir moi-même à Vincennes !

— J'en mangerai donc, car il ne s'y trouve d'autre poison que les philtres issus de tes mains.

— Tu devrais manger beaucoup de fruits, Charles, tu te rafraîchirais le sang, que tu brûles par tant de violences.

— Ne faudrait-il pas aussi te moins aimer ?

— Peut-être, dit-elle. Si les choses que tu aimes te nuisaient, et... je l'ai cru ! je puiserais dans mon amour la force de te les refuser. J'adore encore plus Charles que je n'aime le roi, et je veux que l'homme vive sans ces tourments qui le rendent triste et songeur.

— La royauté me gâte.

— Mais, oui, dit-elle. Si tu n'étais qu'un pauvre prince comme ton beau-frère, le roi de Navarre, ce petit coureur de filles qui n'a ni sou ni maille, qui ne possède qu'un méchant royaume en Espagne où il ne mettra jamais les pieds, et le Béarn en France qui lui donne à peine de quoi vivre, je serais heureuse, bien plus heureuse que si j'étais vraiment la reine de France.

— Mais n'es-tu pas plus que la reine ? Elle n'a le roi Charles que pour le bien du royaume, car la reine, n'est-ce pas encore de la politique ?

Marie sourit et fit une jolie petite moue en disant : — On le sait, sire. Et mon sonnet est-il fait ?

— Chère petite, les vers se font aussi difficilement que les édits de pacification, j'achèverai tantôt les tiens. Mon Dieu, la vie m'est légère ici, je n'en voudrais point sortir. Et cependant, il nous faut interroger les deux Florentins. Tête-Dieu pleine de reliques, je trouavait bien assez d'un Ruggieri dans le royaume, et voilà qu'il s'en trouve deux. Écoute, mon minon chéri, tu ne manques pas d'esprit, tu ferais un excellent lieutenant de police, car tu devines tout...

— Mais, sire, nous supposons tout ce que nous craignons, et pour nous le probable est le vrai : voilà toute notre finesse en deux mots.

— Eh! bien, aide-moi donc à sonder ces deux hommes. En ce moment, toutes mes déterminations dépendent de cet interrogatoire. Sont-ils innocents, sont-ils coupables? Ma mère est derrière eux.

— J'entends la voix de Jacob dans la vis, dit Marie.

Jacob était le valet favori du roi, celui qui l'accompagnait dans toutes ses parties de plaisir; il vint demander si le bon plaisir de son maître était de parler aux deux prisonniers.

Sur un signe affirmatif, la dame du logis donna quelques ordres.

— Jacob, dit-elle, faites vider la place à tout le monde au logis, excepté la nourrice et monsieur le Dauphin d'Auvergne qui peuvent y rester. Quant à vous, demeurez dans la salle basse; mais avant tout, fermez les croisées, tirez les rideaux dans le salon et allumez les chandelles.

L'impatience du roi était si grande, que pendant ces apprêts il vint s'asseoir sur une chaire auprès de laquelle se mit sa jolie maîtresse, au coin d'une haute cheminée de marbre blanc où brillait un feu clair. Le portrait du roi était encadré dans un cadre de velours rouge en place du miroir. Charles IX s'appuya le coude sur le bras de la chaire, pour mieux contempler les deux Florentins.

Les volets clos, les rideaux tirés, Jacob alluma les bougies d'une torchère, espèce de candélabre en argent sculpté, et la plaça sur une table où devaient se mettre les deux Florentins, qui purent reconnaître l'ouvrage de Benvenuto Cellini, leur compatriote. Les richesses de cette salle, décorée au goût de Charles IX, étincelèrent alors. On vit mieux qu'en plein jour le brun-rouge des tapisseries. Les meubles délicatement ouvragés réfléchirent dans les tailles de leur ébène la lueur des bougies et celle du foyer. Les dorures sobrement distribuées éclatèrent çà et là comme des yeux, et animèrent la couleur brune qui régnait dans cet amoureux pourpris.

Jacob frappa deux coups, et sur un mot, il fit entrer les deux Florentins. Marie Touchet fut soudain saisie de la grandeur qui r commandait Laurent à l'attention des grands comme des petits. Cet austère vieillard dont la barbe d'argent était rehaussée par une pelisse en velours noir avait un front semblable à un dôme de marbre. Sa figure sévère, où deux yeux noirs jetaient une flamme aiguë, communiquait le frémissement d'un génie sorti de sa profonde solitude, et d'autant plus agissant que sa puissance ne s'émoussait pas au contact des hommes. Vous eussiez dit du fer de la lame qui n'a pas encore servi.

Quant à Cosme Ruggieri, il portait le costume des courtisans de l'époque. Marie fit un signe au roi pour lui dire qu'il n'avait rien exagéré dans son récit, et pour le remercier de lui avoir montré cet homme extraordinaire.

— J'aurais voulu voir aussi les sorcières, dit-elle à l'oreille du roi.

Redevenu pensif, Charles IX ne répondit pas, il chassait soucieusement quelques miettes de pain qui se trouvaient sur son pourpoint et sur ses chausses.

— Vos sciences ne peuvent entreprendre sur le ciel, ni contraindre le soleil à paraître, messieurs de Florence, dit le roi en montrant les rideaux que la grise atmosphère de Paris avait fait baisser. Le jour manque.

— Nos sciences peuvent, sire, nous faire un ciel à notre fantaisie, dit Laurent Ruggieri. Le temps est toujours beau pour qui travaille en un laboratoire, au feu des fourneaux.

— Cela est vrai, dit le roi. — Eh! bien, mon père, dit-il en employant une expression qui lui était familière avec les vieillards, expliquez-nous bien clairement l'objet de vos études?

— Qui nous garantira l'impunité?

— La parole du roi, répondit Charles IX dont la curiosité fut vivement excitée par cette demande.

Laurent Ruggieri parut hésiter, et Charles IX s'écria : — Qui vous arrête? nous sommes seuls.

— Le roi de France y est-il? demanda le grand vieillard.

Charles IX réfléchit un instant, et répondit : — Non.

— Mais ne viendra-t-il point? dit encore Laurent.

— Non, répondit Charles IX en réprimant un mouvement de colère.

L'imposant vieillard prit une chaise et s'assit, Cosme étonné de cette hardiesse n'osa l'imiter.

Charles IX dit avec une profonde ironie : — Le roi n'y est pas monsieur; mais vous êtes chez une dame de qui vous deviez attendre le congé.

— Celui que vous voyez devant vous, madame, dit alors le grand vieillard, est autant au-dessus des rois que les rois sont au-dessus de leurs sujets, et vous me trouverez courtois, alors que vous connaîtrez ma puissance.

En entendant ces audacieuses paroles dites avec l'emphase ita lienne, Charles et Marie se regardèrent, et regardèrent Cosm qui, les yeux attachés sur son frère, semblait se dire : — Commen va-t-il se tirer du mauvais pas où nous sommes?

En effet, une seule personne pouvait comprendre la grandeur et la finesse du début de Laurent Ruggieri; ce n'était ni le roi ni sa jeune maîtresse sur qui le vieillard jetait le charme de son audace, mais bien le rusé Cosme Ruggieri. Quoique supérieur aux plus habiles de la cour, et peut-être à Catherine de Médicis, sa protectrice, l'astrologue reconnaissait son frère Laurent pour son maître.

Ce vieux savant, enseveli dans la solitude, avait jugé les souverains, presque tous blasés par le perpétuel mouvement de la politique dont les crises étaient à cette époque si soudaines, si vives, si ardentes, si imprévues; il connaissait leur ennui, leur lassitude des choses; il savait avec quelle chaleur ils poursuivaient l'étrange, le nouveau, le bizarre, et surtout combien ils aimaient à se trouver dans la région intellectuelle, pour éviter d'être toujours aux prises avec les hommes et les événements. A ceux qui ont épuisé la politique, il ne reste plus que la pensée pure : Charles-Quint l'avait prouvé par son abdication. Charles IX, qui forgeait des sonnets et des épées pour se soustraire aux dévorantes affaires d'un siècle où le trône n'était pas moins mis en question que le roi, et qui de la royauté n'avait que les soucis sans en avoir les plaisirs, devait être fortement réveillé par l'audacieuse négation de son pouvoir que venait de se permettre Laurent. Les impiétés religieuses n'avaient rien de surprenant dans un temps où le catholicisme était si violemment examiné; mais le renversement de to.. religion donné pour base aux folles tentatives d'un art mystéri... devait frapper fortement le roi, et le tirer de ses sombres préoccupations. Puis une conquête où il s'agissait de tout l'homme étai une entreprise qui devait rendre tout autre intérêt petit aux yeux des Ruggieri. De cette idée à donner au Roi, dépendait un important acquittement que les deux frères ne pouvaient demander et qu'il fallait obtenir ! L'essentiel était de faire oublier à Charles IX ses soupçons en le faisant courir sus à quelque idée.

Les deux Italiens n'ignoraient pas que l'enjeu de cette singulière partie était leur propre vie ; aussi les regards à la fois humbles et fiers qu'ils échangeaient avec les regards perspicaces et soupçonneux de Marie et du roi, étaient-ils déjà toute une scène.

— Sire, dit Laurent Ruggieri, vous m'avez demandé la vérité ; mais pour vous la montrer toute nue, je dois vous faire sonder le prétendu puits, l'abîme d'où elle va sortir. Que le gentilhomme, que le poète nous pardonne les paroles que le fils aîné de l'Église pourrait prendre pour des blasphèmes ! Je ne crois pas que Dieu s'occupe des choses humaines...

Quoique bien résolu à garder une immobilité royale, Charles IX ne put réprimer un mouvement de surprise.

— Sans cette conviction, je n'aurais aucune foi dans l'œuvre miraculeuse à laquelle je me suis voué ; mais, pour la poursuivre, il faut y croire ; et si le doigt de Dieu mène toute chose, je suis un fou. Que le roi le sache donc ! il s'agit d'une victoire à remporter sur la marche actuelle de la Nature humaine. Je suis alchimiste, sire. Mais ne pensez pas comme le vulgaire, que je cherche à faire de l'or ! La composition de l'or n'est pas le but, mais un accident de nos recherches ; autrement, notre tentative ne s'appellerait pas le GRAND OEUVRE ! *Le grand œuvre* est quelque chose de plus hardi que cela. Si donc j'admettais aujourd'hui la présence de Dieu dans la matière ; à ma voix, la flamme des fourneaux allumés depuis des siècles s'éteindrait demain. Mais nier l'action directe de Dieu, n'est pas nier Dieu, ne vous y trompez pas. Nous plaçons l'auteur de toute chose encore plus haut que ne le rabaissent les religions. N'accusez pas d'athéisme ceux qui veulent l'immortalité. A l'exemple de Lucifer, nous jalousons Dieu, et la jalousie atteste un violent amour ! Quoique cette doctrine soit la base de nos travaux, tous les adeptes n'en son pas imbus. Cosme, dit le vieillard en montrant son frère, Cosme est dévot ; il paye des messes pour le repos de l'âme de notre père, et il va les entendre. L'astrologue de votre mère croit à la divinité du Christ, à l'immaculée conception, à la transsubstantiation ; il croit aux indulgences du pape, à l'enfer ; il croit à une infinité de choses... Son heure n'est pas encore venue ! car j'ai tiré son horoscope, il mourra presque centenaire : il doit vivre encore deux règnes, et voir deux rois de France assassinés...

— Qui seront ? dit le roi.

— Le dernier des Valois et le premier des Bourbons, répondit Laurent. Mais Cosme partagera mes opinions. En effet, il est impossible d'être alchimiste et catholique, d'avoir foi au despotisme de l'homme sur la matière et à la souveraineté de l'esprit.

— Cosme mourra centenaire ? dit le roi qui se laissa aller à son terrible froncement de sourcils.

— Oui, sire, répondit avec autorité Laurent, il mourra paisiblement et dans son lit.

— Si vous avez la puissance de prévoir l'instant de votre mort, comment ignorez-vous le résultat qu'auront vos recherches ? dit le roi.

Charles IX se prit à sourire d'un air de triomphe, en regardant Marie Touchet.

Les deux frères échangèrent un rapide coup d'œil de joie : — Il s'intéresse à l'alchimie, pensèrent-ils alors, nous sommes sauvés !

— Nos pronostics s'appuient sur l'état actuel des rapports qui existent entre l'homme et la nature ; mais il s'agit précisément de changer entièrement ces rapports, répondit Laurent.

Le roi resta pensif.

— Mais si vous êtes certains de mourir, vous êtes certains de votre défaite, reprit Charles IX.

— Comme l'étaient nos prédécesseurs ! répondit Laurent en levant la main et la laissant retomber par un geste emphatique et solennel qui fut à la hauteur de sa pensée. Mais votre esprit a bondi jusqu'au bout de la carrière, il faut revenir sur nos pas, sire ! Si vous ne connaissiez pas le terrain sur lequel est bâti notre édifice, vous pourriez nous dire qu'il va crouler, et juger la science cultivée de siècle en siècle par les plus grands d'entre les hommes comme la juge le vulgaire.

Le roi fit un signe d'assentiment.

— Je pense donc que cette terre appartient à l'homme, qu'il en est le maître, et peut s'en approprier toutes les forces, toutes les substances. L'homme n'est pas une création immédiatement sortie des mains de Dieu, mais une conséquence du principe semé dans l'infini de l'éther où se produisent des milliers de créatures dont aucune ne se ressemble d'astre à astre, parce que les conditions de la vie y sont différentes. Oui, sire, le mouvement subtil que nous nommons la vie prend sa source au delà des mondes visibles; les créations se le partagent au gré des milieux dans lesquels elles se trouvent, et les moindres êtres y participent en en prenant tant qu'ils peuvent en prendre, à leurs risques et périls : à eux à se défendre contre la mort. L'alchimie est là tout entière. Si l'homme, l'animal le plus parfait de ce globe, portait en lui-même une portion de Dieu, il ne périrait pas, et il périt. Pour sortir de cette difficulté, Socrate et son école ont inventé l'âme. Moi, le successeur de tant de grands rois inconnus qui ont gouverné cette science, je suis pour les anciennes théories contre les nouvelles; je suis pour les transformations de la matière que je vois, contre l'impossible éternité d'une âme que je ne vois pas. Je ne reconnais pas le monde de l'âme. Si ce monde existait, les substances dont la magnifique réunion produit votre corps et qui sont si éclatantes dans madame, ne se sublimiseraient pas après votre mort pour retourner séparément chacune en sa case, l'eau à l'eau, le feu au feu, le métal au métal, comme quand mon charbon est brûlé, ses éléments sont revenus à leurs primitives molécules. Si vous prétendez que quelque chose nous survit, ce n'est pas nous; car tout ce qui est le *moi* actuel périt! Or, c'est le moi actuel que je veux continuer au delà du terme assigné à sa vie; c'est la transformation présente à laquelle je veux procurer une plus grande durée. Quoi! les arbres vivent des siècles, et les hommes ne vivraient que des années, tandis que les uns sont passifs et que les autres sont actifs; quand les uns sont immobiles et sans paroles, et que les autres parlent et marchent! Nulle création ne doit être ici-bas supérieure à la nôtre, ni en pouvoir ni en durée. Déjà nous avons étendu nos sens, nous voyons dans les astres! Nous devons pouvoir étendre notre vie! Avant la puissance, je mets la vie. A quoi sert le pouvoir, si la vie nous échappe? Un homme raisonnable ne doit pas avoir d'autre occupation que de chercher, non pas s'il est une autre vie, mais le secret sur lequel repose sa forme actuelle pour la continuer à son gré! Voilà le désir qui blanchit mes cheveux; mais je marche intrépidement dans les ténèbres, en conduisant au combat les intelligences qui partagent ma foi. La vie sera quelque jour à nous!

— Mais comment? s'écria le roi en se levant avec brusquerie

— La première condition de notre foi étant de croire que le monde est à l'homme, il faut m'octroyer ce point, dit Laurent.

— Hé! bien! soit, répondit l'impatient Charles de Valois déjà fasciné.

— Hé! bien, sire, en ôtant Dieu de ce monde, que reste-t-il? l'homme! Examinons alors notre domaine? Le monde matériel est composé d'éléments, ces éléments ont eux-mêmes des principes. Ces principes se résolvent en un seul qui est doué de mouvement. Le nombre TROIS est la formule de la création : la Matière, le Mouvement, le Produit!

— La preuve? Halte-là, s'écria le roi.

— N'en voyez-vous pas les effets? répondit Laurent. Nous avons soumis à nos creusets le gland d'où doit sortir un chêne, aussi bien que l'embryon d'où doit sortir un homme; il est résulté de ce peu de substance un principe pur auquel devait se joindre une force, un mouvement quelconque. A défaut d'un créateur, ce principe ne doit-il pas s'imprimer à lui-même les formes superposées qui constituent notre monde? car partout ce phénomène de vie est semblable. Oui, pour les métaux comme pour les êtres, pour les plantes comme pour les hommes, la vie commence par un imperceptible embryon qui se développe lui-même. Il existe un principe primitif! surprenons-le au point où il agit sur lui-même, où il est un, où il est principe avant d'être créature, cause avant d'être effet, nous le verrons absolu, sans figure, susceptible de revêtir toutes les formes que nous lui voyons prendre. Quand nous serons face à face avec cette particule atomistique, et que nous en aurons saisi le mouvement à son point de départ, nous en connaîtrons la loi; dès lors, maîtres de lui imposer la forme qu'il nous plaira, parmi toutes celles que nous lui voyons, nous posséderons l'or pour avoir le monde, et nous nous ferons des siècles de vie pour en jouir. Voilà ce que mon peuple et moi nous cherchons. Toutes nos forces, toutes nos pensées sont employées à cette recherche, rien ne nous en distrait. Une heure dissipée à quelque autre passion serait un vol fait à notre grandeur! Si jamais vous n'avez surpris un de vos chiens oubliant la bête et la curée, je n'ai jamais trouvé l'un de mes patients sujets diverti ni par une femme, ni par un intérêt cupide. Si l'adepte veut l'or et la puissance, cette faim procède de nos besoins : il saisit une fortune, comme le chien altéré lappe en courant un peu d'eau; parce que ses fourneaux veulent un diamant à fondre ou des lingots à mettre en poudre. A chacun son travail! Celui-ci cherche le secret de la nature végétale, il épie la lente vie des plantes, il note la parité du mouvement dans toutes les espèces et la parité de la nutrition; il trouve que partout il faut le soleil, l'air et l'eau pour féconder et pour nourrir. Celui-là scrute le sang des animaux. Un autre étudie les lois du mouvement général et ses liaisons avec les révolutions célestes. Presque tous s'acharnent à combattre la nature intraitable du métal, car si nous trouvons plusieurs principes en toutes choses, nous trouvons tous les métaux semblables à eux-mêmes dans leurs moindres parties. De là l'erreur commune sur nos travaux. Voyez-vous tous ces patients, ces infatigables athlètes, toujours vaincus, et revenant toujours au combat! L'Humanité, sire! est derrière nous, comme le piqueur est derrière votre meute. Elle nous crie: Hâtez-vous! Ne négligez rien! Sacrifiez tout, même un homme, vous, qui vous sacrifiez vous-mêmes! Hâtez-vous! Abattez la tête et le bras à la MORT, mon ennemie! Oui, sire! nous sommes animés d'un sentiment qui embrasse le bonheur des générations à venir. Nous avons enseveli un grand nombre d'hommes, et quels hommes! morts à cette poursuite. En mettant le pied dans cette carrière, nous pouvons ne pas travailler pour nous-mêmes; nous pouvons périr sans avoir trouvé le secret! et quelle mort est celle de celui qui ne croit pas à une autre vie! Nous sommes de glorieux martyrs, nous avons l'égoïsme de toute la race en nos cœurs, nous vivons dans nos successeurs. Chemin faisant, nous découvrons des secrets dont nous dotons les arts mécaniques et libéraux. De nos fourneaux s'échappent des lueurs qui arment les sociétés d'industries plus parfaites. La poudre est issue de nos alambics, nous conquerrons la foudre. Il y a des renversements de politique dans nos veilles assidues.

— Serait-ce donc possible? s'écria le roi qui se dressa de nouveau dans sa chaire.

— Pourquoi non! dit le Grand-maître des nouveaux Templiers. *Tradidit mundum disputationibus!* Dieu nous a livré le monde. Encore une fois, entendez-le: l'homme est le maître ici-bas, et la matière est à lui. Toutes les forces, tous les moyens sont à sa disposition. Qui nous a créés? un mouvement. Quelle puissance entretient la vie en nous? un mouvement. Ce mouvement, pourquoi la science ne le saisirait-elle pas? Rien ici-bas ne se perd, rien ne s'échappe de notre planète pour aller ailleurs ; autrement, les astres tomberaient les uns sur les autres ; aussi les eaux du déluge s'y trouvent-elles, dans leurs principes, sans qu'il s'en soit égaré une seule goutte. Autour de nous, au-dessous, au-dessus, se trouvent donc les éléments d'où sont sortis les innombrables millions d'hommes qui ont foulé la terre avant et après le déluge. De quoi s'agit-il? de surprendre la force qui désunit; par contre, nous surprendrons celle qui rassemble. Nous sommes le produit d'une industrie visible. Quand les eaux ont couvert notre globe, il en est sorti des hommes qui ont trouvé les éléments de leur vie dans l'enveloppe de la terre, dans l'air et dans leur nourriture. La terre et l'air possèdent donc le principe des transformations humaines, elles se font sous nos yeux, avec ce qui est sous nos yeux ; nous pouvons donc surprendre ce secret, en ne bornant pas les efforts de cette recherche à un homme, mais en lui donnant pour durée l'humanité même. Nous nous sommes donc pris corps à corps avec la matière à laquelle je crois et que moi, le Grand-Maître de l'Ordre, je veux pénétrer. Christophe Colomb a donné un monde au roi d'Espagne; moi, je cherche un peuple éternel pour le roi de France! Placé en avant de la frontière la plus reculée qui nous sépare de la connaissance des choses, en patient observateur des atomes, je détruis les formes, je désunis les liens de toute combinaison, j'imite la mort pour pouvoir imiter la vie! Enfin, je frappe incessamment à la porte de la création, et je frapperai jusqu'à mon dernier jour. Quand je serai mort, mon marteau passera en d'autres mains également infatigables, de même que des géants inconnus me le transmirent. De fabuleuses images incomprises, semblables à celles de Prométhée, d'Ixion, d'Adonis, de Pan, etc., qui font partie des croyances religieuses en tout pays, en tout temps, nous annoncent que cet espoir naquit avec les races humaines. La Chaldée, l'Inde, la Perse, l'Égypte, la Grèce, les Maures se sont transmis le Magisme, la science la plus haute parmi les Sciences Occultes, et qui tient en dépôt le fruit des veilles de chaque génération. Là était le lien de la grande et majestueuse institution de l'ordre du Temple. En brûlant les Templiers, sire, un de vos prédécesseurs n'a brûlé que des hommes, les secrets nous sont restés. La reconstruction du Temple est le mot d'ordre d'une nation ignorée, races d'intrépides chercheurs, tous tournés vers l'Orient de la vie, tous frères, tous inséparables, unis par une idée, marqués au sceau du travail. Je suis souverain de ce peuple, le premier par élection et non par naissance. Je les dirige tous vers l'essence de la vie ! Grand-Maître, Rose-Croix, Compagnons, Adeptes, nous suivons tous la molécule imperceptible qui fuit nos fourneaux, qui échappe encore à nos yeux; mais nous nous ferons des yeux encore plus puissants que ceux que nous a donnés la nature, nous atteindrons l'atome primitif, l'élément corpusculaire intrépidement cherché par tous les sages qui nous ont précédés dans cette chasse sublime. Sire, quand un homme est à cheval sur cet abîme, et qu'il commande à des plongeurs aussi hardis que le sont mes frères, les autres intérêts humains sont bien petits ; aussi ne sommes-nous pas dangereux. Les disputes religieuses et les débats politiques sont loin de nous. nous sommes bien au delà. Quand on lutte avec la nature, on ne descend pas à colleter quelques hommes. D'ailleurs, tout résultat est appréciable dans notre science, nous pouvons mesurer tous les effets, les prédire ; tandis que tout est oscillatoire dans les combinaisons où entrent les hommes et leurs intérêts. Nous soumettrons le diamant à notre creuset, nous ferons le diamant, nous ferons l'or ! Nous ferons marcher, comme l'a fait l'un des nôtres à Barcelone, des vaisseaux avec un peu d'eau et de feu ! Nous nous passerons du vent, nous ferons le vent, nous ferons la lumière, nous renouvellerons la face des empires par de nouvelles industries ! Mais nous ne nous abaisserons jamais à monter sur un trône pour y être *géhennés* par des peuples !

Malgré son désir de ne pas se laisser surprendre par les ruses florentines, le roi, de même que sa naïve maîtresse, était déjà saisi, enveloppé dans les ambages et les replis de cette pompeuse loquacité de charlatan. Les yeux des deux amants attestaient l'éblouissement que leur causait la vue de ces richesses mystérieuses étalées ; ils apercevaient comme une enfilade de souterrains pleins de gnomes en travail. Les impatiences de la curiosité dissipaient les défiances du soupçon.

— Mais alors, s'écria le roi, vous êtes de grands politiques qui pouvez nous éclairer.

— Non, sire, dit naïvement Laurent.

— Pourquoi ? demanda le roi.

— Sire, il n'est donné à personne de prévoir ce qui arrivera d'un rassemblement de quelques milliers d'hommes : nous pouvons dire ce qu'un homme fera, combien de temps il vivra, s'il sera heureux ou malheureux; mais nous ne pouvons pas dire ce que plusieurs volontés réunies opéreront, et le calcul des mouvements oscillatoires de leurs intérêts est plus difficile encore, car les intérêts sont les hommes plus les choses; seulement nous pouvons, dans la solitude, apercevoir le gros de l'avenir. Le protestantisme qui vous dévore sera dévoré à son tour par ses conséquences matérielles, qui deviendront théories à leur jour. L'Europe en est aujourd'hui à la Religion, demain elle attaquera la Royauté.

— Ainsi, la Saint-Barthélemi était une grande conception!...

— Oui, sire, car si le peuple triomphe, il fera sa Saint-Barthélemi! Quand la religion et la royauté seront abattues, le peuple en viendra aux grands, après les grands il s'en prendra aux riches. Enfin, quand l'Europe ne sera plus qu'un troupeau d'hommes sans consistance, parce qu'elle sera sans chefs, elle sera dévorée par de grossiers conquérants. Vingt fois déjà le monde a présenté ce spectacle, et l'Europe le recommence. Les idées dévorent les siècles comme les hommes sont dévorés par leurs passions. Quand l'homme sera guéri, l'humanité se guérira peut-être. La science est l'âme de l'humanité, nous en sommes les pontifes; et qui s'occupe de l'âme, s'inquiète peu du corps.

— Où en êtes-vous? demanda le roi.

— Nous marchons lentement, mais nous ne perdons aucune de nos conquêtes.

— Ainsi, vous êtes le roi des sorciers, dit le roi piqué d'être si peu de chose en présence de cet homme.

L'imposant Grand-maître jeta sur Charles IX un regard qui le foudroya.

— Vous êtes le roi des hommes, et je suis le roi des idées, répondit le Grand-maître. D'ailleurs, s'il y avait de véritables sorciers, vous ne les auriez pas brûlés, répondit-il avec une teinte d'ironie. Nous avons nos martyrs aussi.

— Mais par quels moyens pouvez-vous, reprit le roi, dresser des thèmes de nativité? comment avez-vous su que l'homme venu près de votre croisée hier était le roi de France? Quel pouvoir a permis à l'un des vôtres de dire à ma mère le destin de ses trois fils? Pouvez-vous, Grand-maître de cet ordre qui veut pétrir le monde, pouvez-vous me dire ce que pense en ce moment la reine ma mère?

— Oui, sire.

Cette réponse partit avant que Cosme n'eût tiré la pelisse de son frère pour lui imposer silence.

— Vous savez pourquoi revient mon frère le roi de Pologne?

— Oui, sire.

— Pourquoi?

— Pour prendre votre place.

— Nos plus cruels ennemis sont nos proches, s'écria le roi qui se leva furieux et parcourut la salle à grands pas. Les rois n'ont ni frères, ni fils, ni mère. Coligny avait raison : mes bourreaux ne sont pas dans les prêches, ils sont au Louvre. Vous êtes des imposteurs ou des régicides! Jacob, appelez Solern.

— Sire, dit Marie Touchet, les Ruggieri ont votre parole de gentilhomme. Vous avez voulu goûter à l'arbre de la science, ne vous plaignez pas de son amertume?

Le roi sourit en exprimant un amer dédain; il trouvait sa royauté matérielle petite devant l'immense royauté intellectuelle du vieux Laurent Ruggieri. Charles IX pouvait à peine gouverner la France; le Grand-maître des Rose-Croix commandait à un monde intelligent et soumis.

— Soyez franc, je vous engage ma parole de gentilhomme que votre réponse, dans le cas où elle serait l'aveu d'effroyables crimes, sera comme si elle n'eût jamais été dite, reprit le roi. Vous occupez-vous des poisons?

— Pour connaître ce qui fait vivre, il faut bien savoir ce qui fait mourir.

— Vous possédez le secret de plusieurs poisons.

— Oui, sire : mais par la théorie et non par la pratique, nous les connaissons sans en user.

— Ma mère en a-t-elle demandé? dit le roi qui haletait.

— Sire, répondit Laurent, la reine Catherine est trop habile pour employer de semblables moyens. Elle sait que le souverain qui se sert de poison périt par le poison, les Borgia, de même que Bianca, la grande-duchesse de Toscane, offrent un célèbre exemple des dangers que présentent ces misérables ressources. Tout se sait à la cour. Vous pouvez tuer un pauvre diable, et alors à quoi bon l'empoisonner? Mais s'attaquer aux gens en vue, y a-t-il une seule chance de secret? Qui tira sur Coligny, ce ne pouvait être que vous, ou la reine, ou les Guise. Personne ne s'y est trompé.

Croyez-moi, l'on ne se sert pas deux fois impunément du poison en politique. Les princes ont toujours des successeurs. Quant aux petits, si, comme Luther, ils deviennent des souverains par la puissance des idées, on ne tue pas leurs doctrines en se débarrassan d'eux. La reine est de Florence, elle sait que le poison ne peut être que l'arme des vengeances personnelles. Mon frère qui ne l'a pas quittée depuis sa venue en France, sait combien madame Diane lui a donné de chagrin ; elle n'a jamais pensé à la faire empoisonner, elle le pouvait ; qu'eût dit le roi votre père ? jamais femme n'a été plus dans son droit, ni plus sûre de l'impunité. Madame de Valentinois vit encore.

— Et les envoûtements, reprit le roi.

— Sire, dit Cosme, ces choses sont si véritablement innocentes, que, pour satisfaire d'aveugles passions, nous nous y prêtons, comme les médecins qui donnent des pilules de mie de pain aux malades imaginaires. Une femme au désespoir croit qu'en perçan le cœur d'un portrait, elle amène le malheur sur la tête de l'infi dèle qu'il représente. Que voulez-vous? c'est nos impôts !

— Le pape vend des indulgences, dit Laurent Ruggieri en souriant.

— Ma mère a-t-elle pratiqué des envoûtements ?

— A quoi bon des moyens sans vertu à qui peut tout ?

— La reine Catherine pourrait-elle vous sauver en ce moment ? dit le roi d'un air sombre.

— Mais nous ne sommes pas en danger, sire, répondit tranquillement Laurent Ruggieri. Je savais, avant d'entrer dans cette maison, que j'en sortirais sain et sauf, aussi bien que je sais les mauvaises dispositions dans lesquelles sera le roi envers mon frère, d'ici à peu de jours ; mais s'il court quelque péril, il en triomphera. Si le roi règne par l'Épée, il règne aussi par la Justice ! ajouta-t-il en faisant allusion à la célèbre devise d'une médaille frappée pour Charles IX.

— Vous savez tout, je mourrai bientôt, voilà qui est bien, reprit le roi qui cachait sa colère sous une impatience fébrile ; mais comment mourra mon frère, qui, selon vous, doit être le roi Henri III ?

— De mort violente.

— Et monsieur d'Alençon !

— Il ne régnera pas.

— Henri de Bourbon régnera donc?

— Oui, sire.

— Et comment mourra-t-il?

— De mort violente.

— Et moi mort, que deviendra madame? demanda le roi en ntrant Marie Touchet.

— Madame de Belleville se mariera, sire.

— Vous êtes des imposteurs, renvoyez-les, sire! dit Marie Touchet.

— Ma mie, les Ruggieri ont ma parole de gentilhomme, reprit le roi en souriant. Marie aura-t-elle des enfants?

— Oui, sire, madame vivra plus de quatre-vingts ans.

— Faut-il les faire pendre? dit le roi à sa maîtresse. Et mon fils le comte d'Auvergne? dit Charles IX en allant le chercher.

— Pourquoi lui avez-vous dit que je me marierais? dit Marie Touchet aux deux frères pendant le moment où ils furent seuls.

— Madame, répondit Laurent avec dignité, le roi nous a sommés de dire la vérité, nous la disons.

— Est-ce donc vrai? fit-elle.

— Aussi vrai qu'il est vrai que le gouverneur d'Orléans vous aime *à en perdre la tête*.

— Mais je ne l'aime point, s'écria-t-elle.

— Cela est vrai, madame, dit Laurent; mais votre thème affirme que vous épouserez l'homme qui vous aime en ce moment.

— Ne pouviez-vous mentir un peu pour moi, dit-elle en souriant, car si le roi croyait à vos prédictions!

— N'est-il pas nécessaire aussi qu'il croie à notre innocence? dit Cosme en jetant à la favorite un regard plein de finesse. Les précautions prises envers nous par le roi nous ont donné lieu de penser, pendant le temps que nous avons passé dans votre jolie geôle, que les Sciences Occultes ont été calomniées auprès de lui.

— Soyez tranquilles, répondit Marie, je le connais, et ses défiances sont dissipées.

— Nous sommes innocents, reprit fièrement le grand vieillard.

— Tant mieux, dit Marie, car le roi fait visiter en ce moment votre laboratoire, vos fourneaux et vos fioles par des gens experts.

Les deux frères se regardèrent en souriant. Marie Touchet prit pour une raillerie de l'innocence ce sourire qui signifiait : — Pauvres sots, croyez-vous que si nous savons fabriquer des poisons, nous ne savons pas où les cacher?

— Où sont les gens du roi, demanda Cosme.

— Chez René, répondit Marie.

Cosme et Laurent jetèrent un regard par lequel ils échangèrent ne même pensée : — L'hôtel de Soissons est inviolable!

Le roi avait si bien oublié ses soupçons, que quand il alla prendre son fils, et que Jacob l'arrêta pour lui remettre un billet envoyé par Chapelain, il l'ouvrit avec la certitude d'y trouver ce que lui mandait son médecin touchant la visite de l'officine, où tout ce qu'on avait trouvé concernait uniquement l'alchimie.

— Vivra-t-il heureux? demanda le roi en présentant son fils aux deux alchimistes.

— Ceci regarde Cosme, fit Laurent en désignant son frère.

Cosme prit la petite main de l'enfant, et la regarda très-attentivement.

— Monsieur, dit Charles IX au vieillard, si vous avez besoin de nier l'esprit pour croire à la possibilité de votre entreprise, expliquez-moi comment vous pouvez douter de ce qui fait votre puissance. La pensée que vous voulez annuler est le flambeau qui éclaire vos recherches. Ah! ah! n'est-ce pas se mouvoir et nier le mouvement? s'écria le roi qui satisfait d'avoir trouvé cet argument regarda triomphalement sa maîtresse.

— La pensée, répondit Laurent Ruggieri, est l'exercice d'un sens intérieur, comme la faculté de voir plusieurs objets et de percevoir leurs dimensions et leur couleur est un effet de notre vue? ceci n'a rien à faire avec ce qu'on prétend d'une autre vie. La pensée est une faculté qui cesse même de notre vivant avec les forces qui la produisent.

— Vous êtes conséquents, dit le roi surpris. Mais l'alchimie est une science athée.

— Matérialiste, sire, ce qui est bien différent. Le matérialisme est la conséquence des doctrines indiennes, transmises par les mystères d'Isis à la Chaldée et à l'Égypte, et reportées en Grèce par Pythagore, l'un des demi-dieux de l'humanité : sa doctrine des transformations est la mathématique du matérialisme, la loi vivante de ses phases. A chacune des différentes créations qui composent la création terrestre, appartient le pouvoir de retarder le mouvement qui l'entraîne dans une autre.

— L'alchimie est donc la science des sciences! s'écria Charles IX enthousiasmé. Je veux vous voir à l'œuvre...

— Toutes les fois que vous le voudrez, sire; vous ne serez pas plus impatient que la reine votre mère...

— Ah! voilà donc pourquoi elle vous aime tant, s'écria le roi.

— La maison de Médicis protége secrètement nos recherches depuis près d'un siècle.

— Sire, dit Cosme, cet enfant vivra près de cent ans; il aura des traverses, mais il sera heureux et honoré, comme ayant dans ses veines le sang des Valois...

— J'irai vous voir, messieurs, dit le roi redevenu de bonne humeur. Vous pouvez sortir.

Les deux frères saluèrent Marie et Charles IX, et se retirèrent. Ils descendirent gravement les degrés, sans se regarder ni se parler; ils ne se retournèrent même point vers les croisées quand ils furent dans la cour, certains que l'œil du roi les épiait, ils aperçurent en effet Charles IX à la fenêtre quand ils se mirent de côté pour passer la porte de la rue. Lorsque l'alchimiste et l'astrologue furent dans la rue de l'Autruche, ils jetèrent les yeux en avant et en arrière d'eux, pour voir s'ils n'étaient pas suivis ou attendus; ils allèrent jusqu'aux fossés du Louvre sans se dire une parole; mais là, se trouvant seuls, Laurent dit à Cosme, dans le florentin de ce temps:
— *Affè d'iddio! como le abbiamo infinocchiato!* (Pardieu! nous l'avons joliment entortillé!)

— *Gran mercè! a lui sta di spartojarsi!* (Grand bien lui fasse! c'est à lui de s'en dépêtrer) dit Cosme. Que la reine me rende la pareille, nous venons de lui donner un bon coup de main.

Quelques jours après cette scène, qui frappa Marie Touchet autant que le roi, pendant un de ces moments où l'esprit est en quelque sorte dégagé du corps par la plénitude du plaisir, Marie s'écria : — Charles, je m'explique bien Laurent Ruggieri; mais Cosme n'a rien dit!

— C'est vrai, dit le roi surpris de cette lueur subite, il y avait autant de vrai que de faux dans leurs discours. Ces Italiens sont déliés comme la soie qu'ils font.

Ce soupçon explique la haine que manifesta le roi contre Cosme lors du jugement de la conspiration de La Mole et Coconnas : en le trouvant un des artisans de cette entreprise, il crut avoir été joué par les deux Italiens, car il lui fut prouvé que l'astrologue de sa mère ne s'occupait pas exclusivement des astres, de la poudre de projection et de l'atome pur. Laurent avait quitté le royaume.

Malgré l'incrédulité que beaucoup de gens ont en ces matières, les événements qui suivirent cette scène confirmèrent les oracles portés par les Ruggieri. Le roi mourut trois mois après.

Le comte de Gondi suivit Charles IX au tombeau, comme le lui avait dit son frère le maréchal de Retz, l'ami des Ruggieri, et qui croyait à leurs pronostics.

Marie Touchet épousa Charles de Balzac, marquis d'Entragues, gouverneur d'Orléans, de qui elle eut deux filles. La plus célèbre de ces filles, sœur utérine du comte d'Auvergne, fut maîtresse d'Henri IV, et voulut, lors de la conspiration de Biron, mettre son frère sur le trône de France, en en chassant la maison de Bourbon.

Le comte d'Auvergne, devenu duc d'Angoulême, vit le règne de Louis XIV. Il battait monnaie dans ses terres, en altérant les titres; mais Louis XIV le laissait faire, tant il avait de respect pour le sang des Valois.

Cosme Ruggieri vécut jusque sous Louis XIII, il vit la chute de la maison de Médicis en France, et la chute des Concini. L'histoire a pris soin de constater qu'il mourut athée, c'est-à-dire matérialiste.

La marquise d'Entragues dépassa l'âge de quatre-vingts ans.

Laurent et Cosme ont eu pour élève le fameux comte de Saint-Germain, qui fit tant de bruit sous Louis XV. Ce célèbre alchimiste n'avait pas moins de cent trente ans, l'âge que certains biographes donnent à Marion de Lorme. Le comte pouvait savoir par les Ruggieri les anecdotes sur la Saint-Barthélemi et sur le règne des Valois, dans lesquelles il se plaisait à jouer un rôle en les racontant à la première personne du verbe. Le comte de Saint-Germain est le dernier des alchimistes qui ont le mieux expliqué cette science; mais il n'a rien écrit. La doctrine cabalistique exposée dans cette Étude procède de ce mystérieux personnage.

Chose étrange! trois existences d'hommes, celle du vieillard de qui viennent ces renseignements, celle du comte de Saint-Germain et celle de Cosme Ruggieri, suffisent pour embrasser l'histoire européenne depuis François 1er jusqu'à Napoléon? Il n'en faut que cinquante semblables pour remonter à la première période connue du monde. — Que sont cinquante générations, pour étudier les mystères de la vie? disait le comte de Saint-Germain.

Paris, novembre-décembre 1836.

TROISIÈME PARTIE.

LES DEUX RÊVES.

Bodard de Saint-James, trésorier de la marine, était en 1786 celui des financiers de Paris dont le luxe excitait l'attention et les caquets de la ville. A cette époque, il faisait construire à Neuilly sa célèbre *Folie*, et sa femme achetait, pour couronner le dais de son lit, une garniture de plumes dont le prix avait effrayé la reine. Il était alors bien plus facile qu'aujourd'hui de se mettre à la mode et d'occuper de soi tout Paris, il suffisait souvent d'un bon mot ou de la fantaisie d'une femme.

Bodard possédait le magnifique hôtel de la place Vendôme que le fermier-général Dangé avait, depuis peu, quitté par force. Ce célèbre épicurien venait de mourir, et, le jour de son enterrement, monsieur de Bièvre, son intime ami, avait trouvé matière à rire en disant *qu'on pouvait maintenant passer par la place Vendôme sans danger*. Cette allusion au jeu d'enfer qu'on jouait chez le défunt en fut toute l'oraison funèbre. L'hôtel est celui qui fait face à la Chancellerie.

Pour achever en deux mots l'histoire de Bodard, c'était un pauvre homme, il fit une faillite de quatorze millions après celle du prince de Guéménée. La maladresse qu'il mit à ne pas précéder la sérénissime banqueroute, pour me servir de l'expression de Lebrun-Pindare, fut cause qu'on ne parla même pas de lui. Il mourut, comme Bourvalais, Bouret et tant d'autres, dans un grenier.

Madame de Saint-James avait pour ambition de ne recevoir chez elle que des gens de qualité, vieux ridicule toujours nouveau. Pour elle, les mortiers du parlement étaient déjà fort peu de chose; elle voulait voir dans ses salons des personnes titrées qui eussent au moins les grandes entrées à Versailles. Dire qu'il vint beaucoup de cordons bleus chez la financière, ce serait mentir; mais il est très-certain qu'elle avait réussi à obtenir les bontés et l'attention de quelques membres de la famille de Rohan, comme le prouva par la suite le trop fameux procès du collier.

Un soir, c'était, je crois, en août 1786, je fus très-surpris de rencontrer dans le salon de cette trésorière, si prude à l'endroit des preuves, deux nouveaux visages qui me parurent assez mauvaise compagnie. Elle vint à moi dans l'embrasure d'une croisée où j'étais allé me nicher avec intention.

— Dites-moi donc, lui demandai-je en lui désignant par un coup d'œil interrogatif l'un des inconnus, quelle est cette *espèce*-là? Comment avez-vous cela chez vous?

— Cet homme est charmant.

— Le voyez-vous à travers le prisme de l'amour, ou me trompé-je?

— Vous ne vous trompez pas, reprit-elle en riant, il est laid comme une chenille; mais il m'a rendu le plus immense service qu'une femme puisse recevoir d'un homme.

Comme je la regardais malicieusement, elle se hâta d'ajouter : — Il m'a radicalement guérie de ces odieuses rougeurs qui me couperosaient le teint et me faisaient ressembler à une paysanne.

Je haussai les épaules avec humeur.

— C'est un charlatan, m'écriai-je.

— Non, répondit-elle, c'est le chirurgien des pages; il a beaucoup d'esprit, je vous jure, et d'ailleurs il écrit. C'est un savant physicien.

— Si son style ressemble à sa figure! repris-je en souriant. Mais l'autre?

— Qui, l'autre?

— Ce petit monsieur pincé, propret, poupin, et qui a l'air d'avoir bu du verjus?

— Mais c'est un homme assez bien né, me dit-elle. Il arrive de je ne sais quelle province... ah! de l'Artois, il est chargé de terminer une affaire qui concerne le cardinal, et son Éminence elle-même vient de le présenter à monsieur de Saint-James. Ils ont choisi tous deux Saint-James pour arbitre. En cela le provincial n'a pas fait preuve d'esprit; mais aussi quels sont les gens assez niais pour confier un procès à cet homme-là? Il est doux comme un mouton et timide comme une fille; son Éminence est pleine de bonté pour lui.

— De quoi s'agit-il donc?

— De trois cent mille livres, dit-elle.

— Mais c'est donc un avocat? repris-je en faisant un léger haut-le-corps.

— Oui, dit-elle.

Assez confuse de cet humiliant aveu, madame Bodard alla reprendre sa place au pharaon.

Toutes les parties étaient complètes. Je n'avais rien à faire ni à dire, je venais de perdre deux mille écus contre monsieur de Laval, avec lequel je m'étais rencontré chez une *impure*. J'allai me jeter dans une duchesse placée auprès de la cheminée. S'il y eut jamais sur cette terre un homme plus étonné, ce fut certes moi, en apercevant que, de l'autre côté du chambranle, j'avais pour vis-à-vis le Contrôleur-Général. Monsieur de Calonne paraissait assoupi, ou il se livrait à l'une de ces méditations qui tyrannisent les hommes d'État. Quand je montrai le ministre par un geste à Beaumarchais qui venait à moi, le père de *Figaro* m'expliqua ce mystère sans mot dire. Il m'indiqua tour à tour ma propre tête et celle de Bodard par un geste assez malicieux, qui consistait à écarter vers nous deux doigts de la main en tenant les autres fermés. Mon premier mouvement fut de me lever pour aller dire quelque chose de piquant à Calonne; je restai : d'abord parce que je songeai à jouer un tour à ce favori; puis Beaumarchais m'avait familièrement arrêté de la main.

— Que voulez-vous, monsieur? lui dis-je.

Il cligna pour m'indiquer le Contrôleur.

— Ne le réveillez pas, me dit-il à voix basse, l'on est trop heureux quand il dort.

— Mais c'est aussi un plan de finances que le sommeil, repris-je.

— Certainement, nous répondit l'homme d'État qui avait deviné nos paroles au seul mouvement des lèvres, et plût à Dieu que nous pussions dormir long-temps, il n'y aurait pas le réveil que vous verrez!

— Monseigneur, dit le dramaturge, j'ai un remerciement à vous faire.

— Et pourquoi?

— Monsieur de Mirabeau est parti pour Berlin. Je ne sais pas si, dans cette affaire des Eaux, nous ne nous serions pas noyés deux.

— Vous avez trop de *mémoire* et pas assez de reconnaissa répliqua sèchement le ministre fâché de voir divulguer un de secrets devant moi.

— Cela est possible, dit Beaumarchais piqué au vif, mais j'ai de millions qui peuvent aligner bien des comptes.

Calonne feignit de ne pas entendre.

Il était minuit et demi quand les parties cessèrent. L'on se mit à table. Nous étions dix personnes, Bodard et sa femme, le Contrôleur-Général, Beaumarchais, les deux inconnus, deux jolies dames dont les noms doivent se taire, et un fermier-général, appelé, je crois, Lavoisier. De trente personnes que je trouvai dans le salon en y entrant, il n'était resté que ces dix convives. Encore les deux *espèces* ne soupèrent-elles que d'après les instances de madame de Saint-James, qui crut s'acquitter avec l'un en lui donnant à manger, et qui peut-être invita l'autre pour plaire à son mari auquel elle faisait des coquetteries, je ne sais trop pourquoi. Après tout, monsieur de Calonne était une puissance, et si quelqu'un avait eu à se fâcher, c'eût été moi.

Le souper commença par être ennuyeux à mourir. Ces deux gens et le fermier-général nous gênaient. Je fis un signe à Beaumarchais pour lui dire de griser le fils d'Esculape qu'il avait à sa droite, en lui donnant à entendre que je me chargeais de l'avocat. Comme il ne nous restait plus que ce moyen-là de nous amuser, et qu'il nous promettait de la part de ces deux hommes des impertinences dont nous nous amusions déjà, monsieur de Calonne sourit à mon projet. En deux secondes, les trois dames trempèren dans notre conspiration bachique. Elles s'engagèrent par des œillades très-significatives, à y jouer leur rôle, et le vin de Sillery couronna plus d'une fois les verres de sa mousse argentée. Le chirurgien fut assez facile : mais au second verre que je voulus lui verser, mon voisin me dit avec la froide politesse d'un usurier, qu'il ne boirait pas davantage.

En ce moment, madame de Saint-James nous avait mis, je ne sais par quel hasard de conversation, sur le chapitre des merveilleux soupers du comte de Cagliostro, que donnait le cardinal de Rohan. Je n'avais pas l'esprit trop présent à ce que disait la maîtresse du logis, car depuis la réponse qu'elle m'avait faite, j'observais avec une invincible curiosité la figure mignarde et blême de mon voisin, dont le principal trait était un nez à la fois camard et pointu qui le faisait ressembler, par moments, à une fouine. Tout à coup ses joues se colorèrent en entendant madame de Saint James qui se querellait avec monsieur de Calonne.

— Mais je vous assure, monsieur, que j'ai vu la reine Cléopâtre, disait-elle d'un air impérieux.

— Je le crois, madame, répondit mon voisin. Moi, j'ai parlé à Catherine de Médicis.

— Oh! oh! dit monsieur de Calonne.

Les paroles prononcées par le petit provincial le furent d'une voix qui avait une indéfinissable sonorité, s'il est permis d'emprunter ce terme à la physique. Cette soudaine clarté d'intonation chez un homme qui avait jusque-là très-peu parlé, toujours très-bas et avec le meilleur ton possible, nous surprit au dernier point.

— Mais il parle, s'écria le chirurgien que Beaumarchais avait mis dans un état satisfaisant.

— Son voisin aura poussé quelque ressort, répondit le satirique.

Mon homme rougit légèrement en entendant ces paroles, quoiqu'elles eussent été dites en murmurant.

— Et comment était la feue reine? demanda Calonne.

— Je n'affirmerais pas que la personne avec laquelle j'ai soupé hier fût Catherine de Médicis elle-même. Ce prodige doit paraître justement impossible à un chrétien aussi bien qu'à un philosophe, répliqua l'avocat en appuyant légèrement l'extrémité de ses doigts sur la table et en se renversant sur sa chaise comme s'il devait parler long-temps. Néanmoins je puis jurer que cette femme ressemblait autant à Catherine de Médicis que si toutes deux elles eussent été sœurs. Celle que je vis portait une robe de velours noir absolument pareille à celle dont est vêtue cette reine dans le portrait qu'en possède le roi; sa tête était couverte de ce bonnet de velours si caractéristique; enfin, elle avait le teint blafard, et la figure que vous lui connaissez. Je n'ai pu m'empêcher de temoigner ma surprise à Son Éminence. La rapidité de l'évocation m'a semblé d'autant plus merveilleuse que monsieur le comte de Cagliostro n'avait pu deviner le nom du personnage avec lequel j'allais désirer de me trouver. J'ai été confondu. La magie du spectacle que présentait un souper où apparaissaient d'illustres femmes des temps passés m'ôta toute présence d'esprit. J'écoutai sans oser questionner. En échappant vers minuit aux piéges de cette sorcellerie, je doutais presque de moi-même. Mais tout ce merveilleux me sembla naturel en comparaison de la singulière hallucination que je devais subir encore. Je ne sais par quelles paroles je pourrais vous peindre l'état de mes sens. Seulement je déclare, dans la sincérité de mon cœur, que je ne m'étonne plus qu'il se soit rencontré jadis des âmes assez faibles ou assez fortes pour croire aux mystères de la magie et au pouvoir du démon. Pour moi, jusqu'à plus ample informé, je regarde comme possibles les apparitions dont ont parlé Cardan et quelques thaumaturges.

Ces paroles, prononcées avec une incroyable éloquence de ton, étaient de nature à éveiller une excessive curiosité chez tous les convives. Aussi nos regards se tournèrent-ils sur l'orateur, et restâmes-nous immobiles. Nos yeux seuls trahissaient la vie en réfléchissant les bougies scintillantes des flambeaux. A force de contempler l'inconnu, il nous sembla voir les pores de son visage, et surtout ceux de son front, livrer passage au sentiment intérieur dont il était pénétré. Cet homme, en apparence froid et compassé, semblait contenir en lui-même un foyer secret dont la flamme agissait sur nous.

— Je ne sais, reprit-il, si la figure évoquée me suivit en se rendant invisible; mais aussitôt que ma tête reposa sur mon lit, je vis la grande ombre de Catherine se lever devant moi. Je me sentis, instinctivement, dans une sphère lumineuse, car mes yeux attachés sur la reine par une insupportable fixité ne virent qu'elle. Tout à coup elle se pencha vers moi...

A ces mots, les dames laissèrent échapper un mouvement unanime de curiosité.

— Mais, reprit l'avocat, j'ignore si je dois continuer; bien que je sois porté à croire que ce ne soit qu'un rêve, ce qui me reste à dire est grave.

— S'agit-il de religion? dit Beaumarchais.

— Ou y aurait-il quelque indécence? demanda Calonne, ces dames vous la pardonneraient.

— Il s'agit de gouvernement, répondit l'avocat.

— Allez, reprit le ministre. Voltaire, Diderot et consorts ont assez bien commencé l'éducation de nos oreilles.

Le contrôleur devint fort attentif, et sa voisine, madame de

Genlis, fort occupée. Le provincial hésitait encore. Beaumarchais lui dit alors avec vivacité : — Mais allez donc, maître! Ne savez-vous pas que quand les lois laissent si peu de liberté, les peuples prennent leur revanche dans les mœurs?...

Alors le convive commença.

— Soit que certaines idées fermentassent à mon insu dans mon âme, soit que je fusse poussé par une puissance étrangère, je lui dis : — Ah! madame, vous avez commis un bien grand crime. — Lequel? demanda-t-elle d'une voix grave. — Celui dont le signal fut donné par la cloche du palais, le 24 août. Elle sourit dédaigneusement, et quelques rides profondes se dessinèrent sur ses joues blafardes. — Vous nommez cela un crime? répondit-elle, ce ne fut qu'un malheur. L'entreprise, mal conduite, ayant échoué, il n'en est pas résulté pour la France, pour l'Europe, pour l'Église catholique, le bien que nous en attendions. Que voulez-vous? les ordres ont été mal exécutés. Nous n'avons pas rencontré autant de Montlucs qu'il en fallait. La postérité ne nous tiendra pas compte du défaut de communications qui nous empêcha d'imprimer à notre œuvre cette unité de mouvement nécessaire aux grands coups d'État : voilà le malheur! Si le 25 août il n'était pas resté l'ombre d'un Huguenot en France, je serais demeurée jusque dans la postérité la plus reculée comme une belle image de la Providence. Combien de fois les âmes clairvoyantes de Sixte-Quint, de Richelieu, de Bossuet, ne m'ont-elles pas secrètement accusée d'avoir échoué dans mon entreprise après avoir osé la concevoir. Aussi, de combien de regrets ma mort ne fut-elle pas accompagnée?... Trente ans après la Saint-Barthélemi, la maladie durait encore; elle avait fait couler déjà dix fois plus de sang noble à la France qu'il n'en restait à verser le 26 août 1572. La révocation de l'édit de Nantes, en l'honneur de laquelle vous avez frappé des médailles, a coûté plus de larmes, plus de sang et d'argent, a tué plus de prospérité en France que trois Saint-Barthélemi. Letellier a su accomplir avec une plumée d'encre le décret que le trône avait secrètement promulgué depuis moi; mais si, le 25 août 1572, cette immense exécution était nécessaire, le 25 août 1685 elle était inutile. Sous le second fils de Henri de Valois, l'hérésie était à peine enceinte; sous le second fils de Henri de Bourbon, cette mère féconde avait jeté son frai sur l'univers entier. Vous m'accusez d'un crime, et vous dressez des statues au fils d'Anne d'Autriche! Lui et moi, nous avons cependant essayé la même chose : il a réussi, j'ai échoué; mais Louis XIV a trouvé sans armes les Protestants qui, sous mon règne, avaient de puissantes armées, des hommes d'état, des capitaines, et l'Allemagne pour eux.

A ces paroles lentement prononcées, je sentis en moi comme un tressaillement intérieur. Je croyais respirer la fumée du sang de je ne sais quelles victimes. Catherine avait grandi. Elle était là comme un mauvais génie, et il me sembla qu'elle voulait pénétrer dans ma conscience pour s'y reposer.

— Il a rêvé cela, dit Beaumarchais à voix basse, il ne l'a certes pas inventé.

— Ma raison est confondue, dis-je à la reine. Vous vous applaudissez d'un acte que trois générations condamnent, flétrissent et...
— Ajoutez, reprit-elle, que toutes les plumes ont été plus injustes envers moi que ne l'ont été mes contemporains. Nul n'a pris ma défense. Je suis accusée d'ambition, moi riche et souveraine. Je suis taxée de cruauté, moi qui n'ai sur la conscience que deux têtes tranchées. Et pour les esprits les plus impartiaux je suis peut-être encore un grand problème. Croyez-vous donc que j'aie été dominée par des sentiments de haine, que je n'aie respiré que vengeance et fureur? Elle sourit de pitié. — J'étais calme et froide comme la raison même. J'ai condamné les Huguenots sans pitié, mais sans emportement, ils étaient l'orange pourrie de ma corbeille. Reine d'Angleterre, j'eusse jugé de même les Catholiques, s'ils y eussent été séditieux. Pour que notre pouvoir eût quelque vie à cette époque, il fallait dans l'État un seul Dieu, une seule Foi, un seul Maître. Heureusement pour moi, j'ai gravé ma justification dans un mot. Quand Birague m'annonça faussement la perte de la bataille de Dreux : — Eh! bien, nous irons au prêche, m'écriai-je. De la haine contre ceux de la Religion? Je les estimais beaucoup et je ne les connaissais point. Si je me suis senti de l'aversion envers quelques hommes politiques, ce fut pour le lâche cardinal de Lorraine, pour son frère, soldat fin et brutal, qui tous deux me faisaient espionner. Voilà quels étaient les ennemis de mes enfants, il voulaient leur arracher la couronne, je les voyais tous les jours, ils m'excédaient. Si nous n'avions pas fait la Saint-Barthélemi, les Guise l'eussent accomplie à l'aide de Rome et de ses moines. La Ligue, qui n'a été forte que de ma vieillesse, eût commencé en 1573. — Mais, madame, au lieu d'ordonner cet horrible assassinat

(excusez ma franchise), pourquoi n'avoir pas employé les vastes ressources de votre politique à donner aux Réformés les sages institutions qui rendirent le règne de Henri IV si glorieux et si paisible? Elle sourit encore, haussa les épaules, et ses rides creuses donnèrent à son pâle visage une expression d'ironie pleine d'amertume. — Les peuples, dit-elle, ont besoin de repos après les luttes les plus acharnées : voilà le secret de ce règne. Mais Henri IV a commis deux fautes irréparables : il ne devait ni abjurer le protestantisme, ni laisser la France catholique après l'être devenu lui-même. Lui seul s'est trouvé en position de changer sans secousse la face de la France. Ou pas une étole, ou pas un prêche! telle aurait dû être sa pensée. Laisser dans un gouvernement deux principes ennemis sans que rien les balance, voilà un crime de roi, il sème ainsi des révolutions. A Dieu seul il appartient de mettre dans son œuvre le bien et le mal sans cesse en présence. Mais peut-être cette sentence était-elle inscrite au fond de la politique de Henri IV, et peut-être causa-t-elle sa mort. Il est impossible que Sully n'ait pas jeté un regard de convoitise sur ces immenses biens du clergé, que le clergé ne possédait pas entièrement, car la noblesse gaspillait au moins les deux tiers de leurs revenus. Sully le Réformé n'en avait pas moins des abbayes. Elle s'arrêta et parut réfléchir. — Mais, reprit-elle, songez-vous que c'est à la nièce d'un pape que vous demandez raison de son catholicisme? Elle s'arrêta encore. — Après tout, j'eusse été Calviniste de bon cœur, ajouta-t-elle en laissant échapper un geste d'insouciance. Les hommes supérieurs de votre siècle penseraient-ils encore que la religion était pour quelque chose dans ce procès, le plus immense de ceux que l'Europe ait jugés, vaste révolution retardée par de petites causes qui ne l'empêcheront pas de rouler sur le monde, puisque je ne l'ai pas étouffée. Révolution, dit-elle en me jetant un regard profond, qui marche toujours et que tu pourras achever. Oui, *toi*, qui m'écoutes! Je frissonnai. — Quoi! personne encore n'a compris que les intérêts anciens et les intérêts nouveaux avaient saisi Rome et Luther comme des drapeaux! Quoi! pour éviter une lutte à peu près semblable, Louis IX, en entraînant une population centuple de celle que j'ai condamnée, et la laissant aux sables de l'Égypte, a mérité le nom de saint, et moi? — Mais moi, dit-elle, j'ai échoué. Elle pencha la tête et resta silencieuse un moment. Ce n'était plus une reine que je voyais, mais bien plutôt une de ces antiques druidesses qui sacrifiaient des hommes, et savaient dérouler les pages de l'avenir en exhumant les enseignements du passé. Mais bientôt elle releva sa royale et majestueuse figure. — En appelant l'attention de tous les bourgeois sur les abus de l'Église romaine, dit-elle, Luther et Calvin faisaient naître en Europe un esprit d'investigation qui devait amener les peuples à vouloir tout examiner. L'examen conduit au doute. Au lieu d'une foi nécessaire aux sociétés, ils traînaient après eux et dans le lointain une philosophie curieuse, armée de marteaux, avide de ruines. La science s'élançait brillante de ses fausses clartés du sein de l'hérésie. Il s'agissait bien moins d'une réforme dans l'Église que de la liberté indéfinie de l'homme qui est la mort de tout pouvoir. J'ai vu cela. La conséquence des succès obtenus par les Religionnaires dans leur lutte contre le sacerdoce, déjà plus armé et plus redoutable que la couronne, était la ruine du pouvoir monarchique élevé par Louis XI à si grands frais sur les débris de la Féodalité. Il ne s'agissait de rien moins que de l'anéantissement de la religion et de la royauté sur les débris desquelles toutes les bourgeoisies du monde voulaient pactiser. Cette lutte était donc une guerre à mort entre les nouvelles combinaisons et les lois, les croyances anciennes. Les Catholiques étaient l'expression des intérêts matériels de la royauté, des seigneurs et du clergé. Ce fut un duel à outrance entre deux géants, la Saint-Barthélemi n'y fut malheureusement qu'une blessure. Souvenez-vous que, pour épargner quelques gouttes de sang dans un moment opportun, on en laisse verser plus tard par torrents. L'intelligence qui plane sur une nation ne peut éviter un malheur : celui de ne plus trouver de pairs pour être bien jugée quand elle a succombé sous le poids d'un événement. Mes pairs sont rares, les sots sont en majorité : tout est expliqué par ces deux propositions. Si mon nom est en exécration à la France, il faut s'en prendre aux esprits médiocres qui y forment la masse de toutes les générations. Dans les grandes crises que j'ai subies, régner ce n'était pas donner des audiences, passer des revues et signer des ordonnances. J'ai pu commettre des fautes, je n'étais qu'une femme. Mais pourquoi ne s'est-il pas alors rencontré un homme qui fût au-dessus de son siècle? Le duc d'Albe était une âme de bronze, Philippe II était hébété de croyance catholique, Henri IV était un soldat joueur et libertin, l'Amiral un entêté systématique. Louis XI vint trop tôt, Richelieu vint trop tard. Vertueuse ou criminelle, que l'on m'attribue ou non la Saint-Barthélemi, j'en accepte le fardeau : je resterai entre ces deux grands hommes comme l'anneau visible d'une chaîne inconnue. Quelque jour des écrivains à paradoxes se demanderont si les peuples n'ont pas quelquefois prodigué le nom de bourreaux les victimes. Ce ne sera pas une fois seulement que l'humanité préférera d'immoler un dieu plutôt que de s'accuser elle-même. Vous êtes tous portés à verser sur deux cents manants sacrifiés à propos les larmes que vous refusez aux malheurs d'une génération, d'un siècle ou d'un monde. Enfin vous oubliez que la liberté politique, la tranquillité d'une nation, la science même, sont des présents pour lesquels le destin prélève des impôts de sang! — Les nations ne pourraient-elles pas être un jour heureuses à meilleur marché? m'écriai-je les larmes aux yeux. — Les vérités ne sortent de leur puits que pour prendre des bains de sang où elles se rafraîchissent. Le christianisme lui-même, essence de toute vérité, puisqu'il vient de Dieu, s'est-il établi sans martyrs? le sang n'a-t-il pas coulé à flots? ne coulera-t-il pas toujours? Tu le sauras, toi qui dois être un des maçons de l'édifice social commencé par les apôtres. Tant que tu promèneras ton niveau sur les têtes, tu seras applaudi; puis quand tu voudras prendre la truelle, on te tuera. » Sang! sang! ce mot retentissait à mes oreilles comme un tintement. — Selon vous, dis-je, le protestantisme aurait donc eu le droit de raisonner comme vous? Catherine avait disparu, comme si quelque souffle eût éteint la lumière surnaturelle qui permettait à mon esprit de voir cette figure dont les proportions étaient devenues gigantesques. Je trouvai tout à coup en moi-même une partie de moi qui adoptait les doctrines atroces déduites par cette Italienne. Je me réveillai en sueur, pleurant, et au moment où ma raison victorieuse me disait, d'une voix douce, qu'il n'appartenait ni à un roi, ni même à une nation, d'appliquer ces principes dignes d'un peuple d'athées.

— Et comment sauvera-t-on les monarchies qui croulent? demanda Beaumarchais.

— Dieu est là, monsieur, répliqua mon voisin.

— Donc, reprit monsieur de Calonne avec cette incroyable légèreté qui le caractérisait, nous avons la ressource de nous croire, selon l'Évangile de Bossuet, les instruments de Dieu.

Aussitôt que les dames s'étaient aperçues que l'affaire se passait en conversation entre la reine et l'avocat, elles avaient chuchoté.

J'ai même fait grâce des phrases à points d'interjection qu'elles lancèrent à travers le discours de l'avocat. Cependant ces mots : Il est ennuyeux à la mort! — Mais, ma chère, quand finira-t-il? parvinrent à mon oreille.

Lorsque l'inconnu cessa de parler, les dames se turent. Monsieur Bodard dormait. Le chirurgien à moitié gris, Lavoisier, Beaumarchais et moi nous avions été seuls attentifs, monsieur de Calonne jouait avec sa voisine. En ce moment le silence eut quelque chose de solennel. La lueur des bougies me paraissait avoir une couleur magique. Un même sentiment nous avait attachés par des liens mystérieux à cet homme, qui, pour ma part, me fit concevoir les inexplicables effets du fanatisme. Il ne fallut rien moins que la voix sourde et caverneuse du compagnon de Beaumarchais pour nous réveiller.

— Et moi aussi, j'ai rêvé, s'écria-t-il.

Je regardai plus particulièrement alors le chirurgien, et j'éprouvai je ne sais quel sentiment d'horreur. Son teint terreux, ses traits à la fois ignobles et grands, offraient une expression exacte de ce que vous me permettez de nommer *la canaille.* Quelques grains bleuâtres et noirs étaient semés sur son visage, comme des traces de boue, et ses yeux lançaient une flamme sinistre. Cette figure paraissait plus sombre qu'elle ne l'était peut-être, à cause de la neige amassée sur sa tête par une coiffure à frimas.

— Cet homme-là doit enterrer plus d'un malade, dis-je à mon voisin.

— Je ne lui confierais pas mon chien, me répondit-il.

— Je le hais involontairement.

— Et moi je le méprise.

— Quelle injustice, cependant! repris-je.

— Oh! mon Dieu, après-demain il peut devenir aussi célèbre que l'acteur Volange, répliqua l'inconnu.

Monsieur de Calonne montra le chirurgien par un geste qui semblait nous dire : — Celui-là me paraît devoir être amusant.

— Et auriez-vous rêvé d'une reine? lui demanda Beaumarchais.

— Non, j'ai rêvé d'un peuple, répondit-il avec une emphase qui nous fit rire. Je soignais alors un malade à qui je devais couper la cuisse le lendemain de mon rêve...

— Et vous avez trouvé le peuple dans la cuisse de votre malade? demanda monsieur de Calonne.

— Précisément, répondit le chirurgien

— Est-il amusant! s'écria la comtesse de Genlis.

— Je fus assez surpris, dit l'orateur sans s'embarrasser des interruptions et en mettant chacune de ses mains dans les goussets de sa culotte, de trouver à qui parler dans cette cuisse. J'avais la singulière faculté d'entrer chez mon malade. Quand, pour la première fois, je me trouvai sous sa peau, je contemplai une merveilleuse quantité de petits êtres qui s'agitaient, pensaient et raisonnaient. Les uns vivaient dans le corps de cet homme, les autres dans sa pensée. Ses idées étaient des êtres qui naissaient, grandissaient, mouraient; ils étaient malades, gais, bien portants, tristes, et avaient tous enfin des physionomies particulières; ils se combattaient ou se caressaient. Quelques idées s'élançaient au dehors et allaient vivre dans le monde intellectuel. Je compris tout à coup qu'il y avait deux univers, l'univers visible et l'univers invisible; que la terre avait, comme l'homme, un corps et une âme. La nature s'illumina pour moi, et j'en appréciai l'immensité en apercevant l'océan des êtres qui, par masses et par espèces, étaient répandus partout, faisant une seule et même matière animée, depuis les marbres jusqu'à Dieu. Magnifique spectacle! Bref, il y avait un univers dans mon malade. Quand je plantai mon bistouri au sein de sa cuisse gangrenée, j'abattis un millier de ces bêtes-là. —Vous riez, mesdames, d'apprendre que vous êtes livrées aux bêtes...

— Pas de personnalités, dit monsieur de Calonne. Parlez pour vous et pour votre malade.

— Mon homme, épouvanté des cris de ses animalcules, voulait interrompre mon opération; mais j'allais toujours, et je lui disais que des animaux malfaisants lui rongeaient déjà les os. Il fit un mouvement de résistance en ne comprenant pas ce que j'allais faire pour son bien, et mon bistouri m'entra dans le côté...

— Il est stupide, dit Lavoisier.

— Non, il est gris, répondit Beaumarchais.

— Mais, messieurs, mon rêve a un sens, s'écria le chirurgien

— Oh! oh! cria Bodard qui se réveillait, j'ai une jambe engourdie.

— Monsieur, lui dit sa femme, vos animaux sont morts.

— Cet homme a une vocation, s'écria mon voisin qui avait imperturbablement fixé le chirurgien pendant qu'il parlait.

— Il est à celui de monsieur, disait toujours le laid convive en continuant, ce qu'est l'action à la parole, le corps à l'âme

Mais sa langue épaissie s'embrouilla, il ne prononça plus que d'indistinctes paroles. Heureusement pour nous la conversation reprit un autre cours. Au bout d'une demi-heure nous avions oublié le chirurgien des pages, qui dormait. La pluie se déchaînait par torrents quand nous nous levâmes de table.

— L'avocat n'est pas si bête, dis-je à Beaumarchais.

— Oh! il est lourd et froid. Mais vous voyez que la province recèle encore de bonnes gens qui prennent au sérieux les théories politiques et notre histoire de France. C'est un levain qui fermentera.

— Avez-vous votre voiture? me demanda madame de Saint-James.

— Non, lui répondis-je sèchement. Je ne savais pas que je dusse la demander ce soir. Vous voulez peut-être que je reconduise le contrôleur? Serait-il donc venu chez vous *en polisson?*

Cette expression du moment servait à désigner une personne qui, vêtue en cocher, conduisait sa propre voiture à Marly. Madame de Saint-James s'éloigna vivement, sonna, demanda la voiture de Saint-James, et prit à part l'avocat.

— Monsieur de Roberspierre, voulez-vous me faire le plaisir de mettre monsieur Marat chez lui, car il est hors d'état de se soutenir, lui dit-elle.

— Volontiers, madame, répondit monsieur de Roberspierre avec une manière galante, je voudrais que vous m'ordonnassiez quelque chose de plus difficile à faire.

Paris, janvier 1828.

IMP. E. MARTINET.

GODEFROID.

Au premier coup d'œil vous eussiez cru voir un enfant
ou quelque jeune fille déguisée.

(LES PROSCRITS.)

LES PROSCRITS.

ALMÆ SORORI.

En 1308, il existait peu de maisons sur le Terrain formé par les alluvions et par les sables de la Seine, en haut de la Cité, derrière l'église Notre-Dame. Le premier qui osa se bâtir un logis sur cette grève soumise à de fréquentes inondations, fut un sergent de la ville de Paris qui avait rendu quelques menus services à messieurs du chapitre Notre-Dame; en récompense, l'évêque lui bailla vingt-cinq perches de terre, et le dispensa de toute censive ou redevance pour le fait de ses constructions. Sept ans avant le jour où commence cette histoire, Joseph Tirechair, l'un des plus rudes sergents de Paris, comme son nom le prouve, avait donc, grâce à ses droits dans les amendes par lui perçues pour les délits commis ès rues de la Cité, bâti sa maison au bord de la Seine, précisément à l'extrémité de la rue du Port-Saint-Landry. Afin de garantir de tout dommage les marchandises déposées sur le port, la ville avait construit une espèce de pile en maçonnerie qui se voit encore sur quelques vieux plans de Paris, et qui préservait le pilotis du port en soutenant à la tête du Terrain les efforts des eaux et des glaces; le sergent en avait profité pour asseoir son logis, en sorte qu'il fallait monter plusieurs marches pour arriver chez lui. Semblable à toutes les maisons du temps, cette bicoque était surmontée d'un toit pointu qui figurait au-dessus de la façade la moitié supérieure d'une losange. Au regret des historiographes, il existe à peine un ou deux modèles de ces toits à Paris. Une ouverture ronde éclairait le grenier dans lequel la femme du sergent faisait sécher le linge du Chapitre, car elle avait l'honneur de blanchir Notre-Dame, qui n'était certes pas une mince pratique. Au premier étage étaient deux chambres qui, bon an, mal an, se louaient aux étrangers à raison de quarante sous parisis pour chacune, prix exorbitant justifié d'ailleurs par le luxe que Tirechair avait mis dans leur ameublement. Des tapisseries de Flandre garnissaient les murailles; un grand lit orné d'une tour en serge verte, semblable à ceux des paysans, était honorablement fourni de matelas et recouvert de bons draps en toile fine. Chaque réduit avait son chauffe-doux, espèce de poêle dont la description est inutile. Le plancher, soigneusement entretenu par les apprenties de la Tirechair, brillait comme le bois d'une châsse. Au lieu d'escabelles, les locataires avaient pour siéges de grandes *chaires* en noyer sculpté, provenues sans doute du pillage de quelque château. Deux bahuts incrustés en étain, une table à colonnes torses, complétaient un mobilier digne des chevaliers bannerets les mieux huppés que leurs affaires amenaient à Paris. Les vitraux de ces deux chambres donnaient sur la rivière. Par l'une, vous n'eussiez pu voir que les rives de la Seine et les trois îles désertes dont les deux premières ont été réunies plus tard et forment l'île Saint-Louis aujourd'hui, la troisième était l'île Louviers. Par l'autre, vous auriez aperçu à travers une échappée du port Saint-Landry, le quartier de la Grève, le pont Notre-Dame avec ses maisons, les hautes tours du Louvre récemment bâties par Philippe-Auguste, et qui dominaient ce Paris chétif et pauvre, lequel suggère à l'imagination des poètes modernes tant de fausses merveilles. Le bas de la maison à Tirechair, pour nous servir de l'expression alors en usage, se composait d'une grande chambre où travaillait sa femme, et par où les locataires étaient obligés de passer pour se rendre chez eux, en gravissant un escalier pareil à celui d'un moulin. Puis derrière, se trouvaient la cuisine et la chambre à coucher, qui avaient vue sur la Seine. Un petit jardin conquis sur les eaux étalait au pied de cette humble demeure ses carrés de choux verts, ses oignons et quelques pieds de rosiers défendus par des pieux formant une espèce de haie. Une cabane construite en bois et en boue servait de niche à un gros chien, le gardien nécessaire de cette maison isolée. A cette niche commençait une enceinte où criaient des poules dont les œufs se vendaient aux chanoines. Ça et là, sur le Terrain fangeux ou sec, suivant les caprices de l'atmosphère parisienne, s'élevaient quelques petits arbres incessamment battus par le vent, tourmentés, cassés par les promeneurs; des saules vivaces, des joncs et de hautes herbes. Le terrain, la Seine, le Port, la maison étaient encadrés à l'ouest par l'immense basilique de Notre-Dame, qui projetait au gré du soleil son ombre froide sur cette terre. Alors comme aujourd'hui, Paris n'avait pas de lieu plus solitaire, de paysage plus solennel ni plus mélancolique. La grande voix des eaux, le chant des prêtres ou le sifflement du vent troublaient seuls cette espèce de bocage, où parfois se faisaient aborder quelques couples amoureux pour se confier leurs secrets, lorsque les offices retenaient à l'église les gens du chapitre.

Par une soirée du mois d'avril, en l'an 1308, Tirechair rentra chez lui singulièrement fâché. Depuis trois jours il trouvait tout en ordre sur la voie publique. En sa qualité d'homme de police, rien ne l'affectait plus que de se voir inutile. Il jeta sa hallebarde avec humeur, grommela de vagues paroles en dépouillant sa jacquette mi-partie de rouge et de bleu, pour endosser un mauvais hoqueton de camelot. Après avoir pris dans la huche un morceau de pain sur lequel il étendit une couche de beurre, il s'établit sur un banc, examina ses quatre murs blanchis à la chaux, compta les solives de son plancher, inventoria ses ustensiles de ménage appendus à des clous, maugréa d'un soin qui ne lui laissait rien à dire, et regarda sa femme, laquelle ne soufflait mot en repassant les aubes et les surplis de la sacristie.

— Par mon salut, dit-il pour entamer la conversation, je ne sais, Jacqueline, où tu vas pêcher tes apprenties. En voilà une, ajouta-t-il en montrant une ouvrière qui plissait assez maladroitement une nappe d'autel, en vérité, plus je la mire, plus je pense qu'elle ressemble à une fille folle de son corps, et non à une bonne grosse serve de campagne. Elle a des mains aussi blanches que celles d'une dame! Jour de Dieu, ses cheveux sentent le parfum, je crois! et ses chausses sont fines comme celles d'une reine. Par la double corne de Mahom, les choses céans ne vont pas à mon gré.

L'ouvrière se prit à rougir, et guigna Jacqueline d'un air qui exprimait une crainte mêlée d'orgueil. La blanchisseuse répondit à ce regard par un sourire, quitta son ouvrage, et d'une voix aigrelette : — Ah ça! dit-elle à son mari, ne m'impatiente pas! Ne vas-tu point m'accuser de quelques manigances? Trotte sur ton pavé tant que tu voudras, et ne te mêle de ce qui se passe ici que pour dormir en paix, boire ton vin, et manger ce que je te mets sur la table; sinon, je ne me charge plus de t'entretenir en joie et en santé. Trouvez-moi dans toute la ville un homme plus heureu que ce singe-là! ajouta-t-elle en lui faisant une grimace de repro che. Il a de l'argent dans son escarcelle, il a pignon sur Seine, un vertueuse hallebarde d'un côté, une honnête femme de l'autre, une maison aussi propre, aussi nette que mon œil; et ça se plaint comme un pèlerin ardé du feu Saint-Antoine!

— Ah! reprit le sergent, crois-tu, Jacqueline, que j'aie envie de voir mon logis rasé, ma hallebarde aux mains d'un autre et ma femme au pilori?

Jacqueline et la délicate ouvrière pâlirent.

— Explique-toi donc, reprit vivement la blanchisseuse, et fais voir ce que tu as dans ton sac. Je m'aperçois bien, mon gars, que depuis quelques jours tu loges une sottise dans ta pauvre cervelle. Allons, viens çà! et défile-moi ton chapelet. Il faut que tu sois bien couard pour redouter le moindre grabuge en portant la hallebarde du parloir aux bourgeois, et en vivant sous la protection du chapitre. Les chanoines mettraient le diocèse en interdit si Jacqueline se plaignait à eux de la plus mince avanie.

En disant cela, elle marcha droit au sergent et le prit par le bras : — Viens donc, ajouta-t-elle en le faisant lever et l'emmenant sur les degrés.

Quand ils furent au bord de l'eau, dans leur jardinet, Jacqueline regarda son mari d'un air moqueur : — Apprends, vieux truand, que quand cette belle dame sort du logis, il entre une pièce d'or dans notre épargne.

— Oh! oh! fit le sergent qui resta pensif et coi devant sa femme. Mais il reprit bientôt : — Eh! donc, nous sommes perdus. Pourquoi cette femme vient-elle chez nous?

— Elle vient voir le joli petit clerc que nous avons là-haut, reprit Jacqueline en montrant la chambre dont la fenêtre avait vue sur la vaste étendue de la Seine.

— Malédiction! s'écria le sergent. Pour quelques traîtres écus, tu m'auras ruiné, Jacqueline. Est-ce là un métier que doive faire la sage et prude femme d'un sergent? Mais fût-elle comtesse ou baronne, cette dame ne saurait nous tirer du traquenard où nous serons tôt ou tard emboîsés! N'aurons nous pas contre nous un mari puissant et grandement offensé? car jarnidieu! elle est bien belle.

— Oui-da, elle est veuve, vilain oison! Comment oses-tu soupçonner ta femme de vilenie et de bêtises? Cette dame n'a jamais parlé à notre gentil clerc, elle se contente de le voir et de penser à lui. Pauvre enfant! sans elle, il serait déjà mort de faim, car elle est quasiment sa mère. Et lui, le chérubin, il est aussi facile de le tromper que de bercer un nouveau-né. Il croit que ses deniers vont toujours, et il les a déjà deux fois mangés depuis six mois.

— Femme, répondit gravement le sergent en lui montrant la place de Grève, te souviens-tu d'avoir vu d'ici le feu dans lequel on a rôti l'autre jour cette Danoise?

— Eh! bien, dit Jacqueline effrayée.

— Eh! bien, reprit Tirechair, les deux étrangers que nous aubergeons sentent le roussi. Il n'y a chapitre, comtesse, ni protection qui tiennent. Voilà Pâques venu, l'année finie, il faut mettre nos hôtes à la porte, et vite et tôt. Apprendras-tu donc à un sergent à reconnaître le gibier de potence? Nos deux hôtes avaient pratiqué la Porrette, cette hérétique de Danemarck ou de Norwége de qui tu as entendu d'ici le dernier cri. C'était une courageuse diablesse, elle n'a point sourcillé sur son fagot, ce qui prouvait abondamment son accointance avec le diable : je l'ai vue comme je te vois, elle prêchait encore l'assistance, disant qu'elle était dans le ciel et voyait Dieu. Hé! bien, depuis ce jour, je n'ai point dormi tranquillement sur mon grabat. Le seigneur couché au-dessus de nous est plus sûrement sorcier que chrétien. Foi de sergent! j'ai le frisson quand ce vieux passe près de moi; la nuit, jamais il ne dort; si je m'éveille, sa voix retentit comme le bourdonnement des cloches, et je lui entends faire ses conjurations dans la langue de l'enfer; lui as-tu jamais vu manger une honnête croute de pain, une fouace faite par la main d'un talmellier catholique? Sa peau brune a été cuite et hâlée par le feu de l'enfer. Jour de Dieu! ses yeux exercent un charme, comme ceux des serpents! Jacqueline, je ne veux pas de ces deux hommes chez moi. Je vis trop près de la justice pour ne pas savoir qu'il faut ne jamais rien avoir à démêler avec elle. Tu mettras nos deux locataires à la porte : le vieux parce qu'il m'est suspect, le jeune parce qu'il est trop mignon. L'un et l'autre ont l'air de ne point hanter les chrétiens, ils ne vivent certes pas comme nous vivons; le petit regarde toujours la lune, les étoiles et les nuages, en sorcier qui guette l'heure de monter sur son balai; l'autre sournois se sert bien certainement de ce pauvre enfant pour quelque sortilége. Mon bouge est déjà sur la rivière, j'ai assez de cette cause de ruine sans y attirer le feu du ciel ou l'amour d'une comtesse. J'ai dit. Ne bronche pas.

Malgré le despotisme qu'elle exerçait au logis, Jacqueline resta stupéfaite en entendant l'espèce de réquisitoire fulminé par le sergent contre ses deux hôtes. En ce moment, elle regarda machinalement la fenêtre de la chambre où logeait le vieillard, et frissonna d'horreur en y rencontrant tout à coup la face sombre et mélancolique, le regard profond qui faisaient tressaillir le sergent, quelque habitué qu'il fût à voir des criminels.

A cette époque, petits et grands, clercs et laïques, tout tremblait à la pensée d'un pouvoir surnaturel. Le mot de magie était aussi puissant que la lèpre pour briser les sentiments, rompre les liens sociaux, et glacer la pitié dans les cœurs les plus généreux. La femme du sergent pensa soudain qu'elle n'avait jamais vu ses deux hôtes faisant acte de créature humaine. Quoique la voix du plus jeune fût douce et mélodieuse comme les sons d'une flûte, elle l'entendait si rarement, qu'elle fut tentée de la prendre pour l'effet d'un sortilége. En se rappelant l'étrange beauté de ce visage blanc et rose, en revoyant par le souvenir cette chevelure blonde et les feux humides de ce regard, elle crut y reconnaître les artifices du démon. Elle se souvint d'être restée pendant des journées entières sans avoir entendu le plus léger bruit chez les deux étrangers. Où étaient-ils pendant ces longues heures? Tout à coup, les circonstances les plus singulières revinrent en foule à sa mémoire. Elle fut complétement saisie par la peur, et voulut voir une preuve de magie dans l'amour que la riche dame portait à ce jeune Godefroy, pauvre orphelin venu de Flandre à Paris pour étudier à l'Université. Elle mit promptement la main dans une de ses poches, en tira vivement quatre livres tournois en grands blancs, et regarda les pièces par un sentiment d'avarice mêlé de crainte.

— Ce n'est pourtant pas là de la fausse monnaie? dit elle en montrant les sous d'argent à son mari. — Puis, ajouta-t-elle, comment les mettre hors de chez nous après avoir reçu d'avance le loyer de l'année prochaine?

— Tu consulteras le doyen du chapitre, répondit le sergent. N'est-ce pas à lui de nous dire comment nous devons nous comporter avec des êtres extraordinaires?

— Oh! oui, bien extraordinaires, s'écria Jacqueline. Voyez la malice! venir se gîter dans le giron même de Notre-Dame! Mais, reprit-elle, avant de consulter le doyen, pourquoi ne pas prévenir cette noble et digne dame du danger qu'elle court?

En achevant ces paroles, Jacqueline et le sergent, qui n'avait pas perdu un coup de dent, rentrèrent au logis. Tirechair, en homme vieilli dans les ruses de son métier, feignit de prendre l'inconnue pour une véritable ouvrière; mais cette indifférence apparente laissait percer la crainte d'un courtisan qui respecte un royal incognito. En ce moment, six heures sonnèrent au clocher de Saint-Denis-du-Pas, petite église qui se trouvait entre Notre-Dame et le port Saint-Landry, la première cathédrale bâtie à Paris, au lieu même où saint Denis a été mis sur le gril, disent les chroniques. Aussitôt l'heure vola de cloche en cloche par toute la Cité. Tout à coup des cris confus s'élevèrent sur la rive gauche de la Seine, derrière Notre-Dame, à l'endroit où fourmillaient les écoles de l'Université. A ce signal, le vieil hôte de Jacqueline se remua dans sa chambre. Le sergent, sa femme et l'inconnue entendirent ouvrir et fermer brusquement une porte, et le pas lourd de l'étranger retentit sur les marches de l'escalier intérieur. Les soupçons du sergent donnaient à l'apparition de ce personnage un si haut intérêt, que les visages de Jacqueline et du sergent offrirent tout à coup une expression bizarre dont fut saisie la dame. Rapportant, comme toutes les personnes qui aiment, l'effroi du couple à son protégé, l'inconnue attendit avec une sorte d'inquiétude l'événement qu'annonçait la peur de ses prétendus maîtres.

L'étranger resta pendant un instant sur le seuil de la porte pour examiner les trois personnes qui étaient dans la salle, en paraissant y chercher son compagnon. Le regard qu'il y jeta, quelque insouciant qu'il fût, troubla les cœurs. Il était vraiment impossible à tout le monde, et même à un homme ferme, de ne pas avouer que la nature avait départi des pouvoirs exorbitants à cet être en apparence surnaturel. Quoique ses yeux fussent assez profondément enfoncés sous les grands arceaux dessinés par ses sourcils, ils étaient comme ceux d'un milan enchâssés dans des paupières si larges et bordés d'un cercle noir si vivement marqué sur le haut de sa joue, que leurs globes semblaient être en saillie. Cet œil magique avait je ne sais quoi de despotique et de perçant qui saisissait l'âme par un regard pesant et plein de pensées, un regard brillant et lucide comme celui des serpents ou des oiseaux; mais qui stupéfiait, qui écrasait par la véloce communication d'un immense malheur ou de quelque puissance surhumaine. Tout était en harmonie avec ce regard de plomb et de feu, fixe et mobile, sévère et calme. Si dans ce grand œil d'aigle les agitations terrestres paraissaient en quelque sorte éteintes, le visage maigre et sec portait aussi les traces de passions malheureuses et de grands événements accomplis. Le nez tombait droit et se prolongeait de telle sorte que les narines semblaient le retenir. Les os de la face étaient nettement accusés par des rides droites et longues qui creusaient les joues décharnées. Tout ce qui formait un creux dans sa figure paraissait sombre. Vous eussiez dit le lit d'un torrent où la violence des eaux écoulées était attestée par la profondeur des sillons qui trahissaient quelque lutte horrible, éternelle. Semblables à la trace laissée par les rames d'une barque sur les ondes, de larges plis partant de chaque côté de son nez accentuaient fortement son visage, et donnaient à sa bouche, ferme et sans sinuosités, un caractère d'amère tristesse. Au-dessus de l'ouragan peint sur ce visage, son front tranquille s'élançait avec une sorte de hardiesse et le couronnait comme d'une coupole en marbre. L'étranger gardait cette attitude intrépide et sérieuse que contractent les hommes habitués au malheur, faits par la nature pour affronter avec impassibilité les foules furieuses, et pour regarder en face les grands dangers. Il semblait se mouvoir dans une sphère à lui, d'où il planait au-dessus de l'humanité. Ainsi que son regard, son geste possédait une irrésistible puissance; ses mains décharnées étaient celles d'un guerrier; s'il fallait baisser les yeux quand les siens plongeaient sur vous, il fallait également trembler quand sa parole ou son geste s'adressaient à votre âme. Il marchait entouré d'une majesté silencieuse qui le faisait prendre pour un despote sans gardes, pour quelque Dieu sans rayons. Son costume ajoutait encore aux idées qu'inspiraient les singularités de sa démarche ou de sa physionomie. L'âme, le corps et l'habit s'harmoniaient ainsi de manière à impressionner les imaginations les plus froides. Il portait une espèce de surplis en drap noir, sans manches, qui s'agrafait par devant et descendait jusqu'à mi-jambe, en lui laissant le col nu, sans rabat. Son justaucorps et ses bottines, tout était noir. Il avait sur la tête une calotte en velours semblable à celle d'un prêtre, et qui traçait une ligne circulaire au-dessus de son front sans qu'un seul cheveu s'en échappât. C'était le deuil le plus rigide et l'habit le plus sombre qu'un homme pût prendre.

Sans une longue épée qui pendait à son côté, soutenue par un ceinturon de cuir que l'on apercevait à la fente du surtout noir, un ecclésiastique l'eût salué comme un frère. Quoiqu'il fût de taille moyenne, il paraissait grand; mais en le regardant au visage, il était gigantesque.

— L'heure a sonné, la barque attend, ne viendrez-vous pas?

A ces paroles prononcées en mauvais français, mais qui furent facilement entendues au milieu du silence, un léger frémissement retentit dans l'autre chambre, et le jeune homme en descendit avec la rapidité d'un oiseau. Quand Godefroid se montra, le visage de la dame s'empourpra, elle trembla, tressaillit, et se fit un voile de ses mains blanches. Toute femme eût partagé cette émotion en contemplant un homme de vingt ans environ, mais dont la taille et les formes étaient si frêles qu'au premier coup d'œil vous eussiez cru voir un enfant ou quelque jeune fille déguisée. Son chaperon noir, semblable au béret des basques, laissait apercevoir un front blanc comme de la neige où la grâce et l'innocence étincelaient en exprimant une suavité divine, reflet d'une âme pleine de foi. L'imagination des poètes aurait voulu y chercher cette étoile que, dans je ne sais quel conte, une mère pria la fée-marraine d'empreindre sur le front de son enfant abandonné comme Moïse au gré des flots. L'amour respirait dans les milliers de boucles blondes qui retombaient sur ses épaules. Son cou, véritable cou de cygne, était blanc et d'une admirable rondeur. Ses yeux bleus, pleins de vie et limpides, semblaient réfléchir le ciel. Les traits de son visage, la coupe de son front étaient d'un fini, d'une délicatesse à ravir un peintre. La fleur de beauté qui, dans les figures de femmes, nous cause d'intarissables émotions, cette exquise pureté des lignes, cette lumineuse auréole posée sur des traits adorés, se mariaient à des teintes mâles, à une puissance encore adolescente, qui formaient de délicieux contrastes. C'était enfin un de ces visages mélodieux qui, muets, nous parlent et nous attirent; néanmoins, en le contemplant avec un peu d'attention, peut-être y aurait-on reconnu l'espèce de flétrissure qu'imprime une grande pensée ou la passion, dans une verdeur mate qui le faisait ressembler à une jeune feuille se dépliant au soleil. Aussi, jamais opposition ne fut-elle plus brusque ni plus vive que l'était celle offerte par la réunion de ces deux êtres. Il semblait voir un gracieux et faible arbuste né dans le creux d'un vieux saule, dépouillé par le temps, sillonné par la foudre, décrépit, un de ces saules majestueux, l'admiration des peintres; le timide arbrisseau s'y met à l'abri des orages. L'un était un Dieu, l'autre était un ange; celui-ci le poète qui sent, celui-là le poète qui traduit; un prophète souffrant, un lévite en prières. Tous deux passèrent en silence,

— Avez-vous vu comme il l'a sifflé? s'écria le sergent de ville au moment où le pas des deux étrangers ne s'entendit plus sur la grève. N'est-ce point un diable et son page?

— Ouf! répondit Jacqueline, j'étais oppressée. Jamais je n'avais examiné nos hôtes si attentivement. Il est malheureux, pour nous autres femmes, que le démon puisse prendre un si gentil visage!

— Oui, jette-lui de l'eau bénite, s'écria Tirechair, et tu le verras se changer en crapaud. Je vais aller tout dire à l'officialité.

En entendant ce mot, la dame se réveilla de la rêverie dans laquelle elle était plongée, et regarda le sergent qui mettait sa casaque bleue et rouge.

— Où courez-vous? dit-elle.

— Informer la justice que nous logeons des sorciers, bien à notre corps défendant.

L'inconnue se prit à sourire.

— Je suis la comtesse Mahaut, dit-elle en se levant avec une dignité qui rendit le sergent tout pantois. Gardez-vous de faire la plus légère peine à vos hôtes. Honorez surtout le vieillard, je l'ai vu chez le roi votre seigneur qui l'a courtoisement accueilli, vous seriez mal avisé de lui causer le moindre encombre. Quant à mon séjour chez vous, n'en sonnez mot, si vous aimez la vie.

La comtesse se tut et retomba dans sa méditation. Elle releva bientôt la tête, fit un signe à Jacqueline, et toutes deux montèrent à la chambre de Godefroid. La belle comtesse regarda le lit, les chaires de bois, le bahut, les tapisseries, la table, avec un bonheur semblable à celui du banni qui contemple, au retour, les toits pressés de sa ville natale, assise au pied d'une colline.

— Si tu ne m'as pas trompée, dit-elle à Jacqueline, je te promets cent écus d'or.

— Tenez, madame, répondit l'hôtesse, le pauvre ange est sans méfiance, voici tout son bien!

Disant cela, Jacqueline ouvrait un tiroir de la table, et montrait quelques parchemins.

— O Dieu de bonté! s'écria la comtesse en saisissant un contrat qui attira soudain son attention et où elle lut : GOTHOFREDUS COMES GANTIACUS (*Godefroid, comte de Gand.*)

Elle laissa tomber le parchemin, passa la main sur son front; mais, se trouvant sans doute compromise de laisser voir son émotion à Jacqueline, elle reprit une contenance froide.

— Je suis contente! dit-elle.

Puis elle descendit et sortit de la maison. Le sergent et sa femme se mirent sur le seuil de leur porte, et lui virent prendre le chemin du port. Un bateau se trouvait amarré près de là. Quand le frémissement du pas de la comtesse put être entendu, un marinier se leva soudain, aida la belle ouvrière à s'asseoir sur un banc, et rama de manière à faire voler le bateau comme une hirondelle, en aval de la Seine.

— Es-tu bête! dit Jacqueline en frappant familièrement sur l'épaule du sergent. Nous avons gagné ce matin cent écus d'or.

— Je n'aime pas plus loger des seigneurs que loger des sorciers. Je ne sais qui des uns ou des autres nous mène plus vitement au gibet, répondit Tirechair en prenant sa hallebarde. Je vais, reprit-il, aller faire ma ronde du côté de Champfleuri. Ah! que Dieu nous protége, et me fasse rencontrer quelque galloise ayant mis ce soir ses anneaux d'or pour briller dans l'ombre comme un ver luisant!

Jacqueline, restée seule au logis, monta précipitamment dans la chambre du seigneur inconnu pour tâcher d'y trouver quelques renseignements sur cette mystérieuse affaire. Semblable à ces savants qui se donnent des peines infinies pour compliquer les principes clairs et simples de la nature, elle avait déjà bâti un roman informe qui lui servait à expliquer la réunion de ces trois personnages sous son pauvre toit. Elle fouilla le bahut, examina tout, et ne put rien découvrir d'extraordinaire. Elle vit seulement sur la table une écritoire et quelques feuilles de parchemin; mais comme elle ne savait pas lire, cette trouvaille ne pouvait lui rien apprendre. Un sentiment de femme la ramena dans la chambre du beau jeune homme, d'où elle aperçut par la croisée ses deux hôtes qui traversaient la Seine dans le bateau du passeur.

— Ils sont comme deux statues, se dit-elle. Ah! ah! ils abordent devant la rue du Fouarre. Est-il leste le petit mignon! il a sauté à terre comme un bouvreuil. Près de lui, le vieux ressemble à quelque saint de pierre de la cathédrale. Ils vont à l'ancienne école des Quatre-Nations. Prest! je ne les vois plus. — C'est là qu'il respire, ce pauvre chérubin! ajouta-t-elle en regardant les meubles de la chambre. Est-il galant et plaisant! Ah! ces seigneurs, c'est autrement fait que nous.

Et Jacqueline descendit après avoir passé la main sur la couverture du lit, épousseté le bahut, et s'être demandé pour la centième fois depuis six mois : — A quoi diable passe-t-il toutes ses saintes journées? Il ne peut pas toujours regarder dans le bleu du temps et dans les étoiles que Dieu a pendues là-haut comme des lanternes. Le cher enfant a du chagrin. Mais pourquoi le vieux maître et lui ne se parlent-ils presque point? Puis elle se perdit dans ses pensées, qui, dans sa cervelle de femme, se brouillèrent comme un écheveau de fil.

Le vieillard et le jeune homme étaient entrés dans une des écoles qui rendaient à cette époque la rue du Fouarre si célèbre en Europe. L'illustre Sigier, le plus fameux docteur en Théologie mystique de l'Université de Paris, montait à sa chaire au moment où les deux locataires de Jacqueline arrivèrent à l'ancienne école des Quatre-Nations, dans une grande salle basse, de plain-pied avec la rue. Les dalles froides étaient garnies de paille fraîche, sur laquelle un bon nombre d'étudiants avaient tous un genou appuyé, l'autre relevé, pour sténographier l'improvisation du maître à l'aide de ces abréviations qui font le désespoir des déchiffreurs modernes. La salle était pleine, non-seulement d'écoliers, mais encore des hommes les plus distingués du clergé, de la cour et de l'ordre judiciaire. Il s'y trouvait des savants étrangers, des gens d'épée et de riches bourgeois. Là se rencontraient ces faces larges, ces fronts protubérants, ces barbes vénérables qui nous inspirent une sorte de religion pour nos ancêtres à l'aspect des portraits du Moyen-Age. Des visages maigres aux yeux brillants et enfoncés, surmontés de crânes jaunis dans les fatigues d'une scolastique impuissante, la passion favorite du siècle, contrastaient avec de jeunes têtes ardentes, avec des hommes graves, avec des figures guerrières, avec les joues rubicondes de quelques financiers. Ces leçons, ces dissertations, ces thèses soutenues par les génies les plus brillants du treizième et du quatorzième siècle, excitaient l'enthousiasme de nos pères, elles étaient leurs combats de taureaux, leurs Italiens, leur tragédie, leurs grands danseurs, tout leur théâtre enfin. Les représentations de mystères ne vinrent qu'après ces luttes pirituelles qui peut-être engendrèrent la scène française. Une é oquente inspiration qui réunissait l'attrait de la voix humaine habilement maniée, les subtilités de l'éloquence et des recherches hardies dans les secrets de Dieu, satisfaisait alors à toutes les curiosités, émouvait les âmes, et composait le spectacle à a mode. La Théologie ne résumait pas seulement les sciences, elle était la science même, comme le fut autrefois la Grammaire chez les Grecs, et présentait un fécond avenir à ceux qui se distinguaient dans ces duels, où, comme Jacob, les orateurs combattaient avec l'esprit de Dieu. Les ambassades, les arbitrages entre les souverains, les chancelleries, les dignités ecclésiastiques, appartenaient aux hommes dont la parole s'était aiguisée dans les controverses théologiques. La chaire était la tribune de l'époque. Ce système vécut jusqu'au jour où Rabelais immola l'ergotisme sous ses terribles moqueries, comme Cervantes tua la chevalerie avec une comédie écrite.

Pour comprendre ce siècle extraordinaire, l'esprit qui en dicta les chefs-d'œuvre inconnus aujourd'hui, quoique immenses, enfin pour s'en expliquer tout jusqu'à la barbarie, il suffit d'étudier les constitutions de l'Université de Paris, et d'examiner l'enseignement bizarre alors en vigueur. La Théologie se divisait en deux Facultés, celle de THÉOLOGIE proprement dite, et celle de DÉCRET. La Faculté de Théologie avait trois sections : la Scolastique, la Canonique et la Mystique. Il serait fastidieux d'expliquer les attributions de ces diverses parties de la science, puisqu'une seule, la Mystique, est le sujet de cette étude. La THÉOLOGIE MYSTIQUE embrassait l'ensemble des *révélations divines* et l'explication des *mystères*. Cette branche de l'ancienne théologie est secrètement restée en honneur parmi nous. Jacob Bœhm, Swedenborg, Martinez Pasqualis, Saint-Martin, Molinos, mesdames Guyon, Bourignon et Krudener, la grande secte des Extatiques, celle des Illuminés, ont, à diverses époques, dignement conservé les doctrines de cette science, dont le but a quelque chose d'effrayant et de gigantesque. Aujourd'hui, comme au temps du docteur Sigier, il s'agit de donner à l'homme des ailes pour pénétrer dans le sanctuaire où Dieu se cache à nos regards.

Cette digression était nécessaire pour l'intelligence de la scène à laquelle le vieillard et le jeune homme partis du terrain Notre-Dame venaient assister; puis elle défendra de tout reproche cette

Étude, que certaines personnes hardies à juger pourraient soupçonner de mensonge et taxer d'hyperbole.

Le docteur Sigier était de haute taille et dans la force de l'âge. Sauvée de l'oubli par les fastes universitaires, sa figure offrait de frappantes analogies avec celle de Mirabeau. Elle était marquée au sceau d'une éloquence impétueuse, animée, terrible. Le docteur avait au front les signes d'une croyance religieuse et d'une ardente foi qui manquèrent à son Sosie. Sa voix possédait de plus une douceur persuasive, un timbre éclatant et flatteur.

En ce moment, le jour que les croisées à petits vitraux garnis de plomb répandaient avec parcimonie, colorait cette assemblée de teintes capricieuses en y créant çà et là de vigoureux contrastes par le mélange de la lueur et des ténèbres. Ici des yeux étincelaient en des coins obscurs; là de noires chevelures, caressées par des rayons, semblaient lumineuses au-dessus de quelques visages ensevelis dans l'ombre; puis, plusieurs crânes découronnés, conservant une faible ceinture de cheveux blancs, apparaissaient au-dessus de la foule comme des créneaux argentés par la lune. Toutes les têtes, tournées vers le docteur, restaient muettes, impatientes. Les voix monotones des autres professeurs dont les écoles étaient voisines, retentissaient dans la rue silencieuse comme le murmure des flots de la mer. Le pas des deux inconnus qui arrivèrent en ce moment attira l'attention générale. Le docteur Sigier, prêt à prendre la parole, vit le majestueux vieillard debout, lui chercha de l'œil une place, et n'en trouvant pas, tant la foule était grande, il descendit, vint à lui d'un air respectueux, et le fit asseoir sur l'escalier de la chaire en lui prêtant son escabeau. L'assemblée accueillit cette faveur par un long murmure d'approbation, en reconnaissant dans le vieillard le héros d'une admirable thèse récemment soutenue à la Sorbonne. L'inconnu jeta sur l'auditoire, au-dessus duquel il planait, ce profond regard qui racontait tout un poème de malheurs, et ceux qu'il atteignit éprouvèrent d'indéfinissables tressaillements. L'enfant qui suivait le vieillard s'assit sur une des marches, et s'appuya contre la chaire, dans une pose ravissante de grâce et de tristesse. Le silence devint profond, le seuil de la porte, la rue même, furent obstrués en peu d'instants par une foule d'écoliers qui désertèrent les autres classes.

Le docteur Sigier devait résumer, en un dernier discours, les théories qu'il avait données sur la résurrection, sur le ciel et l'enfer, dans ses leçons précédentes. Sa curieuse doctrine répondait aux sympathies de l'époque, et satisfaisait à ces désirs immodérés du merveilleux qui tourmentent les hommes à tous les âges du monde. Cet effort de l'homme pour saisir un infini qui échappe sans cesse à ses mains débiles, ce dernier assaut de la pensée avec elle-même, était une œuvre digne d'une assemblée où brillaient alors toutes les lumières de ce siècle, où scintillait peut-être la plus vaste des imaginations humaines. D'abord le docteur rappela simplement, d'un ton doux et sans emphase, les principaux points précédemment établis.

« Aucune intelligence ne se trouvait égale à une autre. L'homme était-il en droit de demander compte à son créateur de l'inégalité des forces morales données à chacun? Sans vouloir pénétrer tout à coup les desseins de Dieu, ne devait-on pas reconnaître en fait que, par suite de leurs dissemblances générales, les intelligences se divisaient en de grandes sphères? Depuis la sphère où brillait le moins d'intelligence jusqu'à la plus translucide où les âmes apercevaient le chemin pour aller à Dieu, n'existait-il pas une gradation réelle de spiritualité? les esprits appartenant à une même sphère ne s'entendaient-ils pas fraternellement, en âme, en chair, en pensée, en sentiment? »

Là, le docteur développait de merveilleuses théories relatives aux sympathies. Il expliquait dans un langage biblique les phénomènes de l'amour, les répulsions instinctives, les attractions vives qui méconnaissent les lois de l'espace, les cohésions soudaines des âmes qui semblent se reconnaître. Quant aux divers degrés de force dont étaient susceptibles nos affections, il les résolvait par la place plus ou moins rapprochée du centre que les êtres occupaient dans leurs cercles respectifs. Il révélait mathématiquement une grande pensée de Dieu dans la coordination des différentes sphères humaines. Par l'homme, disait-il, ces sphères créaient un monde intermédiaire entre l'intelligence de la brute et l'intelligence des anges. Selon lui, la Parole *divine* nourrissait la Parole *spirituelle*, la Parole *spirituelle* nourrissait la Parole *animée*, la Parole *animée* nourrissait la Parole *animale*, la Parole *animale* nourrissait la Parole *végétale*, et la Parole *végétale* exprimait la vie de la parole *stérile*. Les successives transformations de chrysalide que Dieu imposait ainsi à nos âmes, et cette espèce de vie infusoire qui, d'une zone à l'autre, se communiquait toujours plus vive, plus spirituelle, plus clairvoyante, developpait confusément, mais assez merveilleusement peut-être pour ses auditeurs inexpérimentés, le mouvement imprimé par le Très-Haut à la Nature. Secouru par de nombreux passages empruntés aux livres sacrés, et desquels il se servait pour se commenter lui-même, pour exprimer par des images sensibles les raisonnements abstraits qui lui manquaient, il secouait l'esprit de Dieu comme une torche à travers les profondeurs de la création, avec une éloquence qui lui était propre et dont les accents sollicitaient la conviction de son auditoire. Déroulant ce mystérieux système dans toutes ses conséquences, il donnait la clef de tous les symboles, justifiait les vocations, les dons particuliers, les génies, les talents humains. Devenant tout à coup physiologiste par instinct, il rendait compte des ressemblances animales inscrites sur les figures humaines, par des analogies primordiales et par le mouvement ascendant de la création. Il vous faisait assister au jeu de la nature, assignait une mission, un avenir aux minéraux, à la plante, à l'animal. La Bible à la main, après avoir spiritualisé la Matière et matérialisé l'Esprit, après avoir fait entrer la volonté de Dieu en tout, et imprimé du respect pour ses moindres œuvres, il admettait la possibilité de parvenir par la foi d'une sphère à une autre.

Telle fut la première partie de son discours, il en appliqua par d'adroites digressions les doctrines au système de la féodalité. La poésie religieuse et profane, l'éloquence abrupte du temps avaient une large carrière dans cette immense théorie, où venaient se fondre tous les systèmes philosophiques de l'antiquité, mais d'où le docteur les faisait sortir, éclaircis, purifiés, changés. Les faux dogmes des deux principes et ceux du panthéisme tombaient sous sa parole qui proclamait l'unité divine en laissant à Dieu et à ses anges la connaissance des fins dont les moyens éclataient si magnifiques aux yeux de l'homme. Armé des démonstrations par lesquelles il expliquait le monde matériel, le docteur Sigier construisait un monde spirituel dont les sphères graduellement élevées nous séparaient de Dieu, comme la plante était éloignée de nous par une infinité de cercles à franchir. Il peuplait le ciel, les étoiles, les astres, le soleil. Au nom de saint Paul, il investissait les hommes d'une puissance nouvelle, il leur était permis de monter de monde en monde jusqu'aux sources de la vie éternelle. L'échelle mystique de Jacob était tout à la fois la formule religieuse de ce secret divin et la preuve traditionnelle du fait. Il voyageait dans les espaces en entraînant les âmes passionnées sur les ailes de sa parole, et faisait sentir l'infini à ses auditeurs, en les plongeant dans l'océan céleste.

docteur expliquait ainsi logiquement l'enfer par d'autres cercles disposés en ordre inverse des sphères brillantes qui aspiraient à Dieu, où la souffrance et les ténèbres remplaçaient la lumière et esprit. Les tortures se comprenaient aussi bien que les délices. Les termes de comparaison existaient dans les transitions de la vie humaine, dans ses diverses atmosphères de douleur et d'intelligence. Ainsi les fabulations les plus extraordinaires de l'enfer et du purgatoire se trouvaient naturellement réalisées. Il déduisait admirablement les raisons fondamentales de nos vertus. L'homme pieux, cheminant dans la pauvreté, fier de sa conscience, toujours en paix avec lui-même, et persistant à ne pas se mentir dans son cœur, malgré les spectacles du vice triomphant, était un ange puni, déchu, qui se souvenait de son origine, pressentait sa récompense, accomplissait sa tâche et obéissait à sa belle mission. Les sublimes résignations du christianisme apparaissent alors dans toute leur gloire. Il mettait les martyrs sur les bûchers ardents, et les dépouillait presque de leurs mérites, en les dépouillant de leurs souffrances. Il montrait l'ange *intérieur* dans les cieux, tandis que l'homme *extérieur* était brisé par le fer des bourreaux. Il peignait, il faisait reconnaître à certains signes célestes, des anges parmi les hommes. Il allait alors arracher dans les entrailles de l'entendement le véritable sens du mot *chute*, qui se retrouve en tous les langages. Il revendiquait les plus fertiles traditions, afin de démontrer la vérité de notre origine. Il expliquait avec lucidité la passion que tous les hommes ont de s'élever, de monter, ambition instinctive, révélation perpétuelle de notre destinée. Il faisait épouser d'un regards l'univers entier, et décrivait la substance de Dieu même, coulant à pleins bords comme un fleuve immense, du centre aux extrémités, des extrémités vers le centre. La nature était une et compacte. Dans l'œuvre la plus chétive en apparence, comme dans la plus vaste, tout obéissait à cette loi. Chaque création en reproduisait en petit une image exacte, soit la séve de la plante, soit le sang de l'homme, soit le cours des astres. Il entassait preuve sur preuve, et configurait toujours sa pensée par un tableau mélodieux de poésie. Il marchait, d'ailleurs, hardiment au-devant des objections. Ainsi lui-même foudroyait sous une éloquente interrogation les monuments de nos sciences et les superfétations humaines, à la construction desquelles les sociétés employaient les éléments du monde terrestre. Il demandait si nos guerres, si nos malheurs, si nos dépravations empêchaient le grand mouvement imprimé par Dieu à tous les mondes? Il faisait rire de l'impuissance humaine en montrant nos efforts effacés partout. Il évoquait les mânes de Tyr, de Carthage, de Babylone; il ordonnait à Babel, à Jérusalem de comparaître; il y cherchait, sans les trouver, les sillons éphémères de la charrue civilisatrice. L'humanité flottait sur le monde, comme un vaisseau dont le sillage disparaît sous le niveau paisible de l'Océan.

Telles étaient les idées fondamentales du discours prononcé par le docteur Sigier, idées qu'il enveloppa dans le langage mystique et le latin bizarre en usage à cette époque. Les Écritures dont il avait fait une étude particulière lui fournissaient les armes sous lesquelles il apparaissait à son siècle pour en presser la marche. Il couvrait comme d'un manteau sa hardiesse sous un grand savoir, et sa philosophie sous la sainteté de ses mœurs. En ce moment, après avoir mis son audience face à face avec Dieu, après avoir fait tenir le monde dans une pensée, et dévoilé presque la pensée du monde, il contempla l'assemblée silencieuse, palpitante, et interrogea l'étranger par un regard. Aiguillonné sans doute par la présence de cet être singulier, il ajouta ces paroles, dégagées ici de la latinité corrompue du moyen-âge.

— Où croyez-vous que l'homme puisse prendre ces vérités fécondes, si ce n'est au sein de Dieu même? Que suis-je? Le faible traducteur d'une seule ligne léguée par le plus puissant des apôtres, une seule ligne entre mille également brillantes de lumière. Avant nous tous, saint Paul avait dit: *In Deo vivimus, movemur et sumus.* (Nous vivons, nous sommes, nous marchons dans Dieu même.) Aujourd'hui, moins croyants et plus savants, ou moins instruits et plus incrédules, nous demanderions à l'apôtre, à quoi bon ce mouvement perpétuel? Où va cette vie distribuée par zones? Pourquoi cette intelligence qui commence par les perceptions confuses du marbre, et va, de sphère en sphère, jusqu'à l'homme, jusqu'à l'ange, jusqu'à Dieu? Où est la source, où est la mer? Si la vie, arrivée à Dieu à travers les mondes et les étoiles, à travers la matière et l'esprit, redescend vers un autre but? Vous voudriez voir l'univers des deux côtés. Vous adoreriez le souverain, à condition de vous asseoir sur son trône un moment. Insensés que nous sommes ! nous refusons aux animaux les plus intelligents le don de comprendre nos pensées et le but de nos actions, nous sommes sans pitié pour les créatures des sphères inférieures, nous les chassons de notre monde, nous leur dénions la faculté de deviner la pensée humaine, et nous voudrions connaître la plus élevée de toutes les idées, l'idée de l'idée ! Eh ! bien, allez, partez ! montez par la foi de globe en globe, volez dans les espaces ! La pensée, l'amour et la foi en sont les clefs mystérieuses. Traversez les cercles, parvenez au trône ! Dieu est plus clément que vous ne l'êtes, il a ouvert son temple à toutes ses créations. Mais n'oubliez pas l'exemple de Moïse ? Déchaussez-vous pour entrer dans le sanctuaire, dépouillez-vous de toute souillure, quittez bien complétement votre corps, autrement vous seriez consumés, car Dieu.... Dieu, c'est la lumière !

Au moment où le docteur Sigier, la face ardente, la main levée, prononçait cette grande parole, un rayon de soleil pénétra par un vitrail ouvert, et fit jaillir comme par magie une source brillante, une longue et triangulaire bande d'or qui revêtit l'assemblée comme d'une écharpe. Toutes les mains battirent, car les assistants acceptèrent cet effet du soleil couchant comme un miracle. Un cri unanime s'éleva : — *Vivat! vivat!* Le ciel lui-même semblait applaudir. Godefroid, saisi de respect, regardait tour à tour le vieillard et le docteur Sigier qui se parlaient à voix basse.

— Gloire au maître ! disait l'étranger.

— Qu'est une gloire passagère ? répondait Sigier.

— Je voudrais éterniser ma reconnaissance, répliqua le vieillard.

— Eh ! bien, une ligne de vous ? reprit le docteur, ce sera me donner l'immortalité humaine.

— Hé ! peut-on donner ce qu'on n'a point ? s'écria l'inconnu.

Accompagnés par la foule qui, semblable à des courtisans autour de leurs rois, se pressait sur leurs pas, en laissant entre elle et ces trois personnages une respectueuse distance, Godefroid, le vieillard et Sigier marchèrent vers la rive fangeuse où dans ce temps il n'y avait point encore de maisons, et où le passeur les attendait. Le docteur et l'étranger ne s'entretenaient ni en latin ni en langue gauloise, ils parlaient gravement un langage inconnu. Leurs mains ressaient tour à tour aux cieux et à la terre. Plus d'une fois,

Sigier à qui les détours du rivage étaient familiers, guidait avec un soin particulier le vieillard vers les planches étroites jetées comme des ponts sur la boue; l'assemblée les épiait avec curiosité, et quelques écoliers enviaient le privilége du jeune enfant qui suivait ces deux souverains de la parole. Enfin le docteur salua le vieillard et vit partir le bateau du passeur.

Au moment où la barque flotta sur la vaste étendue de la Seine en imprimant ses secousses à l'âme, le soleil, semblable à un incendie qui s'allumait à l'horizon, perça les nuages, versa sur les campagnes des torrents de lumière, colora de ses tons rouges, de ses reflets bruns et les cimes d'ardoises et les toits de chaume, borda de feu les tours de Philippe-Auguste, inonda les cieux, teignit les eaux, fit resplendir les herbes, réveilla les insectes à moitié endormis. Cette longue gerbe de lumière embrasa les nuages. C'était comme le dernier vers de l'hymne quotidien. Tout cœur devait tressaillir, alors la nature fut sublime. Après avoir contemplé ce spectacle, l'étranger eut ses paupières humectées par la plus faible de toutes les larmes humaines. Godefroid pleurait aussi, sa main palpitante rencontra celle du vieillard qui se retourna, lui laissa voir son émotion; mais, sans doute pour sauver sa dignité d'homme qu'il crut compromise, il lui dit d'une voix profonde : — Je pleure mon pays, je suis banni! Jeune homme, à cette heure même j'ai quitté ma patrie. Mais là-bas, à cette heure, les lucioles sortent de leurs frêles demeures, et se suspendent comme autant de diamants aux rameaux des glaïeuls. A cette heure, la brise douce comme la plus douce poésie, s'élève d'une vallée trempée de lumière, en exhalant de suaves parfums. A l'horizon, je voyais une ville d'or, semblable à la *Jérusalem* céleste, une ville dont le nom ne doit pas sortir de ma bouche. Là, serpente aussi une rivière. Cette ville et ses monuments, cette rivière dont les ravissantes perspectives, dont les nappes d'eau bleuâtre se confondaient, se mariaient, se dénouaient, lutte harmonieuse qui réjouissait ma vue et m'inspirait l'amour, où sont-ils? A cette heure les ondes prenaient sous le ciel du couchant des teintes fantastiques, et figuraient de capricieux tableaux. Les étoiles distillaient une lumière caressante, la lune tendait partout ses piéges gracieux, elle donnait une autre vie aux arbres, aux couleurs, aux formes, et diversifiait les eaux brillantes, les collines muettes, les édifices éloquents. La ville parlait, scintillait; elle me rappelait, elle! Des co onnes de fumée se dressaient auprès des colonnes antiques don les marbres étincelaient de blancheur au sein de la nuit; les lignes de l'horizon se dessinaient encore à travers les vapeurs du soir, tout était harmonie et mystère. La nature ne me disait pas adieu, elle voulait me garder. Ah! c'était tout pour moi : ma mère et mon enfant, mon épouse et ma gloire! Les cloches, elles-mêmes, pleuraient alors ma proscription. O terre merveilleuse! elle est auss belle que le ciel! Depuis cette heure, j'ai eu l'univers pour cachot Ma chère patrie, pourquoi m'as-tu proscrit? — Mais j'y triompherai! s'écria-t-il en jetant ce mot avec un tel accent de conviction, et d'un timbre si éclatant, que le batelier tressaillit en croyant entendre le son d'une trompette.

Le vieillard était debout, dans une attitude prophétique et regardait dans les airs vers le sud, en montrant sa patrie à travers les régions du ciel. La pâleur ascétique de son visage avait fait place à la rougeur du triomphe, ses yeux étincelaient, il était sublime comme un lion hérissant sa crinière.

— Et toi, pauvre enfant! reprit-il en regardant Godefroid dont les joues étaient bordées par un chapelet de gouttes brillantes, as-tu donc comme moi étudié la vie sur des pages sanglantes? Pourquoi pleurer? Que peux-tu regretter à ton âge?

— Hélas! dit Godefroid, je regrette une patrie plus belle que toutes les patries de la terre, une patrie que je n'ai point vue et dont j'ai souvenir. Oh! si je pouvais fendre les espaces à plein vol, j'irais...

— Où? dit le Proscrit.

— Là-haut, répondit l'enfant.

En entendant ce mot, l'étranger tressaillit, arrêta son regard lourd sur le jeune homme, et le fit taire. Tous deux ils s'entretinrent par une inexplicable effusion d'âme en écoutant leurs vœux au sein d'un fécond silence, et voyagèrent fraternellement comme deux colombes qui parcourent les cieux d'une même aile, jusqu'au moment où la barque, en touchant le sable du Terrain, les tira de leur profonde rêverie. Tous deux, ensevelis dans leurs pensée marchèrent en silence vers la maison du sergent.

— Ainsi, disait en lui-même le grand étranger, ce pauvre peti se croit un ange banni du ciel. Et qui parmi nous aurait le droit de le détromper? Sera-ce moi? Moi qui suis enlevé si souvent par un pouvoir magique loin de la terre; moi qui appartiens à Dieu; moi qui suis pour moi-même un mystère. N'ai-je donc pas vu le plus beau des anges vivant dans cette boue? Cet enfant est-il donc plus ou moins insensé que je le suis? A-t-il fait un pas plus hardi dans la foi? Il croit, sa croyance le conduira sans doute en quelque sentier lumineux semblable à celui dans lequel je marche. Mais, s'il est beau comme un ange, n'est-il pas trop faible pour résister à de si rudes combats!

Intimidé par la présence de son compagnon, dont la voix foudroyante lui exprimait ses propres pensées, comme l'éclair traduit les volontés du ciel, l'enfant se contentait de regarder les étoiles avec les yeux d'un amant. Accablé par un luxe de sensibilité qui lui écrasait le cœur, il était là, faible et craintif, comme un moucheron inondé de soleil. La voix de Sigier leur avait célestement déduit à tous deux les mystères du monde moral; le grand vieillard devait les revêtir de gloire; l'enfant les sentait en lui-même sans pouvoir en rien exprimer; tous trois, ils exprimaient par de vivantes images la Science, la Poésie et le Sentiment.

En rentrant au logis, l'étranger s'enferma dans sa chambre, alluma sa lampe inspiratice, et se confia au terrible démon du travail, en demandant des mots au silence, des idées à la nuit. Godefroid s'assit au bord de sa fenêtre, regarda tour à tour les reflets de la lune dans les eaux, étudia les mystères du ciel. Livré à l'une de ces extases qui lui étaient familières, il voyagea de sphère en sphère, de visions en visions, écoutant et croyant entendre de sourds frémissements et des voix d'anges, voyant ou croyant voir des lueurs divines au sein desquelles il se perdait, essayant de parvenir au point éloigné, source de toute lumière, principe de toute harmonie. Bientôt la grande clameur de Paris propagée par les eaux de la Seine s'apaisa, les lueurs s'éteignirent une à une en haut des maisons, le silence régna dans toute son étendue, et la vaste cité s'endormit comme un géant fatigué. Minuit sonna. Le plus léger bruit, la chute d'une feuille ou le vol d'un *choucas* changeant de place dans les cimes de Notre-Dame, eussent alors rappelé l'esprit de l'étranger sur la terre, eussent fait quitter à l'enfant les hauteurs célestes vers lesquelles son âme était montée sur les ailes de l'extase. En ce moment, le vieillard entendit avec horreur dans la chambre voisine un gémissement qui se confondit avec la chute d'un corps lourd que l'oreille expérimentée du banni reconnut pour être un cadavre. Il sortit précipitamment, entra chez

Godefroid, le vit gisant comme une masse informe, aperçut une longue corde serrée à son cou et qui serpentait à terre. Quand il l'eut dénouée, l'enfant ouvrit les yeux.

— Où suis-je? demanda-t-il avec une expression de plaisir.

— Chez vous, dit le vieillard en regardant avec surprise le cou de Godefroid, le clou auquel la corde avait été attachée, et qui se trouvait encore au bout.

— Dans le ciel, répondit l'enfant d'une voix délicieuse.

— Non, sur la terre! répliqua le vieillard.

Godefroid marcha dans la ceinture de lumière tracée par la lune à travers la chambre dont le vitrail était ouvert, il revit la Seine frémissante, les saules et les herbes du Terrain. Une nuageuse atmosphère s'élevait au-dessus des eaux comme un dais de fumée. A ce spectacle pour lui désolant, il se croisa les mains sur la poitrine et prit une attitude de désespoir; le vieillard vint à lui, l'étonnement peint sur la figure.

— Vous avez voulu vous tuer? lui demanda-t-il.

— Oui, répondit Godefroid en laissant l'étranger lui passer à plusieurs reprises les mains sur le cou pour examiner l'endroit où les efforts de la corde avaient porté.

Malgré de légères contusions, le jeune homme avait dû peu souffrir. Le vieillard présuma que le clou avait promptement cédé au poids du corps, et que ce fatal essai s'était terminé par une chute sans danger.

— Pourquoi donc, cher enfant, avez-vous tenté de mourir?

— Ah! répondit Godefroid ne retenant plus les larmes qui roulaient dans ses yeux, j'ai entendu la voix d'en haut! Elle m'appelait par mon nom! Elle ne m'avait pas encore nommé; mais cette fois, elle me conviait au ciel! Oh! combien cette voix est douce! — Ne pouvant m'élancer dans les cieux, ajouta-t-il avec un geste naïf, j'ai pris pour aller à Dieu la seule route que nous ayons.

— Oh! enfant, enfant sublime! s'écria le vieillard en enlaçant Godefroid dans ses bras et le pressant avec enthousiasme sur son cœur. Tu es poète, tu sais monter intrépidement sur l'ouragan! Ta poésie, à toi, ne sort pas de ton cœur! Tes vives, tes ardentes pensées, tes créations marchent et grandissent dans ton âme. Va, ne livre pas tes idées au vulgaire? sois l'autel, la victime et le prêtre tout ensemble! Tu connais les cieux, n'est-ce pas? Tu as vu ces myriades d'anges aux blanches plumes, aux sistres d'or qui tous tendent d'un vol égal vers le trône, et tu as admiré souve leurs ailes qui, sous la voix de Dieu, s'agitent comme les touff harmonieuses des forêts sous la tempête. Oh combien l'espa sans bornes est beau! dis?

Le vieillard serra convulsivement la main de Godefroid, et tous deux contemplèrent le firmament dont les étoiles semblaient verser de caressantes poésies qu'ils entendaient.

— Oh! voir Dieu, s'écria doucement Godefroid.

— Enfant! reprit tout à coup l'étranger d'une voix sévère, as-tu donc si tôt oublié les enseignements sacrés de notre bon maître le docteur Sigier? Pour revenir, toi dans ta patrie céleste, et moi dans ma patrie terrestre, ne devons-nous pas obéir à la voix de Dieu? Marchons résignés dans les rudes chemins où son doigt puissant a marqué notre route. Ne frémis-tu pas du danger auquel tu t'es exposé? Venu sans ordre, ayant dit: *Me voilà!* avant le temps, ne serais-tu pas retombé dans un monde inférieur à celui dans lequel ton âme voltige aujourd'hui? Pauvre chérubin égaré, ne devrais-tu pas bénir Dieu de t'avoir fait vivre dans une sphère où tu n'entends que de célestes accords? N'es-tu pas pur comme un diamant, beau comme une fleur? Ah! si, semblable à moi, tu ne connaissais que la cité des douleurs! A m'y promener, je me suis usé le cœur. Oh! fouiller dans les tombes pour leur demander d'horribles secrets; essuyer des mains altérées de sang, les compter pendant toutes les nuits, les contempler levées vers moi, en implorant un pardon que je ne puis accorder; étudier les convulsions de l'assassin et les derniers cris de sa victime; écouter d'épouvantables bruits et d'affreux silences; le silence d'un père dévorant ses fils morts; interroger le rire des damnés; chercher quelques formes humaines parmi des masses décolorées que le crime a roulées et tordues; apprendre des mots que les hommes vivants n'entendent pas sans mourir; toujours évoquer les morts, pour toujours es traduire et les juger, est-ce donc une vie?

— Arrêtez! s'écria Godefroid, je ne saurais vous regarder, vous écouter davantage! Ma raison s'égare, ma vue s'obscurcit. Vous allumez en moi un feu qui me dévore.

— Je dois cependant continuer, reprit le vieillard en secouant sa main par un mouvement extraordinaire qui produisit sur le jeune homme l'effet d'un charme.

Pendant un moment, l'étranger fixa sur Godefroid ses grands

yeux éteints et abattus; puis, il étendit le doigt vers la terre : vous eussiez cru voir alors un gouffre entr'ouvert à son commandement. Il resta debout, éclairé par les indécis et vagues reflets de la lune qui firent resplendir son front d'où s'échappa comme une lueur solaire. Si d'abord une expression presque dédaigneuse se perdit dans les sombres plis de son visage, bientôt son regard contracta cette fixité qui semble indiquer la présence d'un objet invisible aux organes ordinaires de la vue. Certes, ses yeux contemplèrent alors les lointains tableaux que nous garde la tombe. Jamais peut-être cet homme n'eut une apparence si grandiose. Une lutte terrible bouleversa son âme, vint réagir sur sa forme extérieure; et quelque puissant qu'il parût être, il plia comme une herbe qui se courbe sous la brise messagère des orages. Godefroid resta silencieux, immobile, enchanté; une force inexplicable le cloua sur le plancher; et, comme lorsque notre attention nous arrache à nous-même, dans le spectacle d'un incendie ou d'une bataille, il ne sentit plus son propre corps.

— Veux-tu que je te dise la destinée au-devant de laquelle tu marchais, pauvre ange d'amour? Écoute! Il m'a été donné de voir les espaces immenses, les abîmes sans fin où vont s'engloutir les créations humaines, cette mer sans rives où court notre grand fleuve d'hommes et d'anges. En parcourant les régions des éternels supplices, j'étais préservé de la mort par le manteau d'un Immortel, ce vêtement de gloire dû au génie et que se passent les siècles, moi, chétif! Quand j'allais par les campagnes de lumière où se pressent les heureux, l'amour d'une femme, les ailes d'un ange, me soutenaient; porté sur son cœur, je pouvais goûter ces plaisirs ineffables dont l'étreinte est plus dangereuse pour nous, mortels, que ne le sont les angoisses du monde mauvais. En accomplissant mon pèlerinage à travers les sombres régions d'en-bas, j'étais parvenu de douleur en douleur, de crime en crime, de punitions en punitions, de silences atroces en cris déchirants sur le gouffre supérieur aux cercles de l'Enfer. Déjà, je voyais dans le lointain la clarté du Paradis qui brillait à une distance énorme, j'étais dans la nuit, mais sur les limites du jour. Je volais, emporté par mon guide, entraîné par une puissance semblable à celle qui pendant nos rêves nous ravit dans les sphères invisibles aux yeux du corps. L'auréole qui ceignait nos fronts faisait fuir les ombres sur notre passage, comme une impalpable poussière. Loin de nous, les soleils de tous les univers jetaient à peine la faible lueur des lucioles de mon pays. J'allais atteindre les champs de l'air où, vers le paradis, les masses de lumière se multiplient, où l'on fend facilement l'azur, où les innombrables mondes jaillissent comme des fleurs dans une prairie. Là, sur la dernière ligne circulaire qui appartenait encore aux fantômes que je laissais derrière moi, semblable à des chagrins qu'on veut oublier, je vis une grande ombre. Debout et dans une attitude ardente, cette âme dévorait les espaces du regard, ses pieds restaient attachés par le pouvoir de Dieu sur le dernier point de cette ligne, où elle accomplissait sans cesse la tension pénible par laquelle nous projetons nos forces lorsque nous voulons prendre notre élan, comme des oiseaux prêts à s'envoler. Je reconnus un homme, il ne nous regarda, ne nous entendit pas; tous ses muscles tressaillaient et haletaient; par chaque parcelle de temps, il semblait éprouver sans faire un seul pas la fatigue de traverser l'infini qui le séparait du paradis où sa vue plongeait sans cesse, où il croyait entrevoir une image chérie. Sur la dernière porte de l'Enfer comme sur la première, je lus une expression de désespoir dans l'espérance. Le malheureux était si horriblement écrasé par je ne sais quelle force, que sa douleur passa dans mes os et me glaça, Je me réfugiai près de mon guide dont la protection me rendit à la paix et au silence. Semblable à la mère dont l'œil perçant voit le milan dans les airs ou l'y devine, l'ombre poussa un cri de joie. Nous regardâmes là où il regardait, et nous vîmes comme un saphir flottant au-dessus de nos têtes dans les abîmes de lumière. Cette éclatante étoile descendait avec la rapidité d'un rayon de soleil quand il apparaît au matin sur l'horizon, et que ses premières clartés glissent furtivement sur notre terre. La SPLENDEUR devint distincte, elle grandit; j'aperçus bientôt le nuage glorieux au sein duquel vont les anges, espèce de fumée brillante émanée de leur divine substance, et qui çà et là pétille en langues de feu. Une noble tête, de laquelle il est impossible de supporter l'éclat sans avoir revêtu le manteau, le laurier, la palme, attribut des Puissances, s'élevait au-dessus de cette nuée aussi blanche, aussi pure que la neige. C'était une lumière dans la lumière! Ses ailes en frémissant semaient d'éblouissantes oscillations dans les sphères par lesquelles il passait, comme passe le regard de Dieu à travers les mondes. Enfin je vis l'archange dans sa gloire! La fleur d'éternelle beauté qui décore les anges de l'Esprit brillait en lui. Il tenait à la main une palme verte, et de l'autre un glaive flamboyant; la palme, pour en décorer l'ombre pardonnée; le glaive, pour faire reculer l'Enfer entier par un seul geste. A son approche, nous sentîmes les parfums du ciel qui tombèrent comme une rosée. Dans la région où demeura l'Ange, l'air prit la couleur des opales, et s'agita par des ondulations dont le principe venait de lui. Il arriva, regarda l'ombre, lui dit : — A demain! Puis il se retourna vers le ciel pa un mouvement gracieux, étendit ses ailes, franchit les sphères comme un vaisseau fend les ondes en laissant à peine voir ses blanches voiles à des exilés laissés sur quelque plage déserte. L'ombre poussa d'effroyables cris auxquels les damnés répondirent depuis le cercle le plus profondément enfoncé dans l'immensité des mondes de douleur jusqu'à celui plus paisible à la surface duquel nous étions. La plus poignante de toutes les angoisses avait fait un appel à toutes les autres. La clameur se grossit des rugissements d'une mer de feu qui servait comme de base à la terrible harmonie des innombrables millions d'âmes souffrantes. Puis tout à coup l'ombre prit son vol à travers la *cité dolente* et descendit de sa place jusqu'au fond même de l'Enfer; elle remonta subitement, revint, se replongea dans les cercles infinis, les parcourut dans tous les sens, semblable à un vautour qui, mis pour la première fois dans une volière, s'épuise en efforts superflus. L'ombre avait le droit d'errer ainsi, et pouvait traverser les zones de l'Enfer, glaciales, fétides, brûlantes, sans participer à leurs souffrances; elle glissait dans cette immensité comme un rayon du soleil se fait jour au sein de l'obscurité. — Dieu ne lui a point infligé de punition, me dit le maître; mais aucune de ces âmes de qui tu as successivement contemplé les tortures, ne voudrait changer son supplice contre l'espérance sous laquelle cette âme succombe. En ce moment, l'ombre revint près de nous, ramenée par une force invincible qui la condamnait à sécher sur le bord des enfers. Mon divin guide, qui devina ma curiosité, toucha de son rameau le malheureux occupé peut-être à mesurer le siècle de peine qui se trouvait entre ce moment et ce lendemain toujours fugitif. L'ombre tressaillit, et nous jeta un regard plein de toutes les larmes qu'elle avait déjà versées. — « Vous voulez connaître mon infortune? dit-elle d'une voix triste! oh! j'aime à la raconter. Je suis ici, Térésa est là-haut? voilà tout. Sur terre, nous étions heureux, nous étions toujours unis. Quand je vis pour la première fois ma chère Térésa Donati, elle avait dix ans. Nous nous aimâmes alors, sans savoir ce qu'était l'amour. Notre vie fut une même vie : je pâlissais de sa pâleur, j'étais heureux de sa joie; ensemble, nous nous livrâmes au charme de penser, de sentir, et l'un par l'autre nous apprîmes l'amour. Nous fûmes mariés dans Crémone, jamais nous ne connûmes nos lèvres que parées des perles du sourire, nos yeux rayonnèrent toujours; nos chevelures ne se séparèrent pas plus que nos vœux; toujours nos deux têtes se confondaient quand nous lisions, toujours nos pas s'unissaient quand nous marchions. La vie fut un long baiser, notre maison fut une couche. Un jour Térésa pâlit et me dit pour la première fois : — Je souffre ! Et je ne souffrais pas! Elle ne se releva plus. Je vis, sans mourir, ses beaux traits s'altérer, ses cheveux d'or s'endolorir. Elle souriait pour me cacher ses douleurs; mais je les lisais dans l'azur de ses yeux dont je savais interpréter les moindres tremblements. Elle me disait : — Honorino, je t'aime! au moment où ses lèvres blanchirent; enfin, elle serrait encore ma main dans ses mains quand la mort les glaça. Aussitôt je me tuai pour qu'elle ne couchât pas seule dans le lit du sépucre, sous son drap de marbre. Elle est-là haut, Térésa, moi, je suis ici. Je voulais ne pas la quitter, Dieu nous a séparés; pourquoi donc nous avoir unis sur la terre ? Il est jaloux. Le paradis a été sans doute bien plus beau du jour où Térésa y est montée. La voyez-vous ? Elle est triste dans son bonheur, elle est sans moi! Le paradis doit être bien désert pour elle. » — Maître, dis-je en pleurant, car je pensais à mes amours, au moment où celui-ci souhaitera le paradis pour Dieu seulement, ne sera-t-il pas délivré? Le père de la poésie inclina doucement la tête en signe d'assentiment. Nous nous éloignâmes en fendant les airs, sans faire plus de bruit que les oiseaux qui passent quelquefois sur nos têtes quand nous sommes étendus à l'ombre d'un arbre. Nous eussions vainement tenté d'empêcher l'infortuné de blasphémer ainsi. Un des malheurs des anges des ténèbres est de ne jamais voir la lumière, même quand ils en sont environnés. Celui-ci n'aurait pas compris nos paroles.

En ce moment, le pas rapide de plusieurs chevaux retentit au milieu du silence, le chien aboya, la voix grondeuse du sergent lui répondit; des cavaliers descendirent, frappèrent à la porte, et le bruit s'éleva tout à coup avec la violence d'une détonation inattendue. Les deux proscrits, les deux poètes tombèrent sur terre de toute la hauteur qui nous sépare des cieux. Le douloureux brisement de cette chute courut comme un autre sang dans leurs veines, mais en sifflant, en y roulant des pointes acérées et cuisantes. Pour eux, la douleur fut en quelque sorte une commotion électrique. La lourde et sonore démarche d'un homme d'armes dont l'épée, dont la cuirasse et les éperons produisaient un cliquetis ferrugineux retentit dans l'escalier ; puis un soldat se montra bientôt devant l'étranger surpris.

— Nous pouvons rentrer à Florence, dit cet homme dont la grosse voix parut douce en prononçant des mots italiens.

— Que dis-tu? demanda le grand vieillard.

— Les *blancs* triomphent!

— Ne te trompes-tu pas? reprit le poète.

— Non, cher Dante! répondit le soldat dont la voix guerrière exprima les frissonnements des batailles et les joies de la victoire.

— A Florence! à Florence! O ma Florence! cria vivement DANTE ALIGHIERI qui se dressa sur ses pieds, regarda dans les airs, crut voir l'Italie, et devint gigantesque.

— Et moi! quand serai-je dans le ciel? dit Godefroy qui restait un genou en terre devant le poète immortel, comme un ange en face du sanctuaire.

— Viens à Florence! lui dit Dante d'un son de voix compatissant. Va! quand tu verras ses amoureux paysages du haut de Fiesolè, tu te croiras au paradis.

Le soldat se mit à sourire. Pour la première, pour la seule fois peut-être, la sombre et terrible figure de Dante respira une joie; ses yeux et son front exprimaient les peintures de bonheur qu'il a si magnifiquement prodiguées dans son Paradis. Il lui semblait peut-être entendre la voix de Béatrix. En ce moment, le pas léger d'une femme et le frémissement d'une robe retentirent dans le silence. L'aurore jetait alors ses premières clartés. La belle comtesse Mahaut entra, courut à Godefroid.

— Viens, mon enfant, mon fils! il m'est maintenent permis de t'avouer! Ta naissance est reconnue, tes droits sont sous la protection du roi de France, et tu trouveras un paradis dans le cœur de ta mère.

— Je reconnais *la voix* du ciel, cria l'enfant ravi.

Ce cri réveilla Dante qui regarda le jeune homme enlacé dans les bras de la comtesse; il les salua par un regard et laissa son compagnon d'étude sur le sein maternel.

— Partons, s'écria-t-il d'une voix tonnante. Mort aux Guelfes!

Paris, octobre 1831.

LOUIS LAMBERT.

DÉDICACE.

Et nunc et semper dilectæ dicatum.

Louis Lambert naquit, en 1797, à Montoire, petite ville du Vendômois, où son père exploitait une tannerie de médiocre importance et comptait faire de lui son successeur; mais les dispositions qu'il manifesta prématurément pour l'étude modifièrent l'arrêt paternel. D'ailleurs le tanneur et sa femme chérissaient Louis comme on chérit un fils unique et ne le contrariaient en rien. L'Ancien et le Nouveau Testament étaient tombés entre les mains de Louis à l'âge de cinq ans; et ce livre, où sont contenus tant de livres, avait décidé de sa destinée. Cette enfantine imagination comprit-elle déjà la mystérieuse profondeur des Écritures, pouvait-elle déjà suivre l'Esprit-Saint dans son vol à travers les mondes, s'éprit-elle seulement des romanesques attraits qui abondent en ces poèmes tout orientaux; ou, dans sa première innocence, cette âme sympathisa-t-elle avec le sublime religieux que des mains divines ont épanché dans ce livre! Pour quelques lecteurs, notre récit résoudra ces questions. Un fait résulta de cette première lecture de la Bible : Louis allait par tout Montoire, y quêtant des livres qu'il obtenait à la faveur de ces séductions dont le secret n'appartient qu'aux enfants, et auxquelles personne ne sait résister. En se livrant à ces études, dont le cours n'était dirigé par personne, il atteignit sa dixième année. A cette époque, les remplaçants étaient rares; déjà plusieurs familles riches les retenaient d'avance pour n'en pas man-

Suppression retour
Idem : Briand ancien président du

quer au moment du tirage. Le peu de fortune des pauvres tanneurs ne leur permettant pas d'acheter un homme à leur fils, ils trouvèrent dans l'état ecclésiastique le seul moyen que leur laissât la loi de le sauver de la conscription, et ils l'envoyèrent en 1807, chez son oncle maternel, curé de Mer, autre petite ville située sur la Loire, près de Blois. Ce parti satisfaisait tout à la fois la passion de Louis pour la science et le désir qu'avaient ses parents de ne point l'exposer aux hasards de la guerre. Ses goûts studieux et sa précoce intelligence donnaient d'ailleurs l'espoir de lui voir faire une grande fortune dans l'Église. Après être resté pendant environ trois ans chez son oncle, vieil oratorien assez instruit, Louis en sortit au commencement de 1811 pour entrer au collége de Vendôme, où il fut mis et entretenu aux frais de madame de Staël.

Lambert dut la protection de cette femme célèbre au hasard ou sans doute à la Providence qui sait toujours aplanir les voies au génie délaissé. Mais pour nous, de qui les regards s'arrêtent à la superficie des choses humaines, ces vicissitudes, dont tant d'exemples nous sont offerts dans la vie des grands hommes, ne semblent être que le résultat d'un phénomène tout physique ; et, pour la plupart des biographes, la tête d'un homme de génie tranche sur une masse de figures enfantines comme une belle plante qui par son éclat attire dans les champs les yeux du botaniste. Cette comparaison pourrait s'appliquer à l'aventure de Louis Lambert : il venait ordinairement passer dans la maison paternelle le temps que son oncle lui accordait pour ses vacances ; mais au lieu de s'y livrer, selon l'habitudes des écoliers, aux douceurs de ce bon *far niente* qui nous affriole à tout âge, il emportait dès le matin du pain et des livres ; puis il allait lire et méditer au fond des bois pour se dérober aux remontrances de sa mère, à laquelle de si constantes études paraissaient dangereuses. Admirable instinct de mère ! Dès ce temps, la lecture était devenue chez Louis une espèce de faim que rien ne pouvait assouvir : il dévorait des livres de tout genre, et se repaissait indistinctement d'œuvres religieuses, d'histoire, de philosophie et de physique. Il m'a dit avoir éprouvé d'incroyables délices en lisant des dictionnaires, à défaut d'autres ouvrages, et je l'ai cru volontiers. Quel écolier n'a maintes fois trouvé du plaisir à chercher le sens probable d'un substantif inconnu ? L'analyse d'un mot, sa physionomie, son histoire étaient pour Lambert l'occasion d'une longue rêverie. Mais ce n'était pas la rêverie instinctive par laquelle un enfant s'habitue aux phénomènes de la vie, s'enhardit aux perceptions ou morales ou physiques; cultur involontaire, qui plus tard porte ses fruits et dans l'entendement et dans le caractère; non, Louis embrassait les faits, il les expliquait après en avoir recherché tout à la fois le principe et la fir avec une perspicacité de sauvage. Aussi, par un de ces jeux effrayants auxquels se plaît parfois la Nature, et qui prouvait l'anomalie de son existence, pouvait-il dès l'âge de quatorze ans émettre facilement des idées dont la profondeur ne m'a été révélée que longtemps après.

— Souvent, me dit-il, en parlant de ses lectures, j'ai accompli de délicieux voyages, embarqué sur un mot dans les abîmes du passé, comme l'insecte qui flotte au gré d'un fleuve sur quelque brin d'herbe. Parti de la Grèce, j'arrivais à Rome et traversais l'étendue des âges modernes. Quel beau livre ne composerait-on pas en racontant la vie et les aventures d'un mot? Sans doute il a reçu diverses impressions des événements auxquels il a servi; selon les lieux il a réveillé des idées différentes; mais n'est-il pas plus grand encore à considérer sous le triple aspect de l'âme, du corps et du mouvement? A le regarder, abstraction faite de ses fonctions, de ses effets et de ses actes, n'y a-t-il pas de quoi tomber dans un océan de réflexions? La plupart des mots ne sont-ils pas teints de l'idée qu'ils représentent extérieurement? à quel génie sont-ils dus! S'il faut une grande intelligence pour créer un mot, quel âge a donc la parole humaine? L'assemblage des lettres, leurs formes, la figure qu'elles donnent à un mot, dessinent exactement, suivant le caractère de chaque peuple, des êtres inconnus dont le souvenir est en nous. Qui nous expliquera philosophiquement la transition de la sensation à la pensée, de la pensée au verbe, du verbe à son expression hiéroglyphique, des hiéroglyphes à l'alphabet, de l'alphabet à l'éloquence écrite, dont la beauté réside dans une suite d'images classées par les rhéteurs, et qui sont comme les hiéroglyphes de la pensée? L'antique peinture des idées humaines configurées par les formes zoologiques n'aurait-elle pas déterminé les premiers signes dont s'est servi l'Orient pour écrire ses langages? Puis n'aurait-elle pas traditionnellement laissé quelques vestiges dans nos langues modernes, qui toutes se sont partagé les débris du verbe primitif des nations, verbe majestueux et solennel, dont la majesté, dont la solennité décroissent à mesure que vieillissent es sociétés; dont les retentissements si sonores dans la Bible hébraïque, si beaux encore dans la Grèce, s'affaiblissent à travers les progrès de nos civilisations successives? Est-ce à cet ancien Esprit que nous devons les mystères enfouis dans toute parole humaine? N'existe-t-il pas dans le mot VRAI une sorte de rectitude fantastique? ne se trouve-t-il pas dans le son bref qu'il exige une vague image de la chaste nudité, de la simplicité du vrai en toute chose? Cette syllabe respir je ne sais quelle fraîcheur. J'ai pris pour exemple la formule d'un idée abstraite, ne voulant pas expliquer le problème par un mo qui le rendît trop facile à comprendre, comme celui de VOL, où tout parle aux sens. N'en est-il pas ainsi de chaque verbe? tou sont empreints d'un vivant pouvoir qu'ils tiennent de l'âme, et qu'ils lui restituent par les mystères d'une action et d'une réaction merveilleuse entre la parole et la pensée. Ne dirait-on pas d'un amant qui puise sur les lèvres de sa maîtresse autant d'amour qu'il en communique? Par leur seule physionomie, les mots raniment dans notre cerveau les créatures auxquelles ils servent de vêtement. Semblables à tous les êtres, ils n'ont qu'une place où leurs propriétés puissent pleinement agir et se développer. Mais ce sujet comporte peut-être une science tout entière! Et il haussait les épaules comme pour me dire : Nous sommes et trop grands et trop petits!

La passion de Louis pour la lecture avait été d'ailleurs fort bien servie. Le curé de Mer possédait environ deux à trois mille volumes. Ce trésor provenait des pillages faits pendant la révolution dans les abbayes et les châteaux voisins. En sa qualité de prêtre assermenté, le bonhomme avait pu choisir les meilleurs ouvrages parmi les collections précieuses qui furent alors vendues au poids. En trois ans, Louis Lambert s'était assimilé la substance des livre qui, dans la bibliothèque de son oncle, méritaient d'être lus. L'absorption des idées par la lecture était devenue chez lui un phénomène curieux; son œil embrassait sept à huit lignes d'un coup, et son esprit en appréciait le sens avec une vélocité pareille à celle de son regard; souvent même un mot dans la phrase suffisait pour lui en faire saisir le suc. Sa mémoire était prodigieuse. Il se souvenait avec une même fidélité des pensées acquises par la lecture et de celles que la réflexion ou la conversation lui avaient suggérées. Enfin il possédait toutes les mémoires : celle des lieux, des noms, des mots, des choses et des figures. Non-seulement il se rappelait les objets à volonté; mais encore il les revoyait en lui-même situés éclairés, colorés comme ils l'étaient au moment où il les avait aperçus. Cette puissance s'appliquait également aux actes les plus insaisissables de l'entendement. Il se souvenait, suivant son expression, non-seulement du gisement des pensées dans le livre où il les avait prises, mais encore des dispositions de son âme à des époques éloignées. Par un privilége inouï, sa mémoire pouvait donc lui retracer les progrès et la vie entière de son esprit, depuis l'idée la plus anciennement acquise jusqu'à la dernière éclose, depuis la plus confuse jusqu'à la plus lucide. Son cerveau, habitué jeune encore au difficile mécanisme de la concentration des forces humaines, tirait de ce riche dépôt une foule d'images admirables de réalité, de fraîcheur, desquelles il se nourrissait pendant la durée de ses limpides contemplations.

— Quand je le veux, me disait-il dans son langage auquel les trésors du souvenir communiquaient une hâtive originalité, je tire un voile sur mes yeux. Soudain je rentre en moi-même, et j'y trouve une chambre noire où les accidents de la nature viennent se reproduire sous une forme plus pure que la forme sous laquelle ils sont d'abord apparus à mes sens extérieurs.

A l'âge de douze ans, son imagination, stimulée par le perpétuel exercice de ses facultés, s'était développée au point de lui permettre d'avoir des notions si exactes sur les choses qu'il percevait par la lecture seulement, que l'image imprimée dans son âme n'en eût pas été plus vive s'il les avait réellement vues; soit qu'il procédât par analogie, soit qu'il fût doué d'une espèce de seconde vue par laquelle il embrassait la nature.

— En lisant le récit de la bataille d'Austerlitz, me dit-il un jour, j'en ai vu tous les incidents. Les volées de canon, les cris des combattants retentissaient à mes oreilles et m'agitaient les entrailles; je sentais la poudre, j'entendais le bruit des chevaux et la voix des hommes; j'admirais la plaine où se heurtaient des nations armées, comme si j'eusse été sur la hauteur du Santon. Ce spectacle me semblait effrayant comme une page de l'Apocalypse.

Quand il employait ainsi toutes ses forces dans une lecture, il perdait en quelque sorte la conscience de sa vie physique, et n'existait plus que par le jeu tout-puissant de ses organes intérieurs dont la portée s'était démesurément étendue : il laissait, suivant son expression, l'*espace derrière lui*. Mais je ne veux pas anticiper sur les phases intellectuelles de sa vie. Malgré moi déjà, je viens d'intervertir l'ordre dans lequel je dois dérouler l'histoire de cet homme qui transporta toute son action dans sa pensée, comme d'autres placent toute leur vie dans l'action.

Un grand penchant l'entraînait vers les ouvrages mystiques. — *Abyssus abyssum*, me disait-il. Notre esprit est un abîme qui se plaît dans les abîmes. Enfants, hommes, vieillards, nous sommes toujours friands de mystères, sous quelque forme qu'ils se présentent. Cette prédilection lui fut fatale, s'il est permis toutefois de juger sa vie selon les lois ordinaires, et de toiser le bonheur d'autrui avec la mesure du nôtre, ou d'après les préjugés sociaux. Ce goût pour les choses du ciel, autre locution qu'il employait souvent, ce *mens divinior* était dû peut-être à l'influence exercée sur son esprit par les premiers livres qu'il lut chez son oncle. Sainte Thérèse et madame Guyon lui continuèrent la Bible, eurent les prémices de son adulte intelligence, et l'habituèrent à ces vives réactions de l'âme dont l'extase est à la fois et le moyen et le résultat. Cette étude, ce goût élevèrent son cœur, le purifièrent, l'ennoblirent, lui donnèrent appétit de la nature divine, et l'instruisirent des délicatesses presque féminines qui sont instinctives chez les grands hommes : peut-être leur sublime n'est-il que le besoin de dévouement qui distingue la femme, mais transporté dans les grandes choses. Grâce à ces premières impressions, Louis resta pur au collége. Cette noble virginité de sens eut nécessairement pour effet d'enrichir la chaleur de son sang et d'agrandir les facultés de sa pensée.

La baronne de Staël, bannie à quarante lieues de Paris, vint passer plusieurs mois de son exil dans une terre située près de Vendôme. Un jour, en se promenant, elle rencontra sur la lisière du parc l'enfant du tanneur presque en haillons, absorbé par un livre. Ce livre était une traduction du CIEL ET DE L'ENFER. A cette époque, MM. Saint-Martin, de Gence et quelques autres écrivains français, à moitié allemands, étaient presque les seules personnes qui, dans l'empire français, connussent le nom de Swedenborg. Étonnée, madame de Staël prit le livre avec cette brusquerie qu'elle affectait de mettre dans ses interrogations, ses regards et ses gestes; puis, lançant un coup d'œil à Lambert : — Est-ce que tu comprends cela? lui dit-elle.

— Priez-vous Dieu? demanda l'enfant.

— Mais... oui.

— Et le comprenez-vous?

La baronne resta muette pendant un moment; puis elle s'assit auprès de Lambert, et se mit à causer avec lui. Malheureusement ma mémoire, quoique fort étendue, est loin d'être aussi fidèle que l'était celle de mon camarade, et j'ai tout oublié de cette conversation, hormis les premiers mots. Cette rencontre était de nature à vivement frapper madame de Staël; à son retour au château, elle en parla peu, malgré le besoin d'expansion qui, chez elle, dégénérait en loquacité; mais elle en parut fortement préoccupée. La seule personne encore vivante qui ait gardé le souvenir de cette aventure, et que j'ai questionnée afin de recueillir le peu de paroles alors échappées à madame de Staël, retrouva difficilement dans sa mémoire ce mot dit par la baronne, à propos de Lambert: *C'est un vrai voyant.* Louis ne justifia point aux yeux des gens du monde les belles espérances qu'il avait inspirées à sa protectrice. La prédilection passagère qui se porta sur lui fut donc considérée comme un caprice de femme, comme une de ces fantaisies particulières aux artistes. Madame de Staël voulut arracher Louis Lambert à l'Empereur et à l'Église, pour le rendre à la noble destinée qui, disait-elle, l'attendait; car elle en faisait déjà quelque nouveau Moïse sauvé des eaux. Avant son départ, elle chargea l'un de ses amis, monsieur de Corbigny, alors préfet à Blois, de mettre en temps utile son Moïse au collége de Vendôme; puis elle l'oublia probablement. Entré là vers l'âge de quatorze ans, au commencement de 1811, Lambert dut en sortir à la fin de 1814, après avoir achevé sa philosophie. Je doute que, pendant ce temps, il ait jamais reçu le moindre souvenir de sa bienfaitrice, si toutefois ce fut un bienfait que de payer durant trois années la pension d'un enfant sans songer à son avenir, après l'avoir détourné d'une carrière où peut-être eût-il trouvé le bonheur. Les circonstances de l'époque et le caractère de Louis Lambert peuvent largement absoudre madame de Staël et de son insouciance et de sa générosité. La personne choisie pour lui servir d'intermédiaire dans ses relations avec l'enfant quitta Blois au moment où il sortait du collége. Les événements politiques qui survinrent alors justifièrent assez l'indifférence de ce personnage pour le protégé de la baronne. L'auteur de Corinne n'entendit plus parler de son petit Moïse. Cent louis donnés par elle à monsieur de Corbigny, qui, je crois, mourut lui-même en 1812, n'étaient pas une somme assez importante pour réveiller les souvenirs de madame de Staël dont l'âme exaltée rencontra sa pâture, et dont tous les intérêts furent vivement mis en jeu pendant les péripéties des années 1814 et 1815. Louis Lambert se trouvait à cette époque et trop pauvre et trop fier pour rechercher sa bienfaitrice, qui voyageait à travers l'Europe. Néanmoins il vint à pied de Blois à Paris dans l'intention de la voir, et arriva malheureusement le jour où la baronne mourut. Deux lettres écrites par Lambert étaient restées sans réponse. Le souvenir des bonnes intentions de madame de Staël pour Louis n'est donc demeuré que dans quelques jeunes mémoires, frappées comme le fut la mienne par le merveilleux de cette histoire. Il faut avoir été dans notre collége pour comprendre et l'effet que produisait ordinairement sur nos esprits l'annonce d'un *nouveau*, et l'impression particulière que l'aventure de Lambert devait nous causer.

Ici, quelques renseignements sur les lois primitives de notre Institution, jadis moitié militaire et moitié religieuse, deviennent nécessaires pour expliquer la nouvelle vie que Lambert allait y mener. Avant la révolution, l'Ordre des Oratoriens, voué, comme celui de Jésus, à l'éducation publique, et qui lui succéda dans quelques maisons, possédait plusieurs établissements provinciaux, dont les plus célèbres étaient les colléges de Vendôme, de Tournon, de La Flèche, de Pont-le-Voy, de Sorrèze et de Juilly. Celui de Vendôme, aussi bien que les autres, élevait, je crois, un certain nombre de cadets destinés à servir dans l'armée. L'abolition des Corps enseignants, décrétée par la Convention, influa très-peu sur l'Institution de Vendôme. La première crise passée, le collége recouvra ses bâtiments; quelques Oratoriens disséminés aux environs y revinrent, et le rétablirent en lui conservant son ancienne règle, ses habitudes, ses usages et ses mœurs, qui lui prêtaient une physionomie à laquelle je n'ai rien pu comparer dans aucun des lycées où je suis allé après ma sortie de Vendôme. Situé au milieu de la ville, sur la petite rivière du Loir qui en baigne les bâtiments, le collége forme une vaste enceinte soigneusement close où sont enfermés les établissements nécessaires à une Institution de ce genre : une chapelle, un théâtre, une infirmerie, une boulangerie, des jardins, des cours d'eau. Ce collége, le plus célèbre foyer d'instruction que possèdent les provinces du centre, est alimenté par elles et par nos colonies. L'éloignement ne permet donc pas aux parents d'y venir souvent voir leurs enfants. La règle interdisait d'ailleurs les vacances externes. Une fois entrés, les élèves ne sortaient du collége qu'à la fin de leurs études. A l'exception des promenades faites extérieurement sous la conduite des Pères, tout avait été calculé pour donner à cette maison les avantages de la discipline conventuelle. De mon temps, le Correcteur était encore un vivant souvenir, et la classique férule de cuir y jouait avec honneur son terrible rôle. Les punitions jadis inventées par la Compagnie de Jésus, et qui avaient un caractère aussi effrayant pour le moral que pour le physique, étaient demeurées dans l'intégrité de l'ancien programme. Les lettres aux parents étaient obligatoires à certains jours, aussi bien que la confession. Ainsi nos péchés et nos sentiments se trouvaient en coupe réglée. Tout portait l'empreinte de l'uniforme monastique. Je me rappelle, entre autres vestiges de l'ancien Institut, l'inspection que nous subissions tous les dimanches : nous étions en grande tenue, rangés comme des soldats, attendant les deux directeurs qui, suivis des fournisseurs et des maîtres, nous examinaient sous les triples rapports du costume, de l'hygiène et du moral. Les deux ou trois cents élèves que pouvait loger le collége étaient divisés, suivant l'ancienne coutume, en quatre sections, nommées *les Minimes, les Petits, les Moyens et les Grands.* La division des Minimes embrassait les classes désignées sous le nom de huitième et septième; celle des Petits, la sixième, la cinquième et la quatrième; celle des Moyens, la troisième et la seconde; enfin celle des Grands, la rhétorique, la philosophie, les mathématiques spéciales, la physique et la chimie. Chacun de ces colléges particuliers possédait son bâtiment, ses classes et sa cour dans un grand terrain commun sur lequel les salles d'étude avaient leur sortie, et qui aboutissaient au réfectoire. Ce réfectoire, digne d'un ancien Ordre religieux, contenait tous les écoliers. Contrairement à la règle des autres corps enseignants, nous pouvions y parler en mangeant, tolérance oratorienne qui nous permettait de faire des échanges de plats selon nos goûts. Ce commerce gastronomique est constamment resté l'un des plus vifs plaisirs de notre vie collégiale. Si quelque Moyen, placé en tête de la table, préférait une portion de pois rouges à son dessert, car nous avions du dessert, la proposition suivante passait de bouche en bouche : — *Un dessert pour des pois!* jusqu'à ce qu'un gourmand l'eût accepté; alors celui-ci d'envoyer sa portion de pois, qui allait de main en main jusqu'au demandeur dont le dessert arrivait par la même voie. Jamais il n'y avait d'erreur. Si plusieurs demandes étaient semblables, chacune portait son numéro, et l'on disait : *Premiers pois pour premier dessert.* Les tables étaient longues, notre trafic perpétuel y mettait tout en mouvement; et nous parlions, nous mangions, nous agissions avec une vivacité sans exemple. Aussi le bavardage de trois cents jeunes gens, les allées et venues des domestiques occupés à changer les assiettes, à servir les plats, à donner le pain, l'inspection des directeurs faisaient-ils du réfectoire de Vendôme un spectacle unique en son genre, et qui étonnait toujours les visiteurs. Pour adoucir notre vie, privée de toute communication avec le dehors et sevrée des caresses de la famille, les Pères nous permettaient encore d'avoir des pigeons et des jardins. Nos deux ou trois cents cabanes, un millier de pigeons nichés autour de notre mur d'enceinte et une trentaine de jardins formaient un coup d'œil encore plus curieux que ne l'était celui de nos repas. Mais il serait trop fastidieux de raconter les particularités qui font du collége de Vendôme un établissement à part, et fertile en souvenirs pour ceux dont l'enfance s'y est écoulée. Qui de nous ne se rappelle encore avec délices, malgré les amertumes de la science, les bizarreries de cette vie claustrale? C était les friandises achetées en fraude durant nos promenades, la permission de jouer aux cartes et celle d'établir des représentations théâtrales pendant les vacances, maraude et libertés nécessitées par notre solitude; puis encore notre musique militaire, dernier vestige des Cadets; notre académie, notre chapelain, nos Pères professeurs; enfin, les jeux particuliers défendus ou permis : la cavalerie de nos échasses, les longues glissoires faites en hiver, le tapage de nos galoches gauloises, et surtout le commerce introduit par la boutique établie dans l'intérieur de nos cours. Cette boutique était tenue par une espèce de maître Jacques auquel grands et petits pouvaient demander, suivant le prospectus : boîtes, échasses, outils, pigeons cravatés, pattus, livres de messe (article rarement vendu), canifs, papiers, plumes, crayons, encre de toutes les couleurs, balles, billes; enfin le monde entier des fascinantes fantaisies de l'enfance, et qui comprenait tout, depuis la sauce des pigeons que nous avions à tuer jusqu'aux poteries où nous conservions le riz de notre souper pour le déjeuner du lendemain. Qui de nous est assez malheureux pour avoir oublié ses battements de cœur à l'aspect de ce magasin périodiquement ouvert pendant les récréations du dimanche, et où nous allions à tour de rôle dépenser la somme qui nous était attribuée; mais où la modicité de la pension accordée par nos parents à nos menus plaisirs nous obligeait de faire un choix entre tous les objets qui exerçaient de si vives séductions sur nos âmes? La jeune épouse à laquelle, durant les premiers jours de miel, son mari remet douze fois dans l'année une bourse d'or, le joli budget de ses caprices, a-t-elle rêvé jamais autant d'acquisitions diverses dont chacune absorbe la somme, que nous n'en avons médité la veille des premiers dimanches du mois? Pour six francs, nous possédions, pendant une nuit, l'universalité des biens de l'inépuisable boutique! et, durant la messe, nous ne chantions pas un répons qui ne brouillât nos secrets calculs. Qui de nous peut se souvenir d'avoir eu quelques sous à dépenser le second dimanche? Enfin qui n'a pas obéi par avance aux lois sociales en plaignant, en secourant, en méprisant les Parias que l'avarice ou le malheur parternel laissaient sans argent? Quiconque voudra se représenter l'isolement de ce grand collége avec ses bâtiments monastiques, au milieu d'une petite ville, et les quatre parcs dans lesquels nous étions hiérarchiquement casés, aura certes une idée de l'intérêt que devait nous offrir l'arrivée d'un *nouveau*, véritable passager survenu dans un navire. Jamais jeune duchesse présentée à la cour n'y fut aussi malicieusement critiquée que l'était le nouveau débarqué par tous les écoliers de sa Division. Ordinairement, pendant la récréation du soir, avant la prière, les flatteurs habitués à causer avec celui des deux Pères chargés de nous garder une semaine chacun à leur tour, qui se trouvait alors en fonctions, entendaient les premiers ces paroles authentiques : — « Vous aurez demain un Nouveau! » Tout à coup ce cri : — « Un Nouveau! un Nouveau! » retentissait dans les cours. Nous accourions tous pour nous grouper autour du Régent, qui bientôt était rudement interrogé. — D'où venait-il? Comment se nommait-il? En quelle classe serait-il? etc.

L'arrivée de Louis Lambert fut le texte d'un conte digne des Mille et une Nuits. J'étais alors en quatrième chez les Petits. Nous avions pour Régents deux hommes auxquels nous donnions par tradition le nom de Pères, quoiqu'ils fussent séculiers. De mon temps, il n'existait plus à Vendôme que trois véritables Oratoriens auxquels ce titre appartînt légitimement; en 1814, ils quittèrent le collége, qui s'était insensiblement sécularisé, pour se réfugier auprès des autels dans quelques presbytères de campagne, à l'exemple du curé de Mer. Le père Haugoult, le Régent de semaine, était assez bon homme, mais dépourvu de hautes connaissances, il manquait de ce tact si nécessaire pour discerner les différents caractères des enfants et leur mesurer les punitions suivant leurs forces respectives. Le père Haugoult se mit donc à raconter fort complaisamment les singuliers événements qui allaient, le lendemain, nous valoir le plus extraordinaire des Nouveaux. Aussitôt les jeux cessèrent. Tous les Petits arrivèrent en silence pour écouter l'aventure de ce Louis Lambert, trouvé, comme un aérolithe, par madame de Staël au coin d'un bois. Monsieur Haugoult dut nous expliquer madame de Staël : pendant cette soirée, elle me parut avoir dix pieds; depuis j'ai vu le tableau de Corinne, où Gérard l'a représentée et si grande et si belle; hélas! la femme idéale rêvée par mon imagination la surpassait tellement, que la véritable madame de Staël a constamment perdu dans mon esprit, même après la lecture du livre tout viril intitulé De l'Allemagne. Mais Lambert fut alors une bien autre merveille : après l'avoir examiné, monsieur Mareschal, le directeur des études, avait hésité, disait le père Haugoult, à le mettre chez les Grands. La faiblesse de Louis en latin l'avait fait rejeter en quatrième, mais il sauterait sans doute une classe chaque année; par exception, il devait être de l'académie. *Proh pudor!* nous allions avoir l'honneur de compter parmi les Petits un habit décoré du ruban rouge que portaient les académiciens de Vendôme. Aux académiciens étaient octroyés de brillants priviléges; ils dînaient souvent à la table du Directeur, et tenaient par an deux séances littéraires auxquelles nous assistions pour entendre leurs œuvres. Un académicien était un petit grand homme. Si chaque Vendômien veut être franc, il avouera que, plus tard, un véritable académicien de la véritable Académie française lui a paru bien moins étonnant que ne l'était l'enfant gigantesque illustré par la croix et par le prestigieux ruban rouge, insignes de notre académie. Il était bien difficile d'appartenir à ce corps glorieux avant d'être parvenu en seconde, car les académiciens devaient tenir tous les jeudis, pendant les vacances, des séances publiques, et nous lire des contes en vers ou en prose, des épîtres, des traités, des tragédies, des comédies; compositions interdites à l'intelligence des classes secondaires. J'ai longtemps gardé le souvenir d'un conte, intitulé l'Ane vert, qui, je crois, est l'œuvre la plus saillante de cette académie-

inconnue. Un quatrième être de l'académie! Parmi nous serait cet enfant de quatorze ans, déjà poète, aimé de madame de Staël, un futur génie, nous disait le père Haugoult; un sorcier, un gars capable de faire un thème ou une version pendant qu'on nous appellerait en classe, et d'apprendre ses leçons en les lisant une seule fois. Louis Lambert confondait toutes nos idées. Puis la curiosité du père Haugoult, l'impatience qu'il témoignait de voir le Nouveau, attisaient encore nos imaginations enflammées. — S'il a des pigeons, il n'aura pas de cabane. Il n'y a plus de place. Tant pis! disait l'un de nous qui, depuis, a été grand agriculteur. — Auprès de qui sera-t-il? demandait un autre. — Oh! que je voudrais être *son faisant!* s'écriait un exalté. Dans notre langage collégial, ce mot *être faisants* constituait un idiotisme difficile à traduire. Il exprimait un partage fraternel des biens et des maux de notre vie enfantine, une promiscuité d'intérêts fertile en brouilles et en raccommodements, un pacte d'alliance offensive et défensive. Chose bizarre! jamais, de mon temps, je n'ai connu de frères qui fussent Faisants. Si l'homme ne vit que par les sentiments, peut-être croit-il appauvrir son existence en confondant une affection trouvée dans une affection naturelle.

L'impression que les discours du père Haugoult firent sur moi pendant cette soirée est une des plus vives de mon enfance, et je ne puis la comparer qu'à la lecture de Robinson Crusoé. Je dus même plus tard au souvenir de ces sensations prodigieuses, une remarque peut-être neuve sur les différents effets que produisent les mots dans chaque entendement. Le verbe n'a rien d'absolu : nous agissons plus sur le mot qu'il n'agit sur nous; sa force est en raison des images que nous avons acquises et que nous y groupons; mais l'étude de ce phénomène exige de larges développements, hors de propos ici. Ne pouvant dormir, j'eus une longue discussion avec mon voisin de dortoir sur l'être extraordinaire que nous devions avoir parmi nous le lendemain. Ce voisin, naguère officier, maintenant écrivain à hautes vues philosophiques, Barchou de Penhoën, n'a démenti ni sa prédestination, ni le hasard qui réunissait dans la même classe, sur le même banc et sous le même toit, les deux seuls écoliers de Vendôme de qui Vendôme entende parler aujourd'hui. Le récent traducteur de Fichte, l'interprète et l'ami de Ballanche, était occupé déjà, comme je l'étais moi-même, de questions métaphysiques; il déraisonnait souvent avec moi sur Dieu, sur nous et sur la nature. Il avait alors des prétentions au pyrrhonisme. Jaloux de soutenir son rôle, il nia les facultés de Lambert; tandis qu'ayant nouvellement lu les *Enfants célèbres*, je l'accablais de preuves en lui citant le petit Montcalm, Pic de La Mirandole, Pascal, enfin tous les cerveaux précoces; anomalies célèbres dans l'histoire de l'esprit humain, et les prédécesseurs de Lambert. J'étais alors moi-même passionné pour la lecture. Grâce à l'envie que mon père avait de me voir à l'École Polytechnique, il payait pour moi des leçons particulières de mathématiques. Mon répétiteur, bibliothécaire du collége, me laissait prendre des livres sans trop regarder ceux que j'emportais de la bibliothèque, lieu tranquille où, pendant les récréations, il me faisait venir pour me donner ses leçons. Je crois qu'il était ou peu habile ou fort occupé de quelque grave entreprise, car il me permettait très-volontiers de lire pendant le temps des répétitions, et travaillait je ne sais à quoi. Donc, en vertu d'un pacte tacitement convenu entre nous deux, je ne me plaignais point de ne rien apprendre, et lui se taisait sur mes emprunts de livres. Entraîné par cette intempestive passion, je négligeais mes études pour composer des poèmes qui devaient certes inspirer peu d'espérances, si j'en juge par ce trop long vers, devenu célèbre parmi mes camarades, et qui commençait une épopée sur les Incas :

O Inca! ô roi infortuné et malheureux!

Je fus surnommé le *Poëte* en dérision de mes essais; mais les moqueries ne me corrigèrent pas. Je rimaillai toujours, malgré le sage conseil de monsieur Mareschal, notre directeur, qui tâcha de me guérir d'une manie malheureusement invétérée, en me racontant dans un apologue les malheurs d'une fauvette tombée de son nid pour avoir voulu voler avant que ses ailes ne fussent poussées. Je continuai mes lectures, je devins l'écolier le moins agissant, le plus paresseux, le plus contemplatif de la Division des Petits, et partant le plus souvent puni. Cette digression autobiographique doit faire comprendre la nature des réflexions par lesquelles je fus assailli à l'arrivée de Lambert. J'avais alors douze ans. J'éprouvai tout d'abord une vague sympathie pour un enfant avec qui j'avais quelques similitudes de tempérament. J'allais donc rencontrer un compagnon de rêverie et de méditation. Sans savoir encore ce qu'était la gloire, je trouvais glorieux d'être le camarade d'un enfant dont l'immortalité était préconisée par madame de Staël. Louis Lambert me semblait un géant.

Le lendemain si attendu vint enfin. Un moment avant le déjeuner, nous entendîmes dans la cour silencieuse le double pas de monsieur mareschal et du Nouveau. Toutes les têtes se tournèrent aussitôt vers la porte de la classe. Le père Haugoult, qui partageait les tortures de notre curiosité, ne nous fit pas entendre le sifflement par lequel il imposait silence à nos murmures et nous rappelait au travail. Nous vîmes alors ce fameux Nouveau, que monsieur Mareschal tenait par la main. Le Régent descendit de sa chaire, et le Directeur lui dit solennellement, suivant l'étiquette : — Monsieur, je vous amène monsieur Louis Lambert, vous le mettrez avec les Quatrièmes, il entrera demain en classe. Puis, après avoir causé à voix basse avec le Régent, il dit tout haut : — Où allez-vous le placer? Il eût été injuste de déranger l'un de nous pour le Nouveau; et comme il n'y avait plus qu'un seul pupitre de libre, Louis Lambert vint l'occuper, près de moi qui étais entré le dernier dans la classe. Malgré le temps que nous avions encore à rester en étude, nous nous levâmes tous pour examiner Lambert. Monsieur Mareschal entendit nos colloques, nous vit en insurrection, et dit avec cette bonté qui nous le rendait particulièrement cher : — Au moins, soyez sages, ne dérangez pas les autres classes.

Ces paroles nous mirent en récréation quelque temps avant l'heure du déjeuner, et nous vînmes tous environner Lambert pendant que monsieur Mareschal se promenait dans la cour avec le père Haugoult. Nous étions environ quatre-vingts diables, hardis comme des oiseaux de proie. Quoique nous eussions tous passé par ce cruel noviciat, nous ne faisions jamais grâce à un Nouveau des rires moqueurs, des interrogations, des impertinences qui se succédaient en semblable occurrence, à la grande honte du néophyte de qui l'on essayait ainsi les mœurs, la force et le caractère. Lambert, ou calme ou abasourdi, ne répondit à aucune de nos questions. L'un de nous dit alors qu'il sortait sans doute de l'école de Pythagore. Un rire général éclata. Le Nouveau fut surnommé *Pythagore* pour toute sa vie de collége. Cependant le regard perçant de Lambert, le dédain peint sur sa figure pour nos enfantillages en désaccord avec la nature de son esprit, l'attitude aisée dans laquelle il restait, sa force apparente en harmonie avec son âge, imprimèrent un certain respect aux plus mauvais sujets d'entre nous. Quant à moi, j'étais près de lui, occupé à l'examiner silencieusement. Louis était un enfant maigre et fluet, haut de quatre pieds et demi; sa figure hâlée, ses mains brunies par le soleil paraissaient accuser une vigueur musculaire que néanmoins il n'avait pas à l'état normal. Aussi, deux mois après son entrée au collége, quand le séjour de la classe lui eut fait perdre sa coloration presque végétale, le vîmes-nous devenir pâle et blanc comme une femme. Sa tête était d'une grosseur remarquable. Ses cheveux, d'un beau noir et bouclés par masses, prêtaient une grâce indicible à son front, dont les dimensions avaient quelque chose d'extraordinaire, même pour nous, insouciants, comme on peut le croire, des pronostics de la phrénologie, science alors au berceau. La beauté de son front prophétique provenait surtout de la coupe extrêmement pure des deux arcades sous lesquelles brillait son œil noir, qui semblaient taillées dans l'albâtre, et dont les lignes, par un attrait assez rare, se trouvaient d'un parallélisme parfait en se rejoignant à la naissance du nez. Mais il était difficile de songer à sa figure, d'ailleurs fort irrégulière, en voyant ses yeux, dont le regard possédait une magnifique variété d'expression et qui paraissaient doublés d'une âme. Tantôt clair et pénétrant à étonner, tantôt d'une douceur céleste, ce regard devenait terne, sans couleur pour ainsi dire, dans les moments où il se livrait à ses contemplations. Son œil ressemblait alors à une vitre d'où le soleil se serait retiré soudain après l'avoir illuminée. Il en était de sa force et de son organe comme de son regard : même immobilité, mêmes caprices. Sa voix se faisait douce comme une voix de femme qui laisse tomber un aveu; puis elle était, parfois, pénible, incorrecte, raboteuse, s'il est permis d'employer ces mots pour peindre des effets nouveaux. Quant à sa force, habituellement il était incapable de supporter la fatigue des moindres jeux, et semblait être débile, presque infirme. Mais, pendant les premiers jours de son noviciat, un de nos matadors s'étant moqué de cette maladive délicatesse qui le rendait impropre aux violents exercices en vogue dans le collége, Lambert prit de ses deux mains et par le bout une de nos tables qui contenait douze grands pupitres encastrés sur deux rangs et en dos d'âne, il s'appuya contre la chaire du Régent; puis il retint la table par ses pieds en les plaçant sur la traverse d'en bas, et dit : — Mettez-vous dix et essayez de la faire bouger! J'étais là, je puis attester ce singulier témoignage de force : il fut impossible de lui arracher la table. Lambert possédait le don d'appeler à lui, dans certains moments, des pouvoirs extraordinaires, et de rassembler ses forces sur un point donné pour les projeter. Mais les enfants habitués, aussi bien que les hommes, à juger de tout d'après leurs premières impressions, n'étudièrent Louis que pendant les premiers jours de son arrivée ; il démentit alors entièrement les prédictions de madame de Staël, en ne réalisant aucun des prodiges que nous attendions de lui. Après un trimestre d'épreuves, Louis passa pour un écolier très-ordinaire. Je fus donc seul admis à pénétrer dans cette âme sublime, et pourquoi ne dirais-je pas divine? qu'y a-t-il de plus près de Dieu que le génie dans un cœur d'enfant? La conformité de nos goûts et de nos pensées nous rendit amis et Faisants. Notre fraternité devint si grande que nos camarades accolèrent nos deux noms ; l'un ne se prononçait pas sans l'autre ; et, pour appeler l'un de nous, ils criaient : *Le Poète-et-Pythagore!* D'autres noms offraient l'exemple d'un semblable mariage. Ainsi je demeurai pendant deux années l'ami de collége du pauvre Louis Lambert ; et ma vie se trouva, pendant cette époque, assez intimement unie à la sienne pour qu'il me soit possible aujourd'hui d'écrire son histoire intellectuelle. J'ai long-temps ignoré la poésie et les richesses cachées dans le cœur et sous le front de mon camarade : il a fallu que j'arrivasse à trente ans, que mes observations se soient mûries et condensées, que le jet d'une vive lumière les ait même éclairées de nouveau pour que je comprisse la portée des phénomènes desquels je fus alors l'inhabile témoin ; j'en ai joui sans m'en expliquer ni la grandeur ni le mécanisme, j'en ai même oublié quelques-uns et ne me souviens que des plus saillants ; mais aujourd'hui ma mémoire les a coordonnés, et je me suis initié aux secrets de cette tête féconde en me reportant aux jours délicieux de notre jeune amitié. Le temps seul me fit donc pénétrer le sens des événements et des faits qui abondent en cette vie inconnue, comme en celle de tant d'autres hommes perdus pour la science. Aussi cette histoire est-elle, dans l'expression et l'appréciation des choses, pleine d'anachronismes purement moraux qui ne nuiront peut-être point à son genre d'intérêt.

Pendant les premiers mois de son séjour à Vendôme, Louis devint la proie d'une maladie dont les symptômes furent imperceptibles à l'œil de nos surveillants, et qui gêna nécessairement l'exercice de ses hautes facultés. Accoutumé au grand air, à l'indépendance d'une éducation laissée au hasard, caressé par les tendres soins d'un vieillard qui le chérissait, habitué à penser sous le soleil, il lui fut bien difficile de se plier à la règle du collége, de marcher dans le rang, de vivre entre les quatre murs d'une salle où quatre-vingts jeunes gens étaient silencieux, assis sur un banc de bois, chacun devant son pupitre. Ses sens possédaient une perfection qui leur donnait une exquise délicatesse, et tout souffrit chez lui de cette vie en commun. Les exhalaisons par lesquelles l'air était corrompu, mêlées à la senteur d'une classe toujours sale et encombrée des débris de nos déjeuners ou de nos goûters, affectèrent son odorat, ce sens qui, plus directement en rapport que les autres avec le système cérébral, doit causer par ses altérations d'invisibles ébranlements aux organes de la pensée. Outre ces causes de corruption atmosphérique, il se trouvait dans nos salles d'étude des baraques où chacun mettait son butin, les pigeons tués pour les jours de fête, ou les mets dérobés au réfectoire. Enfin, nos salles contenaient encore une pierre immense où restaient en tout temps deux seaux pleins d'eau, espèce d'abreuvoir où nous allions chaque matin nous débarbouiller le visage et nous laver les mains à tour de rôle en présence du maître. De là, nous passions à une table où des femmes nous peignaient et nous poudraient. Nettoyé une seule fois par jour, avant notre réveil, notre local demeurait toujours malpropre. Puis, malgré le nombre des fenêtres et la hauteur de la porte, l'air y était incessamment vicié par les émanations du lavoir, par la peignerie, par la baraque, par les mille industries de chaque écolier, sans compter nos quatre-vingts corps entassés. Cette espèce d'*humus* collégial, mêlé sans cesse à la boue que nous rapportions des cours, formait un fumier d'une insupportable puanteur. La privation de l'air pur et parfumé des campagnes dans lequel il avait jusqu'alors vécu, le changement de ses habitudes, la discipline, tout contrista Lambert. La tête toujours appuyée sur sa main gauche et le bras accoudé sur son pupitre, il passait les heures d'étude à regarder dans la cour le feuillage des arbres ou les nuages du ciel; il semblait étudier ses leçons; mais voyant sa plume immobile ou sa page restée blanche, le Régent lui criait : Vous ne faites rien, Lambert! Ce : *Vous ne faites rien*, était un coup d'épingle qui blessait Louis au cœur. Puis il ne connut pas le loisir des récréations, il eut des *pensum* à écrire. Le pensum, punition dont le genre varie selon les coutumes de chaque collége, consistait à Vendôme en un certain nombre de lignes copiées pendant les heures de récréation. Nous fûmes, Lambert et moi, si accablés de pensum, que nous n'avons pas eu six jours de liberté durant nos deux années d'amitié. Sans les livres que nous tirions de la bibliothèque, et qui entretenaient la vie dans notre cerveau, ce système d'existence nous eût menés à un abrutissement complet. Le défaut d'exercice est fatal aux enfants. L'habitude de la représentation, prise dès le jeune âge, altère, dit-on, sensiblement la constitution des personnes royales quand elles ne corrigent pas les vices de leur destinée par les mœurs du champ de bataille ou par les travaux de la chasse. Si les lois de létiquette et des cours influent sur la moelle épinière au point de féminiser le bassin des rois, d'amollir leurs fibres cérébrales et d'abâtardir ainsi la race, quelles lésions profondes, soit au physique, soit au moral, une privation continuelle d'air, de mouvement, de gaieté, ne doit-elle pas produire chez les écoliers? Aussi le régime pénitentiaire observé dans les colléges exigera-t-il l'attention des autorités de l'enseignement public lorsqu'il s'y rencontrera des penseurs qui ne penseront pas exclusivement à eux. Nous nous attirions le pensum de mille manières. Notre mémoire était si belle que nous n'apprenions jamais nos leçons. Il nous suffisait d'entendre réciter à nos camarades les morceaux de français, de latin ou de grammaire, pour les répéter à notre tour; mais si par malheur le maître s'avisait d'intervertir les rangs et de nous interroger les premiers, souvent nous ignorions en quoi consistait la leçon : le pensum arrivait alors malgré nos plus habiles excuses. Enfin, nous attendions toujours au dernier moment pour faire nos devoirs. Avions-nous un livre à finir, étions-nous plongés dans une rêverie, le devoir était oublié : nouvelle source de pensum! Combien de fois nos versions ne furent-elles pas écrites pendant le temps que le *premier*, chargé de les recueillir en entrant en classe, mettait à demander à chacun la sienne! Aux difficultés morales que Lambert éprouvait à s'acclimater dans le collége se joignit encore un apprentissage non moins rude et par lequel nous avions passé tous, celui des douleurs corporelles qui pour nous variaient à l'infini. Chez les enfants, la délicatesse de l'épiderme exige des soins minutieux, surtout en hiver, où, constamment emportés par mille causes, ils quittent la glaciale atmosphère d'une cour boueuse pour la chaude température des classes. Aussi, faute des attentions maternelles qui manquaient aux Petits et aux Minimes, étaient-ils dévorés d'engelures et de crevasses si douloureuses, que ces maux nécessitaient pendant le déjeuner un pansement particulier, mais très-imparfait à cause du grand nombre de mains, de pieds, de talons endoloris. Beaucoup d'enfants étaient d'ailleurs obligés de préférer le mal au remède : ne leur fallait-il pas souvent choisir entre leurs devoirs à terminer, les plaisirs de la glissoire, et le lever d'un appareil insouciamment mis, plus insouciamment gardé? Puis les mœurs du collége avaient amené la mode de se moquer des pauvres chétifs qui allaient au pansement, et c'était à qui ferait sauter les guenilles que l'infirmière leur avait mises aux mains. Donc, en hiver, plusieurs d'entre nous, les doigts et les pieds demi-morts, tout rongés de douleurs, étaient peu disposés à travailler parce qu'ils souffraient, et punis parce qu'ils ne travaillaient point. Trop souvent la dupe de nos maladies postiches, le Père ne tenait aucun compte des maux réels. Moyennant le prix de la pension, les élèves étaient entretenus aux frais du collége. L'administration avait coutume de passer un marché pour la chaussure et l'habillement; de là cette inspection hebdomadaire de laquelle j'ai déjà parlé. Excellent pour l'administrateur, ce mode a toujours de tristes résultats pour l'administré. Malheur au Petit qui contractait la mauvaise habitude d'éculer, de déchirer ses souliers, ou d'user prématurément leurs semelles, soit par un vice de marche, soit en les déchiquetant pendant les heures d'étude pour obéir au besoin d'action qu'éprouvent les enfants! Durant tout l'hiver celui-là n'allait pas en promenade sans de vives souffrances : d'abord la douleur de ses engelures se réveillait atroce autant qu'un accès de goutte; puis les agrafes et les ficelles destinées à retenir le soulier partaient, ou les talons éculés empêchaient la maudite chaussure d'adhérer aux pieds de l'enfant; il était alors forcé de la traîner péniblement en des chemins glacés où parfois il lui fallait la disputer aux terres argileuses du Vendômois; enfin l'eau, la neige y entraient souvent par une décousure inaperçue, par un béquet mal mis, et le pied de se gonfler. Sur soixante enfants, il ne s'en rencontrait pas dix qui cheminassent sans quelque torture particulière; néanmoins tous suivaient le gros de la troupe, entraînés par la marche, comme les hommes sont poussés dans la vie par la vie. Combien de fois un généreux enfant ne pleura-t-il pas de rage, tout en trouvant un reste d'énergie pour aller en avant ou pour revenir au bercail malgré ses peines; tant à cet âge l'âme encore neuve redoute et le rire et la compassion, deux genres de moquerie.

Au collége, ainsi que dans la société, le fort méprise déjà le faible, sans savoir en quoi consiste la véritable force. Ce n'était rien encore. Point de gants aux mains. Si par hasard les parents, l'infirmière ou le directeur en faisaient donner aux plus délicats d'entre nous, les loustics ou les grands de la classe mettaient les gants sur le poêle, s'amusaient à les dessécher, à les gripper; puis, si les gants échappaient aux fureteurs, ils se mouillaient, se recroquevillaient faute de soin. Il n'y avait pas de gants possibles. Les gants paraissaient être un privilége, et les enfants veulent se voir égaux.

Ces différents genres de douleur assaillirent Louis Lambert. Semblable aux hommes méditatifs qui, dans le calme de leurs rêveries, contractent l'habitude de quelque mouvement machinal, il avait la manie de jouer avec ses souliers et les détruisait en peu de temps. Son teint de femme, la peau de ses oreilles, ses lèvres se gerçaient au moindre froid. Ses mains si molles, si blanches, devenaient rouges et turgides. Il s'enrhumait constamment. Louis fut donc enveloppé de souffrances jusqu'à ce qu'il eût accoutumé sa vie aux mœurs vendômoises. Instruit à la longue par la cruelle expérience des maux, force lui fut de songer à ses affaires, pour me servir d'une expression collégiale. Il lui fallut prendre soin de sa baraque, de son pupitre, de ses habits, de ses souliers; ne se laisser voler ni son encre, ni ses livres, ni ses cahiers, ni ses plumes; enfin, penser à ces mille détails de notre existence enfantine, dont s'occupaient avec tant de rectitude ces esprits égoïstes et médiocres auxquels appartiennent infailliblement les prix d'excellence ou de bonne conduite; mais que négligeait un enfant plein d'avenir, qui, sous le joug d'une imagination presque divine, s'abandonnait avec amour au torrent de ses pensées. Ce n'est pas tout. Il existe une lutte continuelle entre les maîtres et les écoliers, lutte sans trêve à laquelle rien n'est comparable dans la société, si ce n'est le combat de l'Opposition contre le Ministère dans un gouvernement représentatif. Mais les journalistes et les orateurs de l'Opposition sont peut-être moins prompts à profiter d'un avantage, moins durs à reprocher un tort, moins âpres dans leurs moqueries, que ne le sont les enfants envers les gens chargés de les régenter. A ce métier, la patience échapperait à des anges. Il n'en faut donc pas trop vouloir à un pauvre préfet d'études, peu payé, partant peu sagace, d'être parfois injuste ou de s'emporter. Sans cesse épié par une multitude de regards moqueurs, environné de piéges, il se venge quelquefois des torts qu'il se donne, sur des enfants trop prompts à les apercevoir. Excepté les grandes malices pour lesquelles il existait d'autres châtiments, la férule était à Vendôme, l'*ultima ratio Patrum*. Aux devoirs oubliés, aux leçons mal sues, aux incartades vulgaires, le pensum suffisait; mais l'amour-propre offensé parlait chez le maître par sa férule. Parmi les souffrances physiques auxquelles nous étions soumis, la plus vive était certes celle que nous causait cette palette de cuir, épaisse d'environ deux doigts, appliquée sur nos faibles mains de toute la force, de toute la colère du Régent. Pour recevoir cette correction classique, le coupable se mettait à genoux au milieu de la salle. Il fallait se lever de son banc, aller s'agenouiller près de la chaire, et subir les regards curieux, souvent moqueurs de nos camarades. Aux âmes tendres, ces préparatifs étaient donc un double supplice, semblable au trajet du Palais à la Grève que faisait jadis un condamné vers son échafaud. Selon les caractères, les uns criaient en pleurant à chaudes larmes, avant ou après la férule; les autres en acceptaient la douleur d'un air stoïque; mais, en l'attendant, les plus forts pouvaient à peine réprimer la convulsion de leur visage. Louis Lambert fut accablé de férules, et les dut à l'exercice d'une faculté de sa nature dont l'existence lui fut pendant longtemps inconnue. Lorsqu'il était violemment tiré d'une méditation par le — *Vous ne faites rien!* du Régent, il lui arriva souvent, à son insu d'abord, de lancer à cet homme un regard empreint de je ne sais quel mépris sauvage, chargé de pensée comme une bouteille de Leyde est chargée d'électricité. Cette œillade causait sans doute une commotion au maître, qui, blessé par cette silencieuse épigramme, voulut désapprendre à l écolier ce regard fulgurant. La première fois que le Père se formalisa de ce dédaigneux rayonnement qui l'atteignit comme un éclair, il dit cette phrase que je me suis rappelée : — Si vous me regardez encore ainsi, Lambert, vous allez recevoir une férule ! A ces mots tous les nez furent en l'air, tous les yeux épièrent alternativement et le maître et Louis. L'apostrophe était si sotte que l'enfant accabla le Père d'un coup d'œil rutilant. De là vint entre le Régent et Lambert une querelle qui se vida par une certaine quantité de férules. Ainsi lui fut révélé le pouvoir oppresseur de son œil. Ce pauvre poète si nerveusement constitué, souvent vaporeux autant qu'une femme, dominé par une mélancolie chronique, tout malade de son génie comme une jeune fille l'est de cet amour qu'elle appelle et qu'elle ignore ; cet enfant si fort et si faible, déplanté par Corinne de ses belles campagnes pour entrer dans le moule d'un collége auquel chaque intelligence, chaque corps doit, malgré sa portée, malgré son tempérament, s'adapter à la règle et à l'uniforme comme l'or s'arrondit en pièces sous le coup du balancier; Louis Lambert souffrit donc par tous les points où la douleur a prise sur l'âme et sur la chair. Attaché sur un banc à la glèbe de son pupitre, frappé par la férule, frappé par la maladie, affecté dans tous ses sens, pressé par une ceinture de maux, tout le contraignit d'abandonner son enveloppe aux mille tyrannies du collége. Semblable aux martyrs qui souriaient au milieu des supplices, il se réfugia dans les cieux que lui entr'ouvrait sa pensée. Peut-être cette vie tout intérieure aida-t-elle à lui faire entrevoir les mystères auxquels il eut tant de foi!

Notre indépendance, nos occupations illicites, notre fainéantise apparente, l'engourdissement dans lequel nous restions, nos punitions constantes, notre répugnance pour nos devoirs et nos pensums, nous valurent la réputation incontestée d'être des enfants lâches et incorrigibles. Nos maîtres nous méprisèrent, et nous tombâmes également dans le plus affreux discrédit auprès de nos camarades à qui nous cachions nos études de contrebande, par crainte de leurs moqueries. Cette double mésestime, injuste chez les Pères, était un sentiment naturel chez nos condisciples. Nous ne savions ni jouer à la balle, ni courir, ni monter sur les échasses. Aux jours d'amnistie, ou quand par hasard nous obtenions un instant de liberté, nous ne partagions aucun des plaisirs à la mode dans le Collége. Étrangers aux jouissances de nos camarades, nous restions seuls, mélancoliquement assis sous quelque arbre de la cour. Le Poète-et-Pythagore furent donc une exception, une vie en dehors de la vie commune. L'instinct si pénétrant, l'amour-propre si délicat des écoliers leur fit pressentir en nous des esprits situés plus haut ou plus bas que ne l'étaient les leurs. De là, chez les uns, haine de notre muette aristocratie; chez les autres, mépris de notre inutilité. Ces sentiments étaient entre nous à notre insu, peut-être ne les ai-je devinés qu'aujourd'hui. Nous vivions donc exactement comme deux rats tapis dans le coin de la salle où étaient nos pupitres, également retenus là durant les heures d'étude et pendant celles des récréations. Cette situation excentrique dut nous mettre et nous mit en état de guerre avec les enfants de notre Division, Presque toujours oubliés, nous demeurions là tranquilles, heureux à demi, semblables à deux végétations, à deux ornements qui eussent manqué à l'harmonie de la salle. Mais parfois les plus taquins de nos camarades nous insultaient pour manifester abusivement leur force, et nous répondions par un mépris qui souvent fit rouer de coups le Poète-et-Pythagore.

La nostalgie de Lambert dura plusieurs mois. Je ne sais rien qui puisse peindre la mélancolie à laquelle il fut en proie. Louis m'a gâté bien des chefs-d'œuvre. Ayant joué tous les deux le rôle du LÉPREUX DE LA VALLÉE D'AOSTE, nous avions éprouvé les sentiments exprimés dans le livre de monsieur de Maistre, avant de les lire traduits par cette éloquente plume. Or, un ouvrage peut retracer les souvenirs de l'enfance, mais il ne luttera jamais contre eux avec avantage. Les soupirs de Lambert m'ont appris des hymnes de tristesse bien plus pénétrants que ne le sont les plus belles pages de WERTHER. Mais aussi, peut-être n'est-il pas de comparaison entre les souffrances que cause une passion réprouvée à tort ou à raison par nos lois, et les douleurs d'un pauvre enfant aspirant après la splendeur du soleil, la rosée des vallons et la liberté. Werther est l'esclave d'un désir, Louis Lambert était toute une âme esclave. A talent égal, le sentiment le plus touchant ou fondé sur les désirs les plus vrais, parce qu'ils sont les plus purs, doit surpasser les lamentations du génie. Après être resté long-temps à contempler le feuillage d'un des tilleuls de la cour, Louis ne me disait qu'un mot, mais ce mot annonçait une immense rêverie.

— Heureusement pour moi, s'écria-t-il un jour, il se rencontre de bons moments pendant lesquels il me semble que les murs de la classe sont tombés, et que je suis ailleurs, dans les champs! Quel plaisir de se laisser aller au cours de sa pensée, comme un oiseau à la portée de son vol! — Pourquoi la couleur verte est-elle si prodiguée dans la nature? me demandait-il. Pourquoi y existe-t-il si peu de lignes droites? Pourquoi l'homme dans ses œuvres emploie-t-il si rarement les courbes? Pourquoi lui seul a-t-il le sentiment de la ligne droite?

Ces paroles trahissaient une longue course faite à travers les espaces. Certes, il avait revu des paysages entiers, ou respiré le parfum des forêts. Il était, vivante et sublime élégie, toujours silencieux, résigné; toujours souffrant sans pouvoir dire : je souffre! Cet aigle, qui voulait le monde pour pâture, se trouvait entre quatre murailles étroites et sales; aussi, sa vie devint-elle, dans la plus large acception de ce terme, une vie idéale. Plein de mépris pour les études presque inutiles auxquelles nous étions condamnés, Louis marchait dans sa route aérienne, complétement détaché des choses qui nous entouraient. Obéissant au besoin d'imitation qui domine les enfants, je tâchai de conformer mon existence à la sienne. Louis m'inspira d'autant mieux sa passion pour l'espèce de sommeil dans lequel les contemplations profondes plongent le corps, que j'étais plus jeune et plus impressible. Nous nous habituâmes, comme deux amants, à penser ensemble, à nous communiquer nos rêveries. Déjà ses sensations intuitives avaient cette *acuité* qui doit appartenir aux perceptions intellectuelles des grands poètes, et les faire souvent approcher de la folie.

— Sens-tu, comme moi, me demanda-t-il un jour, s'accomplir en toi, malgré toi, de fantasques souffrances? Si, par exemple, je pense vivement à l'effet que produirait la lame de mon canif en entrant dans ma chair, j'y ressens tout à coup une douleur aiguë comme si je m'étais réellement coupé : il n'y a de moins que le sang. Mais cette sensation arrive et me surprend comme un bruit soudain qui troublerait un profond silence. Une idée causer des souffrances physiques?... Hein! qu'en dis-tu?

Quand il exprimait des réflexions si ténues, nous tombions tous deux dans une rêverie naïve. Nous nous mettions à rechercher en nous-mêmes les indescriptibles phénomènes relatifs à la génération de la pensée, que Lambert espérait saisir dans ses moindres développements, afin de pouvoir en décrire un jour l'appareil inconnu. Puis, après des discussions, souvent mêlées d'enfantillages, un regard jaillissait des yeux flamboyants de Lambert, il me serrait la main, et il sortait de son âme un mot par lequel il tâchait de se résumer.

— Penser, c'est voir! me dit-il un jour emporté par une de nos objections sur le principe de notre organisation. Toute science humaine repose sur la déduction, qui est une vision lente par laquelle on descend de la cause à l'effet, par laquelle on remonte de l'effet à la cause; ou, dans une plus large expression, toute poésie comme toute œuvre d'art procède d'une rapide vision des choses.

Il était spiritualiste; mais, j'osais le contredire en m'armant de ses observations mêmes pour considérer l'intelligence comme un produit tout physique. Nous avions raison tous deux. Peut-être les mots matérialisme et spiritualisme expriment-ils les deux côtés d'un seul et même fait. Ses études sur la substance de la pensée lui faisaient accepter avec une sorte d'orgueil la vie de privations à laquelle nous condamnaient et notre paresse et notre dédain pour nos devoirs. Il avait une certaine conscience de sa valeur, qui le soutenait dans ses élucubrations. Avec quelle douceur je sentais son âme réagissant sur la mienne! Combien de fois ne sommes-nous pas demeurés assis sur notre banc, occupés tous deux à lire un livre, nous oubliant réciproquement sans nous quitter; mais nous sachant tous deux là, plongés dans un océan d'idées comme deux poissons qui nagent dans les mêmes eaux! Notre vie était donc toute végétative en apparence, mais nous existions par le cœur et par le cerveau. Les sentiments, les pensées étaient les seuls événements de notre vie scolaire. Lambert exerça sur mon imagination une influence de laquelle je me ressens encore aujourd'hui. J'écoutais avidement ses récits empreints de ce merveilleux qui fait dévorer avec tant de délices, aux enfants comme aux hommes, les contes où le vrai affecte les formes les plus absurdes. Sa passion pour les mystères et la crédulité naturelle au jeune âge nous entraînaient souvent à parler du Ciel et de l'Enfer. Louis tâchait alors, en m'expliquant Swedenborg, de me faire partager ses croyances relatives aux anges. Dans ses raisonnements les plus faux se rencontraient encore des observations étonnantes sur la puissance de l'homme, et qui imprimaient à sa parole ces teintes de vérité sans lesquelles rien n'est possible dans aucun art. La fin romanesque de laquelle il dotait la destinée humaine était de nature à caresser le penchant qui porte les imaginations vierges à s'abandonner aux croyances. N'est-ce pas durant leur jeunesse que les peuples enfantent leurs dogmes, leurs idoles? Et les êtres surnaturels devant lesquels ils tremblent ne sont-ils pas la personnification de leurs sentiments, de leurs besoins agrandis? Ce qui me reste aujourd'hui dans la mémoire des conversations pleines de poésie que nous eûmes, Lambert et moi, sur le Prophète suédois, de qui j'ai lu depuis les œuvres par curiosité, peut se réduire à ce précis.

Il y aurait en nous deux créatures distinctes. Selon Swedenborg, l'ange serait l'individu chez lequel l'être intérieur réussit à triompher de l'être extérieur. Un homme veut-il obéir à sa vocation d'ange, dès que la pensée lui démontre sa double existence, il doit tendre à nourrir la frêle et exquise nature de l'ange qui est en lui.

Si, faute d'avoir une vue translucide de sa destinée, il fait prédominer l'action corporelle au lieu de corroborer sa vie intellectuelle, toutes ses forces passent dans le jeu de ses sens extérieurs, et l'ange périt lentement par cette matérialisation des deux natures. Dans le cas contraire, s'il substante son intérieur des essences qui lui sont propres, l'âme l'emporte sur la matière et tâche de s'en séparer. Quand leur séparation arrive sous cette forme que nous appelons la Mort, l'ange, assez puissant pour se dégager de son enveloppe, demeure et commence sa vraie vie. Les individualités infinies qui différencient les hommes ne peuvent s'expliquer que par cette double existence : elles la font comprendre et la démontrent. En effet, la distance qui se trouve entre un homme dont l'intelligence inerte le condamne à une apparente stupidité, et celui que l'exercice de sa vue intérieure a doué d'une force quelconque, doit nous faire supposer qu'il peut exister entre les gens de génie et d'autres êtres la même distance qui sépare les Aveugles des Voyants. Cette pensée, qui étend indéfiniment la création, donne en quelque sorte la clef des cieux. En apparence confondues ici-bas, les créatures y sont, suivant la perfection de leur *être intérieur*, partagées en sphères distinctes dont les mœurs et le langage sont étrangers les uns aux autres. Dans le monde invisible comme dans le monde réel, si quelque habitant des régions inférieures arrive, sans en être digne, à un cercle supérieur, non-seulement il n'en comprend ni les habitudes ni les discours, mais encore sa présence y paralyse et les voix et les cœurs. Dans sa Divine Comédie, Dante a peut-être eu quelque légère intuition de ces sphères qui commencent dans le monde des douleurs et s'élèvent par un mouvement armillaire jusque dans les cieux. La doctrine de Swedenborg serait donc l'ouvrage d'un esprit lucide qui aurait enregistré les innombrables phénomènes par lesquels les anges se révèlent au milieu des hommes.

Cette doctrine, que je m'efforce aujourd'hui de résumer en lui donnant un sens logique, m'était présentée par Lambert avec toutes les séductions du mystère, enveloppée dans les langes de la phraséologie particulière aux mystographes : diction obscure, pleine d'abstractions, et si active sur le cerveau, qu'il est certains livres de Jacob Bœhm, de Swedenborg ou de madame Guyon dont la lecture pénétrante fait surgir des fantaisies aussi multiformes que peuvent l'être les rêves produits par l'opium. Lambert me racontait des faits mystiques tellement étranges, il en frappait si vivemen mon imagination, qu'il me causait des vertiges. J'aimais néanmoin à me plonger dans ce monde mystérieux, invisible aux sens où chacun se plaît à vivre, soit qu'il se le représente sous la forme indéfinie de l'Avenir, soit qu'il le revête des formes indécises de la Fable. Ces réactions violentes de l'âme sur elle-même m'instruisaient à mon insu de sa force, et m'accoutumaient aux travaux de la pensée.

Quant à Lambert, il expliquait tout par son système sur les anges. Pour lui, l'amour pur, l'amour comme on le rêve au jeune âge, était la collision de deux natures angéliques. Aussi rien n'égalait-il l'ardeur avec laquelle il désirait rencontrer un ange-femme. Hé! qui plus que lui devait inspirer, ressentir l'amour? Si quelque chose pouvait donner l'idée d'une exquise sensibilité, n'était-ce pas le naturel aimable et bon empreint dans ses sentiments, dans ses paroles, dans ses actions et ses moindres gestes, enfin dans la conjugalité qui nous liait l'un à l'autre, et que nous exprimions en nous disant Faisants? Il n'existait aucune distinction entre les choses qui venaient de lui et celles qui venaient de moi. Nous contrefaisions mutuellement nos deux écritures, afin que l'un pût faire, à lui seul, les devoirs de tous les deux. Quand l'un de nous avait à finir un livre que nous étions obligés de rendre au maître de mathématiques, il pouvait le lire sans interruption, l'un brochant la tâche et le pensum de l'autre. Nous nous acquittions de nos devoirs comme d'un impôt frappé sur notre tranquillité. Si ma mémoire n'est pas infidèle, souvent ils étaient d'une supériorité remarquable lorsque Lambert les composait. Mais, pris l'un et l'autre pour deux idiots, le professeur analysait toujours nos devoirs sous l'empire d'un préjugé fatal, et les réservait même pour en amuser nos camarades. Je me souviens qu'un soir, en terminant la classe qui avait lieu de deux à quatre heures, le maître s'empara d'une version de Lambert. Le texte commençait par *Caïus Gracchus, vir nobilis.* Louis avait traduit ces mots par : *Caïus Gracchus était un noble cœur.*

— Où voyez-vous du cœur dans *nobilis ?* dit brusquement le professeur.

Et tout le monde de rire pendant que Lambert regardait le professeur d'un air hébété.

— Que dirait madame la baronne de Staël en apprenant que vous traduisez par un contre-sens le mot qui signifie de race noble, d'origine patricienne?

— Elle dirait que vous êtes une bête! m'écriai-je à voix basse.

— Monsieur le poète, vous allez vous rendre en prison pour huit jours, répliqua le professeur qui malheureusement m'entendit.

Lambert reprit doucement en me jetant un regard d'une inexprimable tendresse: *Vir nobilis!* Madame de Staël causait, en partie, le malheur de Lambert. A tout propos maîtres et disciples lui jetaient ce nom à la tête, soit comme une ironie, soit comme un reproche. Louis ne tarda pas à se faire mettre en prison pour me tenir compagnie. Là, plus libres que partout ailleurs, nous pouvions parler pendant des journées entières, dans le silence des dortoirs où chaque élève possédait une niche de six pieds carrés, dont les cloisons étaient garnies de barreaux par le haut, dont la porte à claire-voie se fermait tous les soirs, et s'ouvrait tous les matins sous les yeux du Père chargé d'assister à notre lever et à notre coucher. Le cric-crac de ces portes, manœuvrées avec une singulière promptitude par les garçons de dortoir, était encore une des particularités de ce collége. Ces alcôves ainsi bâties nous servaient de prison, et nous y restions quelquefois enfermés pendant des mois entiers. Les écoliers mis en cage tombaient sous l'œil sévère du préfet, espèce de censeur qui venait, à ses heures ou à l'improviste, d'un pas léger, pour savoir si nous causions au lieu de faire nos pensum. Mais les coquilles de noix semées dans les escaliers, ou la délicatesse de notre ouïe nous permettaient presque toujours de prévoir son arrivée, et nous pouvions nous livrer sans trouble à nos études chéries. Cependant, la lecture nous étant interdite, les heures de prison appartenaient ordinairement à des discussions métaphysiques ou au récit de quelques accidents curieux relatifs aux phénomènes de la pensée.

Un des faits les plus extraordinaires est certes celui que je vais raconter, non-seulement parce qu'il concerne Lambert, mais encore parce qu'il décida peut-être sa destinée scientifique. Selon la jurisprudence des colléges, le dimanche et le jeudi étaient nos jours de congé; mais les offices, auxquels nous assistions très-exactement, employaient si bien le dimanche, que nous considérions le jeudi comme notre seul jour de fête. La messe une fois entendue, nous avions assez de loisir pour rester long-temps en promenade dans les campagnes situées aux environs de Vendôme. Le manoir de Rochambeau était l'objet de la plus célèbre de nos excursions, peut-être à cause de son éloignement. Rarement les petits faisaient une course si fatigante; néanmoins, une fois ou deux par an, les Régents leur proposaient la partie de Rochambeau comme une récompense. En 1812, vers la fin du printemps, nous dûmes y aller pour la première fois. Le désir de voir le fameux château de Rochambeau dont le propriétaire donnait quelquefois du laitage aux élèves nous rendit tous sages. Rien n'empêcha donc la partie. Ni moi ni Lambert, nous ne connaissions la jolie vallée du Loir où cette habitation a été construite. Aussi son imagination et la mienne furent-elles très-préoccupées la veille de cette promenade, qui causait dans le collége une joie traditionnelle. Nous en parlâmes pendant toute la soirée, en nous promettant d'employer en fruits ou en laitage l'argent que nous possédions contrairement aux lois vendômoises. Le lendemain, après le dîner, nous partîmes à midi et demi tous munis d'un cubique morceau de pain que l'on nous distribuait d'avance pour notre goûter. Puis, alertes comme des hirondelles, nous marchâmes en groupe vers le célèbre castel, avec une ardeur qui ne nous permettait pas de sentir tout d'abord la fatigue. Quand nous fûmes arrivés sur la colline d'où nous pouvions contempler et le château assis à mi-côte, et la vallée tortueuse où brille la rivière en serpentant dans une prairie gracieusement échancrée; admirable paysage, un de ceux auxquels les vives sensations du jeune âge, ou celles de l'amour, ont imprimé tant de charmes, que plus tard il ne faut jamais les aller revoir, Louis Lambert me dit : — Mais j'ai vu cela cette nuit en rêve! Il reconnut et le bouquet d'arbres sous lequel nous étions, et la disposition des feuillages, la couleur des eaux, les tourelles du château, les accidents, les lointains, enfin tous les détails du site qu'il apercevait pour la première fois. Nous étions bien enfants l'un et l'autre; moi du moins, qui n'avais que treize ans; car, à quinze ans, Louis pouvait avoir la profondeur d'un homme de génie; mais à cette époque nous étions tous deux incapables de mensonge dans les moindres actes de notre vie d'amitié. Si Lambert pressentait d'ailleurs par la toute-puissance de sa pensée l'importance des faits, il était loin de deviner d'abord leur entière portée; aussi commença-t-il par être étonné de celui-ci. Je lui demandai s'il n'était pas venu à Rochambeau pendant son enfance, ma question le frappa; mais, après avoir consulté ses souvenirs, il me répondit négativement. Cet événement, dont l'analogue peut se retrouver dans les phénomènes du sommeil de beaucoup d'hommes, fera comprendre les premiers talents de Lambert; en effet, il sut en déduire tout un système, en s'emparant, comme fit Cuvier dans un autre ordre de choses, d'un fragment de pensée pour reconstruire toute une création. En ce moment nous nous assîmes tous deux sous une vieille truisse de chêne; puis, après quelques moments de réflexion, Louis me dit : — Si le paysage n'est pas venu vers moi, ce qui serait absurde à penser, j'y suis donc venu. Si j'étais ici pendant que je dormais dans mon alcôve, ce fait ne constitue-t-il pas une séparation complète entre mon corps et mon être intérieur? N'atteste-t-il pas je ne sais quelle faculté locomotive ou des effets équivalant à ceux de la locomotion? Or, si mon esprit et mon corps ont pu se quitter pendant le sommeil, pourquoi ne les ferais-je pas également divorcer ainsi pendant la veille? Je n'aperçois point de moyens termes entre ces deux propositions. Mais allons plus loin, pénétrons les détails? Ou ces faits se sont accomplis par la puissance d'une faculté qui met en œuvre un second être à qui mon corps sert d'enveloppe, puisque j'étais dans mon alcôve et voyais le paysage, et ceci renverse bien des systèmes; ou ces faits se sont passés, soit dans quelque centre nerveux dont le nom est à savoir et où s'émeuvent les sentiments, soit dans le centre cérébral où s'émeuvent les idées. Cette dernière hypothèse soulève des questions étranges. J'ai marché, j'ai vu, j'ai entendu. Le mouvement ne se conçoit point sans l'espace, le son n'agit que dans les angles ou sur les surfaces, et la coloration ne s'accomplit que par la lumière. Si, pendant la nuit, les yeux fermés, j'ai vu en moi-même des objets colorés, si j'ai entendu des bruits dans le plus absolu silence, et sans les conditions exigées pour que le son se forme, si dans la plus parfaite immobilité j'ai franchi des espaces, nous aurions des facultés internes, indépendantes des lois physiques extérieures. La nature matérielle serait pénétrable par l'esprit. Comment les hommes ont-ils si peu réfléchi jusqu'alors aux accidents du sommeil qui accusent en l'homme une double vie? N'y aurait-il pas une nouvelle science dans ce phénomène? ajouta-t-il en se frappant fortement le front; s'il n'est pas le principe d'une science, il trahit certainement en l'homme d'énormes pouvoirs; il annonce au moins la désunion fréquente de nos deux natures, fait autour duquel je tourne depuis si long-temps. J'ai donc enfin trouvé un témoignage de la supériorité qui distingue nos sens latents de nos sens apparents ! *homo duplex !* — Mais, reprit-il après une pause et en laissant échapper un geste de doute, peut-être n'existe-t-il pas en nous deux natures ? Peut-être sommes-nous tout simplement doués de qualités intimes et perfectibles dont l'exercice, dont les développements produisent en nous des phénomènes d'activité, de pénétration, de vision encore inobservés. Dans notre amour du merveilleux, passion engendrée par notre orgueil, nous aurons transformé ces effets en créations poétiques, parce que nous ne les comprenions pas. Il est si commode de déifier l'incompréhensible ! Ah ! j'avoue que je pleurerai la perte de mes illusions. J'avais besoin de croire à une double nature et aux anges de Swedenborg ! Cette nouvelle science les tuerait-elle donc ? Oui, l'examen de nos propriétés inconnues implique une science en apparence matérialiste, car L'ESPRIT emploie, divise, anime la substance ; mais il ne la détruit pas.

Il demeura pensif, triste à demi. Peut-être voyait-il ses rêves de jeunesse comme des langes qu'il lui faudrait bientôt quitter.

— La vue et l'ouïe, dit-il en riant de son expression, sont sans doute les gaînes d'un outil merveilleux !

Pendant tous les instants où il m'entretenait du Ciel et de l'Enfer, il avait coutume de regarder la nature en maître ; mais, en proférant ces dernières paroles grosses de science, il plana plus audacieusement que jamais sur le paysage, et son front me parut près de crever sous l'effort du génie : ses forces, qu'il faut nommer *morales* jusqu'à nouvel ordre, semblaient jaillir par les organes destinés à les projeter ; ses yeux dardaient la pensée ; sa main levée, ses lèvres muettes et tremblantes parlaient ; son regard brûlant rayonnait ; enfin sa tête, comme trop lourde ou fatiguée par un élan trop violent, retomba sur sa poitrine. Cet enfant, ce géant se voûta, me prit la main, la serra dans la sienne qui était moite, tant il était enfiévré par la recherche de la vérité ; puis après une pause il me dit : — Je serai célèbre ! — Mais toi aussi, ajouta-t-il vivement. Nous serons tous deux les chimistes de la volonté.

Cœur exquis ! Je reconnaissais sa supériorité, mais lui se gardait bien de jamais me la faire sentir. Il partageait avec moi les trésors de sa pensée, me comptait pour quelque chose dans ses découvertes, et me laissait en propre mes infirmes réflexions. Toujours gracieux comme une femme qui aime, il avait toutes les pudeurs de sentiment, toutes les délicatesses d'âme qui rendent la vie et si bonne et si douce à porter. Il commença le lendemain même un ouvrage qu'il intitula *Traité de la volonté*; ses réflexions en modifièrent souvent le plan et la méthode; mais l'événement de cette journée solennelle en fut certes le germe, comme la sensation électrique toujours ressentie par Mesmer à l'approche d'un valet fut l'origine de ses découvertes en magnétisme, science jadis cachée au fond des mystères d'Isis, de Delphes, dans l'antre de Trophonius, et retrouvée par cet homme prodigieux à deux pas de Lavater, le précurseur de Gall. Éclairées par cette soudaine clarté, les idées de Lambert prirent des proportions plus étendues ; il démêla dans ses acquisitions des vérités éparses, et les rassembla; puis, comme un fondeur, il coula son groupe. Après six mois d'une application soutenue, les travaux de Lambert excitèrent la curiosité de nos camarades et furent l'objet de quelques plaisanteries cruelles qui devaient avoir une funeste issue. Un jour, l'un de nos persécuteurs, qui voulut absolument voir nos manuscrits, ameuta quelques-uns de nos tyrans, et vint s'emparer violemment d'une cassette où était déposé ce trésor que Lambert et moi nous défendîmes avec un courage inouï. La boîte était fermée, il fut impossible à nos agresseurs de l'ouvrir ; mais ils essayèrent de la briser dans le combat, noire méchanceté qui nous fit jeter les hauts cris. Quelques camarades, animés d'un esprit de justice ou frappés de notre résistance héroïque, conseillaient de nous laisser tranquilles en nous accablant d'une insolente pitié. Soudain, attiré par le bruit de la bataille, le père Haugoult intervint brusquement, et s'enquit de la dispute. Nos adversaires nous avaient distraits de nos pensum, le Régent venait défendre ses esclaves. Pour s'excuser, les assaillants révélèrent l'existence des manuscrits. Le terrible Haugoult nous ordonna de lui remettre la cassette : si nous résistions, il pouvait la faire briser; Lambert lui en livra la clef, le Régent prit les papiers, les feuilleta; puis il nous dit en les confisquant : — Voilà donc les bêtises pour lesquelles vous négligez vos devoirs! De grosses larmes tombèrent des yeux de Lambert, arrachées autant par la conscience de sa supériorité morale offensée que par l'insulte gratuite et la trahison qui nous accablaient. Nous lançâmes à nos accusateurs un regard de reproche : ne nous avaient-ils pas vendus à l'ennemi commun? s'ils pouvaient, suivant le Droit Écolier, nous battre, ne devaient-ils pas garder le silence sur nos fautes? Aussi eurent-ils pendant un moment quelque honte de leur lâcheté. Le père Haugoult vendit probablement à un épicier de Vendôme le Traité de la Volonté, sans connaître l'importance des trésors scientifiques dont les germes avortés se dissipèrent en d'ignorantes mains. Six mois après, je quittai le collége. J'ignore donc si Lambert, que notre séparation plongea dans une noire mélancolie, a recommencé son ouvrage. Ce fut en mémoire de la catastrophe arrivée au livre de Louis que, dans l'ouvrage par lequel commencent ces Études, je me suis servi pour une œuvre fictive du titre réellement inventé par Lambert, et que j'ai donné le nom d'une femme qui lui fut chère, à une jeune fille pleine de dévouement; mais cet emprunt n'est pas le seul que je lui aie fait : son caractère, ses occupations m'ont été très-utiles dans cette composition dont le sujet est dû à quelque souvenir de nos jeunes médiations. Maintenant cette Histoire est destinée à élever un modeste cippe où soit attestée la vie de celui qui m'a légué tout son bien, sa pensée. Dans cet ouvrage d'enfant, Lambert déposa des idées d'homme. Dix ans plus tard, en rencontrant quelques savants sérieusement occupés des phénomènes qui nous avaient frappés, et que Lambert analysa si miraculeusement, je compris l'importance de ses travaux, oubliés déjà comme un enfantillage. Je passai donc plusieurs mois à me rappeler les principales découvertes de mon pauvre camarade. Après avoir rassemblé mes souvenirs, je puis affirmer que, dès 1812, il avait établi, deviné, discuté dans son Traité, plusieurs faits importants dont, me disait-il, les preuves arriveraient tôt ou tard. Ses spéculations philosophiques devraient certes le faire admettre au nombre de ces grands penseurs apparus à divers intervalles parmi les hommes pour leur révéler les principes tout nus de quelque science à venir, dont les racines poussent avec lenteur et portent un jour de beaux fruits dans les domaines de l'intelligence. Ainsi, un pauvre artisan, occupé à fouiller les terres pour trouver le secret des émaux, affirmait au seizième siècle, avec l'infaillible autorité du génie, les faits géologiques dont la démonstration fait aujourd'hui la gloire de Buffon et de Cuvier. Je crois pouvoir offrir une idée du Traité de Lambert par les propositions capitales qui en formaient la base; mais je les dépouillerai, malgré moi, des idées dans lesquelles il les avait enveloppées, et qui en étaient le cortége indispensable. Marchant dans un sentier autre que le sien, je prenais de ses recherches, celles qui servaient le mieux mon système.

J'ignore donc si, moi son disciple, je pourrai fidèlement traduire ses pensées, après me les être assimilées de manière à leur donner la couleur des miennes.

A des idées nouvelles, des mots nouveaux ou des acceptions de mots anciens élargies, étendues, mieux définies; Lambert avait donc choisi, pour exprimer les bases de son système, quelques mots vulgaires qui déjà répondaient vaguement à sa pensée. Le mot de VOLONTÉ servait à nommer *le milieu* où *la pensée* fait ses évolutions; ou, dans une expression moins abstraite, la masse de force par laquelle l'homme peut reproduire, en dehors de lui-même, les actions qui composent sa vie extérieure. La VOLITION, mot dû aux réflexions de Locke, exprimait l'acte par lequel l'homme use de la *Volonté*. Le mot de PENSÉE, pour lui le produit quintessentiel de la Volonté, désignait aussi *le milieu* où naissaient les IDÉES auxquelles elle sert de substance. L'IDÉE, nom commun à toutes les créations du cerveau, constituait l'acte par lequel l'homme use de la *Pensée*. Ainsi la Volonté, la Pensée étaient les deux moyens générateurs; la Volition, l'Idée étaient les deux produits. La Volition lui semblait être l'idée arrivée de son état abstrait à un état concret, de sa génération fluide à une expression quasi solide, si toutefois ces mots peuvent formuler des aperçus si difficiles à distinguer. Selon lui, la Pensée et les Idées sont le mouvement et les actes de notre organisme intérieur, comme les Volitions et la Volonté constituent ceux de la vie extérieure.

Il avait fait passer la Volonté avant la Pensée. — « Pour penser, il faut vouloir, disait-il. Beaucoup d'êtres vivent à l'état de Volonté, sans néanmoins arriver à l'état de Pensée. Au Nord, la longévité; au Midi, la brièveté de la vie; mais aussi, dans le Nord, la torpeur; au Midi, l'exaltation constante de la Volonté; jusqu'à la ligne où, soit par trop de froid, soit par trop de chaleur, les organes sont presque annulés. » Son expression de *milieu* lui fut suggérée par une observation faite pendant son enfance, et de laquelle il ne soupçonna certes pas l'importance, mais dont la bizarrerie dut frapper son imagination si délicatement impressible. Sa mère, personne fluette et nerveuse, toute délicate donc et tout aimante, était une des créatures destinées à représenter la Femme dans la perfection de ses attributs, mais que le sort abandonne par erreur au fond de l'état social. Tout amour, partant toute souffrance, elle mourut jeune après avoir jeté ses facultés dans l'amour maternel. Lam bert, enfant de six ans, couché dans un grand berceau, près du lit maternel, mais n'y dormant pas toujours, vit quelques étincelles électriques jaillissant de la chevelure de sa mère, au moment où elle se peignait. L'homme de quinze ans s'empara pour la science de ce fait avec lequel l'enfant avait joué, fait irrécusable dont maintes preuves se rencontrent chez presque toutes les femmes auxquelles une certaine fatalité de destinée laisse des sentiments méconnus à exhaler ou je ne sais quelle surabondance de force à perdre.

A l'appui de ses définitions, Lambert ajouta plusieurs problèmes à résoudre, beaux défis jetés à la science et desquels il se proposait de rechercher les solutions, se demandant à lui-même : Si le principe constituant de l'électricité n'entrait pas comme base dans le fluide particulier d'où s'élançaient nos Idées et nos Volitions? Si la chevelure qui se décolore, s'éclaircit, tombe et disparaît selon les divers degrés de déperdition ou de cristallisation des pensées, ne constituait pas un système de capillarité soit absorbante, soit exhalante, tout électrique? Si les phénomènes fluides de notre Volonté, substance procréée en nous et si spontanément réactive au gré de conditions encore inobservées, étaient plus extraordinaires que ceux du fluide invisible, intangible, et produits par la pile voltaïque sur le système nerveux d'un homme mort? Si la formation de nos idées et leur exhalation constante étaient moins incompréhensibles que ne l'est l'évaporation des corpuscules imperceptibles et néanmoins si violents dans leur action, dont est susceptible un grain de musc, sans perdre de son poids? Si laissant au système cutané de notre enveloppe une destination toute défensive, absorbante, exsudante et tactile, la circulation sanguine et son appareil ne répondaient pas à la transsubstantiation de notre Volonté, comme la circulation du fluide nerveux répondait à celle de la Pensée? Enfin si l'affluence plus ou moins vive de ces deux substances réelles ne résultait pas d'une certaine perfection ou imperfection d'organes dont les conditions devraient être étudiées dans tous leurs modes?

Ces principes établis, il voulait classer les phénomènes de la vie humaine en deux séries d'effets distincts, et réclamait peur chacune d'elles une analyse spéciale, avec une instance ardente de conviction. En effet, après avoir observé, dans presque toutes les créations, deux mouvements séparés, il les présentait, les admettait même pour notre nature, et nommait cet antagonisme vital : L'ACTION et LA RÉACTION. — Un désir, disait-il, est un fait entièrement accompli dans notre Volonté avant de l'être extérieurement. Ainsi, l'ensemble de nos Volitions et de nos Idées constituait l'*Action,* et l'ensemble de nos actes extérieurs, la *Réaction*. Lorsque, plus tard, je lus les observations faites par Bichat sur le dualisme de nos sens extérieurs, je fus comme étourdi par mes souvenirs, en reconnaissant une coïncidence frappante entre les idées de ce célèbre physiologiste et celles de Lambert. Morts tous deux avant le temps, ils avaient marché d'un pas égal à je ne sais quelles vérités. La nature s'est complu en tout à donner de doubles destinations aux divers appareils constitutifs de ses créatures, et la double action de notre organisme, qui n'est plus un fait contestable, appuie par un ensemble de preuves d'une éventualité quotidienne les déductions de Lambert relativement à l'*Action* et à la *Réaction*. L'être *actionnel* ou intérieur, mot qui lui servait à nommer le *species* inconnu, le mystérieux ensemble de fibrilles auquel sont dues les différentes puissances incomplétement observées de la Pensée, de la Volonté ; enfin cet être innommé voyant, agissant, mettant tout à fin, accomplissant tout avant aucune démonstration corporelle, doit, pour se conformer à sa nature, n'être soumis à aucune des conditions physiques par lesquelles l'être *réactionnel* ou extérieur, l'homme visible est arrêté dans ses manifestations. De là découlaient une multitude d'explications logiques sur les effets les plus bizarres en apparence de notre double nature, et la rectification de plusieurs systèmes à la fois justes et faux. Certains hommes ayant entrevu quelques phénomènes du jeu naturel de l'*être actionnel,* furent, comme Swedenborg, emportés au delà du monde vrai par une âme ardente, amoureuse de poésie, ivre du principe divin. Tous se plurent donc, dans leur ignorance des causes, dans leur admiration du fait, à diviniser cet appareil intime, à bâtir un mystique univers. De là, les anges ! délicieuses illusions auxquelles ne voulait pas renoncer Lambert, qui les caressait encore au moment où le glaive de son Analyse en tranchait les éblouissantes ailes.

— Le Ciel, me disait-il, serait après tout la *survie* de nos facultés perfectionnées, et l'Enfer le néant où retombent les facultés imparfaites.

Mais comment, en des siècles où l'entendement avait gardé les impressions religieuses et spiritualistes qui ont règne pendant les temps intermédiaires entre le Christ et Descartes, entre la Foi et le Doute, comment se défendre d'expliquer les mystères de notre nature intérieure autrement que par une intervention divine! A qui, si ce n'est à Dieu même, les savants pouvaient-ils demander raison d'une invisible créature si activement, si réactivement sensible, et douée de facultés si étendues, si perfectibles par l'usage, ou si puissantes sous l'empire de certaines conditions occultes, que tantôt ils lui voyaient, par un phénomène de vision ou de locomotion, abolir l'espace dans ses deux modes de Temps et de Distance dont l'un est l'espace intellectuel, et l'autre l'espace physique ; tantôt ils lui voyaient reconstruire le passé, soit par la puissance d'une vue rétrospective, soit par le mystère d'une palingénésie assez semblable au pouvoir que posséderait un homme de reconnaître aux linéaments, téguments et rudiments d'une graine, ses floraisons antérieures dans les innombrables modifications de leurs nuances, de leurs parfums et de leurs formes; et que tantôt enfin, ils lui voyaient deviner imparfaitement l'avenir, soit par l'aperçu des causes premières, soit par un phénomène de pressentiment physique.

D'autres hommes, moins poétiquement religieux, froids et raisonneurs, charlatans peut-être, enthousiastes du moins par le cerveau, sinon par le cœur, reconnaissant quelques-uns de ces phénomènes isolés, les tinrent pour vrais sans les considérer comme les irradiations d'un centre commun. Chacun d'eux voulut alors convertir un simple fait en science. De là vinrent la démonologie, l'astrologie judiciaire, la sorcellerie, enfin toutes les divinations fondées sur des accidents essentiellement transitoires, parce qu'ils variaient selon les tempéraments, au gré de circonstances encore complétement inconnues. Mais aussi de ces erreurs savantes et des procès ecclésiastiques où succombèrent tant de martyrs de leurs propres facultés, résultèrent des preuves éclatantes du pouvoir prodigieux dont dispose l'*être actionnel* qui, suivant Lambert, peut s'isoler complétement de l'*être réactionnel,* en briser l'enveloppe, faire tomber les murailles devant sa toute-puissante vue; phénomène nommé, chez les Hindous, la *Tokeiade,* au dire des missionnaires; puis, par une autre faculté, saisir dans le cerveau, malgré ses plus épaisses circonvolutions, les idées qui s'y sont formées ou qui s'y forment, et tout le passé de la conscience.

— Si les apparitions ne sont pas impossibles, disait Lambert, elles doivent avoir lieu par une faculté d'apercevoir les idées qui représentent l'homme dans son essence pure, et dont la vie, impérissable peut-être, échappe à nos sens extérieurs, mais peut devenir perceptible à l'être intérieur quand il arrive à un haut degré d'extase ou à une grande perfection de vue.

Je sais, mais vaguement aujourd'hui, que, suivant pas à pas les effets de la Pensée et de la Volonté dans tous leurs modes; après en avoir établi les lois, Lambert avait rendu compte d'une foule de phénomènes qui jusqu'à lui passaient à juste titre pour incompréhensibles. Ainsi les sorciers, les possédés, les gens à seconde vue et les démoniaques de toute espèce, ces victimes du Moyen-Age étaient l'objet d'explications si naturelles, que souvent leur simplicité me parut être le cachet de la vérité. Les dons merveilleux que l'Église romaine, jalouse de mystères, punissait par le bûcher, étaient selon Louis le résultat de certaines affinités entre les principes constituants de la Matière et ceux de la Pensée, qui procèdent de la même source. L'homme armé de la baguette de coudrier obéissait, en trouvant les eaux vives, à quelque sympathie ou à quelque antipathie à lui-même inconnue. Il a fallu la bizarrerie de ces sortes d'effets pour donner à quelques-uns d'entre eux une certitude historique. Les sympathies ont été rarement constatées. Elles constituent des plaisirs que les gens assez heureux pour en être doués publient rarement, à moins de quelque singularité violente; encore, est-ce dans le secret de l'intimité où tout s'oublie. Mais les antipathies qui résultent d'affinités contrariées ont été fort heureusement notées quand elles se rencontraient en des hommes célèbres. Ainsi Bayle éprouvait des convulsions en entendant jaillir de l'eau. Scaliger pâlissait en voyant du cresson. Érasme avait la fièvre en sentant du poisson. Ces trois antipathies procédaient de substances aquatiques. Le duc d'Épernon s'évanouissait à la vue d'un levraut, Tychobrahé à celle d'un renard, Henri III à celle d'un chat, le maréchal d'Albret à celle d'un marcassin; antipathies toutes produites par des émanations animales et ressenties souvent à des distances énormes. Le chevalier de Guise, Maris de Médicis, et plusieurs autres personnages se trouvaient mal à l'aspect de toutes les roses, même peintes. Que le chancelier Bacon fût ou non prévenu d'une éclipse de lune, il tombait en faiblesse au moment où elle s'opérait; et sa vie, suspendue pendant tout le temps que durait de phénomène, reprenait aussitôt après sans lui laisser la moindre incommodité. Ces effets d'antipathies authentiques prises parmi toutes celles que les hasards de l'histoire ont illustrées, peuvent suffire à comprendre les effets des sympathies inconnues. Ce fragment d'investigation que je me suis rappelé entre tous les aperçus de Lambert, fera concevoir la méthode avec laquelle il procédait dans ses œuvres. Je ne crois pas devoir insister sur la connexité qui liait à cette théorie les sciences équilatérales inventées par Gall et Lavater; elles en étaient les corollaires naturels, et tout esprit légèrement scientifique apercevra les ramifications par lesquelles s'y rattachaient nécessairement les observations phrénologiques de l'un et les documents physiognonomiques de l'autre. La découverte de Mesmer, si importante et si mal appréciée encore, se trouvait tout entière dans un seul développement de ce traité, quoique Louis ne connût pas les œuvres, d'ailleurs assez laconiques, du célèbre docteur suisse. Une logique et simple déduction de ses principes lui avait fait reconnaître que la Volonté pouvait, par un mouvement tout contractile de l'être intérieur, s'amasser; puis, par un autre mouvement, être projetée au dehors, et même être confiée à des objets matériels. Ainsi la force entière d'un homme devait avoir la propriété de réagir sur les autres, et de les pénétrer d'une essence étrangère à la leur, s'ils ne se défendaient contre cette agression. Les preuves de ce théorème de la Science humaine sont nécessairement multipliées; mais rien ne les constate authentiquement. Il a fallu, soit l'éclatant désastre de Marius et son allocution au Cimbre chargé de le tuer, soit l'auguste commandement d'une mère au lion de Florence, pour faire connaître historiquement quelques-uns de ces foudroiements de la pensée. Pour lui donc la Volonté, la Pensée étaient des *forces vives ;* aussi en parlait-il de manière à vous faire partager ses croyances. Pour lui, ces deux puissances étaient en quelque sorte et visibles et tangibles. Pour lui, la Pensée était lente ou prompte, lourde ou agile, claire ou obscure; il lui attribuait toutes les qualités des êtres agissants, la faisait saillir, se reposer, se réveiller, grandir, vieillir, se rétrécir, s'atrophier, s'aviver; il en surprenait la vie en en spécifiant tous les actes par les bizarreries de notre langage; il en constatait la spontanéité, la force, les qualités avec une sorte d'intuition qui lui faisait reconnaître tous les phénomènes de cette substance.

— Souvent au milieu du calme et du silence, me disait-il, lorsque nos facultés intérieures sont endormies, quand nous nous abandonnons à la douceur du repos, qu'il s'étend des espèces de ténèbres en nous, et que nous tombons dans la contemplation des choses extérieures, tout à coup une idée s'élance, passe avec la rapidité de l'éclair à travers les espaces infinis dont la perception nous est donnée par notre vue intérieure. Cette idée brillante, surgie comme un feu follet, s'éteint sans retour : existence éphémère, pareille à celle de ces enfants qui font connaître aux parents une joie et un chagrin sans bornes; espèce de fleur mort-née dans les champs de la pensée. Parfois l'idée, au lieu de jaillir avec force et de mourir sans consistance, commence à poindre, se balance dans les limbes inconnus des organes où elle prend naissance ; elle nous use par un long enfantement, se développe, grandit, devient féconde, et se produit au dehors dans la grâce de la jeunesse et parée de tous les attributs d'une longue vie ; elle soutient les plus curieux regards, elle les attire, ne les lasse jamais : l'examen qu'elle provoque commande l'admiration que suscitent les œuvres long-temps élaborées. Tantôt les idées naissent par essaim, l'une entraîne l'autre, elles s'enchaînent, toutes sont agaçantes, elles abondent, elles sont folles. Tantôt elles se lèvent pâles, confuses, dépérissent faute de force ou d'aliments; la substance génératrice manque. Enfin, à certains jours, elles se précipitent dans les abîmes pour en éclairer les immenses profondeurs; elles nous épouvantent et laissent notre âme abattue. Les idées sont en nous un système complet, semblable à l'un des règnes de la nature, une sorte de floraison dont l'iconographie sera retracée par un homme de génie qui passera pour fou peut-être. Oui, tout, en nous et au dehors, atteste la vie de ces créations ravissantes que je compare à des fleurs, en obéissant à je ne sais quelle révélation de leur nature ! Leur production comme fin de l'homme n'est d'ailleurs pas plus étonnante que celle des parfums et des couleurs dans la plante. Les parfums sont des idées peut-être! En pensant que la ligne où finit notre chair et où l'ongle commence contient l'inexplicable et invisible mystère de la transformation constante de nos fluides en corne, il faut reconnaître que rien n'est impossible dans les merveilleuses modifications de la substance humaine. Mais ne se rencontre-t-il donc pas dans la nature morale des phénomènes de mouvement et de pesanteur semblables à ceux de la nature physique? L'*attente*, pour choisir un exemple qui puisse être vivement senti de tout le monde, n'est si douloureuse que par l'effet de la loi en vertu de laquelle le poids d'un corps est multiplié par sa vitesse. La pesanteur du sentiment que produit l'attente ne s'accroît-elle point par une addition constante des souffrances passées, à la douleur du moment? Enfin, à quoi, si ce n'est à une substance électrique, peut-on attribuer la magie par laquelle la Volonté s'intronise si majestueusement dans les regards pour foudroyer les obstacles aux commandements du génie, éclate dans la voix, ou filtre, malgré l'hypocrisie, au travers de l'enveloppe humaine? Le courant de ce roi des fluides qui, suivant la haute pression de la Pensée ou du Sentiment, s'épanche à flots ou s'amoindrit et s'effile, puis s'amasse pour jaillir en éclairs, est l'occulte ministre auquel sont dus soit les efforts ou funestes ou bienfaisants des arts et des passions, soit les intonations de la voix, rude, suave, terrible, lascive, horripilante, séductrice tour à tour, et qui vibre dans le cœur, dans les entrailles ou dans la cervelle au gré de nos vouloirs; soit tous les prestiges du toucher, d'où procèdent les transfusions mentales de tant d'artistes de qui les mains créatrices savent, après mille études passionnées, évoquer la nature; soit enfin les dégradations infinies de l'œil, depuis son atone inertie jusqu'à ses projections de lueurs les plus effrayantes. A ce système Dieu ne perd aucun de ses droits. La Pensée matérielle m'en a raconté de nouvelles grandeurs!

Après l'avoir entendu parlant ainsi, après avoir reçu dans l'âme son regard comme une lumière, il était difficile de ne pas être ébloui par sa conviction, entraîné par ses raisonnements. Aussi LA PENSÉE m'apparaissait-elle comme une puissance toute physique, accompagnée de ses incommensurables générations. Elle était une nouvelle Humanité sous une autre forme. Ce simple aperçu des lois que Lambert prétendait être la formule de notre intelligence doit suffire pour faire imaginer l'activité prodigieuse avec laquelle son âme se dévorait elle-même. Louis avait cherché des preuves à ses principes dans l'histoire des grands hommes dont l'existence, mise à jour par les biographes, fournit des particularités curieuses sur les actes de leur entendement. Sa mémoire lui ayant permis de se rappeler les faits qui pouvaient servir de développement à ses assertions, il les avait annexés à chacun des chapitres auxquels ils servaient de démonstration, en sorte que plusieurs de ses maximes en acquéraient une certitude presque mathématique. Les œuvres de Cardan, homme doué d'une singulière puissance de vision, lui donnèrent de précieux matériaux. Il n'avait oublié ni Apollonius de Tyanes annonçant en Asie la mort du tyran et dépeignant son supplice à l'heure même où il avait lieu dans Rome; ni Plotin qui, séparé par Porphyre, sentit l'intention où était celui-ci de se tuer, et accourut pour l'en dissuader; ni le fait constaté dans le siècle dernier à la face de la plus moqueuse incrédulité qui se soit jamais rencontrée, fait surprenant pour les hommes habitués à faire du doute une arme contre lui seul, mais tout simple pour quelques croyants : Alphonse-Marie de Liguori, évêque de Sainte-Agathe, donna des consolations au pape Ganganelli, qui le vit, l'entendit, lui répondit; et dans ce même temps, à une très-grande distance de Rome, l'évêque était observé en extase, chez lui, dans un fauteuil où il s'asseyait habituellement au retour de la messe. En reprenant sa vie ordinaire, il trouva ses serviteurs agenouillés devant lui, qui tous le croyaient mort. — « Mes amis, leur dit-il, le Saint-Père vient d'expirer. » Deux jours après, un courrier confirma cette nouvelle. L'heure de la mort du pape coïncidait avec celle où l'évêque était revenu à son état naturel. Lambert n'avait pas omis l'aventure plus récente encore, arrivée dans le siècle dernier à une jeune Anglaise qui, aimant passionnément un marin, partit de Londres pour aller le trouver, et le trouva, seule, sans guide, dans les déserts de l'Amérique septentrionale, où elle arriva pour lui sauver la vie. Louis avait mis à contribution les mystères de l'antiquité, les actes des martyrs où sont les plus beaux titres de gloire pour la volonté humaine, les démonologues du Moyen-Age, les procès criminels, les recherches médicales, en discernant partout le fait vrai, le phénomène probable avec une admirable sagacité. Cette riche collection d'anecdotes scientifiques recueillies dans tant de livres, la plupart dignes de foi, servit sans doute à faire des cornets de papier; et ce travail au moins curieux, enfanté par la plus extraordinaire des mémoires humaines, a dû périr. Entre toutes les preuves qui enrichissaient l'œuvre de Lambert, se trouvait une histoire arrivée dans sa famille, et qu'il m'avait racontée avant d'entreprendre son traité. Ce fait, relatif à la *post-existence* de l'être intérieur, si je puis me permettre de forger un mot nouveau pour rendre un effet innommé, me frappa si vivement que j'en ai gardé le souvenir. Son père et sa mère eurent à soutenir un procès dont la perte devait entacher leur probité, seul bien qu'ils possédassent au monde. Donc l'anxiété fut grande quand s'agita la question de savoir si l'on céderait à l'injuste agression du demandeur, ou si l'on se défendrait contre lui. La délibération eut lieu par une nuit d'automne, devant un feu de tourbe, dans la chambre du tanneur et de sa femme. A ce conseil furent appelés deux ou trois parents et le bisaïeul maternel de Louis, vieux laboureur tout cassé, mais d'une figure vénérable et majestueuse, dont les yeux étaient clairs, dont le crâne jauni par le temps conservait encore quelques mèches de cheveux blancs épars. Semblable à l'*Obi* des nègres, au *Sagamore* des sauvages, il était une espèce d'esprit oraculaire que l'on consultait dans les grandes occasions. Ses biens étaient cultivés par ses petits-enfants, qui le nourrissaient et le servaient; il leur pronostiquait la pluie, le beau temps, et leur indiquait le moment où ils devaient faucher les prés ou rentrer les moissons. La justesse barométrique de sa parole, devenue célèbre, augmentait toujours la confiance et le culte qui s'attachaient à lui. Il demeurait des journées entières immobile sur sa chaise. Cet état d'extase lui était familier depuis la mort de sa femme, pour laquelle il avait eu la plus vive et la plus constante des affections. Le débat eut lieu devant lui, sans qu'il parût y prêter une grande attention. — Mes enfants, leur dit-il quand il fut requis de donner son avis, cette affaire est trop grave pour que je la décide seul. Il faut que j'aille consulter ma femme. Le bonhomme se leva, prit son bâton, et sortit, au grand étonnement des assistants qui le crurent tombé en enfance. Il revint bientôt et leur dit : — Je n'ai pas eu besoin d'aller jusqu'au cimetière, votre mère est venue au-devant de moi, je l'ai trouvée auprès du ruisseau. Elle m'a dit que vous retrouveriez chez un notaire de Blois des quittances qui vous feraient gagner votre procès. Ces paroles furent prononcées d'une voix ferme. L'attitude et la physionomie de l'aïeul annonçaient un homme pour qui cette apparition était habituelle. En effet, les quittances contestées se retrouvèrent, et le procès n'eut pas lieu. Cette aventure arrivée sous le toit paternel, aux yeux de Louis, alors âgé de neuf ans, contribua beaucoup à le faire croire aux visions miraculeuses de Swedenborg, qui donna pendant sa vie plusieurs preuves de la puissance de vision acquise à son *être intérieur*. En avançant en âge et à mesure que son intelligence se développait, Lambert devait être conduit à chercher dans les lois de la nature humaine les causes du miracle qui dès l'enfance avait attiré son attention. De quel nom appeler le hasard qui rassemblait autour de lui les faits, les livres relatifs à ces phénomènes, et le rendit lui-même le théâtre et l'acteur des plus grandes merveilles de la pensée? Quand Louis n'aurait pour seul titre à la gloire que d'avoir, dès l'âge de quinze ans, émis cette maxime psychologique : « Les événements qui attestent l'action de l'Humanité, et qui sont le produit de son intelligence, ont des causes dans lesquelles ils sont préconçus, comme nos actions sont accomplies dans notre pensée avant de se reproduire au dehors; les pressentiments ou les prophéties sont l'*aperçu* de ces causes; » je crois qu'il faudrait déplorer en lui la perte d'un génie égal à celui des Pascal, des Lavoisier, des Laplace. Peut-être ses chimères sur les anges dominèrent-elles trop long-temps ses travaux; mais n'est-ce pas en cherchant à faire de l'or que les savants ont insensiblement créé la Chimie? Cependant, si plus tard Lambert étudia l'anatomie comparée, la physique, la géométrie et les sciences qui se rattachaient à ses découvertes, il eut nécessairement l'intention de rassembler des faits et de procéder par l'analyse, seul flambeau qui puisse nous guider aujourd'hui à travers les obscurités de la moins saisissable des natures. Il avait certes trop de sens pour rester dans les nuages des théories, qui toutes peuvent se traduire en quelques mots. Aujourd'hui, la démonstration la plus simple appuyée sur les faits n'est-elle pas plus précieuse que ne le sont les plus beaux systèmes défendus par des inductions plus ou moins ingénieuses? Mais ne l'ayant pas connu pendant l'époque de sa vie où il dut réfléchir avec le plus de fruit, je ne puis que conjecturer la portée de ses œuvres d'après celle de ses premières méditations. Il est facile de saisir en quoi péchait son traité de la Volonté. Quoique doué déjà des qualités qui distinguent les hommes supérieurs, il était encore enfant. Quoique riche et habile aux abstractions, son cerveau se ressentait encore des délicieuses croyances qui flottent autour de toutes les jeunesses. Sa conception touchait donc aux fruits mûrs de son génie par quelques points, et par une foule d'autres elle se rapprochait de la petitesse des germes. A quelques esprits amoureux de poésie, son plus grand défaut eût semblé une qualité savoureuse. Son œuvre portait les marques de la lutte que se livraient dans cette belle âme ces deux grands principes, le Spiritualisme, le Matérialisme, autour desquels ont tourné tant de beaux génies, sans qu'aucun d'eux ait osé les fondre en un seul. D'abord spiritualiste pur, Louis avait été conduit invinciblement à reconnaître la matérialité de la pensée. Battu par les faits de l'analyse au moment où son cœur lui faisait encore regarder avec amour les nuages épars dans les cieux de Swedenborg, il ne se trouvait pas encore de force à produire un système unitaire, compacte, fondu d'un seul jet. De là venaient quelques contradictions empreintes jusque dans l'esquisse que je trace de ses premiers essais. Quelque incomplet que fût son ouvrage, n'était-il pas le brouillon d'une science dont, plus tard, il aurait approfondi les mystères, assuré les bases, recherché, déduit et enchaîné les développements ?

Six mois après la confiscation du traité sur la Volonté, je quittai le collége. Notre séparation fut brusque. Ma mère, alarmée d'une fièvre qui depuis quelque temps ne me quittait pas, et à laquelle mon inaction corporelle donnait les symptômes du *coma,* m'enleva du collége en quatre ou cinq heures. A l'annonce de mon départ, Lambert devint d'une tristesse effrayante. Nous nous cachâmes pour pleurer.

— Te reverrai-je jamais? me dit-il de sa voix douce en me serrant dans ses bras. — Tu vivras, toi, reprit-il; mais moi, je mourrai. Si je le peux, je t'apparaîtrai.

Il faut être jeune pour prononcer de telles paroles avec un accent de conviction qui les fait accepter comme un présage, comme une promesse dont l'effroyable accomplissement sera redouté. Pendant long-temps, j'ai pensé vaguement à cette apparition promise. Il est encore certains jours de spleen, de doute, de terreur, de solitude, où je suis obligé de chasser les souvenirs de cet adieu mélancolique, qui cependant ne devait pas être le dernier. Lorsque je traversai la cour par laquelle nous sortions, Lambert était collé à l'une des fenêtres grillées du réfectoire pour me voir passer. Sur mon désir, ma mère obtint la permission de le faire dîner avec nous à l'auberge. A mon tour, le soir, je le ramenai au seuil fatal du collége. Jamais amant et maîtresse ne versèrent en se séparant plus de larmes que nous n'en répandîmes.

— Adieu donc! je vais être seul dans ce désert, me dit-il en me montrant les cours où deux cents enfants jouaient et criaient. Quand je reviendrai fatigué, demi-mort de mes longues courses à travers les champs de la pensée, dans quel cœur me reposerai-je? Un regard me suffisait pour te dire tout. Qui donc maintenant me comprendra? Adieu! je voudrais ne t'avoir jamais rencontré, je ne saurais pas tout ce qui va me manquer.

— Et moi, lui dis-je, que deviendrai-je? ma situation n'est-elle pas plus affreuse? je n'ai rien là pour me consoler, ajoutai-je en me frappant le front.

Il hocha la tête par un mouvement empreint d'une grâce pleine de tristesse, et nous nous quittâmes. En ce moment, Louis Lambert avait cinq pieds deux pouces, il n'a plus grandi. Sa physionomie, devenue largement expressive, attestait la bonté de son caractère. Une patience divine développée par les mauvais traitements une concentration continuelle exigée par sa vie contemplative, avaient dépouillé son regard de cette audicieuse fierté qui plaît dans certaines figures, et par laquelle il savait accabler nos Régents. Sur son visage éclataient des sentiments paisibles, une sérénité ravissante que n'altérait jamais rien d'ironique ou de moqueur, car sa bienveillance native tempérait la conscience de sa force et de sa supériorité. Il avait de jolies mains, bien effilées, presque toujours humides. Son corps était une merveille digne de la sculpture; mais nos uniformes gris de fer à boutons dorés, nos culottes courtes, nous donnaient une tournure si disgracieuse, que le fini des proportions de Lambert et sa morbidesse ne pouvaient s'apercevoir qu'au bain. Quand nous nagions dans notre bassin du Loir, Louis se distinguait par la blancheur de sa peau, qui tranchait sur les différents tons de chair de nos camarades, tous marbrés par le froid ou violacés par l'eau. Délicat de formes, gracieux de pose, doucement coloré, ne frissonnant pas hors de l'eau, peut-être parce qu'il évitait l'ombre et courait toujours au soleil, Louis ressemblait à ces fleurs prévoyantes qui ferment leurs calices à la bise, et ne veulent s'épanouir que sous un ciel pur. Il mangeait très-peu, ne buvait que de l'eau; puis, soit par instinct, soit par goût, il se montrait sombre de tout mouvement qui voulait une dépense de force; ses gestes étaient rares et simples comme le sont ceux des Orientaux ou des Sauvages, chez lesquels la gravité semble être un état naturel. Généralement, il n'aimait pas tout ce qui ressemblait à de la recherche pour sa personne. Il penchait assez habituellement sa tête à gauche, et restait si souvent accoudé, que les manches de ses habits neufs étaient promptement percées. A ce léger portrait de l'homme, je dois ajouter une esquisse de son moral, car je crois aujourd'hui pouvoir impartialement en juger. Quoique naturellement religieux, Louis n'admettait pas les minutieuses pratiques de l'Église romaine; ses idées sympathisaient plus particulièrement avec celles de sainte Thérèse et de Fénelon, avec celles de plusieurs Pères et de quelques saints, qui de nos jours seraient traités d'hérésiarques et d'athées. Il était impassible durant les offices. Sa prière procédait par des élancements, par des élévations d'âme qui n'avaient aucun mode régulier; il se laissait aller en tout à la nature, et ne voulait pas plus prier que penser à heure fixe. Souvent, à la chapelle, il pouvait aussi bien songer à Dieu que méditer sur quelque idée philosophique. Jésus-Christ était pour lui le plus beau type de son système. Le : *Et verbum caro factum est!* lui semblait une sublime parole destinée à exprimer la formule traditionnelle de la Volonté, du Verbe, de l'Action se faisant visibles. Le Christ ne s'apercevant pas de sa mort, ayant assez perfectionné l'être intérieur par des œuvres divines pour qu'un jour la forme invisible en apparût à ses disciples, enfin les mystères de l'Évangile, les guérisons magnétiques du Christ et le don des langues lui confirmaient sa doctrine. Je me souviens de lui avoir entendu dire à ce sujet que le plus bel ouvrage à faire aujourd'hui était l'Histoire de l'Église primitive. Jamais il ne s'élevait autant vers la poésie qu'au moment où il abordait, dans une conversation du soir, l'examen des miracles opérés par la puissance de la Volonté pendant cette grande époque de foi. Il trouvait les plus fortes preuves de sa Théorie dans presque tous les martyres subis pendant le premier siècle de l'Église, qu'il appelait *la grande ère de la pensée*. — « Les phénomènes arrivés dans la plupart des supplices si héroïquement soufferts par les chrétiens pour l'établissement de leurs croyances ne prouvent-ils pas, disait-il, que les forces matérielles ne prévaudront jamais contre la force des idées ou contre la Volonté de l'homme? Chacun peut conclure de cet effet produit par la volonté de tous, en faveur de la sienne. » Je ne crois pas devoir parler de ses idées sur la poésie et sur l'histoire, ni de ses jugements sur les chefs-d'œuvre de notre langue. Il n'y aurait rien de bien curieux à consigner ici des opinions devenues presque vulgaires aujourd'hui, mais qui, dans la bouche d'un enfant, pouvaient alors paraître extraordinaires. Louis était à la hauteur de tout. Pour exprimer en deux mots son talent, il eût écrit Zadig aussi spirituellement que l'écrivit Voltaire; il aurait aussi fortement que Montesquieu pensé le dialogue de Sylla et d'Eucrate. La grande rectitude de ses idées lui faisait désirer avant tout, dans une œuvre, un caractère d'utilité; de même que son esprit fin y exigeait la nouveauté de la pensée autant que celle de la forme. Tout ce qui ne remplissait pas ces conditions lui causait un profond dégoût. L'une de ses appréciations littéraires les plus remarquables, et qui fera comprendre le sens de toutes les autres aussi bien que la lucidité de ses jugements, est celle-ci, qui m'est restée dans la mémoire : « L'Apocalypse est une extase écrite. » Il considérait la Bible comme une Portion de l'histoire traditionnelle des peuples anté-diluviens, qui s'était partagé l'humanité nouvelle. Pour lui, la mythologie des Grecs tenait à la fois de la Bible hébraïque et des Livres sacrés de l'Inde, que cette nation amoureuse de grâce avait traduits à sa manière.

— Il est impossible, disait-il, de révoquer en doute la priorité des Écritures asiatiques sur nos Écritures saintes. Pour qui sait reconnaître avec bonne foi ce point historique, le monde s'élargit étrangement. N'est-ce pas sur le plateau de l'Asie que se sont réfugiés les quelques hommes qui ont pu survivre à la catastrophe subie par notre globe, si toutefois les hommes existaient avant ce renversement ou ce choc : question grave dont la solution est écrite au fond des mers. L'anthropogonie de la Bible n'est donc que la généalogie d'un essaim sorti de la ruche humaine qui se suspendit aux flancs montagneux du Thibet, entre les sommets de l'Himalaya et ceux du Caucase. Le caractère des idées premières de la horde que son législateur nomma le peuple de Dieu, sans doute pour lui donner de l'unité, peut-être aussi pour lui faire conserver ses propres lois et son système de gouvernement, car les livres de Moïse sont un code religieux, politique et civil ; ce caractère est marqué au coin de la terreur : la convulsion du globe est interprétée comme une vengeance d'en haut par des pensées gigantesques. Enfin, ne goûtant aucune des douceurs que trouve un peuple assis dans une terre patriarcale, les malheurs de cette peuplade en voyage ne lui ont dicté que des poésies sombres, majestueuses et sanglantes. Au contraire, le spectacle des promptes réparations de la terre, les effets prodigieux du soleil dont les premiers témoins furent les Hindous, leur ont inspiré les riantes conceptions de l'amour heureux, le culte du feu, les personnifications infinies de la reproduction. Ces magnifiques images manquent à l'œuvre des Hébreux. Un constant besoin de conservation, à travers les dangers et les pays parcourus jusqu'au lieu de repos, engendra le sentiment exclusif de ce peuple, et sa haine contre les autres nations. Ces trois écritures sont les archives du monde englouti. Là est le secret des grandeurs inouïes de ces langages et de leurs mythes. Une grande histoire humaine gît sous ces noms d'hommes et de lieux, sous ces fictions qui nous attachent irrésistiblement, sans que nous sachions pourquoi. Peut-être y respirons-nous l'air natal de notre nouvelle humanité.

Pour lui cette triple littérature impliquait donc toutes les pensées de l'homme. Il ne se faisait pas un livre, selon lui, dont le sujet ne s'y pût trouver en germe. Cette opinion montre combien ses premières études sur la Bible furent savamment creusées, et jusqu'où elles le menèrent. Planant toujours au-dessus de la société, qu'il ne connaissait que par les livres, il la jugeait froidement. — « Les lois, disait-il, n'y arrêtent jamais les entreprises des grands ou des riches, et frappent les petits, qui ont au contraire besoin de protection. » Sa bonté ne lui permettait donc pas de sympathiser avec les idées politiques ; mais son système conduisait à l'obéissance passive dont l'exemple fut donné par Jésus-Christ. Pendant les derniers moments de mon séjour à Vendôme, Louis ne sentait plus l'aiguillon de la gloire, il avait, en quelque sorte, abstractivement joui de la renommée ; et après l'avoir ouverte, comme les anciens sacrificateurs qui cherchaient l'avenir au cœur des hommes, il n'avait rien trouvé dans les entrailles de cette Chimère. Méprisant donc un sentiment tout personnel : — La gloire, me disait-il, est l'égoïsme divinisé.

Ici peut-être, avant de quitter cette enfance exceptionnelle, dois-je la juger par un rapide coup d'œil.

Quelque temps avant notre séparation, Lambert me disait : — « A part les lois générales dont la formule sera peut-être ma gloire, et qui doivent être celles de notre organisme, la vie de l'homme est un mouvement qui se résout plus particulièrement, en chaque être, au gré de je ne sais quelle influence, par le Cerveau, par le Cœur, ou par le Nerf. Des trois constitutions représentées par ces mots vulgaires, dérivent les modes infinis de l'Humanité, qui tous résultent des proportions dans lesquelles ces trois principes générateurs se trouvent plus ou moins bien combinés avec les substances qu'ils s'assimilent dans les milieux où ils vivent. » Il s'arrêta, se frappa le front, et me dit : — Singulier fait ! chez tous les grands hommes dont les portraits ont frappé mon attention, le col est court. Peut-être la Nature veut-elle que chez eux le cœur soit plus près du cerveau. Puis il reprit : De là procède un certain ensemble d'actes qui compose l'existence sociale. A l'homme de Nerf, l'Action ou la force ; à l'homme de Cerveau, le Génie ; à l'homme de Cœur, la foi. Mais, ajouta-t-il tristement, à la Foi, les Nuées du Sanctuaire ; à l'Ange seul, la Clarté. Donc, suivant ses propres définitions, Lambert fut tout cœur et tout cerveau.

Pour moi, la vie de son intelligence s'est scindée en trois phases.

Soumis, dès l'enfance, à une précoce activité, due sans doute à quelque maladie ou à quelque perfection de ses organes ; dès l'enfance, ses forces se résumèrent par le jeu de ses sens intérieurs et par une surabondante production de fluide nerveux. Homme d'idées, il lui fallut étancher la soif de son cerveau qui voulait s'assimiler toutes les idées. De là, ses lectures ; et de ses lectures, ses réflexions qui lui donnèrent le pouvoir de réduire les choses à leur plus simple expression, de les absorber en lui-même pour les y étudier dans leur essence. Les bénéfices de cette magnifique période, accomplie chez les autres hommes après de longues études seulement, échurent donc à Lambert pendant son enfance corporelle ; enfance heureuse, enfance colorée par les studieuses félicités du poète. Le terme où arrivent la plupart des cerveaux fut le point d'où le sien devait partir un jour à la recherche de quelques nouveaux mondes d'intelligence. Là, sans le savoir encore, il s'était créé la vie la plus exigeante et, de toutes, la plus avidement insatiable. Pour exister, ne lui fallait-il pas jeter sans cesse une pâture à l'abîme qu'il avait ouvert en lui ? Semblable à certains êtres des régions mondaines, ne pouvait-il périr faute d'aliments pour d'excessifs appétits trompés ? N'était-ce pas la débauche importée dans l'âme, et qui devait la faire arriver, comme les corps saturés d'alcool, à quelque combustion instantanée ? Cette première phase cérébrale me fut inconnue ; aujourd'hui seulement, je puis m'en expliquer ainsi les prodigieuses fructifications et les effets. Lambert avait alors treize ans.

Je fus assez heureux pour assister aux premiers jours du second âge. Lambert, et cela le sauva peut-être, y tomba dans toutes les misères de la vie collégiale, et y dépensa la surabondance de ses pensées. Après avoir passé des choses à leur expression pure, des mots à leur substance idéale, de cette substance à des principes ; après avoir tout abstrait, il aspirait, pour vivre, à d'autres créations intellectuelles. Dompté par les malheurs du collége et par les crises de sa vie physique, il demeura méditatif, devina les sentiments, entrevit de nouvelles sciences, véritables masses d'idées. Arrêté dans sa course, et trop faible encore pour contempler les sphères supérieures, il se contempla intérieurement. Il m'offrit alors le combat de la pensée réagissant sur elle-même et cherchant à surprendre les secrets de sa nature, comme un médecin qui étudierait les progrès de sa propre maladie. Dans cet état de force et de faiblesse, de grâce enfantine et de puissance surhumaine, Louis Lambert est l'être qui m'a donné l'idée la plus poétique et la plus vraie de la créature que nous appelons *un ange*, en exceptant toutefois une femme de qui je voudrais dérober au monde le nom, les traits, la personne et la vie, afin d'avoir été seul dans le secret de son existence et pouvoir l'ensevelir au fond de mon cœur.

La troisième phase dut m'échapper. Elle commençait lorsque je fus séparé de Louis, qui ne sortit du collége qu'à l'âge de dix-huit ans, vers le milieu de l'année 1815. Louis avait alors perdu son père et sa mère depuis environ six mois. Ne rencontrant personne dans sa famille avec qui son âme, tout expansive mais toujours comprimée depuis notre séparation, pût sympathiser, il se réfugia chez son oncle, nommé son tuteur, et qui, chassé de sa cure en sa qualité de prêtre assermenté, était venu demeurer à Blois. Louis y séjourna pendant quelque temps. Dévoré bientôt par le désir d'achever des études qu'il dut trouver incomplètes, il vint à Paris pour revoir madame de Staël, et pour puiser la science à ses plus hautes sources. Le vieux prêtre, ayant un grand faible pour son neveu, laissa Louis libre de manger son héritage pendant un séjour de trois années à Paris, quoiqu'il y vécût dans la plus profonde misère. Cet héritage consistait en quelques milliers de francs. Lambert revint à Blois vers le commencement de l'année 1820, chassé de Paris par les souffrances qu'y trouvent les gens sans fortune. Pendant son séjour, il dut y être souvent en proie à des orages secrets, à ces horribles tempêtes de pensées par lesquelles les artistes sont agités, s'il en faut juger par le seul fait que son oncle se soit rappelé, par la seule lettre que le bonhomme ait conservée de toutes celles que lui écrivit à cette époque Louis Lambert, lettre gardée peut-être parce qu'elle était la dernière et la plus longue de toutes.

Voici d'abord le fait. Louis se trouvait un jour au Théâtre-Franvais placé sur une banquette des secondes galeries, près d'un de ces piliers entre lesquels étaient alors les troisièmes loges. En se levant pendant le premier entr'acte, il vit une jeune femme qui venait d'arriver dans la loge voisine. La vue de cette femme, jeune et belle, bien mise, décolletée peut-être, et accompagnée d'un amant pour lequel sa figure s'animait de toutes les grâces de l'amour, produisit sur l'âme et sur les sens de Lambert un effet si cruel qu'il fut obligé de sortir de la salle. S'il n'eût profité des dernières lueurs de sa raison, qui, dans le premier moment de cette brûlante passion, ne s'éteignit pas complétement, peut-être aurait-il succombé au désir presque invincible qu'il ressentit alors de tuer le jeune homme auquel s'adressaient les regards de cette femme. N'était-ce pas dans notre monde de Paris un éclair de l'amour du Sauvage qui se jette sur la femme comme sur sa proie, un effet d'instinct bestial joint à la rapidité des jets presque lumineux d'une âme comprimée sous la masse de ses pensées? Enfin n'était-ce pas le coup de canif imaginaire ressenti par l'enfant, devenu chez l'homme le coup de foudre de son besoin le plus impérieux, l'amour.

Maintenant voici la lettre dans laquelle se peint l'état de son âme frappée par le spectacle de la civilisation parisienne. Son cœur, sans doute constamment froissé dans ce gouffre d'égoïsme, dut toujours y souffrir; il n'y rencontra peut-être ni amis pour le consoler, ni ennemis pour donner du ton à sa vie. Contraint de vivre sans cesse en lui-même et ne partageant avec personne ses exquises jouissances, peut-être voulait-il résoudre l'œuvre de sa destinée par l'extase, et rester sous une forme presque végétale, comme un anachorète des premiers temps de l'Église, en abdiquant ainsi l'empire du monde intellectuel. La lettre semble indiquer ce projet, auquel les âmes grandes se sont prises à toutes les époques de rénovation sociale. Mais cette résolution n'est-elle pas alors pour certaines d'entre elles l'effet d'une vocation? Ne cherchent-elles pas à concentrer leurs forces dans un long silence, afin d'en sortir propres à gouverner le monde, par la Parole ou par l'Action? Certes, Louis avait dû recueillir bien de l'amertume parmi les hommes, ou presser la société par quelque terrible ironie sans pouvoir en rien tirer, pour jeter une si vigoureuse clameur, pour arriver, lui pauvre! au désir que la lassitude de la puissance et de toute chose à fait accomplir à certains souverains. Peut-être aussi venait-il achever dans la solitude quelque grande œuvre qui flottait indécise dans son cerveau? Qui ne le croirait volontiers en lisant ce fragment de ses pensées où se trahissent les combats de son âme au moment où cessait pour lui la jeunesse, où commençait à éclore la terrible faculté de produire à laquelle auraient été dues les œuvres de l'homme? Cette lettre est en rapport avec l'aventure arrivée au théâtre. Le Fait et l'Écrit s'illuminent réciproquement, l'âme et le corps s'étaient mis au même ton. Cette tempête de doutes et d'affirmations, de nuages et d'éclairs qui souvent laisse échapper la foudre, et qui finit par une aspiration affamée vers la lumière céleste, jette assez de clarté sur la troisième époque de son éducation morale pour la faire comprendre en entier. En lisant ces pages écrites au hasard, prises et reprises suivant les caprices de la vie parisienne, ne semble-t-il pas voir un chêne pendant le temps où son accroissement intérieur fait crever sa jolie peau verte, le couvre de rugosités, de fissures, et où se prépare sa forme majestueuse, si toutefois le tonnerre du ciel ou la hache de l'homme le respectent!

A cette lettre finira donc, pour le penseur comme pour le poète, cette enfance grandiose et cette jeunesse incomprise. Là se termine le contour de ce germe moral : les philosophes en regretteront les frondaisons atteintes par la gelée dans leurs bourgeons; mais sans doute ils en verront les fleurs écloses dans des régions plus élevées que ne le sont les plus hauts lieux de la terre.

Paris, septembre-novembre 1819.

« Cher oncle, je vais bientôt quitter ce pays, où je ne saurais vivre. Je n'y vois aucun homme aimer ce que j'aime, s'occuper de ce qui m'occupe, s'étonner de ce qui m'étonne. Forcé de me replier sur moi-même, je me creuse et souffre. La longue et patiente étude que je viens de faire de cette Société donne des conclusions tristes où le doute domine. Ici le point de départ en tout est l'argent. Il faut de l'argent, même pour se passer d'argent. Mais quoique ce métal soit nécessaire à qui veut penser tranquillement, je ne me sens pas le courage de le rendre l'unique mobile de mes pensées. Pour amasser une fortune, il faut choisir un état; en un mot, acheter par quelque privilége de position ou d'achalandage, par un privilége légal ou fort habilement créé, le droit de prendre chaque jour, dans la bourse d'autrui, une somme plus mince qui, chaque année, produit un petit capital; lequel en vingt années donne à peine quatre ou cinq mille francs de rente quand un homme se conduit honnêtement. En quinze ou seize ans et après son apprentissage, l'avoué, le notaire, le marchand, tous les travailleurs patentés ont gagné du pain pour leurs vieux jours. Je ne me suis senti propre à rien en ce genre. Je préfère la pensée à l'action, une idée à une affaire, la contemplation au mouvement. Je manque essentiellement de la constante attention nécessaire à qui veut faire fortune. Toute entreprise mercantile, toute obligation de demander de l'argent à autrui, me conduirait à mal, et je serais bientôt ruiné. Si je n'ai rien, au moins ne dois-je rien en ce moment. Il faut matériellement peu à celui qui vit pour accomplir de grandes choses dans l'ordre moral; mais quoique vingt sous par jour puissent me suffire, je ne possède pas la rente de cette oisiveté travailleuse. Si je veux méditer, le besoin me chasse hors du sanctuaire où se meut ma pensée. Que vais-je devenir? La misère ne m'effraie pas. Si l'on n'emprisonnait, si l'on ne flétrissait, si l'on ne méprisait point les mendiants, je mendierais pour pouvoir résoudre à mon aise les problèmes qui m'occupent. Mais cette sublime résignation par laquelle je pourrais émanciper ma pensée en la libérant de mon corps ne servirait à rien : il faut encore de l'argent pour se livrer à certaines expériences. Sans cela, j'eusse accepté l'indigence apparente d'un penseur qui possède la terre et le ciel. Pour être grand dans la misère, il suffit de ne jamais s'avilir. L'homme qui combat et souffre en marchant vers un noble but, présente certes un beau spectacle; mais ici qui se sent la force de lutter? On escalade des rochers, on ne peut pas toujours piétiner dans la boue. Ici tout décourage le vol en droite ligne d'un esprit qui tend à l'avenir. Je ne me craindrais pas dans une grotte au désert, et je me crains ici. Au désert, je serais avec moi-même sans distraction; ici, l'homme éprouve une foule de besoins qui le rapetissent. Quand vous êtes sorti rêveur, préoccupé, la voix du pauvre vous rappelle au milieu de ce monde de faim et de soif, en vous demandant l'aumône. Il faut de l'argent pour se promener. Les organes, incessamment fatigués par des riens, ne se reposent jamais. La nerveuse disposition du poète est ici sans cesse ébranlée, et ce qui doit faire sa gloire devient son tourment : son imagination y est sa plus cruelle ennemie. Ici l'ouvrier blessé, l'indigente en couches, la fille publique devenue malade, l'enfant abandonné, le vieillard infirme, les vices, le crime lui-même trouvent un asile et des soins ; tandis que le monde est impitoyable pour l'inventeur, pour tout homme qui médite. Ici, tout doit avoir un résultat immédiat, réel; l'on s'y moque des essais d'abord infructueux qui peuvent mener aux plus grandes découvertes, et l'on n'y estime pas cette étude constante et profonde qui veut une longue concentration des forces. L'État pourrait solder le Talent, comme il solde la Baïonnette; mais il tremble d'être trompé par l'homme d'intelligence, comme si l'on pouvait long-temps contrefaire le génie, Ah! mon oncle, quand on a détruit les solitudes conventuelles, assises au pied des monts, sous des ombrages verts et silencieux, ne devait-on pas construire des hospices pour les âmes souffrantes qui par une seule pensée engendrent le mieux des nations, ou préparent les progrès d'une science ? »

20 septembre.

« L'étude m'a conduit ici, vous le savez; j'y ai trouvé des hommes vraiment instruits, étonnants pour la plupart; mais l'absence d'unité dans les travaux scientifiques annule presque tous les efforts. Ni l'enseignement, ni la science n'ont de chef. Vous entendez au Muséum un professeur prouvant que celui de la rue Saint-Jacques vous a dit d'absurdes niaiseries. L'homme de l'École de Médecine soufflette celui du Collége de France. A mon arrivée, je suis allé entendre un vieil académicien qui disait à cinq cents jeunes gens que Corneille est un génie vigoureux et fier, Racine élégiaque et tendre, Molière inimitable, Voltaire éminemment spirituel, Bossuet et Pascal désespérément forts. Un professeur de philosophie devient illustre, en expliquant comment Platon est Platon. Un autre fait l'histoire des mots sans penser aux idées. Celui-ci vous explique Eschyle, celui-là prouve assez victorieusement que les Communes étaient les Communes et pas autre chose. Ces aperçus nouveaux et lumineux, paraphrasés pendant quelques heures, constituent le haut enseignement qui doit faire faire des pas de géant aux connaissances humaines. Si le gouvernement avait une pensée, je le soupçonnerais d'avoir peur des supériorités réelles qui, réveillées, mettraient la société sous le joug d'un pouvoir intelligent. Les nations iraient trop loin trop tôt, les professeurs sont alors chargés de faire des sots. Comment expliquer autrement un professorat sans méthode, sans une idée d'avenir? L'Institut pouvait être le grand gouvernement du monde moral et intellectuel; mais il a été récemment brisé par sa constitution en académies séparées. La science humaine marche donc sans guide, sans système et flotte au hasard, sans s'être tracé de route. Ce laissez-aller, cette incertitude existe en politique comme en science. Dans l'ordre naturel, les moyens sont simples, la fin est grande et merveilleuse; ici, dans la science comme dans le gouvernement, les moyens sont immenses, la fin est petite. Cette force qui, dans la Nature, marche d'un pas égal et dont la somme s'ajoute perpétuellement à elle-même. Cet A + A qui produit tout, est destructif dans la Société. La politique actuelle oppose les unes aux autres les forces humaines pour les neutraliser, au lieu de les combiner pour les faire agir dans un but quelconque. En s'en tenant à l'Europe, depuis César jusqu'à Constantin, du petit Constantin au grand Attila, des Huns à Charlemagne, de Charlemagne à Léon X, de Léon X à Philippe II, de Philippe II à Louis XIV, de Venise à l'Angleterre, de l'Angleterre à Napoléon, de Napoléon à l'Angleterre, je ne vois aucune fixité dans la politique, et son agitation constante n'a procuré nul progrès. Les nations témoignent de leur grandeur par des monuments, ou de leur bonheur par le bien-être individuel. Les monuments modernes valent-ils les anciens? j'en doute. Les arts qui participent plus immédiatement de l'homme individuel, les productions de son génie ou de sa main ont peu gagné. Les jouissances de Lucullus valaient bien celles de Samuel Bernard, de Beaujon ou du roi de Bavière. Enfin, la longévité humaine a perdu. Pour qui veut être de bonne foi, rien n'a donc changé, l'homme est le même : la force est toujours son unique loi, le succès sa seule sagesse. Jésus-Christ, Mahomet, Luther n'ont fait que colorer différemment le cercle dans lequel les jeunes nations ont fait leurs évolutions. Nulle politique n'a empêché la Civilisation, ses richesses, ses mœurs, son contrat entre les forts contre les faibles, ses idées et ses voluptés d'aller de Memphis à Tyr, de Tyr à Balbeck, de Tedmor à Carthage, de Carthage à Rome, de Rome à Constantinople, de Constantinople à Venise, de Venise en Espagne, d'Espagne en Angleterre, sans que nul vestige n'existe de Memphis, de Tyr, de Carthage, de Rome, de Venise ni de Madrid. L'esprit de ces grands corps s'est envolé. Nul ne s'est préservé de la ruine, et n a deviné cet axiome : *Quand l'effet produit n'est plus en rapport avec sa cause, il y a désorganisation.* Le génie le plus subtil ne peut découvrir aucune liaison entre ces grands faits sociaux. Aucune théorie politique n'a vécu. Les gouvernements passent comme les hommes, sans se transmettre aucun enseignement, et nul système n'engendre un système plus parfait. Que conclure de la politique, quand le gouvernement appuyé sur Dieu a péri dans l'Inde et en Égypte; quand le gouvernement du sabre et de la tiare a passé; quand le gouvernement d'un seul est mort; quand le gouvernement de tous n'a jamais pu vivre; quand aucune conception de la force intelligentielle, appliquée aux intérêts matériels, n'a pu durer, et que tout est à refaire aujourd'hui comme à toutes les époques où l'homme s'est écrié : Je souffre! Le code que l'on regarde comme la plus belle œuvre de Napoléon, est l'œuvre la plus draconnienne que je sache. La divisibilité territoriale poussée à l'infini, dont le principe y est consacré par le partage égal des biens, doit engendrer l'abâtardissement de la nation, la mort des arts et celle des sciences. Le sol trop divisé se cultive en céréales, en petits végétaux; les forêts et partant les cours d'eau disparaissent; ils ne s'élève plus ni bœufs, ni chevaux. Les moyens manquent pour l'attaque comme pour la résistance. Vienne une invasion, le peuple est écrasé, il a perdu ses grands ressorts, il a perdu ses chefs. Et voilà l'histoire des déserts! La politique est donc une science sans principes arrêtés, sans fixité possible; elle est le génie du moment, l'application constante de la force, suivant la nécessité du jour. L'homme qui verrait à deux siècles de distance mourrait sur la place publique chargé des imprécations du peuple; ou serait, ce qui me semble pis, flagellé par les mille fouets du ridicule. Les nations sont des individus qui ne sont ni plus sages ni plus forts que ne l'est l'homme, et leurs destinées sont les mêmes. Réfléchir sur celui-ci, n'est-ce pas s'occuper de celles-là? Au spectacle de cette société sans cesse tourmentée dans ses bases comme dans ses effets, dans ses causes comme dans son action, chez laquelle la philanthropie est une magnifique erreur, et le progrès un non-sens, j'ai gagné la confirmation de cette vérité, que la vie est en nous et non au dehors; que s'élever au-dessus des hommes pour les commander est le rôle agrandi d'un régent de classe; et que les hommes assez forts pour monter jusqu'à la ligne où ils peuvent jouir du coup d'œil des mondes, ne doivent pas regarder à leurs pieds. »

5 novembre.

« Je suis assurément occupé de pensées graves, je marche à certaines découvertes, une force invincible m'entraîne vers une lumière qui a brillé de bonne heure dans les ténèbres de ma vie morale; mais quel nom donner à la puissance qui me lie les mains, me ferme la bouche, et m'entraîne en sens contraire à ma vocation? Il faut quitter Paris, dire adieu aux livres des bibliothèques, à ces beaux foyers de lumière, à ces savants si complaisants, si accessibles, à ces jeunes génies avec lesquels je sympathisais. Qui me repousse? est-ce le Hasard, est-ce la Providence? Les deux idées que représentent ces mots sont inconciliables. Si le Hasard n'est pas, il faut admettre le Fatalisme, ou la coordination forcée des choses soumises à un plan général. Pourquoi donc résisterions-nous? Si l'homme n'est plus libre, que devient l'échafaudage de sa morale? Et s'il peut faire sa destinée, s'il peut par son libre arbitre arrêter l'accomplissement du plan général, que devient Dieu? Pourquoi suis-je venu? Si je m'examine, je le sais : je trouve en moi des textes à développer; mais alors pourquoi possédé-je d'énormes facultés sans pouvoir en user? Si mon supplice servait à quelque exemple, je le concevrais; mais non, je souffre obscurément. Ce résultat est aussi providentiel que peut l'être le sort de la fleur inconnue qui meurt au fond d'une forêt vierge sans que personne en sente les parfums ou en admire l'éclat. De même qu'elle exhale vainement ses odeurs dans la solitude, j'enfante ici dans un grenier des idées sans qu'elles soient saisies. Hier, j'ai mangé du pain et des raisins le soir, devant ma fenêtre, avec un jeune médecin nommé Meyraux. Nous avons causé comme des gens que le malheur a rendus frères, et je lui ai dit : — Je m'en vais, vous restez, prenez mes conceptions et développez-les! — Je ne le puis, me répondit-il avec une amère tristesse, ma santé trop faible ne résistera pas à mes travaux, et je dois mourir jeune en combattant la misère. Nous avons regardé le ciel, en nous pressant les mains. Nous nous sommes rencontrés au Cours d'anatomie comparée et dans les galeries du Muséum, amenés tous deux par une même étude, l'unité de la composition géologique. Chez lui, c'était le pressentiment du génie envoyé pour ouvrir une nouvelle route dans les friches de l'intelligence; chez moi, c'était déduction d'un système général. Ma pensée est de déterminer les rapports réels qui peuvent exister entre l'homme et Dieu. N'est-ce pas une nécessité de l'époque? Sans de hautes certitudes, il est impossible de mettre un mors à ces sociétés que l'esprit d'examen et de discussion a déchaînées et qui crient aujourd'hui : — Menez-nous dans une voie où nous marcherons sans rencontrer des abîmes? Vous me demanderez ce que l'anatomie comparée a de commun avec une question si grave pour l'avenir des sociétés. Ne faut-il pas se convaincre que l'homme est le but de tous les moyens terrestres pour se demander s'il ne sera le moyen d'aucune fin? Si l'homme est lié à tout, n'y a-t-il rien au-dessus de lui, à quoi il se lie à son tour? S'il est le terme des transmutations inexpliquées qui montent jusqu'à lui, ne doit-il pas être le lien entre la nature visible et une nature invisible? L'action du monde n'est pas absurde, elle aboutit à une fin, et cette fin ne doit pas être une société constituée comme l'est la nôtre. Il se rencontre une terrible lacune entre nous et le ciel. En l'état actuel, nous ne pouvons ni toujours jouir, ni toujours souffrir; ne faut-il pas un énorme changement pour arriver au paradis et à l'enfer, deux conceptions sans lesquelles Dieu n'existe pas aux yeux de la masse? Je sais qu'on s'est tiré d'affaire en inventant l'âme; mais j'ai quelque répugnance à rendre Dieu solidaire des lâchetés humaines, de nos désenchantements, de nos dégoûts, de notre décadence. Puis comment admettre en nous un principe divin contre lequel quelrues verres de rhum puissent prévaloir? comment imaginer des facultés immatérielles que la matière réduise, dont l'exercice soit enchaîné par un grain d'opium? Comment imaginer que nous sentirons encore quand nous serons dépouillés des conditions de notre sensibilité? Pourquoi Dieu périrait-il, parce que la substance serait pensante? L'animation de la substance et ses innombrables variétés, effets de ses instincts, sont-ils moins inexplicables que les effets de la pensée? Le mouvement imprimé aux mondes n'est-il pas suffisant pour prouver Dieu, sans aller se jeter dans les absurdités engendrées par notre orgueil? Que d'une façon d'être périssable, nous allions après nos épreuves à une existence meilleure, n'est-ce pas assez pour une créature qui ne se distingue des autres que par un Instinct plus complet? S'il n'existe pas en morale un principe qui ne mène à l'absurde, ou ne soit contredit par l'évidence, n'est-il pas temps de se mettre en quête des dogmes écrits au fond de la nature des choses? Ne faudrait-il pas retourner la science philosophique? Nous nous occupons très-peu du prétendu néant qui nous a précédés, et nous fouillons le prétendu néant qui nous attend. Nous faisons Dieu responsable de l'avenir, et nous ne lui demandons aucun compte du passé. Cependant il est aussi nécessaire de savoir si nous n'avons aucune racine dans l'antérieur, que de savoir si nous sommes soudés au futur. Nous n'avons été déistes ou athées que d'un côté. Le monde est-il éternel? Le monde est-il créé? Nous ne concevons aucun moyen terme entre ces deux propositions : l'une est fausse, l'autre est vraie, choisissez! Quel que soit votre choix, Dieu, tel que notre raison se le figure, doit s'amoindrir, ce qui équivaut à sa négation. Faites le monde éternel : la question n'est pas douteuse, Dieu l'a subi. Supposez le monde créé, Dieu n'est plus possible. Comment serait-il resté toute une éternité sans savoir qu'il aurait la pensée de créer le monde? Comment n'en aurait-il point su par avance les résultats? D'où en a-t-il tiré l'essence? de lui nécessairement. Si le monde sort de Dieu, comment admettre le mal? Si le mal est sorti du bien, vous tombez dans l'absurde. S'il n'y a pas de mal, que deviennent les sociétés avec leurs lois? Partout des précipices! partout un abîme pour la raison! Il est donc une science sociale à refaire en entier. Écoutez, mon oncle : tant qu'un beau génie n'aura pas rendu compte de l'inégalité patente des intelligences, le sens général de l'humanité, le mot Dieu sera sans cesse mis en accusation, et la société reposera sur des sables mouvants. Le secret des différentes zones morales dans lesquelles transite l'homme se trouvera dans l'analyse de l'Animalité tout entière. L'Animalité n'a, jusqu'à présent, été considérée que par rapport à ses différences, et non dans ses similitudes; dans ses apparences organiques, et non dans ses facultés. Les facultés animales se perfectionnent de proche en proche, suivant des lois à rechercher. Ces facultés correspondent à ces forces qui les expriment, et ces forces sont essentiellement matérielles, divisibles. Des facultés matérielles! Songez à ces deux mots. N'est-ce pas une question aussi insoluble que l'est celle de la communication du mouvement à la matière, abîme encore inexploré, dont les difficultés ont été plutôt déplacées que résolues par le système de Newton. Enfin la combinaison constante de la lumière avec tout ce qui vit sur la terre, veut un nouvel examen du globe. Le même animal ne se ressemble plus sous la Torride, dans l'Inde ou dans le Nord. Entre la verticalité et l'obliquité des rayons solaires, il se développe une nature dissemblable et pareille qui, la même dans son principe, ne se ressemble ni en deçà ni au delà dans ses résultats. Le phénomène qui crève nos yeux dans le monde zoologique en comparant les papillons du Bengale aux papillons d'Europe est bien plus grand encore dans le monde moral. Il faut un angle facial déterminé, une certaine quantité de plis cérébraux pour obtenir Colomb, Raphaël, Napoléon, Laplace ou Beethoven; la vallée sans soleil donne le crétin; tirez vos conclusions? Pourquoi ces différences dues à la distillation plus ou moins heureuse de la lumière en l'homme? Ces grandes masses humaines souffrantes, plus ou moins actives, plus ou moins nourries, plus ou moins éclairées, constituent des difficultés à résoudre, et qui crient contre Dieu. Pourquoi dans l'extrême joie voulons-nous toujours quitter la terre, pourquoi l'envie de s'élever qui a saisi, qui saisira toute créature? Le mouvement est une grande âme dont l'alliance avec la matière est tout aussi difficile à expliquer que l'est la production de la pensée en l'homme. Aujourd'hui la science est une, il est impossible de toucher à la politique sans s'occuper de morale, et la morale tient à toutes les questions scientifiques. Il me semble que nous sommes à la veille d'une grande bataille humaine; les forces sont là; seulement je ne vois pas de général. » . . . .

25 novembre.

« Croyez-moi, mon oncle, il est difficile de renoncer sans douleur à la vie qui nous est propre, je retourne à Blois avec un affreux saisissement de cœur. J'y mourrai en emportant des vérités utiles. Aucun intérêt personnel ne dégrade mes regrets. La gloire est-elle quelque chose à qui croit pouvoir aller dans une sphère supérieure? Je ne suis pris d'aucun amour pour les deux syllabes *Lam* et *bert* : prononcées avec vénération ou avec insouciance sur ma tombe, elles ne changeront rien à ma destinée ultérieure. Je me sens fort, énergique, et pourrais devenir une puissance; je sens en moi une vie si lumineuse qu'elle pourrait animer un monde, et je suis enfermé dans une sorte de minéral, comme y sont peut-être effectivement les couleurs que vous admirez au col des oiseaux de la presqu'île indienne. Il faudrait embrasser tout ce monde, l'étreindre pour le refaire; mais ceux qui l'ont ainsi étreint et refondu n'ont-ils pas commencé par être un rouage de la machine? moi, je serais broyé. A Mahomet le sabre, à Jésus la croix, à moi la mort obscure; demain à Blois, et quelques jours après dans un cercueil. Savez-vous pourquoi? Je suis revenu à Swedenborg, après avoir fait d'immenses études sur les religions et m'être démontré, par la lecture de tous les ouvrages que la patiente Allemagne, l'Angleterre et la France ont publiés depuis soixante ans, la profonde vérité des aperçus de ma jeunesse sur la Bible. Évidemment, Swedenborg résume toutes les religions, ou plutôt la seule religion de l'Humanité. Si les cultes ont eu des formes infinies, ni leur sens ni leur construction métaphysique n'ont jamais varié. Enfin l'homme n'a jamais eu qu'une religion. Le Sivaïsme, le Vichnouvisme et le Brahmaïsme, les trois premiers cultes humains, nés au Thibet, dans la vallée de l'Indus et sur les vastes plaines du Gange, ont fini, quelques mille ans avant Jésus-Christ, leurs guerres, par l'adoption de la Trimourti hindoue. De ce dogme sortent, en Perse, le Magisme; en Égypte, les religions africaines et le Mosaïsme; puis le Cabirisme et le Polythéisme gréco-romain. Pendant que ces irradiations de la Trimourti adaptent les mythes de l'Asie aux imaginations de chaque pays où elles arrivent conduites par des sages que les hommes transforment en demi-dieux, Mithra, Bacchus, Hermès, Hercule, etc., Bouddha, le célèbre réformateur des trois religions primitives s'élève dans l'Inde et y fonde son Église, qui compte encore aujourd'hui deux cent millions de fidèles de plus que le Christianisme, et où sont venues se tremper les vastes volontés de Christ et de Confucius. Le Christianisme lève sa bannière. Plus tard, Mahomet fond le Mosaïsme et le Christianisme, la Bible et l'Évangile en un livre, le Coran, où il les approprie au génie des Arabes. Enfin Swedenborg reprend au Magisme, au Brahmaïsme, au Bouddhisme et au Mysticisme chrétien ce que ces quatre grandes religions ont de commun, de réel, de divin, et rend à leur doctrine une raison pour ainsi dire mathématique. Pour qui se jette dans ces fleuves religieux dont tous les fondateurs ne sont pas connus, Zoroastre, Moïse, Bouddha, Confucius, Jésus-Christ, Swedenborg ont les mêmes principes, et se proposent la même fin. Mais, le dernier de tous, Swedenborg sera peut-être le Bouddha du Nord. Quelque obscurs et diffus que soient ses livres, il s'y trouve les éléments d'une conception sociale grandiose. Sa théocratie est sublime, et sa religion est la seule que puisse admettre un esprit supérieur. Lui seul fait toucher à Dieu, il en donne soif, il a dégagé la majesté de Dieu des langes dans lesquels l'ont entortillée les autres cultes humains; il l'a laissé où il est, en faisant graviter autour de lui ses créations innombrables et ses créatures par des transformations successives qui sont un avenir plus immédiat, plus naturel que ne l'est l'éternité catholique. Il a lavé Dieu du reproche que lui font les âmes tendres sur la pérennité des vengeances par lesquelles il punit les fautes d'un instant, système sans justice ni bonté. Chaque homme peut savoir s'il lui est réservé d'entrer dans une autre vie, et si ce monde a un sens. Cette expérience, je vais la tenter. Cette tentative peut sauver le monde, aussi bien que la croix de Jérusalem et le sabre de la Mecque. L'une et l'autre sont fils du désert. Des trente-trois années de Jésus, il n'en est que neuf de connues; sa vie silencieuse a préparé sa vie glorieuse. A moi aussi, il me faut le désert! »

Malgré les difficultés de l'entreprise, j'ai cru devoir essayer de peindre la jeunesse de Lambert, cette vie cachée à laquelle je suis redevable des seules bonnes heures et des seuls souvenirs agréables de mon enfance. Hormis ces deux années, je n'ai eu que troubles et ennuis. Si plus tard le bonheur est venu, mon bonheur fut toujours incomplet. J'ai été très-diffus, sans doute; mais faute de pénétrer dans l'étendue du cœur et du cerveau de Lambert, deux mots qui représentent imparfaitement les modes infinis de sa *vie intérieure*, il serait presque impossible de comprendre la seconde partie de son histoire intellectuelle, également inconnue et au monde et à moi, mais dont l'occulte dénoûment s'est développé devant moi pendant quelques heures. Ceux auxquels ce livre ne sera pas encore tombé des mains comprendront, je l'espère, les événements qui me restent à raconter, et qui forment en quelque sorte une seconde existence à cette créature; pourquoi ne dirais-je pas à cette création en qui tout devait être extraordinaire, même sa fin?

Quand Louis fut de retour à Blois, son oncle s'empressa de lui procurer des distractions. Mais ce pauvre prêtre se trouvait dans cette ville dévote comme un véritable lépreux. Personne ne se souciait de recevoir un révolutionnaire, un assermenté. Sa société consistait donc en quelques personnes de l'opinion dite alors libérale, patriote ou constitutionnelle, chez lesquelles il se rendait pour faire sa partie de wisth ou de boston. Dans la première maison où le présenta son oncle, Louis vit une jeune personne que sa position forçait à rester dans cette société réprouvée par les gens du grand monde, quoique sa fortune fût assez considérable pour faire supposer que plus tard elle pourrait contracter une alliance dans la haute aristocratie du pays. Mademoiselle Pauline de Villenoix se trouvait seule héritière des richesses amassées par son grand-père, un juif nommé Salomon, qui, contrairement aux usages de sa nation, avait épousé dans sa vieillesse une femme de la religion catholique. Il eut un fils élevé dans la communion de sa mère. A la mort de son père, le jeune Salomon acheta, suivant l'expression du temps, une savonnette à vilain, et fit ériger en baronnie la terre de Villenoix, dont le nom devint le sien. Il était mort sans avoir été marié, mais en laissant une fille naturelle à laquelle il avait légué la plus grande partie de sa fortune, et notamment sa terre de Villenoix. Un de ses oncles, monsieur Joseph Salomon, fut nommé par monsieur de Villenoix tuteur de l'orpheline. Ce vieux juif avait pris une telle affection pour sa pupille, qu'il paraissait vouloir faire de grands sacrifices afin de la marier honorablement. Mais l'origine de mademoiselle de Villenoix et les préjugés que l'on conserve en province contre les juifs ne lui permettaient pas, malgré sa fortune et celle de son tuteur, d'être reçue dans cette société tout exclusive qui s'appelle, à tort ou à raison, la noblesse. Cependant monsieur Joseph Salomon prétendait qu'à défaut d'un hobereau de province, sa pupille irait choisir à Paris un époux parmi les pairs libéraux ou monarchiques; et quant à son bonheur, le bon tuteur croyait pouvoir le lui garantir par les stipulations du contrat de mariage. Mademoiselle de Villenoix avait alors vingt ans. Sa beauté remarquable, les grâces de son esprit étaient pour sa félicité des garanties moins équivoques que toutes celles données par la fortune. Ses traits offraient dans sa plus grande pureté le caractère de la beauté juive : ces lignes ovales, si larges et si virginales qui ont je ne sais quoi d'idéal, et respirent les délices de l'Orient, l'azur inaltérable de son ciel, les splendeurs de sa terre et les fabuleuses richesses de sa vie. Elle avait de beaux yeux voilés par de longues paupières frangées de cils épais et recourbés. Une innocence biblique éclatait sur son front. Son teint avait la blancheur mate des robes du lévite. Elle restait habituellement silencieuse et recueillie ; mais ses gestes, ses mouvements témoignaient d'une grâce cachée, de même que ses paroles attestaient l'esprit doux et caressant de la femme. Cependant elle n'avait pas cette fraîcheur rosée, ces couleurs purpurines qui décorent les joues de la femme pendant son âge d'insouciance. Des nuances brunes, mélangées de quelques filets rougeâtres, remplaçaient dans son visage la coloration, et trahissaient un caractère énergique, une irritabilité nerveuse que beaucoup d'hommes n'aiment pas à trouver dans une femme, mais qui, pour certains autres, sont l'indice d'une chasteté de sensitive et de passions fières. Aussitôt que Lambert aperçut mademoiselle de Villenoix, il devina l'ange sous cette forme. Les riches facultés de son âme, sa pente vers l'extase, tout en lui se résolut alors par un amour sans bornes, par le premier amour du jeune homme, passion déjà si vigoureuse chez les autres, mais que la vivace ardeur de ses sens, la nature de ses idées et son genre de vie durent porter à une puissance incalculable. Cette passion fut un abîme où le malheureux jeta tout, abîme où la pensée s'effraie de descendre, puisque la sienne, si flexible et si forte, s'y perdit. Là tout est mystère, car tout se passa *dans ce monde moral*, clos pour la plupart des hommes, et dont les lois lui furent peut-être révélées pour son malheur. Lorsque le hasard me mit en relation avec son oncle, le bonhomme m'introduisit dans la chambre habitée à cette époque par Lambert. Je voulais y chercher quelques traces de ses œuvres, s'il en avait laissé. Là, parmi des papiers dont le désordre était respecté par ce vieillard avec cet exquis sentiment des douleurs qui distingue les vieilles gens, je trouvai plusieurs lettres trop illisibles pour avoir été remises à mademoiselle de Villenoix. La connaissance que je possédais de l'écriture de Lambert me permit, à l'aide du temps, de déchiffrer les hiéroglyphes de cette sténographie créée par l'impatience et par la frénésie de la passion. Emporté par ses sentiments, il écrivait sans s'apercevoir de l'imperfection des lignes trop lentes à formuler sa pensée. Il avait dû être obligé de recopier ses essais informes où souvent les lignes se confondaient ; mais peut-être aussi craignait-il de ne pas donner à ses idées des formes assez décevantes ; et, dans le commencement s'y prenait-il à deux fois pour ses lettres d'amour. Quoi qu'il en soit, il a fallu toute l'ardeur de mon culte pour sa mémoire, et l'espèce de fanatisme que donne une entreprise de ce genre pour deviner et rétablir le sens des cinq lettres qui suivent. Ces papiers que je conserve avec une sorte de piété, sont les seuls témoignages matériels de son ardente passion. Mademoiselle de Villenoix a sans doute détruit les véritables lettres qui lui furent adressées, fastes éloquents du délire qu'elle causa. La première de ces lettres, qui était évidemment ce qu'on nomme un brouillon, attestait par sa forme et par son ampleur ces hésitations, ces troubles du cœur, ces craintes sans nombre éveillées par l'envie de plaire, ces changements d'expression et ces incertitudes entre toutes les pensées qui assaillent un jeune homme écrivant sa première lettre d'amour : lettre dont on se souvient toujours, dont chaque phrase est le fruit d'une rêverie, dont chaque mot excite de longues contemplations, où le sentiment le plus effréné de tous comprend la nécessité des tournures les plus modestes, et, comme un géant qui se courbe pour entrer dans une chaumière, se fait humble et petit pour ne pas effrayer une âme de jeune fille. Jamais antiquaire n'a manié ses palimpsestes avec plus de respect que je n'en eus à étudier, à reconstruire ces monuments mutilés d'une souffrance et d'une joie si sacrées pour ceux qui ont connu la même souffrance et la même joie.

I.

« Mademoiselle, quand vous aurez lu cette lettre, si toutefois vous la lisez, ma vie sera entre vos mains, car je vous aime; et, pour moi, espérer d'être aimé, c'est la vie. Je ne sais si d'autres n'ont point, en vous parlant d'eux, abusé déjà des mots que j'emploie ici pour vous peindre l'état de mon âme; croyez cependant à la vérité de mes expressions, elles sont faibles mais sincères. Peut-être est-ce mal d'avouer ainsi son amour? Oui, la voix de mon cœur me conseillait d'attendre en silence que ma passion vous eût touchée, afin de la dévorer, si ses muets témoignages vous déplaisaient; ou pour l'exprimer plus chastement encore que par des paroles, si je trouvais grâce à vos yeux. Mais après avoir longtemps écouté les délicatesses desquelles s'effraie un jeune cœur, j'ai obéi, en vous écrivant, à l'instinct qui arrache des cris inutiles aux mourants. J'ai eu besoin de tout mon courage pour imposer silence à la fierté du malheur et pour franchir les barrières que les préjugés mettent entre vous et moi. J'ai dû comprimer bien des pensées pour vous aimer malgré votre fortune! Pour vous écrire, ne fallait-il pas affronter ce mépris que les femmes réservent souvent à des amours dont l'aveu ne s'accepte que comme une flatterie de plus. Aussi faut-il s'élancer de toutes ses forces vers le bonheur, être attiré vers la vie de l'amour comme l'est une plante vers la lumière, avoir été bien malheureux pour vaincre les tortures, les angoisses de ces délibérations secrètes où la raison nous démontre de mille manières la stérilité des vœux cachés au fond du cœur, et où cependant l'espérance nous fait tout braver. J'étais si heureux de vous admirer en silence, j'étais si complétement abîmé dans la contemplation de votre belle âme, qu'en vous voyant je n'imaginais presque rien au delà. Non, je n'aurais pas encore osé vous parler, si je n'avais entendu annoncer votre départ. A quel supplice un seul mot m'a livré! Enfin mon chagrin m'a fait apprécier l'étendue de mon attachement pour vous, il est sans bornes. Mademoiselle, vous ne connaîtrez jamais, du moins je désire que jamais vous n'éprouviez la douleur causée par la crainte de perdre le seul bonheur qui soit éclos pour nous sur cette terre, le seul qui nous ait jeté quelque lueur dans l'obscurité de la misère. Hier, j'ai senti que ma vie n'était plus en moi, mais en vous. Il n'est plus pour moi qu'une femme dans le monde, comme il n'est plus qu'une seule pensée dans mon âme. Je n'ose vous dire à quelle alternative me réduit l'amour que j'ai pour vous. Ne voulant vous devoir qu'à vous-même, je dois éviter de me présenter accompagné de tous les prestiges du malheur : ne sont-ils pas plus actifs que ceux de la fortune sur de nobles âmes? Je vous tairai donc bien des choses. Oui, j'ai une idée trop belle de l'amour pour le corrompre par des pensées étrangères à sa nature. Si mon âme est digne de la vôtre, si ma vie est pure, votre cœur en aura quelque généreux pressentiment, et vous me comprendrez! Il est dans la destinée de l'homme de s'offrir à celle qui le fait croire au bonheur; mais votre droit est de refuser le sentiment le plus vrai, s'il ne s'accorde pas avec les voix confuses de votre cœur : je le sais. Si le sort que vous me ferez doit être contraire à mes espérances, mademoiselle, j'invoque les délicatesses de votre âme vierge, aussi bien que l'ingénieuse pitié de la femme. Ah! je vous en supplie à genoux, brûlez ma lettre, oubliez tout. Ne plaisantez pas d'un sentiment respectueux et trop profondément empreint dans l'âme pour pouvoir s'en effacer. Brisez mon cœur, mais ne le déchirez pas! Que l'expression de mon premier amour, d'un amour jeune et pur, n'ait retenti que dans un cœur jeune et pur! qu'il y meure comme une prière va se perdre dans le sein de Dieu! Je vous dois de la reconnaissance : j'ai passé des heures délicieuses occupé à vous voir en m'abandonnant aux rêveries les plus douces de ma vie; ne couronnez donc pas cette longue et passagère félicité par quelque moquerie de jeune fille. Contentez-vous de ne pas me répondre. Je saurai bien interpréter votre silence, et vous ne me verrez plus. Si je dois être condamné à toujours comprendre le bonheur et à le perdre toujours; si je suis, comme l'ange exilé, conservant le sentiment des délices célestes, mais sans cesse attaché dans un monde de douleur; eh! bien, je garderai le secret de mon amour, comme celui de mes misères. Et, adieu! Oui, je vous confie à Dieu, que j'implorerai pour vous, à qui je demanderai de vous faire une belle vie; car, fussé-je chassé de votre cœur, où je suis entré furtivement à votre insu, je ne vous quitterai jamais. Autrement, quelle valeur auraient les paroles saintes de cette lettre, ma première et ma dernière prière peut-être? Si je cessais un jour de penser à vous, de vous aimer, heureux ou malheureux! ne mériterais-je pas mes angoisses?

II.

« Vous ne partez pas! Je suis donc aimé! moi, pauvre être obscur. Ma chère Pauline, vous ne connaissez pas la puissance du regard auquel je crois, et que vous m'avez jeté pour m'annoncer que j'avais été choisi par vous, par vous, jeune et belle, qui voyez le monde à vos pieds. Pour vous faire comprendre mon bonheur, il faudrait vous raconter ma vie. Si vous m'eussiez repoussé, pour moi tout était fini. J'avais trop souffert. Oui, mon amour, ce bienfaisant et magnifique amour était un dernier effort vers la vie heureuse à laquelle mon âme tendait, une âme déjà brisée par des travaux inutiles, consumée par des craintes qui me font douter de moi, rongée par des désespoirs qui m'ont souvent persuadé de mourir. Non, personne dans le monde ne sait la terreur que ma fatale imagination me cause à moi-même. Elle m'élève souvent dans les cieux, et tout à coup me laisse tomber à terre d'une hauteur prodigieuse. D'intimes élans de force, quelques rares et secrets témoignages d'une lucidité particulière, me disent parfois que je puis beaucoup. J'enveloppe alors le monde par ma pensée, je le pétris, je le façonne, je le pénètre, je le comprends ou crois le comprendre; mais soudain je me réveille seul, et me trouve dans une nuit profonde, tout chétif; j'oublie les lueurs que je viens d'entrevoir, je suis privé de secours, et surtout sans un cœur où je puisse me réfugier! Ce malheur de ma vie morale agit également sur mon existence physique. La nature de mon esprit m'y livre sans défense aux joies du bonheur comme aux affreuses clartés de la réflexion qui les détruisent en les analysant. Doué de la triste faculté de voir avec une même lucidité les obstacles et les succès, suivant ma croyance du moment, je suis heureux ou malheureux. Ainsi, lorsque je vous rencontrai, j'eus le pressentiment d'une nature angélique, je respirai l'air favorable à ma brûlante poitrine, j'entendis en moi cette voix qui ne trompe jamais, et qui m'avertissait d'une vie heureuse; mais apercevant aussi toutes les barrières qui nous séparaient, je devinai pour la première fois les préjugés du monde, je les compris alors dans toute l'étendue de leur petitesse, et les obstacles m'effrayèrent encore plus que la vue du bonheur ne m'exaltait : aussitôt, je ressentis cette réaction terrible par laquelle mon âme expansive est refoulée sur elle-même, le sourire que vous aviez fait naître sur mes lèvres se changea tout à coup en contraction amère, et je tâchai de rester froid pendant que mon sang bouillonnait agité par mille sentiments contraires. Enfin, je reconnus cette sensation mordante à laquelle vingt-trois années pleines de soupirs réprimés et d'expansions trahies ne m'ont pas encore habitué. Eh! bien, Pauline, le regard par lequel vous m'avez annoncé le bonheur a tout à coup réchauffé ma vie et changé mes misères en félicités. Je voudrais maintenant avoir souffert davantage. Mon amour s'est trouvé grand tout à coup. Mon âme était un vaste pays auquel manquaient les bienfaits du soleil, et votre regard y a jeté soudain la lumière. Chère providence! vous serez tout pour moi, pauvre orphelin qui n'ai d'autre parent que mon oncle. Vous serez toute ma famille, comme vous êtes déjà ma seule richesse, et le monde entier pour moi. Ne m'avez-vous pas jeté toutes les fortunes de l'homme par ce chaste, par ce prodigue, par ce timide regard? Oui, vous m'avez donné une confiance, une audace incroyables. Je puis tout tenter maintenant. J'étais revenu à Blois, découragé. Cinq ans d'études au milieu de Paris m'avaient montré le monde comme une prison. Je concevais des sciences entières et n'osais en parler. La gloire me semblait un charlatanisme auquel une âme vraiment grande ne devait pas se prêter. Mes idées ne pouvaient donc passer que sous la protection d'un homme assez hardi pour monter sur les tréteaux de la Presse, et parler d'une voix haute aux niais qu'il méprise. Cette intrépidité me manquait. J'allais, brisé par les arrêts de cette foule, désespérant d'être jamais écouté par elle. J'étais et trop bas et trop haut! Je dévorais mes pensées comme d'autres dévorent leurs humiliations. J'en étais arrivé à mépriser la science, en lui reprochant de ne rien ajouter au bonheur réel. Mais depuis hier, en moi tout est changé. Pour vous je convoite les palmes de la gloire et tous les triomphes du talent. Je veux, en apportant ma tête sur vos genoux, y faire reposer les regards du monde, comme je veux mettre dans mon amour toutes les idées, tous les pouvoirs! La plus immense des renommées est un bien que nulle puissance autre que celle du génie ne saurait créer. Eh! bien, je puis, si je le veux, vous faire un lit de lauriers. Mais si les paisibles ovations de la science ne vous satisfaisaient pas, je porte en moi le Glaive et la Parole, je saurai courir dans la carrière des honneurs et de l'ambition comme d'autres s'y traînent! Parlez, Pauline, je serai tout ce que vous voudrez que je sois. Ma volonté de fer peut tout. Je suis aimé! Armé de cette pensée, un homme ne doit-il pas faire tout plier devant lui. Tout est possible à celui qui veut tout. Soyez le prix du succès, et demain j'entre en lice. Pour obtenir un regard comme celui que vous m'avez jeté, je franchirais le plus profond des précipices. Vous m'avez expliqué les fabuleuses entreprises de la chevalerie, et les plus capricieux récits des Mille et une Nuits. Maintenant je crois aux plus fantastiques exagérations de l'amour, et à la réussite de tout ce qu'entreprennent les prisonniers pour conquérir la liberté. Vous avez réveillé mille vertus endormies dans mon être : la patience, la résignation, toutes les forces du cœur, toutes les puissances de l'âme. Je vis par vous, et, pensée délicieuse, pour vous. Maintenant tout a un sens, pour moi, dans cette vie. Je comprends tout, même les vanités de la richesse. Je me surprends à verser toutes les perles de l'Inde à vos pieds; je me plais à vous voir couchée, ou parmi les plus belles fleurs, ou sur le plus moelleux des tissus, et toutes les splendeurs de la terre me semblent à peine dignes de vous, en faveur de qui je voudrais pouvoir disposer des accords et des lumières que prodiguent les harpes des Séraphins et les étoiles dans les cieux. Pauvre studieux poète ! ma parole vous offre des trésors que je n'ai pas, tandis que je ne puis vous donner que mon cœur, où vous régnerez toujours. Là sont tous mes biens. Mais n'existe-t-il donc pas des trésors dans une éternelle reconnaissance, dans un sourire dont les expressions seront incessamment variées par un immuable bonheur, dans l'attention constante de mon amour à deviner les vœux de votre âme aimante? Un regard céleste ne nous a-t-il pas dit que nous pourrions toujours nous entendre. J'ai donc maintenant une prière à faire tous les soirs à Dieu, prière pleine de vous : — « Faites que ma Pauline soit heureuse ! » Mais ne remplirez-vous donc pas mes jours, comme déjà vous remplissez mon cœur? Adieu, je ne puis vous confier qu'à Dieu! »

III.

« Pauline ! dis-moi si j'ai pu te déplaire en quelque chose, hier? Abjure cette fierté de cœur qui fait endurer secrètement les peines causées par un être aimé. Gronde-moi ! Depuis hier je ne sais quelle crainte vague de t'avoir offensée répand de la tristesse sur cette vie du cœur que tu m'as faite si douce et si riche. Souvent le plus léger voile qui s'interpose entre deux âmes devient un mur d'airain. Il n'est pas de légers crimes en amour ! Si vous avez tout le génie de ce beau sentiment, vous devez en ressentir toutes les souffrances, et nous devons veiller sans cesse à ne pas vous froisser par quelque parole étourdie. Aussi, mon cher trésor, sans doute la faute vient-elle de moi, s'il y a faute. Je n'ai pas l'orgueil de comprendre un cœur de femme dans toute l'étendue de sa tendresse, dans toutes les grâces de ses dévouements ; seulement, je tâcherai de toujours deviner le prix de ce que tu voudras me révéler dans les secrets du tien. Parle-moi, réponds-moi promptement? La mélancolie dans laquelle nous jette le sentiment d'un tort est bien affreuse, elle enveloppe la vie et fait douter de tout. Je suis resté pendant cette matinée assis sur le bord du chemin creux, voyant les tourelles de Villenoix, et n'osant aller jusqu'à notre haie. Si tu savais tout ce que j'ai vu dans mon âme ! quels tristes fantômes ont passé devant moi, sous ce ciel gris dont le froid aspect augmentait encore mes sombres dispositions. J'ai eu de sinistres pressentiments. J'ai eu peur de ne pas te rendre heureuse. Il faut tout te dire, ma chère Pauline. Il se rencontre des moments où l'esprit qui m'anime semble se retirer de moi. Je suis comme abandonné par ma force. Tout me pèse alors, chaque fibre de mon corps devient inerte, chaque sens se détend, mon regard s'amollit, ma langue est glacée, l'imagination s'éteint, les désirs meurent, et ma force humaine subsiste seule. Tu serais alors là dans toute la gloire de ta beauté, tu me prodiguerais tes plus fins sourires et tes plus tendres paroles, il s'élèverait une puissance mauvaise qui m'aveuglerait, et me traduirait en sons discords la plus ravissante des mélodies. En ces moments, du moins je le crois, se dresse devant moi je ne sais quel génie raisonneur qui me fait voir le néant au fond des plus certaines richesses. Ce démon impitoyable fauche toutes les fleurs, ricane des sentiments les plus doux, en me disant : « Eh ! bien, après ? » Il flétrit la plus belle œuvre en m'en montrant le principe, et me dévoile le mécanisme des choses en m'en cachant les résultats harmonieux. En ces moments terribles où le mauvais ange s'empare de mon être, où la lumière divine s'obscurcit en mon âme sans que j'en sache la cause, je reste triste et je souffre, je voudrais être sourd et muet, je souhaite la mort en y voyant un repos. Ces heures de doute et d'inquiétude sont peut-être nécessaires ; elles m'apprennent du moins à ne pas avoir d'orgueil, après les élans qui m'ont porté dans les cieux où je moissonne les idées à pleines mains ; car c'est toujours après avoir longtemps parcouru les vastes campagnes de l'intelligence, après des méditations lumineuses que, lassé, fatigué, je roule en ces limbes. En ce moment, mon ange, une femme devrait douter de ma tendresse, elle le pourrait du moins. Souvent capricieuse, maladive ou triste, elle réclamera les caressants trésors d'une ingénieuse tendresse, et je n'aurai pas un regard pour la consoler ! J'ai la honte, Pauline, de t'avouer qu'alors je pourrais pleurer avec toi, mais que rien ne m'arracherait un sourire. Et cependant, une femme trouve dans son amour la force de taire ses douleurs ! Pour son enfant, comme pour celui qu'elle aime, elle sait rire en souffrant. Pour toi, Pauline, ne pourrai-je donc imiter la femme dans ses sublimes délicatesses? Depuis hier je doute de moi-même. Si j'ai pu te déplaire une fois, si je ne t'ai pas comprise, je tremble d'être emporté souvent ainsi par mon fatal démon hors de notre bonne sphère. Si j'avais beaucoup de ces moments affreux, si mon amour sans bornes ne savait pas racheter les heures mauvaises de ma vie, si j'étais destiné à demeurer tel que je suis ?... Fatales questions ! la puissance est un bien fatal présent, si toutefois ce que je sens en moi est la puissance. Pauline, éloigne-toi de moi, abandonne-moi ! je préfère souffrir tous les maux de la vie à la douleur de te savoir malheureuse par moi. Mais peut-être le démon n'a-t-il pris autant d'empire sur mon âme que parce qu'il ne s'est point encore trouvé près de moi de mains douces et blanches pour le chasser. Jamais une femme ne m'a versé le baume de ses consolations, et j'ignore si, lorsqu'en ces moments de lassitude, l'amour agitera ses ailes au-dessus de ma tête, il ne répandra pas dans mon cœur de nouvelles forces. Peut-être ces cruelles mélancolies sont-elles un fruit de ma solitude, une des souffrances de l'âme abandonnée qui gémit et paie ses trésors par des douleurs inconnues. Aux légers plaisirs, les légères souffrances ; aux immenses bonheurs, des maux inouïs. Quel arrêt ! S'il était vrai, ne devons-nous pas frissonner pour nous, qui sommes surhumainement heureux. Si la nature nous vend les choses selon leur valeur, dans quel abîme allons-nous donc tomber ? Ah ! les amants les plus richement partagés sont ceux qui meurent ensemble au milieu de leur jeunesse et de leur amour ! Quelle tristesse ! Mon âme pressent-elle un méchant avenir ? Je m'examine, et me demande s'il se trouve quelque chose en moi qui doive t'apporter le plus léger souci ? Je t'aime peut-être en égoïste ? Je mettrai peut-être sur ta chère tête un fardeau plus pesant que ma tendresse ne sera douce à ton cœur. S'il existe en moi quelque puissance inexorable à laquelle j'obéis, si je dois maudire quand tu joindras les mains pour prier, si quelque triste pensée me domine lorsque je voudrai me mettre à tes pieds pour jouer avec toi comme un enfant, ne seras-tu pas jalouse de cet exigeant et fantasque génie ? Comprends-tu bien, cœur à moi, que j'ai peur de n'être pas tout à toi, que j'abdiquerais volontiers tous les sceptres, toutes les palmes du monde pour faire de toi mon éternelle pensée ; pour voir dans notre délicieux amour, une belle vie et un beau poëme ; pour y jeter mon âme, y engloutir mes forces, et demander à chaque heure les joies qu'elle nous doit ? Mais voilà que reviennent en foule mes souvenirs d'amour, les nuages de ma tristesse vont se dissiper. Adieu. Je te quitte pour être mieux à toi. Mon âme chérie, j'attends un mot, une parole qui me rende la paix du cœur. Que je sache si j'ai contristé ma Pauline, ou si quelque douteuse expression de ton visage m'a trompé. Je ne voudrais pas avoir à me reprocher, après toute une vie heureuse, d'être venu vers toi sans un sourire plein d'amour, sans une parole de miel. Affliger la femme que l'on aime! pour moi, Pauline, c'est un crime. Dis-moi la vérité, ne me fais pas quelque généreux mensonge, mais désarme ton pardon de toute cruauté. »

FRAGMENT.

« Un attachement si complet est-il un bonheur? Oui, car des années de souffrance ne paieraient pas une heure d'amour. Hier, ton apparente tristesse a passé dans mon âme avec la rapidité d'une ombre qui se projette. Étais-tu triste ou souffrais-tu? J'ai souffert. D'où venait ce chagrin? Écris-moi vite. Pourquoi ne l'ai-je pas deviné? Nous ne sommes donc pas encore complétement unis par la pensée? Je devrais, à deux lieues de toi comme à mille, ressentir tes peines et tes douleurs. Je ne croirai pas t'aimer tant que ma vie ne sera pas assez intimement liée à la tienne pour que nous ayons la même vie, le même cœur, la même idée. Je dois être où tu es, voir ce que tu vois, ressentir ce que tu ressens, et te suivre par la pensée. N'ai-je pas déjà su, le premier, que ta voiture avait versé, que tu étais meurtrie? Mais aussi ce jour-là ne t'avais-je pas quittée, je te voyais. Quand mon oncle m'a demandé pourquoi je pâlissais, je lui ai dit : « Mademoiselle de Villenoix vient de tomber! » Pourquoi donc n'ai-je pas lu dans ton âme, hier? Voulais-tu me cacher la cause de ce chagrin? Cependant j'ai cru deviner que tu avais fait en ma faveur quelques efforts malheureux auprès de ce redoutable Salomon qui me glace. Cet homme n'est pas de notre ciel. Pourquoi veux-tu que notre bonheur, qui ne ressemble en rien à celui des autres, se conforme aux lois du monde? Mais j'aime trop tes mille pudeurs, ta religion, tes superstitions, pour ne pas obéir à tes moindres caprices. Ce que tu fais doit être bien; rien n'est plus pur que ta pensée, comme rien n'est plus beau que ton visage où se réfléchit ton âme divine. J'attendrai ta lettre avant d'aller par les chemins chercher le doux moment que tu m'accordes. Ah! si tu savais combien l'aspect des tourelles me fait palpiter, quand enfin je les vois bordées de lueur par la lune, notre amie, notre seule confidente. »

IV.

« Adieu la gloire, adieu l'avenir, adieu la vie que je rêvais! Maintenant, ma tant aimée, ma gloire est d'être à toi, digne de toi; mon avenir est tout entier dans l'espérance de te voir; et ma vie? n'est-ce pas de rester à tes pieds, de me coucher sous tes regards, de respirer en plein dans les cieux que tu m'as créés? Toutes mes forces, toutes mes pensées doivent t'appartenir, à toi qui m'as dit ces enivrantes paroles: « Je veux tes peines! » Ne serait-ce pas dérober des joies à l'amour, des moments au bonheur, des sentiments à ton âme divine, que de donner des heures à l'étude, des idées au monde, des poésies aux poètes? Non, non, chère vie à moi, je veux tout te réserver, je veux t'apporter toutes les fleurs de mon âme. Existe-t-il rien d'assez beau, d'assez splendide dans les trésors de la terre et de l'intelligence pour fêter un cœur aussi riche, un cœur aussi pur que le tien, et auquel j'ose allier le mien, parfois? Oui, parfois j'ai l'orgueil de croire que je sais aimer autant que tu aimes. Mais non, tu es un *ange-femme*: il se rencontrera toujours plus de charme dans l'expression de tes sentiments, plus d'harmonie dans ta voix, plus de grâce dans tes sourires, plus de pureté dans tes regards que dans les miens. Oui, laisse-moi penser que tu es une création d'une sphère plus élevée que celle où je vis; tu auras l'orgueil d'en être descendue, j'aurai celui de t'avoir méritée, et tu ne seras peut-être pas déchue en venant à moi, pauvre et malheureux. Oui, si le plus bel asile d'une femme est un cœur tout à elle, tu seras toujours souveraine dans le mien. Aucune pensée, aucune action ne ternira jamais ce cœur, riche sanctuaire, tant que tu voudras y résider; mais n'y demeureras-tu pas sans cesse? Ne m'as-tu pas dit ce mot délicieux: *Maintenant et toujours!* ET NUNC ET SEMPER! J'ai gravé sous ton portrait ces paroles du Rituel, dignes de toi, comme elles sont dignes de Dieu. Il est *et maintenant et toujours*, comme sera mon amour. Non, non, je n'épuiserai jamais ce qui est immense, infini, sans bornes; et tel est le sentiment que je sens en moi pour toi, j'en ai deviné l'incommensurable étendue, comme nous devinons l'espace, par la mesure d'une de ses parties. Ainsi, j'ai eu des jouissances ineffables, des heures entières pleines de méditations voluptueuses en me rappelant un seul de tes gestes, ou l'accent d'une phrase. Il naîtra donc des souvenirs sous le poids desquels je succomberai, si déjà la souvenance d'une heure douce et familière me fait pleurer de joie, attendrit, pénètre mon âme, et devient une intarissable source de bonheur. Aimer, c'est la vie de l'ange ! Il me semble que je n'épuiserai jamais le plaisir que j'éprouve à te voir. Ce plaisir, le plus modeste de tous, mais auquel le temps manque toujours, m'a fait connaître les éternelles contemplations dans lesquelles restent les Séraphins et les Esprits devant Dieu : rien n'est plus naturel, s'il émane de son essence une lumière aussi fertile en sentiments nouveaux que l'est celle de tes yeux, de ton front imposant, de ta belle physionomie, céleste image de ton âme ; l'âme, cet autre nous-mêmes dont la forme pure, ne périssant jamais, rend alors notre amour immortel. Je voudrais qu'il existât un langage autre que celui dont je me sers, pour t'exprimer les renaissantes délices de mon amour ; mais s'il en est un que nous avons créé, si nos regards sont de vivantes paroles, ne faut-il pas nous voir pour entendre par les yeux ces interrogations et ces réponses du cœur si vives, si pénétrantes, que tu m'as dit un soir : — « Taisez-vous ! » quand je ne parlais pas. T'en souviens-tu, ma chère vie ? De loin, quand je suis dans les ténèbres de l'absence, ne suis-je pas forcé d'employer des mots humains trop faibles pour rendre des sensations divines ? les mots accusent au moins les sillons qu'elles tracent dans mon âme, comme le mot Dieu résume imparfaitement les idées que nous avons de ce mystérieux principe. Encore, malgré la science et l'infini du langage, n'ai-je jamais rien trouvé dans ses expressions qui pût te peindre la délicieuse étreinte par laquelle ma vie se fond dans la tienne quand je pense à toi. Puis, par quel mot finir, lorsque je cesse de t'écrire sans pour cela te quitter? Que signifie adieu, à moins de mourir? Mais la mort serait-elle un adieu ? Mon âme ne se réunirait-elle pas alors plus intimement à la tienne? O mon éternelle pensée ! naguère je t'offris à genoux mon cœur et ma vie ; maintenant, quelles nouvelles fleurs de sentiment trouverai-je donc en mon âme, que je ne t'aie données ? Ne serait-ce pas t'envoyer une parcelle du bien que tu possèdes entièrement ? N'es-tu pas mon avenir ? Combien je regrette le passé ! Ces années qui ne nous appartiennent plus, je voudrais te les rendre toutes, et t'y faire régner comme tu règnes sur ma vie actuelle. Mais qu'est-ce que le temps de mon existence où je ne te connaissais pas? Ce serait le néant, si je n'avais pas été si malheureux. »

FRAGMENT.

« Ange aimé, quelle douce soirée que celle d'hier! Combien de richesses dans ton cher cœur? ton amour est donc inépuisable, comme le mien? Chaque mot m'apportait de nouvelles joies, et chaque regard en étendait la profondeur. L'expression calme de ta physionomie donnait un horizon sans bornes à nos pensées. Oui, tout était alors infini comme le ciel, et doux comme son azur. La délicatesse de tes traits adorés se reproduisait, je ne sais par quelle magie, dans tes gentils mouvements, dans tes gestes menus. Je savais bien que tu étais tout grâce et tout amour, mais j'ignorais combien tu étais diversement gracieuse. Tout s'accordait à me conseiller ces voluptueuses sollicitations, à me faire demander ces premières grâces qu'une femme refuse toujours, sans doute pour se les laisser ravir. Mais non, toi, chère âme de ma vie, tu ne sauras jamais d'avance ce que tu pourras accorder à mon amour, et tu te donneras sans le vouloir peut-être! Tu es vraie, et n'obéis qu'à ton cœur. Comme la douceur de ta voix s'alliait aux tendres harmonies de l'air pur et des cieux tranquilles! Pas un cri d'oiseau, pas une brise; la solitude et nous! Les feuillages immobiles ne tremblaient même pas dans ces admirables couleurs du couchant qui sont tout à la fois ombre et lumière. Tu as senti ces poésies célestes, toi qui unissais tant de sentiments divers, et reportais si souvent tes yeux vers le ciel pour ne pas me répondre! Toi, fière et rieuse, humble et despotique, te donnant tout entière en âme, en pensée, et te dérobant à la plus timide des caresses! Chères coquetteries du cœur! elles vibrent toujours dans mon oreille, elles s'y roulent et s'y jouent encore, ces délicieuses paroles à demi bégayées comme celles des enfants, et qui n'étaient ni des promesses, ni des aveux, mais qui laissaient à l'amour ses belles espérances sans craintes et sans tourments! Quel chaste souvenir dans la vie Quel épanouissement de toutes les fleurs qui naissent au fond de l'âme, et qu'un rien peut flétrir, mais qu'alors tout animait et fécondait! Ce sera toujours ainsi, n'est-ce pas, mon aimée? En me rappelant, au matin, les vives et fraîches douceurs qui sourdirent en ce moment, je me sens dans l'âme un bonheur qui me fait concevoir le véritable amour comme un océan de sensations éternelles et toujours neuves, où l'on se plonge avec de croissantes délices. Chaque jour, chaque parole, chaque caresse, chaque regard doit y ajouter le tribut de sa joie écoulée. Oui, les cœurs assez grands pour ne rien oublier doivent vivre, à chaque battement, de toutes leurs félicités passées, comme de toutes celles que promet l'avenir. Voilà ce que je rêvais autrefois, et ce n'est plus un rêve aujourd'hui. N'ai-je pas rencontré sur cette terre un ange qui m'en a fait connaître toutes les joies pour me récompenser peut-être d'en avoir supporté toutes les douleurs? Ange du ciel, je te salue par un baiser.

« Je t'envoie cette hymne échappée à mon cœur, je te la devais; mais elle te peindra difficilement ma reconnaissance et ces prières matinales que mon cœur adresse chaque jour à celle qui m'a dit tout l'évangile du cœur dans ce mot divin : « Croyez! »

V.

« Comment, cœur chéri, plus d'obstacles! Nous serons libres d'être l'un à l'autre, chaque jour, à chaque heure, chaque moment, toujours. Nous pourrons rester, pendant toutes les journées de notre vie, heureux comme nous le sommes furtivement en de rares instants! Quoi! nos sentiments si purs, si profonds, prendront les formes délicieuses des mille caresses que j'ai rêvées. Ton petit pied se déchaussera pour moi, tu seras toute à moi! Ce bonheur me tue, il m'accable. Ma tête est trop faible, elle éclate sous la violence de mes pensées. Je pleure et je ris, j'extravague. Chaque plaisir est comme une flèche ardente, il me perce et me brûle! Mon imagination te fait passer devant mes yeux ravis, éblouis, sous les innombrables et capricieuses figures qu'affecte la volupté. Enfin, toute notre vie est là, devant moi, avec ses torrents, ses repos, ses joies; elle bouillonne, elle s'étale, elle dort; puis elle se réveille jeune, fraîche. Je nous vois tous deux unis, marchant du même pas, vivant de la même pensée; toujours au cœur l'un de l'autre, nous comprenant, nous entendant comme l'écho reçoit et redit les sons à travers les espaces! Peut-on vivre long-temps en dévorant ainsi sa vie à toute heure? Ne mourrons-nous pas dans le premier embrassement? Et que sera-ce donc, si déjà nos âmes se confondaient dans ce doux baiser du soir, qui nous enlevait nos forces; ce baiser sans durée, dénouement de tous mes désirs, interprète impuissant de tant de prières échappées à mon âme pendant nos heures de séparation, et cachées au fond de mon cœur comme des remords? Moi, qui revenais me coucher dans la haie pour entendre le bruit de tes pas quand tu retournais au château, je vais donc pouvoir t'admirer à mon aise, agissant, riant, jouant, causant, allant. Joies sans fin! Tu ne sais pas tout ce que je sens de jouissances à te voir allant et venant : il faut être homme pour éprouver ces sensations profondes. Chacun de tes mouvements me donne plus de plaisir que n'en peut prendre une mère à voir son enfant joyeux ou endormi. Je t'aime de tous les amours ensemble. La grâce de ton moindre geste est toujours nouvelle pour moi. Il me semble que je passerais les nuits à respirer ton souffle, je voudrais me glisser dans tous les actes de ta vie, être la substance même de tes pensées, je voudrais être toi-même. Enfin, je ne te quitterai donc plus! Aucun sentiment humain ne troublera plus notre amour, infini dans ses transformations et pur comme tout ce qui est un; notre amour vaste comme la mer, vaste comme le ciel! Tu es à moi! toute à moi! Je pourrai donc regarder au fond de tes yeux pour y deviner la chère âme qui s'y cache et s'y révèle tour à tour, pour épier tes désirs! Ma bien-aimée, écoute certaines choses que je n'osais te dire encore, mais que je puis t'avouer aujourd'hui. Je sentais en moi je ne sais quelle pudeur d'âme qui s'opposait à l'entière expression de mes sentiments, et je tâchais de les revêtir des formes de la pensée. Mais, maintenant, je voudrais mettre mon cœur à nu, te dire toute l'ardeur de mes rêves, te dévoiler la bouillante ambition de mes sens irrités par la solitude où j'ai vécu, toujours enflammés par l'attente du bonheur, et réveillés par toi, par toi si douce de formes, si attrayante en tes manières! Mais est-il possible d'exprimer combien je suis altéré de ces félicités inconnues que donne la possession d'une femme aimée, et auxquelles deux âmes étroitement unies par l'amour doivent prêter une force de cohésion effrénée! Sachez-le, ma Pauline, je suis resté pendant des heures entières dans une stupeur causée par la violence de mes souhaits passionnés, restant perdu dans le sentiment d'une caresse comme dans un gouffre sans fond. En ces moments, ma vie entière, mes pensées, mes forces, se fondent, s'unissent dans ce que je nomme un désir, faute de mots pour exprimer un délire sans nom! Et maintenant, je puis t'avouer que le jour où j'ai refusé la main que tu me tendais par un si joli mouvement, triste sagesse qui t'a fait douter de mon amour, j'étais dans un de ces moments de folie où l'on médite un meurtre pour posséder une femme. Oui, si j'avais senti la délicieuse pression que tu m'offrais, aussi vivement que ta voix retentissait dans mon cœur, je ne sais où m'aurait conduit la violence de mes désirs. Mais je puis me taire et souffrir beaucoup. Pourquoi parler de ces douleurs quand mes contemplations vont devenir des réalités? Il me sera donc maintenant permis de faire de toute notre vie une seule caresse! Chérie aimée, il se rencontre tel effet de lumière sur tes cheveux noirs qui me ferait rester, les larmes dans les yeux, pendant de longues heures occupé à voir ta chère personne, si tu ne me disais pas en te retournant : « Finis, tu me rends honteuse. » Demain, notre amour se saura donc! Ah! Pauline, ces regards des autres à supporter, cette curiosité publique me serre le cœur. Allons à Villenoix, restons-y loin de tout. Je voudrais qu'aucune créature ayant face humaine n'entrât dans le sanctuaire où tu seras à moi; je voudrais même qu'après nous il n'existât plus, qu'il fût détruit. Oui, je voudrais dérober à la nature entière un bonheur que nous sommes seuls à comprendre, seuls à sentir, et qui est tellement immense que je m'y jette pour y mourir : c'est un abîme. Ne t'effraie pas des larmes qui ont mouillé cette lettre, c'est des larmes de joie. Mon seul bonheur, nous ne nous quitterons donc plus! »

En 1823, j'allais de Paris en Touraine par la diligence. A Mer, le conducteur prit un voyageur pour Blois. En le faisant entrer dans la partie de la voiture où je me trouvais, il lui dit en plaisantant : — Vous ne serez pas gêné là, monsieur Lefebvre! En effet, j'étais seul. En entendant ce nom, en voyant un vieillard à cheveux blancs qui paraissait au moins octogénaire, je pensai tout naturellement à l'oncle de Lambert. Après quelques questions insidieuses, j'appris que je ne me trompais pas. Le bonhomme venait de faire ses vendanges à Mer, il retournait à Blois. Aussitôt je lui demandai des nouvelles de mon ancien *faisant*. Au premier mot, la physionomie du vieil Oratorien, déjà grave et sévère comme celle d'un soldat qui aurait beaucoup souffert, devint triste et brune ; les rides de son front se contractèrent légèrement ; il serra ses lèvres, me jeta un regard équivoque et me dit : — Vous ne l'avez pas revu depuis le collége ?

— Non, ma foi, répondis-je. Mais nous sommes aussi coupables l'un que l'autre, s'il y a oubli. Vous le savez, les jeunes gens mènent une vie si aventureuse et si passionnée en quittant les bancs de l'école, qu'il faut se retrouver pour savoir combien l'on s'aime encore. Cependant, parfois, un souvenir de jeunesse arrive, et il est impossible de s'oublier tout à fait, surtout lorsqu'on a été aussi amis que nous l'étions Lambert et moi. On nous avait appelés *le-Poète-et-Pythagore !*

Je lui dis mon nom, mais en l'entendant la figure du bonhomme se rembrunit encore.

— Vous ne connaissez donc pas son histoire ? reprit-il. Mon pauvre neveu devait épouser la plus riche héritière de Blois, mais la veille de son mariage il est devenu fou.

— Lambert, fou ! m'écriai-je frappé de stupeur. Et par quel événement ? C'était la plus riche mémoire, la tête la plus fortement organisée, le jugement le plus sagace que j'aie rencontrés ! Beau génie, un peu trop passionné peut-être pour la mysticité ; mais le meilleur cœur du monde ! Il lui est donc arrivé quelque chose de bien extraordinaire ?

— Je vois que vous l'avez bien connu, me dit le bonhomme.

Depuis Mer jusqu'à Blois, nous parlâmes alors de mon pauvre camarade, en faisant de longues digressions par lesquelles je m'instruisis des particularités que j'ai déjà rapportées pour présenter les faits dans un ordre qui les rendît intéressants. J'appris à son oncle le secret de nos études, la nature des occupations de son neveu ; puis le vieillard me raconta les événements survenus dans la vie de Lambert depuis que je l'avais quitté. A entendre monsieur Lefebvre, Lambert aurait donné quelques marques de folie avant son mariage ; mais ces symptômes lui étant communs avec tous ceux qui aiment passionnément, ils me parurent moins caractéristiques lorsque je connus et la violence de son amour et mademoiselle de Villenoix. En province, où les idées se raréfient, un homme plein de pensées neuves et dominé par un système, comme l'était Louis, pouvait passer au moins pour un original. Son langage devait surprendre d'autant plus qu'il parlait plus rarement. Il disait : *Cet homme n'est pas de mon ciel*, là où les autres disaient : *Nous ne mangerons pas un minot de sel ensemble.* Chaque homme de talent a ses idiotismes particuliers. Plus large est le génie, plus tranchées sont les bizarreries qui constituent les divers degrés d'*originalité*. En province, un original passe pour un homme à moitié fou. Les premières paroles de monsieur Lefebvre me firent donc douter de la folie de mon camarade. Tout en écoutant le vieillard, je critiquais intérieurement son récit. Le fait le plus grave était survenu quelques jours avant le mariage des deux amants. Louis avait eu quelques accès de catalepsie bien caractérisés. Il était resté pendant cinquante-neuf heures immobile, les yeux fixes, sans manger ni parler ; état purement nerveux dans lequel tombent quelques personnes en proie à de violentes passions ; phénomène rare, mais dont les effets sont bien parfaitement connus des médecins. S'il y avait quelque chose d'extraordinaire, c'est que Louis n'eût pas eu déjà plusieurs accès de cette maladie, à laquelle le prédisposaient son habitude de l'extase et la nature de ses idées. Mais sa constitution extérieure et intérieure était si parfaite qu'elle avait sans doute résisté jusqu'alors à l'abus de ses forces. L'exaltation à laquelle dut le faire arriver l'attente du plus grand plaisir physique, encore agrandie chez lui par la chasteté du corps et par la puissance de l'âme, avait bien pu déterminer cette crise dont les résultats ne sont pas plus connus que la cause. Les lettres que le hasard a conservées accusent d'ailleurs assez bien sa transition de l'idéalisme pur dans lequel il vivait au sensualisme le plus aigu. Jadis, nous avions qualifié d'admirable ce phénomène humain dans lequel Lambert voyait la séparation fortuite de nos deux natures, et les symptômes d'une absence complète de l'être intérieur usant de ses facultés inconnues sous l'empire d'une cause inobservée. Cette maladie, abîme tout aussi profond que le sommeil, se rattachait au système de preuves que Lambert avait données dans son *Traité de la Volonté*. Au moment où monsieur Lefebvre me parla du premier accès de Louis, je me souvins tout à coup d'une conversation que nous eûmes à ce sujet, après la lecture d'un livre de médecine.

— Une méditation profonde, une belle extase sont peut-être, dit-il en terminant, des catalepsies en herbe.

Le jour où il formula si brièvement cette pensée, il avait tâché de lier les phénomènes moraux entre eux par une chaîne d'effets, en suivant pas à pas tous les actes de l'intelligence, commençant par les simples mouvements de l'instinct purement animal qui suffit à tant d'êtres, surtout à certains hommes dont les forces passent toutes dans un travail purement mécanique; puis, allant à l'agrégation des pensées, arrivant à la comparaison, à la réflexion, à la méditation, enfin à l'extase et à la catalepsie. Certes, Lambert crut avec la naïve conscience du jeune âge avoir fait le plan d'un beau livre en échelonnant ainsi ces divers degrés des puissances intérieures de l'homme. Je me rappelle que, par une de ces fatalités qui font croire à la prédestination, nous attrapâmes le grand Martyrologe où sont contenus les faits les plus curieux sur l'abolition complète de la vie corporelle à laquelle l'homme peut arriver dans les paroxysmes de ses facultés intérieures. En réfléchissant aux effets du fanatisme, Lambert fut alors conduit à penser que les collections d'idées auxquelles nous donnons le nom de sentiments pouvaient bien être le jet matériel de quelque fluide que produisent les hommes plus ou moins abondamment, suivant la manière dont leurs organes en absorbent les substances génératrices dans les milieux où ils vivent. Nous nous passionnâmes pour la catalepsie, et, avec l'ardeur que les enfants mettent dans leurs entreprises, nous essayâmes de supporter la douleur *en pensant à autre chose*. Nous nous fatiguâmes beaucoup à faire quelques expériences assez analogues à celles dues aux convulsionnaires dans le siècle dernier, fanatisme religieux qui servira quelque jour à la science humaine. Je montais sur l'estomac de Lambert, et m'y tenais plusieurs minutes sans lui causer la plus légère douleur; mais, malgré ces folles tentatives, nous n'eûmes aucun accès de catalepsie. Cette digression m'a paru nécessaire pour expliquer mes premiers doutes, que monsieur Lefebvre dissipa complétement.

— Lorsque son accès fut passé, me dit-il, mon neveu tomba dans une terreur profonde, dans une mélancolie que rien ne put dissiper. Il se crut impuissant. Je me mis à le surveiller avec l'attention d'une mère pour son enfant, et le surprit heureusement au moment où il allait pratiquer sur lui-même l'opération à laquelle Origène crut devoir son talent. Je l'emmenai promptement à Paris pour le confier aux soins de M. Esquirol. Pendant le voyage, Louis resta plongé dans une somnolence presque continuelle, et ne me reconnut plus. A Paris, les médecins le regardèrent comme incurable, et conseillèrent unanimement de le laisser dans la plus profonde solitude, en évitant de troubler le silence nécessaire à sa guérison improbable, et de le mettre dans une salle fraîche où le jour serait constamment adouci. — Mademoiselle de Villenoix, à qui j'avais caché l'état de Louis, reprit-il en clignant les yeux, mais dont le mariage passait pour être rompu, vint à Paris, et apprit la décision des médecins. Aussitôt elle désira voir mon neveu, qui la reconnut à peine; puis elle voulut, d'après la coutume des belles âmes, se consacrer à lui donner les soins nécessaires à sa guérison. « Elle y aurait été obligée, disait-elle, s'il eût été son mari; devait-elle faire moins pour son amant? » Aussi a-t-elle emmené Louis à Villenoix, où ils demeurent depuis deux ans.

Au lieu de continuer mon voyage, je m'arrêtai donc à Blois dans le dessein d'aller voir Louis. Le bonhomme Lefebvre ne me permit pas de descendre ailleurs que dans sa maison, où il me montra la chambre de son neveu, les livres et tous les objets qui lui avaient appartenu. A chaque chose, il échappait au vieillard une exclamation douloureuse par laquelle il accusait les espérances que le génie précoce de Lambert lui avait fait concevoir, et le deuil affreux où le plongeait cette perte irréparable.

— Ce jeune homme savait tout, mon cher monsieur! dit-il en posant sur une table le volume où sont contenues les œuvres de Spinosa. Comment une tête si bien organisée a-t-elle pu se détraquer?

— Mais, monsieur, lui répondis-je, ne serait-ce pas un effet de sa vigoureuse organisation? S'il est réellement en proie à cette crise encore inobservée dans tous ses modes et que nous appelons *folie*, je suis tenté d'en attribuer la cause à sa passion. Ses études, son genre de vie avaient porté ses forces et ses facultés à un degré de puissance au delà duquel la plus légère surexcitation devait faire céder la nature; l'amour les aura donc brisées ou élevées à une nouvelle expression que peut-être calomnions-nous en la qualifiant sans la connaître. Enfin, peut-être a-t-il vu dans les plaisirs de son mariage un obstacle à la perfection de ses sens intérieurs et à son vol à travers les Mondes Spirituels.

— Mon cher monsieur, répliqua le vieillard après m'avoir attentivement écouté, votre raisonnement est sans doute fort logique; mais quand je le comprendrais, ce triste savoir me consolerait-il de la perte de mon neveu?

L'oncle de Lambert était un de ces hommes qui ne vivent que par le cœur.

Le lendemain, je partis pour Villenoix. Le bonhomme m'accompagna jusqu'à la porte de Blois. Quand nous fûmes dans le chemin qui mène à Villenoix, il s'arrêta pour me dire : — Vous pensez bien que je n'y vais point. Mais, vous, n'oubliez pas ce que je vous ai dit. En présence de mademoiselle de Villenoix, n'ayez pas l'air de vous apercevoir que Louis est fou.

Il resta sans bouger à la place où je venais de le quitter, et d'où il me regarda jusqu'à ce qu'il m'eût perdu de vue. Je ne cheminai pas sans de profondes émotions vers le château de Villenoix. Mes réflexions croissaient à chaque pas dans cette route que Louis avait tant de fois faite, le cœur plein d'espérance, l'âme exaltée par tous les aiguillons de l'amour. Les buissons, les arbres, les caprices de cette route tortueuse dont les bords étaient déchirés par de petits ravins, acquirent un intérêt prodigieux pour moi. J'y voulais retrouver les impressions et les pensées de mon pauvre camarade. Sans doute ces conversations du soir, au bord de cette brèche où sa maîtresse venait le retrouver, avaient initié mademoiselle de Villenoix aux secrets de cette âme et si noble et si vaste, comme je le fus moi-même quelques années auparavant. Mais le fait qui me préoccupait le plus, et donnait à mon pèlerinage un immense intérêt de curiosité parmi les sentiments presque religieux qui me guidaient, était cette magnifique croyance de mademoiselle de Villenoix que le bonhomme m'avait expliquée : avait-elle, à la longue, contracté la folie de son amant, ou était-elle entrée si avant dans son âme, qu'elle en pût comprendre toutes les pensées, même les plus confuses? Je me perdais dans cet admirable problème de sentiment qui dépassait les plus belles inspirations de l'amour et ses dévouements les plus beaux. Mourir l'un pour l'autre est un sacrifice presque vulgaire. Vivre fidèle à un seul amour est un héroïsme qui a rendu mademoiselle Dupuis immortelle. Lorsque Napoléon-le-Grand et lord Byron ont eu des successeurs là où ils avaient aimé, il est permis d'admirer cette veuve de Bolingbroke; mais mademoiselle Dupuis pouvait vivre par les souvenirs de plusieurs années de bonheur, tandis que mademoiselle de Villenoix, n'ayant connu de l'amour que ses premières émotions, m'offrait le type du dévouement dans sa plus large expression. Devenue presque folle, elle était sublime; mais comprenant, expliquant la folie, elle ajoutait aux beautés d'un grand cœur un chef-d'œuvre de passion digne d'être étudié. Lorsque j'aperçus les hautes tourelles du château,

IMP. E. MARTINET.

LOUIS LAMBERT.

Il se tenait debout, les deux coudes appuyés sur la saillie formée par la boiserie.....

dont l'aspect avait dû faire si souvent tressaillir le pauvre Lambert, mon cœur palpita vivement. Je m'étais associé, pour ainsi dire, à sa vie et à sa situation en me rappelant tous les événements de notre jeunesse. Enfin, j'arrivai dans une grande cour déserte, et pénétrai jusque dans le vestibule du château sans avoir rencontré personne. Le bruit de mes pas fit venir une femme âgée, à laquelle je remis la lettre que monsieur Lefebvre avait écrite à mademoiselle de Villenoix. Bientôt la même femme revint me chercher, et m'introduisit dans une salle basse, dallée en marbre blanc et noir, dont les persiennes étaient fermées, et au fond de laquelle je vis indistinctement Louis Lambert.

— Asseyez-vous, monsieur, me dit une voix douce qui allait au cœur.

Mademoiselle de Villenoix se trouvait à côté de moi sans que je l'eusse aperçue, et m'avait apporté sans bruit une chaise que je ne pris pas d'abord. L'obscurité était si forte que, dans le premier moment, mademoiselle de Villenoix et Louis me firent l'effet de deux masses noires qui tranchaient sur le fond de cette atmosphère ténébreuse. Je m'assis, en proie à ce sentiment qui nous saisit presque malgré nous sous les sombres arcades d'une église. Mes yeux, encore frappés par l'éclat du soleil, ne s'accoutumèrent que graduellement à cette nuit factice.

— Monsieur, lui dit-elle, est ton ami de collége.

Lambert ne répondit pas. Je pus enfin le voir, et il m'offrit un de ces spectacles qui se gravent à jamais dans la mémoire. Il se tenait debout, les deux coudes appuyés sur la saillie formée par la boiserie, en sorte que son buste paraissait fléchir sous le poids de sa tête inclinée. Ses cheveux, aussi longs que ceux d'une femme, tombaient sur ses épaules, et entouraient sa figure de manière à lui donner de la ressemblance avec les bustes qui représentent les grands hommes du siècle de Louis XIV. Son visage était d'une blancheur parfaite. Il frottait habituellement une de ses jambes sur l'autre par un mouvement machinal que rien n'avait pu réprimer, et le frottement continuel des deux os produisait un bruit affreux. Auprès de lui se trouvait un sommier de mousse posé sur une planche.

— Il lui arrive très-rarement de se coucher, me dit mademoiselle de Villenoix, quoique chaque fois il dorme pendant plusieurs jours.

Louis se tenait debout comme je le voyais, jour et nuit, les yeux fixes, sans jamais baisser et relever les paupières comme nous en avons l'habitude. Après avoir demandé à mademoiselle de Villenoix si un peu plus de jour ne causerait aucune douleur à Lambert, sur sa réponse, j'ouvris légèrement la persienne, et pus voir alors l'expression de la physionomie de mon ami. Hélas! déjà ridé, déjà blanchi, enfin déjà plus de lumière dans ses yeux, devenus vitreux comme ceux d'un aveugle. Tous ses traits semblaient tirés par une convulsion vers le haut de sa tête. J'essayai de lui parler à plusieurs reprises; mais il ne m'entendit pas. C'était un débris arraché à la tombe, une espèce de conquête faite par la vie sur la mort, ou par la mort sur la vie. J'étais là depuis une heure environ, plongé dans une indéfinissable rêverie, en proie à mille idées affligeantes. J'écoutais mademoiselle de Villenoix qui me racontait dans tous ses détails cette vie d'enfant au berceau. Tout à coup Louis cessa de frotter ses jambes l'une contre l'autre, et dit d'une voix lente : — *Les anges sont blancs.*

Je ne puis expliquer l'effet produit sur moi par cette parole, par le son de cette voix tant aimée, dont les accents attendus péniblement me paraissaient à jamais perdus pour moi. Malgré moi mes yeux se remplirent de larmes. Un pressentiment involontaire passa rapidement dans mon âme et me fit douter que Louis eût perdu la raison. J'étais cependant bien certain qu'il ne me voyait ni ne m'entendait; mais les harmonies de sa voix, qui semblaient accuser un bonheur divin, communiquèrent à ces mots d'irrésistibles pouvoirs. Incomplète révélation d'un monde inconnu, sa phrase retentit dans nos âmes comme quelque magnifique sonnerie d'église au milieu d'une nuit profonde. Je ne m'étonnai plus que mademoiselle de Villenoix crût Louis parfaitement sain d'entendement. Peut-être la vie de l'âme avait-elle anéanti la vie du corps. Peut-être sa compagne avait-elle, comme je l'eus alors, de vagues intuitions de cette nature mélodieuse et fleurie que nous nommons dans sa plus large expression : LE CIEL. Cette femme, cet ange restait toujours là, assise devant un métier à tapisserie, et chaque fois qu'elle tirait son aiguille elle regardait Lambert en exprimant un sentiment triste et doux. Hors d'état de supporter cet affreux spectacle, car je ne savais pas, comme mademoiselle de Villenoix, en deviner tous les secrets; je sortis, et nous allâmes nous promener ensemble pendant quelques moments pour parler d'elle et de Lambert.

— *Sans doute, me dit-elle, Louis doit paraître fou ; mais il ne l'est pas, si le nom de fou doit appartenir seulement à ceux dont, par des causes inconnues, le cerveau se vicie, et qui n'offrent aucune raison de leurs actes. Tout est parfaitement coordonné chez mon mari. S'il ne vous a pas reconnu physiquement, ne croyez pas qu'il ne vous ait point vu. Il a réussi à se dégager de son corps, et nous aperçoit sous une autre forme, je ne sais laquelle. Quand il parle, il exprime des choses merveilleuses. Seulement, assez souvent, il achève par la parole une idée commencée dans son esprit, ou commence une proposition qu'il achève mentalement. Aux autres hommes, il paraîtrait aliéné ; pour moi, qui vis dans sa pensée, toutes ses idées sont lucides. Je parcours le chemin fait par son esprit, et, quoique je n'en connaisse pas tous les détours, je sais me trouver néanmoins au but avec lui. A qui n'est-il pas, maintes fois, arrivé de penser à une chose futile et d'être entraîné vers une pensée grave par des idées ou par des souvenirs qui s'enroulent ? Souvent, après avoir parlé d'un objet frivole, innocent point de départ de quelque rapide méditation, un penseur oublie ou tait les liaisons abstraites qui l'ont conduit à sa conclusion, et reprend la parole en ne montrant que le dernier anneau de cette chaîne de réflexions. Les gens vulgaires à qui cette vélocité de vision mentale est inconnue, ignorant le travail intérieur de l'âme, se mettent à rire du rêveur, et le traitent de fou s'il est coutumier de ces sortes d'oublis.* Louis est toujours ainsi : sans cesse il voltige à travers les espaces de la pensée, et s'y promène avec une vivacité d'hirondelle, je sais le suivre dans ses détours. Voilà l'histoire de sa folie. Peut-être un jour Louis reviendra-t-il à cette vie dans laquelle nous végétons; mais s'il respire l'air des cieux avant le temps où il nous sera permis d'y exister, pourquoi souhaiterions-nous de le revoir parmi nous ? Contente d'entendre battre son cœur, tout mon bonheur est d'être auprès de lui. N'est-il pas tout à moi ? Depuis trois ans, à deux reprises, je l'ai possédé pendant quelques jours : en Suisse où je l'ai conduit, et au fond de la Bretagne dans une île où je l'ai mené prendre des bains de mer. J'ai été deux fois bien heureuse ! Je puis vivre par mes souvenirs.

— Mais, lui dis-je, écrivez-vous les paroles qui lui échappent ?

— Pourquoi ? me répondit-elle.

Je gardai le silence, les sciences humaines étaient bien petites devant cette femme.

— Dans le temps où il se mit à parler, reprit-elle, je crois avoir recueilli ses premières phrases, mais j'ai cessé de le faire; je n'y entendais rien alors.

Je les lui demandai par un regard; elle me comprit, et voici ce que je pus sauver de l'oubli.

I.

Ici-bas, tout est le produit d'une SUBSTANCE ÉTHÉRÉE, *base commune de plusieurs phénomènes connus sous les noms impropres d'*Électricité, Chaleur, Lumière, Fluide galvanique, magnétique, etc. *L'universalité des transmutations de cette* Substance *constitue ce que l'on appelle vulgairement la Matière.*

II.

*Le Cerveau est le matras où l'*ANIMAL *transporte ce que, suivant la force de cet appareil, chacune de ses organisations peut absorber de cette* SUBSTANCE, *et d'où elle sort transformée en Volonté.*

*La Volonté est un fluide, attribut de tout être doué de mouvement. De là les innombrables formes qu'affecte l'*ANIMAL, *et qui sont les effets de sa combinaison avec la* SUBSTANCE. *Ses instincts sont le produit des nécessités que lui imposent les milieux où il se développe. De là ses variétés.*

III.

En l'homme, la Volonté devient une force qui lui est propre, et qui surpasse en intensité celle de toutes les espèces.

IV.

Par sa constante alimentation, la Volonté tient à la SUBSTANCE *qu'elle retrouve dans toutes les transmutations en les pénétrant par la Pensée, qui est un produit particulier de la Volonté humaine, combinée avec les modifications de la* SUBSTANCE.

V.

Du plus ou moins de perfection de l'appareil humain, viennent les innombrables formes qu'affecte la Pensée.

VI.

La Volonté s'exerce par des organes vulgairement nommés les cinq sens, qui n'en sont qu'un seul, la faculté de voir. Le tact comme le goût, l'ouïe comme l'odorat, est une vue adaptée aux transformations de la SUBSTANCE *que l'homme peut saisir dans ses deux états, transformée et non transformée.*

VII.

Toutes les choses qui tombent par la Forme dans le domaine du sens unique, la faculté de voir, se réduisent à quelques corps élémentaires dont les principes sont dans l'air, dans la lumière ou dans les principes de l'air et de la lumière. Le son est une modification de l'air; toutes les couleurs sont des modifications de la lumière; tout parfum est une combinaison d'air et de lumière; ainsi les quatre expressions de la matière par rapport à l'homme, le son, la couleur, le parfum et la forme, ont une même origine; car le jour n'est pas loin où l'on reconnaîtra la filiation des principes de la lumière dans ceux de l'air. La pensée qui tient à la lumière s'exprime par la parole qui tient au son. Pour lui, tout provient donc de la SUBSTANCE *dont les transformations ne diffèrent que par le* NOMBRE, *par un certain* dosage *dont les proportions produisent les individus ou les choses de ce que l'on nomme les* RÈGNES.

VIII.

Quand la SUBSTANCE *est absorbée en un Nombre suffisant, elle fait de l'homme un appareil d'une énorme puissance, qui communique avec le principe même de la* SUBSTANCE, *et agit sur la nature organisée à la manière des grands courants qui absorbent les petits. La volition met en œuvre cette force indépendante de la pensée, et qui, par sa concentration, obtient quelques-unes des propriétés de la* SUBSTANCE, *comme la rapidité de la lumière, comme la pénétration de l'électricité, comme la faculté de saturer les corps, et auxquelles il faut ajouter l'intelligence de ce qu'elle peut. Mais il est en l'homme un phénomène primitif et dominateur qui ne souffre aucune analyse. On décomposera l'homme en entier, l'on trouvera peut-être les éléments de la* Pensée *et de la* Volonté*; mais on rencontrera toujours, sans pouvoir le résoudre, cet* X *contre lequel je me suis autrefois heurté. Cet* X *est la* PAROLE, *dont la communication brûle et dévore ceux qui ne sont pas préparés à la recevoir. Elle engendre incessamment la* SUBST ANCE

IX.

La colère, comme toutes nos expressions passionnées, est un courant de la force humaine qui agit électriquement; sa commotion, quand il se dégage, agit sur les personnes présentes, même sans qu'elles en soient le but ou la cause. Ne se rencontre-t-il pas des hommes qui, par une décharge de leur volition, cohobent les sentiments des masses?

X.

Le fanatisme et tous les sentiments sont des Forces Vives. Ces forces, chez certains êtres, deviennent des fleuves de Volonté qui réunissent et entraînent tout.

XI.

Si l'espace existe, certaines facultés donnent le pouvoir de le franchir avec une telle vitesse que leurs effets équivalent à son abolition. De ton lit aux frontières du monde, il n'y a que deux pas : LA VOLONTÉ — LA FOI!

XII.

Les faits ne sont rien, ils n'existent pas, il ne subsiste de nous que des Idées.

XIII.

Le monde des Idées se divise en trois sphères : celle de l'Instinct, celle des Abstractions, celle de la Spécialité.

XIV.

La plus grande partie de l'Humanité visible, la partie la plus faible, habite la sphère de l'Instinctivité. Les Instinctifs naissent, travaillent et meurent sans s'élever au second degré de l'intelligence humaine, l'Abstraction.

XV.

A l'Abstraction commence la Société. Si l'Abstraction comparée à l'Instinct est une puissance presque divine, elle est une faiblesse inouïe, comparée au don de Spécialité qui peut seul expliquer Dieu. L'Abstraction comprend toute une nature en germe plus virtuellement que la graine ne contient le système d'une plante et ses produits. De l'abstraction naissent les lois, les arts, les intérêts, les idées sociales. Elle est la gloire et le fléau du monde : la gloire, elle a créé les sociétés; le fléau, elle dispense l'homme d'entrer dans la Spécialité, qui est un des chemins de l'Infini. L'homme juge tout par ses abstractions, le bien, le mal, la vertu, le crime. Ses formules de droit sont ses balances, sa justice est aveugle : celle de Dieu voit, tout est là. Il se trouve nécessairement des êtres intermédiaires qui séparent le Règne des Instinctifs du Règne des Abstractifs, et chez lesquels l'Instinctivité se mêle à l'Abstractivité dans des proportions infinies. Les uns ont plus d'Instinctivité que d'Abstractivité, et vice versa, *que les autres. Puis, il est des êtres chez lesquels les deux actions se neutralisent en agissant par des forces égales.*

XVI.

La Spécialité consiste à voir les choses du monde matériel aussi bien que celles du monde spirituel dans leurs ramifications originelles et conséquentielles. Les plus beaux génies humains sont ceux qui sont partis des ténèbres de l'Abstraction pour arriver aux lumières de la Spécialité. (Spécialité, species, *vue, spéculer, voir tout, et d'un seul coup;* Speculum, *miroir ou moyen d'apprécier une chose en la voyant tout entière.) Jésus était Spécialiste, il voyait le fait dans ses racines et dans ses productions, dans le passé qui l'avait engendré, dans le présent où il se manifestait, dans l'avenir où il se développait; sa vue pénétrait l'entendement d'autrui. La perfection de la vue intérieure enfante le don de Spécialité. La Spécialité emporte l'intuition. L'intuition est une des facultés de* L'HOMME INTÉRIEUR *dont le Spécialisme est un attribut. Elle agit par une imperceptible sensation ignorée de celui qui lui obéit : Napoléon s'en allant instinctivement de sa place avant qu'un boulet n'y arrive.*

XVII.

Entre la sphère du Spécialisme et celle de l'Abstractivité se trouvent, comme entre celle-ci et celle de l'Instinctivité, des êtres chez lesquels les divers attributs des deux règnes se confondent et produisent des mixtes : les hommes de génie.

XVIII.

*Le Spécialiste est nécessairement la plus parfaite expression de l'*HOMME, *l'anneau qui lie le monde visible aux mondes supérieurs : il agit, il voit et il sent par son* INTÉRIEUR. *L'Abstractif pense. L'Instinctif agit.*

XIX.

De là trois degrés pour l'homme : Instinctif, *il est au-dessous de la mesure;* Abstractif, *il est au niveau;* Spécialiste, *il est au-dessus.* Le Spécialisme *ouvre à l'homme sa véritable carrière, l'infini commence à poindre en lui, là il entrevoit sa destinée.*

XX.

Il existe trois mondes : le NATUREL, *le* SPIRITUEL, *le* DIVIN. *L'Humanité transite dans le Monde Naturel, qui n'est fixe ni dans son essence ni dans ses facultés. Le Monde Spirituel est fixe dans son essence et mobile dans ses facultés. Le Monde Divin est fixe dans ses facultés et dans son essence. Il existe donc nécessairement un culte matériel, un culte spirituel, un culte divin; trois formes qui s'expriment par l'Action, par la Parole, par la Prière, autrement dit, le Fait, l'Entendement et l'Amour. L'Instinctif veut des faits, l'Abstractif s'occupe des idées; le Spécialiste voit la fin, il aspire à Dieu qu'il pressent ou contemple.*

XXI.

*Aussi, peut-être un jour le sens inverse de l'*ET VERBUM CARO FACTUM EST, *sera-t-il le résumé d'un nouvel évangile qui dira :* ET LA CHAIR SE FERA LE VERBE, ELLE DEVIENDRA LA PAROLE DE DIEU.

XXII.

La résurrection se fait par le vent du ciel qui balaie les mondes. L'ange porté par le vent ne dit pas : — Morts, levez-vous! Il dit : — Que les vivants se lèvent!

Telles sont les pensées auxquelles j'ai pu, non sans de grandes peines, donner des formes en rapport avec notre entendement. Il en est d'autres desquelles Pauline se souvenait plus particulièrement, je ne sais par quelle raison, et que j'ai transcrites; mais elles font le désespoir de l'esprit, quand, sachant de quelle intelligence elles procèdent, on cherche à les comprendre. J'en citerai quelques-unes, pour achever le dessin de cette figure, peut-être aussi parce que dans ces dernières idées la formule de Lambert embrasse-t-elle mieux les mondes que la précédente, qui semble s'appliquer seulement au mouvement zoologique. Mais entre ces deux fragments, il est une corrélation évidente aux yeux des personnes, assez rares d'ailleurs, qui se plaisent à plonger dans ces sortes de gouffres intellectuels.

I.

Tout ici-bas n'existe que par le Mouvement et par le Nombre.

II.

Le Mouvement est en quelque sorte le Nombre agissant.

III.

Le Mouvement est le produit d'une force engendrée par la Parole et par une résistance qui est la Matière. Sans la résistance, le Mouvement aurait été sans résultat, son action eût été infinie. L'attraction de Newton n'est pas une loi, mais un effet de la loi générale du Mouvement universel.

IV.

Le Mouvement, en raison de la résistance, produit une combinaison qui est la vie; dès que l'un ou l'autre est plus fort, la vie cesse.

V.

Nulle part le Mouvement n'est stérile, partout il engendre le Nombre; mais il peut être neutralisé par une résistance supérieure, comme dans le minéral.

VI.

Le Nombre qui produit toutes les variétés engendre également l'harmonie, qui, dans sa plus haute acception, est le rapport entre les parties et l'Unité.

VII.

Sans le Mouvement, tout serait une seule et même chose. Ses produits, identiques dans leur essence, ne diffèrent que par le Nombre qui a produit les facultés.

VIII.

L'homme tient aux facultés, l'ange tient à l'essence.

IX.

En unissant son corps à l'action élémentaire, l'homme peut arriver à s'unir à la lumière par son INTÉRIEUR.

X.

Le Nombre est un témoin intellectuel qui n'appartient qu'à l'homme, et par lequel il peut arriver à la connaissance de la Parole.

XI.

Il est un nombre que l'Impur ne franchit pas, le Nombre où la création est finie.

XII.

L'Unité a été le point de départ de tout ce qui fut produit; il en est résulté des Composés, mais la fin doit être identique au commencement. De là cette formule spirituelle : *Unité composée, Unité variable, Unité fixe.*

XIII.

L'Univers est donc la variété dans l'Unité. Le Mouvement est le moyen, le Nombre est le résultat. La fin est le retour de toutes choses à l'unité, qui est Dieu.

XIV.

TROIS *et* SEPT *sont les deux plus grands nombres* spirituels.

XV.

TROIS *est la formule des Mondes créés. Il est le signe* spirituel *de la création comme il est le signe* matériel *de la circonférence. En effet, Dieu n'a procédé que par des lignes circulaires. La ligne droite est l'attribut de l'infini ; aussi l'homme qui pressent l'infini la reproduit-il dans ses œuvres.* DEUX *est le Nombre de la génération.* TROIS *est le Nombre de l'existence, qui comprend la génération et le produit. Ajoutez le Quaternaire, vous avez le* SEPT, *qui est la formule du ciel. Dieu est au-dessus, il est l'Unité.*

Après être allé revoir encore une fois Lambert, je quittai sa femme et revins en proie à des idées si contraires à la vie sociale que je renonçai, malgré ma promesse, à retourner à Villenoix. La vue de Louis avait exercé sur moi je ne sais quelle influence sinistre. Je redoutai de me retrouver dans cette atmosphère enivrante où l'extase était contagieuse. Chacun aurait éprouvé comme moi l'envie de se précipiter dans l'infini, de même que les soldats se tuaient tous dans la guérite où s'était suicidé l'un d'eux au camp de Boulogne. On sait que Napoléon fût obligé de faire brûler ce bois, dépositaire d'idées arrivées à l'état de miasmes mortels. Peut-être en était-il de la chambre de Louis comme de cette guérite ? Ces deux faits seraient des preuves de plus en faveur de son système sur la transmission de la Volonté. J'y ressentis des troubles extraordinaires qui surpassèrent les effets les plus fantastiques causés par le thé, le café, l'opium, par le sommeil et la fièvre, agents mystérieux dont les terribles actions embrasent si souvent nos têtes. Peut-être aurais-je pu transformer en un livre complet ces débris de pensées, compréhensibles seulement pour certains esprits habitués à se pencher sur le bord des abîmes, dans l'espérance d'en apercevoir le fond. La vie de cet immense cerveau, qui sans doute a craqué de toutes parts comme un empire trop vaste, y eût été développée dans le récit des visions de cet être, incomplet par trop de force ou par faiblesse ; mais j'ai mieux aimé rendre compte de mes impressions que de faire une œuvre plus ou moins poétique.

Lambert mourut à l'âge de vingt-huit ans, le 25 septembre 1824, entre les bras de son amie. Elle le fit ensevelir dans une des îles du parc de Villenoix. Son tombeau consiste en une simple croix de pierre, sans nom, sans date. Fleur née sur le bord d'un gouffre, elle devait y tomber inconnue avec ses couleurs et ses parfums inconnus. Comme beaucoup de gens incompris, n'avait-il pas souvent voulu se plonger avec orgueil dans le néant pour y perdre les secrets de sa vie ! Cependant mademoiselle de Villenoix aurait bien eu le droit d'inscrire sur cette croix les noms de Lambert, en y indiquant les siens. Depuis la perte de son mari, cette nouvelle union n'est-elle pas son espérance de toutes les heures? Mais les vanités de la douleur sont étrangères aux âmes fidèles. Villenoix tombe en ruines. La femme de Lambert ne l'habite plus, sans doute pour mieux s'y voir comme elle y fut jadis. Ne lui a-t-on pas entendu dire naguère : — J'ai eu son cœur, à Dieu son génie !

Au château de Saché, juin-juillet 1832.

SÉRAPHITA.

A MADAME ÉVELINE DE LANSKA,

NÉE COMTESSE RZEWUSKA.

Madame, voici l'œuvre que vous m'avez demandée : je suis heureux, en vous la dédiant, de pouvoir vous donner un témoignage de la respectueuse affection que vous m'avez permis de vous porter. Si je suis accusé d'impuissance après avoir tenté d'arracher aux profondeurs de la mysticité ce livre qui, sous la transparence de notre belle langue, voulait les lumineuses poésies de l'Orient, à vous la faute! Ne m'avez-vous pas ordonné cette lutte, semblable à celle de Jacob, en me disant que le plus imparfait dessin de cette figure, par vous rêvée, comme elle le fut par moi dès l'enfance, serait encore pour vous quelque chose? Le voici donc, ce quelque chose. Pourquoi cette œuvre ne peut-elle appartenir exclusivement à ces nobles esprits préservés, comme vous l'êtes, des petitesses mondaines par la solitude? ceux-là sauraient y imprimer la mélodieuse mesure qui manque, et qui en aurait fait entre les mains d'un de nos poëtes la glorieuse épopée que la France attend encore. Ceux-là l'accepteront de moi comme une de ces balustrades sculptées par quelque artiste plein de foi, et sur lesquelles les pèlerins s'appuient pour méditer la fin de l'homme en contemplant le chœur d'une belle église.

Je suis avec respect, Madame, votre dévoué serviteur,

DE BALZAC.

Paris, 23 août 1835.

I.

SÉRAPHÎTÜS.

A voir sur une carte les côtes de la Norwége, quelle imagination ne serait émerveillée de leurs fantasques découpures, longue dentelle de granit où mugissent incessamment les flots de la mer du

Nord? qui n'a rêvé les majestueux spectacles offerts par ces rivages sans grèves, par cette multitude de criques, d'anses, de petites baies dont aucune ne se ressemble, et qui toutes sont des abîmes sans chemins? Ne dirait-on pas que la nature s'est plu à dessiner par d'ineffaçables hiéroglyphes le symbole de la vie norwégienne, en donnant à ces côtes la configuration des arêtes d'un immense poisson? car la pêche forme le principal commerce et fournit presque toute la nourriture de quelques hommes attachés comme une touffe de lichen à ces arides rochers. Là, sur quatorze degrés de longueur, à peine existe-t-il sept cent mille âmes. Grâce aux périls dénués de gloire, aux neiges constantes que réservent aux voyageurs ces pics de la Norwége, dont le nom donne froid déjà, leurs sublimes beautés sont restées vierges et s'harmonieront aux phénomènes humains, vierges encore pour la poésie du moins, qui s'y sont accomplis, et dont voici l'histoire.

Lorsqu'une de ces baies, simple fissure aux yeux des eiders, est assez ouverte pour que la mer ne gèle pas entièrement dans cette prison de pierre où elle se débat, les gens du pays nomment ce petit golfe un *fiord*, mot que presque tous les géographes ont essayé de naturaliser dans leurs langues respectives. Malgré la ressemblance qu'ont entre eux ces espèces de canaux, chacun a sa physionomie particulière : partout la mer est entrée dans leurs cassures, mais partout les rochers s'y sont diversement fendus, et leurs tumultueux précipices défient les termes bizarres de la géométrie : ici le roc s'est dentelé comme une scie, là ses tables trop droites ne souffrent ni le séjour de la neige, ni les sublimes aigrettes des sapins du nord; plus loin, les commotions du globe ont arrondi quelque sinuosité coquette, belle vallée que meublent par étages des arbres au noir plumage. Vous seriez tenté de nommer ce pays la Suisse des mers. Entre Drontheim et Christiania, se trouve une de ces baies, nommée le Stromfiord. Si le Stromfiord n'est pas le plus beau de ces paysages, il a du moins le mérite de résumer les magnificences terrestres de la Norwége, et d'avoir servi de théâtre aux scènes d'une histoire vraiment céleste.

La forme générale du Stromfiord est, au premier aspect, celle d'un entonnoir ébréché par la mer. Le passage que les flots s'y étaient ouvert présente à l'œil l'image d'une lutte entre l'Océan et le granit, deux créations également puissantes : l'une par son inertie, l'autre par sa mobilité. Pour preuves, quelques écueils de formes fantastiques en défendent l'entrée aux vaisseaux. Les intrépides enfants de la Norwége peuvent, en quelques endroits, sauter d'un roc à un autre sans s'étonner d'un abîme profond de cent toises, large de six pieds. Tantôt un frêle et chancelant morceau de gneiss, jeté en travers, unit deux rochers. Tantôt les chasseurs ou les pêcheurs ont lancé des sapins, en guise de pont, pour joindre les deux quais taillés à pic au fond desquels gronde incessamment la mer. Ce dangereux goulet se dirige vers la droite par un mouvement de serpent, y rencontre une montagne élevée de trois cents toises au-dessus du niveau de la mer, et dont les pieds forment un banc vertical d'une demi-lieue de longueur, où l'inflexible granit ne commence à se briser, à se crevasser, à s'onduler, qu'à deux cents pieds environ au-dessus des eaux. Entrant avec violence, la mer est donc repoussée avec une violence égale par la force d'inertie de la montagne vers les bords opposés auxquels les réactions du flot ont imprimé de douces courbures. Le Fiord est fermé dans le fond par un bloc de gneiss couronné de forêts, d'où tombe en cascades une rivière qui à la fonte des neiges devient un fleuve, forme une nappe d'une immense étendue, s'échappe avec fracas en vomissant de vieux sapins et d'antiques mélèzes, aperçus à peine dans la chute des eaux. Vigoureusement plongés au fond du golfe, ces arbres reparaissent bientôt à sa surface, s'y marient, et construisent des îlots qui viennent échouer sur la rive gauche, où les habitants du petit village assis au bord du Stromfiord, les retrouvent brisés, fracassés, quelquefois entiers, mais toujours nus et sans branches. La montagne qui dans le Stromfiord reçoit à ses pieds les assauts de la mer et à sa cime ceux des vents du nord, se nomme le Falberg. Sa crête, toujours enveloppée d'un manteau de neige et de glace, est la plus aiguë de la Norwége, où le voisinage du pôle produit, à une hauteur de dix-huit cents pieds, un froid égal à celui qui règne sur les montagnes les plus élevées du globe. La cime de ce rocher, droite vers la mer, s'abaisse graduellement vers l'est, et se joint aux chutes de la Sieg par des vallées disposées en gradins sur lesquels le froid ne laisse venir que des bruyères et des arbres souffrants. La partie du Fiord d'où s'échappent les eaux, sous les pieds de la forêt, s'appelle le Siegdalhen, mot qui pourrait être traduit par le versant de la Sieg, nom de la rivière. La courbure qui fait face aux tables du Falberg est la vallée de Jarvis, joli paysage dominé par des collines chargées de sapins.

de mélèzes, de bouleaux, de quelques chênes et de hêtres, a plus riche, la mieux colorée de toutes les tapisseries que la nature du nord a tendues sur ses âpres rochers. L'œil pouvait facilement y saisir la ligne où les terrains réchauffés par les rayons solaires commencent à souffrir la culture et laissent apparaître les végétations de la Flore norwégienne. En cet endroit, le golfe est assez large pour que la mer, refoulée par le Falberg, vienne expirer en murmurant sur la dernière frange de ces collines, rive doucement bordée d'un sable fin, parsemé de mica, de paillettes, de jolis cailloux, de porphyres, de marbres aux mille nuances amenés de la Suède par les eaux de la rivière, et de débris marins, de coquillages, fleurs de la mer que poussent les tempêtes, soit du pôle, soit du midi.

Au bas des montagnes de Jarvis se trouve le village composé de deux cents maisons de bois, où vit une population perdue là, comme dans une forêt ces ruches d'abeilles qui, sans augmenter ni diminuer, végètent heureuses, en butinant leur vie au sein d'une sauvage nature. L'existence anonyme de ce village s'explique facilement. Peu d'hommes avaient la hardiesse de s'aventurer dans les rescifs pour gagner les bords de la mer et s'y livrer à la pêche que font en grand les Norwégiens sur des côtes moins dangereuses. Les nombreux poissons du Fiord suffisent en partie à la nourriture de ses habitants; les pâturages des vallées leur donnent du lait et du beurre; puis quelques terrains excellents leur permettent de récolter du seigle, du chanvre, des légumes qu'il savent défendre contre les rigueurs du froid et contre l'ardeur passagère, mais terrible, de leur soleil, avec l'habileté que déploie le Norwégien dans cette double lutte. Le défaut de communications, soit par terre où les chemins sont impraticables, soit par mer où de faibles barques peuvent seules parvenir à travers les défilés maritimes du Fiord, les empêche de s'enrichir en tirant parti de leurs bois. Il faudrait des sommes aussi énormes pour déblayer le chenal du golfe que pour s'ouvrir une voie dans l'intérieur des terres. Les routes de Christiania à Drontheim tournent toutes le Stromfiord, et passent le Sieg sur un pont situé à plusieurs lieues de sa chute; la côte, entre la vallée de Jarvis et Drontheim, est garnie d'immenses forêts inabordables; enfin le Falberg se trouve également séparé de Christiania par d'inaccessibles précipices. Le village de Jarvis aurait peut-être pu communiquer avec la Norwége intérieure et la Suède par la Sieg; mais, pour être mis en rapport avec la civilisation, le Stromfiord voulait un homme de génie. Ce génie parut en effet : ce fut un poète, un Suédois religieux qui mourut en admirant et respectant les beautés de ce pays, comme un des plus magnifiques ouvrages du Créateur.

Maintenant, les hommes que l'étude a doués de cette vue intérieure dont les véloces perceptions amènent tour à tour dans l'âme, comme sur une toile, les paysages les plus contrastants du globe, peuvent facilement embrasser l'ensemble du Stromfiord. Eux seuls, peut-être, sauront s'engager dans les tortueux rescifs du goulet où se débat la mer, fuir avec ses flots le long des tables éternelles du Falberg dont les pyramides blanches se confondent avec les nuées brumeuses d'un ciel presque toujours gris de perle; admirer la jolie nappe échancrée du golfe, y entendre les chutes de la Sieg qui pend en longs filets et tombe sur un abatis pittoresque de beaux arbres confusément épars, debout ou cachés parmi des fragments de gneiss; puis, se reposer sur les riants tableaux que présentent les collines abaissées de Jarvis d'où s'élancent les plus riches végétaux du nord, par familles, par myriades : ici des bouleaux gracieux comme des jeunes filles, inclinés comme elles : là des colonnades de hêtres aux fûts centenaires et moussus; tous les contrastes des différents verts, de blanches nuées parmi les sapins noirs, des landes de bruyères pourprées et nuancées à l'infini; enfin toutes les couleurs, tous les parfums de cette Flore aux merveilles ignorées. Étendez les proportions de ces amphithéâtres, élancez-vous dans les nuages, perdez-vous dans le creux des roches où reposent les chiens de mer, votre pensée n'atteindra ni à la richesse, ni aux poésies de ce site norwégien! Votre pensée pourrait-elle être aussi grande que l'Océan qui le borne, aussi capricieuse que les fantastiques figures dessinées par ces forêts, ses nuages, ses ombres, et par les changements de sa lumière? Voyez-vous, au-dessus des prairies de la plage, sur le dernier pli de terrain qui s'ondule au bas des hautes collines de Jarvis, deux ou trois cents maisons couvertes en *næver*, espèce de couvertures faites avec l'écorce du bouleau, maisons toutes frêles, plates et qui ressemblent à des vers à soie sur une feuille de mûrier jetée là par les vents? Au-dessus de ces humbles, de ces paisibles demeures, est une église construite avec une simplicité qui s'harmonie à la misère du village. Un cimetière entoure le chevet de cette église, et plus loin se trouve le presbytère. Encore plus haut, sur une bosse de la montagne est située une habitation, la seule qui soit en pierre, et que pour cette raison les habitants ont nommée le château Suédois. En effet, un homme riche vint de Suède, trente ans avant le jour où cette histoire commence, et s'établit à Jarvis, en s'efforçant d'en améliorer la fortune. Cette petite maison, construite dans le but d'engager les habitants à s'en bâtir de semblables, était remarquable par sa solidité, par un mur d'enceinte, chose rare en Norwége, où, malgré l'abondance des pierres, l'on se sert de bois pour toutes les clôtures, même pour celles des champs. La maison, ainsi garantie des neiges, s'élevait sur un tertre, au milieu d'une cour immense. Les fenêtres en étaient abritées par ces auvents d'une saillie prodigieuse appuyés sur de grands sapins équarris qui donnent aux constructions du nord une espèce de physionomie patriarcale. Sous ces abris, il était facile d'apercevoir les sauvages nudités du Falberg, de comparer l'infini de la pleine mer à la goutte d'eau du golfe écumeux, d'écouter les vastes épanchements de la Sieg, dont la nappe semblait de loin immobile en tombant dans sa coupe de granit bordée sur trois lieues de tour par les glaciers du nord, enfin tout le paysage où vont se passer les surnaturels et simples événements de cette histoire.

L'hiver de 1799 à 1800 fut un des plus rudes dont le souvenir ait été gardé par les Européens; la mer de Norwége se prit entièrement dans les Fiords, où la violence du ressac l'empêche ordinairement de geler. Un vent dont les effets ressemblaient à ceux du levantis espagnol, avait balayé la glace du Stromfiord en repoussant les neiges vers le fond du golfe. Depuis longtemps il n'avait pas été permis aux gens de Jarvis de voir en hiver le vaste miroir des eaux réfléchissant les couleurs du ciel, spectacle curieux au sein de ces montagnes dont tous les accidents étaient nivelés sous les couches successives de la neige, et où les plus vives arêtes comme les vallons les plus creux ne formaient que de faibles plis dans l'immense tunique jetée par la nature sur ce paysage, alors tristement éclatant et monotone. Les longues nappes de la Sieg, subitement glacées, décrivaient une énorme arcade sous laquelle les habitants auraient pu passer à l'abri des tourbillons, si quelques-uns d'entre eux eussent été assez hardis pour s'aventurer dans le pays. Mais les dangers de la moindre course retenaient au logis les plus intrépides chasseurs qui craignaient de ne plus reconnaître sous la neige les étroits passages pratiqués au bord des précipices, des crevasses ou des versants. Aussi nulle créature n'animait-elle ce désert blanc où régnait la bise du pôle, seule voix qui résonnât en de rares moments. Le ciel, presque toujours grisâtre, donnait au lac les teintes de l'acier bruni. Peut-être un vieil eider traversait-il parfois impunément l'espace à l'aide du chaud duvet sous lequel glissent les songes des riches, qui ne savent par combien de dangers cette plume s'achète; mais, semblable au Bédouin qui sillonne seul les sables de l'Afrique, l'oiseau n'était ni vu ni entendu; l'atmosphère engourdie, privée de ses communications électriques, ne répétait ni le sifflement de ses ailes, ni ses joyeux cris. Quel œil assez vif eût d'ailleurs pu soutenir l'éclat de ce précipice garni de cristaux étincelants, et les rigides reflets des neiges à peine irisées à leurs sommets par les rayons d'un pâle soleil, qui, par moments, apparaissait comme un moribond jaloux d'attester sa vie? Souvent, lorsque des amas de nuées grises, chassées par escadrons à travers les montagnes et les sapins, cachaient le ciel sous de triples voiles, la terre, à défaut de lueurs célestes, s'éclairait par elle-même. Là donc se rencontraient toutes les majestés du froid éternellement assis sur le pôle, et dont le principal caractère est le royal silence au sein duquel vivent les monarques absolus. Tout principe extrême porte en soi l'apparence d'une négation et les symptômes de la mort : la vie n'est-elle pas le combat de deux forces? Là, rien ne trahissait la vie. Une seule puissance, la force improductive de la glace, régnait sans contradiction. Le bruissement de la pleine mer agitée n'arrivait même pas dans ce muet bassin, si bruyant durant les trois courtes saisons où la nature se hâte de produire les chétives récoltes nécessaires à la vie de ce peuple patient. Quelques hauts sapins élevaient leurs noires pyramides chargées de festons neigeux, et la forme de leurs rameaux à barbes inclinées complétait le deuil de ces cimes, où, d'ailleurs, ils se montraient comme des points bruns. Chaque famille restait au coin du feu, dans une maison soigneusement close, fournie de biscuit, de beurre fondu, de poisson sec, de provisions faites à l'avance pour les sept mois d'hiver. A peine voyait-on la fumée de ces habitations. Presque toutes sont ensevelies sous les neiges, contre le poids desquelles elles sont néanmoins préservées par de longues planches qui partent du toit et vont s'attacher à une grande distance sur de solides poteaux en formant un chemin couvert autour de la maison. Pendant ces terribles hivers, les femmes tissent et teignent les étoffes de laine ou de toile dont se font les vêtements, tandis que la plupart des hommes lisent ou se livrent à ces prodigieuses méditations qui ont enfanté les profondes théories, les rêves mystiques du nord, ses croyances, ses études si complètes sur un point de la science fouillé comme avec une sonde; mœurs à demi monastiques qui forcent l'âme à réagir sur elle-même, à y trouver sa nourriture, et qui font du paysan norwégien un être à part dans la population européenne. Dans la première année du dix-neuvième siècle, et vers le milieu du mois de mai, tel était donc l'état du Stromfiord.

Par une matinée où le soleil éclatait au sein de ce paysage en y allumant les feux de tous les diamants éphémères produits par les cristallisations de la neige et des glaces, deux personnes passèrent sur le golfe, le traversèrent et volèrent le long des bases du Falberg, vers le sommet duquel elles s'élevèrent de frise en frise. Était-ce deux créatures, était-ce deux flèches? Qui les eût vues à cette hauteur les aurait prises pour deux eiders cinglant de conserve à travers les nuées. Ni le pêcheur le plus superstitieux, ni le chasseur le plus intrépide n'eût attribué à des créatures humaines le pouvoir de se tenir le long des faibles lignes tracées sur les flancs du granit, où ce couple glissait néanmoins avec l'effrayante dextérité que possèdent les somnambules quand, ayant oublié toutes les conditions de leur pesanteur et les dangers de la moindre déviation, ils courent au bord des toits en gardant leur équilibre sous l'empire d'une force inconnue.

— Arrête-moi, Séraphitus, dit une pâle jeune fille, et laisse-moi respirer. Je n'ai voulu regarder que toi en côtoyant les murailles de ce gouffre; autrement, que serais-je devenue? Mais aussi ne suis-je qu'une bien faible créature. Te fatigué-je?

— Non, dit l'être sur le bras de qui elle s'appuyait. Allons toujours, Minna! la place où nous sommes n'est pas assez solide pour nous y arrêter.

De nouveau, tous deux ils firent siffler sur la neige de longues planches attachées à leurs pieds et parvinrent sur la première plinthe que le hasard avait nettement dessinée sur le flanc de cet abîme. La personne que Minna nommait Séraphîtüs s'appuya sur son talon droit pour relever la planche longue d'environ une toise, étroite comme un pied d'enfant, et qui était attachée à son brodequin par deux courroies en cuir de chien marin. Cette planche, épaisse de deux doigts, était doublée en peau de renne dont le poil en se hérissant sur la neige, arrêta soudain Séraphîtüs; il ramena son pied gauche dont le patin n'avait pas moins de deux toises de longueur, tourna lestement sur lui-même, vint saisir sa peureuse compagne, l'enleva malgré les longs patins qui armaient ses pieds, et l'assit sur un quartier de roche, après en avoir chassé la neige avec sa pelisse.

— Ici, Minna, tu es en sûreté, tu pourras y trembler à ton aise.

— Nous sommes déjà montés au tiers du *Bonnet de glace*, dit-elle en regardant le pic auquel elle donna le nom populaire sous lequel on le connaît en Norwége. Je ne crois pas encore.

Mais, trop essoufflé pour parler davantage, elle sourit à Séraphîtüs, qui, sans répondre et la main posée sur son cœur, la tenait en écoutant de sonores palpitations aussi précipitées que celles d'un jeune oiseau surpris.

— Il bat souvent aussi vite sans que j'aie couru, dit-elle.

Séraphîtüs inclina la tête sans dédain ni froideur. Malgré la grâce qui rendit ce mouvement presque suave, il n'en trahissait pas moins une négation qui, chez une femme, eût été d'une enivrante coquetterie. Séraphîtüs pressa vivement la jeune fille. Minna prit cette caresse pour une réponse, et continua de le contempler. Au moment où Séraphîtüs releva la tête en rejetant en arrière par un geste presque impatient les rouleaux dorés de sa chevelure, afin de se découvrir le front, il vit alors du bonheur dans les yeux de sa compagne.

— Oui, Minna, dit-il d'une voix dont l'accent paternel avait quelque chose de charmant chez un être encore adolescent, regarde-moi, n'abaisse pas la vue.

— Pourquoi?

— Tu veux le savoir? essaie.

Minna jeta vivement un regard à ses pieds, et cria soudain comme un enfant qui aurait rencontré un tigre. L'horrible sentiment des abîmes l'avait envahie, et ce seul coup d'œil avait suffi pour lui en communiquer la contagion. Le Fiord, jaloux de sa pâture, avait une grande voix par laquelle il l'étourdissait en tintant à ses oreilles, comme pour la dévorer plus sûrement en s'interposant entre elle et la vie. Puis, de ses cheveux à ses pieds, le long de son dos, tomba un frisson glacial d'abord, mais qui bientôt lui versa dans les nerfs une insupportable chaleur, battit dans ses veines, et brisa toutes ses extrémités par des atteintes électriques semblables à celles que cause le contact de la torpille. Trop faible pour résister, elle se sentait attirée par une force inconnue en bas de cette table, où elle croyait voir quelque monstre qui lui lançait son venin, un monstre dont les yeux magnétiques la charmaient, dont la gueule ouverte semblait broyer sa proie par avance.

— Je meurs, mon Séraphîtüs, n'ayant aimé que toi, dit-elle en faisant un mouvement machinal pour se précipiter.

Séraphîtüs lui souffla doucement sur le front et sur les yeux. Tout à coup, semblable au voyageur délassé par un bain, Minna n'eut plus que la mémoire de ses vives douleurs, déjà dissipées par cette haleine caressante qui pénétra son corps et l'inonda de balsamiques effluves, aussi rapidement que le souffle avait traversé l'air.

— Qui donc es-tu? dit-elle avec un sentiment de douce terreur. Mais je le sais, tu es ma vie. — Comment peux-tu regarder ce gouffre sans mourir? reprit-elle après une pause.

Séraphîtüs laissa Minna cramponnée au granit, et, comme eût fait une ombre, il alla se poser sur le bord de la table, d'où ses yeux plongèrent au fond du Fiord en en défiant l'éblouissante profondeur; son corps ne vacilla point, son front resta blanc et impassible comme celui d'une statue de marbre : abîme contre abîme.

— Séraphîtüs, si tu m'aimes, reviens! cria la jeune fille. Ton danger me rend mes douleurs. — Qui donc es-tu pour avoir cette force surhumaine à ton âge? lui demanda-t-elle en se sentant de nouveau dans ses bras.

— Mais, répondit Séraphîtüs, tu regardes sans peur des espaces encore plus immenses.

Et, de son doigt levé, cet être singulier lui montra l'auréole bleue que les nuages dessinaient en laissant un espace clair au-dessus de leurs têtes, et dans lequel les étoiles se voyaient pendant le jour en vertu de lois atmosphériques encore inexpliquées.

— Quelle différence! dit-elle en souriant.

— Tu as raison, répondit-il, nous sommes nés pour tendre au ciel. La patrie, comme le visage d'une mère, n'effraie jamais un enfant.

Sa voix vibra dans les entrailles de sa compagne devenue muette.

— Allons, viens, reprit-il.

Tous les deux ils s'élancèrent sur les faibles sentiers tracés le long de la montagne, en y dévorant les distances et volant d'étage en étage, de ligne en ligne, avec la rapidité dont est doué le cheval arabe, cet oiseau du désert. En quelques moments, ils atteignirent un tapis d'herbes, de mousses et de fleurs, sur lequel personne ne s'était encore assis.

— Le joli *sœler !* dit Minna en donnant à cette prairie son véritable nom; mais comment se trouve-t-il à cette hauteur?

— Là cessent, il est vrai, les végétations de la Flore norwégienne, dit Séraphîtüs; mais, s'il se rencontre ici quelques herbes et des fleurs, elles sont dues à ce rocher qui les garantit contre le froid du pôle. — Mets cette touffe dans ton sein, Minna, dit-il en arrachant une fleur, prends cette suave création qu'aucun œil humain n'a vue encore, et garde cette fleur unique comme un souvenir de cette matinée unique dans ta vie! Tu ne trouveras plus de guide pour te mener à ce sœler.

Il lui donna soudain une plante hybride que ses yeux d'aigle lui avaient fait apercevoir parmi des silènes acaulis et des saxifrages, véritable merveille éclose sous le souffle des anges. Minna saisit avec un empressement enfantin la touffe d'un vert transparent et brillant comme celui de l'émeraude, formée par de petites feuilles roulées en cornet, d'un brun clair au fond, mais qui, de teinte en teinte, devenaient vertes à leurs pointes partagées en découpures d'une délicatesse infinie. Ces feuilles étaient si pressées qu'elles semblaient se confondre, et produisaient une foule de jolies rosaces. Çà et là, sur ce tapis, s'élevaient des étoiles blanches, bordées d'un filet d'or, du sein desquelles sortaient des anthères pourprées, sans pistil. Une odeur qui tenait à la fois de celle des roses et des calices de l'oranger, mais fugitive et sauvage, achevait de donner je ne sais quoi de céleste à cette fleur mystérieuse que Séraphîtüs contemplait avec mélancolie, comme si la senteur lui en eût exprimé de plaintives idées que, lui seul! il comprenait. Mais à Minna, ce phénomène inouï parut être un caprice par lequel la nature s'était plu à douer quelques pierreries de la fraîcheur, de la mollesse et du parfum des plantes.

— Pourquoi serait-elle unique? Elle ne se reproduira donc plus? dit la jeune fille à Séraphîtüs qui rougit et changea brusquement de conversation.

— Asseyons-nous, retourne-toi, vois! A cette hauteur, peut-être, ne trembleras-tu point? Les abîmes sont assez profonds pour que tu n'en distingues plus la profondeur; ils ont acquis la perspective unie de la mer, le vague des nuages, la couleur du ciel; la glace du Fiord est une assez jolie turquoise; tu n'aperçois les forêts de sapins que comme de légères lignes de bistre; pour vous, les abîmes doivent être parés ainsi.

Séraphîtüs jeta ces paroles avec cette onction dans l'accent et le geste connue seulement de ceux qui sont parvenus au sommet des hautes montagnes du globe, et contractée si involontairement, que le maître le plus orgueilleux se trouve obligé de traiter son guide en frère, et ne s'en croit le supérieur qu'en s'abaissant vers les vallées où demeurent les hommes. Il défaisait les patins de Minna, aux pieds de laquelle il s'était agenouillé. L'enfant ne s'en apercevait pas, tant elle s'émerveillait du spectacle imposant que présente la vue de la Norwége, dont les longs rochers pouvaient être embrassés d'un seul coup d'œil, tant elle était émue par la solennelle permanence de ces cimes froides, et que les paroles ne sauraient exprimer.

— Nous ne sommes pas venus ici par la seule force humaine, dit-elle en joignant les mains, je rêve sans doute.

— Vous appelez surnaturels les faits dont les causes vous échappent, répondit-il.

— Tes réponses, dit-elle, sont toujours empreintes de je ne sais quelle profondeur. Près de toi, je comprends tout sans effort. Ah! je suis libre.

— Tu n'as plus tes patins, voilà tout.

— Oh! dit-elle, moi qui aurais voulu délier les tiens en te baisant les pieds.

— Garde ces paroles pour Wilfrid, répondit doucement Séraphîtüs.

— Wilfrid! répéta Minna d'un ton de colère qui s'apaisa dès qu'elle eut regardé son compagnon. — Tu ne t'emportes jamais, toi! dit-elle en essayant mais en vain de lui prendre la main, tu es en toute chose d'une perfection désespérante.

— Tu en conclus alors que je suis insensible.

Minna fut effrayée d'un regard si lucidement jeté dans sa pensée.

— Tu me prouves que nous nous entendons, répondit-elle avec la grâce de la femme qui aime.

Séraphîtüs agita mollement la tête en lui lançant un regard à la fois triste et doux.

— Toi qui sais tout, reprit Minna, dis-moi pourquoi la timidité que je ressentais là-bas, près de toi, s'est dissipée en montant-ici ? Pourquoi j'ose te regarder pour la première fois en face, tandis que là-bas, à peine osé-je te voir à la dérobée!

— Ici, peut-être, avons-nous dépouillé les petitesses de la terre, répondit-il en défaisant sa pelisse.

— Jamais tu n'as été si beau, dit Minna en s'asseyant sur une roche moussue et s'abîmant dans la contemplation de l'être qui l'avait conduite sur une partie du pic qui de loin semblait inaccessible.

Jamais, à la vérité, Séraphîtüs n'avait brillé d'un si vif éclat, seule expression qui rende l'animation de son visage et l'aspect de sa personne. Cette splendeur était-elle due à la nitescence que donnent au teint l'air pur des montagnes et le reflet des neiges? était-elle produite par le mouvement intérieur qui surexcite le corps à l'instant où il se repose d'une longue agitation? provenait-elle du contraste subit entre la clarté d'or projetée par le soleil, et l'obscurité des nuées à travers lesquelles ce joli couple avait passé? Peut-être à ces causes faudrait-il encore ajouter les effets d'un des plus beaux phénomènes que puisse offrir la nature humaine. Si quelque habile physiologiste eût examiné cette créature, qui dans ce moment, à voir la fierté de son front et l'éclair de ses yeux, paraissait être un jeune homme de dix-sept ans; s'il eût cherché les ressorts de cette florissante vie sous le tissu le plus blanc que jamais le nord ait fait à un de ses enfants, il aurait cru sans doute à l'existence d'un fluide phosphorique en des nerfs qui semblaient reluire sous l'épiderme, ou à la constante présence d'une lumière intérieure qui colorait Séraphîtüs à la manière de ces lueurs contenues dans une coupe d'albâtre. Quelque mollement effilées que fussent ses mains qu'il avait dégantées pour délier les patins de Minna, elles paraissaient avoir une force égale à celle que le Créateur a mise dans les diaphanes attaches du crabe. Les feux jaillissant de son regard d'or luttaient évidemment avec les rayons du soleil, et il semblait ne pas en recevoir, mais lui donner de la lumière. Son corps, mince et grêle comme celui d'une femme, attestait une de ces natures faibles en apparence, mais dont la puissance égale toujours le désir, et qui sont fortes à temps. De taille ordinaire, Séraphîtüs se grandissait en présentant son front, comme s'il eût voulu s'élancer. Ses cheveux, bouclés par la main d'une fée, et comme soulevés par un souffle, ajoutaient à l'illusion que produisait son attitude aérienne; mais ce maintien dénué d'efforts résultait plus d'un phénomène moral que d'une habitude corporelle. L'imagination de Minna était complice de cette constante hallucination sous l'empire de laquelle chacun serait tombé, et qui prêtait à Séraphîtüs l'apparence des figures rêvées dans un heureux sommeil. Nul type connu ne pourrait donner une image de cette figure majestueusement mâle pour Minna, mais qui, aux yeux d'un homme, eût éclipsé par sa grâce féminine les plus belles têtes dues à Raphaël. Ce peintre des cieux a constamment mis une sorte de joie tranquille, une amoureuse suavité dans les lignes de ses beautés angéliques; mais, à moins de contempler Séraphîtüs lui-même, quelle âme inventerait la tristesse mêlée d'espérance qui voilait à demi les sentiments ineffables empreints dans ses traits? Qui saurait, même dans les fantaisies d'artiste où tout devient possible, voir les ombres que jetait une mystérieuse terreur sur ce front trop intelligent qui semblait interroger les cieux et toujours plaindre la terre? Cette tête planait avec dédain comme un sublime oiseau de proie dont les cris troublent l'air, et se résignait comme la tourterelle dont la voix verse la tendresse au fond des bois silencieux. Le teint de Séraphîtüs était d'une blancheur surprenante que faisaient encore ressortir des lèvres rouges, des sourcils bruns et des cils soyeux, seuls traits qui tranchassent sur la pâleur d'un visage dont la parfaite régularité ne nuisait en rien à l'éclat des sentiments : ils s'y reflétaient sans secousse ni violence, mais avec cette majestueuse et naturelle gravité que nous aimons à prêter aux êtres supérieurs. Tout, dans cette figure marmorine, exprimait la force et le repos. Minna se leva pour prendre la main de Séraphîtüs, en espérant qu'elle pourrait ainsi l'attirer à elle, et déposer sur ce front séducteur un baiser arraché plus à l'admiration qu'à l'amour; mais un regard du jeune homme, regard qui la pénétra comme un rayon de soleil traverse le prisme, glaça la pauvre fille. Elle sentit sans le comprendre, un abîme entre eux, détourna la tête et pleura. Tout à coup une main puissante la saisit par la taille, une voix pleine de suavité lui dit : — Viens. Elle obéit, posa sa tête soudain rafraîchie sur le cœur du jeune homme, qui réglant son pas sur le sien, douce et attentive conformité, la mena vers une place d'où ils purent voir les radieuses décorations de la nature polaire.

— Avant de regarder et de t'écouter, dis-moi, Séraphîtüs, pourquoi tu me repousses? T'ai-je déplu? comment, dis? Je voudrais ne rien avoir à moi; je voudrais que mes richesses terrestres fussent à toi, comme à toi sont déjà les richesses de mon cœur; que la lumière ne me vînt que par tes yeux, comme ma pensé dérive de ta pensée; je ne craindrais plus de t'offenser en te renvoyant ainsi les reflets de ton âme, les mots de ton cœur, le jour de ton jour, comme nous renvoyons à Dieu les contemplations dont il nourrit nos esprits. Je voudrais être tout toi!

— Hé! bien, Minna, un désir constant est une promesse que nous fait l'avenir. Espère! Mais si tu veux être pure, mêle toujours l'idée du Tout-Puissant aux affections d'ici-bas, tu aimeras alors toutes les créatures, et ton cœur ira bien haut!

— Je ferai tout ce que tu voudras, répondit-elle en levant les yeux sur lui par un mouvement timide.

— Je ne saurais être ton compagnon, dit Séraphîtüs avec tristesse.

Il réprima quelques pensées, étendit les bras vers Christiania, qui se voyait comme un point à l'horizon, et dit : — Vois!

— Nous sommes bien petits, répondit-elle.

— Oui, mais nous devenons grands par le sentiment et par l'intelligence, reprit Séraphîtüs. A nous seuls, Minna, commence la connaissance des choses; le peu que nous apprenons des lois du monde visible nous fait découvrir l'immensité des mondes supérieurs. Je ne sais s'il est temps de te parler ainsi; mais je voudrais tant te communiquer la flamme de mes espérances! Peut-être serions nous un jour ensemble, dans le monde où l'amour ne périt pas.

— Pourquoi pas maintenant et toujours? dit-elle en murmurant.

— Rien n'est stable ici, reprit-il dédaigneusement. Les passagères félicités des amours terrestres sont des lueurs qui trahissent à certaines âmes l'aurore de félicités plus durables, de même que la découverte d'une loi de la nature en fait supposer, à quelques êtres privilégiés, le système entier. Notre fragile bonheur d'ici-bas n'est-il donc point l'attestation d'un autre bonheur complet, comme la terre, fragment du monde, atteste le monde? Nous ne pouvons mesurer l'orbite immense de la pensée divine de laquelle nous ne sommes qu'une parcelle aussi petite que Dieu est grand, mais nous pouvons en pressentir l'étendue, nous agenouiller, adorer, attendre. Les hommes se trompent toujours dans leurs sciences, en ne voyant pas que tout, sur leur globe, est relatif et s'y coordonne à une révolution générale, à une production constante qui nécessairement entraîne un progrès et une fin. L'homme lui-même n'est pas une création finie, sans quoi Dieu ne serait pas!

— Comment as-tu trouvé le temps d'apprendre tant de choses? dit la jeune fille.

— Je me souviens, répondit-il.

— Tu me sembles plus beau que tout ce que je vois.

— Nous sommes un des plus grands ouvrages de Dieu. Ne nous a-t-il pas donné la faculté de réfléchir la nature, de la concentrer en nous par la pensée, et de nous en faire un marchepied pour nous élancer vers lui? Nous nous aimons en raison du plus ou du moins de ciel que contiennent nos âmes. Mais ne sois pas injuste, Minna, vois le spectacle qui s'étale à tes pieds, n'est-il pas grand? À tes pieds, l'Océan se déroule comme un tapis, les montagnes sont comme les murs d'un cirque, l'éther est au-dessus comme le voile arrondi de ce théâtre, et d'ici l'on respire les pensées de Dieu comme un parfum. Vois! les tempêtes qui brisent des vaisseaux chargés d'hommes ne nous semblent ici que de faibles bouillonnements, et si tu lèves la tête au-dessus de nous, tout est bleu. Voici comme un diadème d'étoiles. Ici, disparaissent les nuances des expressions terrestres. Appuyée sur cette nature subtilisée par l'espace, ne sens-tu point en toi plus de profondeur que d'esprit? n'as-tu pas plus de grandeur que d'enthousiasme, plus d'énergie que de volonté? n'éprouves-tu pas des sensations dont l'interprète n'est plus en nous? Ne te sens-tu pas des ailes? Prions.

Séraphîtüs plia le genou, se posa les mains en croix sur le sein, et Minna tomba sur ses genoux en pleurant. Ils restèrent ainsi pendant quelques instants, pendant quelques instants l'auréole bleue qui s'agitait dans les cieux au-dessus de leurs têtes s'agrandit, et de lumineux rayons les enveloppèrent à leur insu.

— Pourquoi ne pleures-tu pas quand je pleure? lui dit Minna d'une voix entrecoupée.

— Ceux qui sont tout esprit ne pleurent pas, répondit Séraphîtüs en se levant. Comment pleurerais-je? Je ne vois plus les misères humaines. Ici, le bien éclate dans toute sa majesté; en bas, j'entends les supplications et les angoisses de la harpe des douleurs qui vibre sous les mains de l'esprit captif. D'ici, j'écoute le concert des harpes harmonieuses. En bas, vous avez l'espérance, ce beau commencement de la foi; mais ici règne la foi, qui est l'espérance réalisée!

— Tu ne m'aimeras jamais, je suis trop imparfaite, tu me dédaignes, dit la jeune fille.

— Minna, la violette cachée au pied du chêne se dit : « Le soleil ne m'aime pas, il ne vient pas. » Le soleil se dit : « Si je l'éclairais, elle périrait, cette pauvre fleur! » Ami de la fleur, il glisse ses rayons à travers les feuilles de chênes, et les affaiblit pour colorer le calice de sa bien-aimée. Je ne me trouve pas assez de voiles et crains que tu ne me voies encore trop : tu frémirais si tu me connaissais mieux. Écoute, je suis sans goût pour les fruits de la terre; vos joies, je les ai trop bien comprises; et comme ces empereurs débauchés de la Rome profane, je suis arrivé au dégoût de toutes choses, car j'ai reçu le don de vision. — Abandonne-moi, dit douloureusement Séraphîtüs.

Puis il alla se poser sur un quartier de roche, en laissant tomber sa tête sur son sein.

— Pourquoi me désespères-tu donc ainsi? lui dit Minna.

— Va-t'en! s'écria Séraphîtüs, je n'ai rien de ce que tu veux de moi. Ton amour est trop grossier pour moi. Pourquoi n'aimes-tu pas Wilfrid? Wilfrid est un homme, un homme éprouvé par les passions, qui saura te serrer dans ses bras nerveux, qui te fera sentir une main large et forte. Il a de beaux cheveux noirs, des yeux pleins de pensées humaines, un cœur qui verse des torrents de lave dans les mots que sa bouche prononce. Il te brisera de caresses. Ce sera ton bien-aimé, ton époux. A toi Wilfrid.

Minna pleurait à chaudes larmes.

— Oses-tu dire que tu ne l'aimes pas? dit-il d'une voix qui entrait dans le cœur comme un poignard.

Grâce, grâce, mon Séraphîtüs!

— Aime-le, pauvre enfant de la terre où ta destinée te cloue invinciblement, dit le terrible Séraphîtüs en s'emparant de Minna par un geste qui la força de venir au bord du sœler d'où la scène était si étendue qu'une jeune fille pleine d'enthousiasme pouvait facilement se croire au-dessus du monde. Je souhaitais un compagnon pour aller dans le royaume de lumière, j'ai voulu te montrer ce morceau de boue, et je t'y vois encore attachée. Adieu. Restes-y, jouis par les sens, obéis à ta nature, pâlis avec les hommes pâles, rougis avec les femmes, joue avec les enfants, prie avec les coupables, lève les yeux vers le ciel dans tes douleurs; tremble, espère, palpite; tu auras un compagnon, tu pourras encore rire et pleurer, donner et recevoir. Moi, je suis comme un proscrit, loin du ciel; et comme un monstre, loin de la terre. Mon cœur ne palpite plus; je ne vis que par moi et pour moi. Je sens par l'esprit, je respire par le front, je vois par la pensée, je meurs d'impatience et de désirs. Personne ici-bas n'a le pouvoir d'exaucer mes souhaits, de calmer mon impatience, et j'ai désappris à pleurer. Je suis seul. Je me résigne et j'attends.

Séraphîtüs regarda le tertre plein de fleurs sur lequel il avait placé Minna, puis il se tourna du côté des monts sourcilleux dont les pitons étaient couverts de nuées épaisses dans lesquelles il jeta le reste de ses pensées.

— N'entendez-vous pas un délicieux concert, Minna? reprit-il de sa voix de tourterelle, car l'aigle avait assez crié. Ne dirait-on pas la musique des harpes éoliennes que vos poètes mettent au sein des forêts et des montagnes? Voyez-vous les indistinctes figures qui passent dans ces nuages? apercevez-vous les pieds ailés de ceux qui préparent les décorations du ciel? Ces accents rafraîchissent l'âme; le ciel va bientôt laisser tomber les fleurs du printemps, une lueur s'est élancée du pôle. Fuyons, il est temps.

En un moment, leurs patins furent rattachés, et tous deux descendirent le Falberg par les pentes rapides qui l'unissaient aux vallées de la Sieg. Une intelligence miraculeuse présidait à leur course, ou, pour mieux dire, à leur vol. Quand une crevasse couverte de neige se rencontrait, Séraphîtüs saisissait Minna et s'élançait par un mouvement rapide sans peser plus qu'un oiseau sur la fragile couche qui couvrait un abîme. Souvent, en poussant sa compagne, il faisait une légère déviation pour éviter un précipice, un arbre, un quartier de roche qu'il semblait voir sous la neige, comme certains marins habitués à l'Océan en devinent les écueils à la couleur, au remous, au gisement des eaux. Quand ils atteignirent les chemins du Siegdalhen et qu'il leur fut permis de voyager presque sans crainte en ligne droite pour regagner la glace du Stromfiord, Séraphîtüs arrêta Minna : — Tu ne me dis plus rien, demandait-il.

— Je croyais, répondit respectueusement la jeune fille, que vous vouliez penser tout seul.

— Hâtons-nous, ma Minette, la nuit va venir, reprit-il.

Minna tressaillit en entendant la voix, pour ainsi dire nouvelle, de son guide : voix pure comme celle d'une jeune fille et qui dissipa les lueurs fantastiques du songe à travers lequel jusqu'alors elle avait marché. Séraphîtüs commençait à laisser sa force mâle et à dépouiller ses regards de leur trop vive intelligence. Bientôt ces deux jolies créatures cinglèrent sur le Fiord, atteignirent la prairie de neige qui se trouvait entre la rive du golfe et la première rangée des maisons de Jarvis ; puis, pressées par la chute du jour, elles s'élancèrent en montant vers le presbytère, comme si elles eussent gravi les rampes d'un immense escalier.

— Mon père doit être inquiet, dit Minna.

— Non, répondit Séraphîtüs.

En ce moment, le couple était devant le porche de l'humble demeure où monsieur Becker, le pasteur de Jarvis, lisait en attendant sa fille pour le repas du soir.

— Cher monsieur Becker, dit Séraphîtüs, je vous ramène Minna saine et sauve.

— Merci, mademoiselle, répondit le vieillard en posant ses lunettes sur le livre. Vous devez être fatiguées.

— Nullement, dit Minna qui reçut en ce moment sur le front le souffle de sa compagne.

— Ma petite, voulez-vous après-demain soir venir chez moi prendre du thé?

— Volontiers, chère.

— Monsieur Becker, vous me l'amènerez.

— Oui, mademoiselle.

Séraphîtüs inclina la tête par un geste coquet, salua le vieillard, partit, et en quelques instants arriva dans la cour du château suédois. Un serviteur octogénaire apparut sous l'immense auvent en tenant une lanterne. Séraphîtüs quitta ses patins avec la dextérité gracieuse d'une femme, s'élança dans le salon du château, tomba sur un grand divan couvert de pelleteries, et s'y coucha.

— Qu'allez-vous prendre? lui dit le vieillard en allumant les bougies démesurément longues dont on se sert en Norwége.

— Rien, David, je suis trop lasse.

Séraphîtüs défit sa pelisse fourrée de martre, s'y roula, et dormit.

Le vieux serviteur resta pendant quelques moments debout à contempler avec amour l'être singulier qui reposait sous ses yeux, et dont le genre eût été difficilement défini par qui que ce soit, même par les savants. A le voir ainsi posé, enveloppé de son vêtement habituel, qui ressemblait autant à un peignoir de femme qu'à un manteau d'homme, il était impossible de ne pas attribuer à une jeune fille les pieds menus qu'il laissait pendre, comme pour montrer la délicatesse avec laquelle la nature les avait attachés ; mais son front, mais le profil de sa tête eussent semblé l'expression de la force humaine arrivée à son plus haut degré.

— Elle souffre et ne veut pas me le dire, pensa le vieillard ; elle se meurt comme une fleur frappée par un rayon de soleil trop vif.

Et il pleura, le vieil homme.

II.

SÉRAPHÎTA.

Pendant la soirée, David rentra dans le salon.

— Je sais qui vous m'annoncez, lui dit SÉRAPHÎTA d'une voix endormie. Wilfrid peut entrer.

En entendant ces mots, un homme se présenta soudain, et vint s'asseoir auprès d'elle,

— Ma chère Séraphîta, souffrez-vous? Je vous trouve plus pâle que de coutume.

Elle se tourna lentement vers lui, après avoir chassé ses cheveux en arrière comme une jolie femme qui, accablée par la migraine, n'a plus la force de se plaindre.

— J'ai fait, dit-elle, la folie de traverser le Fiord avec Minna ; nous avons monté sur le Falberg.

— Vous vouliez donc vous tuer? dit-il avec l'effroi d'un amant.

— N'ayez pas peur, bon Wilfrid, j'ai eu bien soin de votre Minna.

Wilfrid frappa violemment de sa main la table, se leva, fit quelques pas vers la porte en laissant échapper une exclamation pleine de douleur, puis il revint et voulut exprimer une plainte.

— Pourquoi ce tapage, si vous croyez que je souffre? dit Séraphîta.

— Pardon, grâce! répondit-il en s'agenouillant. Parlez-moi durement, exigez de moi tout ce que vos cruelles fantaisies de femme vous feront imaginer de plus cruel à supporter; mais, ma bien-aimée, ne mettez pas en doute mon amour. Vous prenez Minna comme une hache, et m'en frappez à coups redoublés. Grâce!

— Pourquoi me dire de telles paroles, mon ami, quand vous les savez inutiles? répondit-elle en lui jetant des regards qui finissaient par devenir si doux que Wilfrid ne voyait plus les yeux de Séraphîta, mais une fluide lumière dont les tremblements ressemblaient aux dernières vibrations d'un chant plein de mollesse italienne.

— Ah! l'on ne meurt pas d'angoisse, dit-il.

— Vous souffrez? reprit-elle d'une voix dont les émanations produisaient au cœur de cet homme un effet semblable à celui des regards. Que puis-je pour vous?

— Aimez-moi comme je vous aime.

— Pauvre Minna! répondit-elle.

— Je n'apporte jamais d'armes, cria Wilfrid.

— Vous êtes d'une humeur massacrante, fit en souriant Séraphîta. N'ai-je pas bien dit ces mots comme ces Parisiennes de qui vaus me racontez les amours?

Wilfrid s'assit, se croisa les bras, et contempla Séraphîta d'un air sombre.

— Je vous pardonne, dit-il, car vous ne savez ce que vous faites.

— Oh! reprit-elle, une femme, depuis Ève, a toujours fait sciemment le bien et le mal.

— Je le crois, dit-il.

— J'en suis sûre, Wilfrid. Notre instinct est précisément ce qui nous rend si parfaites. Ce que vous apprenez, vous autres, nous le sentons, nous.

— Pourquoi ne sentez-vous pas alors combien je vous aime.

— Parce que vous ne m'aimez pas.

— Grand Dieu!

— Pourquoi donc vous plaignez-vous de vos angoisses? demanda-t-elle.

— Vous êtes terrible ce soir, Séraphîta. Vous êtes un vrai démon.

— Non, je suis douée de la faculté de comprendre, et c'est affreux. La douleur, Wilfrid, est une lumière qui nous éclaire la vie.

— Pourquoi donc alliez-vous sur le Falberg?

— Minna vous le dira, moi je suis trop lasse pour parler. A vous la parole, à vous qui savez tout, qui avez tout appris et n'avez rien oublié, vous qui avez passé par tant d'épreuves sociales. Amusez-moi, j'écoute.

— Que vous dirai-je, que vous ne sachiez ? D'ailleurs votre demande est une raillerie. Vous n'admettez rien du monde, vous en brisez les nomenclatures, vous en foudroyez les lois, les mœurs, les sentiments, les sciences, en les réduisant aux proportions que ces choses contractent quand on se pose en dehors du globe.

— Vous voyez bien, mon ami, que je ne suis pas une femme. Vous avez tort de m'aimer. Quoi ! je quitte les régions éthérées de ma prétendue force, je me fais humblement petite, je me courbe à la manière des pauvres femelles de toutes les espèces, et vous me rehaussez aussitôt ! Enfin je suis en pièces, je suis brisée, je vous demande du secours, j'ai besoin de votre bras, et vous me repoussez. Nous ne nous entendons pas.

— Vous êtes ce soir plus méchante que je ne vous ai jamais vue.

— Méchante ! dit-elle en lui lançant un regard qui fondait tous les sentiments en une sensation céleste. Non, je suis souffrante, voilà tout. Alors quittez-moi, mon ami. Ne sera-ce pas user de vos droits d'homme ? Nous devons toujours vous plaire, vous délasser, être toujours gaies, et n'avoir que les caprices qui vous amusent. Que dois-je faire, mon ami ? Voulez-vous que je chante, que je danse, quand la fatigue m'ôte l'usage de la voix et des jambes ? Messieurs, fussions-nous à l'agonie, nous devons encore vous sourire ! Vous appelez cela, je crois, régner. Les pauvres femmes ! je les plains. Dites-moi, vous les abandonnez quand elles vieillissent, elles n'ont donc ni cœur ni âme ? Eh ! bien, j'ai plus de cent ans, Wilfrid, allez-vous-en ! allez aux pieds de Minna.

— Oh ! mon éternel amour !

— Savez-vous ce que c'est que l'éternité ? Taisez-vous, Wilfrid. Vous me désirez et vous ne m'aimez pas. Dites-moi, ne vous rappelé-je pas bien quelque femme coquette ?

— Oh ! certes, je ne reconnais plus en vous la pure et céleste jeune fille que j'ai vue pour la première fois dans l'église de Jarvis.

A ces mots, Séraphîta se passa les mains sur le front, et quand elle se dégagea la figure, Wilfrid fut étonné de la religieuse et sainte expression qui s'y était répandue.

— Vous avez raison, mon ami. J'ai toujours tort de mettre les pieds sur votre terre.

— Oui, chère Séraphîta, soyez mon étoile, et ne quittez pas la place d'où vous répandez sur moi de si vives lumières.

En achevant ces mots, il avança la main pour prendre celle de la jeune fille, qui la lui retira sans dédain ni colère. Wilfrid se leva brusquement, et s'alla placer près de la fenêtre, vers laquelle il se tourna pour ne pas laisser voir à Séraphîta quelques larmes qui lui roulèrent dans les yeux.

— Pourquoi pleurez-vous? lui dit-elle. Vous n'êtes plus un enfant, Wilfrid. Allons, revenez près de moi, je le veux. Vous me boudez quand je devrais me fâcher. Vous voyez que je suis souffrante, et vous me forcez, je ne sais par quels doutes, de penser, de parler, ou de partager des caprices et des idées qui me lassent. Si vous aviez l'intelligence de ma nature, vous m'auriez fait de la musique, vous auriez endormi mes ennuis; mais vous m'aimez pour vous et non pour moi.

L'orage qui bouleversait le cœur de Wilfrid fut soudain calmé par ces paroles; il se rapprocha lentement pour mieux contempler la séduisante créature qui gisait étendue à ses yeux, mollement couchée, la tête appuyée sur sa main et accoudée dans une pose décevante.

— Vous croyez que je ne vous aime point, reprit-elle. Vous vous trompez. Écoutez-moi, Wilfrid. Vous commencez à savoir beaucoup, vous avez beaucoup souffert. Laissez-moi vous expliquer votre pensée. Vous vouliez ma main? Elle se leva sur son séant, et ses jolis mouvements semblèrent jeter des lueurs. — Une jeune fille qui se laisse prendre la main ne fait-elle pas une promesse, et ne doit-elle pas l'accomplir? Vous savez bien que je ne puis être à vous. Deux sentiments dominent les amours qui séduisent les femmes de la terre. Ou elles se dévouent à des êtres souffrants, dégradés, criminels, qu'elles veulent *consoler*, *relever*, *racheter*; ou elles se donnent à des êtres supérieurs, sublimes, forts, qu'elles veulent adorer, comprendre, et par lesquels souvent elles sont écrasées. Vous avez été dégradé, mais vous vous êtes épuré dans les feux du repentir, et vous êtes grand aujourd'hui; moi je me sens trop faible pour être votre égale, et suis trop religieuse pour m'humilier sous une puissance autre que celle d'En-Haut. Votre vie, mon ami, peut se traduire ainsi, nous sommes dans le nord, parmi les nuées où les abstractions ont cours.

— Vous me tuez, Séraphîta, lorsque vous parlez ainsi, répondit-il. Je souffre toujours en vous voyant user de la science monstrueuse avec laquelle vous dépouillez toutes les choses humaines des propriétés que leur donnent le temps, l'espace, la forme, pour les considérer mathématiquement sous je ne sais quelle expression pure, ainsi que le fait la géométrie pour les corps desquels elle abstrait la solidité.

— Bien, Wilfrid, je vous obéirai. Laissons cela. Comment trouvez-vous ce tapis de peau d'ours que mon pauvre David a tendu là ?

— Mais très-bien.

— Vous ne me connaissiez pas cette *Doucha greka!*

C'était une espèce de pelisse en cachemire doublée en peau de renard noir, et dont le nom signifie *chaude à l'âme.*

— Croyez-vous, reprit-elle, que, dans aucune cour, un souverain possède une fourrure semblable?

— Elle est digne de celle qui la porte.

— Et que vous trouvez bien belle?

— Les mots humains ne lui sont pas applicables, il faut lui parler de cœur à cœur.

— Wilfrid, vous êtes bon d'endormir mes douleurs par de douces paroles... que vous avez dites à d'autres.

— Adieu.

— Restez. Je vous aime bien vous et Minna, croyez-le! Mais je vous confonds en un seul être. Réunis ainsi, vous êtes un frère, ou, si vous voulez, une sœur pour moi. Mariez-vous, que je vous voie heureux avant de quitter pour toujours cette sphère d'épreuves et de douleurs. Mon Dieu, de simples femmes ont tout obtenu de leurs amants! Elles leur ont dit : — Taisez-vous! Ils ont été muets. Elles leur ont dit : — Mourez! Ils sont morts. Elles leur ont dit : — Aimez-moi de loin! Ils sont restés à distance comme les courtisans devant un roi. Elles leur ont dit : — Mariez-vous! Ils se sont mariés. Moi, je veux que vous soyez heureux, et vous me refusez. Je suis donc sans pouvoir? Eh! bien, Wilfrid, écoutez, venez plus près de moi, oui, je serais fâchée de vous voir épouser Minna; mais quand vous ne me verrez plus, alors... promettez-moi de vous unir, le ciel vous a destinés l'un à l'autre.

— Je vous ai délicieusement écoutée, Séraphîta. Quelque incompréhensibles que soient vos paroles, elles ont des charmes. Mais que voulez-vous dire?

— Vous avez raison, j'oublie d'être folle, d'être cette pauvre créature dont la faiblesse vous plaît. Je vous tourmente, et vous êtes venu dans cette sauvage contrée pour y trouver le repos, vous, brisé par les impétueux assauts d'un génie méconnu, vous, exténué par les patients travaux de la science, vous qui avez presque trempé vos mains dans le crime et porté les chaînes de la justice humaine.

Wilfrid était tombé demi-mort sur le tapis. Mais Séraphîta souffla sur le front de cet homme qui s'endormit aussitôt paisiblement à ses pieds.

— Dors, repose-toi, dit-elle en se levant.

Après avoir imposé ses mains au-dessus du front de Wilfrid, les phrases suivantes s'échappèrent une à une de ses lèvres, toutes différentes d'accent, mais toutes mélodieuses et empreintes d'une bonté qui semblait émaner de sa tête par ondées nuageuses, comme les lueurs que la déesse profane verse chastement sur le berger bien-aimé durant son sommeil.

« Je puis me montrer à toi, cher Wilfrid, tel que je suis, à toi qui es fort.

» L'heure est venue, l'heure où les brillantes lumières de l'avenir jettent leurs reflets sur les âmes, l'heure où l'âme s'agite dans sa liberté.

» Maintenant il m'est permis de te dire combien je t'aime. Ne vois-tu pas quel est mon amour, un amour sans aucun propre intérêt, un sentiment plein de toi seul, un amour qui te suit dans l'avenir, pour t'éclairer l'avenir? car cet amour est la vraie lumière. Conçois-tu maintenant avec quelle ardeur je voudrais te savoir quitte de cette vie qui te pèse, et te voir plus près que tu ne l'es encore du monde où l'on aime toujours? N'est-ce pas souffrir que d'aimer pour une vie seulement? N'as-tu pas senti le goût des éternelles amours? Comprends-tu maintenant à quels ravissements une créature s'élève, alors qu'elle est double à aimer celui qui ne trahit jamais l'amour, celui devant lequel on s'agenouille en adorant.

» Je voudrais avoir des ailes, Wilfrid, pour t'en couvrir, avoir de la force à te donner pour te faire entrer par avance dans le monde où les plus pures joies du plus pur attachement qu'on éprouve sur cette terre feraient une ombre dans le jour qui vient incessamment éclairer et réjouir les cœurs.

» Pardonne à une âme amie, de t'avoir présenté en un mot le tableau de tes fautes, dans la charitable intention d'endormir les douleurs aiguës de tes remords. Entends les concerts du pardon ! Rafraîchis ton âme en respirant l'aurore qui se lèvera pour toi par delà les ténèbres de la mort. Oui, ta vie à toi, est par delà !

» Que mes paroles revêtent les brillantes formes des rêves, qu'elles se parent d'images, flamboient et descendent sur toi. Monte, monte au point où tous les hommes se voient distinctement, quoique pressés et petits comme des grains de sable au bord des mers. L'humanité s'est déroulée comme un simple ruban ; regarde les diverses nuances de cette fleur des jardins célestes ? Vois-tu ceux auxquels manque l'intelligence, ceux qui commencent à s'en colorer, ceux qui sont éprouvés, ceux qui sont dans l'amour, ceux qui sont dans la sagesse et qui aspirent au monde de lumière ?

» Comprends-tu par cette pensée visible la destinée de l'humanité ? d'où elle vient, où elle va ? Persiste en ta voie ! En atteignant au but de ton voyage, tu entendras sonner les clairons de la toute-puissance, retentir les cris de la victoire, et des accords dont un seul ferait trembler la terre, mais qui se perdent dans un monde sans orient et sans occident.

» Comprends-tu, pauvre cher éprouvé, que, sans les engourdissements, sans les voiles du sommeil, de tels spectacles emporteraient et déchireraient ton intelligence, comme le vent des tempêtes emporte et déchire une faible toile, et raviraient pour toujours à un homme sa raison ? comprends-tu que l'âme seule, élevée à sa toute-puissance, résiste à peine, dans le rêve, aux dévorantes communications de l'Esprit ?

» Vole encore à travers les sphères brillantes et lumineuses, admire, cours. En volant ainsi, tu te reposes, tu marches sans fatigue. Comme tous les hommes, tu voudrais être toujours ainsi plongé dans ces sphères de parfums, de lumière où tu vas, léger de tout ton corps évanoui, où tu parles par la pensée ! Cours, vole, jouis un moment des ailes que tu conquerras, quand l'amour sera si complet en toi que tu n'auras plus de sens, que tu seras tout intelligence et tout amour ! Plus haut tu montes et moins tu conçois les abîmes ! il n'existe point de précipices dans les cieux. Vois celui qui te parle, celui qui te soutient au-dessus de ce monde où sont les abîmes. Vois, contemple-moi encore un moment, car tu ne me verras plus qu'imparfaitement, comme tu me vois à la clarté du pâle soleil de la terre. »

Séraphîta se dressa sur ses pieds, resta, la tête mollement inclinée, les cheveux épars, dans la pose aérienne que les sublimes peintres ont tous donnée aux Messagers d'en haut : les plis de son vêtement eurent cette grâce indéfinissable qui arrête l'artiste, l'homme qui traduit tout par le sentiment, devant les délicieuses lignes du voile de la Polymnie antique. Puis elle étendit la main, et Wilfrid se leva. Quand il regarda Séraphîta, la blanche jeune fille était couchée sur la peau d'ours, la tête appuyée sur sa main, le visage calme, les yeux brillants. Wilfrid la contempla silencieusement, mais une crainte respectueuse animait sa figure, et se trahissait par une contenance timide.

— Oui, chère, dit-il enfin comme s'il répondait à une question, nous sommes séparés par des mondes entiers. Je me résigne, et ne puis que vous adorer. Mais que vais-je devenir, moi pauvre seul ?

— Wilfrid, n'avez-vous pas votre Minna ?

Il baissa la tête.

— Oh ! ne soyez pas si dédaigneux : la femme comprend tout par l'amour ; quand elle n'entend pas, elle sent ; quand elle ne sent pas, elle voit ; quand elle ne voit, ni ne sent, ni n'entend, eh ! bien, cet ange de la terre vous devine pour vous protéger, et cache ses protections sous la grâce de l'amour.

— Séraphîta, suis-je digne d'appartenir à une femme ?

— Vous êtes devenu soudain bien modeste, ne serait-ce pas un piége ? Une femme est toujours si touchée de voir sa faiblesse glorifiée ! Eh, bien, après demain soir, venez prendre le thé chez moi ; le bon monsieur Becker y sera ; vous y verrez Minna, la plus candide créature que je sache en ce monde. Laissez-moi maintenant, mon ami, j'ai ce soir de longues prières à faire pour expier mes fautes.

— Comment pouvez-vous pécher ?

— Pauvre cher, abuser de sa puissance, n'est-ce pas de l'orgueil ? je crois avoir été trop orgueilleuse aujourd'hui. Allons, partez. A demain.

— A demain, dit faiblement Wilfrid en jetant un long regard sur cette créature de laquelle il voulait emporter une image ineffaçable.

Quoiqu'il voulût s'éloigner, il demeura pendant quelques moments debout, occupé à regarder la lumière qui brillait par les fenêtres du château suédois.

— Qu'ai-je donc vu ? se demandait-il. Non, ce n'est point une simple créature, mais toute une création. De ce monde, entrevu à travers des voiles et des nuages, il me reste des retentissements semblables aux souvenirs d'une douleur dissipée, ou pareils aux éblouissements causés par ces rêves dans lesquels nous entendons le gémissement des générations passées qui se mêle aux voix harmonieuses des sphères élevées où tout est lumière et amour. Veillé-je ? Suis-je encore endormi ? Ai-je gardé mes yeux de sommeil, ces yeux devant lesquels de lumineux espaces se reculent indéfiniment, et qui suivent les espaces ? Malgré le froid de la nuit, ma tête est encore en feu. Allons au presbytère ! entre le pasteur et sa fille, je pourrai rasseoir mes idées.

Mais il ne quitta pas encore la place d'où il pouvait plonger dans le salon de Séraphîta. Cette mystérieuse créature semblait être le centre rayonnant d'un cercle qui formait autour d'elle une atmosphère plus étendue que ne l'est celle des autres êtres : quiconque y entrait, subissait le pouvoir d'un tourbillon de clartés et de pensées dévorantes. Obligé de se débattre contre cette inexplicable force, Wilfrid n'en triompha pas sans de grands efforts; mais, après avoir franchi l'enceinte de cette maison, il reconquit son libre arbitre, marcha précipitamment vers le presbytère, et se trouva bientôt sous la haute voûte en bois qui servait de péristyle à l'habitation de monsieur Becker. Il ouvrit la première porte garnie de nœver, contre laquelle le vent avait poussé la neige, et frappa vivement à la seconde en disant : — Voulez-vous me permettre de passer la soirée avec vous, monsieur Becker ?

— Oui, crièrent deux voix qui confondirent leurs intonations.

En entrant dans le parloir, Wilfrid revint par degrés à la vie réelle. Il salua fort affectueusement Minna, serra la main de Monsieur Becker, promena ses regards sur un tableau dont les images calmèrent les convulsions de sa nature physique, chez laquelle s'opérait un phénomène comparable à celui qui saisit parfois les hommes habitués à de longues contemplations. Si quelque pensée vigoureuse enlève sur ses ailes de Chimère un savant ou un poëte, et l'isole des circonstances extérieures qui l'enserrent ici-bas, en le lançant à travers les régions sans bornes où les plus immenses collections de faits deviennent des abstractions, où les plus vastes ouvrages de la nature sont des images; malheur à lui si quelque bruit soudain frappe ses sens et rappelle son âme voyageuse dans sa prison d'os et de chair. Le choc de ces deux puissances, le Corps et l'Esprit, dont l'une participe de l'invisible action de la foudre, et dont l'autre partage avec la nature sensible cette molle résistance qui défie momentanément la destruction; ce combat, ou mieux cet horrible accouplement engendre des souffrances inouïes. Le corps a redemandé la flamme qui le consume, et la flamme a ressaisi sa proie. Mais cette fusion ne s'opère pas sans les bouillonnements, sans les explosions et les tortures dont les visibles témoignages nous sont offerts par la chimie quand se séparent deux principes ennemis qu'elle s'était plu à réunir. Depuis quelques jours, lorsque Wilfrid entrait chez Séraphîta, son corps y tombait dans un gouffre. Par un seul regard, cette singulière créature l'entraînait en esprit dans la sphère où la Méditation entraîne le savant, où la Prière transporte l'âme religieuse, où la Vision emmène un artiste, où le Sommeil emporte quelques hommes; car à chacun sa voix pour aller aux abîmes supérieurs, à chacun son guide pour s'y diriger, à tous la souffrance au retour. Là seulement se déchirent les voiles et se montre à nu la Révélation, ardente et terrible confidence d'un monde inconnu, duquel l'esprit ne rapporte ici-bas que des lambeaux. Pour Wilfrid, une heure passée près de Séraphîta ressemblait souvent au songe qu'affectionnent les thériakis, et où chaque papille nerveuse devient le centre d'une jouissance rayonnante. Il sortait brisé comme une jeune fille qui s'est épuisée à suivre la course d'un géant. Le froid commençait à calmer par ses flagellations aiguës la trépidation morbide que lui causait la combinaison de ses deux natures violemment disjointes; puis, il revenait toujours au presbytère, attiré près de Minna par le spectacle de la vie vulgaire duquel il avait soif, autant qu'un aventurier d'Europe a soif de sa patrie, quand la nostalgie le saisit au milieu des féeries qui l'avaient séduit en Orient. En ce moment, plus fatigué qu'il ne l'avait jamais été, cet étranger tomba dans un fauteuil, et regarda pendant quelque temps autour de lui, comme un homme qui s'éveille. Monsieur Becker, accoutumé sans doute, aussi bien que sa fille, à l'apparente bizarrerie de leur hôte, continuèrent tous deux à travailler.

Le parloir avait pour ornement une collection des insectes et des

M. BECKER

Lisait un in-folio placé sur d'autres livres, comme sur un pupitre.

(SERAPHITA.)

coquillages de la Norwége. Ces curiosités, habilement disposées sur le fond jaune du sapin qui boisait les murs, y formaient une riche tapisserie à laquelle la fumée du tabac avait imprimé ses teintes fuligineuses. Au fond, en face de la porte principale, s'élevait un poêle énorme en fer forgé qui, soigneusement frotté par a servante, brillait comme s'il eût été d'acier poli. Assis dans un grand fauteuil en tapisserie, près de ce poêle, devant une table, et les pieds dans une espèce de chancelière, monsieur Becker lisait un in-folio placé sur d'autres livres comme sur un pupitre; à sa gauche étaient un broc de bière et un verre; à sa droite brûlait une lampe fumeuse entretenue par de l'huile de poisson. Le ministre paraissait âgé d'une soixantaine d'années. Sa figure appartenait à ce type affectionné par les pinceaux de Rembrandt : c'était bien ces petits yeux vifs, enchâssés par des cercles de rides et surmontés d'épais sourcils grisonnants, ces cheveux blancs qui s'échappent en deux lames floconneuses de dessous un bonnet de velours noir, ce front large et chauve, cette coupe de visage que l'ampleur du menton rend presque carrée; puis ce calme profond qui dénote à l'observateur une puissance quelconque, la royauté que donne l'argent, le pouvoir tribunitien du bourgmestre, la conscience de l'art, ou la force cubique de l'ignorance heureuse. Ce beau vieillard, dont l'embonpoint annonçait une santé robuste, était enveloppé dans sa robe de chambre en drap grossier simplement orné de la lisière. Il tenait gravement à sa bouche une longue pipe en écume de mer, et lâchait par temps égaux la fumée du tabac en en suivant d'un œil distrait les fantasques tourbillons, occupé sans doute à s'assimiler par quelque méditation digestive les pensées de l'auteur dont les œuvres l'occupaient. De l'autre côté du poêle et près d'une porte qui communiquait à la cuisine, Minna se voyait indistinctement dans le brouillard produit par la fumée, à laquelle elle paraissait habituée. Devant elle, sur une petite table, étaient les ustensiles nécessaires à une ouvrière : une pile de serviettes, des bas a raccommoder, et une lampe semblable à celle qui faisait reluire les pages blanches du livre dans lequel son père semblait absorbé. Sa figure fraîche à laquelle des contours délicats imprimaient une grande pureté s'harmoniait avec la candeur exprimée sur son front blanc et dans ses yeux clairs. Elle se tenait droit sur sa chaise en se penchant un peu vers la lumière pour y mieux voir, et montrait à son insu la beauté de son corsage. Elle était déjà vêtue pour la nuit d'un peignoir en toile de coton blanche. Un simple bonnet de percale, sans autre ornement qu'une ruche de même étoffe, enveloppait sa chevelure. Quoique plongée dans quelque contemplation secrète, elle comptait, sans se tromper, les fils de sa serviette, ou les mailles de son bas. Elle offrait ainsi l'image la plus complète, le type le plus vrai de la femme destinée aux œuvres terrestres, dont le regard pourrait percer les nuées du sanctuaire, mais qu'une pensée à la fois humble et charitable maintient à hauteur d'homme. Wilfrid s'était jeté sur un fauteuil, entre ces deux tables, et contemplait avec une sorte d'ivresse ce tableau plein d'harmonies auquel les nuages de fumée ne messeyaient point. La seule fenêtre qui éclairât ce parloir pendant la belle saison était alors soigneusement close. En guise de rideaux, une vieille tapisserie, fixée sur un bâton, pendait en formant de gros plis. Là, rien de pittoresque, rien d'éclatant, mais une simplicité rigoureuse, une bonhomie vraie, le laissez-aller de la nature, et toutes les habitudes d'une vie domestique sans troubles ni soucis. Beaucoup de demeures ont l'apparence d'un rêve, l'éclat du plaisir qui passe semble y cacher des ruines sous le froid sourire du luxe ; mais ce parloir était sublime de réalité, harmonieux de couleur, et réveillait les idées patriarcales d'une vie pleine et recueillie. Le silence n'était troublé que par les trépignements de la servante occupée à préparer le souper, et par les frissonnements du poisson séché qu'elle faisait frire dans le beurre salé, suivant la méthode du pays.

— Voulez-vous fumer une pipe ? dit le pasteur en saisissant un moment où il crut que Wilfrid pouvait l'entendre,

— Merci, cher monsieur Becker, répondit-il.

— Vous semblez aujourd'hui plus souffrant que vous ne l'êtes ordinairement, lui dit Minna frappée de la faiblesse que trahissait la voix de l'étranger.

— Je suis toujours ainsi quand je sors du château.

Minna tressaillit.

— Il est habité par une étrange personne, monsieur le pasteur, reprit-il après une pause. Depuis six mois que je suis dans ce village, je n'ai point osé vous adresser de questions sur elle, et suis obligé de me faire violence aujourd'hui pour vous en parler. J'ai commencé par regretter bien vivement de voir mon voyage interrompu par l'hiver, et d'être forcé de demeurer ici ; mais depuis ces deux derniers mois, chaque jour les chaînes qui m'attachent à Jarvis, se sont plus fortement rivées, et j'ai peur d'y finir mes jours. Vous savez comment j'ai rencontré Séraphîta, quelle impression me firent son regard et sa voix, enfin, comment je fus admis chez elle qui ne veut recevoir personne. Dès le premier jour, je revins ici pour vous demander des renseignements sur cette créature mystérieuse. Là commença pour moi cette série d'enchantements...

— D'enchantements! s'écria le pasteur en secouant les cendres de sa pipe dans un plat grossier plein de sable qui lui servait de crachoir. Existe-t-il des enchantements?

— Certes, vous qui lisez en ce moment si consciencieusement le livre des INCANTATIONS de Jean Wier, vous comprendrez l'explication que je puis vous donner de mes sensations, reprit aussitôt Wilfrid. Si l'on étudie attendivement la nature dans ses grandes révolutions comme dans ses plus petites œuvres, il est impossible de ne pas reconnaître l'impossibilité d'un enchantement, en donnant à ce mot sa véritable signification. L'homme ne crée pas de forces, il emploie la seule qui existe et qui les résume toutes, le mouvement, souffle incompréhensible du souverain fabricateur des mondes. Les espèces sont trop bien séparées pour que la main humaine puisse les confondre; et le seul miracle dont elle était capable s'est accompli dans la combinaison de deux substances ennemies. Encore la poudre est-elle germaine de la foudre! Quant à faire surgir une création, et soudain? toute création exige le temps, et le temps n'avance ni ne recule sous le doigt. Ainsi, en dehors de nous, la nature plastique obéit à des lois dont l'ordre et l'exercice ne seront intervertis par aucune main d'homme. Mais, après avoir ainsi fait la part de la Matière, il serait déraisonnable de ne pas reconnaître en nous l'existence d'un monstrueux pouvoir dont les effets sont tellement incommensurables que les générations connues ne les ont pas encore parfaitement classés. Je ne vous parle pas de la faculté de tout abstraire, de contraindre la Nature à se renfermer dans le Verbe, acte gigantesque auquel le vulgaire ne réfléchit pas plus qu'il ne songe au mouvement; mais qui a conduit les théosophes indiens à expliquer la création par un verbe auquel ils ont donné la puissance inverse. La plus petite portion de leur nourriture, un grain de riz d'où sort une création, et dans lequel cette création se résume alternativement, leur offrait une si pure image du verbe créateur et du verbe abstracteur, qu'il était bien simple d'appliquer ce système à la production des mondes. La plupart des hommes devaient se contenter du grain de riz semé dans le premier verset de toutes les Genèses. Saint Jean, disant que le Verbe était en Dieu, n'a fait que compliquer la difficulté. Mais la granification, la germination et la floraison de nos idées est peu de chose, si nous comparons cette propriété partagée entre beaucoup d'hommes, à la faculté tout individuelle de communiquer à cette propriété des forces plus ou moins actives par je ne sais quelle concentration, de la porter à une troisième, à une neuvième, à une vingt-septième puissance, de la faire mordre ainsi sur les masses, et d'obtenir des résultats magiques en condensant les effets de la nature. Or, je nomme enchantements, ces immenses actions jouées entre deux membranes sur la toile de notre cerveau. Il se rencontre dans la nature inexplorée du Monde Spirituel certains êtres armés de ces facultés inouïes, comparables à la terrible puissance que possèdent les gaz dans le monde physique, et qui se combinent avec d'autres êtres, les pénètrent comme cause active, produisent en eux des sortiléges contre lesquels ces pauvres ilotes sont sans défense : ils les enchantent, les dominent, les réduisent à un horrible vasselage, et font peser sur eux les magnificences et le sceptre d'une nature supérieure en agissant tantôt à la manière de la torpille qui électrise et engourdit le pêcheur ; tantôt comme une dose de phosphore qui exalte la vie ou en accélère la projection ; tantôt comme l'opium qui endort la nature corporelle, dégage l'esprit de ses liens, le laisse voltiger sur le monde, le lui montre à travers un prisme, et lui en extrait la pâture qui lui plaît le plus ; tantôt enfin comme la catalepsie qui annule toutes les facultés au profit d'une seule vision. Les miracles, les enchantements, les incantations, les sortiléges, enfin les actes, improprement appelés surnaturels, ne sont possibles et ne peuvent s'expliquer que par le despotisme avec lequel un Esprit nous contraint à subir les effets d'une optique mystérieuse qui grandit, rapetisse, exalte la création, la fait mouvoir en nous à son gré, nous la défigure ou nous l'embellit, nous ravit au ciel ou nous plonge en enfer, les deux termes par lequel s'expriment l'extrême plaisir et l'extrême douleur. Ces phénomènes sont en nous et non au dehors. L'être que nous nommons Séraphîta me semble un de ces rares et terribles démons auxquels il est donné d'étreindre les hommes, de presser la nature et d'entrer en partage avec l'occulte pouvoir de Dieu. Le cours de ses enchantements a commencé chez moi par le silence qui m'était imposé. Chaque fois que j'osais vouloir vous interroger sur elle, il me semblait que j'allais révéler un secret dont je devais être l'incorruptible gardien; chaque fois que j'ai voulu vous questionner, un sceau brûlant s'est posé sur mes lèvres, et j'étais le ministre involontaire de cette mystérieuse défense. Vous me voyez ici pour la centième fois, abattu, brisé, pour avoir été jouer avec le monde hallucinateur que porte en elle cette jeune fille douce et frêle pour vous deux, mais pour moi la magicienne la plus dure. Oui, elle est pour moi comme une sorcière qui, dans sa main droite, porte un appareil invisible pour agiter le globe, et dans sa main gauche, la foudre pour tout dissoudre à son gré. Enfin, je ne sais plus regarder son front; il est d'une insupportable clarté. Je côtoie trop inhabilement depuis quelques jours les abîmes de la folie pour me taire. Je saisis donc le moment où j'ai le courage de résister à ce monstre qui m'entraîne après lui, sans me demander si je puis suivre son vol. Qui est-elle? L'avez-vous vue jeune? Est-elle née jamais? a-t-elle eu des parents? Est-elle enfantée par la conjonction de la glace et du soleil? elle glace et brûle, elle se montre et se retire comme une vérité jalouse, elle m'attire et me repousse, elle me donne tour à tour la vie et la mort, je l'aime et je la hais. Je ne puis plus vivre ainsi, je veux être tout à fait, ou dans le ciel, ou dans l'enfer.

Gardant d'une main sa pipe chargée à nouveau, de l'autre le couvercle sans le remettre, monsieur Becker écoutait Wilfrid d'un air mystérieux, en regardant par instants sa fille qui paraissait comprendre ce langage, en harmonie avec l'être qui l'inspirait. Wilfrid était beau comme Hamlet résistant à l'ombre de son père, et avec laquelle il converse en la voyant se dresser pour lui seul au milieu des vivants.

— Ceci ressemble fort au discours d'un homme amoureux, dit naïvement le bon pasteur.

— Amoureux! reprit Wilfrid; oui, selon les idées vulgaires. Mais, mon cher monsieur Becker, aucun mot ne peut exprimer la frénésie avec laquelle je me précipite vers cette sauvage créature.

— Vous l'aimez donc? dit Minna d'un ton de reproche.

— Mademoiselle, j'éprouve des tremblements si singuliers quant je la vois, et de si profondes tristesses quand je ne la vois plus que, chez tout homme de telles émotions annonceraient l'amour mais ce sentiment rapproche ardemment les êtres, tandis que, toujours entre elle et moi, s'ouvre je ne sais quel abîme dont le froid me pénètre quand je suis en sa présence, et dont la conscience s'évanouit quand je suis loin d'elle. Je la quitte toujours plus désolé, je reviens toujours avec plus d'ardeur, comme les savants qui cherchent un secret et que la nature repousse; comme le peintre qui veut mettre la vie sur une toile, et se brise avec toutes les ressources de l'art dans cette vaine tentative.

— Monsieur, tout cela me paraît bien juste, répondit naïvement la jeune fille.

— Comment pouvez-vous le savoir, Minna? demanda le vieillard.

— Ah! mon père, si vous étiez allé ce matin avec nous sur les sommets du Falberg, et que vous l'eussiez vue priant, vous ne me feriez pas cette question! Vous diriez, comme monsieur Wilfrid, quand il l'aperçut pour la première fois dans notre temple : — C'est le Génie de la Prière.

Ces derniers mots furent suivis d'un moment de silence.

— Ah! certes, reprit Wilfrid, elle n'a rien de commun avec les créatures qui s'agitent dans les trous de ce globe.

— Sur le Falberg! s'écria le vieux pasteur. Comment avez-vous fait pour y parvenir?

— Je n'en sais rien, répondit Minna. Ma course est maintenant pour moi comme un rêve dont le souvenir seul me reste! Je n'y croirais peut-être point sans ce témoignage matériel.

Elle tira la fleur de son corsage et la montra. Tous trois restèrent les yeux attachés sur la jolie saxifrage encore fraîche qui, bien éclairée par les lampes, brilla dans le nuage de fumée comme une autre lumière.

— Voilà qui est surnaturel, dit le vieillard en voyant une fleur éclose en hiver.

— Un abîme! s'écria Wilfrid exalté par le parfum.

— Cette fleur me donne le vertige, reprit Minna. Je crois encore entendre sa parole qui est la musique de la pensée, comme je vois encore la lumière de son regard qui est l'amour.

— De grâce, mon cher monsieur Becker, dites-moi la vie de Séraphîta, énigmatique fleur humaine dont l'image nous est offerte par cette touffe mystérieuse.

— Mon cher hôte, répondit le vieillard en lâchant une bouffée de tabac, pour vous expliquer la naissance de cette créature, il est nécessaire de vous débrouiller les nuages de la plus obscure de toutes les doctrines chrétiennes ; mais il n'est pas facile d'être clair en parlant de la plus incompréhensible des révélations, dernier éclat de la foi qui ait, dit-on, rayonné sur notre tas de boue. Connaissez-vous SWEDENBORG ?

— De nom seulement ; mais de lui, de ses livres, de sa religion je ne sais rien.

— Hé ! bien, je vais vous raconter SWEDENBORG en entier.

III.

SÉRAPHÎTA-SÉRAPHÎTÜS.

Après une pause pendant laquelle le pasteur parut recueillir ses souvenirs, il reprit en ces termes :

Emmanuel de SWEDENBORG est né à Upsal, en Suède, dans le mois de janvier 1688, suivant quelques auteurs, en 1689, suivant son épitaphe. Son père était évêque de Skara. Swedenborg vécut quatre-vingt-cinq années, sa mort étant arrivée à Londres, le 29 mars 1772. Je me sers de cette expression pour exprimer un simple changement d'état. Selon ses disciples, Swedenborg aurait été vu à Jarvis et à Paris postérieurement à cette date. Permettez, mon cher monsieur Wilfrid, dit monsieur Becker en faisant un geste pour prévenir toute interruption, je raconte des faits sans les affirmer, sans les nier. Écoutez, et après, vous penserez de tout ceci ce que vous voudrez. Je vous préviendrai lorsque je jugerai, critiquerai, discuterai les doctrines. afin de constater ma neutralité intelligentielle entre la raison et LUI

La vie d'Emmanuel Swedenborg fut scindée en deux parts, reprit le pasteur. De 1688 à 1745, le baron Emmanuel de Swedenborg apparut dans le monde comme un homme du plus vaste savoir, estimé, chéri pour ses vertus, toujours irréprochable, constamment utile. Tout en remplissant de hautes fonctions en Suède, il a publié de 1709 à 1740, sur la minéralogie, la physique, les mathématiques et l'astronomie, des livres nombreux et solides qui ont éclairé le monde savant. Il a inventé la méthode de bâtir des bassins propres à recevoir les vaisseaux. Il a écrit sur les question les plus importantes, depuis la hauteur des marées jusqu'à la position de la terre. Il a trouvé tout à la fois les moyens de construir le meilleures écluses pour les canaux, et des procédés plus simples our l'extraction des métaux. Enfin, il ne s'est pas occupé d'une science sans lui faire faire un progrès. Il étudia pendant sa jeunesse es langues hébraïque, grecque, latine et les langues orientales dont la connaissance lui devint si familière, que plusieurs professeurs célèbres l'ont consulté souvent, et qu'il put reconnaître dans la Tartarie des vestiges du plus ancien livre de la Parole, nommé LES GUERRES DE JEHOVAH, et LES ÉNONCÉS dont il est parlé par Moïse dans les NOMBRES (XXI, 14, 15, 27 — 30), par Josué, par Jérémie et par Samuel. LES GUERRES DE JEHOVAH seraient la partie historique, et LES ÉNONCÉS la partie prophétique de ce livre antérieur à la GENÈSE. Swedenborg a même affirmé que le JASCHAR ou LE LIVRE DU JUSTE, mentionné par Josué, existait dans la Tartarie-Orientale, avec le culte des Correspondances. Un Français a, dit-on, récemment justifié les prévisions de Swedenborg, en annonçant avoir trouvé à Bagdad plusieurs parties de la Bible inconnues en Europe. Lors de la discussion presque européenne que souleva le magnétisme animal à Paris, et à laquelle presque tous les savants prirent une part active, en 1785, monsieur le marquis de Thomé vengea la mémoire de Swedenborg en relevant des assertions échappées aux commissaires nommés par le roi de France pour examine le magnétisme. Ces messieurs prétendaient qu'il n'existait aucun théorie de l'aimant, tandis que Swedenborg s'en était occupé dè l'an 1720. Monsieur de Thomé saisit cette occasion pour démontrer les causes de l'oubli dans lequel les hommes les plus célèbre laissaient le savant Suédois afin de pouvoir fouiller ses trésors et s'en aider pour leurs travaux. « Quelques-uns des plus illustres, dit monsieur de Thomé en faisant allusion à la THÉORIE DE LA TERRE par Buffon, ont la faiblesse de se parer des plumes du paon sans lui en faire hommage. » Enfin, il prouva par des citations victorieuses, tirées des œuvres encyclopédiques de Swedenborg, que ce grand prophète avait devancé de plusieurs siècles la marche lente des sciences humaines : il suffit, en effet, de lire ses œuvres philosophiques et minéralogiques, pour en être convaincu. Dans tel passage, il se fait le précurseur de la chimie actuelle, en annonçant que les productions de la nature organisée sont toutes décomposables et aboutissent à deux principes purs ; que l'eau, l'air, le feu, *ne sont pas des éléments ;* dans tel autre, il va par quelques mots au fond des mystères magnétiques, il en ravit ainsi la première connaissance à Mesmer. — Enfin, voici de lui, dit monsieur Becker en montrant une longue planche attachée entre le poële et la croisée sur laquelle étaient des livres de toutes grandeurs, voici dix-sept ouvrages différents, dont un seul, ses Œuvres Philosophiques et Minéralogiques, publiées en 1734, ont trois volumes in-folio. Ces productions, qui attestent les connaissances positives de Swedenborg, m'ont été données par monsieur Séraphîtüs, son cousin, père de Séraphîta. En 1740, Swedenborg tomba dans un silence absolu, d'où il ne sortit que pour quitter ses occupations temporelles, et penser exclusivement au monde spirituel. Il reçut les premiers ordres du Ciel en 1745. Voici comment il a raconté sa vocation : Un soir, à Londres, après avoir dîné de grand appétit, un brouillard épais se répandit dans sa chambre. Quand les ténèbres se dissipèrent, une créature qui avait pris la forme humaine se leva du coin de sa chambre, et lui dit d'une voix terrible : *Ne mange pas tant!* Il fit une diète absolue. La nuit suivante, le même homme vint, rayonnant de lumière, et lui dit : *Je suis envoyé par Dieu qui t'a choisi pour expliquer aux hommes le sens de sa parole et de ses créations. Je te dicterai ce que tu dois écrire.* La vision dura peu de moments. L'ANGE était, disait-il, vêtu de pourpre. Pendant cette nuit, les yeux de son *homme intérieur* furent ouverts et disposés pour voir dans le Ciel, dans le monde des Esprits et dans les Enfers; trois sphères différentes où il rencontra des personnes de sa connaissance, qui avaient péri dans leur forme humaine, les unes depuis long-temps, les autres depuis peu. Dès ce moment, Swedenborg a constamment vécu de la vie des Esprits, et resta dans ce monde comme Envoyé de Dieu. Si sa mission lui fut contestée par les incrédules, sa conduite fut évidemment celle d'un être supérieur à l'humanité. D'abord, quoique borné par sa fortune au strict nécessaire, il donné des sommes immenses, et notoirement relevé, dans plusieurs villes de commerce, de grandes maisons tombées ou qui llaient faillir. Aucun de ceux qui firent un appel à sa générosité e s'en alla sans être aussitôt satisfait. Un Anglais incrédule s'est mis à sa poursuite, l'a rencontré dans Paris, et a raconté que chez lui les portes restaient constamment ouvertes. Un jour, son domestique s'étant plaint de cette négligence, qui l'exposait à être soupçonné des vols qui atteindraient l'argent de son maître : — Qu'il soit tranquille, dit Swedenborg en souriant, je lui pardonne sa défiance, il ne voit pas le gardien qui veille à ma porte. En effet, en quelque pays qu'il habitât, il ne ferma jamais ses portes, et rien ne fut perdu chez lui. A Gothembourg, ville située à soixante milles de Stockholm, il annonça, trois jours avant l'arrivée du courrier, l'heure précise de l'incendie qui ravageait Stockholm en faisant observer que sa maison n'était pas brûlée : ce qui était vrai. La reine de Suède dit à Berlin, au roi son frère, qu'une de ses dames étant assignée pour payer une somme qu'elle savait avoir été rendue par son mari avant qu'il mourût, mais n'en trouvant pas la quittance, alla chez Swedendorg, et le pria de demander à son mari où pourrait être la preuve du paiement. Le lendemain, Swedenborg lui indiqua l'endroit où était la quittance ; mais comme, suivant le désir de cette dame, il avait prié le défunt d'apparaître à sa femme, celle-ci vit en songe son mari vêtu de la robe de chambre qu'il portait avant de mourir, et lui montra la quittance dans l'endroit désigné par Swedenborg, et où elle était effectivement cachée. Un jour, en s'embarquant à Londres, dans le navire du capitaine Dixon, il entendit une dame qui demandait si l'on avait fait beaucoup de provisions : — Il n'en faut pas tant, répondit-il. Dans huit jours, à deux heures, nous serons dans le port de Stockholm. Ce qui arriva. L'état de vision dans lequel Swedenborg se mettait à son gré, relativement aux choses de la terre, et qui étonna tous ceux qui l'approchèrent par des effets merveilleux, n'était qu'une faible application de sa faculté de voir les cieux. Parmi ces visions, celle où il raconte ses voyages dans les TERRES ASTRALES ne sont pas les moins curieuses, et ses descriptions doivent nécessairement surprendre par la naïveté des détails. Un homme dont l'immense portée scientifique est incontestable, qui réunissait en lui la conception, la volonté, l'imagination aurait certes inventé mieux, s'il eût inventé. La littérature fantastique des Orientaux n'offre d'ailleurs rien qui puisse donner une idée de cette œuvre étourdissante et pleine de poésies en germe, s'il est permis de comparer une œuvre de croyance aux œuvres de la fantaisie arabe. L'enlèvement de Swedenborg par l'ange qui lui servit de guide dans son premier voyage, est d'une sublimité qui dépasse, de toute la distance que Dieu a mise entre la terre et le soleil, celle des épopées de Klopstock, de Milton, de Tasse et de Dante.

Cette partie, qui sert de début à son ouvrage sur les TERRES ASTRALES, n'a jamais été publiée ; elle appartient aux traditions orales laissées par Swedenborg aux trois disciples qui étaient au plus près de son cœur. Monsieur Silverichm la possède écrite. Monsieur Séraphîtüs a voulu m'en parler quelquefois ; mais le souvenir de la parole de son cousin était si brûlant, qu'il s'arrêtait aux premiers mots, et tombait dans une rêverie d'où rien ne pouvait le tirer. Le discours par lequel l'Ange prouva à Swedenborg que ces corps ne sont pas faits pour être errants et déserts, écrase, m'a dit le baron, toutes les sciences humaines sous le grandiose d'une logique divine. Selon le prophète, les habitants de Jupiter ne cultivent point les sciences qu'ils nomment des ombres ; ceux de Mercure détestent l'expression des idées par la parole qui leur semble trop matérielle, ils ont un langage oculaire ; ceux de Saturne sont continuellement tentés par de mauvais esprits ; ceux de la Lune sont petits comme des enfants de six ans, leur voix part de l'abdomen, et ils rampent ; ceux de Vénus sont d'une taille gigantesque, mais stupides, et vivent de brigandages ; néanmoins, une partie de cette planète a des habitants d'une grande douceur, qui vivent dans l'amour du bien. Enfin, il décrit les mœurs des peuples attachés à ces globes, et traduit le sens général de leur existence par rapport à l'univers, en des termes si précis ; il donne des explications qui concordent si bien aux effets de leurs révolutions apparentes dans le système général du monde, que peut-être un jour les savants viendront-ils s'abreuver à ces sources lumineuses. Voici, dit monsieur Becker, après avoir pris un livre, en l'ouvrant à l'endroit marqué par le signet, voici par quelles paroles il a terminé cette œuvre : « Si l'on » doute que j'aie été transporté dans un grand nombre de Terres » Astrales, qu'on se rappelle mes observations sur les distances » dans l'autre vie ; elles n'existent que relativement à l'état externe » de l'homme ; or, ayant été disposé intérieurement comme les » Esprits Angéliques de ces terres, j'ai pu les connaître. » Les circonstances auxquelles nous avons dû de posséder dans ce canton le baron Séraphîtüs, cousin bien-aimé de Swedenborg, ne m'ont laissé étranger à aucun événement de cette vie extraordinaire. Il fut accusé dernièrement d'imposture dans quelques papiers public de l'Europe, qui rapportèrent le fait suivant, d'après une lettre du chevalier Beylon. Swedenborg, disait-on, *instruit par des sénateurs de la correspondance secrète de la feue reine de Suède avec le prince de Prusse, son frère, en révéla les mystères à cette princesse, et la laissa croire qu'il en avait été instruit par des moyens surnaturels.* Un homme digne de foi, monsieur Charles-Léonhard de Stahlhammer, capitaine dans la garde royale et chevalier de l'Épée, a répondu par une lettre à cette calomnie.

Le pasteur chercha dans le tiroir de sa table parmi quelques papiers, finit par y trouver une gazette, et la tendit à Wilfrid qui lut à haute voix la lettre suivante :

« Stockholm, 13 mai 1788.

« J'ai lu avec étonnement la lettre qui rapporte l'entretien qu'a eu le fameux Swedenborg avec la reine Louise-Ulrique; les circonstances en sont tout à fait fausses, et j'espère que l'auteur me pardonnera si, par un récit fidèle qui peut être attesté par plusieurs personnes de distinction qui étaient présentes et qui sont encore en vie, je lui montre combien il s'est trompé. En 1758, peu de temps après la mort du prince de Prusse, Swedenborg vint à la cour : il avait coutume de s'y trouver régulièrement. A peine eut-il été aperçu de la reine, qu'elle lui dit : « A propos, monsieur l'assesseur, avez-vous vu mon frère? » Swedenborg répondit que non, et la reine lui répliqua : « Si vous le rencontrez, saluez-le de ma part. » En disant cela, elle n'avait d'autre intention que de plaisanter, et ne pensait nullement à lui demander la moindre instruction touchant son frère. Huit jours après, et non pas vingt-quatre jours après, ni dans une audience particulière, Swedenborg vint de nouveau à la cour, mais de si bonne heure, que la reine n'avait pas encore quitté son appartement, appelé la Chambre-Blanche, où elle causait avec ses dames d'honneur et d'autres femmes de la cour. Swedenborg n'attend point que la reine sorte, il entre directement dans son appartement et lui parle bas à l'oreille. La reine, frappée d'étonnement, se trouva mal, et eut besoin de quelque temps pour se remettre. Revenue à elle-même, elle dit aux personnes qui l'entouraient : « Il n'y a que Dieu et mon frère qui puissent savoir ce qu'il vient de me dire! » Elle avoua qu'il lui avait parlé de sa dernière correspondance avec ce prince, dont le sujet n'était connu que d'eux seuls. Je ne puis expliquer comment Swedenborg eut connaissance de ce secret; mais ce que je puis assurer sur mon honneur, c'est que ni le comte H..., comme le dit l'auteur de la lettre, ni personne, n'a intercepté ou lu les lettres de la reine. Le sénat d'alors lui permettait d'écrire à son frère dans la plus grande sécurité, et regardait cette correspondance comme très-indifférente à l'état. Il est évident que l'auteur de la susdite lettre n'a pas du tout connu le caractère du comte H... Ce seigneur respectable, qui a rendu les services les plus importants à sa patrie, réunit aux talents de l'esprit les qualités du cœur, et son âge avancé n'affaiblit point en lui ces dons précieux. Il joignit toujours pendant toute son administration la politique la plus éclairée à la plus scrupuleuse intégrité, et se déclara l'ennemi des intrigues secrètes et des menées sourdes, qu'il regardait comme des moyens indignes pour arriver à son but. L'auteur n'a pas mieux connu l'assesseur Swedenborg. La seule faiblesse de cet homme, vraiment honnête, était de croire aux apparitions des esprits, mais je l'ai connu pendant très-long-temps, et je puis assurer qu'il était aussi persuadé de parler et de converser avec des esprits, que je le suis, moi, dans ce moment, d'écrire ceci. Comme citoyen et comme ami, c'était l'homme le plus intègre, ayant en horreur l'imposture et menant une vie exemplaire. L'explication qu'a voulu donner de ce fait le chevalier Beylon est, par conséquent, destituée de fondement; et la visite faite pendant la nuit à Swedenborg, par les comtes H... et T..., est entièrement controuvée. Au reste, l'auteur de la lettre peut être assuré que je ne suis rien moins que sectateur de Swedenborg; l'amour seul de la vérité m'a engagé à rendre avec fidélité un fait qu'on a si souvent rapporté avec des détails entièrement faux, et j'affirme ce que je viens d'écrire, en apposant la signature de mon nom. »

— Les témoignages que Swedenborg a donnés de sa mission aux familles de Suède et de Prusse ont sans doute fondé la croyance dans laquelle vivent plusieurs personnages de ces deux cours, reprit monsieur Becker en remettant la gazette dans son tiroir. — Néanmoins, dit-il en continuant, je ne vous dirai pas tous les faits de sa vie matérielle et visible : ses mœurs s'opposaient à ce qu'ils fussent exactement connus. Il vivait caché, sans vouloir s'enrichir ou parvenir à la célébrité. Il se distinguait même par une sorte de répugnance à faire des prosélytes, s'ouvrait à peu de personnes, et ne communiquait ces dons extérieurs qu'à celles en qui éclataient la foi, la sagesse et l'amour. Il savait reconnaître par un seul regard l'état de l'âme de ceux qui l'approchaient, et changeait en Voyants ceux qu'il voulait toucher de sa parole intérieure. Ses disciples ne lui ont, depuis l'année 1745, jamais rien vu faire pour aucun motif humain. Une seule personne, un prêtre suédois, nommé Matthésius, l'accusa de folie. Par un hasard extraordinaire, ce Matthésius, ennemi de Swedenborg et de ses écrits, devint fou peu de temps après, et vivait encore il y a quelques années à Stockholm avec une pension accordée par le roi de Suède. L'éloge de Swedenborg a d'ailleurs été composé avec un soin minutieux quant aux événements de sa vie, et prononcé dans la grande salle de l'Académie royale des sciences à Stockholm par monsieur de Sandel, conseiller au collége des Mines, en 1786. Enfin une déclaration reçue par le lord-maire, à Londres, constate les moindres détails de la dernière maladie et de la mort de Swedenborg, qui fut alors assisté par monsieur Férélius, ecclésiastique suédois de la plus haute distinction. Les personnes comparues attestent que, loin d'avoir démenti ses écrits, Swedenborg en a constamment attesté la vérité. — « Dans cent ans, dit-il à monsieur Férélius, ma doctrine régira l'ÉGLISE. » Il a prédit fort exactement le jour et l'heure de sa mort. Le jour même, le dimanche 29 mars 1772, il demanda l'heure. — Cinq heures, lui répondit-on. — Voilà qui est fini, dit-il, Dieu vous bénisse! Puis, dix minutes après, il expira de la manière la plus tranquille en poussant un léger soupir. La simplicité, la médiocrité, la solitude, furent donc les traits de sa vie. Quand il avait achevé l'un de ses traités, il s'embarquait pour aller l'imprimer à Londres ou en Hollande, et n'en parlait jamais. Il publia successivement ainsi vingt-sept traités différents, tous écrits, dit-il, sous la dictée des Anges. Que ce soit ou non vrai, peu d'hommes sont assez forts pour en soutenir les flammes orales. Les voici tous, dit monsieur Becker en montrant une seconde planche sur laquelle étaient une soixantaine de volumes. Les sept traités où l'esprit de Dieu jette ses plus vives lueurs, sont : LES DÉLICES DE L'AMOUR CONJUGAL, — LE CIEL ET L'ENFER, — L'APOCALYPSE RÉVÉLÉE, — L'EXPOSITION DU SENS INTERNE, — L'AMOUR DIVIN, — LE VRAI CHRISTIANISME, — LA SAGESSE ANGÉLIQUE DE L'OMNIPOTENCE, OMNISCIENCE, OMNIPRÉSENCE DE CEUX QUI PARTAGENT L'ÉTERNITÉ, L'IMMENSITÉ DE DIEU. Son explication de l'Apocalypse commence par ces paroles, dit monsieur Becker en prenant et ouvrant le premier volume qui se trouvait près de lui :

« *Ici je n'ai rien mis du mien, j'ai parlé d'après le Seigneur qui avait dit par le même ange à Jean* : TU NE SCELLERAS PAS LES PAROLES DE CETTE PROPHÉTIE (Apocalypse, 22, 10). »

— Mon cher monsieur, dit le douteur en regardant Wilfrid, j'ai souvent tremblé de tous mes membres pendant les nuits d'hiver, en lisant les œuvres terribles où cet homme déclare avec une parfaite innocence les plus grandes merveilles. « J'ai vu, dit-il, les Cieux » et les Anges. L'homme spirituel voit l'homme spirituel beaucoup » mieux que l'homme terrestre ne voit l'homme terrestre. En dé» crivant les merveilles des cieux et au-dessous des cieux, j'obéis » à l'ordre que le Seigneur m'a donné de le faire. On est le maître » de ne pas me croire, je ne puis mettre les autres dans l'état où » Dieu m'a mis ; il ne dépend pas de moi de les faire converser » avec les Anges, ni d'opérer le miracle de la disposition expresse » de leur entendement ; ils sont eux-mêmes les seuls instruments » de leur exaltation angélique. Voici vingt-huit ans que je suis » dans le monde spirituel avec les Anges, et sur la terre avec les » hommes ; car il a plu au Seigneur de m'ouvrir les yeux de l'Es» prit, comme il les ouvrit à Paul, à Daniel et à Élisée. » Néanmoins, certaines personnes ont des visions du monde spirituel par le détachement complet que le somnambulisme opère entre leur forme extérieure et leur homme intérieur. *Dans cet état*, dit Swedenborg en son traité DE LA SAGESSE ANGÉLIQUE (n° 257), *l'homme peut être élevé jusque dans la lumière céleste, parce que les sens corporels étant abolis, l'influence du ciel agit sans obstacle sur l'homme intérieur*. Beaucoup de gens, qui ne doutent point que Swedenborg n'ait eu des révélations célestes, pensent néanmoins que tous ses écrits ne sont pas également empreints de l'inspiration divine. D'autres exigent une adhésion absolue à Swedenborg, tout en admettant ses obscurités ; mais ils croient que l'imperfection du langage terrestre a empêché le prophète d'exprimer ses visions spirituelles dont les obscurités disparaissent aux yeux de ceux que la foi a régénérés ; car, suivant l'admirable expression de son plus grand disciple, *la chair est une génération extérieure*. Pour les poètes et les écrivains, son merveilleux est immense ; pour les Voyants, tout est d'une réalité pure. Ses descriptions ont été pour quelques chrétiens des sujets de scandale. Certains critiques ont ridiculisé la substance céleste de ses temples, de ses palais d'or, de ses villas superbes où s'ébattent les anges; d'autres se sont moqués de ses bosquets d'arbres mystérieux, de ses jardins où les fleurs parlent, où l'air est blanc, où les pierreries mystiques, la sardoine, l'escarboucle, la chrysolite, la chrysoprase, la cyanée, la chalcédoine, le béryl, l'URIM et le THUMIM sont doués de mouvement, expriment des vérités célestes, et qu'on peut interroger, car elles répondent par des variations de lumière (VRAIE RELIGION, 219); beaucoup de bons esprits n'admettent pas ses mondes où les couleurs font entendre de délicieux concerts, où les paroles flamboient, où le Verbe s'écrit en cornicules (VRAIE RELIGION, 278). Dans le Nord même, quelques écrivains ont ri de ses portes de perles, de diamants qui tapissent et meublent les maisons de sa Jérusalem où les moindres ustensiles sont faits des substances les plus rares du globe. « Mais, disent ses disciples, parce que tous ces objets sont clairsemés dans ce monde, est-ce une raison pour qu'ils ne soient pas abondants en l'autre? Sur la terre, ils sont d'une substance terrestre, tandis que dans les cieux ils sont sous les apparences célestes et relatives à l'état d'ange. « Swedenborg a d'ailleurs répété, à ce sujet, ces grandes paroles de JÉSUS-CHRIST : *Je vous enseigne en me servant des paroles terrestres, et vous ne m'entendez pas; si je parlais le langage du ciel, comment pourriez-vous me comprendre!* (Jean, 3, 12). — Monsieur, moi j'ai lu Swedenborg en entier, reprit monsieur Becker en laissant échapper un geste emphatique. Je le dis avec orgueil, puisque j'ai gardé ma raison. En le lisant, il faut ou perdre le sens, ou devenir un Voyant. Quoique j'aie résisté à ces deux folies, j'ai souvent éprouvé des ravissements inconnus, des saisissements profonds, des joies intérieures que donnent seules la plénitude de la vérité, l'évidence de la lumière céleste. Tout ici-bas semble petit quand l'âme parcourt les pages dévorantes de ces Traités. Il est impossible de ne pas être frappé d'étonnement en songeant que, dans l'espace de trente ans, cet homme a publié, sur les vérités du monde spirituel, vingt-cinq volumes in-quarto, écrits en latin, dont le moindre a cinq cents pages, et qui sont tous imprimés en petits caractères. Il en a laissé, dit-on, vingt autres à Londres, déposés à son neveu, M. Silverichm, ancien aumônier du roi de Suède. Certes, l'homme qui, de vingt à soixante ans, s'était presque épuisé par la publication d'une sorte d'encyclopédie, a dû recevoir des secours surnaturels pour composur ces prodigieux traités, à l'âge où les forces de l'homme commencent à s'éteindre. Dans ces écrits, il se trouve des milliers de propositions numérotées, dont aucune ne se contredit. Partout l'exactitude, la méthode, la présence d'esprit, éclatent et découlent d'un même fait, l'existence des Anges. SA VRAIE RELIGION, où se résume tout son dogme, œuvre vigoureuse de lumière, a été conçue, exécutée à quatre-vingt-trois ans. Enfin, son ubiquité, son omniscience n'est démentie par aucun de ses critiques, ni par ses ennemis. Néanmoins, quand je me suis abreuvé à ce torrent de lueurs célestes, Dieu ne m'a pas ouvert les yeux intérieurs, et j'ai jugé ces écrits avec la raison d'un homme non régénéré. J'ai donc souvent trouvé que l'INSPIRÉ Swedenborg avait dû parfois mal entendre les Anges. J'ai ri de plusieurs visions auxquelles j'aurais dû, suivant les Voyants, croire avec admiration. Je n'ai conçu ni l'écriture corniculaire des anges, ni leurs ceintures dont l'or est plus ou moins faible. Si, par exemple, cette phrase : *Il est des anges solitaires*, m'a singulièrement attendri d'abord ; par réflexion, je n'ai pas accordé cette solitude avec leurs mariages. Je n'ai pas compris pourquoi la vierge Marie conserve, dans le ciel, des habillements de satin blanc. J'ai osé me demander pourquoi les gigantesques démons Enakim et Héphilim venaient toujours combattre les chérubins dans les champs apocalyptiques d'Armageddon. J'ignore comment les Satans peuvent encore discuter avec les Anges. M. le baron Séraphîtüs m'objectait que ces détails concernaient les Anges qui demeuraient sur la terre sous forme humaine. Souvent les visions du prophète suédois sont barbouillées de figures grotesques. Un de ses MÉMORABLES, nom qu'il leur a donné, commence par ces paroles : — « Je vis des esprits rassemblés, ils avaient des chapeaux sur leurs têtes. » Dans un autre Mémorable, il reçoit du ciel un petit papier sur lequel il vit, dit-il, les lettres dont se servaient les peuples primitifs, et qui étaient composées de lignes courbes avec de petits anneaux qui se portaient en haut. Pour mieux attester sa communication avec les cieux, j'aurais voulu qu'il déposât ce papier à l'Académie royale des sciences de Suède. Enfin, peut-être ai-je tort, peut-être les absurdités matérielles semées dans ses ouvrages ont-elles des significations spirituelles. Autrement, comment admettre la croissante influence de sa religion Son ÉGLISE compte aujourd'hui plus de sept cent mille fidèles, tan aux États-Unis d'Amérique où différentes sectes s'y agrégent e masse, qu'en Angleterre où sept mille Swedenborgistes se trouvent dans la seule ville de Manchester. Des hommes aussi distingués par leurs connaissances que par leur rang dans le monde, soit en Allemagne, soit en Prusse ou dans le Nord, ont publiquement adopté les croyances de Swedenborg, plus consolantes d'ailleurs que ne l sont celles des autres communions chrétiennes. Maintenant, je voudrais bien pouvoir vous expliquer en quelques paroles succinctes les points capitaux de la doctrine que Swedenborg a établie pour son Église; mais cet abrégé, fait de mémoire, serait nécessairement fautif. Je ne puis donc me permettre de vous parler que des Arcanes qui concernent la naissance de Séraphîta.

Ici, monsieur Becker fit une pause pendant laquelle il parut se recueillir pour rassembler ses idées, et reprit ainsi :

— Après avoir mathématiquement établi que l'homme vit éternellement en des sphères, soit inférieures, soit supérieures, Swedenborg appelle Esprits Angéliques les êtres qui, dans ce monde, sont préparés pour le ciel, où ils deviennent Anges. Selon lui, Dieu n'a pas créé d'Anges spécialement, il n'en existe point qui n'ait été homme sur la terre. La terre est ainsi la pépinière du ciel. Les Anges ne sont donc pas Anges pour eux-mêmes (*Sag. ang.* 57); ils se transforment par une conjonction intime avec Dieu, à laquelle Dieu ne se refuse jamais; l'essence de Dieu n'étant jamais négative, mais incessamment active. Les Esprits Angéliques passent par trois natures d'amour, car l'homme ne peut être régénéré que successivement (*Vraie Religion*). D'abord l'AMOUR DE SOI : la suprême expression de cet amour est le génie humain, dont les œuvres obtiennent un culte. Puis l'AMOUR DU MONDE, qui produit les prophètes, les grands hommes que la Terre prend pour guides et salue du nom de divins. Enfin l'AMOUR DU CIEL, qui fait les Esprits Angéliques. Ces Esprits sont, pour ainsi dire, les fleurs de l'humanité qui s'y résume et travaille à s'y résumer. Ils doivent avoir ou l'Amour du ciel ou la Sagesse du ciel; mais ils sont toujours dans l'Amour avant d'être dans la Sagesse. Ainsi la première transformation de l'homme est l'AMOUR. Pour arriver à ce premier degré, ses *existers* antérieurs ont dû passer par l'Espérance et la Charité qui l'engendrent pour la Foi et la Prière. Les idées acquises par l'exercice de ces vertus se transmettent à chaque nouvelle enveloppe humaine sous laquelle se cachent les métamorphoses de l'ÊTRE INTÉRIEUR; car rien ne se sépare, tout est nécessaire :

l'Espérance ne va pas sans la Charité, la Foi ne va pas sans la Prière : les quatre faces de ce carré sont solidaires. « Faute d'une vertu, dit-il, l'Esprit Angélique est comme une perle brisée. » Chacun de ces *existers* est donc un cercle dans lequel s'enroulen les richesses célestes de l'état antérieur. La grande perfection des Esprits Angéliques vient de cette mystérieuse progression par laquelle rien ne se perd des qualités successivement acquises pour arriver à leur glorieuse incarnation; car à chaque transformation ils se dépouillent insensiblement de la chair et de ses erreurs. Quand il vit dans l'Amour, l'homme a quitté toutes ses passions mauvaises : l'Espérance, la Charité, la Foi, la Prière ont, suivant le mot d'Isaïe, *vanné* son intérieur qui ne doit plus être pollué par aucune des affections terrestres. De là cette grande parole de saint Luc : *Faites-vous un trésor qui ne périsse pas dans les cieux.* Et celle de Jésus-Christ : *Laissez ce monde aux hommes, il est à eux; faites-vous purs, et venez chez mon père.* La seconde transformation est la Sagesse. La Sagesse est la compréhension des choses célestes auxquelles l'Esprit arrive par l'Amour. L'Esprit d'Amour a conquis la force, résultat de toutes les passions terrestres vaincues, il aime aveuglément Dieu; mais l'Esprit de Sagesse a l'intelligence et sait pourquoi il aime. Les ailes de l'un sont déployées et l'emportent vers Dieu, les ailes de l'autre sont repliées par la terreur que lui donne la Science : il connaît Dieu. L'un désire incessamment voir Dieu et s'élance vers lui, l'autre y touche et tremble. L'union qui se fait d'un Esprit d'Amour et d'un Esprit de Sagesse met la créature à l'état divin pendant lequel son âme est FEMME, et son corps est HOMME, dernière expression humaine où l'Esprit l'emporte sur la Forme, où la forme se débat encore contre l'Esprit divin; car la forme, la chair, ignore, se révolte, et veut rester grossière. Cette épreuve suprême engendre des souffrances inouïes que les cieux voient seuls, et que le Christ a connues dans le jardin des Oliviers. Après la mort le premier ciel s'ouvre à cette double nature humaine purifiée. Aussi les hommes meurent-ils dans le désespoir, tandis que l'Esprit meurt dans le ravissement. Ainsi le NATUREL, état dans lequel sont les êtres non régénérés; le SPIRITUEL, état dans lequel sont les Esprits Angéliques; et le DIVIN, état dans lequel demeure l'Ange avant de briser son enveloppe, sont les trois degrés de l'*exister* par lesquels l'homme parvient au ciel. Une pensée de

Swedenborg vous expliquera merveilleusement la différence qui existe entre le NATUREL et le SPIRITUEL : — *Pour les hommes*, dit-il, le Naturel *passe dans* le Spirituel, *ils considèrent le monde sous ces formes visibles et le perçoivent dans une réalité propre à leurs sens. Mais pour l'Esprit Angélique*, le Spirituel *passe dans* le Naturel, *il considère le monde dans son esprit intime, et non dans sa forme.* Ainsi, nos sciences humaines ne sont que l'analyse des formes. Le savant selon le monde est purement extérieur comme son savoir, son *intérieur* ne lui sert qu'à conserver son aptitude à l'intelligence de la vérité. L'Esprit Angélique va bien au delà, son savoir est la pensée dont la science humaine n'est que la parole; il puise la connaissance des choses dans le Verbe, en apprenant LES CORRESPONDANCES par lesquelles les mondes concordent avec les cieux. LA PAROLE de Dieu fut entièrement écrite par pures Correspondances, elle couvre un sens interne ou spirituel qui, sans la science des Correspondances, ne peut être compris. Il existe, dit Swedenborg (*Doctrine céleste*, 26), des ARCANES innombrables dans le sens interne des Correspondances. Aussi les hommes qui se sont moqués des livres où les prophètes ont recueilli la Parole étaient-ils dans l'état d'ignorance où sont ici-bas les hommes qui ne savent rien d'une science, et se moquent des vérités de cette science. Savoir les Correspondances de la Parole avec les cieux, savoir les Correspondances qui existent entre les choses visibles et pondérables du monde terrestre et les choses invisibles et impondérables du monde spirituel, c'est *avoir les cieux dans son entendement.* Tous les objets des diverses créations étant émanés de Dieu comportent nécessairement un sens caché, comme le disent ces grandes paroles d'Isaïe : *La terre est un vêtement* (Isaïe, 5, 6). Ce lien mystérieux entre les moindres parcelles de la matière et les cieux constitue ce que Swedenborg appelle un ARCANE CÉLESTE. Aussi son traité des Arcanes Célestes, où sont expliquées les Correspondances ou signifiances du Naturel au Spirituel, devant donner, suivant l'expression de Jacob Boehm, *la signature de toute chose*, n'a-t-il pas moins de seize volumes et de treize mille propositions.

« Cette connaissance merveilleuse des Correspondances, que la » bonté de Dieu permit à Swedenborg d'avoir, dit un de ses dis- » ciples, est le secret de l'intérêt qu'inspirent ces ouvrages. Selon » ce commentateur, là tout dérive du ciel, tout rappelle au ciel.

» Les écrits du prophète sont sublimes et clairs : il parle dans les » cieux et se fait entendre sur la terre; sur une de ses phrases, on » ferait un volume. » Et le disciple cite celle-ci entre mille autres : *Le royaume du ciel*, dit Swedenborg (*Arcan. céles.*), *est le royaume des motifs.* L'ACTION *se produit dans le ciel, de là dans le monde, et par degrés dans les infiniment petits de la terre; les effets terrestres étant liés à leurs causes célestes, font que tout y est* CORRESPONDANT *et* SIGNIFIANT. *L'homme est le moyen d'union entre le Naturel et le Spirituel.* Les Esprits Angéliques connaissent donc essentiellement les Correspondances qui relient au ciel chaque chose de la terre, et savent le sens intime des paroles prophétiques qui en dénoncent les révolutions. Ainsi, pour ces Esprits, tout ici-bas porte sa signifiance. La moindre fleur est une pensée, une vie qui correspond à quelques linéaments du Grand-Tout, duquel ils ont une constante intuition. Pour eux, L'ADULTÈRE et les débauches dont parlent les Écritures et les prophètes, souvent estropiés par de soi-disant écrivains, signifient l'état des âmes qui dans ce monde persistent à s'infecter d'affections terrestres, et continuent ainsi leur divorce avec le ciel. Les nuées signifient les voiles dont s'enveloppe Dieu. Les flambeaux, les pains de proposition, les chevaux et les cavaliers, les prostituées, les pierreries, tout, dans l'ÉCRITURE, a pour eux un sens exquis, et révèle l'avenir des faits terrestres dans leurs rapports avec le ciel. Tous peuvent pénétrer la vérité des ÉNONCÉS de saint Jean, que la science humaine démontre et prouve matériellement plus tard, tels que celui-ci : « Gros, dit Swedenborg, de plusieurs sciences humaines. » *Je vis un nouveau ciel et une nouvelle terre, car le premier ciel et la première terre étaient passés* (*Ap.*, XXI, 1). Ils connaissent les *festins où l'on mange la chair des rois, des hommes libres et des esclaves*, et auxquels convie un ange debout dans le soleil (*Apocal.*, XIX, 11 *à* 18). Ils voient *la femme ailée, revêtue du soleil, et l'homme toujours armé* (*Apocal.*). Le cheval de l'Apocalypse est, dit Swedenborg, l'image visible de l'intelligence humaine montée par la mort, car elle porte sur elle son principe de destruction. Enfin, ils reconnaissent les peuples cachés sous des formes qui semblent fantastiques aux ignorants. Quand un homme est disposé à recevoir l'insufflation prophétique des Correspondances, elle réveille en lui l'esprit de la arole; il comprend alors que les créations ne sont que des transformations; elle vivifie son intelligence et lui donne pour les vérités une soif ardente qui ne peut s'étancher que dans le ciel. Il conçoit, suivant le plus ou moins de perfection de son intérieur, la puissance des Esprits Angéliques, et marche, conduit par le Désir, l'état le moins imparfait de l'homme non régénéré, vers l'Espérance qui lui ouvre le monde des Esprits, puis il arrive à la Prière qui lui donne la clef des Cieux. Quelle créature ne désirerait se rendre digne d'entrer dans la sphère des intelligences qui vivent secrètement par l'Amour ou par la Sagesse? Ici-bas, pendant leur vie, ces Esprits restent purs; ils ne voient, ne pensent et ne parlent point comme les autres hommes. Il existe deux perceptions: l'une interne, l'autre externe; l'Homme est tout externe, l'Esprit Angélique est tout interne. L'Esprit va au fond des Nombres, il en possède la totalité, connaît leurs signifiances. Il dispose du mouvement et s'associe à tout par l'ubiquité: *Un ange,* selon le Prophète Suédois, *est présent à un autre quand il le désire* (*Sap. Ang. De Div. AM.*); car il a le don de se séparer de son corps, et voit les cieux comme les prophètes les ont vus, et comme Swedenborg les voyait lui-même. « Dans cet état dit-il (*Vraie Religion*, 136), l'esprit de l'homme est transporté d'un lieu à un autre, le corps restant où il est, état dans lequel j'ai demeuré pendant vingt-six années. » Nous devons entendre ainsi toutes les paroles bibliques où il est dit: *L'esprit m'emporta.* La Sagesse angélique est à la Sagesse humaine ce que les innombrables forces de la nature sont à son action, qui est une. Tout revit, se meut, existe en l'Esprit, car il est en Dieu: ce qu'expriment ces parole de saint Paul: « *In Deo sumus, movemur, et vivimus;* nou vivons, nous agissons, nous sommes en Dieu. » La terre ne lui offre aucun obstacle, comme la Parole ne lui offre aucune obscurité. Sa divinité prochaine lui permet de voir la pensée de Dieu voilée par le Verbe, de même que vivant par son intérieur, l'Esprit communique avec le sens intime caché sous toutes les choses de ce monde. La Science est le langage du monde Temporel, l'Amour est celui du monde Spirituel. Aussi l'homme décrit-il plus qu'il n'explique, tandis que l'Esprit Angélique voit et comprend. La Science attriste l'homme, l'amour exalte l'Ange. La Science cherche encore, l'Amour a trouvé. L'homme juge la nature dans ses rapports avec elle; l'Esprit Angélique la juge dans ses rapports avec le ciel. Enfin tout parle aux Esprits. Les Esprits sont dans le secret de l'harmonie de créations entre elles; ils s'entendent avec l'esprit des sons, avec l'esprit des couleurs, avec l'esprit des végétaux; ils peuvent interroger le minéral, et le minéral répond à leurs pensées. Que sont pour eux les sciences et les trésors de la terre, quand il les étreignent à tout moment par leur vue, et que les mondes dont s'occupent tant les hommes, ne sont pour les Esprits que la dernière marche d'où ils vont s'élancer à Dieu? L'Amour du ciel ou la sagesse du ciel s'annoncent en eux par un cercle de lumière qui les entoure et que voient les Élus. Leur innocence, dont celle des enfants est la forme extérieure, a la connaissance des choses que n'ont point les enfants : ils sont innocents et savants. — « Et, dit Swedenborg, l'innocence des » cieux fait une telle impression sur l'âme, que ceux qu'elle affecte » en gardent un ravissement qui dure toute leur vie, comme je » l'ai moi-même éprouvé. Il suffit peut-être, dit-il encore, d'en » avoir une minime perception pour être à jamais changé, pour » vouloir aller aux cieux et entrer ainsi dans la sphère de l'Espé» rance. » Sa doctrine sur les mariages peut se réduire à ce peu de mots : « Le Seigneur a pris la beauté, l'élégance de la vie de » l'homme et l'a transportée dans la femme. Quand l'homme n'est » pas réuni à cette beauté, à cette élégance de sa vie, il est sévère, » triste et farouche; quand il y est réuni, il est joyeux, il est com» plet. » Les Anges sont toujours dans le point le plus parfait de la beauté. Leurs mariages sont célébrés par des cérémonies merveilleuses. Dans cette union, qui ne produit point d'enfants, l'homme a donné L'ENTENDEMENT, la femme a donné la VOLONTÉ, ils deviennent un seul être, UNE SEULE chair ici-bas; puis ils vont aux cieux après avoir revêtu la forme céleste. Ici-bas, dans l'état naturel, le penchant mutuel des deux sexes vers les voluptés est un EFFET qui entraîne et fatigue et dégoût; mais sous sa forme céleste, le couple devenu *le même* Esprit trouve en lui-même une cause incessante de voluptés. Swedenborg a vu ce mariage des Esprits, qui, selon saint Luc, n'a point de noces (20, 35), et qui n'inspire que des plaisirs spirituels. Un Ange s'offrit à le rendre témoin d'un mariage, et l'entraîna sur ses ailes (les ailes sont un symbole et non une réalité terrestre). Il le revêtit de sa robe de fête, et quand Swedenborg se vit habillé de lumière, il demanda pourquoi, — Dans cette circonstance, répondit l'Ange, nos robes s'allument, brillent et se font nuptiales. (*Deliciæ sap. de am. conj.*, 19, 20, 21.) Il aperçut alors deux Anges qui vinrent, l'un du Midi, l'autre de l'Orient; l'Ange du Midi était dans un char attelé de deux chevaux blancs dont les rênes avaient la couleur et l'éclat de l'aurore; mais quand ils furent près de lui, dans le ciel, il ne vit plus ni les chars ni les chevaux. L'Ange de l'Orient vêtu de pourpre, et l'Ange du Midi vêtu d'hyacinthe accoururent comme deux souffles et se confondirent: l'un était un Ange d'amour, l'autre était un Ange de Sagesse. Le guide de Swedenborg lui dit que ces deux Anges avaient été liés sur la terre d'une amitié intérieure et toujours unis, quoique séparés par les espaces. Le consentement qui est l'essence des bons mariages sur la terre, est l'état habituel des Anges dans le ciel. L'amour est la lumière de leur monde. Le ravissement éternel des Anges vient de la faculté que Dieu leur communique de lui rendre à lui-même la joie qu'ils en éprouvent. Cette réciprocité d'infini fait leur vie. Dans le ciel, ils deviennent infinis en participant de l'essence de Dieu qui s'engendre par lui-même. L'immensité des cieux où vivent les Anges est telle, que si l'homme était doué d'une vue aussi continuellement rapide que c'est la lumière en venant du soleil sur la terre et qu'il regardât pendant l'éternité, ses yeux ne trouveraient pas un horizon où se reposer. La lumière explique seule les félicités du ciel. C'est, dit-il (*Sap.*, *Aug.*, 7, 25, 26, 27), une vapeur de la vertu de Dieu, une émanation pure de sa clarté, auprès de laquelle notre jour le plus éclatant est l'obscurité. Elle peut tout, renouvelle tout et ne s'absorbe pas; elle environne l'Ange et lui fait toucher Dieu par des jouissances infinies que l'on sent se multiplier infiniment par elles-mêmes. Cette lumière tue tout homme qui n'est pas préparé à la recevoir. Nul ici-bas, ni même dans le ciel, ne peut voir Dieu et vivre. Voilà pourquoi il est dit (*Ex.* XIX, 12, 13, 21, 22, 23): *La montagne où Moïse parlait au Seigneur était gardée de peur que quelqu'un, ne venant à y toucher, ne mourût.* Puis encore (*Ex.* XXXIV, 29—35): *Quand Moïse apporta les secondes Tables, sa face brillait tellement, qu'il fut obligé de la voiler pour ne faire mourir personne en parlant au peuple.* La transfiguration de Jésus-Christ accuse également la lumière que jette un Messager du ciel et les ineffables jouissances que trouvent les Anges à en être continuellement imbus. *Sa face*, dit saint Mathieu (XVII, 1—5), *resplendit comme le soleil*, *ses vêtements devinrent comme la lumière, et un nuage couvrit ses disciples*. Enfin, quand un astre n'enferme plus que des êtres qui se refusent au Seigneur, que sa parole est méconnue, que les Esprits Angéliques ont été assemblés des quatre vents, Dieu envoie un Ange exterminateur pour changer la masse du monde réfractaire qui, dans l'immensité de l'univers, est pour lui ce qu'est dans la nature un germe infécond. En approchant du Globe, l'Ange Exterminateur porté sur une comète le fait tourner sur son axe : les continents deviennent alors le fond des mers, les plus hautes montagnes deviennent des îles, et les pays jadis couverts des eaux marines, renaissent parés de leur fraîcheur en obéissant aux lois de la Genèse; la parole de Dieu reprend alors sa force sur une nouvelle terre qui garde en tous lieux les effets de l'eau terrestre et du feu céleste. La lumière, que l'Ange apporte d'En-Haut, fait alors pâlir le soleil. Alors, comme dit Isaïe (19—20) : *Les hommes entreront dans des fentes de rochers, se blottiront dans la poussière. Ils crieront* (Apocalypse, VII, 15-17) *aux montagnes : Tombez sur nous! A la mer : Prends-nous! Aux airs : Cachez-nous de la fureur de l'Agneau!* L'Agneau est la grande figure des Anges méconnus et persécutés ici-bas. Aussi Christ a-t-il dit : *Heureux ceux qui souffrent! Heureux les simples! Heureux ceux qui aiment!* Tout Swedenborg est là : Souffrir, Croire, Aimer. Pour bien aimer, ne faut-il pas avoir souffert, et ne faut-il pas croire? L'Amour engendre la Force, et la Force donne la Sagesse; de là, l'Intelligence; car la Force et la Sagesse comportent la Volonté. Être intelligent, n'est-ce pas Savoir, Vouloir et Pouvoir, les trois attributs de l'Esprit Angélique? — « *Si l'univers a un sens, voilà le plus digne de Dieu!* » me disait monsieur Saint-Martin que je vis pendant le voyage qu'il fit en Suède. — Mais, monsieur, reprit monsieur Becker après une pause, que signifient ces lambeaux pris dans l'étendue d'une œuvre de laquelle on ne peut donner une idée qu'en la comparant à un fleuve de lumière, à des ondées de flammes? Quand un homme s'y plonge, il est emporté par un courant terrible. Le poème de Dante Alighieri fait à peine l'effet d'un point, à qui veut se plonger dans les innombrables versets à l'aide desquels Swedenborg a rendu palpables les mondes célestes, comme Beethoven a bâti ses palais d'harmonie avec des milliers de notes, comme les architectes ont édifié leurs cathédrales avec des milliers de pierres. Vous y roulez dans des gouffres sans fin, où votre esprit ne vous soutient pas toujours. Certes! il est nécessaire d'avoir une puissante intelligence pour en revenir sain et sauf à nos idées sociales.

— Swedenborg, reprit le pasteur, affectionnait particulièrement le baron de Séraphîtz, dont le nom, suivant un vieil usage suédois, avait pris depuis un temps immémorial la terminaison latine *üs*. Le baron fut le plus ardent disciple du Prophète suédois qu avait ouvert en lui les yeux de l'Homme Intérieur, et l'avait disposé pour une vie conforme aux ordres d'En-Haut. Il chercha parmi les femmes un Esprit Angélique, Swedenborg le lui trouva dans une vision. Sa fiancée fut la fille d'un cordonnier de Londres, en qui, disait Swedenborg, éclatait la vie du ciel, et dont les épreuves antérieures avaient été accomplies. Après la transformation du Prophète, le baron vint à Jarvis pour faire ses noces célestes dans les pratiques de la prière. Quant à moi, monsieur, qui ne suis point un Voyant, je ne me suis aperçu que des œuvres terrestres de ce couple : sa vie a bien été celle des saints et des saintes dont les vertus sont la gloire de l'Église romaine. Tous deux, ils ont adouci la misère des habitants, et leur ont donné à tous une fortune qui ne va point sans un peu de travail, mais qui suffit à leurs besoins; les gens qui vécurent près d'eux ne les ont jamais surpris dans un mouvement de colère ou d'impatience; ils ont été constamment bienfaisants et doux, pleins d'aménité, de grâce et de vraie bonté; leur mariage a été l'harmonie de deux âmes incessamment unies. Deux eiders volant du même vol, le son dans l'écho, la pensée dans la parole, sont peut-être des images imparfaites de cette union. Ici chacun les aimait d'une affection qui ne pourrait s'exprimer qu'en la comparant à l'amour de la plante pour le soleil. La femme était simple dans ses manières, belle de formes, belle de visage, et d'une noblesse semblable à celle des personnes les plus augustes. En 1783, dans la vingt-sixième année de son âge, cette femme conçut un enfant; sa gestation fut une joie grave. Les deux époux faisaient ainsi leurs adieux au monde, car ils me dirent qu'ils seraient sans doute transformés quand leur enfant aurait quitté la robe de chair qui avait besoin de leurs soins jusqu'au moment où la force d'être par elle-même lui serait communiquée. L'enfant naquit, et fut cette Séraphîta qui nous occupe en ce moment; dès qu'elle ut conçue, son père et sa mère vécurent encore plus solitairement que par le passé, s'exaltant vers le ciel par la prière. Leur espérance était de voir Swedenborg, et la foi réalisa leur espérance. Le jour de la naissance de Séraphîta, Swedenborg se manifesta dans Jarvis, et remplit de lumière la chambre où naissait l'enfant. Ses paroles furent, dit-on : — *L'œuvre est accomplie, les cieux se réjouissent !* Les gens de la maison entendirent les sons étranges d'une mélodie qui, disaient-ils, semblait être apportée des quatre points cardinaux par le souffle des vents. L'esprit de Swedenborg emmena le père hors de la maison et le conduisit sur le Fiord, où il le quitta. Quelques hommes de Jarvis s'étant alors approchés de monsieur Séraphîtüs, l'entendirent prononçant ces suaves paroles de l'Écriture : — *Combien sont beaux sur les montagnes les pieds de l'Ange que nous envoie le Seigneur !* Je sortais du presbytère pour aller au château, y baptiser l'enfant, le nommer et accomplir les devoirs que m'imposent les lois lorsque je rencontrai le baron. — « Votre ministère est superflu, me dit-il; notre enfant doit être sans nom sur cette terre. Vous ne baptiserez pas avec l'eau de l'Église terrestre celui qui vient d'être ondoyé dans le feu du Ciel. Cet enfant restera fleur, vous ne le verrez pas vieillir, vous le verrez passer; vous avez l'*exister*, il a la vie; vous avez des sens extérieurs, il n'en a pas, il est tout intérieur. » Ces paroles furent prononcées d'une voix surnaturelle par laquelle je fus affecté plus vivement encore que par l'éclat empreint sur son visage qui suait la lumière. Son aspect réalisait les fantastiques images que nous concevons des inspirés en lisant les prophéties de la Bible. Mais de tels effets ne sont pas rares au milieu de nos montagnes, où le nitre des neiges subsistantes produit dans notre organisation d'étonnants phénomènes. Je lui demandai la cause de son émotion. — Swedenborg est venu, je le quitte, j'ai respiré l'air du ciel, me dit-il. — Sous quelle forme vous est-il apparu ? repris-je. — Sous son apparence mortelle, vêtu comme il l'était la dernière fois que je le vis à Londres, chez Richard Shearsmith, dans le quartier de *Cold-Bath-Field*, en juillet 1771. Il portait son habit de ratine à reflets changeants, à boutons d'acier, son gilet fermé, sa cravate blanche, et la même perruque magistrale, à rouleaux poudrés sur les côtés, et dont les cheveux relevés par-devant lui découvraient ce front vaste et lumineux en harmonie avec sa grande figure carrée, où tout est puissance et calme. J'ai reconnu ce nez à larges narines pleines de feu; j'ai revu cette bouche qui a toujours souri, bouche angélique d'où sont sortis ces mots pleins de mon bonheur : — « A bientôt ! » Et j'ai senti les resplendissements de l'amour céleste. La conviction qui brillait dans le visage du baron m'interdisait toute discussion, je l'écoutais en silence, sa voix avait une chaleur contagieuse qui m'échauffait les entrailles; son fanatisme agitait mon cœur, comme la colère d'autrui nous fait vibrer les nerfs. Je le suivis en silence et vins dans sa maison, où j'aperçus l'enfant sans nom, couché sur sa mère qui l'enveloppait mystérieusement. Séraphîta m'entendit venir et leva la tête vers moi : ses yeux n'étaient pas ceux d'un enfant ordinaire; pour exprimer l'impression que j'en reçus, il faudrait dire qu'ils voyaient et pensaient déjà. L'enfance de cette créature prédestinée fut accompagnée de circonstances extraordinaires dans notre climat. Pendant neuf années, nos hivers ont été plus doux et nos étés plus longs que de coutume. Ce phénomène causa plusieurs discussions entre les savants; mais si leurs explications parurent suffisantes aux académiciens, elles firent sourire le baron quand je les lui commmuniquai. Jamais Séraphîta n'a été vue dans sa nudité, comme le sont quelquefois les enfants; jamais elle n'a été touchée ni par un homme ni par une femme; elle a vécu vierge sur le sein de sa mère, et n'a jamais crié. Le vieux David vous confirmera ces faits, si vous le questionnez sur sa maîtresse pour laquelle il a d'ailleurs une adoration semblable à celle qu'avait pour l'arche sainte le roi dont il porte le nom. Dès l'âge de neuf ans, l'enfant a commencé à se mettre en état de prière : la prière est sa vie : vous l'avez vue dans notre temple, à Noël, seul jour où elle y vienne; elle y est séparée des autres chrétiens par un espace considérable. Si cet espace n'existe pas entre elle et les hommes, elle souffre. Aussi reste-t-elle la plupart du temps au château. Les événements de sa vie sont d'ailleurs inconnus, elle ne se montre pas; ses facultés, ses sensations, tout est intérieur; elle demeure la plus grande partie du temps dans l'état de contemplation mystique habituel, disent les écrivains papistes, aux premiers chrétiens solitaires en qui demeurait la tradition de la parole de Christ. Son entendement, son âme, son corps, tout en elle est vierge comme la neige de nos montagnes. A dix ans, elle était telle que vous la voyez maintenant. Quand elle eut neuf ans, son père et sa mère expirèrent ensemble, sans douleur, sans maladie visible, après avoir dit l'heure à laquelle ils cessseraient d'être. Debout, à leurs pieds, elle les regardait d'un œil calme, sans témoigner ni tristesse, ni douleur, ni joie, ni curiosité; son père et sa mère lui souriaient. Quand nous vînmes prendre les deux corps, elle dit : — Emportez! — Séraphîta, lui dis-je, car nous l'avons appelée ainsi, n'êtes-vous donc pas affectée de la mort de votre père et de votre mère? ils vous aimaient tant! — Morts? dit-elle. Non, ils sont en moi pour toujours. Ceci n'est rien, ajouta-t-elle en montrant sans aucune émotion les corps que l'on enlevait. Je la voyais pour la troisième fois depuis sa naissance. Au temple, il est difficile de l'apercevoir, elle est debout près de la colonne à laquelle tient la chaire dans une obscurité qui ne permet pas de saisir ses traits. Des serviteurs de cette maison, il ne restait, lors de cet événement, que le vieux David, qui, malgré ses quatre-vingt-deux ans, suffit à servir sa maîtresse. Quelques gens de Jarvis ont raconté des choses merveilleuses sur cette fille. Leurs contes ayant pris une certaine consistance dans un pays essentiellement ami des mystères, je me suis mis à étudier le traité des Incantations de Jean Wier, et les ouvrages relatifs à la démonologie, où sont consignés les effets prétendus surnaturels en l'homme, afin d'y chercher des faits analogues à ceux qui lui sont attribués.

— Vous ne croyez donc pas en elle? dit Wilfrid.

— Si fait, dit avec bonhomie le pasteur, je vois en elle une fille extrêmement capricieuse, gâtée par ses parents, qui lui ont tourné la tête avec les idées religieuses que je viens de vous formuler.

Minna laissa échapper un signe de tête qui exprima doucement une négation.

— Pauvre fille! dit le docteur en continuant, ses parents lui ont légué l'exaltation funeste qui égare les mystiques et les rend plus ou moins fous. Elle se soumet à des diètes qui désolent le pauvre David. Ce bon vieillard ressemble à une plante chétive qui s'agite au moindre vent, qui s'épanouit au moindre rayon de soleil. Sa maîtresse, dont le langage incompréhensible est devenu le sien, est son vent et son soleil; elle a pour lui des pieds de diamant et le front parsemé d'étoiles; elle marche environnée d'une lumineuse et blanche atmosphère; sa voix est accompagnée de musiques; elle a le don de se rendre invisible. Demandez à la voir? il vous répondra qu'elle voyage dans les Terres Astrales. Il est difficile de croire à de telles fables. Vous le savez, tout miracle ressemble plus ou moins à l'histoire de la Dent d'or. Nous avons une dent d'or à Jarvis, voilà tout. Ainsi, Duncker le pêcheur affirme l'avoir vue, tantôt se plongeant dans le Fiord d'où elle ressort sous la forme d'un eider, tantôt marchant sur les flots pendant la tempête. Fergus, qui mène les troupeaux dans les sœler, dit avoir vu, dans les temps pluvieux, le ciel toujours clair au-dessus du château suédois, et toujours bleu au-dessus de la tête de Séraphîta quand elle sort. Plusieurs femmes entendent les sons d'un orgue immense quand Séraphîta vient dans le temple, et demandent sérieusement à leurs voisines si elles ne les entendent pas aussi. Mais, ma fille, que, depuis deux ans, Séraphîta prend en affection, n'a point entendu de musique, et n'a point senti les parfums du ciel qui, dit-on, embaument les airs quand elle se promène. Minna est souvent rentrée en m'exprimant une naïve admiration de jeune fille pour les beautés de notre printemps; elle revenait enivrée des odeurs que jettent les premières pousses des mélèzes, des pins ou des fleurs qu'elle était allée respirer avec elle; mais après un si long hiver, rien n'est plus naturel que cet excessif plaisir. La compagnie de ce démon n'a rien de bien extraordinaire, dis, mon enfant?

— Ses secrets ne sont pas les miens, répondit Minna. Près de lui, je sais tout; loin de lui, je ne sais plus rien; près de lui, je ne suis plus moi; loin de lui, j'ai tout oublié de cette vie délicieuse. Le voir est un rêve dont la souvenance ne me reste que suivant sa volonté. J'ai pu entendre près de lui, sans m'en souvenir loin de lui, les musiques dont parlent la femme de Bancker et celle d'Érikson; j'ai pu, près de lui, sentir des parfums célestes, contempler des merveilles, et ne plus en avoir idée ici.

— Ce qui m'a surpris le plus depuis que je la connais, ce fut de la voir vous souffrir près d'elle, reprit le pasteur en s'adressant à Wilfrid.

— Près d'elle! dit l'étranger, elle ne m'a jamais laissé ni lui baiser, ni même lui toucher la main. Quand elle me vit pour la première fois, son regard m'intimida; elle me dit : — Soyez le bienvenu ici, car vous deviez venir. Il me sembla qu'elle me connaissait. J'ai tremblé. La terreur me fait croire en elle.

— Et moi l'amour, dit Minna sans rougir.

— Ne vous moquez-vous pas de moi? dit monsieur Becker en riant avec bonhomie; toi, ma fille, en te disant un Esprit d'Amour, et vous, monsieur, en vous faisant un Esprit de Sagesse?

Il but un verre de bière, et ne s'aperçut pas du singulier regard que Wilfrid jeta sur Minna.

— Plaisanterie à part, reprit le ministre, j'ai été fort surpris d'apprendre qu'aujourd'hui, pour la première fois, ces deux folles seraient allées sur le sommet du Falberg; mais n'est-ce pas une exagération de jeunes filles qui seront montées sur quelque colline? il est impossible d'atteindre à la cime du Falberg.

— Mon père, dit Minna d'une voix émue, j'ai donc été sous le pouvoir du démon, car j'ai gravi le Falberg avec lui.

— Voilà qui devient sérieux, dit monsieur Becker; Minna n'a jamais menti.

— Monsieur Becker, reprit Wilfrid, je vous affirme que Séraphîta exerce sur moi des pouvoirs si extraordinaires, que je ne sais aucune expression qui puisse en donner une idée. Elle m'a révélé des choses que moi seul je puis connaître.

— Somnambulisme! dit le vieillard. D'ailleurs, plusieurs effets de ce genre sont rapportés par Jean Wier comme des phénomènes fort explicables et jadis observés en Égypte.

— Confiez-moi les œuvres théosophiques de Swedenborg, dit Wilfrid, je veux me plonger dans ces gouffres de lumière, vous m'en avez donné soif.

Monsieur Becker tendit un volume à Wilfrid, qui se mit à lire aussitôt. Il était environ neuf heures du soir. La servante vint servir le souper. Minna fit le thé. Le repas fini, chacun d'eux resta silencieusement occupé, le pasteur à lire le Traité des Incantations, Wilfrid à saisir l'esprit de Swedenborg, la jeune fille à coudre en s'abîmant dans ses souvenirs. Ce fut une veillée de Norwége, une soirée paisible, studieuse, pleine de pensées, des fleurs sous de la neige. En dévorant les pages du prophète, Wilfrid n'existait plus que par ses sens intérieurs. Parfois, le pasteur le montrait d'un air moitié sérieux, moitié railleur à Minna qui souriait avec une sorte de tristesse. Pour Minna, la tête de Séraphîtüs lui souriait en planant sur le nuage de fumée qui les enveloppait tous trois. Minuit sonna. La porte extérieure fut violemment ouverte. Des pas pesants et précipités, les pas d'un vieillard effrayé, se firent entendre dans l'espèce d'antichambre étroite qui se trouvait entre les deux portes. Puis, tout à coup, David se montra dans le parloir.

— Violence! violence! s'écria-t-il. Venez! venez tous! Les Satans sont déchaînés! ils ont des mitres de feu. Ce sont des Adonis, des Vertumnes, des Sirènes! ils le tentent comme Jésus fut tenté sur la montagne. Venez les chasser.

— Reconnaissez-vous le langage de Swedenborg? le voilà pur, dit en riant le pasteur.

Mais Wilfrid et Minna regardaient avec terreur le vieux David qui, ses cheveux blancs épars, les yeux égarés, les jambes tremblantes et couvertes de neige, car il était venu sans patins, restait agité comme si quelque vent tumultueux le tourmentait.

— Qu'est-il arrivé? lui dit Minna.

— Eh! bien, les Satans espèrent et veulent le reconquérir.

Ces mots firent palpiter Wilfrid.

— Voici près de cinq heures qu'elle est debout, les yeux levés au ciel, les bras étendus; elle souffre, elle crie à Dieu. Je ne puis franchir les limites, l'enfer a posé des Vertumnes en sentinelle. Ils ont élevé des murailles de fer entre elle et son vieux David. Si elle a besoin de moi, comment ferai-je? Secourez-moi! venez prier!

Le désespoir de ce pauvre vieillard était effrayant à voir.

— La clarté de Dieu la défend; mais si elle allait céder à la violence? reprit-il avec une bonne foi séductrice.

— Silence! David, n'extravaguez pas! Ceci est un fait à vérifier. Nous allons vous accompagner, dit le pasteur, et vous verrez qu'il ne se trouve chez vous ni Vertumnes, ni Satans, ni Sirènes.

— Votre père est aveugle, dit tout bas David à Minna.

Wilfrid, sur qui la lecture d'un premier traité de Swedenborg, qu'il avait rapidement parcouru, venait de produire un effet violent, était déjà dans le corridor, occupé à mettre ses patins. Minna fut prête aussitôt. Tous deux laissèrent en arrière les deux vieillards, et s'élancèrent vers le château suédois.

— Entendez-vous ce craquement? dit Wilfrid.

— La glace du Fiord remue, répondit Minna; mais voici bientôt le printemps.

Wilfrid garda le silence. Quand tous deux furent dans la cour, ils ne se sentirent ni la faculté ni la force d'entrer dans la maison.

— Que pensez-vous d'elle? dit Wilfrid.

— Quelles clartés! s'écria Minna qui se plaça devant la fenêtre du salon. Le voilà! mon Dieu, qu'il est beau! O! mon Séraphîtüs, prends-moi.

L'exclamation de la jeune fille fut tout intérieure. Elle voyait Séraphîtüs debout, légèrement enveloppé d'un brouillard couleur d'opale qui s'échappait à une faible distance de ce corps presque phosphorique.

— Comme elle est belle! s'écria mentalement aussi Wilfrid.

En ce moment, monsieur Becker arriva, suivi de David : il vit sa fille et l'étranger devant la fenêtre, vint près d'eux, regarda dans le salon, et dit : — Eh! bien, David, elle fait ses prières.

— Mais, monsieur, essayez d'entrer.

— Pourquoi troubler ceux qui prient? répondit le pasteur.

En ce moment, un rayon de la lune, qui se trouvait sur le Falberg, jaillit sur la fenêtre. Tous se retournèrent émus par cet effet naturel qui les fit tressaillir; mais quand ils revinrent pour voir Séraphîta, elle avait disparu.

— Voilà qui est étrange! dit Wilfrid surpris.

— Mais j'entends des sons délicieux! dit Minna.

— Eh! bien, quoi? dit le pasteur, elle va sans doute se coucher.

David était rentré. Ils revinrent en silence; aucun d'eux ne comprenait les effets de cette vision de la même manière : monsieur Becker doutait, Minna adorait, Wilfrid désirait.

Wilfrid était un homme de trente-six ans. Quoique largement développées, ses proportions ne manquaient pas d'harmonie. Sa taille était médiocre, comme celle de presque tous les hommes qui sont élevés au-dessus des autres; sa poitrine et ses épaules étaient larges, et son col était court comme celui des hommes dont le cœur doit être rapproché de la tête; ses cheveux étaient noirs, épais et fins; ses yeux, d'un jaune brun, possédaient un éclat solaire qui annonçait avec quelle avidité sa nature aspirait la lumière. Si ses traits mâles et bouleversés péchaient par l'absence du calme intérieur que communique une vie sans orages, ils annonçaient les ressources inépuisables de sens fougueux et les appétits de l'instinct; de même que ses mouvements indiquaient la perfection de l'appareil physique, la flexibilité des sens et la fidélité de leur jeu. Cet homme pouvait lutter avec le sauvage, entendre comme lui le pas des ennemis dans le lointain des forêts, en flairer la senteur dans les airs, et voir à l'horizon le signal d'un ami. Son sommeil était léger comme celui de toutes les créatures qui ne veulent pas se laisser surprendre. Son corps se mettait promptement en harmonie avec le climat des pays où le conduisait sa vie à tempêtes. L'art et la science eussent admiré dans cette organisation une sorte de modèle humain ; en lui tout s'équilibrait : l'action et le cœur, l'intelligence et la volonté. Au premier abord, il semblait devoir être classé parmi les êtres purement instinctifs qui se livrent aveuglément aux besoins matériels ; mais dès le matin de la vie, il s'était élancé dans le monde social avec lequel ses sentiments l'avaient commis ; l'étude avait agrandi son intelligence, la méditation avait aiguisé sa pensée, les sciences avaient élargi son entendement. Il avait étudié les lois humaines, le jeu des intérêts mis en présence par les passions, et paraissait s'être familiarisé de bonne heure avec les abstractions sur lesquelles reposent les Sociétés. Il avait pâli sur les livres qui sont les actions humaines mortes, puis il avait veillé dans les capitales européennes au milieu des fêtes, il s'était éveillé dans plus d'un lit, il avait dormi peut-être sur le champ de bataille pendant la nuit qui précède le combat et pendant celle qui suit la victoire ; peut-être sa jeunesse orageuse l'avait-elle jeté sur le tillac d'un corsaire à travers les pays les plus contrastants du globe ; il connaissait ainsi les actions humaines vivantes. Il savait donc le présent et le passé ; l'histoire double, celle d'autrefois, celle d'aujourd'hui. Beaucoup d'hommes ont été, comme Wilfrid, également puissants par la Main, par le Cœur et par la Tête ; comme lui, la plupart ont abusé de leur triple pouvoir. Mais si cet homme tenait encore par son enveloppe à la partie limoneuse de l'humanité, certes il appartenait également à la sphère où la force est intelligente. Malgré les voiles dans lesquels s'enveloppait son âme, il se rencontrait en lui ces indicibles symptômes visibles à l'œil des êtres purs, à celui des enfants dont l'innocence n'a reçu le souffle d'aucune passion mauvaise, à celui du vieillard qui a reconquis la sienne ; ces marques dénonçaient un Caïn auquel il restait une espérance, et qui semblait chercher quelque absolution au bout de la terre. Minna soupçonnait le forçat de la gloire en cet homme, et Séraphîta le connaissait ; toutes deux l'admiraient et le plaignaient. D'où leur venait cette prescience ? Rien à la fois de plus simple et de plus extraordinaire. Dès que l'homme veut pénétrer dans les secrets de la nature, où rien n'est secret, où il s'agit seulement de voir, il s'aperçoit que le simple y produit le merveilleux.

— Séraphîtüs, dit un soir Minna quelques jours après l'arrivée de Wilfrid à Jarvis, vous lisez dans l'âme de cet étranger, tandis que je n'en reçois que de vagues impressions. Il me glace ou m'échauffe, mais vous paraissez savoir la cause de ce froid ou de cette chaleur; vous pouvez me le dire, car vous savez tout de lui

— Oui, j'ai vu les causes, dit Séraphîtüs en abaissant sur ses yeux ses larges paupières.

— Par quel pouvoir ? dit la curieuse Minna.

— J'ai le don de Spécialité, lui répondit-il. La Spécialité constitue une espèce de vue intérieure qui pénètre tout, et tu n'en comprendras la portée que par une comparaison. Dans les grandes villes de l'Europe d'où sortent des œuvres où la Main humaine cherche à représenter les effets de la nature morale aussi bien que ceux de la nature physique, il est des hommes sublimes qui expriment des idées avec du marbre. Le statuaire agit sur le marbre, il le façonne, il y met un monde de pensées. Il existe des marbres que la main de l'homme a doués de la faculté de représenter tout un côté sublime ou tout un côté mauvais de l'humanité, la plupart des hommes y voient une figure humaine et rien de plus, quelques autres un peu plus haut placés sur l'échelle des êtres y aperçoivent une partie des pensées traduites par le sculpteur, ils y admirent la forme; mais les initiés aux secrets de l'art sont tous d'intelligence avec le statuaire : en voyant son marbre, ils y reconnaissent le monde entier de ses pensées. Ceux-là sont les princes de l'art, ils portent en eux-mêmes un miroir où vient se réfléchir la nature avec ses plus légers accidents. Eh ! bien, il est en moi comme un miroir où vient se réfléchir la nature morale avec ses causes et ses effets. Je devine l'avenir et le passé en pénétrant ainsi la conscience. Comment? me diras-tu toujours. Fais que le marbre soit le corps d'un homme, fais que le statuaire soit le sentiment, la passion, le vice ou le crime, la vertu, la faute ou le repentir; tu comprendras comment j'ai lu dans l'âme de l'étranger, sans néanmoins t'expliquer la Spécialité; car pour concevoir ce don, il faut le posséder.

Si Wilfrid tenait aux deux premières portions de l'humanité si distinctes, aux hommes de force et aux hommes de pensée; ses excès, sa vie tourmentée et ses fautes l'avaient souvent conduit vers la Foi, car le doute a deux côtés : le côté de la lumière et le côté des ténèbres. Wilfrid avait trop bien pressé le monde dans ses deux formes, la Matière et l'Esprit, pour ne pas être atteint de la soif de l'inconnu, du désir d'aller au delà, dont sont presque tous saisis les hommes qui savent, peuvent et veulent. Mais ni sa science, ni ses actions, ni son vouloir n'avaient de direction. Il avait fui la vie sociale par nécessité, comme le grand coupable cherche le cloître. Le remords, cette vertu des faibles, ne l'atteignait pas. Le Remords est une impuissance, il recommencera sa faute. Le Repentir seul est une force, il termine tout. Mais en parcourant le monde dont il s'était fait un cloître, Wilfrid n'avait trouvé nulle part de baume pour ses blessures; il n'avait vu nulle part de nature à laquelle il se pût s'attacher. En lui, le désespoir avait desséché les sources du désir. Il était de ces esprits qui, s'étant pris avec les passions, s'étant trouvés plus forts qu'elles, n'ont plus rien à presser dans leurs serres; qui, l'occasion leur manquant de se mettre à la tête de quelques-uns de leurs égaux pour fouler sous le sabot de leurs montures des populations entières, achèteraient au prix d'un horrible martyre la faculté de se ruiner dans une croyance : espèces de rochers sublimes qui attendent un coup de baguette qui ne vient pas, et qui pourrait en faire jaillir les sources lointaines. Jeté par un dessein de sa vie inquiète et chercheuse dans les chemins de la Norwége, l'hiver l'y avait surpris à Jarvis. Le jour où, pour la première fois, il vit Séraphîta, cette rencontre lui fit oublier le passé de sa vie. La jeune fille lui causa ces sensations extrêmes qu'il ne croyait plus ranimables. Les cendres laissèrent échapper une dernière flamme et se dissipèrent au premier souffle de cette voix. Qui jamais s'est senti redevenir jeune et pur après avoir froidi dans la vieillesse et s'être sali dans l'impureté? Tout à coup Wilfrid aima comme il n'avait jamais aimé; il aima secrètement, avec foi, avec terreur, avec d'intimes folies. Sa vie était agitée dans la source même de la vie, à la seule idée de voir Séraphîta. En l'entendant, il allait en des mondes inconnus; il était muet devant elle, elle le fascinait. Là, sous les neiges, parmi les glaces, avait grandi sur sa tige cette fleur céleste à laquelle aspiraient ses vœux jusque-là trompés. et dont la vue réveillait les idées fraîches, les espérances, les sentiments qui se groupent autour de nous, pour nous enlever en des régions supérieures, comme les Anges enlèvent aux cieux les Élus dans les tableaux symboliques dictés aux peintres par quelque génie familier. Un céleste parfum amollissait le granit de ce rocher, une lumière douée de parole lui versait les divines mélodies qui accompagnent dans sa route le voyageur pour le ciel. Après avoir épuisé la coupe de l'amour terrestre que ses dents avaient broyée, il apercevait le vase d'élection où brillaient les ondes limpides, et qui donne soif des délices immarcessibles à qui peut y approcher des lèvres assez ardentes de foi pour n'en point faire éclater le cristal. Il avait rencontré ce mur d'airain à franchir qu'il cherchait sur la terre. Il allait impétueusement chez Séraphîta dans le dessein de lui exprimer la portée d'une passion sous laquelle il bondissait comme le cheval de la fable sous ce cavalier de bronze que rien n'émeut, qui reste droit, et que les efforts de l'animal fougueux rendent toujours plus pesant et plus pressant. Il arrivait pour dire sa vie, pour peindre la grandeur de son âme par la grandeur de ses fautes, pour montrer les ruines de ses déserts; mais quand il avait franchi l'enceinte, et qu'il se trouvait dans la zone immense embrassée par ces yeux dont le scintillant azur ne rencontrait point de bornes en avant et n'en offrait aucune en arrière, il devenait calme et soumis comme le lion qui, lancé sur sa proie dans une plaine d'Afrique, reçoit sur l'aile des vents un message d'amour, et s'arrête. Il s'ouvrait un abîme où tombaient les paroles de son délire, et d'où s'élevait une voix qui le changeait : il était enfant, enfant de seize ans, timide et craintif devant la jeune fille au front serein, devant cette blanche forme dont le calme inaltérable ressemblait à la cruelle impassibilité de la justice humaine. Et le combat n'avait jamais cessé que pendant cette soirée, où d'un regard elle l'avait enfin abattu, comme un milan qui, après avoir décrit ses étourdissantes spirales autour de sa proie, la fait tomber stupéfiée avant de l'emporter dans son aire. Il est en nous-mêmes de longues luttes dont le terme se trouve être une de nos actions, et qui font comme un envers à l'humanité. Cet envers est à Dieu, l'endroit est aux hommes. Plus d'une fois Séraphîta s'était plu à prouver à Wilfrid qu'elle connaissait cet envers si varié, qui compose une seconde vie à la plupart des hommes. Souvent elle lui avait dit de sa voix de tourterelle : — « Pourquoi toute cette colère? » quand Wilfrid se promettait en chemin de l'enlever afin d'en faire une chose à lui. Wilfrid seul était assez fort pour jeter le cri de révolte qu'il venait de pousser chez monsieur Becker, et que le récit du vieillard avait calmé. Cet homme si moqueur, si insulteur, voyait enfin poindre la clarté d'une croyance sidérale en sa nuit; il se demandait si Séraphîta n'était pas une exilée des sphères supérieures en route pour la patrie. Les déifications dont abusent les amants en tous pays, il n'en décernait pas les honneurs à ce lis de la Norwége, il y croyait. Pourquoi restait-elle au fond de ce Fiord? qu'y faisait-elle? Les interrogations sans réponse abondaient dans son esprit. Qu'arriverait-il entre eux surtout? Quel sort l'avait amené là? Pour lui, Séraphîta était ce marbre immobile, mais léger comme une ombre, que Minna venait de voir se posant au bord du gouffre : Séraphîta demeurait ainsi devant tous les gouffres sans que rien pût l'atteindre, sans que l'arc de ses sourcils fléchît, sans que la lumière de sa prunelle vacillât. C'était donc un amour sans espoir, mais non sans curiosité. Dès le moment où Wilfrid soupçonna la nature éthérée dans la magicienne qui lui avait dit le secret de sa vie en songes harmonieux, il voulut tenter de se la soumettre, de la garder, de la ravir au ciel où peut-être elle était attendue. L'Humanité, la Terre ressaisissant leur proie, il les représenterait. Son orgueil, seul sentiment par lequel l'homme puisse être exalté long-temps, le rendrait heureux de ce triomphe pendant le reste de sa vie. A cette idée, son sang bouillonna dans ses veines, son cœur se gonfla. S'il ne réussissait pas, il la briserait. Il est si naturel de détruire ce qu'on ne peut posséder, de nier ce qu'on ne comprend pas, d'insulter à ce qu'on envie!

Le lendemain, Wilfrid, préoccupé par les idées que devait faire naître le spectacle extraordinaire dont il avait été le témoin la veille, voulut interroger David, et vint le voir en prenant le prétexte de demander des nouvelles de Séraphîta. Quoique monsieur Becker crût le pauvre homme tombé en enfance, l'étranger se fia sur sa perspicacité pour découvrir les parcelles de vérité que roulerait le serviteur dans le torrent de ses divagations.

David avait l'immobile et indécise physionomie de l'octogénaire : sous ses cheveux blancs se voyait un front où les rides formaient les assises ruinées, son visage était creusé comme le lit d'un torrent à sec. Sa vie semblait s'être entièrement réfugiée dans les yeux où brillait un rayon; mais cette lueur était comme couverte de nuages, et comportait l'égarement actif, aussi bien que la stupide fixité de l'ivresse. Ses mouvements lourds et lents annonçaient les glaces de l'âge et les communiquaient à qui s'abandonnait à le regarder long-temps, car il possédait la force de la torpeur. Son intelligence bornée ne se réveillait qu'au son de la voix, à la vue, au souvenir de sa maîtresse. Elle était l'âme de ce fragment tout matériel. En voyant David seul, vous eussiez dit d'un cadavre : Séraphîta se montrait-elle, parlait-elle, était-il question d'elle? le mort sortait de sa tombe, il retrouvait le mouvement et la parole. Jamais les os desséchés que le souffle divin doit ranimer dans la vallée de Josaphat, jamais cette image apocalyptique ne fut mieux réalisée que par ce Lazare sans cesse rappelé du sépulcre à la vie par la voix de la jeune fille. Son langage constamment figuré, souvent incompréhensible, empêchait les habitants de lui parler ; mais ils respectaient en lui cet esprit si profondément dévié de la route vulgaire, que le peuple admire instinctivement. Wilfrid le trouva dans la première salle, en apparence endormi près du poêle. Comme le chien qui reconnaît les amis de la maison, le vieillard leva les yeux, aperçut l'étranger, et ne bougea pas.

— Eh! bien, où est-elle? demanda Wilfrid au vieillard en s'asseyant près de lui.

David agita ses doigts en l'air comme pour peindre le vol d'un oiseau.

— Elle ne souffre plus, demanda Wilfrid.

— Les créatures promises au ciel savent seules souffrir sans que la souffrance diminue leur amour, ceci est la marque de la vraie foi, répondit gravement le vieillard comme un instrument essayé donne une note au hasard.

— Qui vous a dit ces paroles ?

— L'Esprit.

— Que lui est-il donc arrivé hier au soir? Avez-vous enfin forcé les Vertumnes en sentinelle? vous êtes-vous glissé à travers les Mammons?

— Oui, répondit David en se réveillant comme d'un songe.

La vapeur confuse de son œil se fondit sous une lueur venue de l'âme et qui le rendit par degrés brillant comme celui d'un aigle, intelligent comme celui d'un poète.

— Qu'avez-vous vu? lui demanda Wilfrid étonné de ce changement subit.

— J'ai vu les Espèces et les Formes, j'ai entendu l'Esprit des choses, j'ai vu la révolte des Mauvais, j'ai écouté la parole des Bons! Ils sont venus sept démons, il est descendu sept archanges. Les archanges étaient loin, ils contemplaient voilés. Les démons étaient près, ils brillaient et agissaient. Mammon est venu sur sa conque nacrée, et sous la forme d'une belle femme nue; la neige de son corps éblouissait, jamais les formes humaines ne seront si parfaites, et il disait : — « Je suis le Plaisir, et tu me posséderas ! » Lucifer, le prince des serpents, est venu dans son appareil de souverain, l'Homme était en lui beau comme un ange, et il a dit : — « L'Humanité te servira ! » La reine des avares, celle qui ne rend rien de ce qu'elle a reçu, la Mer est venue enveloppée de sa mante verte ; elle s'est ouvert le sein, elle a montré son écrin de pierreries, elle a vomi ses trésors et les a offerts ; elle a fait arriver des vagues de saphirs et d'émeraudes ; ses productions se sont émues, elles ont surgi de leurs retraites, elles ont parlé ; la plus belle d'entre les perles a déployé ses ailes de papillon, elle a rayonné, elle a fait entendre ses musiques marines, elle a dit : — « Toutes deux filles de la souffrance, nous sommes sœurs ; attends-moi ? nous partirons ensemble, je n'ai plus qu'à devenir femme. » L'Oiseau qui a les ailes de l'aigle et les pattes du lion, une tête de femme et la croupe du cheval, l'Animal s'est abattu, lui a léché les pieds, promettant sept cents années d'abondance à sa fille bien-aimée. Le plus redoutable, l'Enfant, est arrivé jusqu'à ses genoux en pleurant et lui disant : — « Me quitteras-tu ? moi faible et souffrant, reste, ma mère ! » Il jouait avec les autres, il répandait la paresse dans l'air, et le ciel se serait laissé aller à sa plainte. La Vierge au chant pur a fait entendre ses concerts qui détendent l'âme. Les rois de l'Orient sont venus avec leurs esclaves, leurs armées et leurs femmes ; les Blessés ont demandé son secours, les Malheureux ont tendu la main : — « Ne nous quittez pas ! ne nous quittez pas ! » Moi-même j'ai crié : « Ne nous quittez pas ! Nous vous adorerons, restez ! » Les fleurs sont sorties de leurs graines en l'entourant de leurs parfums qui disaient : — « Restez ! » Le géant Énakim est sorti de Jupiter, amenant l'Or et ses amis, amenant les Esprits des Terres Astrales qui s'étaient joints à lui, tous ont dit : — « Nous serons à toi pour sept cents années. » Enfin, la Mort est descendue de son cheval pâle et a dit : — « Je t'obéirai ! » Tous se sont prosternés à ses pieds, et si vous les aviez vus, ils remplissaient la grande plaine, et tous lui criaient : — « Nous t'avons nourri, tu es notre enfant, ne nous abandonne pas. » La Vie est sortie de ses Eaux Rouges, et a dit : — « Je ne te quitterai pas ! » Puis trouvant Séraphîta silencieuse elle a relui comme le soleil en s'écriant : — « Je suis la lumière ! » — La lumière est là ! s'est écriée Séraphîta en montrant les nuages où s'agitaient les archanges; mais elle était fatiguée, le Désir lui avait brisé les nerfs, elle ne pouvait que crier : — « O mon Dieu ! » Combien d'Esprits Angéliques, en gravissant la montagne, et près d'atteindre au sommet, ont rencontré sous leurs pieds un gravier qui les a fait rouler et les a replongés dans l'abîme! Tous ces Esprits déchus admiraient sa constance; ils étaient là formant un Chœur immobile, et tous lui disaient en pleurant : — « Courage! » Enfin elle a vaincu le Désir déchaîné sur elle sous toutes les Formes et dans toutes les Espèces. Elle est restée en prières, et quand elle a levé les yeux, elle a vu le pied des Anges revolant aux cieux.

— Elle a vu le pied des Anges? répéta Wilfrid.

— Oui, dit le vieillard.

— C'était un rêve qu'elle vous a raconté? demanda Wilfrid.

— Un rêve aussi sérieux que celui de votre vie, répondit David, j'y étais.

Le calme du vieux serviteur frappa Wilfrid, qui s'en alla se demandant si ces visions étaient moins extraordinaires que celles dont les relations se trouvent dans Swedenborg, et qu'il avait lues la veille.

— Si les Esprits existent, ils doivent agir, se disait-il en entrant au presbytère où il trouva monsieur Becker seul.

— Cher pasteur, dit Wilfrid, Séraphîta ne tient à nous que par la forme, et sa forme est impénétrable. Ne me traitez ni de fou, ni d'amoureux : une conviction ne se discute point. Convertissez ma croyance en suppositions scientifiques, et cherchons à nous éclairer. Demain nous irons tous deux chez elle.

— Eh! bien? dit monsieur Becker.

— Si son œil ignore l'espace, reprit Wilfrid, si sa pensée est une vue intelligente qui lui permet d'embrasser les choses dans leur essence, et de les relier à l'évolution générale des mondes; si, en un mot, elle sait et voit tout, asseyons la pythonisse sur son trépied, forçons cet aigle implacable à déployer ses ailes en le menaçant! Aidez-moi? je respire un feu qui me dévore, je veux l'éteindre ou me laisser consumer. Enfin j'ai découvert une proie, je la veux.

— Ce serait, dit le ministre, une conquête assez difficile à faire, car cette pauvre fille est...

— Est?... reprit Wilfrid.

— Folle, dit le ministre.

— Je ne vous conteste pas sa folie, ne me contestez pas sa supériorité. Cher monsieur Becker, elle m'a souvent confondu par son érudition. A-t-elle voyagé ?

— De sa maison au Fiord.

— Elle n'est pas sortie d'ici ! s'écria Wilfrid, elle a donc beaucoup lu ?

— Pas un feuillet, pas un iota ! Moi seul ai des livres dans Jar-
. Les œuvres de Swedenborg, les seuls ouvrages qui fussent au
meau, les voici. Jamais elle n'en a pris un seul.

— Avez-vous jamais essayé de causer avec elle ?

— A quoi bon ?

— Personne n'a vécu sous son toit ?

— Elle n'a pas eu d'autres amis que vous et Minna, ni d'autre serviteur que David.

— Elle n'a jamais entendu parler de sciences, ni d'arts ?

— Par qui ? dit le pasteur.

— Si elle disserte pertinemment de ces choses, comme elle en a souvent causé avec moi, que croiriez-vous ?

— Que cette fille a conquis peut-être, pendant quelques années de silence, les facultés dont jouissaient Apollonius de Tyane et beaucoup de prétendus sorciers que l'inquisition a brûlés, ne voulant pas admettre la seconde vue.

— Si elle parle arabe, que penseriez-vous ?

— L'histoire des sciences médicales consacre plusieurs exemples de filles qui ont parlé des langues à elles inconnues.

— Que faire ? dit Wilfrid. Elle connaît dans le passé de ma vie des choses dont le secret n'était qu'à moi.

— Nous verrons si elle me dit les pensées que je n'ai confiées à personne, dit monsieur Becker.

Minna rentra.

— Hé ! bien, ma fille, que devient ton démon !

— Il souffre, mon père, répondit-elle en saluant Wilfrid. Les passions humaines, revêtues de leurs fausses richesses, l'ont entouré pendant la nuit, et lui ont déroulé des pompes inouïes. Mais vous traitez ces choses de contes.

— Des contes aussi beaux pour qui les lit dans son cerveau que le sont pour le vulgaire ceux des Mille et une Nuits, dit le pasteur en souriant.

— Satan, reprit-elle, n'a-t-il donc pas transporté le Sauveur sur le haut du temple, en lui montrant les nations à ses pieds?

— Les Évangélistes, répondit le pasteur, n'ont pas si bien corrigé les copies qu'il n'en existe plusieurs versions.

— Vous croyez à la réalité de ces visions? dit Wilfrid à Minna.

— Qui peut en douter quand il les raconte?

— Il? demanda Wilfrid, qui?

— Celui qui est là, répondit Minna en montrant le château.

— Vous parlez de Séraphîta! dit l'étranger surpris.

La jeune fille baissa la tête en lui jetant un regard plein de douce malice.

— Et vous aussi, reprit Wilfrid, vous vous plaisez à confondre mes idées. Qui est-ce? que pensez-vous d'elle?

— Ce que je sens est inexplicable, reprit Minna en rougissant.

— Vous êtes fous! s'écria le pasteur.

— A demain! dit Wilfrid.

IV.

LES NUÉES DU SANCTUAIRE.

Il est des spectacles auxquels coopèrent toutes les matérielles magnificences dont dispose l'homme. Des nations d'esclaves et de plongeurs sont allées chercher dans le sable des mers, aux entrailles des rochers, ces perles et ces diamants qui parent les spectateurs. Transmises d'héritage en héritage, ces splendeurs ont brillé sur tous les fronts couronnés, et feraient la plus fidèle des histoires humaines si elles prenaient la parole. Ne connaissent-elles pas les douleurs et les joies des grands comme celles des petits? Elles ont été portées partout : elles ont été portées avec orgueil dans les fêtes, portées avec désespoir chez l'usurier, emportées dans le sang et le pillage, transportées dans les chefs-d'œuvre enfantés par l'art pour les garder. Excepté la perle de Cléopâtre, aucune d'elles ne s'est perdue. Les Grands, les Heureux sont là réunis et voient couronner un roi dont la parure est le produit de l'industrie des hommes, mais qui dans sa gloire est vêtu d'une pourpre moins parfaite que ne l'est celle d'une simple fleur des champs. Ces fêtes splendides de lumière, enceintes de musique où la parole de l'Homme essaie à tonner; tous ces triomphes de sa main, une pensée, un sentiment les écrase. L'Esprit peut rassembler autour de l'homme et dans l'homme de plus vives lumières, lui faire entendre de plus mélodieuses harmonies, asseoir sur les nuées de brillantes constellations qu'il interroge. Le Cœur peut plus encore! L'homme peut se trouver face à face avec une seule créature, et trouver dans un seul mot, dans un seul regard, un faix si lourd à porter, d'un éclat si lumineux, d'un son si pénétrant, qu'il succombe et s'agenouille. Les plus réelles magnificences ne sont pas dans les choses, elles sont en nous-mêmes. Pour le savant, un secret de science n'est-il pas un monde entier de merveilles? Les trompettes de la Force, les brillants de la Richesse, la musique de la Joie, un immense concours d'hommes accompagne-t-il sa fête? Non, il va dans quelque réduit obscur, où souvent un homme pâle et souffrant lui dit un seul mot à l'oreille. Ce mot, comme une torche jetée dans un souterrain, lui éclaire les Sciences. Toutes les idées humaines, habillées des plus attrayantes formes qu'ait inventées le Mystère, entouraient un aveugle assis dans la fange au bord d'un chemin. Les trois mondes, le Naturel, le Spirituel et le Divin, avec toutes leurs sphères, se découvraient à un pauvre proscrit florentin : il marchait accompagné des Heureux et des Souffrants, de ceux qui priaient et de ceux qui criaient, des anges et des damnés. Quand l'envoyé de Dieu, qui savait et pouvait tout, apparut à trois de ses disciples, ce fut un soir, à la table commune de la plus pauvre des auberges; en ce moment la lumière éclata, brisa les Formes Matérielles, éclaira les Facultés Spirituelles, ils le virent dans sa gloire, et la terre ne tenait déjà plus à leurs pieds que comme une sandale qui s'en détachait.

Monsieur Becker, Wilfrid et Minna se sentaient agités de crainte en allant chez l'être extraordinaire qu'ils s'étaient proposé d'interroger. Pour chacun d'eux le château suédois agrandi comportait un spectacle gigantesque, semblable à ceux dont les masses et les couleurs sont si savamment, si harmonieusement disposées par les poètes, et dont les personnages, acteurs imaginaires pour les hommes, sont réels pour ceux qui commencent à pénétrer dans le Monde Spirituel. Sur les gradins de ce colysée, monsieur Becker asseyait les grises légions du doute, ses sombres idées, ses vicieuses formules de dispute; il y convoquait les différents mondes philosophiques et religieux qui se combattent, et qui tous apparaissent sous la forme d'un système décharné comme le temps configuré par l'homme, vieillard qui d'une main lève la faux, et dans l'autre emporte un grêle univers, l'univers humain. Wilfrid y conviait ses premières illusions et ses dernières espérances ; il y faisait siéger la destinée humaine et ses combats, la religion et ses dominations victorieuses. Minna y voyait confusément le ciel par une échappée, l'amour lui relevait un rideau brodé d'images mystérieuses, et les sons harmonieux qui arrivaient à ses oreilles redoublaient sa curiosité. Pour eux cette soirée était donc ce que le souper fut pour les trois pèlerins dans Emmaüs, ce que fut une vision pour Dante, une inspiration pour Homère ; pour eux, les trois formes du monde révélées, des voiles déchirés, des incertitudes dissipées, des ténèbres éclaircies. L'humanité dans tous ses modes et attendant la lumière ne pouvait être mieux représentée que par cette jeune fille, par cet homme et par ces deux vieillards, dont l'un était assez savant pour douter, dont l'autre était assez ignorant pour croire. Jamais aucune scène ne fut ni plus simple en apparence, ni plus vaste en réalité.

Quand ils entrèrent, conduits par le vieux David, ils trouvèrent Séraphîta debout devant la table, sur laquelle étaient servies différentes choses dont se compose un thé, collation qui supplée dans le Nord aux joies du vin, réservées pour les pays méridionaux. Certes, rien n'annonçait en elle, ou en lui, cet être avait l'étrange pouvoir d'apparaître sous deux formes distinctes, rien donc ne trahissait les différentes puissances dont elle disposait. Vulgairement occupée du bien-être de ses trois hôtes, Séraphîta commandait à David de mettre du bois dans le poêle.

— Bonjour, mes voisins, dit-elle. — Mon cher monsieur Becker, vous avez bien fait de venir ; vous me voyez vivante pour la dernière fois peut-être. Cet hiver m'a tuée. — Asseyez-vous donc, monsieur, dit-elle à Wilfrid. — Et toi, Minna, mets-toi là, dit-il en lui montrant un fauteuil près de lui. Tu as apporté ta tapisserie à la main, en as-tu trouvé le point ? Le dessin en est fort joli. Pour qui est-ce ? pour ton père ou pour monsieur ? dit-elle en se tournant vers Wilfrid. Ne lui laisserons-nous point avant son départ un souvenir des filles de la Norwége ?

— Vous avez donc souffert encore hier ? dit Wilfrid.

— Ce n'est rien, dit-elle. Cette souffrance me plaît ; elle est nécessaire pour sortir de la vie.

— La mort ne vous effraie donc point? dit en souriant monsieur Becker, qui ne la croyait pas malade.

— Non, cher pasteur. Il est deux manières de mourir : aux uns la mort est une victoire, aux autres elle est une défaite.

— Vous croyez avoir vaincu? dit Minna.

— Je ne sais, répondit-elle ; peut-être ne sera-ce qu'un pas de plus.

La splendeur lactée de son front s'altéra, ses yeux se voilèrent sous ses paupières lentement déroulées. Ce simple mouvement fit les trois curieux émus et immobiles. Monsieur Becker fut le plus hardi.

— Chère fille, dit-il, vous êtes la candeur même ; mais vous êtes aussi d'une bonté divine ; je désirerais de vous, ce soir, autre chose que les friandises de votre thé. S'il faut en croire certaines personnes, vous savez des choses extraordinaires ; mais, s'il en est ainsi, ne serait-il pas charitable à vous de dissiper quelques-uns de nos doutes ?

— Ah! reprit-elle en souriant, je marche sur les nuées, je suis au mieux avec les gouffres du Fiord, la mer est une monture à laquelle j'ai mis un frein, je sais où croît la fleur qui chante, où rayonne la lumière qui parle, où brillent et vivent les couleurs qui embaument ; j'ai l'anneau de Salomon, je suis une fée, je jette mes ordres au vent qui les exécute en esclave soumis ; je vois les trésors en terre ; je suis la vierge au-devant de laquelle volent les perles, et...

— Et nous allons sans danger sur le Falberg ? dit Minna qui l'interrompit.

— Et toi aussi! répondit l'être en lançant à la jeune fille un regard lumineux qui la remplit de trouble. — Si je n'avais pas la faculté de lire à travers vos fronts le désir qui vous amène, serais-je ce que vous croyez que je suis? dit-elle en les enveloppant tous trois de son regard envahisseur, à la grande satisfaction de David qui se frotta les mains en s'en allant. — Ah! reprit-elle après une pause, vous êtes venus animés tous d'une curiosité d'enfant. Vous vous êtes demandé, mon pauvre monsieur Becker, s'il est possible à une fille de dix-sept ans de savoir un des mille secrets que les savants cherchent, le nez en terre, au lieu de lever les yeux vers le ciel ! Si je vous disais comment et par où la Plante communique à l'Animal, vous commenceriez à douter de vos doutes. Vous avez comploté de m'interroger, avouez-le ?

— Oui, chère Séraphîta, répondit Wilfrid ; mais ce désir n'est-il pas naturel à des hommes ?

— Voulez-vous donc ennuyer cet enfant ? dit-elle en posant la main sur les cheveux de Minna per un geste caressant.

La jeune fille leva les yeux et parut vouloir se fondre en lui.

— La parole est le bien de tous, reprit gravement l'être mystérieux. Malheur à qui garderait le silence au milieu du désert en croyant n'être entendu de personne : tout parle et tout écoute ici-bas. La parole meut les mondes. Je souhaite, monsieur Becker, ne rien dire en vain. Je connais les difficultés qui vous occupent le plus : ne serait-ce pas un miracle que d'embrasser tout d'abord le passé de votre conscience ? Eh ! bien, le miracle va s'accomplir. Écoutez-moi. Vous ne vous êtes jamais avoué vos doutes dans toute leur étendue ; moi seule, inébranlable dans ma foi, je puis vous les dire, et vous effrayer de vous-même. Vous êtes du côté le plus obscur du Doute ; vous ne croyez pas en Dieu, et toute chose ici-bas devient secondaire pour qui s'attaque au principe des choses. Abandonnons les discussions creusées sans fruit par de fausses philosophies. Les générations spiritualistes n'ont pas fait moins de vains efforts pour nier la Matière que n'en ont tenté les générations matérialistes pour nier l'Esprit. Pourquoi ces débats ? L'homme n'offrait-il pas à l'un et à l'autre système des preuves irrécusables ? ne se rencontre-t-il pas en lui des choses matérielles et des choses spirituelles ? Un fou seul peut se refuser à voir un fragment de matière dans le corps humain ; en le décomposant, vos sciences naturelles y trouvent peu de différence entre ses principes et ceux des autres animaux. L'idée que produit en l'homme la comparaison de plusieurs objets ne semble non plus à personne être dans le domaine de la Matière. Ici, je ne me prononce pas, il s'agit de vos doutes et non de mes certitudes. A vous, comme à la plupart des penseurs, les rapports que vous avez la faculté de découvrir entre les choses dont la réalité vous est attestée par vos sensations ne semblent point devoir être matériels. L'univers Naturel des choses et des êtres se termine donc en l'homme par l'univers Surnaturel des similitudes ou des différences qu'il aperçoit entre les innombrables formes de la Nature, relations si multipliées qu'elles paraissent infinies ; car si, jusqu'à présent, nul n'a pu dénombrer les seules créations terrestres, quel homme pourrait en énumérer les rapports ? La fraction que vous en connaissez n'est-elle pas à leur somme totale, comme un nombre est à l'infini? Ici vous tombez déjà dans la perception de l'infini, qui, certes, vous fait concevoir un monde purement spirituel. Ainsi l'homme présente une preuve suffisante de ces deux modes, la Matière et l'Esprit. En lui vient aboutir un visible univers fini; en lui commence un univers invisible et infini, deux mondes qui ne se connaissent pas: les cailloux du Fiord ont-ils l'intelligence de leurs combinaisons, ont-ils la conscience des couleurs qu'ils présentent aux yeux de l'homme, entendent-ils la musique des flots qui les caressent? Franchissons, sans le sonder, l'abîme que nous offre l'union d'un univers Matériel et d'un univers Spirituel, une création visible, pondérable, tangible, terminée par une création intangible, invisible, impondérable; toutes deux complétement dissemblables, séparées par le néant, réunies par des accords incontestables, rassemblées dans un être qui tient et de l'une et de l'autre! Confondons en un seul monde ces deux mondes inconciliables pour vos philosophies et conciliés par le fait. Quelque abstraite que l'homme la suppose, la relation qui lie deux choses entre elles comporte une empreinte. Où? sur quoi? Nous n'en sommes pas à rechercher à quel point de subtilisation peut arriver la Matière. Si telle était la question, je ne vois pas pourquoi celui qui a cousu par des rapports physiques les astres à d'incommensurables distances pour s'en faire un voile, n'aurait pu créer des substances pensantes, ni pourquoi vous lui interdiriez la faculté de donner un corps à la pensée! Donc votre invisible univers moral et votre visible univers physique constituent une seule et même matière. Nous ne séparerons point les propriétés et les corps, ni les objets et les rapports. Tout ce qui existe, ce qui nous presse et nous accable au-dessus, au-dessous de nous, devant nous, en nous; ce que nos yeux et nos esprits aperçoivent, toutes ces choses nommées et innommées composeront, afin d'adapter le problème de la Création à la mesure de votre Logique, un bloc de matière fini; s'il était infini, Dieu n'en serait plus le maître. Ici, selon vous, cher pasteur, de quelque façon que l'on veuille mêler un Dieu infini à ce bloc de matière fini, Dieu ne saurait exister avec les attributs dont il est investi par l'homme; en le demandant aux faits, il est nul; en le demandant au raisonnement, il sera nul encore; spirituellement et matériellement, Dieu devient impossible. Écoutons le Verbe de la Raison humaine pressée dans ses dernières conséquences.

« En mettant Dieu face à face avec ce Grand Tout, il n'est entre eux que deux états possibles. La Matière et Dieu sont contemporains, ou Dieu préexistait seul à la Matière. En supposant la raison qui éclaire les races humaines depuis qu'elles vivent, amassée dans une seule tête, cette tête gigantesque ne saurait inventer une troisième façon d'être, à moins de supprimer Matière et Dieu. Que les philosophies humaines entassent des montagnes de mots et d'idées, que les religions accumulent des images et des croyances, des révélations et des mystères, il faut en venir à ce terrible dilemme, et choisir entre les deux propositions qui le composent; mais vous n'avez pas à opter : l'une et l'autre conduisent la raison humaine au Doute. Le problème étant ainsi posé, qu'importent l'Esprit et la Matière? qu'importe la marche des mondes dans un sens ou dans un autre, du moment où l'être qui les mène est convaincu d'absurdité? A quoi bon chercher si l'homme s'avance vers le ciel ou s'il en revient, si la création s'élève vers l'Esprit ou descend vers la Matière, dès que les mondes interrogés ne donnent aucune réponse? Que signifient les théogonies et leurs armées, que signifient les théologies et leurs dogmes, du moment où, quel que soit le choix de l'homme entre les deux faces du problème, son Dieu n'est plus? Parcourons la première, supposons Dieu contemporain de la Matière? Est-ce être Dieu que de subir l'action ou la coexistence d'une substance étrangère à la sienne? Dans ce système, Dieu ne devient-il pas un agent secondaire obligé d'organiser la matière? Qui l'a contraint? Entre sa grossière compagne et lui, qui fut l'arbitre? Qui a donc payé le salaire des Six journées imputées à ce Grand Artiste? S'il s'était rencontré quelque force déterminante qui ne fût ni Dieu ni la Matière; en voyant Dieu tenu de fabriquer la machine des mondes, il serait aussi ridicule de l'appeler Dieu que de nommer citoyen de Rome l'esclave envoyé pour tourner une meule. D'ailleurs, il se présente une difficulté tout aussi peu soluble pour cette raison suprême, qu'elle l'est pour Dieu. Reporter le problème plus haut, n'est-ce pas agir comme les Indiens, qui placent le monde sur une tortue, la tortue sur un éléphant, et qui ne peuvent dire sur quoi reposent les pieds de leur éléphant? Cette volonté suprême, jaillie du combat de la Matière et de Dieu, ce Dieu, plus que Dieu, peut-il être demeuré pendant une éternité sans vouloir ce qu'il a voulu, en admettant que l'Éternité puisse se scinder en deux temps? N'importe où soit Dieu, s'il n'a pas connu sa pensée postérieure, son intelligence intuitive ne périt-elle point? Qui donc aurait raison entre ces deux Éternités? sera-ce l'Éternité incréée ou l'Éternité créée? S'il a voulu de tout temps le monde tel qu'il est, cette nouvelle nécessité, d'ailleurs en harmonie avec l'idée d'une souveraine intelligence, implique la co-éternité de la matière. Que la matière soit co-éternelle par une volonté divine nécessairement semblable à elle-même en tout temps, ou que la Matière soit co-éternelle par elle-même, la puissance de Dieu devant être absolue, périt avec son Libre-Arbitre; il trouverait toujours en lui une raison déterminante qui l'aurait dominé. Est-ce être Dieu que de ne pas plus pouvoir se séparer de sa création dans une postérieure que dans une antérieure éternité? Cette face du problème est donc insoluble dans sa cause? Examinons-la dans ses effets. Si Dieu, forcé d'avoir créé le monde de toute éternité, semble inexplicable, il l'est tout autant dans sa perpétuelle cohésion avec son œuvre. Dieu, contraint de vivre éternellement uni à sa création, est tout aussi ravalé que dans sa première condition d'ouvrier. Concevez-vous un Dieu qui ne peut pas plus être indépendant que dépendant de son œuvre? Peut-il la détruire sans se récuser lui-même? Examinez, choisissez! Qu'il la détruise un jour, qu'il ne la détruise jamais, l'un ou l'autre terme est fatal aux attributs sans lesquels il ne saurait exister. Le monde est-il un essai, une forme périssable dont la destruction aura lieu? Dieu ne serait-il pas inconséquent et impuissant? Inconséquent : ne devait-il pas voir le résultat avant l'expérience, et pourquoi tarde-t-il à briser ce qu'il brisera? Impuissant : devait-il créer un monde imparfait? Si la création imparfaite dément les facultés que l'homme attribue à Dieu, retournons alors à la question! supposons la création parfaite. L'idée est en harmonie avec celle d'un Dieu souverainement intelligent qui n'a dû se tromper en rien; mais alors pourquoi la dégradation? pourquoi la régénération? Puis le monde parfait est nécessairement indestructible, ses formes ne doivent point périr; le monde n'avance ni ne recule jamais, il roule dans une éternelle circonférence d'où il ne sortira point? Dieu sera donc dépendant de son œuvre; elle lui est donc co-éternelle, ce qui fait revenir l'une des propositions qui attaquent le plus Dieu. Imparfait, le monde admet une marche, un progrès; mais parfait il est stationnaire. S'il est impossible d'admettre un Dieu progressif, ne sachant pas de toute éternité le résultat de sa création; Dieu stationnaire existe-t-il? n'est-ce pas le triomphe de la Matière? n'est-ce pas la plus grande de toutes les négations? Dans la première hypothèse, Dieu périt par faiblesse; dans la seconde, il périt par la puissance de son inertie. Ainsi, dans la conception comme dans l'exécution des mondes, pour tout esprit de bonne foi, supposer la Matière contemporaine de Dieu, c'est vouloir nier Dieu. Forcées de choisir pour gouverner les nations entre les deux faces de ce problème, des générations entières de grands penseurs ont opté pour celle-ci. De là le dogme des deux principes du Magisme qui de l'Asie a passé en Europe sous la forme de Satan combattant le Père éternel. Mais cette formule religieuse et les innombrables divinisations qui en dérivent ne sont-elles pas des crimes de lèse-majesté divine? De quel autre nom appeler la croyance qui donne à Dieu pour rival une personnification du mal se débattant éternellement sous les efforts de son omnipotente intelligence sans aucun triomphe possible? Votre statique dit que deux Forces ainsi placées s'annulent réciproquement.

Vous vous retournez vers la deuxième face du problème? Dieu préexistait seul, unique.

Ne reproduisons pas les argumentations précédentes qui reviennent dans toute leur force relativement à la scission de l'Éternité en deux temps, le temps incréé, le temps créé. Laissons également les questions soulevées par la marche ou l'immobilité des mondes, contentons-nous des difficultés inhérentes à ce second thème. Si Dieu préexistait seul, le monde est émané de lui, la Matière fut alors tirée de son essence. Donc, plus de Matière! toutes les formes sont des voiles sous lesquels se cache l'Esprit Divin. Mais alors le Monde est Éternel, mais alors le Monde est Dieu! Cette proposition n'est-elle pas encore plus fatale que la précédente aux attributs donnés à Dieu par la raison humaine? Sortie du sein de Dieu, toujours unie à lui, l'état actuel de la Matière est-il explicable? Comment croire que le Tout-Puissant, souverainement bon dans son essence et dans ses facultés, ait engendré des choses qui lui sont dissemblables, qu'il ne soit pas en tout et partout semblable à lui-même? Se trouvait-il donc en lui des parties mauvaises desquelles il se serait un jour débarrassé? conjecture moins offensante ou ridicule que terrible, en ce qu'elle ramène en lui ces deux principes que la thèse précédente prouve être inadmissibles. Dieu doit être UN, il ne peut se scinder sans renoncer à la plus importante de ses conditions. Il est donc impossible d'admettre une fraction de Dieu qui ne soit pas Dieu? Cette hypothèse parut tellement criminelle à l'Église romaine, qu'elle a fait un article de foi de l'omniprésence dans les moindres parcelles de l'Eucharistie. Comment alors supposer une intelligence omnipotente qui ne triomphe pas? Comment l'adjoindre, sans un triomphe immédiat, à la Nature? Et cette Nature cherche, combine, refait, meurt et renaît; elle s'agite encore plus quand elle crée que quand tout est en fusion; elle souffre, gémit, ignore, dégénère, fait le mal, se trompe, s'abolit, disparaît, recommence? Comment justifier la méconnaissance presque générale du principe divin? Pourquoi la mort? pourquoi le génie du mal, ce roi de la terre, a-t-il été enfanté par un Dieu souverainement bon dans son essence et dans ses facultés, qui n'a rien dû produire que de conforme à lui-même? Mais si, de cette conséquence implacable qui nous conduit tout d'abord à l'absurde, nous passons aux détails, quelle fin pouvons-nous assigner au monde? Si tout est Dieu, tout est réciproquement effet et cause; ou plutôt il n'existe ni cause ni effet : tout est UN comme Dieu, et vous n'apercevez ni point de départ ni point d'arrivée. La fin réelle serait-elle une rotation de la matière qui va se subtilisant? En quelque sens qu'il se fasse, ne serait-ce pas un jeu d'enfant que le mécanisme de cette matière sortie de Dieu, retournant à Dieu? Pourquoi se ferait-il grossier? Sous quelle forme Dieu est-il le plus Dieu? Qui a raison, de la Matière ou de l'Esprit, quand aucun des deux modes ne saurait avoir tort? Qui peut reconnaître Dieu dans cette éternelle Industrie dans laquelle il se partagerait lui-même en deux Natures, dont l'une ne sait rien, dont l'autre sait tout? Concevez-vous Dieu s'amusant de lui-même sous forme d'homme? riant de ses propres efforts, mourant vendredi pour renaître dimanche, et continuant cette plaisanterie dans les siècles des siècles en en sachant de toute éternité la fin? ne se disant rien à lui Créature, de ce qu'il fait, lui Créateur. Le Dieu de la précédente hypothèse, ce Dieu si nul par la puissance de son inertie, semble plus possible, s'il fallait choisir dans l'impossible, que ce Dieu si stupidement rieur qui se fusille lui-même quand deux portions de l'humanité sont en présence, les armes à la main. Quelque comique que soit cette suprême expression de la seconde face du problème, elle fut adoptée par la moitié du genre humain chez les nations qui se sont créé de riantes mythologies. Ces amoureuses nations étaient conséquentes : chez elles, tout était Dieu, même la Peur et ses lâchetés, même le Crime et ses bacchanales. En acceptant le panthéisme, la religion de quelques grands génies humains, qui sait de quel côté se trouve alors la raison ? Est-elle chez le sauvage, libre dans le désert, vêtu dans sa nudité, sublime et toujours juste dans ses actes quels qu'ils soient, écoutant le soleil, causant avec la mer ? Est-elle chez l'homme civilisé qui ne doit ses plus grandes jouissances qu'à des mensonges, qui tord et presse la nature pour se mettre un fusil sur l'épaule, qui a usé son intelligence pour avancer l'heure de sa mort et pour se créer des maladies dans tous ses plaisirs ? Quand le râteau de la peste ou le soc de la guerre, quand le génie des déserts a passé sur un coin du globe en y effaçant tout, qui a eu raison du sauvage de Nubie ou du patricien de Thèbes ? Vos doutes descendent de haut en bas, ils embrassent tout, la fin comme les moyens. Si le monde physique semble inexplicable, le monde moral prouve donc encore plus contre Dieu. Où est alors le progrès ? Si tout va se perfectionnant, pourquoi mourons-nous enfants ? pourquoi les nations au moins ne se perpétuent-elles pas ? Le monde issu de Dieu, contenu en Dieu, est-il stationnaire ? Vivons-nous une fois ? vivons-nous toujours ? Si nous vivons une fois, pressés par la marche du Grand-Tout dont la connaissance ne nous a pas été donnée, agissons à notre guise ! Si nous sommes éternels, laissons faire ! La créature peut-elle être coupable d'exister au moment des transitions ? Si elle pèche à l'heure d'une grande transformation, en sera-t-elle punie après en avoir été la victime ? Que devient la bonté divine en ne nous mettant pas immédiatement dans les régions heureuses, s'il en existe ? Que devient la prescience de Dieu, s'il ignore le résultat des épreuves auxquelles il nous soumet ? Qu'est cette alternative présentée à l'homme par toutes les religions d'aller bouillir dans une chaudière éternelle, ou de se promener en robe blanche, une palme à la main, la tête ceinte d'une auréole ? Se peut-il que cette invention païenne soit le dernier mot d'un Dieu ? Quel esprit généreux ne trouve d'ailleurs indigne de l'homme et de Dieu, la vertu par calcul qui suppose une éternité de plaisirs offerte par toutes les religions à qui remplit, pendant quelques heures d'existence, certaines conditions bizarres et souvent contre nature ? N'est-il pas ridicule de donner des sens impétueux à l'homme et de lui en interdire la satisfaction. D'ailleurs, à quoi bon ces maigres objections quand le Bien et le Mal sont également annulés ? Le Mal existe-t-il ? Si la substance dans toutes ses formes est Dieu, le Mal est Dieu. La faculté de raisonner aussi bien que la faculté de sentir étant donnée à l'homme pour en user, rien n'est plus pardonnable que de chercher un sens aux douleurs humaines, et d'interroger l'avenir ; si ces raisonnements droits et rigoureux amènent à conclure ainsi, quelle confusion ! Ce monde n'aurait donc nulle fixité rien n'avance et rien ne s'arrête, tout change et rien ne se détruit, tout revient après s'être réparé, car si votre esprit ne vous démontre pas rigoureusement une fin, il est également impossible de démontrer l'anéantissement de la moindre parcelle de Matière : elle peut se transformer, mais non s'anéantir. Si la force aveugle donne gain de cause à l'athée, la force intelligente est inexplicable, car émanée de Dieu, doit-elle rencontrer des obstacles, son triomphe ne doit-il pas être immédiat ? Où est Dieu ? Si les vivants ne l'aperçoivent pas, les morts le trouveront-ils ? Écroulez-vous, idolâtries et religions ! Tombez, trop faibles clefs de toutes les voûtes sociales qui n'avez retardé ni la chute, ni la mort, ni l'oubli de toutes les nations passées, quelque fortement qu'elles se fussent fondées ! Tombez, morales et justices ! nos crimes sont purement relatifs, c'est des effets divins dont les causes ne nous sont pas connues ! Tout est Dieu. Ou nous sommes Dieu, ou Dieu n'est pas ! Enfant d'un siècle dont chaque année a mis sur ton front la glace de ses incrédulités, vieillard ! voici le résumé de tes sciences et de tes longues réflexions. Cher monsieur Becker, vous avez posé la tête sur l'oreiller du Doute en y trouvant la plus commode de toutes les solutions, agissant ainsi comme la majorité du genre humain, qui se dit : — Ne pensons plus à ce problème, du moment où Dieu ne nous a pas fait la grâce de nous octroyer une démonstration algébrique pour le résoudre, tandis qu'il nous en a tant accordé pour aller sûrement de la terre aux astres. Ne sont-ce pas vos pensées intimes ? Les ai-je éludées ? Ne les ai-je pas, au contraire, nettement accusées ? Soit le dogme des deux principes, antagonisme où Dieu périt par cela même que tout-puissant il s'amuse à combattre ; soit l'absurde panthéisme où tout étant Dieu, Dieu n'est plus ; ces deux sources d'où découlent les religions au triomphe desquelles s'est employée la Terre, sont également pernicieuses. Voici jetée entre nous la hache à double tranchant avec laquelle vous coupez la tête à ce vieillard blanc intronisé par vous sur des nuées peintes. Maintenant à moi la hache!

Monsieur Becker et Wilfrid regardèrent la jeune fille avec une sorte d'effroi.

— Croire, reprit Séraphîta de sa voix de Femme, car l'Homme venait de parler, croire est un don! Croire, c'est sentir. Pour croire en Dieu, il faut sentir Dieu. Ce sens est une propriété lentement acquise par l'être, comme s'acquièrent les étonnants pouvoirs que vous admirez dans les grands hommes, chez les guerriers, les artistes et les savants, chez ceux qui savent, chez ceux qui produisent, chez ceux qui agissent. La pensée, faisceau des rapports que vous apercevez entre les choses, est une langue intellectuelle qui s'apprend, n'est-ce pas? La Croyance, faisceau des vérités célestes, est également une langue, mais aussi supérieure à la pensée que la pensée est supérieure à l'instinct. Cette langue s'apprend. Le Croyant répond par un seul cri, par un seul geste; la Foi lui met aux mains une épée flamboyante avec laquelle il tranche, il éclaire tout. Le Voyant ne redescend pas du ciel, il le contemple et se tait. Il est une créature qui croit et voit, qui sait et peut, qui aime, prie et attend. Résignée, aspirant au royaume de la lumière, elle n'a ni le dédain du Croyant, ni le silence du Voyant; elle écoute et répond. Pour elle, le doute des siècles ténébreux n'est pas une arme meurtrière, mais un fil conducteur; elle accepte le combat sur toutes les formes; elle plie sa langue à tous les langages; elle ne s'emporte pas, elle plaint; elle ne condamne ni ne tue personne, elle sauve et console; elle n'a pas l'acerbité de l'agresseur, mais la douceur et la ténuité de la lumière qui pénètre, échauffe, éclaire tout. A ses yeux, le Doute n'est ni une impiété, ni un blasphème, ni un crime; mais une transition d'où l'homme retourne sur ses pas dans les Ténèbres ou s'avance vers la Lumière. Ainsi donc, cher pasteur, raisonnons. Vous ne croyez pas en Dieu. Pourquoi? Dieu, selon vous, est incompréhensible, inexplicable. D'accord. Je ne vous dirai pas que comprendre Dieu tout entier ce serait être Dieu; je ne vous dirai pas que vous niez ce qui vous semble inexplicable, afin de me donner le droit d'affirmer ce qui me paraît croyable. Il est pour vous un fait évident qui se trouve en vous-même. En vous la matière aboutit à l'intelligence; et vous pensez que l'intelligence humaine aboutirait aux ténèbres, au doute, au néant? Si Dieu vous semble incompréhensible, inexplicable, avouez du moins que vous voyez, en toute chose purement physique, un conséquent et sublime ouvrier. Pourquoi sa logique s'arrêterait-elle à l'homme sa création la plus achevée? Si cette question n'est pas convaincante, elle exige au moins quelques méditations. Si vous niez Dieu heureusement afin d'établir vos doutes vous reconnaissez des faits à double tranchant qui tuent tout aussi bien vos raisonnements que vos raisonnements tuent Dieu. Nous avons également admis que la Matière et l'Esprit étaient deux créations qui ne se comprenaient point l'une l'autre, que le monde spirituel se composait de rapports infinis auxquels donnait lieu le monde matériel fini; que si nul sur la terre n'avait pu s'identifier par la puissance de son esprit avec l'ensemble des créations terrestres, à plus forte raison nul ne pouvait s'élever à la connaissance des rapports que l'esprit aperçoit entre ces créations. Ainsi, déjà nous pourrions en finir d'un seul coup, en vous déniant la faculté de comprendre Dieu, comme vous déniez aux cailloux du Fiord la faculté de se compter et de se voir. Savez-vous s'ils ne nient pas l'homme, eux, quoique l'homme les prenne pour s'en bâtir sa maison? Il est un fait qui vous écrase, l'infini; si vous le sentez en vous, comment n'en admettez-vous pas les conséquences? le fini peut-il avoir une entière connaissance de l'infini? Si vous ne pouvez embrasser les rapports qui, de votre aveu, sont infinis, comment embrasseriez-vous la fin éloignée dans laquelle ils se résument? L'ordre dont la révélation est un de vos besoins étant infini, votre raison bornée l'entendra-t-elle? Et ne demandez pas pourquoi l'homme ne comprend point ce qu'il peut percevoir, car il perçoit également ce qu'il ne comprend pas. Si je vous démontre que votre esprit ignore tout ce qui se trouve à sa portée, m'accorderez-vous qu'il lui soit impossible de concevoir ce qui la dépasse? N'aurai-je alors pas raison de vous dire: — « L'un des termes sous lesquels Dieu périt au tribunal de votre raison doit être vrai, l'autre est faux; la création existant, vous sentez la nécessité d'une fin, cette fin ne doit-elle pas être belle? Or, si la matière se termine en l'homme par l'intelligence, pourquoi ne vous contenteriez-vous pas de savoir que la fin de l'intelligence humaine est la lumière des sphères supérieures auxquelles est réservée l'intuition de ce Dieu qui vous semble être un problème insoluble? Les espèces qui sont au-dessous de vous n'ont pas l'intelligence des mondes, et vous l'avez; pourquoi ne se trouverait-il pas au-dessus de vous des espèces plus intelligentes que la vôtre? Avant d'employer sa force à mesurer Dieu, l'homme ne devrait-il pas être plus instruit qu'il ne l'est sur lui-même? Avant de menacer les étoiles qui l'éclairent, avant d'attaquer les certitudes élevées ne devrait-il pas établir les certitudes qui le touchent? » Mais aux négations du Doute, je dois répondre par des négations. Maintenant donc, je vous demande s'il est ici-bas quelque chose d'assez évident par soi-même à quoi je puisse ajouter foi? En un moment, je vais vous prouver que vous croyez fermement à des choses qui agissent et ne sont pas des êtres, qui engendrent la pensée et ne sont pas des esprits, à des abstractions vivantes que l'entendement ne saisit sous aucune forme, qui ne sont nulle part, mais que vous trouvez partout; qui sont sans nom possible, et que vous avez nommées; qui, semblables au Dieu de chair que vous vous figurez, périssent sous l'inexplicable, l'incompréhensible et l'absurde. Et je vous demanderai comment, adoptant ces choses, vous réservez vos doutes pour Dieu. Vous croyez au Nombre, base sur laquelle vous asseyez l'édifice de sciences que vous appelez exactes. Sans le Nombre, plus de mathématiques. Eh! bien, quel être mystérieux, à qui serait accordée la faculté de vivre toujours, pourrait achever de prononcer, et dans quel langage assez prompt dirait-il le Nombre qui contiendrait les nombres infinis dont l'existence vous est démontrée par votre pensée? Demandez-le au plus beau des génies humains, il serait mille ans assis au bord d'une table, la tête entre ses mains, que vous répondrait-il? Vous ne savez ni où le Nombre commence, ni où il s'arrête, ni quand il finira. Ici vous l'appelez le Temps, là vous l'appelez l'Espace; rien n'existe que par lui; sans lui, tout serait une seule et même substance, car lui seul différencie et qualifie. Le Nombre est à votre Esprit ce qu'il est à la matière, un agent incompréhensible. En ferez-vous un Dieu? est-ce un être? est-ce un souffle émané de Dieu pour organiser l'univers matériel où rien n'obtient sa forme que par la Divisibilité qui est un effet du Nombre? Les plus petites comme les plus immenses créations ne se distinguent-elles pas entre elles par leurs quantités, par leurs qualités, par leurs dimensions, par leurs forces, tous attributs enfantés par le Nombre? L'infini des Nombres est un fait prouvé pour votre Esprit, dont aucune preuve ne peut être donnée matériellement. Le Mathématicien vous dira que l'infini des nombres existe et ne se démontre pas. Dieu, cher pasteur, est un nombre doué de mouvement, qui se sent et ne se démontre pas, vous dira le Croyant. Comme l'Unité, il commence des Nombres avec lesquels il n'a rien de commun. L'existence du Nombre dépend de l'Unité qui, sans être un nombre, les engendre tous. Dieu, cher pasteur, est une magnifique Unité qui n'a rien de commun avec ses créations, et qui néanmoins les engendre! Convenez donc avec moi que vous ignorez aussi bien où commence, où finit le Nombre, que vous ignorez où commence, où finit l'Éternité créée? Pourquoi, si vous croyez au Nombre, niez-vous Dieu? La Création n'est-elle pas placée entre l'Infini des substances inorganisées et l'Infini des sphères divines, comme l'Unité se trouve entre l'Infini des fractions que vous nommez depuis peu les Décimales, et l'infini des Nombres que vous nommez les Entiers! Vous seul sur la terre comprenez le Nombre, cette première marche du péristyle qui mène à Dieu, et déjà votre raison y trébuche. Hé! quoi? vous ne pouvez ni mesurer la première abstraction que Dieu vous a livrée, ni la saisir, et vous voulez soumettre à votre mesure les fins de Dieu? Que serait-ce donc si je vous plongeais dans les abîmes du Mouvement, cette force qui organise le Nombre? Ainsi quand je vous dirais que l'univers n'est que Nombre et Mouvement, vous voyez que déjà nous parlerions un langage différent. Je comprends l'un et l'autre, et vous ne les comprenez point. Que serait-ce si j'ajoutais que le Mouvement et le Nombre sont engendrés par la Parole? Ce mot, la raison suprême des Voyants et des Prophètes qui jadis entendirent ce souffle de Dieu sous lequel tomba saint Paul, vous vous en moquez, vous hommes de qui cependant toutes les œuvres visibles, les sociétés, les monuments, les actes, les passions procèdent de votre faible parole; et qui sans le langage ressembleriez à cette espèce si voisine du nègre, à l'homme des bois. Vous croyez donc fermement au Nombre et au Mouvement, force et résultat inexplicables, incompréhensibles à l'existence desquels je puis appliquer le dilemme qui vous dispensait naguère de croire en Dieu. Vous, si puissant raisonneur, ne me dispenserez-vous point de vous démontrer que l'Infini doit être partout semblable à lui-même, et qu'il est nécessairement *un*. Dieu seul est infini, car certes il ne peut y avoir deux infinis. Si, pour se servir des mots humains, quelque chose qui soit démontrée ici-bas, vous semble infinie, soyez certain d'y entrevoir une des faces de Dieu. Poursuivons. Vous vous êtes approprié une place dans l'infini du Nombre, vous l'avez accommodée à otre taille en créant, si toutefois vous pouvez créer quelque chose, l'arithmétique, base sur laquelle repose tout, même vos sociétés. De même que le Nombre, la seule chose à laquelle ont cr. vos soi-disant athées, organise les créations physiques; de même l'arithmétique, emploi du Nombre, organise le monde moral. Cette numération devrait être absolue, comme tout ce qui est vra en soi; mais elle est purement relative, elle n'existe pas absolument, vous ne pouvez donner aucune preuve de sa réalité. D'abord si cette Numération est habile à chiffrer les substances organisées, elle est impuissante relativement aux forces organisantes, les unes étant finies et les autres étant infinies. L'homme qui conçoit l'Infini par son intelligence, ne saurait le manier dans son entier; sans quoi, il serait Dieu. Votre Numération, appliquée aux choses finies et non à l'Infini, est donc vraie par rapport aux détails que vous percevez, mais fausse par rapport à l'ensemble que vous ne percevez point. Si la nature est semblable à elle-même dans les forces organisantes ou dans ses principes qui sont infinis, elle ne l'est jamais dans ses effets finis; ainsi vous ne rencontrez nulle part dans la nature deux objets identiques : dans l'Ordre Naturel, deux et deux ne peuvent donc jamais faire quatre, car il faudrait assembler des unités exactement pareilles, et vous savez qu'il est impossible de trouver deux feuilles semblables sur un même arbre, ni deux sujets semblables dans la même espèce d'arbre. Cet axiome de votre numération, faux dans la nature visible, est également faux dans l'univers invisible de vos abstractions, où la même variété a lieu dans vos idées, qui sont les choses du monde visible, mais étendues par leurs rapports; ainsi, les différences sont encore plus tranchées là que partout ailleurs. En effet, tout y étant relatif au tempérament, à la force, aux mœurs, aux habitudes des individus qui ne se ressemblent jamais entre eux, les moindres objets y représentent des sentiments personnels. Assurément, si l'homme a pu créer des unités, n'est-ce pas en donnant un poids et un titre égal à des morceaux d'or? Eh! bien, vous pouvez ajouter le ducat du pauvre au ducat du riche, et vous dire au trésor public que ce sont deux quantités égales; mais aux yeux du penseur, l'un est certes moralement plus considérable que l'autre; l'un représente un mois de bonheur, l'autre représente le plus éphémère caprice. Deux et deux ne font donc quatre que par une abstraction fausse et monstrueuse. La fraction n'existe pas non plus dans la Nature, où ce que vous nommez un fragment est une chose finie en soi; mais n'arrive-t-il pas souvent, et vous en avez des preuves, que le centième d'une substance soit plus fort que ce que vous appelleriez l'entier? Si la fraction n'existe pas dans l'Ordre Naturel, elle exist encore bien moins dans l'Ordre Moral, où les idées et les sentiments peuvent être variés comme les espèces de l'Ordre Végétal, mais sont toujours entiers. La théorie des fractions est donc encore une insigne complaisance de votre esprit. Le Nombre, avec ses Infiniment petits et ses Totalités infinies, est donc une puissance dont une faible partie vous est connue, et dont la portée vous échappe. Vous vous êtes construit une chaumière dans l'Infini des nombres, vous l'avez ornée d'hiéroglyphes savamment rangés et peints, et vous avez crié : — Tout est là! Du Nombre pur, passons au Nombre corporisé. Votre géométrie établit que la ligne droite est le chemin le plus court d'un point à un autre, mais votre astronomie vous démontre que Dieu n'a procédé que par des courbes. Voici donc dans la même science deux vérités également prouvées : l'une par le témoignage de vos sens agrandis du télescope, l'autre par le témoignage de votre esprit, mais dont l'une contredit l'autre. L'homme sujet à erreur affirme l'une, et l'ouvrier des mondes, que vous n'avez encore pris nulle part en faute, la dément. Qui prononcera donc entre la géométrie rectiligne et la géométrie curviligne? entre la théorie de la droite et la théorie de la courbe? Si, dans son œuvre, le mystérieux artiste qui sait arriver miraculeusement vite à ses fins, n'emploie la ligne droite que pour la couper à angle droit afin d'obtenir une courbe, l'homme lui-même ne peut jamais y compter : le boulet, que l'homme veut diriger en droite ligne, marche par la courbe, et quand vous voulez sûrement atteindre un point dans l'espace, vous ordonnez à la bombe de suivre sa cruelle parabole. Aucun de vos savants n'a tiré cette simple induction que la Courbe est la loi des mondes matériels, que la Droite est celle des mondes spirituels : l'une est la théorie des créations finies, l'autre est la théorie de l'infini. L'homme, ayant seul ici-bas la connaissance de l'infini, peut seul connaître la ligne droite; lui seul a le sentiment de la verticalité placé dans un organe spécial. L'attachement pour les créations de la courbe ne serait-il pas chez certains hommes l'indice d'une impureté de leur nature, encore mariée aux substances matérielles qui nous engendrent; et l'amour des grands esprits pour la ligne droite n'accuserait-il pas en eux un pressentiment du ciel? Entre ces deux lignes est un abîme, comme entre le fini et l'infini, comme entre la matière et l'esprit, comme entre l'homme et l'idée, entre le mouvement et l'objet mû, entre la créature et Dieu. Demandez à l'amour divin ses ailes, et vous franchirez cet abîme! Au delà commence la Révélation du Verbe. Nulle part les choses que vous nommez matérielles ne sont sans profondeur; les lignes sont les terminaisons de solidités qui comportent une force d'action que vous supprimez dans vos théorèmes, ce qui les rend faux par rapport aux corps pris dans leur entier; de là cette constante destruction de tous les monuments humains que vous armez, à votre insu, de propriétés agissantes. La nature n'a que des corps, votre science n'en combine que les apparences. Aussi la nature donne-t-elle à chaque pas des démentis à toutes vos lois : trouvez-en une seule qui ne soit désapprouvée par un fait? Les lois de votre Statique sont souffletées par mille accidents de la physique, car un fluide renverse les plus pesantes montagnes, et vous prouve ainsi que les substances les plus lourdes peuvent être soulevées par des substances impondérables. Vos lois sur l'Acoustique et l'Optique sont annulées par les sons que vous entendez en vous-mêmes pendant le sommeil et par la lumière d'un soleil électrique dont les rayons vous accablent souvent. Vous ne savez pas plus comment la lumière se fait intelligence en vous que vous ne connaissez le procédé simple et naturel qui la change en rubis, en saphir, en opale, en émeraude au cou d'un oiseau des Indes, tandis qu'elle reste grise et brune sur celui du même oiseau vivant sous le ciel nuageux de l'Europe, ni comment elle reste blanche ici au sein de la nature polaire. Vous ne pouvez décider si la couleur est une faculté dont sont doués les corps, ou si elle est un effet produit par l'affusion de la lumière. Vous admettez l'amertume de la mer sans avoir vérifié si la mer est salée dans toute sa profondeur. Vous avez reconnu l'existence de plusieurs substances qui traversent ce que vous croyez être le vide; substances qui ne sont saisissables sous aucune des formes affectées par la matière, et qui se mettent en harmonie avec elle malgré tous les obstacles. Cela étant, vous croyez aux résultats obtenus par la Chimie, quoiqu'elle ne sache encore aucun moyen d'évaluer les changements opérés par le flux ou par le reflux de ces substances qui s'en vont ou viennent à travers vos cristaux et vos machines sur les filons insaisissables de la chaleur ou de la lumière, conduites, exportées par les affinités du métal ou du silex vitrifié. Vous n'obtenez que des substances mortes d'où vous avez chassé la force inconnue qui s'oppose à ce que tout se décompose ici-bas, et dont l'attraction, la vibration, la cohésion et la polarité ne sont que des phénomènes. La vie est la pensée des corps; ils ne sont, eux, qu'un moyen de la fixer, de la contenir dans sa route; si les corps étaient des êtres vivants par eux-mêmes, ils seraient *cause* et ne mourraient pas. Quand un homme constate les résultats du mouvement général que se partagent toutes les créations suivant leur faculté d'absorption, vous le proclamez savant par excellence, comme si le génie consistait à expliquer ce qui est. Le génie doit jeter les yeux au delà des effets! Tous vos savants riraient, si vous leur disiez : « Il est des rapports si certains entre deux êtres dont l'un serait ici, l'autre à Java, qu'ils pourraient au même instant éprouver la même sensation, en avoir la conscience, s'interroger, se répondre sans erreur! » Néanmoins il est des substances minérales qui témoignent des sympathies aussi lointaines que celles dont je parle. Vous croyez à la puissance de l'électricité fixée dans l'aimant, et vous niez le pouvoir de celle que dégage l'âme. Selon vous, la lune, dont l'influence sur les marées vous paraît prouvée, n'en a aucune sur les vents, ni sur la végétation, ni sur les hommes; elle remue la mer et ronge le verre, mais elle doit respecter les malades; elle a des rapports certains avec une moitié de l'humanité, mais elle ne peut rien sur l'autre. Voilà vos plus riches certitudes. Allons plus loin! Vous croyez à la Physique? Mais votre physique commence comme la religion catholique, par un *acte de foi*. Ne reconnaît-elle pas une force externe, distincte des corps, et auxquels elle communique le mouvement? Vous en voyez les effets, mais qu'est-ce? où est-elle? quelle est son essence, sa vie? a-t-elle des limites? Et vous niez Dieu!...

Ainsi, la plupart de vos axiomes scientifiques, vrais par rapport à l'homme, sont faux par rapport à l'ensemble. La science est une, et vous l'avez partagée. Pour savoir le sens vrai des lois phénoménales, ne faudrait-il pas connaître les corrélations qui existent entre les phénomènes et la loi d'ensemble? En toute chose, il est une apparence qui frappe vos sens; sous cette apparence, il se meut une âme : il y a le corps et la faculté. Où enseignez-vous l'étude des rapports qui lient les choses entre elles? Nulle part. Vous n'avez donc rien d'absolu? Vos thèmes les plus certains reposent sur l'analyse des Formes matérielles dont l'Esprit est sans cesse négligé par vous. Il est une science élevée que certains hommes entrevoient trop tard, sans oser l'avouer. Ces hommes ont compris la nécessité de considérer les corps, non-seulement dans leurs propriétés mathématiques, mais encore dans leur ensemble, dans leurs affinités occultes. Le plus grand d'entre vous a deviné, sur la fin de ses jours, que tout était cause et effet réciproquement; que les mondes visibles étaient coordonnés entre eux et soumis à des mondes invisibles. Il a gémi d'avoir essayé d'établir des préceptes absolus! En comptant ses mondes, comme des grains de raisin semés dans l'éther, il en avait expliqué la cohérence par les lois de l'attraction planétaire et moléculaire; vous avez salué cet homme! Eh! bien, je vous le dis, il est mort au désespoir. En supposant égales les forces centrifuge et centripète qu'il avait inventées pour se rendre raison de l'univers, l'univers s'arrêtait, et il admettait le mouvement dans un sens indéterminé néanmoins; mais en supposant ces forces inégales, la confusion des mondes s'ensuivait aussitôt. Ses lois n'étaient donc point absolues, il existait un problème encore plus élevé. La liaison des astres entre eux et l'action centripète de leur mouvement interne ne l'a donc pas empêché de chercher le cep d'où pendait sa grappe? Le malheureux! plus il agrandissait l'espace, plus lourd devenait son fardeau. Il vous a dit comment il y avait équilibre entre les parties; mais où allait le tout? Il contemplait l'étendue, infinie aux yeux de l'homme, remplie par ces groupes de mondes dont une portion minime est accusée par notre télescope, mais dont l'immensité se révèle par la rapidité de la lumière. Cette contemplation sublime lui a donné la perception des mondes infinis qui, plantés dans cet espace comme des fleurs dans une prairie, naissent comme des enfants, croissent comme des hommes, meurent comme des vieillards, vivent en s'assimilant dans leur atmosphère les substances propres à les alimenter, qui ont un centre et un principe de vie, qui se garantissent les uns des autres par une aire; qui, semblables aux plantes, absorbent et sont absorbés, qui composent un ensemble doué de vie, ayant sa destinée. A cet aspect, cet homme a tremblé! Il savait que la vie est produite par l'union de la chose avec son principe, que la mort ou l'inertie, qu'enfin la pesanteur est produite par une rupture entre un objet et le mouvement qui lui est propre; alors il a pressenti le craquement de ces mondes, abîmés si Dieu leur retirait sa Parole. Il s'est mis à chercher dans l'Apocalypse les traces de cette Parole! Vous l'avez cru fou, sachez-le donc : il cherchait à se faire pardonner son génie. Wilfrid, vous êtes venu pour me prier de résoudre des équations, de m'enlever sur un nuage de pluie, de me plonger dans le Fiord, et de reparaître en cygne. Si la science ou les miracles étaient la fin de l'humanité, Moïse vous aurait légué le calcul des fluxions; Jésus-Christ vous aurait éclairé les obscurités de vos sciences; ses apôtres vous auraient dit d'où sortent ces immenses traînées de gaz ou de métaux en fusion, attachées à des noyaux qui tournent pour se solidifier en cherchant une place dans l'éther, et qui entrent quelquefois violemment dans un système quand elles se combinent avec un astre, le heurtent et le brisent par leur choc, ou le détruisent par l'infiltration de leurs gaz mortels. Au lieu de vous faire vivre en Dieu, saint Paul vous eût expliqué comment la nourriture est le lien secret de toutes les créations et le lien évident de toutes les Espèces animées. Aujourd'hui le plus grand miracle serait de trouver le carré égal au cercle, problème que vous jugez impossible, et qui sans doute est résolu dans la marche des mondes par l'intersection de quelque ligne mathématique dont les enroulements apparaissent à l'œil des esprits parvenus aux sphères supérieures. Croyez-moi, les miracles sont en nous et non au dehors. Ainsi se sont accomplis les faits naturels que les peuples ont crus surnaturels. Dieu n'aurait-il pas été injuste en témoignant sa puissance à des générations, et refusant ses témoignages à d'autres? La verge d'airain appartient à tous. Ni Moïse, ni Jacob, ni Zoroastre, ni Paul, ni Pythagore, ni Swedenborg, ni les plus obscurs Messagers, ni les plus éclatants Prophètes de Dieu, n'ont été supérieurs à ce que vous pouvez être. Seulement il est pour les nations des heures où elles ont la foi. Si la science matérielle devait être le but des efforts humains, avouez-le, les sociétés, ces grands foyers où les hommes se sont rassemblés, seraient-ils toujours providentiellement dispersés? Si la civilisation était le but de l'Espèce, l'intelligence périrait-elle? resterait-elle purement individuelle? La grandeur de toutes les nations qui furent grandes, était basée sur des exceptions : l'exception cessée, morte fut la puissance. Les Voyants, les Prophètes, les Messagers n'auraient-ils pas mis la main à la Science au lieu de l'appuyer sur la Croyance, n'auraient-ils pas frappé sur vos cerveaux au lieu de toucher à vos cœurs? Tous sont venus pour pousser les nations à Dieu; tous ont proclamé la voie sainte en vous disant les simples paroles qui conduisent au royaume des cieux; tous embrasés d'amour et de foi, tous inspirés de cette parole qui plane sur les populations, les enserre, les anime et les fait lever, ne l'employaient à aucun intérêt humain. Vos grands génies, des poètes, des rois, des savants sont engloutis avec leurs villes et le Désert les a revêtus de ses manteaux de sable; tandis que les noms de ces bons pasteurs, bénis encore, surnagent aux désastres. Nous ne pouvons nous entendre sur aucun point. Nous sommes séparés par des abîmes : vous êtes du côté des ténèbres, et moi je vis dans la vraie lumière. Est-ce cette parole que vous avez voulue? je la dis avec joie, elle peut vous changer. Sachez-le donc, il y a les sciences de la matière et les sciences de l'esprit. Là où vous voyez des corps, moi je vois des forces qui tendent les unes vers les autres par un mouvement générateur. Pour moi, le caractère des corps est l'indice de leurs principes et le signe de leurs propriétés. Ces principes engendrent des affinités qui vous échappent et qui sont liées à des centres. Les différentes espèces où la vie est distribuée, sont des sources incessantes qui correspondent entre elles. A chacune sa production spéciale. L'homme est effet et cause; il est alimenté, mais il alimente à son tour. En nommant Dieu le Créateur, vous le rapetissez ; il n'a créé, comme vous le pensez, ni les plantes, ni les animaux, ni les astres; pouvait-il procéder par plusieurs moyens? n'a-t-il pas agi par l'unité de composition ? Aussi, a-t-il donné des principes qui devaient se développer, selon sa loi générale, au gré des milieux où ils se trouveraient. Donc, une seule substance et le mouvement; une seule plante, un seul animal, mais des rapports continus. En effet, toutes les affinités sont liées par des similitudes contiguës, et la vie des mondes est attirée vers des centres par une aspiration affamée, comme vous êtes poussés tous par la faim à vous nourrir. Pour vous donner un exemple des affinités liées à des similitudes, loi secondaire sur laquelle reposent les créations de votre pensée; la musique, art céleste, est la mise en œuvre de ce principe : n'est-elle pas un ensemble de sons harmoniés par le Nombre ? Le son n'est-il pas une modification de l'air, comprimé, dilaté, répercuté ? Vous connaissez la composition de l'air : azote, oxygène et carbone. Comme vous n'obtenez pas de son dans le vide, il est clair que la musique et la voix humaine sont le résultat de substances chimiques organisées qui se mettent à l'unisson des mêmes substances préparées en vous par votre pensée, coordonnées au moyen de la lumière, la grande nourrice de votre globe : avez-vous pu contempler les amas de nitre déposés par les neiges, avez-vous pu voir les décharges de la foudre, et les plantes aspirant dans l'air les métaux qu'elles contiennent, sans conclure que le soleil met en fusion et distribue la subtile essence qui nourrit tout ici-bas? Comme l'a dit Swedenborg, *la terre est un homme !* Vos sciences actuelles, ce qui vous fait grands à vos propres yeux, sont des misères auprès des lueurs dont sont inondés les Voyants. Cessez, cessez de m'interroger, nos langages sont différents. Je me suis un moment servi du vôtre pour vous jeter un éclair de foi dans l'âme, pour vous donner un pan de mon manteau, et vous entraîner dans les belles régions de la Prière. Est-ce à Dieu de s'abaisser à vous: n'est-ce pas vous qui devez vous élever à lui! Si la raison humaine a sitôt épuisé l'échelle de ses forces en y étendant Dieu pour se le démontrer sans y parvenir, n'est-il pas évident qu'il faut chercher une autre voie pour le connaître? Cette voie est en nous-mêmes. Le Voyant et le Croyant trouvent en eux des yeux plus perçants que ne le sont les yeux appliqués aux choses de la terre, et aperçoivent une Aurore. Entendez cette vérité? vos sciences les plus exactes, vos méditations les plus hardies, vos plus belles Clartés sont des Nuées. Au-dessus, est le Sanctuaire d'où jaillit la vraie lumière.

Elle s'assit et garda le silence, sans que son calme visage accusât la plus légère de ces trépidations dont sont saisis les orateurs après leurs improvisations les moins courroucées.

Wilfrid dit à monsieur Becker, en se penchant vers son oreille: — Qui lui a dit cela?

— Je ne sais pas, répondit-il.

— Il était plus doux sur le Falberg, se disait Minna.

Séraphîta se passa la main sur les yeux et dit en souriant: — Vous êtes bien pensifs, ce soir, messieurs. Vous nous traitez, Minna et moi, comme des hommes à qui l'on parle politique ou commerce, tandis que nous sommes de jeunes filles auxquelles vous devriez faire des contes en prenant le thé, comme cela se pratique dans nos veillées de Norwége. Voyons, monsieur Becker, racontez-moi quelques-unes des *Saga* que je ne sais pas? Celle de

Frithiof, cette chronique à laquelle vous croyez et que vous m'avez promise. Dites-nous cette histoire où le fils d'un paysan possède un navire qui parle et qui a une âme ? Je rêve de la frégate Ellida! N'est-ce pas sur cette fée à voiles que devraient naviguer les jeunes filles ?

— Puisque nous revenons à Jarvis, dit Wilfrid dont les yeux s'attachaient à Séraphîta comme ceux d'un voleur caché dans l'ombre s'attachent à l'endroit où gît le trésor, dites-moi, pourquoi vous ne vous mariez pas ?

— Vous naissez tous veufs ou veuves, répondit-elle; mais mon mariage était préparé dès ma naissance, et je suis fiancée...

— A qui ? dirent-ils tous à la fois.

— Laissez-moi mon secret, dit-elle. Je vous promets, si notre père le veut, de vous convier à ces noces mystérieuses.

— Sera-ce bientôt ?

— J'attends.

Un long silence suivit cette parole.

— Le printemps est venu, dit Séraphîta, le fracas des eaux et des glaces rompues commence, ne venez-vous pas saluer le premier printemps d'un nouveau siècle ?

Elle se leva suivie de Wilfrid, et ils allèrent ensemble à une fenêtre que David avait ouverte. Après le long silence de l'hiver, les grandes eaux se remuaient sous les glaces et retentissaient dans le Fiord comme une musique, car il est des sons que l'espace épure et qui arrivent à l'oreille comme des ondes pleines à la fois de lumière et de fraîcheur.

— Cessez, Wilfrid, cessez d'enfanter de mauvaises pensées dont le triomphe vous serait pénible à porter. Qui ne lirait vos désirs dans les étincelles de vos regards ? Soyez bon, faites un pas dans le bien ? N'est-ce pas aller au delà de l'*aimer* des hommes que de se sacrifier complétement au bonheur de celle qu'on aime ? Obéissez-moi, je vous mènerai dans une voie où vous obtiendrez toutes les grandeurs que vous rêvez, et où l'amour sera vraiment infini.

Elle laissa Wilfrid pensif.

— Cette douce créature est-elle bien la prophétesse qui vient de jeter des éclairs par les yeux, dont la parole a tonné sur les mondes, dont la main a manié contre nos sciences la hache du doute ? Avons-nous veillé pendant quelques moments ? se dit-il.

— Minna, dit Séraphîtüs en revenant auprès de la fille du pasteur, les aigles volent où sont les cadavres, les colombes volent où sont les sources vives, sous les ombrages verts et paisibles. L'aigle monte aux cieux, la colombe en descend. Cesse de t'aventurer dans une région où tu ne trouverais ni sources, ni ombrages. Si naguère tu n'as pu contempler l'abîme sans être brisée, garde tes forces pour qui t'aimera. Va, pauvre fille, tu le sais, j'ai ma fiancée.

Minna se leva et vint avec Séraphîtüs à la fenêtre où était Wilfrid. Tous trois entendirent la Sieg bondissant sous l'effort des eaux supérieures, qui détachaient déjà des arbres pris dans les glaces. Le Fiord avait retrouvé sa voix. Les illusions étaient dissipées. Tous admirèrent la nature qui se dégageait de ses entraves, et semblait répondre par un sublime accord à l'Esprit dont la voix venait de la réveiller.

Lorsque les trois hôtes de cet être mystérieux le quittèrent, ils étaient remplis de ce sentiment vague qui n'est ni le sommeil, ni la torpeur, ni l'étonnement, mais qui tient de tout cela ; qui n'est ni le crépuscule, ni l'aurore, mais qui donne soif de la lumière. Tous pensaient.

— Je commence à croire qu'elle est un Esprit caché sous une forme humaine, dit monsieur Becker.

Wilfrid, revenu chez lui, calme et convaincu, ne savait comment lutter avec des forces si divinement majestueuses.

Minna se disait : — Pourquoi ne veut-il pas que je l'aime?

V.

LES ADIEUX.

Il est en l'homme un phénomène désespérant pour les esprits méditatifs qui veulent trouver un sens à la marche des sociétés et donner des lois de progression au mouvement de l'intelligence. Quelque grave que soit un fait, et s'il pouvait exister des faits surnaturels, quelque grandiose que serait un miracle opéré publiquement, l'éclair de ce fait, la foudre de ce miracle s'abîmerait dans l'océan moral dont la surface à peine troublée par quelque rapide bouillonnement reprendrait aussitôt le niveau de ses fluctuations habituelles.

Pour mieux se faire entendre, la Voix passe-t-elle par la gueule de l'Animal ? La Main écrit-elle des caractères aux frises de la salle où se goberge la Cour ? L'OEil éclaire-t-il le sommeil du roi ? le

Prophète vient-il expliquer le songe? le Mort évoqué se dresse-t-il dans les régions lumineuses où revivent les facultés? l'Espri écrase-t-il la Matière au pied de l'échelle mystique des Sept Mondes Spirituels arrêtés les uns sur les autres dans l'espace et se révélant par des ondes brillantes qui tombent en cascades sur les marches du Parvis céleste? Quelque profonde que soit la Révélation intérieure, quelque visible que soit la Révélation extérieure; le lendemain Balaam doute de son ânesse et de lui; Balthazar et Pharaon font commenter la Parole par deux Voyants, Moïse et Daniel. L'Esprit vient, emporte l'homme au-dessus de la terre, lui soulève les mers, lui en fait voir le fond, lui montre les espèces disparues, lui ranime les os desséchés qui meublent de leur poudre la grande vallée : l'Apôtre écrit l'Apocalypse! Vingt siècles après, la science humaine approuve l'apôtre, et traduit ses images en axiomes. Qu'importe! la masse continue à vivre comme elle vivait hier, comme elle vivait à la première olympiade, comme elle vivait le lendemain de la création, ou la veille de la grande catastrophe. Le Doute couvre tout de ses vagues. Les mêmes flots battent par le même mouvement le granit humain qui sert de bornes à l'océan de l'intelligence. Après s'être demandé s'il a vu ce qu'il a vu, s'il a bien entendu les paroles dites, si le fait était un fait, si l'idée était une idée, l'homme reprend son allure, il pense à ses affaires, il obéit à je ne sais quel valet qui suit la Mort, à l'oubli, qui de son manteau noir couvre une ancienne Humanité dont la nouvelle n'a nul souvenir. L'Homme ne cesse d'aller, de marcher, de pousser végétativement jusqu'au jour où la Cognée l'abat. Si cette puissance de flot, si cette haute pression des eaux amères empêche tout progrès, elle prévient sans doute aussi la mort. Les Esprits préparés pour la foi parmi les êtres supérieurs aperçoivent seuls l'échelle mystique de Jacob.

Après avoir entendu la réponse où Séraphîta, si sérieusement interrogée, avait déroulé l'Étendue divine, comme un orgue touché remplit une église de son mugissement et révèle l'univers musical en baignant de ses sons graves les voûtes les plus inaccessibles, en se jouant, comme la lumière, dans les plus légères fleurs des chapiteaux, Wilfrid rentra chez lui tout épouvanté d'avoir vu le monde en ruines, et sur ces ruines des clartés inconnues, épanchées à flots par les mains de cette jeune fille. Le lendemain il y pensait encore, mais l'épouvante était calmée; il ne se sentait ni détruit ni changé; ses passions, ses idées se réveillèrent fraîches et vigoureuses. Il alla déjeuner chez monsieur Becker, et le trouva sérieusement plongé dans le *Traité des Incantations*, qu'il avait feuilleté depuis le matin pour rassurer son hôte. Avec l'enfantine bonne foi du savant, le pasteur avait fait des plis aux pages où Jean Wier rapportait des preuves authentiques qui prouvaient la possibilité des événements arrivés la veille; car, pour les docteurs, une idée est un événement comme les plus grands événements sont à peine une idée pour eux. A la cinquième tasse de thé que prirent ces deux philosophes, la mystérieuse soirée devint naturelle. Les vérités célestes furent des raisonnements plus ou moins forts et susceptibles d'examen. Séraphîta leur parut être une fille plus ou moins éloquente; il fallait faire la part à son organe enchanteur, à sa beauté séduisante, à son geste fascinateur, à tous ces moyens oratoires par l'emploi desquels un acteur met dans une phrase un monde de sentiments et de pensées, tandis qu'en réalité souvent la phrase est vulgaire.

— Bah! dit le bon ministre en faisant une petite grimace philosophique pendant qu'il étalait une couche de beurre salé sur sa tartine, le dernier mot de ces belles énigmes est à six pieds sous terre.

— Néanmoins, dit Wilfrid en sucrant son thé, je ne conçois pas comment une jeune fille de seize ans peut savoir tant de choses, car sa parole a tout pressé comme dans un étau.

— Mais, dit le pasteur, lisez donc l'histoire de cette jeune Italienne qui, dès l'âge de douze ans, parlait quarante-deux langues, tant anciennes que modernes; et l'histoire de ce moine qui par l'odorat devinait la pensée! Il existe dans Jean Wier et dans une douzaine de traités, que je vous donnerai à lire, mille preuves pour une.

— D'accord, cher pasteur; mais pour moi Séraphîta doit être une femme divine à posséder.

— Elle est tout intelligence, répondit dubitativement monsieur Becker,

Quelques jours se passèrent pendant lesquels la neige des vallées fondit insensiblement; le vert des forêts poindit comme l'herbe nouvelle, la nature norwégienne fit les apprêts de sa parure pour ses noces d'un jour. Pendant ce moments où l'air adouci permettait de sortir, Séraphîta demeura dans la solitude. La passion de

Wilfrid s'accrut ainsi par l'irritation que cause le voisinage d'une femme aimée qui ne se montre pas. Quand cet être inexprimable reçut Minna, Minna reconnut en lui les ravages d'un feu intérieur : sa voix était devenue profonde, son teint commençait à blondir; et, si jusque-là les poètes en eussent comparé la blancheur à celle des diamants, elle avait alors l'éclat des topazes.

— Vous l'avez-vue? dit Wilfrid qui rôdait autour du château suédois et qui attendait le retour de Minna.

— Nous allons *le* perdre, répondit la jeune fille dont les yeux se remplirent de larmes.

— Mademoiselle, s'écria l'étranger en réprimant le volume de voix qu'excite la colère, ne vous jouez pas de moi. Vous ne pouvez aimer Séraphîta que comme une jeune fille en aime une autre, et non de l'amour qu'elle m'inspire. Vous ignorez quel serait votre danger si ma jalousie était justement alarmée. Pourquoi ne puis-je aller près d'elle? Est-ce vous qui me créez des obstacles?

— J'ignore, répondit Minna calme en apparence, mais en proie à une profonde terreur, de quel droit vous sondez ainsi mon cœur? Oui, je l'aime, dit-elle en retrouvant la hardiesse des convictions pour confesser la religion de son cœur. Mais ma jalousie, si naturelle à l'amour, ne redoute ici personne. Hélas! je suis jalouse d'un sentiment caché qui l'absorbe. Il est entre lui et moi des espaces que je ne saurais franchir. Je voudrais savoir qui des étoiles ou de moi l'aime mieux, qui de nous se dévouerait plus promptement à son bonheur? Pourquoi ne serais-je pas libre de déclarer mon affection? En présence de la mort, nous pouvons avouer nos préférences, et, monsieur, Séraphîtüs va mourir.

— Minna, vous vous trompez, la sirène que j'ai si souvent baignée de mes désirs, et qui se laissait admirer coquettement étendue sur son divan, gracieuse, faible et dolente, n'est pas un jeune homme.

— Monsieur, répondit Minna troublée, celui dont la main puissante m'a guidée sur le Falberg, à ce sœler abrité par le Bonnet de Glace; là, dit-elle en montrant le haut du pic, n'est pas non plus une faible jeune fille. Ah! si vous l'aviez entendu prophétisant! Sa poésie était la musique de la pensée. Une jeune fille n'eût pas déployé les sons graves de la voix qui me remuait l'âme.

— Mais quelle certitude avez-vous?... dit Wilfrid.

— Aucune autre que celle du cœur, répondit Minna confuse en se hâtant d'interrompre l'étranger.

— Eh ! bien, moi, s'écria Wilfrid en jetant sur Minna l'effrayant regard du désir et de la volupté qui tuent, moi qui sais aussi combien est puissant son empire sur moi, je vous prouverai votre erreur.

En ce moment où les mots se pressaient sur la langue de Wilfrid, aussi vivement que les idées abondaient dans sa tête, il vit Séraphîta sortant du château suédois, suivie de David. Cette apparition calma son effervescence.

— Voyez, dit-il, une femme peut seule avoir cette grâce et cette mollesse.

— Il souffre, et se promène pour la dernière fois, dit Minna.

David s'en alla sur un signe de sa maîtresse, au-devant de laquelle vinrent Wilfrid et Minna.

— Allons jusqu'aux chutes de la Sieg, leur dit cet être en manifestant un de ces désirs de malade auxquels on s'empresse d'obéir.

Un léger brouillard blanc couvrait alors les vallées et les montagnes du Fiord, dont les sommets, étincelants comme des étoiles, le perçaient en lui donnant l'apparence d'une voie lactée en marche. Le soleil se voyait à travers cette fumée terrestre comme un globe de fer rouge. Malgré ces derniers jeux de l'hiver, quelques bouffées d'air tiède chargées des senteurs du bouleau, déjà paré de ses blondes efflorescences, et pleine des parfums exhalés par les mélèzes dont les houppes de soie étaient renouvelées, ces brises échauffées par l'encens et les soupirs de la terre, attestaient le beau printemps du nord, rapide joie de la plus mélancolique des natures. Le vent commençait à enlever ce voile de nuages qui dérobait imparfaitement la vue du golfe. Les oiseaux chantaient. L'écorce des arbres, où le soleil n'avait pas séché la route des frimas qui en étaient découlés en ruisseaux murmurants, égayait la vue par de antastiques apparences. Tous trois cheminaient en silence le long de la grève. Wilfrid et Minna contemplaient seuls ce spectacle magique pour eux qui avaient subi le tableau monotone de ce paysage en hiver. Leur compagnon marchait pensif, comme s'il cherchait à distinguer une voix dans ce concert. Ils arrivèrent au bord des rochers entre lesquelles s'échappait la Sieg, au bout de la longu avenue bordée de vieux sapins que le cours du torrent avait onduleusement tracée dans la forêt, sentier couvert en arceaux à fortes nervures comme ceux des cathrédrales. De là le Fiord se découvrait tout entier, et la mer étincelait à l'horizon comme une lame d'acier. En ce moment, le brouillard dissipé laissa voir le ciel bleu. Partout dans les vallées, autour des arbres, voltigèrent encore des parcelles étincelantes, poussière de diamants balayés par une brise fraîche, magnifiques chatons de gouttes suspendues au bout des rameaux en pyramide. Le torrent roulait au-dessus d'eux. De sa nappe s'échappait une vapeur teinte de toutes les nuances de la lumière par le soleil, dont les rayons s'y décomposaient en dessinant des écharpes aux sept couleurs, en faisant jaillir les feux de mille prismes dont les reflets se contrariaient. Ce quai sauvage était tapissé par plusieurs espèces de lichens, belle étoffe moirée par l'humidité, et qui figurait une magnifique tenture de soie. Des bruyères déjà fleuries couronnaient les rochers de leurs guirlandes habilement mélangées. Tous les feuillages mobiles attirés par la fraîcheur des eaux laissaient pendre au-dessus leurs chevelures; les mélèzes agitaient leurs dentelles en caressant les pins, immobiles comme des vieillards soucieux. Cette luxuriante parure avait un contraste et dans la gravité des vieilles colonnades que décrivaient les forêts étagées sur les montagnes, et dans la grande nappe du Fiord étalée aux pieds des trois spectateurs, et où le torrent noyait sa fureur. Enfin la mer encadrait cette page écrite par le plus grand des poètes, le hasard auquel est dû le pêle-mêle de la création en apparence abandonnée à elle-même. Jarvis était un point perdu dans ce paysage, dans cette immensité, sublime comme tout ce qui, n'ayant qu'une vie éphémère, offre une rapide image de la perfection; car, par une loi, fatale à nos yeux seulement, les créations en apparence achevées, cet amour de nos cœurs et de nos regards, n'ont qu'un printemps ici. En haut de ce rocher, certes ces trois êtres pouvaient se croire seuls dans le monde.

— Quelle volupté ! s'écria Wilfrid.

— La nature a ses hymnes, dit Séraphîta. Cette musique n'est-elle pas délicieuse? Avouez-le, Wilfrid? aucune des femmes que vous avez connues n'a pu se créer une si magnifique retraite? Ici j'éprouve un sentiment rarement inspiré par le spectacle des villes, et qui me porterait à demeurer couchée au milieu de ces herbes si rapidement venues, Là, les yeux au ciel, le cœur ouvert, perdue au sein de l'immensité, je me laisserais aller à entendre le soupir de la fleur qui, à peine dégagée de sa primitive nature, voudrait courir, et les cris de l'eider impatient de n'avoir encore que des ailes, en me rappelant les désirs de l'homme qui tient de tous, et qui, lui aussi, désire! Mais ceci, Wilfrid, est de la poésie de femme! Vous apercevez une voluptueuse pensée dans cette fumeuse étendue liquide, dans ces voiles brodés où la nature se joue comme une fiancée coquette, et dans cette atmosphère où elle parfume pour ses hyménées sa chevelure verdâtre. Vous voudriez voir la forme d'une naïade dans cette gaze de vapeurs? et, selon vous, je devrais écouter la voix mâle du Torrent.

— L'amour n'est-il pas là, comme une abeille dans le calice d'une fleur? répondit Wilfrid qui, pour la première fois apercevant en elle les traces d'un sentiment terrestre, crut le moment favorable à l'expression de sa bouillante tendresse.

— Toujours donc? répondit en riant Séraphîta que Minna avait laissée seule.

L'enfant gravissait un rocher où elle avait aperçu des saxifrages bleues.

— Toujours, répéta Wilfrid. Écoutez-moi, dit-il en lui jetant un regard dominateur qui rencontra comme une armure de diamant, vous ignorez ce que je suis, ce que je peux et ce que je veux. Ne rejetez pas ma dernière prière! Soyez à moi pour le bonheur du monde que vous portez en votre cœur! Soyez à moi pour que j'aie une conscience pure, pour qu'une voix céleste résonne à mon oreille en m'inspirant le bien dans la grande entreprise que j'ai résolue, conseillé par ma haine contre les nations, mais que j'accomplirais alors pour leur bien-être, si vous m'accompagnez! Quelle plus belle mission donneriez-vous à l'amour? quel plus beau rôle une femme peut-elle rêver? Je suis venu dans ces contrées en méditant un grand dessein.

— Et vous en sacrifierez, dit-elle, les grandeurs à une jeune fille bien simple, que vous aimerez, et qui vous mènera dans une voie tranquille.

— Que m'importe? je ne veux que vous! répondit-il en reprenant son discours. Sachez mon secret. J'ai parcouru tout le Nord, ce grand atelier où se forgent les races nouvelles qui se répandent sur la terre comme des nappes humaines chargées de rafraîchir les civilisations vieillies. Je voulais commencer mon œuvre sur un de ces points, y conquérir l'empire que donnent la force et l'intelligence sur une peuplade, la former aux combas, entamer la guerre, la répandre comme un incendie, dévorer l'Europe en criant liberté à ceux-ci, pillage à ceux-là, gloire à l'un, plaisir à l'autre; mais en demeurant, moi, comme la figure du Destin, implacable et cruel, en marchant comme l'orage qui s'assimile dans l'atmosphère toutes les particules dont se compose la foudre, en me repaissant d'hommes comme un fléau vorace. Ainsi j'aurais conquis l'Europe, elle se trouve à une époque où elle attend ce Messie nouveau qui doit ravager le monde pour en refaire les sociétés. L'Europe ne croira plus qu'à celui qui la broiera sous ses pieds. Un jour les poètes, les historiens auraient justifié ma vie, m'auraient grandi, m'auraient prêté des idées, à moi pour qui cette immense plaisanterie, écrite avec du sang, n'est qu'une vengeance. Mais, chère Séraphîta, mes observations m'ont dégoûté du Nord, la force y est trop aveugle et j'ai soif des Indes! Mon duel avec un gouvernement égoïste, lâche et mercantile, me séduit davantage. Puis il est plus facile d'émouvoir l'imagination des peuples assis au pied du Caucase que de convaincre l'esprit des pays glacés où nous sommes. Donc, je suis tenté de traverser les steppes russes, d'arriver au bord de l'Asie, de la couvrir jusqu'au Gange de ma triomphante inondation humaine, et là je renverserai la puissance anglaise. Sept hommes ont déjà réalisé ce plan à diverses époques. Je renouvellerai l'Art comme l'ont fait les Sarrasins lancés par Mahomet sur l'Europe! Je ne serai pas un roi mesquin comme ceux qui gouvernent aujourd'hui les anciennes provinces de l'empire romain, en se disputant avec leurs sujets, à propos d'un droit de douane. Non, rien n'arrêtera ni la foudre de mes regards, ni la tempête de mes paroles! Mes pieds couvriront un tiers du globe, comme ceux de Gengis-Kan; ma main saisira l'Asie, comme l'a déjà prise celle d'Aureng-Zeb. Soyez ma compagne, asseyez-vous, belle et blanche figure, sur un trône. Je n'ai jamais douté du succès; mais soyez dans mon cœur, j'en serai sûr!

— J'ai déjà régné, dit Séraphîta.

Ce mot fut comme un coup de hache donné par un habile bûcheron dans le pied d'un jeune arbre qui tombe aussitôt. Les hommes seuls peuvent savoir ce qu'une femme excite de rage en l'âme d'un homme, quand, voulant démontrer à cette femme aimée sa force ou son pouvoir, son intelligence ou sa supériorité, la capricieuse penche la tête, et dit : « Ce n'est rien! » quand, blasée, elle sourit et dit : « Je sais cela! » quand pour elle la force est une petitesse.

— Comment, cria Wilfrid au désespoir, les rich sses des arts, les richesses des mondes, les splendeurs d'une cour....

Elle l'arrêta par une seule inflexion de ses lèvres, et dit : — Des êtres plus puissants que vous ne l'êtes m'ont offert davantage.

— Eh ! bien, tu n'as donc pas d'âme, si tu n'es pas séduite par a perspective de consoler un grand homme qui te sacrifiera tout pour vivre avec toi dans une petite maison au bord d'un lac ?

— Mais, dit-elle, je suis aimée d'un amour sans bornes.

— Par qui ? s'écria Wilfrid en s'avançant par un mouvement de frénésie vers Séraphîta pour la précipiter dans les cascades écumeuses de la Sieg.

Elle le regarda, son bras le détendit ; elle lui montrait Minna qui accourait blanche et rose, jolie comme les fleurs qu'elle tenait à la main.

— Enfant ! dit Séraphîtüs en allant à sa rencontre.

Wilfrid demeura sur le haut du rocher, immobile comme une statue, perdu dans ses pensées, voulant se laisser aller au cours de la Sieg comme un des arbres tombés qui passaient sur ses yeux, et disparaissaient au sein du golfe.

— Je les ai cueillies pour vous, dit Minna qui présenta son bouquet à l'être adoré. L'une d'elles, celle-ci, dit-elle en lui présentant une fleur, est semblable à celle que nous avons trouvée sur le Falberg.

Séraphîtüs regarda tour à tour la fleur et Minna.

— Pourquoi me fais-tu cette question ? doutes-tu de moi ?

— Non, dit la jeune fille, ma confiance en vous est infinie. Si vous êtes pour moi plus beau que cette belle nature, vous me paraissez aussi plus intelligent que ne l'est l'humanité tout entière. Quand je vous ai vu, je crois avoir prié Dieu. Je voudrais....

— Quoi ? dit Séraphîtüs en lui lançant un regard par lequel il révélait à la jeune fille l'immense étendue qui les séparait.

— Je voudrais souffrir en votre place...

— Voici la plus dangereuse des créatures, se dit Séraphîtüs. Est-ce donc une pensée criminelle que de vouloir te la présenter, ô mon Dieu ! — Ne te souviens-tu plus de ce que je t'ai dit là-haut ? reprit-il en s'adressant àla jeune fille et lui montrant la cime du Bonnet de Glace.

— Le voilà redevenu terrible, se dit Minna frémissant de crainte.

La voix de la Sieg accompagnales pensées de ces trois êtres qui demeurèrent pendant quelques moments réunis sur une plate-forme de rochers en saillie, mais séparés par des abîmes dans le Monde Spirituel.

— Eh! bien, Séraphîtüs, enseignez-moi, dit Minna d'une voix argentée comme une perle, et douce comme un mouvement de sensitive est doux. Apprenez-moi ce que je dois faire pour ne point vous aimer? Qui ne vous admirerait pas? L'amour est une admiration qui ne se lasse jamais.

— Pauvre enfant! dit Séraphîtüs en pâlissant, on ne peut aimer ainsi qu'un seul être.

— Qui? demanda Minna.

— Tu le sauras, répondit-il avec la voix faible d'un homme qui se couche pour mourir.

— Au secours, il se meurt! s'écria Minna.

Wilfrid accourut, et voyant cet être gracieusement posé dans un fragment de gneiss sur lequel le temps avait jeté son manteau de velours, ses lichens lustrés, ses mousses fauves que le soleil satinait, il dit : — Elle est bien belle.

— Voici le dernier regard que je pourrai jeter sur cette nature en travail, dit-elle en rassemblant ses forces pour se lever.

Elle s'avança sur le bord du rocher, d'où elle pouvait embrasser, fleuris, verdoyants, animés, les spectacles de ce grand et sublime paysage, enseveli naguère sous une tunique de neige.

« Adieu, dit-elle, foyer brûlant d'amour où tout marche avec ardeur du centre aux extrémités, et dont les extrémités se rassemblent comme une chevelure de femme, pour tresser la natte inconnue par laquelle tu te rattaches dans l'éther indiscernable, à la pensée divine!

» Voyez-vous celui qui, courbé sur un sillon arrosé de sa sueur, se relève un moment pour interroger le ciel; celle qui recueille les enfants pour les nourrir de son lait; celui qui noue les cordages au fort de la tempête; celle qui reste assise au creux d'un rocher attendant le père? voyez-vous tous ceux qui tendent la main après une vie consommée en d'ingrats travaux? A tous paix et courage, à tous adieu!

» Entendez-vous le cri du soldat mourant inconnu, la clameur de l'homme trompé qui pleure dans le désert? à tous paix et courage, à tous adieu. Adieu, vous qui mourez pour les rois de la terre. Mais adieu aussi, peuple sans patrie; adieu, terres sans peuples, qui vous souhaitez les uns les autres. Adieu, surtout à Toi, qui ne sais où reposer ta tête, proscrit sublime. Adieu, chères innocentes traînées par les cheveux pour avoir trop aimé ! Adieu, mères assises auprès de vos fils mourants ! Adieu, saintes femmes blessées ! Adieu Pauvres ! adieu Petits, Faibles et Souffrants, vous de qui j'ai si souvent épousé les douleurs. Adieu, vous tous qui gravitez dans la sphère de l'Instinct en y souffrant pour autrui.

» Adieu, navigateurs qui cherchez l'Orient à travers les ténébres épaisses de vos abstractions vastes comme des principes. Adieu, martyrs de la pensée menés par elle à la vraie lumière ! Adieu, sphères studieuses où j'entends la plainte du génie insulté, le soupir du savant éclairé trop tard.

» Voici le concert angélique, la brise de parfums, l'encens du cœur exhalé par ceux qui vont priant, consolant, rápandant la lumière divine et le baume céleste dans les âmes tristes. Courage, chœur d'amour ! Vous à qui les peuples crient : — « Consolez-nous, défendez-nous ? » courage et adieu !

— Adieu, granit, tu deviendras fleur ; adieu, fleur, tu deviendras colombe ; adieu, colombe, tu seras femme ; adieu, femme, tu seras souffrance ; adieu, homme, tu seras croyance ; adieu, vous qui serez tout amour et prière ! »

Abattu par la fatigue, cet être inexpliqué s'appuya pour la première fois sur Wilfrid et sur Minna pour revenir à son logis. Wilfrid et Minna se sentirent alors atteints par une contagion inconnue. A peine avaient-ils fait quelques pas, David se montra pleurant .
—Elle va mourir, pourquoi l'avez-vous emmenée jusqu'ici ? s'écria-t-il de loin. Sáraphîta fut emportée par le vieillard, qui retrouva les forces de la jeunesse et vola jusqu'à la porte du château suédois, comme un aigle emportant quelque blanche brebis dans son aîre.

VI.

LE CHEMIN POUR ALLER AU CIEL.

Le lendemain du jour où Séraphîta pressentit sa fin et fit ses adieux à la Terre comme un prisonnier regarde son cachot avant de le quitter à jamais, elle ressentit des douleurs qui l'obligèrent à demeurer dans la complète immobilité de ceux qui souffrent des maux extrêmes. Wilfrid et Minna vinrent la voir, et la trouvèrent couchée sur son divan de pelleterie. Encore voilée par la chair, son âme rayonnait à travers son voile en le blanchissant de jour en jour. Les progrès de l'Esprit qui minait la dernière barrière par laquelle il était séparé de l'infini s'appelaient une maladie, l'heure de la Vie était nommée la mort. David pleurait en voyant souffrir sa maîtresse sans vouloir écouter ses consolations, le vieillard était déraisonnable comme un enfant. Monsieur Becker voulait que Séraphîta se soignât· mais tout était inutile.

Un jour elle demanda les deux êtres qu'elle avait affectionnés, en leur disant que ce jour était le dernier de ses mauvais jours. Wilfrid et Minna vinrent saisis de terreur, ils savaient qu'ils allaient la perdre. Séraphîta leur sourit à la manière de ceux qui s'en vont dans un monde meilleur, elle inclina la tête comme une fleur trop chargée de rosée qui montre une dernière fois son calice et livre aux airs ses derniers parfums; elle les regardait avec une mélancolie inspirée par eux, elle ne pensait plus à elle; et ils le sentaient sans pouvoir exprimer leur douleur à laquelle se mêlait la gratitude. Wilfrid resta debout, silencieux, immobile, perdu dans une de ces contemplations excitées par les choses dont l'étendue nous fait comprendre ici-bas une immensité suprême. Enhardie par la faiblesse de cet être si puissant, ou peut-être par la crainte de le perdre à jamais, Minna se pencha sur lui pour lui dire : — Séraphîtüs, laisse-moi te suivre.

— Puis-je te le défendre ?

— Mais pourquoi ne m'aimes-tu pas assez pour rester ?

— Je ne saurais rien aimer ici.

— Qu'aimes-tu donc ?

— Le Ciel.

— Es-tu digne du Ciel en méprisant ainsi les créatures de Dieu?

— Minna, pouvons-nous aimer deux êtres à la fois? Un bien-aimé serait-il le bien-aimé s'il ne remplissait pas le cœur? Ne doit-il pas être le premier, le dernier, le seul ? Celle qui est tout amour ne quitte-t-elle pas le monde pour son bien-aimé ? Sa famille entière devient un souvenir, elle n'a plus qu'un parent, Lui ! Son âme n'est plus à elle, mais à Lui ! Si elle garde en elle-même quelque chose qui ne soit pas à lui, elle n'aime pas; non, elle n'aime pas ! Aimer faiblement, est-ce aimer? La parole du bien-aimé la fait tout joie et se coule dans ses veines comme une pourpre plus rouge que n'est le sang; son regard est une lumière qui la pénètre.

elle se fond en Lui; là où Il est, tout est beau. Il est chaud à l'âme, Il éclaire tout; près de Lui, fait-il jamais froid ou nuit? Il n'est jamais absent, il est toujours en nous, nous pensons en Lui, à Lui, pour Lui. Voilà, Minna, comment je l'aime.

— Qui? dit Minna saisie par une jalousie dévorante.

— Dieu! répondit Séraphîtüs dont la voix brilla dans les âmes comme un feu de liberté qui s'allume de montagne en montagne. Dieu qui ne nous trahit jamais! Dieu qui ne nous abandonne pas et comble incessamment nos désirs, qui seul peut constamment abreuver sa créature d'une joie infinie et sans mélange! Dieu qui ne se lasse jamais et n'a que des sourires! Dieu qui, toujours nouveau, jette dans l'âme ses trésors, qui purifie et n'a rien d'amer, qui est tout harmonie et tout flamme! Dieu qui se met en nous pour y fleurir, exauce tous nos vœux, ne compte plus avec nous quand nous sommes à lui, mais se donne tout entier; nous ravit, nous amplifie, nous multiplie en lui! enfin DIEU! Minna, je t'aime, parce que tu peux être à lui! Je t'aime, parce que, si tu viens à lui, tu seras à moi.

— Hé! bien, conduis-moi donc? dit-elle en s'agenouillant. Prends-moi par la main, je ne veux plus te quitter

— Conduisez-nous, Séraphîta? s'écria Wilfrid qui vint se joindre à Minna par un mouvement impétueux. Oui, tu m'as enfin donné soif de la Lumière et soif de la Parole; je suis altéré de l'amour que tu m'as mis au cœur, je conserverai ton âme en la mienne; jettes-y ton vouloir, je ferai ce que tu me diras de faire. Si je ne puis t'obtenir, je veux garder de toi tous les sentiments que tu me communiqueras! Si je ne puis m'unir à toi que par ma seule force, je m'y attacherai comme le feu s'attache à ce qu'il dévore. Parle!

— Ange; s'écria cet être incompréhensible en les enveloppant tous deux par un regard qui fut comme un manteau d'azur. Ange, le ciel sera ton héritage.

Il se fit entre eux un grand silence après cette exclamation qui détonna dans les âmes de Wilfrid et de Minna comme le premier accord de quelque musique céleste.

— Si vous voulez habituer vos pieds à marcher dans le chemin qui mène au Ciel, sachez bien que les commencements en sont rudes, dit cette âme endolorie. Dieu veut être cherché pour lui-même. En ce sens, il est jaloux, il vous veut tout entier; mais quand vous vous êtes donné à lui, jamais il ne vous abandonne.

Je vais vous laisser les clefs du royaume où brille sa lumière, où vous serez partout dans le sein du Père, dans le cœur de l'Époux. Aucune sentinelle n'en défend les approches, vous pouvez y entrer de tous côtés; son palais, ses trésors, son sceptre, rien n'est gardé; il a dit à tous : Prenez-les! Mais il faut vouloir y aller. Comme pour faire un voyage, il est nécessaire de quitter sa demeure, de renoncer à ses projets, de dire adieu à ses amis, à son père, à sa mère, à sa sœur, et même au plus petit des frères qui crie, et leur dire des adieux éternels, car vous ne reviendrez pas plus que les martyrs en marche vers le bûcher ne retournaient au logis; enfin, il faut vous dépouiller des sentiments et des choses auxquels tiennent les hommes, sans quoi vous ne seriez pas tout entiers à votre entreprise. Faites pour Dieu ce que vous faisiez pour vos desseins ambitieux, ce que vous faites en vous vouant à un art, ce que vous avez fait quand vous aimiez une créature plus que lui, ou quand vous poursuiviez un secret de la science humaine. Dieu n'est-il pas la science même, l'amour même, la source de toute poésie? son trésor ne peut-il exciter la cupidité? Son trésor est inépuisable, sa poésie est infinie, son amour est immuable, sa science est infaillible et sans mystères! Ne tenez donc à rien, il vous donnera tout. Oui, vous retrouverez dans son cœur des biens incomparables à ceux que vous aurez perdus sur la terre. Ce que je vous dis est certain : vous aurez sa puissance, vous en userez comme vous usez de ce qui est à votre amant ou à votre maîtresse. Hélas! la plupart des hommes doutent, manquent de foi, de volonté, de persévérance. Si quelques-uns se mettent en route, ils viennent aussitôt à regarder derrière eux, et reviennent. Peu de créatures savent choisir entre ces deux extrêmes : ou rester ou partir, ou la fange ou le ciel. Chacun hésite. La faiblesse commence l'égarement, la passion entraîne dans la mauvaise voie, le vice, qui est une habitude, y embourbe, et l'homme ne fait aucun progrès vers les états meilleurs. Tous les êtres passent une première vie dans la sphère des Instincts où ils travaillent à reconnaître l'inutilité des trésors terrestres après s'être donné mille peines pour les amasser. Combien de fois vit-on dans ce premier monde avant d'en sortir préparé pour recommencer d'autres épreuves dans la sphère des Abstractions où la pensée s'exerce en de fausses sciences, où l'esprit se lasse enfin de la parole humaine; car la Matière épuisée, vient l'Esprit. Combien de formes l'être promis au ciel a-t-il usées, avant d'en venir à comprendre le prix du silence et de la solitude dont les steppes étoilées sont le parvis des Mondes Spirituels ! Après avoir expérimenté le vide et le néant, les yeux se tournent vers le bon chemin. C'est alors d'autres existences à user pour arriver au sentier où brille la lumière. La mort est le relais de ce voyage. Les expériences se font alors en sens inverse : il faut souvent toute une vie pour acquérir les vertus qui sont l'opposé des erreurs dans lesquelles l'homme a précédemment vécu. Ainsi vient d'abord la vie où l'on souffre, et dont les tortures donnent soif de l'amour. Ensuite la vie où l'on aime et où le dévouement pour la créature apprend le dévouement pour le créateur, où les vertus de l'amour, ses mille martyres, son angélique espoir, ses joies suivies de douleurs, sa patience, sa résignation, excitent l'appétit des choses divines. Après vient la vie où l'on cherche dans le silence les traces de la Parole, où l'on devient humble et charitable. Puis la vie où l'on désire. Enfin, la vie où l'on prie. Là est l'éternel midi, là sont les fleurs, là est la moisson ! Les qualités acquises et qui se développent lentement en nous, sont les liens invisibles qui rattachent chacun de nos *existers* l'un à l'autre, et que l'âme seule se rappelle, car la matière ne peut se ressouvenir d'aucune des choses spirituelles. La pensée seule a la tradition de l'antérieur. Ce legs perpétuel du passé au présent et du présent à l'avenir, est le secret des génies humains : les uns ont le don des Formes, les autres ont le don des Nombres, ceux-ci le don des Harmonies. C'est des progrès dans le chemin de la lumière. Oui, qui possède un de ces dons touche par un point à l'infini. La parole, de laquelle je vous révèle ici quelques mots, la terre se l'est partagée, l'a réduite en poussière et l'a semée dans ses œuvres, dans ses doctrines, dans ses poésies. Si quelque grain impalpable en reluit sur un ouvrage, vous dites : « Ceci est grand, ceci est vrai, ceci est sublime ! » Ce peu de chose vibre en vous et y attaque le pressentiment du ciel. Aux uns la maladie qui nous sépare du monde, aux autres la solitude qui nous rapproche de Dieu, à celui-ci la poésie ; enfin tout ce qui vous replie sur vous-même, vous frappe et vous écrase, vous élève ou vous abaisse, est un retentissement du Monde Divin. Quand un être a tracé droit son premier sillon, il lui suffit pour assurer les autres : une seule pensée creusée, une voix entendue, une souffrance vive, un seul écho que rencontre en vous la parole, change à jamais votre âme. Tout aboutit à Dieu, il est donc bien des chances pour le trouver en allant droit devant soi. « Quand arrive le jour heureux où vous mettez le pied dans le chemin et que commence votre pèlerinage, la terre n'en sait rien, elle ne vous comprend plus, vous ne vous entendez plus, elle est vous. Les hommes qui arrivent à la connaissance de ces choses et qui disent quelques mots de la Parole vraie ; ceux-là ne trouvent nulle part à reposer leur tête, ceux-là sont poursuivis comme bêtes fauves, et périssent souvent sur des échafauds à la grande joie des peuples assemblés, tandis que les Anges leur ouvrent les portes du ciel. Votre destination sera donc un secret entre vous et Dieu, comme l'amour est un secret entre deux cœurs. Vous serez le trésor enfoui sur lequel passent les hommes affamés d'or, sans savoir que vous êtes là. Votre existence devient alors incessamment active ; chacun de vos actes a un sens qui se rapporte à Dieu, comme dans l'amour vos actions et vos pensées sont pleines de la créature aimée ; mais l'amour et ses joies, l'amour et ses plaisirs bornés par les sens, est une imparfaite image de l'amour infini qui vous unit au céleste fiancé. Toute joie terrestre est suivie d'angoisses, de mécontentements ; pour que l'amour soit sans dégoût, il faut que la mort le termine au plus fort de sa flamme, vous n'en connaissez alors pas les cendres ; mais ici Dieu transforme nos misères en délices, la joie se multiplie alors par elle-même, elle va croissant et n'a pas de limites. Ainsi, dans la vie Terrestre, l'amour passager se termine par des tribulations constantes ; tandis que, dans la vie Spirituelle, les tribulations d'un jour se terminent par des joies infinies. Votre âme est incessamment joyeuse. Vous sentez Dieu près de vous, en vous ; il donne à toutes choses une saveur sainte, il rayonne dans votre âme, il vous empreint de sa douceur, il vous désintéresse de la terre pour vous-même, et vous y intéresse pour lui-même en vous laissant exercer son pouvoir. Vous faites en son nom les œuvres qu'il inspire : vous séchez les larmes, vous agissez pour lui, vous n'avez plus rien en propre, vous aimez comme lui les créatures d'un inextinguible amour ; vous les voudriez toutes en marche vers lui, comme une véritable amante voudrait voir tous les peuples du monde obéir à son bien-aimé. La dernière vie, celle en qui se résument les autres, où se tendent toutes les forces et dont les mérites doivent ouvrir la Porte Sainte à l'être parfait, est la vie de la Prière. Qui vous fera comprendre la grandeur, les majestés, les forces de la Prière ? Que ma voix tonne dans vos cœurs et qu'elle les change. Soyez tout à coup ce que vous seriez après les épreuves !

Il est des créatures privilégiées, les Prophètes, les Voyants, les Messagers, les Martyrs, tous ceux qui souffrirent pour la Parole ou qui l'ont proclamée; ces âmes franchissent d'un bond les sphère humaines et s'élèvent tout à coup à la Prière. Ainsi de ceux qu sont dévorés par le feu de la Foi. Soyez un de ces couples hardis. Dieu souffre la témérité, il aime à être pris avec violence, il ne rejette jamais celui qui peut aller jusqu'à lui. Sachez-le! le désir, ce torrent de votre volonté, est si puissant chez l'homme, qu'un seul jet émis avec force peut tout faire obtenir, un seul cri suffit souvent sous la pression de la Foi. Soyez un de ces êtres pleins de force, de vouloir et d'amour! Soyez victorieux de la terre. Que la soif et la faim de Dieu vous saisissent! Courez à lui comme le cerf altéré court à la fontaine; le Désir vous armera de ses ailes; les larmes, ces fleurs du Repentir, seront comme un baptême céleste d'où sortira votre nature purifiée. Élancez-vous du sein de ces ondes dans la Prière. Le silence et la méditation sont les moyens efficaces pour aller dans cette voie. Dieu se révèle toujours à l'homme solitaire et recueilli. Ainsi s'opérera la séparation nécessaire entre la Matière qui vous a si long-temps environnés de ses ténèbres, et l'Esprit qui naît en vous et vous illumine, car il fera alors clair en votre âme. Votre cœur brisé reçoit alors la lumière, elle l'inonde. Vous ne sentez plus alors des convictions en vous, mais d'éclatantes certitudes. Le Poète exprime, le Sage médite, le Juste agit; mais celui qui se pose au bord des Mondes Divins, prie; et sa prière est à la fois parole, pensée, action! Oui, sa prière enferme tout, elle contient tout, elle vous achève la nature, en vous en découvrant l'esprit et la marche. Blanche et lumineuse fille de toutes les vertus humaines, arche d'alliance entre la terre et le ciel, douce compagne qui tient du lion et de la colombe, la prière vous donnera la clef des cieux. Hardie et pure comme l'innocence, forte comme tout ce qui est un et simple, cette Belle Reine invincible s'appuie sur le monde matériel, elle s'en est emparée; car, semblable au soleil, elle le presse par un cercle de lumière. L'univers appartient à qui veut, à qui sait, à qui peut prier; mais il faut vouloir, savoir et pouvoir; en un mot posséder la force, la sagesse et la foi. Aussi la prière qui résulte de tant d'épreuves est-elle la consommation de toutes les vérités, de toutes les puissances, de tous les sentiments. Fruit du développement laborieux, progressif, continu de toutes les propriétés naturelles animé par le souffle divin de la Parole, elle a des activités enchanteresses, elle est le dernier culte : ce n'est ni le culte matériel qui a des images, ni le culte spirituel qui a des formules ; c'est le culte du monde divin. Nous ne disons plus de prières, la prière s'allume en nous, elle est une faculté qui s'exerce d'elle-même ; elle a conquis ce caractère d'activité qui la porte au-dessus des formes ; elle relie alors l'âme à Dieu, avec qui vous vous unissez comme la racine des arbres s'unit à la terre ; vos veines tiennent aux principes des choses, et vous vivez de la vie même des mondes. La Prière donne la conviction extérieure en vous faisant pénétrer le Monde Matériel par la cohésion de toutes vos facultés avec les substances élémentaires ; elle donne la conviction intérieure en développant votre essence et la mêlant à celle des Mondes Spirituels. Pour parvenir à prier ainsi, obtenez un entier dépouillement de la chair, acquérez au feu des creusets la pureté du diamant, car cette complète communication ne s'obtient que par le repos absolu, par l'apaisement de toutes les tempêtes. Oui, la prière, véritable aspiration de l'âme entièrement séparée du corps, emporte toutes les forces et les applique à la constante et persévérante union du Visible et de l'Invisible. En possédant la faculté de prier sans lassitude, avec amour, avec force, avec certitude, avec intelligence, votre nature spiritualisée est bientôt investie de la puissance. Comme un vent impétueux ou comme la foudre, elle traverse tout et participe au pouvoir de Dieu. Vous avez l'agilité de l'esprit ; en un instant, vous vous rendez présent dans toutes les régions, vous êtes transporté comme la Parole même d'un bout du monde à l'autre. Il est une harmonie, et vous y participez ! il est une lumière, et vous la voyez ! il est une mélodie, et son accord est en vous. En cet état, vous sentirez votre intelligence se développer, grandir, et sa vue atteindre à des distances prodigieuses : il n'est en effet ni temps, ni lieu pour l'esprit. L'espace et la durée sont des proportions créées pour la matière, l'esprit et la matière n'ont rien de commun. Quoique ces choses s'opèrent dans le calme et le silence, sans agitation, sans mouvement extérieur ; néanmoins tout est action dans la Prière, mais action vive, dépouillée de toute substantialité, et réduite à être, comme le mouvement des Mondes, une force invisible et pure. Elle descend partout comme la lumière, et donne la vie aux âmes qui se trouvent sous ses rayons, comme la Nature est sous le soleil. Elle ressuscite partout la vertu, purifie et sanctifie tous les actes, peuple la solitude, donne un avant-goût des délices éternelles. Une fois que vous avez éprouvé les délices de l'ivresse divine engendrée par vos travaux intérieurs, alors tout est dit! une fois que vous tenez le sistre sur lequel on chante Dieu, vous ne le quittez plus. De là vient la solitude où vivent les esprits Angéliques et leur dédain de ce qui fait les joies humaines. Je vous le dis, ils sont retranchés du nombre de ceux qui doivent mourir; s'ils en entendent les langages, ils n'en comprennent plus les idées; ils s'étonnent de leurs mouvements, de ce que l'on nomme politique, lois matérielles et sociétés; pour eux plus de mystère, il n'est plus que des vérités. Ceux qui sont arrivés au point où leurs yeux découvrent la Porte Sainte, et qui, sans jeter un seul regard en arrière, sans exprimer un seul regret, contemplent les mondes en en pénétrant les destinées; ceux-là se taisent, attendent, et souffrent leurs dernières luttes; la plus difficile est la dernière, la vertu suprême est la Résignation : être en exil et ne pas se plaindre, n'avoir plus goût aux choses d'ici-bas et sourire, être à Dieu, rester parmi les hommes! Vous entendez bien la voix qui vous crie : — Marche! marche! Souvent en de célestes visions, des Anges descendent et vous enveloppent de leurs chants! Il faut sans pleurs ni murmures, les voir revolant à la ruche. Se plaindre, ce serait déchoir. La résignation est le fruit qui mûrit à la porte du ciel. Combien est puissant et beau le sourire calme et le front pur de la créature résignée! Radieuse est la lueur qui lui pare le front! Qui vit dans son air, devient meilleur! Son regard pénètre, attendrit. Plus éloquente par son silence que le prophète ne l'est par sa parole, elle triomphe par sa seule présence. Elle dresse l'oreille comme le chien fidèle qui attend le maître. Plus forte que l'amour, plus vive que l'espérance, plus grande que la foi, elle est l'adorable fille qui, couchée sur la terre, y garde un moment la palme conquise en laissant une empreinte de ses pieds blancs et purs; et quand elle n'est plus, les hommes accourent en foule et disent : — « Voyez! » Dieu l'y maintient comme une figure aux pieds de laquelle rampent les Formes et les Espèces de l'animalité pour reconnaître leur chemin. Elle secoue, par moments, la lumière que ses cheveux exhalent, et l'on voit; elle parle, et l'on entend, et tous se disent : — Miracle! Souvent elle triomphe au nom de Dieu; les hommes épouvantés la renient, et la mettent à mort; elle dépose son glaive, et sourit au bûcher après avoir sauvé les peuples. Combien d'Anges pardonnés sont passés du martyre au ciel! Sinaï, Golgotha ne sont pas ici ou là: l'Ange est crucifié dans tous les lieux, dans toutes les sphères. Les soupirs arrivent à Dieu de toutes parts. La terre où nous sommes est un des épis de la moisson, l'humanité est une des espèces dans le champ immense où se cultivent les fleurs du ciel. Enfin, partout Dieu est semblable à lui-même, et partout, en priant, il est facile d'arriver à lui. »

A ces paroles, tombées comme des lèvres d'une autre Agar dans le désert, mais qui, arrivées à l'âme, la remuaient comme des flèches lancées par le Verbe enflammé d'Isaïe, cet être se tut soudain pour rassembler ses dernières forces. Ni Wilfrid, ni Minna n'osèrent parler. Tout à coup, IL se dressa pour mourir.

— Ame de toutes choses, ô mon Dieu, toi que j'aime pour toi-même! Toi, Juge et Père, sonde une ardeur qui n'a pour mesure que ton infinie bonté! Donne-moi ton essence et tes facultés pour que je sois mieux à toi! Prends-moi pour que je ne sois plus moi-même. Si je ne suis pas assez pur, replonge-moi dans la fournaise! Si je suis taillé en faulx, fais de moi quelque Soc nourricier ou l'Épée victorieuse! Accorde-moi quelque martyre éclatant où je puisse proclamer ta parole. Rejeté, je bénirai ta justice. Si l'excès d'amour obtient en un moment ce qui se refuse à de durs, à de patients travaux, enlève-moi sur ton char de feu! Que tu m'octroies le triomphe ou de nouvelles douleurs, sois béni! Mais souffrir pour toi, n'est-ce pas un triomphe aussi! Prends, saisis, arrache, emporte-moi! Si tu le veux, rejette-moi! Tu es l'adoré qui ne saurait mal faire. — Ah! cria-t-il, après une pause, les liens se brisent.

« Esprits purs, troupeau sacré, sortez des abîmes, volez sur la » surface des ondes lumineuses! L'heure a sonné, venez, rassem- » blez-vous! Chantons aux portes du Sanctuaire, nos chants dissi- » peront les dernières nuées. Unissons nos voix pour saluer l'au- » rore du Jour Éternel. Voici l'aube de la Vraie Lumière! Pourquoi » ne puis-je emmener mes amis? Adieu, pauvre terre! adieu! »

VII

L'ASSOMPTION.

Ces derniers chants ne furent exprimés ni par la parole, ni par le regard, ni par le geste, ni par aucun des signes qui servent aux hommes pour se communiquer leurs pensées, mais comme l'âme se parle à elle-même; car à l'instant où Séraphîta se dévoilait dans sa vraie nature, ses idées n'étaient plus esclaves des mots humains. La violence de sa dernière prière avait brisé les liens. Comme une blanche colombe, son âme demeura pendant un moment posée sur ce corps dont les substances épuisées allaient s'anéantir.

L'aspiration de l'Ame vers le ciel fut si contagieuse, que Wilfrid et Minna ne s'aperçurent pas de la Mort en voyant les radieuses étincelles de la Vie.

Ils étaient tombés à genoux quand *il* s'était dressé vers son orient, et partageaient son extase.

La crainte du Seigneur, qui crée l'homme une seconde fois et le lave de son limon, avait dévoré leurs cœurs.

Leurs yeux se voilèrent aux choses de la Terre, et s'ouvrirent aux clartés du Ciel.

Quoique saisis par le tremblement de Dieu, comme le furent quelques-uns de ces Voyants nommés Prophètes parmi les hommes, ils y restèrent comme eux en se trouvant dans le rayon où brillait la gloire de l'ESPRIT.

Le voile de chair qui le leur avait caché jusqu'alors s'évaporait insensiblement et leur en laissait voir la divine substance.

Ils demeurèrent dans le crépuscule de l'Aurore Naissante dont les faibles lueurs les préparaient à voir la Vraie Lumière, à entendre la Parole Vive, sans en mourir.

En cet état, tous deux commencèrent à concevoir les différences incommensurables qui séparent les choses de la Terre, des choses du Ciel.

La VIE sur le bord de laquelle ils se tenaient serrés l'un contre l'autre, tremblants et illuminés, comme deux enfants se tiennent sous un abri devant un incendie, cette vie n'offrait aucune prise aux sens.

Les idées qui leur servirent à se dire leur vision, furent aux choses entrevues ce que les sens apparents de l'homme peuvent être à son âme, la matérielle enveloppe d'une essence divine.

L'ESPRIT était au-dessus d'eux, il embaumait sans odeur, il était mélodieux sans le secours des sons; là où ils étaient, il ne se rencontrait ni surfaces, ni angles, ni air.

Ils n'osaient plus ni l'interroger ni le contempler, et se trouvaient dans son ombre comme on se trouve sous les ardents rayons du soleil des tropiques, sans qu'on se hasarde à lever les yeux de peur de perdre la vue.

Ils se savaient près de lui, sans pouvoir s'expliquer par quels yens ils étaient assis comme en rêve sur la frontière du Visible de l'Invisible, ni comment ils ne voyaient plus le Visible, et mment ils apercevaient l'Invisible.

Ils se disaient : — « S'il nous touche, nous allons mourir ! » Mais l'Esprit était dans l'infini, et ils ignoraient que, ni le temps ni l'espace n'existent plus dans l'infini, qu'ils étaient séparés de lui par des abîmes, quoique en apparence près de lui.

Leurs âmes n'étant pas propres à recevoir en son entier la connaissance des facultés de cette Vie, ils n'en eurent que des perceptions confuses appropriées à leur faiblesse.

Autrement, quand vient à retentir la PAROLE VIVE dont les sons éloignés parvinrent à leurs oreilles et dont le sens entra dans leur âme comme la vie s'unit aux corps, un seul accent de cette Parole les aurait absorbés comme un tourbillon de feu s'empare d'une légère paille.

Ils ne virent donc que ce que leur nature, soutenue par la force de l'Esprit, leur permit de voir; ils n'entendirent que ce qu'ils pouvaient entendre.

Malgré ces tempéraments, ils frissonnèrent quand éclata la VOIX de l'âme souffrante, le chant de l'Esprit qui attendait la vie et l'implorait par un cri.

Ce cri les glaça jusque dans la moelle de leurs os.

L'Esprit frappait à la PORTE-SAINTE. — Que veux-tu ? répondit un Chœur dont l'interrogation retentit dans les mondes. — Aller à Dieu. — As-tu vaincu ? — J'ai vaincu la chair par l'abstinence, j'ai vaincu la fausse parole par le silence, j'ai vaincu la fausse science par l'humilité, j'ai vaincu l'orgueil par la charité, j'ai vaincu la terre par l'amour, j'ai payé mon tribut par la souffrance, je me suis purifié en brûlant dans la foi, j'ai souhaité la vie par la prière : j'attends en adorant, et suis résigné.

Nulle réponse ne se fit entendre.

— Que Dieu soit béni, répondit l'Esprit en croyant qu'il allait être rejeté.

Ses pleurs coulèrent et tombèrent en rosée sur les deux témoins agenouillés qui frémirent devant la justice de Dieu.

Tout à coup sonnèrent les trompettes de la Victoire remportée par L'ANGE dans cette dernière épreuve, les retentissements arrivèrent aux espaces comme un son dans l'écho, les remplirent et firent trembler l'univers que Wilfrid et Minna sentirent être petit sous leurs pieds. Ils tressaillirent, agités d'une angoisse causée par l'appréhension du mystère qui devait s'accomplir.

Il se fit en effet un grand mouvement comme si les légions éternelles se mettaient en marche et se disposaient en spirale. Les mondes tourbillonnaient, semblables à des nuages emportés par un vent furieux. Ce fut rapide.

Soudain les voiles se déchirèrent, ils virent dans le haut comme un astre incomparablement plus brillant que ne l'est le plus lumineux des astres matériels, qui se détacha, qui tomba comme la foudre en scintillant toujours comme l'éclair, et dont le passage faisait pâlir ce qu'ils avaient pris jusqu'alors pour la LUMIÈRE.

C'était le Messager chargé d'annoncer la bonne nouvelle et dont le casque avait pour panache une flamme de vie.

Il laissait derrière lui des sillons aussitôt comblés par le flot des lueurs particulières qu'il traversait.

Il avait une palme et une épée, il toucha l'ESPRIT de sa palme. L'ESPRIT se transfigura, ses ailes blanches se déployèrent sans bruit.

La communication de la LUMIÈRE qui changeait l'ESPRIT en SÉRAPHIN, le revêtement de sa forme glorieuse, armure céleste, jetèrent de tels rayonnements, que les deux Voyants en furent foudroyés.

Comme les trois apôtres aux yeux desquels Jésus se montra, Wilfrid et Minna ressentirent le poids de leurs corps qui s'opposait à une intuition complète et sans nuages de LA PAROLE et de LA VRAIE VIE.

Ils comprirent la nudité de leurs âmes et purent en mesurer le peu de clarté par la comparaison qu'ils en firent avec l'auréole du Séraphin dans laquelle ils se trouvaient comme une tache honteuse.

Ils furent saisis d'un ardent désir de se replonger dans la fange de l'univers pour y souffrir les épreuves, afin de pouvoir un jour proférer victorieusement à la PORTE-SAINTE les paroles dites par le radieux Séraphin.

Cet Ange s'agenouilla devant le SANCTUAIRE qu'il pouvait enfin contempler face à face et dit en les désignant : — Permettez-leur de voir plus avant, ils aimeront le Seigneur et proclameront sa parole.

A cette prière, un voile tomba. Soit que la force inconnue qui pesait sur les deux Voyants eût momentanément anéanti leurs formes corporelles, soit qu'elle eût fait surgir leur esprit au dehors, ils sentirent en eux comme un partage du pur et de l'impur.

Les pleurs du Séraphin s'élevèrent autour d'eux sous la forme d'une vapeur qui leur cacha les mondes inférieurs, les enveloppa, les porta, leur communiqua l'oubli des significations terrestres, et leur prêta la puissance de comprendre le sens des choses divines.

La Vraie Lumière parut, elle éclaira les créations qui leur semblèrent arides quand ils virent la source où les mondes Terrestres, Spirituels et Divins puisent le mouvement.

Chaque monde avait un centre où tendaient tous les points de sa sphère. Ces mondes étaient eux-mêmes des points qui tendaient au centre de leur espèce. Chaque espèce avait son centre vers de grandes régions célestes qui communiquaient avec l'intarissable et flamboyant *moteur de tout ce qui est*.

Ainsi, depuis le plus grand jusqu'au plus petit des mondes, et depuis le plus petit des mondes jusqu'à la plus petite portion des êtres qui le composaient, tout était individuel, et néanmoins tout était un.

Quel était le dessein de cet être fixe dans son essence et dans ses facultés, qui les transmettait sans les perdre, qui les manifestait hors de Lui sans les séparer de Lui, qui rendait hors de Lui toutes ces créations fixes dans leur essence, et muables dans leurs formes? Les deux convives appelés à cette fête ne pouvaient que voir l'ordre et la disposition des êtres, en admirer la fin immédiate. Les Anges seuls allaient au delà, connaissaient les moyens et comprenaient la fin.

Mais ce que les deux élus purent contempler, ce dont ils rapportèrent un témoignage qui éclaira leurs âmes pour toujours, fut la preuve de l'action des Mondes et des Êtres, la conscience de l'effort avec lequel ils tendent au résultat.

Ils entendirent les diverses parties de l'Infini formant une mélodie vivante; et, à chaque temps où l'accord se faisait sentir comme une immense respiration, les Mondes entraînés par ce mouvement unanime s'inclinaient vers l'Être immense qui, de son centre impénétrable, faisait tout sortir et ramenait tout à lui.

Cette incessante alternative de voix et de silence semblait être la mesure de l'hymne saint qui retentissait et se prolongeait dans les siècles des siècles.

Wilfrid et Minna comprirent alors quelques-unes des mystérieuses paroles de Celui qui sur la terre leur était apparu à chacun d'eux sous la forme qui le leur rendait compréhensible, à l'un Séraphîtüs, à l'autre Séraphîta, quand ils virent que là tout était homogène.

La lumière enfantait la mélodie, la mélodie enfantait la lumière, les couleurs étaient lumière et mélodie, le mouvement était un Nombre doué de la Parole; enfin, tout y était à la fois sonore, diaphane, mobile; en sorte que chaque chose se pénétrant l'une par l'autre, l'étendue était sans obstacle et pouvait être parcourue par les Anges dans la profondeur de l'infini.

Ils reconnurent la puérilité des sciences humaines desquelles il leur avait été parlé.

Ce fut pour eux une vue sans ligne d'horizon, un abîme dans lequel un dévorant désir les forçait à se plonger; mais, attachés à leur misérable corps, ils avaient le désir sans avoir la puissance.

Le Séraphin replia légèrement ses ailes pour prendre son vol, et ne se tourna plus vers eux: il n'avait plus rien de commun avec la Terre.

Il s'élança: l'immense envergure de son scintillant plumage couvrit les deux Voyants comme d'une ombre bienfaisante qui leur permit de lever les yeux et de le voir emporté dans sa gloire, accompagné du joyeux archange.

Il monta comme un soleil radieux qui sort du sein des ondes; mais, plus majestueux que l'astre et promis à de plus belles destinées, il ne devait pas être enchaîné comme les créations inférieures dans une vie circulaire; il suivit la ligne de l'infini, et tendit sans déviation vers le centre unique pour s'y plonger dans sa vie éternelle, pour y recevoir dans ses facultés et dans son essence le pouvoir de jouir par l'amour, et le don de comprendre par la sagesse.

Le spectacle qui se dévoila soudain aux yeux des deux Voyants les écrasa sous son immensité, car ils se sentaient comme des points dont la petitesse ne pouvait se comparer qu'à la moindre fraction que l'infini de la divisibilité permette à l'homme de concevoir, mise en présence de l'infini des Nombres que Dieu seul peut envisager comme il s'envisage lui-même.

Quel abaissement et quelle grandeur en ces deux points, la Force et l'Amour, que le premier désir du Séraphin plaçait comme deux anneaux pour unir l'immensité des univers inférieurs à l'immensité des univers supérieurs !

Ils comprirent les invisibles liens par lesquels les mondes matériels se rattachaient aux mondes spirituels. En se rappelant les sublimes efforts des plus beaux génies humains, ils trouvèrent le principe des mélodies en entendant les chants du ciel qui donnaient les sensations des couleurs, des parfums, de la pensée, et qui rappelaient les innombrables détails de toutes les créations, comme un chant de la terre ranime d'infimes souvenirs d'amour.

Arrivés par une exaltation inouïe de leurs facultés à un point sans nom dans le langage, ils purent jeter pendant un moment les yeux sur le Monde Divin. Là était la fête.

Des myriades d'Anges accoururent tous du même vol, sans confusion, tous pareils, tous dissemblables, simples comme la rose des champs, immenses comme les mondes.

Wilfrid et Minna ne les virent ni arriver ni s'enfuir, ils ensemencèrent soudain l'infini de leur présence, comme les étoiles brillent dans l'indiscernable éther.

Le scintillement de leurs diadèmes réunis s'alluma dans les espaces, comme les feux du ciel au moment où le jour paraît dans nos montagnes.

De leurs chevelures sortaient des ondes de lumière, et leurs mouvements excitaient des frémissements onduleux semblables aux flots d'une mer phosphorescente.

Les deux Voyants aperçurent le Séraphin tout obscur au milieu des légions immortelles dont les ailes étaient comme l'immense panache des forêts agitées par une brise.

Aussitôt, comme si toutes les flèches d'un carquois s'élançaient ensemble, les Esprits chassèrent d'un souffle les vestiges de son ancienne forme ; à mesure que montait le Séraphin, il devenait plus pur ; bientôt, il ne leur sembla qu'un léger dessin de ce qu'ils avaient vu quand il s'était transfiguré : des lignes de feu sans ombre.

Il montait, recevait de cercle en cercle un don nouveau ; puis le signe de son élection se transmettait à la sphère supérieure où il montait toujours purifié.

Aucune des voix ne se taisait, l'hymne se propageait dans tous ses modes.

« Salut à qui monte vivant ! Viens, fleur des Mondes ! Diamant

» sorti du feu des douleurs! perle sans tache, désir sans chair, » lien nouveau de la terre et du ciel, sois lumière! Esprit vain- » queur, Reine du monde, vole à ta couronne! Triomphateur de » la terre, prends ton diadème! Sois à nous! »

Les vertus de l'Ange reparaissaient dans leur beauté.

Son premier désir du ciel reparut gracieux comme une verdissante enfance.

Comme autant de constellations, ses actions le décorèrent de leur éclat.

Ses actes de foi brillèrent comme l'Hyacinthe du ciel, couleur du feu sidéral.

La Charité lui jeta ses perles orientales, belles larmes recueillies!

L'Amour divin l'entoura de ses roses, et sa Résignation pieuse lui enleva par sa blancheur tout vestige terrestre.

Aux yeux de Wilfrid et de Minna, bientôt il ne fut plus qu'un point de flamme qui s'avivait toujours et dont le mouvement se perdait dans la mélodieuse acclamation qui célébrait sa venue au ciel.

Les célestes accents firent pleurer les deux bannis.

Tout à coup un silence de mort, qui s'étendit comme un voile sombre de la première à la dernière sphère, plongea Wilfrid et Minna dans une indicible attente.

En ce moment, le Séraphin se perdait au sein du Sanctuaire où il reçut le don de vie éternelle.

Il se fit un mouvement d'adoration profonde qui remplit les deux Voyants d'une extase mêlée d'effroi.

Ils sentirent que tout se prosternait dans les Sphères Divines, dans les Sphères Spirituelles et dans les Mondes de Ténèbres.

Les Anges fléchissaient le genou pour célébrer sa gloire, les Esprits fléchissaient le genou pour attester leur impatience; on fléchissait le genou dans les abîmes en frémissant d'épouvante.

Un grand cri de joie jaillit comme jaillirait une source arrêt qui recommence ses milliers de gerbes florissantes où se joue soleil en parsemant de diamants et de perles les gouttes lumineus à l'instant où le Séraphin reparut flamboyant et cria : — ÉTE NEL! ÉTERNEL! ÉTERNEL!

Les univers l'entendirent et le reconnurent; il les pénétra comme Dieu les pénètre, et prit possession de l'infini.

Les Sept mondes divins s'émurent à sa voix et lui répondirent

En ce moment il se fit un grand mouvement comme si des astres entiers purifiés s'élevaient en d'éblouissantes clartés devenues éternelles.

Peut-être le Séraphin avait-il reçu pour première mission d'appeler à Dieu les créations pénétrées par la parole?

Mais déjà l'ALLELUIA sublime retentissait dans l'entendement de Wilfrid et de Minna, comme les dernières ondulations d'une musique finie.

Déjà les lueurs célestes s'abolissaient comme les teintes d'un soleil qui se couche dans ses langes de pourpre et d'or.

L'Impur et la Mort ressaisissaient leur proie.

En rentrant dans les liens de la chair, dont leur esprit avait momentanément été dégagé par un sublime sommeil, les deux mortels se sentaient comme au matin d'une nuit remplie par de brillants rêves dont le souvenir voltige en l'âme, mais dont la conscience est refusée au corps, et que le langage humain ne saurait exprimer.

La nuit profonde dans les limbes de laquelle ils roulaient était la sphère où se meut le soleil des mondes visibles.

— Descendons là-bas, dit Wilfrid à Minna.

— Faisons comme il a dit, répondit-elle. Après avoir vu les mondes en marche vers Dieu, nous connaissons le bon sentier. Nos diadèmes d'étoiles sont là-haut.

Ils roulèrent dans les abîmes, rentrèrent dans la poussière des mondes inférieurs, virent tout à coup la Terre comme un lieu souterrain dont le spectacle leur fut éclairé par la lumière qu'ils rapportaient en leur âme et qui les environnait encore d'un nuage où se répétaient vaguement les harmonies du ciel en se dissipant. Ce spectacle était celui qui frappa jadis les yeux intérieurs des Prophètes. Ministres des religions diverses, toutes prétendues vraies, Rois tous consacrés par la Force et par la Terreur, Guerriers et Grands se partageant mutuellement les Peuples, Savants et Riches au-dessus d'une foule bruyante et souffrante qu'ils broyaient bruyamment sous leurs pieds; tous étaient accompagnés de leurs serviteurs et de leurs femmes, tous étaient vêtus de robes d'or, d'argent, d'azur, couverts de perles, de pierreries arrachées aux entrailles de la Terre, dérobées au fond des Mers, et pour lesquelles l'Humanité s'était pendant long-temps employée, en suant et blasphémant. Mais ces richesses et ces splendeurs construites de sang furent comme de vieux haillons aux yeux des deux Proscrits. — Que faites-vous ainsi rangés et immobiles? leur cria Wilfrid. Ils ne répondirent pas. — Que faites-vous ainsi rangés et immobiles? Ils ne répondirent pas. Wilfrid leur imposa les mains en leur criant : — Que faites-vous ainsi rangés et immobiles? Par un mouvement unanime, tous entr'ouvrirent leurs robes et laissèrent voir des corps desséchés, rongés par des vers, corrompus, pulvérisés, travaillés par d'horribles maladies.

— Vous conduisez les nations à la mort, leur dit Wilfrid. Vous avez adultéré la terre, dénaturé la parole, prostitué la justice. Après avoir mangé l'herbe des pâturages, vous tuez maintenant les brebis? Vous croyez-vous justifiés en montrant vos plaies? Je vais avertir ceux de mes frères qui peuvent encore entendre la Voix, afin qu'ils puissent aller s'abreuver aux sources que vous avez cachées.

— Réservons nos forces pour prier, lui dit Minna; tu n'as ni la mission des Prophètes, ni celle du Réparateur, ni celle du Messager. Nous ne sommes encore que sur les confins de la première sphère, essayons de franchir les espaces sur les ailes de la prière.

— Tu seras tout mon amour!

— Tu seras toute ma force!

— Nous avons entrevu les Hauts Mystères, nous sommes l'un pour l'autre le seul être ici-bas avec lequel la joie et la tristesse soient compréhensibles; prions donc, nous connaissons le chemin, marchons.

— Donne-moi la main, dit la Jeune Fille, si nous allons toujours ensemble, la voie me sera moins rude et moins longue.

— Avec toi, seulement, répondit l'Homme, je pourrai traverser la grande solitude, sans me permettre une plainte.

— Et nous irons ensemble au Ciel, dit-elle.

Les nuées vinrent et formèrent un dais sombre. Tout à coup, les deux amants se trouvèrent agenouillés devant un corps que le vieux David défendait contre la curiosité de tous, et qu'il voulut ensevelir lui-même.

Au dehors, éclatait dans sa magnificence le premier été du dix-neuvième siècle. Les deux amants crurent entendre une voix dans les rayons du soleil. Ils respirèrent un esprit céleste dans les fleurs nouvelles, et se dirent en se tenant par la main : — L'immense mer qui reluit là-bas est une image de ce que nous avons vu là-haut.

— Où allez-vous? leur demanda monsieur Becker.

— Nous voulons aller à Dieu, dirent-ils, venez avec nous, mon père?

Genève et Paris, décembre 1832 — Novembre 1835.

FIN DES ÉTUDES PHILOSOPHIQUES.

TROISIÈME ET DERNIÈRE PARTIE.

ÉTUDES ANALYTIQUES.

PHYSIOLOGIE DU MARIAGE.

OU

MÉDITATIONS DE PHILOSOPHIE ÉCLECTIQUE

SUR LE BONHEUR ET LE MALHEUR CONJUGAL.

DÉDICACE.

Faites attention à ces mots (page 367). « L'homme supérieur à qui ce livre est dédié » *n'est-ce pas vous dire : — « C'est à vous ? »*

L'AUTEUR.

La femme qui, sur le titre de ce *livre*, serait tentée de l'ouvrir, peut s'en dispenser, elle l'a déjà lu sans le savoir. Un homme, quelque malicieux qu'il puisse être, ne dira jamais des femmes autant de bien ni autant de mal qu'elles en pensent elles-mêmes. Si, malgré cet avis, une femme persistait à lire l'ouvrage, la délicatesse devra lui imposer la loi de ne pas médire de l'auteur, du moment où, se privant des approbations qui flattent le plus les artistes, il a en quelque sorte gravé sur le frontispice de son livre la prudente inscription mise sur la porte de quelques établissements : *Les dames n'entrent pas ici.*

INTRODUCTION.

« Le mariage ne dérive point de la nature. — La famille orien-
» tale diffère entièrement de la famille occidentale. — L'homme
» est le ministre de la nature, et la société vient s'enter sur elle.
» — Les lois sont faites pour les mœurs, et les mœurs varient. »
Le mariage peut donc subir le perfectionnement graduel auquel toutes les choses humaines paraissent soumises.

Ces paroles, prononcées devant le Conseil-d'État par Napoléon lors de la discussion du Code civil, frappèrent vivement l'auteur de ce livre; et, peut-être, à son insu, mirent-elles en lui le germe de l'ouvrage qu'il offre aujourd'hui au public. En effet, à l'époque où, beaucoup plus jeune, il étudia le Droit français, le mot ADULTÈRE lui causa de singulières impressions. Immense dans le code, jamais ce mot n'apparaissait à son imagination sans traîner à sa suite un lugubre cortége. Les Larmes, la Honte, la Haine, la Terreur, des Crimes secrets, de sanglantes Guerres, des Familles sans chef, le Malheur se personnifiaient devant lui et se dressaient soudain quand il lisait le mot sacramentel : ADULTÈRE! Plus tard, en abordant les plages les mieux cultivées de la société, l'auteur s'aperçut que la sévérité des lois conjugales y était assez généralement tempérée par l'Adultère. Il trouva la somme des mauvais ménages supérieure de beaucoup à celle des mariages heureux. Enfin il crut remarquer, le premier, que, de toutes les connaissances humaines, celle du Mariage était la moins avancée. Mais ce fut une observation de jeune homme; et, chez lui comme chez tant d'autres, semblable à une pierre jetée au sein d'un lac, elle se perdit dans le gouffre de ses pensées tumultueuses. Cependant l'auteur observa malgré lui; puis il se forma lentement dans son imagination, comme un essaim d'idées plus ou moins justes sur la nature des choses conjugales. Les ouvrages se forment peut-être dans les âmes aussi mystérieusement que poussent les truffes au milieu des plaines parfumées du Périgord. De la primitive et sainte frayeur que lui causa l'Adultère et de l'observation qu'il avait étourdiment faite, naquit un matin une minime pensée où ses idées se formulèrent. C'était une raillerie sur le mariage : deux époux s'aimaient pour la première fois après vingt-sept ans de ménage.

Il s'amusa de ce petit pamphlet conjugal et passa délicieusement une semaine entière à grouper autour de cette innocente épigramme la multitude d'idées qu'il avait acquises à son insu et qu'il s'étonna de trouver en lui. Ce badinage tomba devant une observation magistrale. Docile aux avis, l'auteur se rejeta dans l'insouciance de ses habitudes paresseuses. Néanmoins ce léger principe de science et de plaisanterie se perfectionna tout seul dans les champs de la pensée : chaque phrase de l'œuvre condamnée y prit racine, et s'y fortifia, restant comme une petite branche d'arbres qui, abandonnée sur le sable par une soirée d'hiver, se trouve couverte le lendemain de ces blanches et bizarres cristallisations que dessinent les gelées capricieuses de la nuit. Ainsi l'ébauche vécut et devint le point de départ d'une multitude de ramifications morales Ce fut comme un polype qui s'engendra de lui-même. Les sensations de sa jeunesse, les observations qu'une puissance importune lui faisait faire, trouvèrent des points d'appui dans les moindres événements. Bien plus, cette masse d'idées s'harmonia, s'anima, se personnifia presque et marcha dans les pays fantastiques où l'âme aime à laisser vagabonder ses folles progénitures. A travers les préoccupations du monde et de la vie, il y avait toujours en l'auteur une voix qui lui faisait les révélations les plus moqueuses au moment même où il examinait avec le plus de plaisir une femme dansant, souriant ou causant. De même que Méphistophélès montre du doigt à Faust dans l'épouvantable assemblée du Broken de sinistres figures, de même l'auteur sentait un démon qui, au sein d'un bal, venait lui frapper familièrement sur l'épaule et lui dire : — Vois-tu, ce sourire enchanteur? c'est un sourire de haine. Tantôt le démon se pavanait comme un capitan des anciennes comédies de Hardy. Il secouait la pourpre d'un manteau brodé et s'efforçait de remettre à neuf les vieux clinquants et les oripeaux de la gloire. Tantôt il poussait, à la manière de Rabelais, un rire large et franc, et traçait sur la muraille d'une rue un mot qui pouvait servir de pendant à celui de : — Trinque ! seul oracle obtenu de la dive bouteille. Souvent ce Trilby littéraire se laissait voir assis sur des monceaux de livres; et, de ses doigts crochus, il indiquait malicieusement deux volumes jaunes, dont le titre flamboyait aux regards. Puis, quand il voyait l'auteur attentif, il épelait d'une voix aussi agaçante que les sons d'un harmonica : — PHYSIOLOGIE DU MARIAGE ! Mais presque toujours, il apparaissait, le soir, au moment des songes. Caressant comme une fée, il essayait d'apprivoiser par de douces paroles l'âme qu'il s'était soumise. Aussi railleur que séduisant, aussi souple qu'une femme, aussi cruel qu'un tigre, son amitié était plus redoutable que sa haine ; car il ne savait pas faire une caresse sans égratigner. Une nuit entre autres, il essaya la puissance de tous ses sortiléges et les couronna par un dernier effort. Il vint, il s'assit sur le bord du lit, comme une jeune fille pleine d'amour, qui d'abord se tait, mais dont les yeux brillent, et à laquelle son secret finit par échapper. — Ceci, dit-il, est le prospectus d'un scaphandre au moyen duquel on pourra se promener sur la Seine à pied sec. Cet autre volume est le rapport de l'Institut sur un vêtement propre à nous faire traverser les flammes sans nous brûler. Ne proposeras-tu donc rien qui puisse préserver le mariage des malheurs du froid et du chaud? Mais, écoute? Voici L'ART DE CONSERVER LES SUBSTANCES ALIMENTAIRES, L'ART D'EMPÊCHER LES CHEMINÉES DE FUMER, L'ART DE FAIRE DE BONS MORTIERS, L'ART DE METTRE SA CRAVATE, L'ART DE DÉCOUPER LES VIANDES.

Il nomma en une minute un nombre si prodigieux de livres, que l'auteur en eut comme un éblouissement.

— Ces myriades de livres ont été dévorés, disait-il, et cependant tout le monde ne bâtit pas et ne mange pas, tout le monde n'a pas de cravate et ne se chauffe pas, tandis que tout le monde se marie un peu!... Mais tiens, vois?...

Sa main fit alors un geste, et sembla découvrir dans le lointain un océan où tous les livres du siècle se remuaient comme par des mouvements de vagues. Les in-18 ricochaient; les in-8° qu'on jetait rendaient un son grave, allaient au fond et ne remontaient que bien péniblement, empêchés par des in-12 et des in-32 qui foisonnaient et se résolvaient en mousse légère. Les lames furieuses étaient chargées de journalistes, de protes, de papetiers, d'apprentis, de commis d'imprimeurs, de qui l'on ne voyait que les têtes pêle-mêle avec les livres. Des milliers de voix criaient comme celles des écoliers au bain. Allaient et venaient dans leurs canots quelques hommes occupés à pêcher les livres et à les apporter au rivage devant un grand homme dédaigneux, vêtu de noir, sec et froid : c'était les libraires et le public. Du doigt le Démon montra un esquif nouvellement pavoisé, cinglant à pleines voiles et portant une affiche en guise de pavillon; puis, poussant un rire sardonique, il lut d'une voix perçante : — PHYSIOLOGIE DU MARIAGE.

L'auteur devint amoureux, le diable le laissa tranquille, car il aurait eu affaire à trop forte partie s'il était revenu dans un logis habité par une femme. Quelques années se passèrent sans autres tourments que ceux de l'amour, et l'auteur put se croire guéri d'une infirmité par une autre. Mais un soir il se trouva dans un salon de Paris, où l'un des hommes qui faisaient partie du cercle décrit devant la cheminée par quelques personnes prit la parole et raconta l'anecdote suivante d'une voix sépulcrale.

— Un fait eut lieu à Gand au moment où j'y étais. Attaquée d'une maladie mortelle, une dame, veuve depuis dix ans, gisait sur son lit. Son dernier soupir était attendu par trois héritiers collatéraux qui ne la quittaient pas, de peur qu'elle ne fît un testament au profit du Béguinage de la ville. La malade gardait le silence, paraissait assoupie, et la mort semblait s'emparer lentement de son visage muet et livide. Voyez-vous au milieu d'une nuit d'hiver les trois parents silencieusement assis devant le lit? Une vieille garde-malade est là qui hoche la tête, et le médecin, voyant avec anxiété la maladie arrivée à son dernier période, tient son chapeau d'une main, et de l'autre fait un geste aux parents, comme pour leur dire : « Je n'ai plus de visites à vous faire. » Un silence solennel permettait d'entendre les sifflements sourds d'une pluie de neige qui fouettait sur les volets. De peur que les yeux de la mourante ne fussent blessés par la lumière, le plus jeune des héritiers avait adapté un garde-vue à la bougie placée près du lit, de sorte que le cercle lumineux du flambeau atteignait à peine à l'oreiller funèbre, sur lequel la figure jaunie de la malade se détachait comme un christ mal doré sur une croix d'argent terni. Les lueurs ondoyantes jetées par les flammes bleues d'un pétillant foyer éclairaient donc seules cette chambre sombre, où allait se dénouer un drame. En effet, un tison roula tout à coup du foyer sur le parquet comme pour présager un événement. A ce bruit, la malade se dresse brusquement sur son séant, elle ouvre deux yeux aussi clairs que ceux d'un chat, et tout le monde étonné la contemple. Elle regarde le tison marcher; et, avant que personne n'eût songé à s'opposer au mouvement inattendu produit par une sorte de délire, elle saute hors de son lit, saisit les pincettes, et rejette le charbon dans la cheminée. La garde, le médecin, les parents, s'élancent, prennent la mourante dans leurs bras, elle est recouchée, elle pose la tête sur le chevet; et quelques minutes sont à peine écoulées, qu'elle meurt, gardant encore, après sa mort, son regard attaché sur la feuille de parquet à laquelle avait touché le tison. A peine la comtesse Van-Ostroëm eut-elle expiré, que les trois cohéritiers se jetèrent un coup d'œil de méfiance, et, ne pensant déjà plus à leur tante, se montrèrent le mystérieux parquet. Comme c'était des Belges, le calcul fut chez eux aussi prompt que leurs regards. Il fut convenu, par trois mots prononcés à voix basse, qu'aucun d'eux ne quitterait la chambre. Un laquais alla chercher un ouvrier. Ces âmes collatérales palpitèrent vivement quand, réunis autour de ce riche parquet, les trois Belges virent un petit apprenti donnant le premier coup de ciseau. Le bois est tranché. — « Ma tante a fait un geste !... dit le plus jeune des héritiers. — Non, c'est un effet des ondulations de la lumière !... » répondit le plus âgé qui avait à la fois l'œil sur le trésor et sur la morte. Les parents affligés trouvèrent, précisément à l'endroit où le tison avait roulé, une masse artistement enveloppée d'une couche de plâtre. — « Allez !... » dit le vieux cohéritier. Le ciseau de l'apprenti fit alors sauter une tête humaine, et je ne sais quel vestige d'habillement leur fit reconnaître le comte que toute la ville croyait mort à Java et dont la perte avait été vivement pleurée par sa femme.

Le narrateur de cette vieille histoire était un grand homme sec, à l'œil fauve, à cheveux bruns, et l'auteur crut apercevoir de vagues ressemblances entre lui et le démon qui, jadis, l'avait tant tourmenté ; mais l'étranger n'avait pas le pied fourchu. Tout à coup le mot ADULTÈRE sonna aux oreilles de l'auteur ; et alors, cette espèce de cloche réveilla, dans son imagination, les figures les plus lugubres du cortége qui naguère défilait à la suite de ces prestigieuses syllabes.

A compter de cette soirée, les persécutions fantasmagoriques d'un ouvrage qui n'existait pas recommencèrent ; et, à aucune époque de sa vie, l'auteur ne fut assailli d'autant d'idées fallacieuses sur le fatal sujet de ce livre. Mais il résista courageusement à l'esprit, bien que ce dernier rattachât les moindres événements de la vie à cette œuvre inconnue, et que, semblable à un commis de la douane, il plombât tout de son chiffre railleur.

Quelques jours après, l'auteur se trouva dans la compagnie de deux dames. La première avait été une des plus humaines et des plus spirituelles femmes de la cour de Napoléon. Arrivée jadis à une haute position sociale, la restauration l'y surprit, et l'en renversa ; elle s'était faite ermite. La seconde, jeune et belle, jouait en ce moment, à Paris, le rôle d'une femme à la mode. Elles étaient amies, parce que l'une ayant quarante ans et l'autre vingt-deux, leurs prétentions mettaient rarement en présence leur vanité sur le même terrain. L'auteur étant sans conséquence pour l'une des deux dames, et l'autre l'ayant deviné, elles continuèrent en sa présence une conversation assez franche qu'elles avaient commencée sur leur métier de femme.

— Avez-vous remarqué, ma chère, que les femmes n'aiment en général que des sots ? — Que dites-vous donc là, duchesse ? et comment accorderez-vous cette remarque avec l'aversion qu'elles ont pour leurs maris ? — (Mais c'est une tyrannie ! se dit l'auteur. Voilà donc maintenant le diable en cornette?...) — Non, ma chère, je ne plaisante pas ! reprit la duchesse, et il y a de quoi faire frémir pour soi-même, depuis que j'ai contemplé froidement les personnes que j'ai connues autrefois. L'esprit a toujours un brillant qui nous blesse, l'homme qui en a beaucoup nous effraie peut-être, et s'il est fier, il ne sera pas jaloux, il ne saurait donc nous plaire. Enfin nous aimons peut-être mieux élever un homme jusqu'à nous que de monter jusqu'à lui... Le talent a bien des succès à nous faire partager, mais le sot donne des jouissances ; et nous préférons toujours entendre dire : « Voilà un bien bel homme ! » à voir notre amant choisi pour être de l'Institut. — En voilà bien assez, duchesse ! vous m'avez épouvantée.

Et la jeune coquette, se mettant à faire les portraits des amants dont raffolaient toutes les femmes de sa connaissance, n'y trouva pas un seul homme d'esprit. — Mais, par ma vertu, dit-elle, leurs maris valent mieux...

— Ces gens sont leurs maris ! répondit gravement la duchesse...

— Mais, demanda l'auteur, l'infortune dont est menacé le mari en France est-elle donc inévitable ?

— Oui ! répondit la duchesse en riant. Et l'acharnement de certaines femmes contre celles qui ont l'heureux malheur d'avoir une passion prouve combien la chasteté leur est à charge. Sans la peur du diable, l'une serait Laïs ; l'autre doit sa vertu à la sécheresse de son cœur ; celle-là à la manière sotte dont s'est comporté son premier amant ; celle-là...

L'auteur arrêta le torrent de ces révélations en faisant part aux deux dames du projet d'ouvrage par lequel il était persécuté, elles y sourirent, et promirent beaucoup de conseils. La plus jeune fournit gaiement un des premiers capitaux de l'entreprise, en disant qu'elle se chargeait de prouver mathématiquement que les femmes entièrement vertueuses étaient des êtres de raison.

Rentré chez lui, l'auteur dit alors à son démon : — Arrive ? Je suis prêt. Signons le pacte ! Le démon ne revint plus.

Si l'auteur écrit ici la biographie de son livre, ce n'est par aucune inspiration de fatuité. Il raconte des faits qui pourront servir à l'histoire de la pensée humaine, et qui expliqueront sans doute l'ouvrage même. Il n'est peut-être pas indifférent à certains anatomistes de la pensée de savoir que l'âme est femme. Ainsi, tant que l'auteur s'interdisait de penser au livre qu'il devait faire, le livre se montrait écrit partout. Il en trouvait une page sur le lit d'un malade, une autre sur le canapé d'un boudoir. Les regards des femmes quand elles tournoyaient emportées par une valse, lui jetaient des pensées ; un geste, une parole, fécondaient son cerveau dédaigneux. Le jour où il se dit : — Cet ouvrage, qui m'obsède, se fera !... tout a fui ; et, comme les trois Belges, il releva un squelette, là où il se baissait pour saisir un trésor.

Une douce et pâle figure succéda au démon tentateur, elle avait des manières engageantes et de la bonhomie, ses représentations étaient désarmées des pointes aiguës de la critique. Elle prodiguait plus de mots que d'idées, et semblait avoir peur du bruit. C'était peut-être le génie familier des honorables députés qui siégent au centre de la Chambre.

— « Ne vaut-il pas mieux, disait-elle, laisser les choses comme elles sont ? Vont-elles donc si mal ? Il faut croire au mariage comme à l'immortalité de l'âme ; et vous ne faites certainement pas un livre pour vanter le bonheur conjugal. D'ailleurs vous conclurez sans doute d'après un millier de ménages parisiens qui ne sont que des exceptions. Vous trouverez peut-être des maris disposés à vous abandonner leurs femmes ; mais aucun fils ne vous abandonnera sa mère... Quelques personnes blessées par les opinions que vous professerez soupçonneront vos mœurs, calomnieront vos intentions. Enfin, pour toucher aux écrouelles sociales, il faut être roi, ou tout au moins premier consul. »

Quoiqu'elle apparût sous la forme qui pouvait plaire le plus à l'auteur, la Raison ne fut point écoutée ; car dans le lointain la Folie agitait la marotte de Panurge, et il voulait s'en saisir ; mais, quand il essaya de la prendre, il se trouva qu'elle était aussi lourde que la massue d'Hercule ; d'ailleurs, le curé de Meudon l'avait garnie de manière à ce qu'un jeune homme qui se pique moins de bien faire un livre que d'être bien ganté ne pouvait vraiment pas y toucher.

— Notre ouvrage est-il fini ? demanda la plus jeune des deux complices féminines de l'auteur, — Hélas ! madame, me récompenserez-vous de toutes les haines qu'il pourra soulever contre moi ? Elle fit un geste, et alors l'auteur répondit à son indécision par une expression d'insouciance. — Quoi ! vous hésiteriez ? publiez-le, n'ayez pas peur. Aujourd'hui nous prenons un livre bien plus pour la façon que pour l'étoffe.

Quoique l'auteur ne se donne ici que pour l'humble secrétaire de deux dames, il a, tout en coordonnant leurs observations, accompli plus d'une tâche. Une seule peut-être était restée en fait de mariage, celle de recueillir les choses que tout le monde pense et que personne n'exprime; mais aussi faire une pareille Étude avec l'esprit de tout le monde, n'est-ce pas s'exposer à ce qu'il ne plaise à personne? Cependant l'éclectisme de cette Étude la sauvera peut-être. Tout en raillant, l'auteur a essayé de populariser quelques idées consolantes. Il a presque toujours tenté de réveiller des ressorts inconnus dans l'âme humaine. Tout en prenant la défense des intérêts les plus matériels, les jugeant ou les condamnant, il aura peut-être fait apercevoir plus d'une jouissance intellectuelle. Mais l'auteur n'a pas la sotte prétention d'avoir toujours réussi à faire des plaisanteries de bon goût; seulement il a compté sur la diversité des esprits, pour recevoir autant de blâme que d'approbation. La matière était si grave qu'il a constamment essayé de l'*anecdoter*, puisqu'aujourd'hui les anecdotes sont le passe-port de toute morale et l'anti-narcotique de tous les livres. Dans celui-ci, où tout est analyse et observation, la fatigue chez le lecteur et le MOI chez l'auteur étaient inévitables. C'est un des malheurs les plus grands qui puissent arriver à un ouvrage, et l'auteur ne se l'est pas dissimulé. Il a donc disposé les rudiments de cette longue ETUDE de manière à ménager des haltes au lecteur. Ce système a été consacré par un écrivain qui faisait sur le GOUT un travail assez semblable à celui dont il s'occupait sur le MARIAGE, et auquel il se permettra d'emprunter quelques paroles pour exprimer une pensée qui leur est commune. Ce sera une sorte d'hommage rendu à son devancier dont la mort à suivi de si près le succès.

« Quand j'écris et parle de moi au singulier, cela suppose une » confabulation avec le lecteur; il peut examiner, discuter, douter, » et même rire; mais, quand je m'arme du redoutable NOUS, je » professe, il faut se soumettre. » (Brillat-Savarin, préface de la PHYSIOLOGIE DU GOUT.)

5 décembre 1829.

PREMIÈRE PARTIE.

CONSIDÉRATIONS GÉNÉRALES.

Nous parlerons contre les lois insensées jusqu'à ce qu'on les réforme, et en attendant nous nous y soumettrons aveuglément.

(DIDEROT, *Supplément au Voyage de Bougainville.*)

MÉDITATION I.

LE SUJET.

Physiologie, que me veux-tu ?

Ton but est-il de nous démontrer que le mariage unit, pour toute la vie, deux êtres qui ne se connaissent pas?

Que la vie est dans la passion, et qu'aucune passion ne résiste au mariage?

Que le mariage est une institution nécessaire au maintien des sociétés, mais qu'il est contraire aux lois de la nature?

Que le divorce, cet admirable palliatif aux maux du mariage, sera unanimement redemandé ?

Que, malgré tous ses inconvénients, le mariage est la source première de la propriété?

Qu'il offre d'incalculables gages de sécurité aux gouvernements?

Qu'il y a quelque chose de touchant dans l'association de deux êtres pour supporter les peines de la vie?

Qu'il y a quelque chose de ridicule à vouloir qu'une même pensée dirige deux volontés?

Que la femme est traitée en esclave?

Qu'il n'y a pas de mariages entièrement heureux ?

Que le mariage est gros de crimes, et que les assassinats connus ne sont pas les pires?

Que la fidélité est impossible, au moins à l'homme?

Qu'une expertise, si elle pouvait s'établir, prouverait plus de troubles que de sécurité dans la transmission patrimoniale des propriétés?

Que l'adultère occasionne plus de maux que le mariage ne procure de biens?

Que l'infidélité de la femme remonte aux premiers temps des sociétés, et que le mariage résiste à cette perpétuité de fraudes?

Que les lois de l'amour attachent si fortement deux êtres, qu'aucune loi humaine ne saurait les séparer?

Que s'il y a des mariages écrits sur les registres de l'officialité, il y en a de formés par les vœux de la nature, par une douce conformité ou par une entière dissemblance dans la pensée, et par des conformations corporelles; qu'ainsi le ciel et la terre se contrarient sans cesse?

Qu'il y a des maris riches de taille et d'esprit supérieur, dont les femmes ont des amants fort laids, petits ou stupides?

Toutes ces questions fourniraient au besoin des livres; mais ces livres sont faits, et les questions sont perpétuellement résolues.

Physiologie, que me veux-tu?

Révèles-tu des principes nouveaux? Viens-tu prétendre qu'il faut mettre les femmes en commun? Lycurgue et quelques peuplades grecques, des Tartares et des Sauvages, l'ont essayé.

Serait-ce qu'il faut renfermer les femmes? les Ottomans l'ont fait et ils les remettent aujourd'hui en liberté.

Serait-ce qu'il faut marier les filles sans dot et les exclure du droit de succéder?... Des auteurs anglais et des moralistes ont prouvé que c'était, avec le divorce, le moyen le plus sûr de rendre les mariages heureux.

Serait-ce qu'il faut une petite Agar dans chaque ménage? Il n'est pas besoin de loi pour cela. L'article du Code qui prononce des peines contre la femme adultère, en quelque lieu que le crime se soit commis, et celui qui ne punit un mari qu'autant que sa concubine habite sous le toit conjugal, admettent implicitement des maîtresses en ville.

Sanchez a disserté sur tous les cas pénitentiaires du mariage; il a même argumenté sur la légitimité, sur l'opportunité de chaque plaisir; il a tracé tous les devoirs moraux, religieux, corporels des époux; bref, son ouvrage formerait douze volumes in-8° si l'on réimprimait ce gros in-folio intitulé *de Matrimonio*.

Des nuées de jurisconsultes ont lancé des nuées de traités sur les difficultés légales qui naissent du mariage. Il existe même des ouvrages sur le congrès judiciaire.

Des légions de médecins ont fait paraître des légions de livres sur le mariage dans ses rapports avec la chirurgie et la médecine.

Au dix-neuvième siècle, la Physiologie du Mariage est donc une insignifiante compilation ou l'œuvre d'un niais écrite pour d'autres niais : de vieux prêtres ont pris leurs balances d'or et pesé les moindres scrupules ; de vieux jurisconsultes ont mis leurs lunettes et distingué toutes les espèces; de vieux médecins ont pris le scalpel et l'ont promené sur toutes les plaies; de vieux juges ont monté sur leur siége et jugé tous les cas rédhibitoires; des générations entières ont passé en jetant leur cri de joie ou de douleur; chaque siècle a lancé son vote dans l'urne; le Saint-Esprit, les poètes, les écrivains, ont tout enregistré depuis Ève jusqu'à la guerre de Troie, depuis Hélène jusqu'à madame de Maintenon, depuis la femme de Louis XIV jusqu'à la Contemporaine.

Physiologie, que me veux-tu donc?

Voudrais-tu par hasard nous présenter des tableaux plus ou moins bien dessinés pour nous convaincre qu'un homme se marie :

Par Ambition... cela est bien connu;

Par Bonté, pour arracher une fille à la tyrannie de sa mère;

Par Colère, pour déshériter des collatéraux;

Par Dédain d'une maîtresse infidèle;

Par Ennui de la délicieuse vie de garçon;

Par Folie, c'en est toujours une;

Par Gageure, c'est le cas de lord Byron;

Par Honneur, comme Georges Daudin?

Par Intérêt, mais c'est presque toujours ainsi;

Par Jeunesse, au sortir du collége, en étourdi;

Par Laideur, en craignant de manquer de femme un jour;

Par Machiavélisme, pour hériter promptement d'une vieille;

Par Nécessité, pour donner un état à *notre* fils;

Par Obligation, la demoiselle ayant été faible;

Par Passion, pour s'en guérir plus sûrement;

Par Querelle, pour finir un procès;

Par Reconnaissance, c'est donner plus qu'on n'a reçu;

Par Sagesse, cela arrive encore aux doctrinaires;

Par Testament, quand un oncle mort vous grève son héri' d'une fille à épouser;

Par Usage, à l'imitation de ses aïeux;

Par Vieillesse, pour faire une fin.

(Le X manque, et peut-être est-ce à cause de son peu d'emploi comme tête de mot qu'on l'a pris pour signe de *l'inconnu.*)

Par *Yatidi*, qui est l'heure de se coucher et en signifie tous les besoins chez les Turcs ;

Par Zèle, comme le duc de Saint-Aignan qui ne voulait pas commettre de péchés.

Mais ces accidents-là ont fourni les sujets de trente mille comédies et de cent mille romans.

Physiologie, pour la troisième et dernière fois, que me veux-tu?

Ici tout est banal comme les pavés d'une rue, vulgaire comme un carrefour. Le mariage est plus connu que Barrabas de la Passion ; toutes les vieilles idées qu'il réveille roulent dans les littératures depuis que le monde est monde, et il n'y a pas d'opinion utile et de projet saugrenu qui ne soient allés trouver un auteur, un imprimeur, un libraire et un lecteur.

Permettez-moi de vous dire comme Rabelais, notre maître à tous : — « Gens de bien, Dieu vous sauve et vous garde! Où » êtes-vous? je ne peux vous voir. Attendez que je chausse mes » lunettes. Ah! ah! je vous vois. Vous, vos femmes, vos enfants, » vous êtes en santé désirée? Cela me plaît. »

Mais ce n'est pas pour vous que j'écris. Puisque vous avez de grands enfants, tout est dit.

« Ah! c'est vous, buveurs très-illustres, vous, goutteux très- » précieux, et vous, croûtes-levés infatigables, mignons poivrés, » qui pantagruelizez tout le jour, qui avez des pies privées bien guallantes, et allez à tierce, à sexte, à nones, et pareillement à » vêpres, à complies, qui iriez voirement toujours. »

Ce n'est pas à vous que s'adresse la Physiologie du Mariage, puisque vous n'êtes pas mariés. Ainsi soit-il toujours!

« Vous, tas de serrabaites, cagots, escargotz, hypocrites, ca- « phartz, frapartz, botineurs, romipetes et autres telles gens qu » se sont déguisés comme masques, pour tromper le monde!.... » arrière, mastins, hors de la quarrière! hors d'ici, cerveaux » bourrelet!... De par le diable, êtes-vous encore là?... »

Il ne me reste plus, peut-être, que de bonnes âmes aimant à rire. Non de ces pleurards qui veulent se noyer à tout propos en vers et en prose, qui font les malades en odes, en sonnets, en méditations ; non de ces songe-creux en toute sorte, mais quelques-uns de ces anciens pantagruélistes qui n'y regardent pas de si près quand il s'agit de banqueter et de goguenarder, qui trouvent du bon dans le livre *des Pois au lard, cum commento,* de Rabelais, dans celui *de la dignité des Braguettes*, et qui estimen ces beaux livres de haulte gresse, legiers au porchas, hardis à la rencontre.

L'on ne peut guère plus rire du gouvernement, mes amis, depuis qu'il a trouvé le moyen de lever quinze cents millions d'impôts. Les papegaux, les évégaux, les moines et moinesses ne sont pas encore assez riches pour qu'on puisse boire chez eux; mais arrive saint Michel, qui chassa le diable du ciel, et nous verrons peut-être le bon temps revenir! Partant, il ne nous reste en ce moment que le mariage en France qui soit matière à rire. Disciples de Panurge, de vous seuls je veux pour lecteurs. Vous savez prendre et quitter un livre à propos, faire du plus aisé, comprendre à demi-mot et tirer nourriture d'un os médullaire.

Ces gens à microscope, qui ne voient qu'un point, les censeurs enfin, ont-ils bien tout dit, tout passé en revue? ont-ils prononcé en dernier ressort qu'un livre sur le mariage est aussi impossible à exécuter qu'une cruche cassée à rendre neuve?

— Oui, maître-fou. Pressurez le mariage, il n'en sortira jamais rien que du plaisir pour les garçons et de l'ennui pour les maris. C'est la morale éternelle. Un million de pages imprimées n'auront pas d'autre substance.

Cependant voici ma première proposition : Le mariage est un combat à outrance avant lequel les deux époux demandent au ciel sa bénédiction, parce que s'aimer toujours est la plus téméraire des entreprises; le combat ne tarde pas à commencer, et la victoire, c'est-à-dire la liberté, demeure au plus adroit.

D'accord. Où voyez-vous là une conception neuve?

Eh! bien, je m'adresse aux mariés d'hier et d'aujourd'hui, à ceux qui, en sortant de l'église ou de la municipalité, conçoivent l'espérance de garder leurs femmes pour eux seuls; à ceux à qui je ne sais quel égoïsme ou quel sentiment indéfinissable fait dire à l'aspect des malheurs d'autrui : — Cela ne m'arrivera pas, à moi!

Je m'adresse à ces marins qui, après avoir vu des vaisseaux sombrer, se mettent en mer; à ces garçons qui, après avoir causé le naufrage de plus d'une vertu conjugale, osent se marier. Et voici le sujet, il est éternellement neuf, éternellement vieux!

Un jeune homme, un vieillard peut-être, amoureux ou non, vient d'acquérir par un contrat bien et dûment enregistré à la Mairie, dans le Ciel et sur les contrôles du Domaine, une jeune fille longs cheveux, aux yeux noirs et humides, aux petits pieds, aux doigts mignons et effilés, à la bouche vermeille, aux dents d'ivoire bien faite, frémissante, appétissante et pimpante, blanche comm un lys, comblée des trésors les plus désirables de la beauté : ses cils baissés ressemblent aux dards de la couronne de fer, sa peau, tissu aussi frais que la corolle d'un camélia blanc, est nuancée de la pourpre des camélias rouges; sur son teint virginal l'œil croit voir la fleur d'un jeune fruit et le duvet imperceptible d'une pêche diaprée; l'azur des veines distille une riche chaleur à travers ce réseau clair; elle demande et donne la vie; elle est tout joie et tout amour, tout gentillesse et tout naïveté. Elle aime son époux, ou du moins elle croit l'aimer....

L'amoureux mari a dit dans le fond de son cœur : « Ces yeux ne verront que moi, cette bouche ne frémira d'amour que pour moi, cette douce main ne versera les chatouilleux trésors de la volupté que sur moi, ce sein ne palpitera qu'à ma voix, cette âme endormie ne s'éveillera qu'à ma volonté; moi seul je plongerai mes doigts dans ces tresses brillantes; seul je promènerai de rêveuses caresses sur cette tête frissonnante. Je ferai veiller la Mort à mon chevet pour défendre l'accès du lit nuptial à l'étranger ravisseur; ce trône de l'amour nagera dans le sang des imprudents ou dans le mien. Repos, honneur, félicité, liens paternels, fortune de mes enfants, tout est là; je veux tout défendre comme une lionne ses petits. Malheur à qui mettra le pied dans mon antre! »

— Eh! bien, courageux athlète, nous applaudissons à ton dessein. Jusqu'ici nul géomètre n'a osé tracer des lignes de longitude et de latitude sur la mer conjugale. Les vieux maris ont eu vergogne d'indiquer les bancs de sable, les rescifs, les écueils, les brisants, les moussons, les côtes et les courants qui ont détruit leurs barques, tant ils avaient honte de leurs naufrages. Il manquait un guide, une boussole aux pèlerins mariés... cet ouvrage est destiné à leur en servir.

Sans parler des épiciers et des drapiers, il existe tant de gens qui sont trop occupés pour perdre du temps à chercher les raisons secrètes qui font agir les femmes, que c'est une œuvre charitable de leur classer par titres et par chapitres toutes les situations secrètes du mariage; une bonne table des matières leur permettra de mettre le doigt sur les mouvements du cœur de leurs femmes, comme la table des logarithmes leur apprend le produit d'une multiplication.

Eh! bien, que vous en semble? N'est-ce pas une entreprise neuve et à laquelle tout philosophe a renoncé que de montrer comment on peut empêcher une femme de tromper son mari! N'est-ce pas la comédie des comédies? N'est-ce pas un autre *speculum vitæ humanæ?* Il ne s'agit plus de ces questions oiseuses dont nous avons fait justice dans cette Méditation. Aujourd'hui, en morale, comme dans les sciences exactes, le siècle demande des faits, des observations. Nous en apportons.

Commençons donc par examiner le véritable état des choses, par analyser les forces de chaque parti. Avant d'armer notre champion imaginaire, calculons le nombre de ses ennemis, comptons les Cosaques qui veulent envahir sa petite patrie.

S'embarque avec nous qui voudra, rira qui pourra. Levez l'ancre; hissez les voiles! Vous savez de quel petit point rond vous partez. C'est un grand avantage que nous avons sur bien des livres,

Quant à notre fantaisie de rire en pleurant et de pleurer en riant, comme le divin Rabelais buvait en mangeant et mangeait en buvant; quant à notre manie de mettre Héraclite et Démocrite dans la même page, de n'avoir ni style, ni préméditation de phrase..... si quelqu'un de l'équipage en murmure!..... Hors du tillac les vieux cerveaux à bourrelet, les classiques en maillot, les romantiques en linceul, et vogue la galère!

Tout ce monde-là nous reprochera peut-être de ressembler à ceux qui disent d'un air joyeux: « Je vais vous conter une histoire qui vous fera rire!... » Il s'agit bien de plaisanter quand on parle de mariage! ne devinez-vous pas que nous le considérons comme une légère maladie à laquelle nous sommes tous sujets et que ce livre en est la monographie?

— Mais vous, votre galère ou votre ouvrage, avez l'air de ces postillons qui, en partant d'un relais, font claquer leur fouet parce qu'ils mènent des Anglais. Vous n'aurez pas couru au grand galop pendant une demi-lieue que vous descendrez pour remettre un trait ou laisser souffler vos chevaux. Pourquoi sonner de la trompette avant la victoire?

— Hé! chers pantagruélistes, il suffit aujourd'hui d'avoir des prétentions à un succès pour l'obtenir; et comme, après tout, les grands ouvrages ne sont peut-être que de petites idées longuement développées, je ne vois pas pourquoi je ne chercherais pas à cueillir des lauriers, ne fût-ce que pour couronner ces tant salés jambons qui nous aideront à humer le piot. — Un instant, pilote? Ne partons pas sans faire une petite définition.

Lecteurs, si vous rencontrez de loin en loin, comme dans le monde, les mots de *vertu* ou de *femmes vertueuses* en cet ouvrage, convenons que la vertu sera cette pénible facilité avec laquelle une épouse réserve son cœur à un mari ; à moins que le mot ne soit employé dans un sens général, distinction qui est abandonnée à la sagacité naturelle de chacun.

MÉDITATION II.

STATISTIQUE CONJUGALE.

L'Administration s'est occupée depuis vingt ans environ à chercher combien le sol de la France contient d'hectares de bois, de prés, de vignes, de jachères. Elle ne s'en est pas tenue là, elle a voulu connaître le nombre et la nature des animaux. Les savants sont allés plus loin : ils ont compté les stères de bois, les kilogrammes de bœuf, les litres de vin, les pommes et les œufs consommés à Paris. Mais personne ne s'est encore avisé, soit au nom de l'honneur marital, soit dans l'intérêt des gens à marier, soit au profit de la morale et de la perfectibilité des institutions humaines, d'examiner le nombre des femmes honnêtes. Quoi! le ministère français interrogé pourra répondre qu'il a tant d'hommes sous les armes, tant d'espions, tant d'employés, tant d'écoliers; et quant aux femmes vertueuses.... néant? S'il prenait à un roi de France la fantaisie de chercher son auguste compagne parmi ses sujettes, l'Administration ne pourrait même pas lui indiquer le gros de brebis blanches au sein duquel il aurait à choisir; elle serait obligée d'en venir à quelque institution de rosière, ce qui apprêterait à rire.

Les anciens seraient-ils donc nos maîtres en institutions politiques comme en morale? L'histoire nous apprend qu'Assuérus, voulant prendre femme parmi les filles de Perse, choisit Esther, la plus vertueuse et la plus belle. Ses ministres avaient donc nécessairement trouvé un mode quelconque d'écrémer la population. Malheureusement, la Bible, si claire sur toutes les questions matrimoniales, a omis de nous donner cette loi d'élection conjugale.

Essayons de suppléer à ce silence de l'Administration en établissant le décompte du sexe féminin en France. Ici, nous réclamons l'attention de tous les amis de la morale publique, et nous les instituons juges de notre manière de procéder. Nous tâcherons d'être assez généreux dans nos évaluations, assez exact dans nos raisonnements, pour faire admettre par tout le monde le résultat de cette analyse.

On compte généralement trente millions d'habitants en France.

Quelques naturalistes pensent que le nombre des femmes surpasse celui des hommes; mais comme beaucoup de statisticiens sont de l'opinion contraire, nous prendrons le calcul le plus vraisemblable en admettant quinze millions de femmes.

Nous commencerons par retrancher de cette somme totale environ neuf millions de créatures qui, au premier abord, semblent avoir assez de ressemblance avec la femme, mais qu'un examen approfondi nous a contraint de rejeter.

Expliquons-nous.

Les naturalistes ne considèrent en l'homme qu'un genre unique de cet ordre de Bimanes, établi par Duméril, dans sa Zoologie analytique, page 16, et auquel Bory-Saint-Vincent a cru devoir ajouter le genre Orang, sous prétexte de le compléter.

Si ces zoologistes ne voient en nous qu'un mammifère, à trente-deux vertèbres, ayant un os hyoïde, possédant plus de plis que tout autre animal dans les hémisphères du cerveau ; si, pour eux, il n'existe d'autres différences dans cet ordre que celles qui sont introduites par l'influence des climats, lesquelles ont fourni la nomenclature de quinze espèces desquelles il est inutile de citer les noms scientifiques, le physiologiste doit avoir aussi le droit d'établir ses genres et ses sous-genres, d'après certains degrés d'intelligence et certaines conditions d'existence morale et pécuniaire.

Or les neuf millions d'êtres dont il est ici question offrent bien au premier aspect tous les caractères attribués à l'espèce humaine : ils ont l'os hyoïde, le bec coracoïde, l'acromion et l'arcade zygomatique : permis donc à ces messieurs du Jardin des Plantes de les classer dans le genre Bimane ; mais que nous y voyions des femmes!... voilà ce que notre Physiologie n'admettra jamais.

Pour nous et pour ceux auxquels ce livre est destiné, une femme est une variété rare dans le genre humain, et dont voici les principaux caractères physiologiques.

Cette espèce est due aux soins particuliers que les hommes ont pu donner à sa culture, grâce à la puissance de l'or et à la chaleur morale de la civilisation. Elle se reconnaît généralement à la blancheur, à la finesse, à la douceur de la peau. Son penchant la porte à une exquise propreté. Ses doigts ont horreur de rencontrer autre chose que des objets doux, moelleux, parfumés. Comme l'hermine, elle meurt quelquefois de douleur de voir souiller sa blanche tunique. Elle aime à lisser ses cheveux, à leur faire exhaler des odeurs enivrantes, à brosser ses ongles roses, à les couper en amande, à baigner souvent ses membres délicats. Elle ne se plaît pendant la nuit que sur le duvet le plus doux; pendant le jour, que sur des divans de crin; aussi la position horizontale est-elle celle qu'elle prend le plus volontiers. Sa voix est d'une douceur pénétrante, ses mouvements sont gracieux. Elle parle avec une merveilleuse facilité. Elle ne s'adonne à aucun travail pénible ; et cependant, malgré sa faiblesse apparente, il y a des fardeaux qu'elle sait porter et remuer avec une aisance miraculeuse. Elle fuit l'éclat du soleil et s'en préserve par d'ingénieux moyens. Pour elle, marcher est une fatigue; mange-t-elle? c'est un mystère; partage-t-elle les besoins des autres espèces? c'est un problème. Curieuse à l'excès, elle se laisse prendre facilement par celui qui sait lui cacher la plus petite chose, car son esprit la porte sans cesse à chercher l'inconnu. Aimer est sa religion : elle ne pense qu'à plaire à celui qu'elle aime. Être aimée est le but de toutes ses actions, exciter des désirs celui de tous ses gestes. Aussi ne songe-t-elle qu'aux moyens de briller; elle ne se meut qu'au sein d'une sphère de grâce et d'élégance; c'est pour elle que la jeune Indienne a filé le poil souple des chèvres du Thibet, que Tarare tisse ses voiles d'air, que Bruxelles fait courir des navettes chargées du lin le plus pur et le plus délié, que Visapour dispute aux entrailles de la terre des cailloux étincelants, et que Sèvres dore sa blanche argile. Elle médite nuit et jour de nouvelles parures, emploie sa vie à faire empeser ses robes, à chiffonner des fichus. Elle va se montrant brillante et fraîche à des inconnus dont les hommages la flattent, dont les désirs la charment, bien qu'ils lui soient indifférents. Les heures dérobées au soin d'elle-même et à la volupté, elle les emploie à chanter les airs les plus doux : c'est pour elle que la France et l'Italie inventent leurs délicieux concerts et que Naples donne aux cordes une âme harmonieuse. Cette espèce, enfin, est la reine du monde et l'esclave d'un désir. Elle redoute le mariage parce qu'il finit par gâter la taille, mais elle s'y livre parce qu'il promet le bonheur. Si elle fait des enfants, c'est par un pur hasard, et quand ils sont grands, elle les cache.

Ces traits, pris à l'aventure entre mille, se retrouvent-ils en ces créatures dont les mains sont noires comme celles des singes, et la peau tannée comme les vieux parchemins d'un *olim*, dont le visage est brûlé par le soleil, et le cou ridé comme celui des dindons ; qui sont couvertes de haillons, dont la voix est rauque, l'intelligence nulle, l'odeur insupportable, qui ne songent qu'à la huche au pain, qui sont incessamment courbés vers la terre, qui piochent, qui hersent, qui fanent, glanent, moissonnent, pétrissent le pain, teillent du chanvre ; qui, pêle-mêle avec des bestiaux, des enfants et des hommes, habitent des trous à peine couverts de paille ; auxquelles enfin il importe peu d'où pleuvent les enfants ? en produire beaucoup pour en livrer beaucoup à la misère et au travail est toute leur tâche ; et si leur amour n'est pas un labeur comme celui des champs, il est au moins une spéculation.

Hélas ! s'il y a par le monde des marchandes assises tout le jour entre de la chandelle et de la cassonade, des fermières qui traient les vaches, des infortunées dont on sert comme de bêtes de somme dans les manufactures, ou qui portent la hotte, la houe et l'éventaire ; s'il existe malheureusement trop de créatures vulgaires pour lesquelles la vie de l'âme, les bienfaits de l'éducation, les délicieux orages du cœur sont un paradis inaccessible, et si la nature a voulu qu'elles eussent un bec coracoïde, un os hyoïde et trente-deux vertèbres, qu'elles restent pour le physiologiste dans le genre Orang ! Ici, nous ne stipulons que pour les oisifs, pour ceux qui ont le temps et l'esprit d'aimer, pour les riches qui ont acheté la propriété des passions, pour les intelligences qui ont conquis le monopole des chimères. Anathème sur tout ce qui ne vit pas de la pensée ! Disons *raca* et même racaille de qui n'est pas ardent, jeune, beau et passionné. C'est l'expression publique du sentiment secret des philanthropes qui savent lire ou qui peuvent monter en équipage. Dans nos neuf millions de proscrites, le percepteur, le magistrat, le législateur, le prêtre voient sans doute des âmes, des administrés, les justiciables, des contribuables; mais l'homme à sentiment, le philosophe de boudoir, tout en mangeant le petit pain de griot semé et récolté par ces créatures-là, les rejetteront, comme nous le faisons hors du genre Femme. Pour eux, il n'y a de femme que celle qui peut inspirer de l'amour; il n'y a d'existant que la créature investie du sacerdoce de la pensée par une éducation privilégiée, et chez qui l'oisiveté a développé la puissance de l'imagination; enfin il n'y a d'être que celui dont l'âme rêve, en amour, autant de jouissances intellectuelles que de plaisirs physiques.

Cependant nous ferons observer que ces neuf millions de parias femelles produisent çà et là des milliers de paysannes qui, par des circonstances bizarres, sont jolies comme des amours; elles arrivent à Paris ou dans les grandes villes, et finissent par monter au rang des femmes comme il faut; mais pour ces deux ou trois mille créatures privilégiées, il y en a cent mille autres qui restent servantes ou se jettent en d'effroyables désordres. Néanmoins nous tiendrons compte à la population féminine de ces Pompadours de village.

Ce premier calcul est fondé sur cette découverte de la statistique, qu'en France il y a dix-huit millions de pauvres, dix millions de gens aisés, et deux millions de riches.

Il n'existe donc en France que six millions de femmes dont les hommes à sentiment s'occupent, se sont occupés ou s'occuperont.

Soumettons cette élite sociale à un examen philosophique.

Nous pensons, sans crainte d'être démenti, que les époux qui ont vingt ans de ménage doivent dormir tranquillement sans avoir à redouter l'invasion de l'amour et le scandale d'un procès en criminelle conversation. De ces six millions d'individus il faut donc distraire environ deux millions de femmes extrêmement aimables, parce qu'à quarante ans passés elles ont vu le monde; mais comme elles ne peuvent remuer le cœur de personne, elles sont en dehors de la question dont il s'agit. Si elles ont le malheur de ne pas être recherchées pour leur amabilité, l'ennui les gagne; elles se jettent dans la dévotion, dans les chats, les petits chiens, et autres manies qui n'offensent plus que Dieu.

Les calculs faits au Bureau des Longitudes sur la population nous autorisent à soustraire encore de la masse totale deux millions de petites filles, jolies à croquer; elles en sont à l'A, B, C de la vie, et jouent innocemment avec d'autres enfants, sans se douter que ces petits *malis*, qui alors les font rire, les feront pleurer un jour.

Maintenant, sur les deux millions de femmes restant, quel est l'homme raisonnable qui ne nous abandonnera pas cent mille pauvres filles bossues, laides, quinteuses, rachitiques, malades, aveugles, blessées, pauvres quoique bien élevées, mais demeurant toutes demoiselles et n'offensant aucunement, par ce moyen, les saintes lois du mariage ?

Nous refusera-t-on cent mille autres filles qui se trouvent sœurs de Sainte-Camille, sœurs de charité, religieuses, institutrices, demoiselles de compagnie, etc. ? Mais nous mettrons dans ce saint voisinage le nombre assez difficile à évaluer des jeunes personnes trop grandes pour jouer avec les petits garçons, et trop jeunes encore pour éparpiller leurs couronnes de fleurs d'oranger.

Enfin, sur les quinze cent mille sujets qui se trouvent au fond de notre creuset, nous diminuerons encore cinq cent mille autres unités que nous attribuerons aux filles de Baal, qui font plaisir aux gens peu délicats. Nous y comprendrons même, sans crainte qu'elles ne se gâtent ensemble, les femmes entretenues, les modistes, les filles de boutique, les mercières, les actrices, les cantatrices, les filles d'opéra, les figurantes, les servantes-maîtresses, les femmes de chambre, etc. La plupart de ces créatures excitent bien des passions, mais elles trouvent de l'indécence à faire prévenir un notaire, un maire, un ecclésiastique et un monde de rieurs du jour et du moment où elles se donnent à leur amant. Leur système, justement blâmé par une société curieuse, a l'avantage de ne les obliger à rien envers les hommes, envers M. le maire, envers la justice. Or, ne portant atteinte à aucun serment public, ces femmes n'appartiennent en rien à un ouvrage exclusivement consacré aux mariages légitimes.

C'est demander bien peu pour cet article, dira-t-on, mais il formera compensation à ceux que des amateurs pourraient trouver trop enflés. Si quelqu'un, par amour pour une riche douairière, veut la faire passer dans le million restant, il la prendra sur le chapitre des sœurs de charité, des filles d'opéra ou des bossues. Enfin, nous n'avons appelé que cinq cent mille têtes à former cette dernière catégorie, parce qu'il arrive souvent, comme on l'a vu ci-dessus, que les neuf millions de paysannes l'augmentent d'un grand nombre de sujets. Nous avons négligé la classe ouvrière et le petit commerce par la même raison : les femmes de ces deux sections sociales sont le produit des efforts que font les neuf millions de Bimane femelles pour s'élever vers les hautes régions de la civilisation. Sans cette scrupuleuse exactitude, beaucoup de personnes regarderaient cette Méditation de Statistique conjugale comme une plaisanterie.

Nous avions bien pensé à organiser une petite classe de cent mille individus, pour former une caisse d'amortissement de l'espèce, et servir d'asile aux femmes qui tombent dans un état mitoyen, comme les veuves, par exemple ; mais nous avons préféré compter largement.

Il est facile de prouver la justesse de notre analyse : une seule réflexion suffit.

La vie de la femme se partage en trois époques bien distinctes : la première commence au berceau et se termine à l'âge de nubilité ; la seconde embrasse le temps pendant lequel une femme appartient au mariage ; la troisième s'ouvre par l'âge critique, sommation assez brutale que la Nature fait aux passions d'avoir à cesser. Ces trois sphères d'existence étant, à peu de chose près, égales en durée, doivent diviser en nombres égaux une quantité donnée de femmes. Ainsi, dans une masse de six millions, l'on trouve, sauf les fractions qu'il est loisible aux savants de chercher, environ deux millions de filles entre un an et dix-huit, deux millions de femmes âgées de dix-huit ans au moins, de quarante au plus, et deux millions de vieilles. Les caprices de l'État social ont donc distribué les deux millions de femmes aptes à se marier en trois grandes catégories d'existence, savoir : celles qui restent filles par les raisons que nous avons déduites ; celles dont la vertu importe peu aux maris, et le million de femmes légitimes dont nous avons à nous occuper.

Vous voyez, par ce dépouillement assez exact de la population femelle, qu'il existe à peine en France un petit troupeau d'un million de brebis blanches, bercail privilégié où tous les loups veulent entrer.

Faisons passer par une autre étamine ce million de femmes déjà triées sur le volet.

Pour parvenir à une appréciation plus vraie du degré de confiance qu'un homme doit avoir en sa femme, supposons pour un moment que toutes ces épouses tromperont leurs maris.

Dans cette hypothèse, il conviendra de retrancher environ un vingtième de jeunes personnes qui, mariées de la veille, seront au moins fidèles à leurs serments pendant un certain temps.

Un autre vingtième sera malade. C'est accorder une bien faible part aux douleurs humaines.

Certaines passions qui, dit-on, detruisent l'empire de l'homme sur le cœur de la femme, la laideur, les chagrins, les grossesses, réclament encore un vingtième.

L'adultère ne s'établit pas dans le cœur d'une femme mariée comme on tire un coup de pistolet. Quand même la sympathie ferait naître des sentiments à la première vue, il y a toujours un combat dont la durée forme une certaine non-valeur dans la somme totale des infidélités conjugales. C'est presque insulter la pudeur en France que de ne représenter le temps de ces combats, dans un pays si naturellement guerrier, que par un vingtième du total des femmes; mais alors nous supposerons que certaines femmes malades conservent leurs amants au milieu des potions calmantes, et qu'il y a des femmes dont la grossesse fait sourire quelque célibataire sournois. Nous sauverons ainsi la pudeur de celles qui combattent pour la vertu.

Par la même raison, nous n'oserons pas croire qu'une femme abandonnée par son amant en trouve un autre *hic et nunc;* mais cette non-valeur-là étant nécessairement plus faible que la précédente, nous l'estimerons à un quarantième.

Ces retranchements réduiront notre masse à huit cent mille femmes, quand il s'agira de déterminer le nombre de celles qui offenseront la foi conjugale.

En ce moment, qui ne voudrait pas rester persuadé que ces femmes sont vertueuses? Ne sont-elles pas la fleur du pays? Ne sont-elles pas toutes verdissantes, ravissantes, étourdissantes de beauté, de jeunesse, de vie et d'amour? Croire à leur vertu est une espèce de religion sociale; car elles sont l'ornement du monde et font la gloire de la France.

C'est donc au sein de ce million que nous avons à chercher :

Le nombre des femmes honnêtes;

Le nombre des femmes vertueuses.

Cette investigation et ces deux catégories demandent des Méditations entières, qui serviront d'appendice à celle-ci.

MÉDITATION III.

DE LA FEMME HONNÊTE.

La Méditation précédente a démontré que nous possédons en France une masse flottante d'un million de femmes, exploitant le privilége d'inspirer les passions qu'un galant homme avoue sans honte ou cache avec plaisir. C'est donc sur ce million de femmes qu'il faut promener notre lanterne diogénique, pour trouver les femmes honnêtes du pays.

Cette recherche nous entraîne à quelques digressions.

Deux jeunes gens bien mis, dont le corps svelte et les bras arrondis ressemblent à la demoiselle d'un paveur, et dont les bottes sont supérieurement faites, se rencontrent un matin sur le boulevard, à la sortie du passage des Panoramas. — Tiens, c'est toi ! — Oui, mon cher, je me ressemble, n'est-ce pas? Et de rire plus ou moins spirituellement, suivant la nature de la plaisanterie qui ouvre la conversation.

Quand ils se sont examinés avec la curiosité sournoise d'un gendarme qui cherche à reconnaître un signalement, qu'ils sont bien convaincus de la fraîcheur respective de leurs gants, de leurs gilets et de la grâce avec laquelle leurs cravates sont nouées ; qu'ils sont à peu près certains qu'aucun d'eux n'est tombé dans le malheur, ils se prennent le bras ; et s'ils partent du théâtre des Variétés, ils n'arriveront pas à la hauteur de Frascati sans s'être adressé une question un peu drue, dont voici la traduction libre : — Qui épousons-nous pour le moment?...

Règle générale, c'est toujours une femme charmante.

Quel est le fantassin de Paris dans l'oreille duquel il n'est pas tombé, comme des balles en un jour de bataille, des milliers de mots prononcés par les passants, et qui n'ait pas saisi une de ces innombrables paroles, gelées en l'air, dont parle Rabelais? Mais la plupart des hommes se promènent à Paris comme ils mangent, comme ils vivent, sans y penser. Il existe peu de musiciens habiles, de physionomistes exercés qui sachent reconnaître de quelle clef ces notes éparses sont signées, de quelle passion elles procèdent. Oh ! errer dans Paris ! adorable et délicieuse existence? Flaner est une science, c'est la gastronomie de l'œil. Se promener, c'est végéter ; flaner, c'est vivre. La jeune et jolie femme, long-temps contemplée par des yeux ardents, serait encore bien plus recevable à prétendre un salaire que le rôtisseur qui demandait vingt sous au Limousin dont le nez, enflé à toutes voiles, aspirait de nourrissants parfums. Flaner, c'est jouir, c'est recueillir des traits d'esprit, c'est admirer de sublimes tableaux de malheur, d'amour, de joie, des portraits gracieux ou grotesques ; c'est plonger ses regards au fond de mille existences : jeune, c'est tout désirer, tout posséder ; vieillard, c'est vivre de la vie des jeunes gens, c'est épouser leurs passions. Or, combien de réponses un flaneur artiste n'a-t-il pas entendu faire à l'interrogation catégorique sur laquelle nous sommes restés ?

— Elle a trente-cinq ans, mais tu ne lui en donnerais pas vingt ! dit un bouillant jeune homme aux yeux pétillants, et qui, libéré du collége, voudrait, comme Chérubin, tout embrasser. — Comment donc ! mais nous avons des peignoirs de batiste et des anneaux de nuit en diamants... dit un clerc de notaire. — Elle a voiture et une loge aux Français ! dit un militaire. — Moi ! s'écrie un autre un peu âgé en ayant l'air de répondre à une attaque, cela ne me coûte pas un sou ! Quand on est tourné comme nous... Est-ce que tu en serais là, mon respectable ami ? Et le promeneur de frapper un léger coup de plat de la main sur l'abdomen de son camarade. — Oh ! elle m'aime ! dit un autre, on ne peut pas s'en faire d'idée ; mais elle a le mari le plus bête ! Ah !... Buffon a supérieurement décrit les animaux, mais le bipède nommé mari... (Comme c'est agréable à entendre quand on est marié !) — Oh ! mon ami, comme un ange !... est la réponse d'une demande discrètement faite à l'oreille. — Peux-tu me dire son nom ou me la montrer ?... — Oh ! non, c'est une *femme honnête*.

Quand un étudiant est aimé d'une limonadière, il la nomme avec orgueil et mène ses amis déjeuner chez elle. Si un jeune homme aime une femme dont le mari s'adonne à un commerce qui embrasse des objets de première nécessité, il répondra en rougissant : — C'est une lingère, c'est la femme d'un papetier, d'un bonnetier, d'un marchand de draps, d'un commis, etc...

Mais cet aveu d'un amour subalterne, éclos en grandissant au milieu des ballots, des pains de sucre ou des gilets de flanelle, est toujours accompagné d'un pompeux éloge de la fortune de la dame. Le mari seul se mêle du commerce, il est riche, il a de beaux meubles ; d'ailleurs la bien-aimée vient chez son amant ; elle a un cachemire ; une maison de campagne, etc.

Bref, un jeune homme ne manque jamais d'excellentes raisons pour prouver que sa maîtresse va devenir très-prochainement une femme honnête, si elle ne l'est pas déjà. Cette distinction produite par l'élégance de nos mœurs, est devenue aussi indéfinissable que la ligne à laquelle commence le bon ton. Qu'est-ce donc alors qu'une femme honnête?

Cette matière touche de trop près à la vanité des femmes, à celle de leurs amants, et même à celle d'un mari, pour que nous n'établissions pas ici des règles générales, résultat d'une longue observation.

Notre million de têtes privilégiées représente une masse d'éligibles au titre glorieux de femme honnête, mais toutes ne sont pas élues. Les principes de cette élection se trouvent dans les axiomes suivants :

APHORISMES.

I.

Une femme honnête est essentiellement mariée.

II.

Une femme honnête a moins de quarante ans.

III.

Une femme mariée dont les faveurs sont *payables* n'est pas une femme honnête.

IV.

Une femme mariée qui a une voiture à elle est une femme honnête.

V.

Une femme qui fait la cuisine dans son ménage n'est pas une femme honnête.

VI.

Quand un homme a gagné vingt mille livres de rente, sa femme est une femme honnête, quel que soit le genre de commerce auquel il a dû sa fortune.

VII.

Une femme qui dit une lettre *d'échange* pour une lettre de change, *souyer* pour soulier, pierre de *lierre* pour pierre de liais, qui dit d'un homme : « Est-il *farce* monsieur un tel ? » ne peut jamais être une femme honnête, quelle que soit sa fortune.

VIII.

Une femme honnête doit avoir une existence pécuniaire qui permette à son amant de penser qu'elle ne lui sera jamais à charge d'aucune manière.

IX.

Une femme logée au troisième étage (les rues de Rivoli et Castiglione exceptées) n'est pas une femme honnête.

X.

La femme d'un banquier est toujours une femme honnête ; mais une femme assise dans un comptoir ne peut l'être qu'autant que son mari fait un commerce très-étendu et qu'elle ne loge pas au-dessus de sa boutique.

XI.

La nièce, non mariée, d'un évêque, et quand elle demeure chez lui, peut passer pour une femme honnête, parce que si elle a une intrigue, elle est obligée de tromper son oncle.

XII.

Une femme honnête est celle que l'on craint de compromettre.

XIII.

La femme d'un artiste est toujours une femme honnête.

En appliquant ces principes, un homme du département de l'Ardèche peut résoudre toutes les difficultés qui se présenteront dans cette matière.

Pour qu'une femme ne fasse pas elle-même sa cuisine, ait reçu une brillante éducation, ait le sentiment de la coquetterie, ait le droit de passer des heures entières dans un boudoir, couchée sur un divan, et vive de la vie de l'âme, il lui faut au moins un revenu de six mille francs en province ou de vingt mille livres à Paris. Ces deux termes de fortune vont nous indiquer le nombre présumé des femmes honnêtes qui se trouvent dans le million, produit brut de notre statistique.

Or, trois cent mille rentiers à quinze cents francs représentent la somme totale des pensions, des intérêts viagers et perpétuels, payés par le Trésor, et celle des rentes hypothécaires;

Trois cent mille propriétaires jouissant de trois mille cinq cents francs de revenu foncier représentent toute la fortune territoriale;

Deux cent mille parties prenantes, à raison de quinze cents francs, représentent le partage du budget de l'État et celui des budgets municipaux ou départementaux; soustraction faite de la dette, des fonds du clergé, de la somme des héros à cinq sous par jour et des sommes allouées à leur linge, à l'armement, aux vivres, aux habillements, etc.;

Deux cent mille fortunes commerciales, à raison de vingt mille francs de capital, représentent tous les établissements industriels possibles de la France;

Voilà bien un million de maris.

Mais combien compterons-nous de rentiers à dix, à cinquante, cent, deux, trois, quatre, cinq et six cents francs seulement de rente inscrits sur le Grand livre et ailleurs?

Combien y a-t-il de propriétaires qui ne paient pas plus de cent sous, vingt francs, cent, deux cents et deux cent quatre-vingts francs d'impôts?

Combien supposerons-nous, parmi les budgétophages, de pauvres plumitifs qui n'ont que six cents francs d'appointements?

Combien admettrons-nous de commerçants qui n'ont que des capitaux fictifs; qui, riches de crédit, n'ont pas un sou vaillant et ressemblent à des cribles par où passe le Pactole? et combien de négociants qui n'ont qu'un capital réel de mille, deux mille, quatre mille, cinq mille francs? O Industrie!... salut.

Faisons plus d'heureux qu'il n'y en a peut-être, et partageons ce million en deux parties : cinq cent mille ménages auront de cent francs à trois mille francs de rente, et cinq cent mille femmes rempliront les conditions voulues pour être honnêtes.

D'après les observations qui terminent notre Méditation de sta-

D'après les observations qui terminent notre Méditation de sta
tistique, nous sommes autorisé à retrancher de ce nombre cent mille unités : en conséquence, on peut regarder comme une proposition mathématiquement prouvée, qu'il n'existe en France que quatre cent mille femmes dont la possession puisse procurer aux hommes délicats les jouissances exquises et distinguées qu'ils recherchent en amour.

En effet, c'est ici le lieu de faire observer aux adeptes pour lesquels nous écrivons que l'amour ne se compose pas de quelques causeries solliciteuses, de quelques nuits de volupté, d'une caresse plus ou moins intelligente et d'une étincelle d'amour-propre baptisée du nom de jalousie. Nos quatre cent mille femmes ne sont pas de celles dont on puisse dire : « La plus belle fille du monde ne donne que ce qu'elle a. » Non, elles sont richement dotées des trésors qu'elles empruntent à nos ardentes imaginations, elles savent vendre cher ce qu'elles n'ont pas, pour compenser la vulgarité de ce qu'elles donnent.

Est-ce en baisant le gant d'une grisette que vous ressentirez plus de plaisir qu'à épuiser cette volupté de cinq minutes que vous offrent toutes les femmes ?

Est-ce la conversation d'une marchande qui vous fera espérer des jouissances infinies ?

Entre vous et une femme au-dessous de vous, les délices de l'amour-propre sont pour elle. Vous n'êtes pas dans le secret du bonheur que vous donnez.

Entre vous et une femme au-dessus de vous par sa fortune ou sa position sociale, les chatouillements de vanité sont immenses et sont partagés. Un homme n'a jamais pu élever sa maîtresse jusqu'à lui ; mais une femme place toujours son amant aussi haut qu'elle. — « Je puis faire des princes, et vous ne ferez jamais que des bâtards ! » est une réponse étincelante de vérité.

Si l'amour est la première des passions, c'est qu'elle les flatte toutes ensemble. On aime en raison du plus ou du moins de cordes que les doigts de notre belle maîtresse attaquent dans notre cœur.

Biren, fils d'un orfévre, montant dans le lit de la duchesse de Courlande et l'aidant à lui signer la promesse d'être proclamé souverain du pays, comme il était celui de la jeune et jolie souveraine, est le type du bonheur que doivent donner nos quatre cent mille femmes à leurs amants.

Pour avoir le droit de se faire un plancher de toutes les têtes qui se pressent dans un salon, il faut être l'amant d'une de ces femmes d'élite. Or nous aimons tous à trôner plus ou moins.

Aussi est-ce sur cette brillante partie de la nation que sont dirigées toutes les attaques des hommes auxquels l'éducation, le talent ou l'esprit ont acquis le droit d'être comptés pour quelque chose dans cette fortune humaine dont s'enorgueillissent les peuples ; et c'est dans cette classe de femmes seulement que se trouve celle dont le cœur sera défendu à outrance par *notre* mari.

Que les considérations auxquelles donne lieu notre aristocratie féminine s'appliquent ou non aux autres classes sociales, qu'importe? Ce qui sera vrai de ces femmes si recherchées dans leurs manières, dans leur langage, dans leurs pensées ; chez lesquelles une éducation privilégiée a développé le goût des arts, la faculté de sentir, de comparer, de réfléchir; qui ont un sentiment si élevé des convenances et de la politesse, et qui commandent aux mœurs en France, doit être applicable aux femmes de toutes les nations et de toutes les espèces. L'homme supérieur à qui ce livre est dédié possède nécessairement une certaine optique de pensée qui lui permet de suivre les dégradations de la lumière dans chaque classe et de saisir le point de civilisation auquel telle observation est encore vraie.

N'est-il donc pas d'un haut intérêt pour la morale de rechercher maintenant le nombre de femmes vertueuses qui peut se trouver parmi ces adorables créatures? N'y a-t-il pas là une question marito-nationale ?

MÉDITATION IV.

DE LA FEMME VERTUEUSE.

La question n'est peut-être pas tant de savoir combien il y a de femmes vertueuses que si une femme honnête peut rester vertueuse.

Pour mieux éclairer un point aussi important, jetons un rapide coup d'œil sur la population masculine?

De nos quinze millions d'hommes, retranchons d'abord les neuf millions de Bimanes à trente-deux vertèbres, et n'admettons à notre analyse physiologique que six millions de sujets. Les Marceau, les Masséna, les Rousseau, les Diderot et les Rollin germent souvent tout à coup du sein de ce marc social en fermentation; mais ici, nous commettrons à dessein des inexactitudes. Ces erreurs de calcul retomberont de tout leur poids à la conclusion, et corroboreront les terribles résultats que va nous dévoiler le mécanisme des passions publiques.

De six millions d'hommes privilégiés, nous ôterons trois millions de vieillards et d'enfants.

Cette soustraction, dira-t-on, a produit quatre millions chez les femmes.

Cette différence peut, au premier aspect, sembler singulière, mais elle est facile à justifier.

L'âge moyen auquel les femmes sont mariées est vingt ans, et à quarante elles cessent d'appartenir à l'amour.

Or un jeune garçon de dix-sept ans donne de fiers coups de canif dans les parchemins des contrats, et particulièrement dans les plus anciens, disent les chroniques scandaleuses.

Or un homme de cinquante-deux ans est plus redoutable à cet âge qu'à tout autre. C'est à cette belle époque de la vie qu'il use, et d'une expérience chèrement acquise, et de toute la fortune qu'il doit avoir. Les passions sous le fléau desquelles il tourne étant les dernières, il est impitoyable et fort comme l'homme entraîné par le courant, qui saisit une verte et flexible branche de saule, jeune pousse de l'année.

XIV.

Physiquement, un homme est plus long-temps homme que la femme n'est femme.

Relativement au mariage, la différence de durée qui existe entre la vie amoureuse de l'homme et celle de la femme est donc de quinze ans. Ce terme équivaut aux trois quarts du temps pendant lequel les infidélités d'une femme peuvent faire le malheur d'un mari. Cependant le reste de la soustraction faite sur notre masse d'hommes n'offre une différence que d'un sixième au plus, en le comparant à celui qui résulte de la soustraction exercée sur la masse féminine.

Grande est la modestie de nos calculs. Quant à nos raisons, elles sont d'une évidence si vulgaire que nous ne les avons exposées que par exactitude et pour prévenir toute critique.

Il est donc prouvé à tout philosophe, tant soit peu calculateur, qu'il existe en France une masse flottante de trois millions d'hommes âgés de dix-sept ans au moins, de cinquante-deux ans au plus, tous bien vivants, bien endentés, bien décidés à mordre.

mordant et ne demandant qu'à marcher fort et ferme dans le chemin du paradis.

Les observations déjà faites nous autorisent à séparer de cette masse un million de maris. Supposons un moment que, satisfaits et toujours heureux comme notre mari-modèle, ceux-là se contentent de l'amour conjugal.

Mais notre masse de deux millions de célibataires n'a pas besoin de cinq sous de rente pour faire l'amour;

Mais il suffit à un homme d'avoir bon pied, bon œil, pour décrocher le portrait d'un mari;

Mais il n'est pas nécessaire qu'il ait une jolie figure, ni même qu'il soit bien fait;

Mais pourvu qu'un homme ait de l'esprit, une figure distinguée et de l'*entregent*, les femmes ne lui demandent jamais d'où il sort, mais où il veut aller;

Mais les bagages de l'amour sont les charmes de la jeunesse;

Mais un habit dû à Buisson, une paire de gants prise chez Boivin, des bottes élégantes que l'industriel tremble d'avoir fournies, une cravate bien nouée, suffisent à un homme pour devenir le roi d'un salon;

Mais enfin les militaires, quoique l'engouement pour la graine d'épinards et l'aiguillette soit bien tombé, les militaires ne forment-ils pas déjà à eux seuls une redoutable légion de célibataires?..... Sans parler d'Éginhard, puisque c'était un secrétaire particulier, un journal n'a-t-il pas rapporté dernièrement qu'une princesse d'Allemagne avait légué sa fortune à un simple lieutenant des cuirassiers de la garde impériale?

Mais le notaire du village qui, au fond de la Gascogne, ne passe que trente-six actes par an, envoie son fils faire son Droit à Paris; le bonnetier veut que son fils soit notaire; l'avoué destine le sien à la magistrature; le magistrat veut être ministre pour doter ses enfants de la pairie. A aucune époque du monde il n'y a eu si brûlante soif d'instruction. Aujourd'hui ce n'est plus l'esprit qui court les rues, c'est le talent. Par toutes les crevasses de notre état social sortent de brillantes fleurs, comme le printemps en fait éclore sur les murs en ruines: dans les caveaux même, il s'échappe d'entre les voûtes des touffes à demi colorées qui verdiront, pour peu que le soleil de l'Instruction y pénètre. Depuis cet immense développement de la pensée, depuis cette égale et féconde dispersion de lumière, nous n'avons presque plus de supériorités, parce que chaque homme représente la masse d'instruction de son siècle. Nous sommes entourés d'encyclopédies vivantes qui marchent, pensent, agissent et veulent s'éterniser. De là ces effrayantes secousses d'ambitions ascendantes et de passions délirantes : il nous faut d'autres mondes; il nous faut des ruches prêtes à recevoir tous ces essaims, et surtout il faut beaucoup de jolies femmes.

Mais ensuite les maladies par lesquelles un homme est affligé ne produisent pas de non-valeur dans la masse totale des passions de l'homme. A notre honte, une femme ne nous est jamais si attachée que quand nous souffrons!...

A cette pensée, toutes les épigrammes dirigées contre le petit sexe (car c'est bien vieux de dire le beau sexe) devraient se désarmer de leurs pointes aiguës et se changer en madrigaux!... Tous les hommes devraient penser que la seule vertu de la femme est d'aimer, que toutes les femmes sont prodigieusement vertueuses, et fermer là le livre et la Méditation.

Ah! vous souvenez-vous de ce moment lugubre et noir où, seul et souffrant, accusant les hommes, surtout vos amis; faible, découragé et pensant à la mort, la tête appuyée sur un oreiller fadement chaud, et couché sur un drap dont le blanc treillis de lin s'imprimait douloureusement sur votre peau, vous promeniez vos yeux agrandis sur le papier vert de votre chambre muette? vous souvenez-vous, dis-je, de l'avoir vue entr'ouvrant votre porte sans bruit, montrant sa jeune, sa blonde tête encadrée de rouleaux d'or et d'un chapeau frais, apparaissant comme une étoile dans une nuit orageuse, souriant, accourant moitié chagrine, moitié heureuse, se précipitant vers vous!

— Comment as-tu fait? qu'as-tu dit à ton mari? demandez-vous. Un mari!... Ah! nous voici ramenés en plein dans notre sujet.

XV.

Moralement, l'homme est plus souvent et plus longtemps homme que la femme n'est femme.

Cependant nous devons considérer que parmi ces deux millions de célibataires, il y a bien des malheureux chez lesquels le sentiment profond de leur misère et des travaux obstinés éteignent l'amour;

Qu'ils n'ont pas tous passé par le collége, et qu'il y a bien des artisans, bien des laquais (le duc de Gèvres, très-laid et petit, en se promenant dans le parc de Versailles, aperçut des valets de riche taille, et dit à ses amis : — Regardez comme nous faisons ces drôles-là, et comme ils nous font!...), bien des entrepreneurs en bâtiment, bien des industriels qui ne pensent qu'à l'argent; bien des courtauds de boutique;

Qu'il y a des hommes plus bêtes et véritablement plus laids que Dieu ne les aurait faits;

Qu'il y en a dont le caractère est comme une châtaigne sans pulpe;

Que le clergé est généralement chaste;

Qu'il y a des hommes placés de manière à ne pouvoir jamais entrer dans la sphère brillante où se meuvent les femmes honnêtes, soit faute d'un habit, soit timidité, soit manque d'un cornac qui les y introduise.

Mais laissons à chacun le soin d'augmenter le nombre des exceptions suivant sa propre expérience (car, avant tout, le but d'un livre est de faire penser); et supprimons tout d'un coup une moitié de la masse totale, n'admettons qu'un million de cœurs dignes d'offrir leurs hommages aux femmes honnêtes : c'est, à peu de chose près, le nombre de nos supériorités en tout genre. Les femmes n'aiment pas que les gens d'esprit! mais, encore une fois, donnons beau jeu à la vertu.

Maintenant, à entendre nos aimables célibataires, chacun d'eux raconte une multitude d'aventures qui, toutes, compromettent gravement les femmes honnêtes. Il y a beaucoup de modestie et de retenue à ne distribuer que trois aventures par célibataire; mais si quelques-uns comptent par dizaine, il en est tant qui s'en sont tenus à deux ou trois passions, et même à une seule dans leur vie, que nous avons, comme en statistique, pris le mode d'une répartition par tête. Or, si l'on multiplie le nombre des célibataires par le nombre des bonnes fortunes, on obtiendra trois millions d'aventures; et, pour y faire face, nous n'avons que quatre cent mille femmes honnêtes?...

Si le Dieu de bonté et d'indulgence qui plane sur les mondes ne fait pas une seconde lessive du genre humain, c'est sans doute à cause du peu de succès de la première...

Voilà donc ce que c'est qu'un peuple! voilà une société tamisée, et voilà ce qu'elle offre en résultat!

XVI.

Les mœurs sont l'hypocrisie des nations; l'hypocrisie est plus ou moins perfectionnée.

XVII.

La vertu n'est peut-être que la politesse de l'âme.

L'amour physique est un besoin semblable à la faim, à cela près que l'homme mange toujours, et qu'en amour son appétit n'est pas aussi soutenu ni aussi régulier qu'en fait de table.

Un morceau de pain bis et une cruchée d'eau font raison de la faim de tous les hommes; mais notre civilisation a créé la gastronomie.

L'amour a son morceau de pain, mais il a aussi cet art d'aimer, que nous appelons la coquetterie, mot charmant qui n'existe qu'en France, où cette science est née.

Eh! bien, n'y a-t-il pas de quoi faire frémir tous les maris s'ils viennent à penser que l'homme est tellement possédé du besoin inné de changer ses mets, qu'en quelque pays sauvage où les voyageurs aient abordé, ils ont trouvé des boissons spiritueuses et des ragoûts?

Mais la faim n'est pas si violente que l'amour; mais les caprices de l'âme sont bien plus nombreux, plus agaçants, plus recherchés dans leur furie que les caprices de la gastronomie; mais tout ce que les poètes et les événements nous ont révélé de l'amour humain arme nos célibataires d'une puissance terrible : ils sont les lions de l'Évangile cherchant des proies à dévorer.

Ici, que chacun interroge sa conscience, évoque ses souvenirs, et se demande s'il a jamais rencontré d'homme qui s'en soit tenu à l'amour d'une seule femme!

Comment, hélas! expliquer pour l'honneur de tous les peuples le problème résultant de trois millions de passions brûlantes qui ne trouvent pour pâture que quatre cent mille femmes?... Veut-on *distribuer quatre célibataires par femme*, et reconnaître que les femmes honnêtes pourraient fort bien avoir établi, par instinct, et sans le savoir, une espèce de roulement entre elles et les célibataires semblable à celui qu'ont inventé les présidents de cours royales pour faire passer leurs conseillers dans chaque chambre les uns après les autres au bout d'un certain nombre d'années?...

Triste manière d'éclaircir la difficulté!

Veut-on même conjecturer que certaines femmes honnêtes agissent, dans le partage des célibataires, comme le lion de la fable?... Quoi! une moitié au moins de nos autels serait des sépulcres blanchis!...

Pour l'honneur des dames françaises, veut-on supposer qu'en temps de paix les autres pays nous importent une certaine quantité de leurs femmes honnêtes, principalement l'Angleterre, l'Allemagne, la Russie?... Mais les nations européennes prétendront établir une balance en objectant que la France exporte une certaine quantité de jolies femmes.

La morale, la religion souffrent tant à de pareils calculs, qu'un honnête homme, dans son désir d'innocenter les femmes mariées, trouverait quelque agrément à croire que les douairières et les jeunes personnes sont pour moitié dans cette corruption générale, ou mieux encore, que les célibataires mentent.

Mais que calculons-nous? Songez à nos maris qui, à la honte des mœurs, se conduisent presque tous comme des célibataires, et font gloire, *in petto*, de leurs aventures secrètes.

Oh! alors, nous croyons que tout homme marié, s'il tient un peu à sa femme à l'endroit de l'honneur, dirait le vieux Corneille, peut chercher une corde et un clou : *fœnum habet in cornu.*

C'est cependant au sein de ces quatre cent mille femmes honnêtes qu'il faut, lanterne en main, chercher le nombre des femmes vertueuses de France!... En effet, par notre statistique conjugale, nous n'avons retranché que des créatures de qui la société ne s'occupe réellement pas. N'est-il pas vrai qu'en France *les honnêtes gens, les gens comme il faut,* forment à peine le total de trois millions d'individus; à savoir : notre million de célibataires, cinq cent mille femmes honnêtes, cinq cent mille maris, et un million de douairières, d'enfants et de jeunes filles.

Étonnez-vous donc maintenant du fameux vers de Boileau! Ce vers annonce que le poète avait habilement approfondi les réflexions mathématiquement développées à vos yeux dans ces affligeantes Méditations, et qu'il n'est pas une hyperbole.

Cependant il existe des femmes vertueuses :

Oui, celles qui n'ont jamais été tentées et celles qui meurent à leurs premières couches, en supposant que leurs maris les aient épousées vierges.

Oui, celles qui sont laides comme la Kaïfakatadary des Mille et une Nuits.

Oui, celles que Mirabeau appelle les *fées concombres*, et qui sont composées d'atomes exactement semblables à ceux des racines de fraisier et de nénuphar; cependant, ne nous y fions pas!...

Puis, avouons, à l'avantage du siècle, que, depuis la restauration de la morale et de la religion, et, par le temps qui court, on rencontre éparses quelques femmes si morales, si religieuses, si attachées à leurs devoirs, si droites, si compassées, si roides, si vertueuses, si... que le Diable n'ose seulement pas les regarder; elles sont flanquées de rosaires, d'heures et de directeurs... Chut!

Nous n'essaierons pas de compter des femmes vertueuses par bêtise, il est reconnu qu'en amour toutes les femmes ont de l'esprit.

Enfin, il ne serait cependant pas impossible qu'il y eût, dans quelque coin, des femmes jeunes, jolies et vertueuses de qui le monde ne se doute pas.

Mais ne donnez pas le nom de femme vertueuse à celle qui, combattant une passion involontaire, n'a rien accordé à un amant qu'elle est au désespoir d'idolâtrer. C'est la plus sanglante injure qui puisse être faite à un mari amoureux. Que lui reste-t-il de sa femme? Une chose sans nom, un cadavre animé. Au sein des plaisirs, sa femme demeure comme ce convive averti par Borgia, au milieu du festin, que certains mets sont empoisonnés : il n'a plus faim, mange du bout des dents, ou feint de manger. Il regrette le repas qu'il a laissé pour celui du terrible cardinal, et soupire après le moment où, la fête étant finie, il pourra se lever de table.

Quel est le résultat de ces réflexions sur la vertu féminine? Le voici; mais les deux dernières maximes nous ont été données par un philosophe éclectique du dix-huitième siècle.

XVIII.

Une femme vertueuse a dans le cœur une fibre de moins ou de plus que les autres femmes : elle est stupide ou sublime.

XIX.

La vertu des femmes est peut-être une question de tempérament.

XX.

Les femmes les plus vertueuses ont en elles quelque chose qui n'est jamais chaste.

XXI.

« Qu'un homme d'esprit ait des doutes sur sa maîtresse, cela se » conçoit; mais sur sa femme!... il faut être par trop bête. »

XXII.

« Les hommes seraient trop malheureux si, auprès des femmes, » ils se souvenaient le moins du monde de ce qu'ils savent par » cœur. »

Le nombre des femmes rares qui, semblables aux vierges de la parabole, ont su garder leur lampe allumée, sera toujours trop faible aux yeux des défenseurs de la vertu et des bons sentiments; mais encore faudra-t-il le retrancher de la somme totale des femmes honnêtes, et cette soustraction consolante rend encore le danger des maris plus grand, le scandale plus affreux, et entache d'autant plus le reste des épouses légitimes.

Quel mari pourra maintenant dormir tranquille à côté de sa jeune et jolie femme, en apprenant que trois célibataires, au moins, sont à l'affût; que s'ils n'ont pas encore fait de dégât dans sa petite propriété, ils regardent la mariée comme une proie qui leur est due, qui tôt ou tard leur écherra, soit par ruse, soit par force, par conquête ou de bonne volonté? et il est impossible qu'ils ne soient pas, un jour, victorieux dans cette lutte!

Effrayante conclusion!...

Ici, des puristes en morale, les *collets-montés* enfin, nous accuseront peut-être de présenter des calculs par trop désolants: ils voudront prendre la défense, ou des femmes honnêtes, ou des célibataires; mais nous leur avons réservé une dernière observation.

Augmentez, à volonté, le nombre des femmes honnêtes et diminuez le nombre des célibataires, vous trouverez toujours, en résultat, plus d'aventures galantes que de femmes honnêtes; vous trouverez toujours une masse énorme de célibataires réduits par nos mœurs à trois genres de crimes.

S'ils restent chastes, leur santé s'altérera au sein des irritations les plus douloureuses; ils rendront vaines les vues sublimes de la nature, et iront mourir de la poitrine en buvant du lait sur les montagnes de la Suisse.

S'ils succombent à leurs tentations légitimes, ou ils compromettront des femmes honnêtes, et alors nous rentrons dans le sujet d ce livre, ou ils se dégraderont par le commerce horrible des cinq cent mille femmes de qui nous avons parlé dans la dernière catégorie de la première Méditation, et dans ce dernier cas, que de chances pour aller boire encore du lait et mourir en Suisse!...

N'avez-vous donc jamais été frappés comme nous d'un vice d'organisation de notre ordre social, et dont la remarque va servir de preuve morale à nos derniers calculs?

L'âge moyen auquel l'homme se marie est celui de trente ans; l'âge moyen auquel ses passions, ses désirs les plus violents de jouissances génésiques se développent, est celui de vingt ans. Or, pendant les dix plus belles années de sa vie, pendant la verte saison où sa beauté, sa jeunesse et son esprit le rendent plus menaçant pour les maris qu'à toute autre époque de son existence, il reste sans trouver à satisfaire *légalement* cet irrésistible besoin d'aimer qui ébranle son être tout entier. Ce laps de temps représentant le sixième de la vie humaine, nous devons admettre que le sixième au moins de notre masse d'hommes, et le sixième le plus vigoureux, demeure perpétuellement dans une attitude aussi fatigante pour eux que dangereuse pour la Société.

— Que ne les marie-t-on? va s'écrier une dévote.

Mais quel est le père de bon sens qui voudrait marier son fils à vingt ans?

Ne connaît-on pas le danger de ces unions précoces? Il semble que le mariage soit un état bien contraire aux habitudes naturelles, puisqu'il exige une maturité de raison particulière. Enfin, tout le monde sait que Rousseau a dit : « Il faut toujours un temps de libertinage, ou dans un état ou dans l'autre. C'est un mauvais levain qui fermente tôt ou tard. »

Or, quelle est la mère de famille qui exposerait le bonheur de sa fille aux hasards de cette fermentation quand elle n'a pas eu lieu?

D'ailleurs, qu'est-il besoin de justifier un fait sous l'empire duquel existent toutes les sociétés? N'y a-t-il pas en tout pays, comme nous l'avons démontré, une immense quantité d'hommes qui vivent le plus honnêtement possible hors du célibat et du mariage?

— Ces hommes ne peuvent-ils pas, dira toujours la dévote, rester dans la continence comme les prêtres?

D'accord, madame.

Cependant nous ferons observer que le vœu de chasteté est une des plus fortes exceptions de l'état naturel nécessitées par la société; que la continence est le grand point de la profession du prêtre; qu'il doit être chaste comme le médecin est insensible aux maux physiques, comme le notaire et l'avoué le sont à la misère qui leur développe ses plaies, comme le militaire l'est à la mort qui l'environne sur un champ de bataille. De ce que les besoins de la civilisation ossifient certaines fibres du cœur et forment des calus sur certaines membranes qui doivent raisonner, il n'en faut pas conclure que tous les hommes soient tenus de subir ces morts partielles et exceptionnelles de l'âme. Ce serait conduire le genre humain à un exécrable suicide moral.

Mais qu'il se produise cependant au sein du salon le plus janséniste possible un jeune homme de vingt-huit ans qui ait bien précieusement gardé sa robe d'innocence et qui soit aussi vierge que les coqs de bruyère dont se festoient les gourmets, ne voyez-vous pas d'ici la femme vertueuse la plus austère lui adressant quelque compliment bien amer sur son courage, le magistrat le plus sévère qui soit monté sur le siége hochant la tête et souriant, et toutes les dames se cachant pour ne pas lui laisser entendre leurs rires? L'héroïque et introuvable victime se retire-t-elle du salon, quel déluge de plaisanteries pleut sur sa tête innocente!... Combien d'insultes! Qu'y a-t-il de plus honteux en France que l'impuissance, que la froideur, que l'absence de toute passion, que la niaiserie?

Le seul roi de France qui n'étoufferait pas de rire serait peut-être Louis XIII; mais quant à son vert-galant de père, il aurait peut-être banni un tel jouvenceau, soit en l'accusant de n'être pas Français, soit en le croyant d'un dangereux exemple.

Étrange contradiction! Un jeune homme est également blâmé s'il passe sa vie en *terre sainte*, pour nous servir d'une expression de la vie de garçon! Serait-ce par hasard au profit des femmes honnêtes que les préfets de police et les maires ont de tout temps ordonné aux passions publiques de ne commencer qu'à la nuit tombante et de cesser à onze heures du soir?

Où voulez-vous donc que notre masse de célibataires jette sa gourme ? Et qui trompe-t-on donc ici ? comme demande Figaro. Est-ce les gouvernants ou les gouvernés ? L'ordre social est-il comme ces petits garçons qui se bouchent les oreilles au spectacle pour ne pas entendre les coups de fusil ? A-t-il peur de sonder sa plaie ? Ou serait-il reconnu que ce mal est sans remède et qu'il faut laisser aller les choses ? Mais il y a ici une question de législation, car il est impossible d'échapper au dilemme matériel et social qui résulte de ce bilan de la vertu publique en fait de mariage. Il ne nous appartient pas de résoudre cette difficulté ; cependant supposons un moment que pour préserver tant de familles, tant de femmes, tant de filles honnêtes, la Société se vît contrainte de donner à des cœurs patentés le droit de satisfaire aux célibataires : nos lois ne devraient-elles pas alors ériger en corps de métier ces espèces de Décius femelles qui se dévouent pour la république et font aux familles honnêtes un rempart de leur corps ? Les législateurs ont bien eu tort de dédaigner jusqu'ici de régler le sort des courtisanes.

XXIII.

La courtisane est une institution si elle est un besoin.

Cette question est hérissée de tant de *si* et de *mais*, que nous la léguons à nos neveux ; il faut leur laisser quelque chose à faire. D'ailleurs elle est tout à fait accidentelle dans cet ouvrage ; car aujourd'hui, plus qu'en aucun temps, la sensibilité s'est développée ; à aucune époque il n'y a eu autant de mœurs, parce qu'on n'a jamais si bien senti que le plaisir vient du cœur. Or, quel est l'homme à sentiment, le célibataire qui, en présence de quatre cent mille jeunes et jolies femmes parées des splendeurs de la fortune et des grâces de l'esprit, riches des trésors de la coquetterie et prodigues de bonheur, voudraient aller... ? Fi donc !

Mettons pour nos futurs législateurs, sous des formes claires et brèves, le résultat de ces dernières années.

XXIV.

Dans l'ordre social, les abus inévitables sont des lois de la Nature d'après lesquelles l'homme doit concevoir ses lois civiles et politiques.

XXV.

L'adultère est une faillite, à cette différence près, dit Champfort, que c'est celui à qui l'on fait banqueroute qui est déshonoré.

En France, les lois sur l'adultère et sur les faillites ont besoin de grandes modifications. Sont-elles trop douces? pèchent-elles par leurs principes? *Caveant consules!*

Eh! bien, courageux athlète, toi qui as pris pour ton compte la petite apostrophe que notre première Méditation adresse aux gens chargés d'une femme, qu'en dis-tu? Espérons que ce coup d'œil jeté sur la question ne te fait pas trembler, que tu n'es pas un de ces hommes dont l'épine dorsale devient brûlante et dont le fluide nerveux se glace à l'aspect d'un précipice ou d'un boa *constrictor!* Hé! mon ami, qui a terre a guerre. Les hommes qui désirent ton argent sont encore bien plus nombreux que ceux qui désirent ta femme.

Après tout, les maris sont libres de prendre ces bagatelles pour des calculs, ou ces calculs pour des bagatelles. Ce qu'il y a de plus beau dans la vie, c'est les illusions de la vie. Ce qu'il y a de plus respectable, c'est nos croyances les plus futiles. N'existe-t-il pas beaucoup de gens dont les principes ne sont que des préjugés, et qui, n'ayant pas assez de force pour concevoir le bonheur et la vertu par eux-mêmes, acceptent une vertu et un bonheur tout faits de la main des législateurs? Aussi ne nous adressons-nous qu'à tous ces *Manfred* qui, pour avoir relevé trop de robes, veulent lever tous les voiles dans les moments où une sorte de spleen moral les tourmente. Pour eux, maintenant la question est hardiment posée, et nous connaissons l'étendue du mal.

Il nous reste à examiner les chances générales qui se peuvent rencontrer dans le mariage de chaque homme, et le rendre moins fort dans le combat dont notre champion doit sortir vainqueur.

MÉDITATION V.

DES PRÉDESTINÉS.

Prédestiné signifie destiné par avance au bonheur ou au malheur. La Théologie s'est emparée de ce mot et l'emploie toujours pour désigner les bienheureux; nous donnons a ce terme une signification fatale à nos élus, de qui l'on peut dire le contraire de ceux de l'Évangile. « Beaucoup d'appelés, beaucoup d'élus. »

L'expérience a démontré qu'il existait certaines classes d'hommes plus sujettes que les autres à certains malheurs: ainsi, de même les Gascons sont exagérés, les Parisiens vaniteux; comme on voit l'apoplexie s'attaquer aux gens dont le cou est court, comme le *charbon* (sorte de peste) se jette de préférence sur les bouchers, la goutte sur les riches, la santé sur les pauvres, la surdité sur les rois, la paralysie sur les administrateurs, on a remarqué que certaines classes de maris étaient plus particulièrement victimes des passions illégitimes. Ces maris et leurs femmes accaparent les célibataires. C'est une aristocratie d'un autre genre. Si quelque lecteur se trouvait dans une de ces classes aristocratiques, il aura, nous l'espérons, assez de présence d'esprit, lui ou sa femme, pour se rappeler à l'instant l'axiome favori de la grammaire latine de Lhomond : Pas de règle sans exception. Un ami de la maison peut même citer ce vers :

La personne présente est toujours exceptée.

Et alors chacun d'eux aura, *in petto*, le droit de se croire une exception. Mais notre devoir, l'intérêt que nous portons aux maris et l'envie que nous avons de préserver tant de jeunes et jolies femmes des caprices et des malheurs que traîne à sa suite un amant, nous forcent à signaler par ordre les maris qui doivent se tenir plus particulièrement sur leurs gardes.

Dans ce dénombrement paraîtront les premiers tous les maris que leurs affaires, places ou fonctions chassent du logis à certaines heures et pendant un certain temps. Ceux-là porteront la bannière de la confrérie.

Parmi eux, nous distinguerons les magistrats, tant amovibles qu'inamovibles, obligés de rester au Palais pendant une grande partie de la journée; les autres fonctionnaires trouvent quelquefois les moyens de quitter leurs bureaux; mais un juge ou un procureur du roi, assis sur les lys, doit, pour ainsi dire, mourir pendant l'audience. Là est son champ de bataille.

Il en est de même des députés et des pairs qui discutent les lois, des ministres qui travaillent avec le roi, des directeurs qui travaillent avec les ministres, des militaires en campagne, et enfin du caporal en patrouille, comme le prouve la lettre de Lafleur, dans le *Voyage Sentimental.*

Après les gens forcés de s'absenter du logis à des heures fixes, viennent les hommes à qui de vastes et sérieuses occupations ne laissent pas une minute pour être aimables; leurs fronts sont toujours soucieux, leur entretien est rarement gai.

A la tête de ces troupes incornifistibulées, nous placerons ces banquiers travaillant à remuer des millions, dont les têtes sont tellement remplies de calculs que les chiffres finissent par percer leur occiput et s'élever en colonnes d'additions au-dessus de leurs fronts.

Ces millionnaires oublient la plupart du temps les saintes lois du mariage et les soins réclamés par la tendre fleur qu'ils ont à cultiver, jamais ne pensent à l'arroser, à la préserver du froid ou du chaud. A peine savent-ils que le bonheur d'une épouse leur a été confié; s'ils s'en souviennent, c'est à table en voyant devant eux une femme richement parée, ou lorsque la coquette, craignant leur abord brutal, vient, aussi gracieuse que Vénus, puiser à leur caisse... Oh! alors, le soir, ils se rappellent quelquefois assez fortement les droits spécifiés à l'article 213 du Code civil, et leurs femmes les reconnaissent; mais comme ces forts impôts que les lois établissent sur les marchandises étrangères, elles les souffrent et les acquittent en vertu de cet axiome : Il n'y a pas de plaisir sans un peu de peine.

Les savants, qui demeurent des mois entiers à ronger l'os d'un animal anté-diluvien, à calculer les lois de la nature ou à en épier les secrets; les Grecs et les Latins qui dînent d'une pensée de Tacite, soupent d'une phrase de Thucydide, vivent en essuyant la poussière des bibliothèques, en restant à l'affût d'une note ou d'un papyrus, sont tous prédestinés. Rien de ce qui se passe autour d'eux ne les frappe, tant est grande leur absorption ou leur extase; leur malheur se consommerait en plein midi, à peine le verraient-ils! Heureux! ô mille fois heureux! Exemple : Beauzée qui, revenant chez lui après une séance de l'Académie, surprend sa femme avec un Allemand. — Quand je vous avertissais, madame, qu'il fallait que je m'en aille.... s'écrie l'étranger. — Eh! monsieur, dites au moins : Que je m'en allasse! reprend l'académicien.

Viennent encore, la lyre à la main, quelques poètes dont toutes les forces animales abandonnent l'entresol pour aller dans l'étage supérieur. Sachant mieux monter Pégase que la jument du compère

Pierre, ils se marient rarement, habitués qu'ils sont à jeter, par intervalle, *leur fureur sur des Chloris* vagabondes ou imaginaires.

Mais les hommes dont le nez est barbouillé de tabac;

Mais ceux qui, par malheur, sont nés avec une éternelle pituite;

Mais les marins qui fument ou qui chiquent;

Mais les gens auxquels un caractère sec et bilieux donne toujours l'air d'avoir mangé une pomme aigre;

Mais les hommes qui, dans la vie privée, ont quelques habitudes cyniques, quelques pratiques ridicules, qui gardent, malgré tout, un air de malpropreté;

Mais les maris qui obtiennent le nom déshonorant de chauffe-la-couche;

Enfin, les vieillards qui épousent de jeunes personnes;

Tous ces gens-là sont les prédestinés par excellence!

Il est une dernière classe de prédestinés dont l'infortune est encore presque certaine. Nous voulons parler des hommes inquiets et tracassiers, *tatillons* et tyranniques, qui ont je ne sais quelles idées de domination domestique, qui pensent ouvertement mal des femmes et qui n'entendent pas plus la vie que les hannetons ne connaissent l'histoire naturelle. Quand ces hommes-là se marient, leurs ménages ont l'air de ces guêpes auxquelles un écolier a tranché la tête et qui voltigent çà et là sur une vitre. Pour cette sorte de prédestinés ce livre est lettres closes. Nous n'écrivons pas plus pour ces imbéciles statues ambulantes, qui ressemblent à des sculptures de cathédrale, que pour les vieilles machines de Marly qui ne peuvent plus élever d'eau dans les bosquets de Versailles sans être menacées d'une dissolution subite.

Je vais rarement observer dans les salons les singularités conjugales qui y fourmillent, sans avoir présent à la mémoire un spectacle dont j'ai joui dans ma jeunesse.

En 1819, j'habitais une chaumière au sein de la délicieuse vallée de l'Isle-Adam. Mon ermitage était voisin du parc de Cassan, la plus suave retraite, la plus voluptueuse à voir, la plus coquette pour le promeneur, la plus humide en été de toutes celles que le luxe et l'art ont créées. Cette verte chartreuse est due à un fermier-général du bon vieux temps, un certain Bergeret, homme célèbre par son originalité, et qui, entre autres héliogabaleries, allait à l'Opéra, les cheveux poudrés d'or, illuminait pour lui seul son parc ou se donnait à lui-même une fête somptueuse. Ce bourgeois Sardanapale était revenu d'Italie, si passionné pour les sites de cette belle contrée, que, par un accès de fanatisme, il dépensa quatre ou cinq millions à faire copier dans son parc les vues qu'il avait en portefeuille. Les plus ravissantes oppositions de feuillages, les arbres les plus rares, les longues vallées, les points de vue les plus pittoresques du dehors, les îles Borromées flottant sur des eaux claires et capricieuses, sont autant de rayons qui viennent apporter leurs trésors d'optique à un centre unique, à une *isola bella* d'où l'œil enchanté aperçoit chaque détail à son gré, à une île au sein de laquelle est une petite maison cachée sous les panaches de quelques saules centenaires, à une île bordée de glaïeuls, de roseaux, de fleurs et qui ressemble à une émeraude richement sertie. C'est à fuir de mille lieues!..... Le plus maladif, le plus chagrin, le plus sec de ceux de nos hommes de génie qui ne se portent pas bien, mourrait là de gras fondu et de satisfaction au bout de quinze jours, accablé des succulentes richesses d'une vie végétative. L'homme assez insouciant de cet Éden, et qui le possédait alors, s'était amouraché d'un grand singe, à défaut d'enfant ou de femme. Jadis aimé d'une impératrice, disait-on, peut-être en avait-il assez de l'espèce humaine. Une élégante lanterne de bois, supportée par une colonne sculptée, servait d'habitation au malicieux animal, qui, mis à la chaîne et rarement caressé par un maître fantasque, plus souvent à Paris qu'à sa terre, avait acquis une fort mauvaise réputation. Je me souviens de l'avoir vu, en présence de certaines dames, devenir presque aussi insolent qu'un homme. Le propriétaire fut obligé de le uer, tant sa méchanceté alla croissant. Un matin que j'étais assis sous un beau tulipier en fleurs, occupé à ne rien faire, mais respirant les amoureux parfums que de hauts peupliers empêchaient de sortir de cette brillante enceinte, savourant le silence des bois, écoutant les murmures de l'eau et le bruissement des feuilles, admirant les découpures bleues que dessinaient au-dessus de ma tête des nuages de nacre et d'or, flanant peut-être dans ma vie future, j'entendis je ne sais quel lourdaud, arrivé la veille de Paris, jouer du violon avec la rage subite d'un désœuvré. Je ne souhaiterais pas à mon plus cruel ennemi d'éprouver un saisissement disparate avec la sublime harmonie de la nature. Si les sons lointains du cor de Roland eussent animé les airs, peut-être... mais une criarde chanterelle qui a la prétention de vous apporter des idées humaines et des phrases! Cet Amphion, qui se promenait de long en large dans la salle à manger, finit par s'asseoir sur l'appui d'une croisée précisément en face du singe. Peut-être cherchait-il un public. Tout à coup je vis l'animal descendu doucement de son petit donjon, se plantant sur ses deux pieds, inclinant sa tête comme un nageur et se croisant les bras sur la poitrine comme aurait pu le faire Spartacus enchaîné ou Catilina écoutant Cicéron. Le banquier, appelé par une douce voix dont le timbre argentin réveilla les échos d'un boudoir à moi connu, posa le violon sur l'appui de la croisée et s'échappa comme une hirondelle qui rejoint sa compagne d'un vol horizontal et rapide. Le grand singe, dont la chaîne était longue, arriva jusqu'à la fenêtre et prit gravement le violon. Je ne sais pas si vous avez eu comme moi le plaisir de voir un singe essayant d'apprendre la musique; mais en ce moment, que je ne ris plus autant qu'en ces jours d'insouciance, je ne pense jamais à mon singe sans sourire. Le semi-homme commença par empoigner l'instrument à pleine main et par le flairer comme s'il se fût agi de déguster une pomme. Son aspiration nasale fit probablement rendre une sourde harmonie au bois sonore, et alors l'orang-outang hocha la tête, il tourna, retourna, haussa, baissa le violon, le mit tout droit, et l'agita, le porta à son oreille, le laissa et le reprit avec une rapidité de mouvements dont la prestesse n'appartient qu'à ces animaux. Il interrogeait le bois muet avec une sagacité sans but, qui avait je ne sais quoi de merveilleux et d'incomplet. Enfin il tâcha, de la manière la plus grotesque, de placer le violon sous son menton en tenant le manche d'une main; mais, comme un enfant gâté, il se lassa d'une étude qui demandait une habileté trop longue à acquérir, et il pinça les cordes sans pouvoir obtenir autre chose que des sons discords. Il se fâcha, posa le violon sur l'appui de la croisée; et, saisissant l'archet, il se mit à le pousser et à le retirer violemment, comme un maçon qui scie une pierre. Cette nouvelle tentative n'ayant réussi qu'à fatiguer davantage ses savantes oreilles, il prit l'archet à deux mains, puis frappa sur l'innocent instrument, source de plaisir et d'harmonie, à coups pressés. Il me sembla voir un écolier tenant sous lui un camarade renversé et le nourrissant d'une volée de coups de poings précipitamment assénés, pour le corriger d'une lâcheté. Le violon jugé et condamné, le singe s'assit sur les débris et s'amusa avec une joie stupide à mêler la blonde chevelure de l'archet cassé.

Jamais, depuis ce jour, je n'ai pu voir les ménages des prédistinés sans comparer la plupart des maris à cet orang-outang voulant jouer du violon.

L'amour est la plus mélodieuse de toutes les harmonies, et nous en avons le sentiment inné. La femme est un délicieux instrument de plaisir, mais il faut en connaître les frémissantes cordes, en étudier la pose, le clavier timide, le doigté changeant et capricieux. Combien d'orangs!... d'hommes, veux-je dire, se marient sans savoir ce qu'est une femme! Combien de prédestinés ont procédé avec elles comme le singe de Cassan avec son violon! Ils ont brisé le cœur qu'ils ne comprenaient pas, comme ils ont flétri et dédaigné le bijou dont le secret leur était inconnu. Enfants toute leur vie ils s'en vont de la vie les mains vides, ayant végété, ayant parlé d'amour et de plaisir, de libertinage et de vertu, comme les esclaves parlent de la liberté. Presque tous se sont mariés dans l'ignorance la plus profonde et de la femme et de l'amour. Ils ont commencé par enfoncer la porte d'une maison étrangère et ils ont voulu être bien reçus au salon. Mais l'artiste le plus vulgaire sait qu'il existe entre lui et son instrument (son instrument qui est de bois ou d'ivoire!), une sorte d'amitié indéfinissable. Il sait, par expérience, qu'il lui a fallu des années pour établir ce rapport mystérieux entre une matière inerte et lui. Il n'en a pas deviné du premier coup les ressources et les caprices, les défauts et les vertus. Son instrument ne devient une âme pour lui et n'est une source de mélodie qu'après de longues études; ils ne parviennent à se connaître comme deux amis qu'après les interrogations les plus savantes.

Est-ce en restant accroupi dans la vie, comme un séminariste dans sa cellule, qu'un homme peut apprendre la femme et savoir déchiffrer cet admirable solfége? Est-ce un homme qui fait métier de penser pour les autres, de juger les autres, de gouverner les autres, de voler l'argent des autres, de nourrir, de guérir, de blesser les autres? Est-ce tous nos prédestinés enfin, qui peuvent employer leur temps à étudier une femme? Ils vendent leur temps, comment le donneraient-ils au bonheur? L'argent est leur dieu. L'on ne sert pas deux maîtres à la fois. Aussi le monde est-il plein de jeunes femmes qui se traînent pâles et débiles, malades et souffrantes. Les unes sont la proie d'inflammations plus ou moins graves, les autres restent sous la cruelle domination d'attaques nerveuses plus ou moins violentes. Tous les maris de ces femmes-là sont des ignares et des prédestinés. Ils ont causé leur malheur avec le soin qu'un mari-artiste aurait mis à faire éclore les tardives et délicieuses fleurs du plaisir. Le temps qu'un ignorant passe à consommer sa ruine est précisément celui qu'un homme habile sait employer à l'éducation de son bonheur.

XXVI.

Ne commencez jamais le mariage par un viol.

Dans les Méditations précédentes, nous avons accusé l'étendue du mal avec l'irrespectueuse audace des chirurgiens qui développent hardiment les tissus menteurs sous lesquels une honteuse blessure est cachée. La vertu publique, traduite sur la table de notre amphithéâtre, n'a même pas laissé de cadavre sous le scalpel. Amant ou mari, vous avez souri ou frémi du mal? Hé! bien, c'est avec une joie malicieuse que nous reportons cet immense fardeau social sur la conscience des prédestinés. Arlequin, essayant de savoir si son cheval peut s'accoutumer à ne pas manger, n'est pas plus ridicule que ces hommes qui veulent trouver le bonheur en ménage et ne pas le cultiver avec tous les soins qu'il réclame. Les fautes des femmes sont autant d'actes d'accusation contre l'égoïsme, l'insouciance et la nullité des maris.

Maintenant c'est à vous-même, vous, lecteur, qui avez souvent condamné votre crime dans un autre, c'est à vous de tenir la balance. L'un des bassins est assez chargé, voyez ce que vous mettrez dans l'autre! Évaluez le nombre de prédestinés qui peut se rencontrer dans la somme totale des gens mariés, et pesez : vous saurez où est le mal.

Essayons de penétrer plus avant dans les causes de cette maladie conjugale.

Le mot *amour*, appliqué à la reproduction de l'espèce, est le plus odieux blasphème que les mœurs modernes aient appris à proférer. La nature, en nous élevant au-dessus des bêtes par le divin présent de la pensée, nous a rendus aptes à éprouver des sensations et des sentiments, des besoins et des passions. Cette double nature crée en l'homme l'animal et l'amant. Cette distinction va éclairer le problème social qui nous occupe.

Le mariage peut être considéré politiquement, civilement et

moralement, comme une loi, comme un contrat, comme une institution : loi, c'est la reproduction de l'espèce; contrat, c'est la transmission des propriétés; institution, c'est une garantie dont les obligations intéressent tous les hommes : ils ont un père et une mère, ils auront des enfants. Le mariage doit donc être l'objet du respect général. La société n'a pu considérer que ces sommités, qui, pour elle, dominent la question conjugale.

La plupart des hommes n'ont eu en vue par leur mariage que la reproduction, la propriété ou l'enfant; mais ni la reproduction, ni la propriété, ni l'enfant ne constituent le bonheur. Le *crescite et multiplicamini* n'implique pas l'amour. Demander à une fille que l'on a vue quatorze fois en quinze jours de l'amour de par la loi, le roi et justice, est une absurdité digne de la plupart des prédestinés!

L'amour est l'accord du besoin et du sentiment, le bonheur en mariage résulte d'une parfaite entente des âmes entre les époux. Il suit de là que, pour être heureux, un homme est obligé de s'astreindre à certaines règles d'honneur et de délicatesse. Après avoir usé du bénéfice de la loi sociale qui consacre le besoin, il doit obéir aux lois secrètes de la nature qui font éclore les sentiments. S'il met son bonheur à être aimé, il faut qu'il aime sincèrement : rien ne résiste à une passion véritable.

Mais être passionné, c'est désirer toujours. Peut-on toujours désirer sa femme?

Oui.

Il est aussi absurde de prétendre qu'il est impossible de toujours aimer la même femme qu'il peut l'être de dire qu'un artiste célèbre a besoin de plusieurs violons pour exécuter un morceau de musique et pour créer une mélodie enchanteresse.

L'amour est la poésie des sens. Il a la destinée de tout ce qui est grand chez l'homme et de tout ce qui procède de sa pensée. Ou il est sublime, ou il n'est pas. Quand il existe, il existe à jamais et va toujours croissant. C'est là cet amour que les Anciens faisaient fils du Ciel et de la Terre.

La littérature roule sur sept situations; la musique exprime tout avec sept notes; la peinture n'a que sept couleurs; comme ces trois arts, l'amour se constitue peut-être de sept principes, nous en abandonnons la recherche au siècle suivant.

Si la poésie, la musique et la peinture ont des expressions infinies, les plaisirs de l'amour doivent en offrir encore bien davantage ; car dans les trois arts qui nous aident à chercher peut-être infructueusement la vérité par analogie, l'homme se trouve seul avec son imagination, tandis que l'amour est la réunion de deux corps et de deux âmes. Si les trois principaux modes qui servent à exprimer la pensée demandent des études préliminaires à ceux que la nature a créés poètes, musiciens ou peintres, ne tombe-t-il pas sous le sens qu'il est nécessaire de s'initier dans les secrets du plaisir pour être heureux? Tous les hommes ressentent le besoin de la reproduction, comme tous ont faim et soif; mais ils ne sont pas tous appelés à être amants et gastronomes. Notre civilisation actuelle a prouvé que le goût était une science, et qu'il n'appartenait qu'à certains êtres privilégiés de savoir boire et manger. Le plaisir, considéré comme un art, attend son physiologiste. Pour nous, il suffit d'avoir démontré que l'ignorance seule des principes constitutifs du bonheur produit l'infortune qui attend tous les prédestinés.

C'est avec la plus grande timidité que nous oserons hasarder la publication de quelques aphorismes qui pourront donner naissance à cet art nouveau comme des plâtres ont créé la géologie; et nous les livrons aux méditations des philosophes, des jeunes gens à marier et des prédestinés.

CATÉCHISME CONJUGAL.

XXVII.

Le mariage est une science.

XXVIII.

Un homme ne peut pas se marier sans avoir étudié l'anatomie et disséqué une femme au moins.

XXIX.

Le sort d'un ménage dépend de la première nuit.

XXX.

La femme privée de son libre arbitre ne peut jamais avoir le mérite de faire un sacrifice.

XXXI.

En amour, toute âme mise à part, la femme est comme une lyre qui ne livre ses secrets qu'à celui qui en sait bien jouer.

XXXII.

Indépendamment d'un mouvement répulsif, il existe dans l'âme de toutes les femmes un sentiment qui tend à proscrire tôt ou tard les plaisirs dénués de passion.

XXXIII.

L'intérêt d'un mari lui prescrit au moins autant que l'honneur de ne jamais se permettre un plaisir qu'il n'ait eu le talent de faire désirer par sa femme.

XXXIV.

Le plaisir étant causé par l'alliance des sensations et d'un sentiment, on peut hardiment prétendre que les plaisirs sont des espèces d'idées matérielles.

XXXV.

Les idées se combinant à l'infini, il doit en être de même des plaisirs.

XXXVI.

Il ne se rencontre pas plus dans la vie de l'homme deux moments de plaisirs semblables, qu'il n'y a deux feuilles exactement pareilles sur un même arbre.

XXXVII.

S'il existe des différences entre un moment de plaisir et un autre, un homme peut toujours être heureux avec la même femme.

XXXVIII.

Saisir habilement les nuances du plaisir, les développer, leur donner un style nouveau, une expression originale, constitue le génie d'un mari.

XXXIX.

Entre deux êtres qui ne s'aiment pas, ce génie est du libertinage; mais les caresses auxquelles l'amour préside ne sont jamais lascives.

XL.

La femme mariée la plus chaste peut être aussi la plus voluptueuse.

XLI.

La femme la plus vertueuse peut être indécente à son insu.

XLII.

Quand deux êtres sont unis par le plaisir, toutes les conventions sociales dorment. Cette situation cache un écueil sur lequel se sont brisées bien des embarcations. Un mari est perdu s'il oublie une seule fois qu'il existe une pudeur indépendante des voiles. L'amour conjugal ne doit jamais mettre ni ôter son bandeau qu'à propos.

XLIII.

La puissance ne consiste pas à frapper fort ou souvent, mais à frapper juste.

XLIV.

Faire naître un désir, le nourrir, le développer, le grandir, l'irriter, le satisfaire, c'est un poème tout entier.

XLV.

L'ordre des plaisirs est du distique au quatrain, du quatrain au sonnet, du sonnet à la ballade, de la ballade à l'ode, de l'ode à la cantate, de la cantate au dithyrambe. Le mari qui commence par le dithyrambe est un sot.

XLVI.

Chaque nuit doit avoir son menu.

XLVII.

Le mariage doit incessamment combattre un monstre qui dévore tout : l'habitude.

XLVIII.

Si un homme ne sait pas distinguer la différence des plaisirs de deux nuits consécutives, il s'est marié trop tôt.

XLIX.

Il est plus facile d'être amant que mari, par la raison qu'il est plus difficile d'avoir de l'esprit tous les jours que de dire de jolies choses de temps en temps.

L.

Un mari ne doit jamais s'endormir le premier ni se réveiller le dernier.

LI.

L'homme qui entre dans le cabinet de toilette de sa femme est philosophe ou un imbécile.

LII.

Le mari qui ne laisse rien à désirer est un homme perdu.

LIII.

La femme mariée est un esclave qu'il faut savoir mettre sur un trône.

LIV.

Un homme ne peut se flatter de connaître sa femme et de la rendre heureuse que quand il la voit souvent à ses genoux.

C'était à toute la troupe ignorante de nos prédestinés, à nos légions de catarrheux, de fumeurs, de priseurs, de vieillards, de grondeurs, etc., que Sterne adressait la lettre écrite, dans le *Tristram Shandy*, par Gauthier Shandy à son frère Tobie, quand ce dernier se proposait d'épouser la veuve de Wadman.

Les célèbres instructions que le plus original des écrivains anglais a consignées dans cette lettre pouvant, à quelques exceptions près, compléter nos observations sur la manière de se conduire auprès des femmes, nous l'offrons textuellement aux réflexions des prédestinés en les priant de la méditer comme un des plus substantiels chefs-d'œuvre de l'esprit humain.

Lettre de M. Shandy au capitaine Tobie Shandy.

» MON CHER FRÈRE TOBIE,

» Ce que je vais te dire a rapport à la nature des femmes et à la manière de leur faire l'amour. Et peut-être est-il heureux pour soi (quoiqu'il ne le soit pas autant pour moi) que l'occasion se soit offerte, et que je me sois trouvé capable de t'écrire quelques instructions sur ce sujet.

» Si c'eût été le bon plaisir de celui qui distribue nos lois de te départir plus de connaissances qu'à moi, j'aurais été charmé que tu te fusses assis à ma place, et que cette plume fût entre tes mains; mais puisque c'est à moi à t'instruire, et que madame Shandy est là auprès de moi, se disposant à se mettre au lit, je vais jeter ensemble et sans ordre sur le papier des idées et des préceptes concernant le mariage, tels qu'ils me viendront à l'esprit, et que je croirai qu'ils pourront être d'usage pour toi; voulant en cela te donner un gage de mon amitié, et ne doutant pas, mon cher Tobie, de la reconnaissance avec laquelle tu le recevras.

» En premier lieu, à l'égard de ce qui concerne la religion dans cette affaire (quoique le feu qui monte au visage me fasse apercevoir que je rougis en te parlant sur ce sujet; quoique je sache, en dépit de ta modestie, qui nous le laisserait ignorer, que tu ne négliges aucune de ses pieuses pratiques), il en est une cependant que je voudrais te recommander d'une manière plus particulière pour que tu ne l'oubliasses point, du moins pendant tout le temps que dureront tes amours. Cette pratique, frère Tobie, c'est de ne jamais te présenter chez celle qui est l'objet de tes poursuites, soit le matin, soit le soir, sans te recommander auparavant à la protection du Dieu tout-puissant, pour qu'il te préserve de tout malheur.

» Tu te raseras la tête, et tu la laveras tous les quatre ou cinq jours, et même plus souvent, si tu le peux, de peur qu'en ôtant ta perruque dans un moment de distraction, elle ne distingue combien de tes cheveux sont tombés sous la main du Temps, et combien sous celle de Trim.

» Il faut, autant que tu le pourras, éloigner de son imagination toute idée de tête chauve.

» Mets-toi bien dans l'esprit, Tobie, et suis cette maxime comme sûre :

» *Toutes les femmes sont timides*. Et il est heureux qu'elles le soient; autrement, qui voudrait avoir affaire à elles?

» Que tes culottes ne soient ni trop étroites ni trop larges, et ne ressemblent pas à ces grandes culottes de nos ancêtres.

» Un juste *medium* prévient tous les commentaires.

» Quelque chose que tu aies à dire, soit que tu aies peu ou beaucoup à parler, modère toujours le son de ta voix. Le silence et tout ce qui en approche grave dans la mémoire les mystères de la nuit. C'est pourquoi, si tu peux l'éviter, ne laisse jamais tomber la pelle ni les pincettes.

» Dans tes conversations avec elle, évite toute plaisanterie et toute raillerie; et, autant que tu le pourras, ne lui laisse lire aucun livre jovial. Il y a quelques traités de dévotion que tu peux lui permettre (quoique j'aimasse mieux qu'elle ne les lût point); mais ne souffre pas qu'elle lise Rabelais, Scarron ou Don Quichotte.

» Tous ces livres excitent le rire; et tu sais, cher Tobie, que rien n'est plus sérieux que les fins du mariage.

» Attache toujours une épingle à ton jabot avant d'entrer chez elle.

» Si elle te permet de t'asseoir sur le même sofa, et qu'elle te donne la facilité de poser ta main sur la sienne, résiste à cette tentation. Tu ne saurais prendre sa main, sans que la température de la tienne lui fasse deviner ce qui se passe en toi. Laisse-la toujours dans l'indécision sur ce point et sur beaucoup d'autres. En te conduisant ainsi, tu auras au moins sa curiosité pour toi; et si ta belle n'est pas encore entièrement soumise, et que ton *âne* continue à regimber (ce qui est fort probable), tu te feras tirer quelques onces de sang au-dessous des oreilles, suivant la pratique des anciens Scythes, qui guérissaient par ce moyen les appétits les plus désordonnés de nos sens.

» Avicenne est d'avis que l'on se frotte ensuite avec de l'extrait d'ellébore, après les évacuations et purgations convenables, et je penserais assez comme lui. Mais surtout ne mange que peu, ou point de bouc ni de cerf; et abstiens-toi soigneusement, c'est-à-dire, autant que tu le pourras, de paons, de grues, de foulques, de plongeons et de poules d'eau.

» Pour ta boisson, je n'ai pas besoin de te dire que ce doit être une infusion de verveine et d'herbe hanéa, de laquelle Elien rapporte des effets surprenants. Mais si ton estomac en souffrait, tu devrais en discontinuer l'usage, et vivre de concombres, de melons, de pourpier et de laitue,

» Il ne se présente pas pour le moment autre chose à te dire.

» A moins que la guerre venant à se déclarer.....

» Ainsi, mon cher Tobie, je désire que tout aille pour le mieux;

» Et je suis ton affectionné frère, GAUTHIER SHANDY. »

Dans les circonstances actuelles, Sterne lui-même retrancherait sans doute de sa lettre l'article de l'*âne;* et, loin de conseiller à un prédestiné de se faire tirer du sang, il changerait le régime des concombres et des laitues en un régime éminemment substantiel. Il recommandait alors l'économie pour arriver à une profusion magique au moment de la guerre, imitant en cela l'admirable gouvernement anglais qui, en temps de paix, a deux cents vaisseaux, mais dont les chantiers peuvent au besoin en fournir le double quand il s'agit d'embrasser les mers et de s'emparer d'une marine tout entière.

Quand un homme appartient au petit nombre de ceux qu'une éducation généreuse investit du domaine de la pensée, il devrait toujours, avant de se marier, consulter ses forces et physiques et morales. Pour lutter avec avantage contre les tempêtes que tant de séductions s'apprêtent à élever dans le cœur de sa femme, un mari doit avoir, outre la science du plaisir et une fortune qui lui permette de ne se trouver dans aucune classe de prédestinés, une santé robuste, un tact exquis, beaucoup d'esprit, assez de bon sens pour ne faire sentir sa supériorité que dans les circonstances opportunes, et enfin une finesse excessive d'ouïe et de vue.

S'il avait une belle figure, une jolie taille, un air mâle, et qu'il restât en arrière de toutes ces promesses, il rentrerait dans la classe des prédestinés. Aussi un mari laid, mais dont la figure est pleine d'expression, serait-il, si sa femme a oublié une seule fois sa laideur, dans la situation la plus favorable pour combattre le génie du mal.

Il s'étudiera, et c'est un oubli dans la lettre de Sterne, à rester constamment inodore, pour ne pas donner de prise au dégoût. Aussi fera-t-il un médiocre usage des parfums, qui exposent toujours les beautés à d'injurieux soupçons.

Il devra étudier sa conduite, éplucher ses discours comme s'il était le courtisan de la femme la plus inconstante. C'est pour lui qu'un philosophe a fait la réflexion suivante :

« Telle femme s'est rendue malheureuse pour la vie, s'est perdue,
» s'est déshonorée pour un homme qu'elle a cessé d'aimer parce
» qu'il a mal ôté son habit, mal coupé un de ses ongles, mis son
» bas à l'envers, ou s'y est mal pris pour défaire un bouton. »

Un de ses devoirs les plus importants sera de cacher à sa femme la véritable situation de sa fortune, afin de pouvoir satisfaire les fantaisies et les caprices qu'elle peut avoir, comme le font de généreux célibataires.

Enfin, chose difficile, chose pour laquelle il faut un courage surhumain, il doit exercer le pouvoir le plus absolu sur l'âne dont parle Sterne. Cet âne doit être soumis comme un serf du treizième siècle à son seigneur; obéir et se taire, marcher et s'arrêter au moindre commandement.

Muni de tous ces avantages, à peine un mari pourra-t-il entrer en lice avec l'espoir du succès. Comme tous les autres, il court encore le risque d'être, pour sa femme, une espèce d'éditeur responsable.

Hé! quoi, vont s'écrier quelques bonnes petites gens pour lesquels l'horizon finit à leur nez, faut-il donc se donner tant de peines pour s'aimer; et, pour être heureux en ménage, serait-il donc nécessaire d'aller préalablement à l'école? Le gouvernement va-t-il fonder pour nous une chaire d'amour, comme il a érigé naguère une chaire de droit public?

Voici notre réponse :

Ces règles multipliées si difficiles à déduire, ces observations si minutieuses, ces notions si variables selon les tempéraments, préexistent, pour ainsi dire, dans le cœur de ceux qui sont nés pour l'amour, comme le sentiment du goût et je ne sais quelle facilité à combiner les idées se trouvent dans l'âme du poëte, du peintre ou du musicien. Les hommes qui éprouveraient quelque fatigue à mettre en pratique les enseignements donnés par cette Méditation, sont naturellement prédestinés, comme celui qui ne sait pas apercevoir les rapports existants entre deux idées différentes est un imbécile. En effet, l'amour a ses grands hommes inconnus, comme la guerre a ses Napoléons, comme la poésie a ses André Chéniers et comme la philosophie a ses Descartes.

Cette dernière observation contient le germe d'une réponse à la demande que tous les hommes se font depuis longtemps : pourquoi un mariage heureux est-il donc si peu fréquent?

Ce phénomène du monde moral s'accomplit rarement, par la raison qu'il se rencontre peu de gens de génie. Une passion durable est un drame sublime joué par deux acteurs égaux en talents, un drame où les sentiments sont des catastrophes, où les désirs sont des événements, où la plus légère pensée fait changer la scène. Or, comment trouver souvent, dans ce troupeau de bimanes qu'on nomme une nation, un homme et une femme qui possèdent au même degré le génie de l'amour, quand les gens à talents sont déjà si clairsemés dans les autres sciences où pour réussir l'artiste n'a besoin que de s'entendre avec lui-même ?

Jusqu'à présent nous nous sommes contenté de faire pressentir les difficultés. en quelque sorte physiques, que deux époux ont à vaincre pour être heureux ; mais que serait-ce donc s'il fallait dérouler l'effrayant tableau des obligations morales qui naissent de la différence des caractères ?... Arrêtons-nous ! l'homme assez habile pour conduire le tempérament sera certainement maître de l'âme.

Nous supposerons que notre mari-modèle remplit ces premières conditions voulues pour disputer avec avantage sa femme aux assaillants. Nous admettrons qu'il ne se trouve dans aucune des nombreuses classes de prédestinés, que nous avons passées en revue. Convenons enfin qu'il est imbu de toutes nos maximes ; qu'il possède cette science admirable de laquelle nous avons révélé quelques préceptes ; qu'il s'est marié très-savant ; qu'il connaît sa femme, qu'il en est aimé ; et poursuivons l'énumération de toutes les causes générales qui peuvent empirer la situation critique à laquelle nous le ferons arriver pour l'instruction du genre humain.

MÉDITATION VI.

DES PENSIONNATS.

Si vous avez épousé une demoiselle dont l'éducation s'est faite dans un pensionnat, il y a trente chances contre votre bonheur de plus que toutes celles dont l'énumération précède, et vous ressemblez exactement à un homme qui a fourré sa main dans un guêpier.

Alors, immédiatement après la bénédiction nuptiale, et sans vous laisser prendre à l'innocente ignorance, aux grâces naïves, à la pudibonde contenance de votre femme, vous devez méditer et suivre les axiomes et les préceptes que nous développerons dans la Seconde Partie de ce livre. Vous mettrez même à exécution les rigueurs de la Troisième Partie, en exerçant sur-le-champ une active surveillance, en déployant une paternelle sollicitude à toute heure, car le lendemain même de votre mariage, la veille peut-être, il y avait *péril en la demeure.*

En effet, souvenez-vous un peu de l'instruction secrète et approfondie que les écoliers acquièrent *de naturâ rerum*, de la nature des choses. Lapeyrouse, Cook, ou le capitaine Parry, ont-ils jamais eu autant d'ardeur à naviguer vers les pôles que les lycéens vers les parages défendus de l'océan des plaisirs?

Les filles étant plus rusées, plus spirituelles et plus curieuses que les garçons, leurs rendez-vous clandestins, leurs conversations, que tout l'art des matrones ne saurait empêcher, doivent être dirigés par un génie mille fois plus infernal que celui des collégiens. Quel homme a jamais entendu les réflexions morales et les aperçus malins de ces jeunes filles? Elles seules connaissent ces jeux où l'honneur se perd par avance, ces essais de plaisir, ces tâtonnements de volupté, ces simulacres de bonheur, qu'on peut comparer aux vols faits par les enfants trop gourmands à un dessert mis sous clef. Une fille sortira peut-être vierge de sa pension; chaste, non. Elle aura plus d'une fois discuté en de secrets conventicules la question importante des amants, et la corruption aura nécessairement entamé le cœur ou l'esprit, soit dit sans antithèse.

Admettons cependant que votre femme n'aura pas participé à ces friandises virginales, à ces lutineries prématurées. De ce qu'elle n'ait point eu voix délibérative aux conseils secrets des *grandes*, en sera-t-elle meilleure? Non. Là, elle aura contracté amitié avec d'autres jeunes demoiselles, et nous serons modeste en ne lui accordant que deux ou trois amies intimes. Êtes-vous certain que, votre femme sortie de pension, ses jeunes amies n'auront pas été admises à ces conciliabules où l'on cherchait à connaître d'avance, au moins par analogie, les jeux des colombes? Enfin, ses amies se marieront; vous aurez alors quatre femmes à surveiller au lieu d'une, quatre caractères à deviner, et vous serez à la merci de quatre maris et d'une douzaine de célibataires de qui vous ignorez entièrement la vie, les principes, les habitudes, quand nos méditations vous auront fait apercevoir la nécessité où vous devez être un jour de vous occuper des gens que vous avez épousés avec votre femme sans vous en douter. Satan seul a pu imaginer une pension de demoiselles au milieu d'une grande ville!... Au moins madame Campan avait-elle logé sa fameuse institution à Écouen. Cette sage précaution prouve qu'elle n'était pas une femme ordinaire. Là, ses demoiselles ne voyaient pas le musée des rues, composé d'immenses et grotesques images et de mots obscènes dus aux crayons du malin esprit. Elles n'avaient pas incessamment sous les yeux le spectacle des infirmités humaines étalé par chaque borne en France, et de perfides cabinets littéraires ne leur vomissaient pas en secret le poison des livres instructeurs et incendiaires. Aussi, cette savante institutrice ne pouvait-elle guère qu'à Écouen vous conserver une demoiselle intacte et pure, si cela est possible. Vous espéreriez peut-être empêcher facilement votre femme de voir ses amies de pension? folie! elle les rencontrera au bal, au spectacle, à la promenade, dans le monde; et combien de services deux femmes ne peuvent-elles pas se rendre!... Mais nous méditerons ce nouveau sujet de terreur en son lieu et place.

Ce n'est pas tout encore : si votre belle-mère a mis sa fille en pension, croyez-vous que ce soit par intérêt pour sa fille? Une demoiselle de douze à quinze ans est un terrible argus; et, si la belle-mère ne voulait pas d'argus chez elle, je commence à soupçonner que madame votre belle-mère appartient inévitablement à la partie la plus douteuse de nos femmes honnêtes. Donc, en toute occasion, elle sera pour sa fille ou un fatal exemple ou un dangereux conseiller.

Arrêtons-nous... la belle-mère exige toute une Méditation.

Ainsi, de quelque côté que vous vous tourniez, le lit conjugal est, dans cette occurrence, également épineux.

Avant la révolution, quelques familles aristocratiques envoyaient les filles au couvent. Cet exemple était suivi par nombre de gens qui s'imaginaient qu'en mettant leurs filles là où se trouvaient celles d'un grand seigneur, elles en prendraient le ton et les manières. Cette erreur de l'orgueil était d'abord fatale au bonheur domestique; puis les couvents avaient tous les inconvénients des pensionnats. L'oisiveté y règne plus terrible. Les grilles claustrales enflamment l'imagination. La solitude est une des provinces les plus chéries du diable; et l'on ne saurait croire quel ravage les phénomènes les plus ordinaires de la vie peuvent produire dans l'âme de ces jeune filles rêveuses, ignorantes et inoccupées.

Les unes, à force d'avoir caressé des chimères, donnent lieu à des *quiproquo* plus ou moins bizarres. D'autres s'étant exagéré le bonheur conjugal, se disent en elles-mêmes : Quoi! ce n'est que cela!... quand elles appartiennent à un mari. De toute manière l'instruction incomplète que peuvent acquérir les filles élevées en commun a tous les dangers de l'ignorance et tous les malheurs de la science.

Une jeune fille élevée au logis par une mère ou une vieille tante vertueuses, bigotes, aimables ou acariâtres; une jeune fille dont les pas n'ont jamais franchi le seuil domestique sans être environnée de chaperons, dont l'enfance laborieuse a été fatiguée par des travaux même inutiles, à laquelle enfin tout est inconnu, même le spectacle de Séraphin, est un de ces trésors que l'on rencontre, çà et là, dans le monde, comme ces fleurs de bois environnées de tant de broussailles que les yeux mortels n'ont pu les atteindre. Celui qui, maître d'une fleur si suave, si pure, la laisse cultiver par d'autres, a mérité mille fois son malheur. C'est ou un monstre ou un sot.

Ce serait bien ici le moment d'examiner s'il existe un mode quelconque de se bien marier, et de reculer ainsi indéfiniment les précautions dont l'ensemble sera présenté dans la Seconde et la Troisième Partie; mais n'est-il pas bien prouvé qu'il est plus aisé de lire *l'école des femmes* dans un four exactement fermé que de pouvoir connaître le caractère, les habitudes et l'esprit d'une demoiselle à marier?

La plupart des hommes ne se marient-ils pas absolument comme s'ils achetaient une partie de rentes à la Bourse?

Et si dans la méditation précédente nous avons réussi à vous démontrer que le plus grand nombre des hommes reste dans la plus profonde incurie de son propre bonheur en fait de mariage, est-il raisonnable de croire qu'il se rencontrera beaucoup de gens assez riches, assez spirituels, assez observateurs, pour perdre, comme le Burchell du *Vicaire de Wakefield*, une ou deux années de leur temps à deviner, à épier les filles dont ils feront leurs femmes, quand ils s'occupent si peu d'elles après les avoir conjugalement possédées pendant ce laps de temps que les Anglais nomment la *Lune de miel*, et de laquelle nous ne tarderons pas à discuter l'influence?

Cependant, comme nous avons long-temps réfléchi sur cette matière importante, nous ferons observer qu'il existe quelques moyens de choisir plus ou moins bien, même en choisissant promptement.

Il est, par exemple, hors de doute que les probabilités seront en votre faveur :

1° Si vous avez pris une demoiselle dont le tempérament ressemble à celui des femmes de la Louisiane ou de la Caroline.

Pour obtenir des renseignements certains sur le tempérament

d'une jeune personne, il faut mettre en vigueur auprès des femmes de chambre le système dont parle Gil Blas, et employé par un homme d'État pour connaître les conspirations ou savoir comment les ministres avaient passé la nuit.

2° Si vous choisissez une demoiselle qui, sans être laide, ne soit pas dans la classe des jolies femmes.

Nous regardons comme un principe certain que, pour être le moins malheureux possible en ménage, une grande douceur d'âme unie chez une femme à une laideur supportable sont deux éléments infaillibles de succès.

Mais voulez-vous savoir la vérité? ouvrez Rousseau, car il ne s'agitera pas une question de morale publique de laquelle il n'ait d'avance indiqué la portée. Lisez :

« Chez les peuples qui ont des mœurs, les filles sont faciles, et » les femmes sévères. C'est le contraire chez ceux qui n'en ont » pas. »

Il résulterait de l'adoption du principe que consacre cette remarque profonde et vraie qu'il n'y aurait pas tant de mariages malheureux si les hommes épousaient leurs maîtresses. L'éducation des filles devrait alors subir d'importantes modifications en France. Jusqu'ici les lois et les mœurs françaises, placées entre un délit et un crime à prévenir, ont favorisé le crime. En effet, la faute d'une fille est à peine un délit, si vous la comparez à celle commise par la femme mariée. N'y a-t-il donc pas incomparablement moins de danger à donner la liberté aux filles qu'à la laisser aux femmes? L'idée de prendre une fille à l'essai fera penser plus d'hommes graves qu'elle ne fera rire d'étourdis. Les mœurs de l'Allemagne, de la Suisse, de l'Angleterre et des États-Unis donnent aux demoiselles des droits qui sembleraient en France le renversement de toute morale; et néanmoins il est certain que dans ces trois pays les mariages sont moins malheureux qu'en France.

« Quand une femme s'est livrée tout entière a un amant, elle doit avoir bien connu celui que l'amour lui offrait. Le don de son estime et de sa confiance a nécessairement précédé celui de son cœur. »

Brillantes de vérité, ces lignes ont peut-être illuminé le cachot au fond duquel Mirabeau les écrivit, et la féconde observation qu'elles renferment, quoique due à la plus fougueuse de ses passions, n'en domine pas moins le problème social dont nous nous occupons. En effet, un mariage cimenté sous les auspices du religieux examen que suppose l'amour, et sous l'empire du désenchantement dont est suivie la possession, doit être la plus indissoluble de toutes les unions.

Une femme n'a plus alors à reprocher à son mari le droit légal en vertu duquel elle lui appartient. Elle ne peut plus trouver dans cette soumission forcée une raison pour se livrer à un amant, quand plus tard elle a dans son propre cœur un complice dont les sophismes la séduisent en lui demandant vingt fois par heure pourquoi, s'étant donnée contre son gré à un homme qu'elle n'aimait point, elle ne se donnerait pas de bonne volonté à un homme qu'elle aime. Une femme n'est plus alors recevable à se plaindre de ces défauts inséparables de la nature humaine, elle en a, par avance, essayé la tyrannie, épousé les caprices.

Bien des jeunes filles seront trompées dans les espérances de leur amour!... Mais n'y aura-t-il pas pour elles un immense bénéfice à ne pas être les compagnes d'hommes qu'elles auraient le droit de mépriser?

Quelques alarmistes vont s'écrier qu'un tel changement dans nos mœurs autoriserait une effroyable dissolution publique ; que les lois ou les usages, qui dominent les lois, ne peuvent pas, après tout, consacrer le scandale et l'immoralité ; et que s'il existe des maux inévitables, au moins la société ne doit pas les sanctifier.

Il est facile de répondre, avant tout, que le système proposé tend à prévenir ces maux, qu'on a regardés jusqu'à présent comme inévitables; mais, si peu exacts que soient les calculs de notre statistique, ils ont toujours accusé une immense plaie sociale, et nos moralistes préféreraient donc le plus grand mal au moindre, la violation du principe sur lequel repose la société, à une douteuse licence chez les filles; la dissolution des mères de famille qui corrompt les sources de l'éducation publique et fait le malheur d'au moins quatre personnes, à la dissolution d'une jeune fille qui ne compromet qu'elle, et tout au plus un enfant. Périsse la vertu de dix vierges, plutôt que cette sainteté de mœurs, cette couronne d'honneur de laquelle une mère de famille doit marcher revêtue ! Il y a dans le tableau que présente une jeune fille abandonnée par son séducteur je ne sais quoi d'imposant et de sacré : c'est des serments ruinés, de saintes confiances trahies, et, sur les débris des plus faciles vertus, l'innocence en pleurs doutant de tout en doutant de l'amour d'un père pour son enfant. L'infortunée est encore innocente ; elle peut devenir une épouse fidèle, une tendre mère ; et si le passé s'est chargé de nuages, l'avenir est bleu comme un ciel pur. Trouverons-nous ces douces couleurs aux sombres tableaux des amours illégitimes ? Dans l'un la femme est victime, dans les autres, criminelle. Où est l'espérance de la femme adultère ! si Dieu lui remet sa faute, la vie la plus exemplaire ne saurait en effacer ici-bas les fruits vivants. Si Jacques Ier est fils de Rizzio, le crime de Marie a duré autant que sa déplorable et royale maison, et la chute des Stuarts est justice.

Mais, de bonne foi, l'émancipation des filles renferme-t-elle donc tant de dangers ?

Il est très-facile d'accuser une jeune personne de se laisser décevoir par le désir d'échapper à tout prix à l'état de fille ; mais cela n'est vrai que dans la situation actuelle de nos mœurs. Aujourd'hui une jeune personne ne connaît ni la séduction ni ses piéges, elle ne s'appuie que sur sa faiblesse, et, démêlant les commodes maximes du beau monde, sa trompeuse imagination, gouvernée par des désirs que tout fortifie, est un guide d'autant plus aveugle que *rarement une jeune fille confie à autrui* les secrètes pensées de son premier amour...

Si elle était libre, une éducation exempte de préjugés l'armerait contre l'amour du premier venu. Elle serait, comme tout le monde, bien plus forte contre des dangers connus que contre des périls dont l'étendue est cachée. D'ailleurs, pour être maîtresse d'elle-même, une fille en sera-t-elle moins sous l'œil vigilant de sa mère ? Compterait-on aussi pour rien cette pudeur et ces craintes que la nature n'a placées si puissantes dans l'âme d'une jeune fille que pour la préserver du malheur d'être à un homme qui ne l'aime pas ? Enfin où est la fille assez peu calculatrice pour ne pas deviner que l'homme le plus immoral veut trouver des principes chez sa femme, comme les maîtres veulent que leurs domestiques soient parfaits ; et qu'alors, pour elle, la vertu est le plus riche et le plus fécond de tous les commerces ?

Après tout, de quoi s'agit-il donc ici ? Pour qui croyez-vous que nous stipulions ? Tout au plus pour cinq ou six cent mille virginités armées de leurs répugnances et du haut prix auquel elles s'estiment : elles savent aussi bien se défendre que se vendre. Les dix-huit millions d'êtres que nous avons mis en dehors de la question se marient presque tous d'après le système que nous cherchons à faire prévaloir dans nos mœurs ; et, quant aux classes intermédiaires, par lesquels nos pauvres bimanes sont séparés des hommes privilégiés qui marchent à la tête d'une nation, le nombre des enfants trouvés que ces classes demi-aisées livrent au malheur irait en croissant depuis la paix, s'il faut en croire M. Benoiston de Châteauneuf, l'un des plus courageux savants qui se soient voués aux arides et utiles recherches de la statistique. Or, à quelle plaie profonde n'apportons-nous pas remède, si l'on songe à la multiplicité des bâtards que nous dénonce la statistique, et aux infortunes que nos calculs font soupçonner dans la haute société ! Mais il est difficile de faire apercevoir ici tous les avantages qui résulteraient de l'émancipation des filles. Quand nous arriverons à observer les circonstances qui accompagnent le mariage tel que nos mœurs l'ont conçu, les esprits judicieux pourront apprécier toute la valeur du système d'éducation et de liberté que nous demandons pour les filles au nom de la raison et de la nature. Le préjugé que nous avons en France sur la virginité des mariées est le plus sot de tous ceux qui nous restent. Les Orientaux prennent leurs femmes sans s'inquiéter du passé et les enferment pour être plus certains de l'avenir ; les Français mettent les filles dans des espèces de sérails défendus par des mères, par des préjugés, par des idées religieuses ; et ils donnent la plus entière liberté à leurs femmes, s'inquiétant ainsi beaucoup plus du passé que de l'avenir. Il ne s'agirait donc que de faire subir une inversion à nos mœurs. Nous finirions peut-être alors par donner à la fidélité conjugale toute la saveur et le ragoût que les femmes trouvent aujourd'hui aux infidélités.

Mais cette discussion nous éloignerait trop de notre sujet s'il fallait examiner, dans tous ses détails, cette immense amélioration morale, que réclamera sans doute la France au vingtième siècle ; car les mœurs se réforment si lentement ! Ne faut-il pas pour obtenir le plus léger changement que l'idée la plus hardie du siècle passé soit devenue la plus triviale du siècle présent ? Aussi, est-ce en quelque sorte par coquetterie que nous avons effleuré cette question ; soit pour montrer qu'elle ne nous a pas échappé, soit pour léguer un ouvrage de plus à nos neveux ; et, de bon compte, voici le troisième : le premier concerne les courtisanes, et le second est la physiologie du plaisir :

Quand nous serons à dix, nous ferons une croix.

Dans l'état actuel de nos mœurs et de notre imparfaite civilisation, il existe un problème insoluble pour le moment, et qui rend toute dissertation superflue relativement à l'art de choisir une femme; nous le livrons, comme tous les autres, aux méditations des philosophes.

PROBLÈME.

L'on n'a pas encore pu décider si une femme est poussée à devenir infidèle plutôt par l'impossibilité où elle serait de se livrer au changement que par la liberté qu'on lui laisserait à cet égard.

Au surplus, comme dans cet ouvrage nous saisissons un homme au moment où il vient de se marier, s'il a rencontré une femme d'un tempérament sanguin, d'une imagination vive, d'une constitution nerveuse, ou d'un caractère indolent, sa situation n'en serait que plus grave.

Un homme se trouverait dans un danger encore plus critique si sa femme ne buvait que de l'eau (voyez la Méditation intitulée : *Hygiène conjugale*) : mais si elle avait quelque talent pour le chant, ou si elle s'enrhumait trop facilement, il aurait à trembler tous les jours; car il est reconnu que les cantatrices sont pour le moins aussi passionnées que les femmes dont le système muqueux est d'une grande délicatesse.

Enfin le péril empirerait bien davantage si votre femme avait moins de dix-sept ans; ou encore, si elle avait le fond du teint pâle et blafard; car ces sortes de femmes sont presque toutes artificieuses.

Mais nous ne voulons pas anticiper sur les terreurs que causeront aux maris tous les diagnostics de malheur qu'ils pourraient apercevoir dans le caractère de leurs femmes. Cette digression nous a déjà trop éloigné des pensionnats, où s'élaborent tant d'infortunes, d'où sortent des jeunes filles incapables d'apprécier les pénibles sacrifices par lesquels l'honnête homme, qui leur fait l'honneur de les épouser, est arrivé à l'opulence; des jeunes filles impatientes des jouissances du luxe, ignorantes de nos lois, ignorantes de nos mœurs, saisissant avec avidité l'empire que leur donne la beauté, et prêtes à abandonner les vrais accents de l'âme pour les bourdonnements de la flatterie.

Que cette Méditation laisse dans le souvenir de tous ceux qui l'auront lue, même en ouvrant le livre par contenance ou par distraction, une aversion profonde des demoiselles élevées en pension, et déjà de grands services auront été rendus à la chose publique.

MÉDITATION VII.

DE LA LUNE DE MIEL.

Si nos premières Méditations prouvent qu'il est presque impossible à une femme mariée de rester vertueuse en France, le dénombrement des célibataires et des prédestinés, nos remarques sur l'éducation des filles et notre examen rapide des difficultés que comporte le choix d'une femme, expliquent jusqu'à un certain point cette fragilité nationale. Ainsi, après avoir accusé franchement la sourde maladie par laquelle l'état social est travaillé, nous en avons cherché les causes dans l'imperfection des lois, dans l'inconséquence des mœurs, dans l'incapacité des esprits, dans les contradictions de nos habitudes. Un seul fait reste à observer : l'invasion du mal.

Nous arrivons à ce premier principe en abordant les hautes questions renfermées dans la Lune de Miel; et, de même que nous y trouverons le point de départ de tous les phénomènes conjugaux, elle nous offrira le brillant chaînon auquel viendront se rattacher nos observations, nos axiomes, nos problèmes, anneaux semés à dessein au travers des sages folies débitées par nos Méditations babillardes. La Lune de Miel sera, pour ainsi dire, l'apogée de l'analyse à laquelle nous devions nous livrer avant de mettre aux prises nos deux champions imaginaires.

Cette expression, *Lune de Miel,* est un anglicisme qui passera dans toutes les langues, tant elle dépeint avec grâce la nuptiale saison, si fugitive, pendant laquelle la vie n'est que douceur et ravissement; elle restera comme restent les illusions et les erreurs, car elle est le plus odieux de tous les mensonges. Si elle se présente comme une nymphe couronnée de fleurs fraîches, caressante comme une sirène, c'est qu'elle est le malheur même; et le malheur arrive, la plupart du temps, en folâtrant.

Les époux destinés à s'aimer pendant toute leur vie ne conçoivent pas la Lune de Miel; pour eux, elle n'existe pas, ou plutôt elle existe toujours : ils sont comme ces immortels qui ne comprenaient pas la mort. Mais ce bonheur est en dehors de notre livre; et, pour nos lecteurs, le mariage est sous l'influence de deux lunes : la Lune de Miel, la Lune Rousse. Cette dernière est terminée par une révolution qui la change en un croissant; et, quand il luit sur un ménage, c'est pour l'éternité.

Comment la Lune de Miel peut-elle éclairer deux êtres qui ne doivent pas s'aimer?

Comment se couche-t-elle quand une fois elle s'est levée?...

Tous les ménages ont-ils leur lune de miel?

Procédons par ordre pour résoudre ces trois questions.

L'admirable éducation que nous donnons aux filles et les prudents usages sous la loi desquels les hommes se marient vont porter ici tous leurs fruits. Examinons les circonstances dont sont précédés et accompagnés les mariages les moins malheureux.

Nos mœurs développent chez la jeune fille dont vous faites votre femme une curiosité naturellement excessive; mais comme les mères se piquent en France de mettre tous les jours leurs filles au feu sans souffrir qu'elles se brûlent, cette curiosité n'a plus de bornes.

Une ignorance profonde des mystères du mariage dérobe, à cette créature aussi naïve que rusée, la connaissance des périls dont il est suivi; et, le mariage lui étant sans cesse présenté comme une époque de tyrannie et de liberté, de jouissance et de souveraineté, ses désirs s'augmentent de tous les intérêts de l'existence à satisfaire : pour elle, se marier, c'est être appelé du néant à la vie.

Si elle a, en elle, le sentiment du bonheur, la religion, la morale, les lois et sa mère lui ont mille fois répété que ce bonheur ne peut venir que de vous.

L'obéissance est toujours une nécessité chez elle, si elle n'est pas vertu; car elle attend tout de vous : d'abord les sociétés consacrent l'esclavage de la femme, mais elle ne forme même pas le souhait de s'affranchir, car elle se sent faible, timide et ignorante.

A moins d'une erreur due au hasard ou d'une répugnance que

vous seriez impardonnable de n'avoir pas devinée, elle doit chercher à vous plaire; elle ne vous connaît pas.

Enfin, pour faciliter votre beau triomphe, vous la prenez au moment où la nature sollicite souvent avec énergie les plaisirs dont vous êtes le dispensateur. Comme saint Pierre, vous tenez la clef du Paradis.

Je le demande à toute créature raisonnable, un démon rassemblerait-il autour d'un ange dont il aurait juré la perte les éléments de son malheur avec autant de sollicitude que les bonnes mœurs en mettent à conspirer le malheur d'un mari?... N'êtes-vous pas comme un roi entouré de flatteurs?

Livrée avec toutes ses ignorances et ses désirs à un homme qui, même amoureux, ne peut et ne doit pas connaître ses mœurs secrètes et délicates, cette jeune fille ne sera-t-elle pas honteusement passive, soumise et complaisante pendant tout le temps que sa jeune imagination lui persuadera d'attendre le plaisir ou le bonheur jusqu'à un lendemain qui n'arrive jamais?

Dans cette situation bizarre où les lois sociales et celles de la nature sont aux prises, une jeune fille obéit, s'abandonne, souffre et se tait par intérêt pour elle-même. Son obéissance est une spéculation; sa complaisance, un espoir; son dévouement, une sorte de vocation dont vous profitez; et son silence est générosité. Elle sera victime de vos caprices tant qu'elle ne les comprendra pas; elle souffrira de votre caractère jusqu'à ce qu'elle l'ait étudié; elle se sacrifiera sans aimer, parce qu'elle croit au semblant de passion que vous donne le premier moment de sa possession; elle ne se taira plus le jour où elle aura reconnu l'inutilité de ses sacrifices.

Alors, un matin arrive où tous les contre-sens qui ont présidé à cette union se relèvent comme des branches un moment ployées sous un poids par degrés allégé. Vous avez pris pour de l'amour l'existence négative d'une jeune fille qui attendait le bonheur, qui volait au-devant de vos désirs dans l'espérance que vous iriez au-devant des siens, et qui n'osait se plaindre des malheurs secrets dont elle s'accusait la première. Quel homme ne serait pas la dupe d'une déception préparée de si loin, et de laquelle une jeune femme est innocente, complice et victime? Il faudrait être un Dieu pour échapper à la fascination dont vous êtes entouré par la nature et la société. Tout n'est-il pas piége autour de vous et en vous? car, pour être heureux, ne serait-il pas nécessaire de vous défendre des impétueux désirs de vos sens? Où est, pour les contenir, cette barrière puissante qu'élève la main légère d'une femme à laquelle on veut plaire, parce qu'on ne la possède pas encore?... Aussi, avez-vous fait parader et défiler vos troupes quand il n'y avait personne aux fenêtres; avez-vous tiré un feu d'artifice dont la carcasse reste seule au moment où votre convive se présente pour le voir. Votre femme était devant les plaisirs du mariage comme un Mohican à l'Opéra : l'instituteur est ennuyé quand le Sauvage commence à comprendre.

LVI.

En ménage, le moment où deux cœurs peuvent s'entendre est aussi rapide qu'un éclair, et ne revient plus quand il a fui.

Ce premier essai de la vie à deux, pendant lequel une femme est encouragée par l'espérance du bonheur, par le sentiment encore neuf de ses devoirs d'épouse, par le désir de plaire, par la vertu si persuasive au moment où elle montre l'amour d'accord avec le devoir, se nomme la Lune de Miel. Comment peut-elle durer longtemps entre deux êtres qui s'associent pour la vie entière, sans se connaître parfaitement? S'il faut s'étonner d'une chose, c'est que les déplorables absurdités accumulées par nos mœurs autour d'un lit nuptial fassent éclore si peu de haines!.....

Mais que l'existence du sage soit un ruisseau paisible, et que celle du prodigue soit un torrent; que l'enfant dont les mains imprudentes ont effeuillé toutes les roses sur son chemin ne trouve plus que des épines au retour; que l'homme dont la folle jeunesse a dévoré un million ne puisse plus jouir, pendant sa vie, des quarante mille livres de rente que ce million lui eût données, c'est des vérités triviales si l'on songe à la morale, et neuves si l'on pense à la conduite de la plupart des hommes. Voyez-y les images vraies de toutes les Lunes de Miel; c'est leur histoire, c'est le fait et non pas la cause.

Mais, que des hommes doués d'une certaine puissance de pensée par une éducation privilégiée, habitués à des combinaisons profondes pour briller, soit en politique, soit en littérature, dans les arts, dans le commerce ou dans la vie privée, se marient tous avec l'intention d'être heureux, de gouverner une femme par l'amour ou par la force, et tombent tous dans le même piége, deviennent des sots après avoir joui d'un certain bonheur pendant un certain temps, il y a certes là un problème dont la solution réside plutôt dans des profondeurs inconnues de l'âme humaine, que dans les espèces de vérités physiques par lesquelles nous avons déjà tâché d'expliquer quelques-uns de ces phénomènes. La périlleuse recherche des lois secrètes, que presque tous les hommes doivent violer à leur insu en cette circonstance, offre encore assez de gloire à celui qui échouerait dans cette entreprise pour que nous tentions l'aventure. Essayons donc.

Malgré tout ce que les sots ont à dire sur la difficulté qu'ils trouvent à expliquer l'amour, il a des principes aussi infaillibles que ceux de la géométrie; mais chaque caractère les modifiant à son gré, nous l'accusons des caprices créés par nos innombrables organisations. S'il nous était permis de ne voir que les effets si variés de la lumière, sans en apercevoir le principe, bien des esprits refuseraient de croire à la marche du soleil et à son unité. Aussi, les aveugles peuvent-ils crier à leur aise; je me vante, comme Socrate, sans être aussi sage que lui, de ne savoir que l'amour; et, je vais essayer de déduire quelques-uns de ses préceptes, pour éviter aux gens mariés ou à marier la peine de se creuser la cervelle, ils en atteindraient trop promptement le fond.

Or, toutes nos observations précédentes se résolvent à une seule proposition qui peut être considérée comme le dernier terme ou le premier, si l'on veut, de cette secrète théorie de l'amour, qui finirait par vous ennuyer si nous ne la terminions pas promptement. Ce principe est contenu dans la formule suivante :

LVII.

Entre deux êtres susceptibles d'amour, la durée de la passion est en raison de la résistance primitive de la femme, ou des obstacles que les hasards sociaux mettent à votre bonheur.

Si l'on ne vous laisse désirer qu'un jour, votre amour ne durera peut-être pas trois nuits. Où faut-il chercher les causes de cette loi ? je ne sais. Si nous voulons porter nos regards autour de nous, les preuves de cette règle abondent : dans le système végétal, les plantes qui restent le plus de temps à croître sont celles auxquelles est promise la plus longue existence; dans l'ordre moral, les ouvrages faits hier meurent demain; dans l'ordre physique, le sein qui enfreint les lois de la gestation livre un fruit mort. En tout, une œuvre de durée est long-temps couvée par le temps. Un long avenir demande un long passé. Si l'amour est un enfant, la passion est un homme. Cette loi générale, qui régit la nature, les êtres et les sentiments, est précisément celle que tous les mariages enfreignent, ainsi que nous l'avons démontré. Ce principe a créé les fables amoureuses de notre moyen âge : les Amadis, les Lancelot, les Tristan des fabliaux, dont la constance en amour paraît fabuleuse à juste titre, sont les allégories de cette mythologie nationale que notre imitation de la littérature grecque a tuée dans sa fleur. Ces figures gracieuses dessinées par l'imagination des trouvères consacraient cette vérité.

LVIII.

Nous ne nous attachons d'une manière durable aux choses que d'après les soins, les travaux ou les désirs qu'elles nous ont coûtés.

Tout ce que nos méditations nous ont révélé sur les causes de cette loi primordiale des amours, se réduit à l'axiome suivant, qui en est tout à la fois le principe et la conséquence.

LIX.

En toute chose l'on ne reçoit qu'en raison de ce que l'on donne.

Ce dernier principe est tellement évident par lui-même, que nous n'essaierons pas de le démontrer. Nous n'y joindrons qu'une seule observation, qui ne nous paraît pas sans importance. Celui qui a dit : *Tout est vrai et tout est faux,* a proclamé un fait que l'esprit humain naturellement sophistique interprète à sa manière, car il semble vraiment que les choses humaines aient autant de facettes qu'il y a d'esprits qui les considèrent. Ce fait, le voici :

Il n'existe pas dans la création une loi qui ne soit balancée par une loi contraire : la vie en tout est résolue par l'équilibre de deux forces contendantes. Ainsi, dans le sujet qui nous occupe, en amour, il est certain que si vous donnez trop, vous ne recevrez pas assez. La mère qui laisse voir toute sa tendresse à ses enfants crée en eux l'ingratitude, l'ingratitude vient peut-être de l'impossibilité où l'on est de s'acquitter. La femme qui aime plus qu'elle n'est aimée sera nécessairement tyrannisée. L'amour durable est celui qui tient toujours les forces de deux êtres en équilibre. Or, cet équilibre peut toujours s'établir : celui des deux qui aime le plus doit rester dans la sphère de celui qui aime le moins. Et n'est-ce pas, après tout, le plus doux sacrifice que puisse faire une âme aimante, si tant est que l'amour s'accommode de cette inégalité?

Quel sentiment d'admiration ne s'élève-t-il pas dans l'âme du philosophe, en découvrant qu'il n'y a peut-être qu'un seul principe dans le monde comme il n'y a qu'un Dieu, et que nos idées et nos affections sont soumises aux mêmes lois qui font mouvoir le soleil, éclore les fleurs et vivre l'univers !...

Peut-être faut-il chercher dans cette métaphysique de l'amour les raisons de la proposition suivante, qui jette les plus vives lumières sur la question des Lunes de Miel et des Lunes Rousses.

THÉORÈME.

L'homme va de l'aversion à l'amour; mais, quand il a commencé par aimer et qu'il arrive à l'aversion, il ne revient jamais à l'amour.

Dans certaines organisations humaines, les sentiments sont incomplets comme la pensée peut l'être dans quelques imaginations stériles. Ainsi de même que les esprits sont doués de la facilité de saisir les rapports existants entre les choses sans en tirer de conclusion; de la faculté de saisir chaque rapport séparément sans les réunir, de la force de voir, de comparer et d'exprimer; de même les âmes peuvent concevoir les sentiments d'une manière imparfaite. Le talent, en amour comme en tout autre art, consiste dans la réunion de la puissance de concevoir et de celle d'exécuter. Le monde est plein de gens qui chantent des airs sans ritournelle, qui ont des quarts d'idée comme des quarts de sentiment, et qui ne coordonnent pas plus les mouvements de leurs affections que leurs pensées. C'est, en un mot, des êtres incomplets. Unissez une belle intelligence à une intelligence manquée, vous préparez un malheur; car il faut que l'équilibre se retrouve en tout.

Nous laissons aux philosophes de boudoir et aux sages d'arrière-boutique le plaisir de chercher les mille manières par lesquelles les tempéraments, les esprits, les situations sociales et la fortune rompent les équilibres, et nous allons examiner la dernière cause qui influe sur le coucher des Lunes de Miel et le lever des Lunes Rousses.

Il y a dans la vie un principe plus puissant que la vie elle-même. C'est un mouvement dont la rapidité procède d'une impulsion inconnue. L'homme n'est pas plus dans le secret de ce tournoiement que la terre n'est initiée aux causes de sa rotation. Ce je ne sais quoi, que j'appellerais volontiers le courant de la vie, emporte nos pensées les plus chères, use la volonté du plus grand nombre, et nous entraîne tous malgré nous. Ainsi, un homme plein de bon sens, qui ne manquera même pas à payer ses billets, s'il est négociant, ayant pu éviter la mort, ou, chose plus cruelle peut-être! une maladie, par l'observation d'une pratique facile, mais quotidienne, est bien et dûment cloué entre quatre planches, après s'être dit tous les soirs : « Oh! demain, je n'oublierai pas mes pastilles! » Comment expliquer cette étrange fascination qui domine toutes les choses de la vie? est-ce défaut d'énergie? les hommes les plus puissants de volonté y sont soumis; est-ce défaut de mémoire? les gens qui possèdent cette faculté au plus haut degré y sont sujets.

Ce fait que chacun a pu reconnaître en son voisin est une des causes qui excluent la plupart des maris de la Lune de Miel. L'homme le plus sage, celui qui aurait échappé à tous les écueils que nous avons déjà signalés, n'évite quelquefois pas les piéges qu'il s'est ainsi tendus à lui-même.

Je me suis aperçu que l'homme en agissait avec le mariage et ses dangers à peu près comme avec les perruques; et peut-être est-ce une formule pour la vie humaine que les phases suivantes de la pensée à l'endroit de la perruque.

Première Époque. — Est-ce que j'aurai jamais les cheveux blancs?

Deuxième Époque. — En tout cas, si j'ai des cheveux blancs, je ne porterai jamais de perruque : Dieu! que c'est laid une perruque!

Un matin, vous entendez une jeune voix que l'amour a fait vibrer plus de fois qu'il ne l'a éteinte, s'écriant : — Comment, tu as un cheveu blanc!...

TROISIÈME ÉPOQUE. — Pourquoi ne pas avoir une perruque bien faite qui tromperait complétement les gens ? Il y a je ne sais quel mérite à duper tout le monde ; puis, une perruque tient chaud, elle empêche les rhumes, etc.

QUATRIÈME ÉPOQUE. — La perruque est si adroitement mise que vous attrapez tous ceux qui ne vous connaissent pas.

La perruque vous préoccupe, et l'amour-propre vous rend tous les matins le rival des plus habiles coiffeurs.

CINQUIÈME ÉPOQUE. — La perruque négligée. — Dieu ! que c'est ennuyeux d'avoir à se découvrir la tête tous les soirs, à la bichonner tous les matins !

SIXIÈME ÉPOQUE. — La perruque laisse passer quelques cheveux blancs ; elle vacille, et l'observateur aperçoit sur votre nuque une ligne blanche qui forme un contraste avec les nuances plus foncées de la perruque circulairement retroussée par le col de votre habit.

SEPTIÈME ÉPOQUE. — La perruque ressemble à du chiendent, et (passez-moi l'expression) vous vous moquez de votre perruque !...

— Monsieur, me dit une des puissantes intelligences féminines qui ont daigné m'éclairer sur quelques-uns des passages les plus obscurs de mon livre, qu'entendez-vous par cette perruque ?...

— Madame, répondis-je, quand un homme tombe dans l'indifférence à l'endroit de la perruque, il est... il est... ce que votre mari n'est probablement pas.

— Mais, mon mari n'est pas... (Elle chercha.) Il n'est pas... aimable ; il n'est pas... très-bien portant ; il n'est pas... d'une humeur égale ; il n'est pas...

— Alors, madame, il serait donc indifférent à la perruque.

Nous nous regardâmes, elle avec une dignité assez bien jouée, moi avec un imperceptible sourire. — Je vois, dis-je, qu'il faut singulièrement respecter les oreilles du petit sexe, car c'est la seule chose qu'il ait de chaste. Je pris l'attitude d'un homme qui a quelque chose d'important à révéler, et la belle dame baissa les yeux comme si elle se doutait d'avoir à rougir pendant ce discours.

— Madame, aujourd'hui l'on ne pendrait pas un ministre, comme jadis, pour un *oui* ou un *non* ; un Châteaubriand ne torturerait guère Françoise de Foix, et nous ne portons plus au côté une longue épée prête à venger l'injure. Or, dans un siècle où la civilisation a fait des progrès si rapides, où l'on nous apprend la moindre science en vingt-quatre leçons, tout a dû suivre cet élan vers la perfection. Nous ne pouvons donc plus parler la langue mâle, rude et grossière de nos ancêtres. L'âge dans lequel on fabrique des tissus si fins, si brillants, des meubles si élégants, des porcelaines si riches, devait être l'âge des périphrases et des circonlocutions. Il faut donc essayer de forger quelque mot nouveau pour remplacer la comique expression dont s'est servi Molière : puisque, comme a dit un auteur contemporain, le langage de ce grand homme est trop libre pour les dames qui trouvent la gaze trop épaisse pour leurs vêtements. Maintenant les gens du monde n'ignorent pas plus que les savants le goût inné des Grecs pour les mystères. Cette poétique nation avait su empreindre de teintes fabuleuses les antiques traditions de son histoire. A la voix de ses rapsodes, tout ensemble poètes et romanciers, les rois devenaient des dieux, et leurs aventures galantes se transformaient en d'immortelles allégories. Selon M. Chompré, licencié en droit, auteur classique du *Dictionnaire de Mythologie*, le Labyrinthe était « un enclos planté de bois et orné de bâtiments disposés de telle façon que quand un jeune homme y était entré une fois, il ne pouvait plus en trouver la sortie. » Çà et là quelques bocages fleuris s'offraient à sa vue, mais au milieu d'une multitude d'allées qui se croisaient dans tous les sens et présentaient toujours à l'œil une route uniforme; parmi les ronces, les rochers et les épines, le patient avait à combattre un animal nommé le Minotaure. Or, madame, si vous voulez me faire l'honneur de vous souvenir que le Minotaure était, de toutes les bêtes cornues, celle que la mythologie nous signale comme la plus dangereuse; que, pour se soustraire aux ravages qu'il faisait, les Athéniens s'étaient abonnés à lui livrer, bon an, mal an, cinquante vierges; vous ne partagerez pas l'erreur de ce bon M. Chompré, qui ne voit là qu'un jardin anglais; et vous reconnaîtrez dans cette fable ingénieuse une allégorie délicate, ou, disons mieux, une image fidèle et terrible des dangers du mariage. Les peintures récemment découvertes à Herculanum ont achevé de prouver cette opinion. En effet, les savants avaient cru long-temps, d'après quelques auteurs, que le minotaure était un animal moitié homme, moitié taureau; mais la cinquième planche des anciennes peintures d'Herculanum nous représente ce monstre allégorique avec le corps entier d'un homme, à la réserve d'une tête de taureau; et, pour enlever toute espèce de doute, il est abattu aux pieds de Thésée. Eh! bien, madame, pourquoi ne demanderions-nous pas à la mythologie de venir au secours de l'hypocrisie qui nous gagne et nous empêche de rire comme riaient nos pères? Ainsi, lorsque dans le monde une jeune dame n'a pas très-bien su étendre le voile sous lequel une femme honnête couvre sa conduite, là où nos aïeux auraient rudement tout expliqué par un seul mot, vous, comme une foule de belles dames à réticences, vous vous contentez de dire : — « Ah ! oui, elle est fort aimable, mais... — Mais quoi!... — Mais elle est souvent bien *inconséquente...* » J'ai long-temps cherché, madame, le sens de ce dernier mot et surtout la figure de rhétorique par laquelle vous lui faisiez exprimer le contraire de ce qu'il signifie; mes méditations ont été vaines. Vert-Vert a donc, le dernier, prononcé le mot de nos ancêtres, et encore s'est-il adressé, par malheur, à d'innocentes religieuses, dont les infidélités n'atteignaient en rien l'honneur des hommes. Quand une femme est inconséquente, le mari serait, selon moi, *minotaurisé.* Si le minotaurisé est un galant homme, s'il jouit d'une certaine estime, et beaucoup de maris méritent réellement d'être plaints, alors, en parlant de lui, vous dites encore d'une petite voix flûtée : « M. A... est un homme bien estimable, sa femme est fort jolie, mais on prétend qu'il n'est pas heureux dans son intérieur. » Ainsi, madame, l'homme estimable malheureux dans son intérieur, l'homme qui a une femme inconséquente, ou le mari minotaurisé, sont tout bonnement des maris à la façon de Molière. Hé! bien, déesse du goût moderne, ces expressions vous semblent-elles d'une transparence assez chaste?

— Ah! mon Dieu, dit-elle en souriant, si la chose reste, qu'importe qu'elle soit exprimée en deux syllabes ou en cent!

Elle me salua par une petite révérence ironique et disparut, allant sans doute rejoindre ces comtesses de préface et toutes ces créatures métaphoriques si souvent employées par les romanciers à retrouver ou à composer des manuscrits anciens.

Quant à vous, êtres moins nombreux et plus réels qui me lisez, si, parmi vous, il est quelques gens qui fassent cause commune avec mon champion conjugal, je vous avertis que vous ne deviendrez pas tout d'un coup malheureux dans votre intérieur. Un homme arrive à cette température conjugale par degrés et insensiblement. Beaucoup de maris sont même restés malheureux dans leur intérieur, toute leur vie, sans le savoir. Cette révolution domestique s'opère toujours d'après des règles certaines; car les révolutions de la Lune de Miel sont aussi sûres que les phases de la lune du ciel et s'appliquent à tous les ménages! n'avons-nous pas prouvé que la nature morale a ses lois, comme la nature physique?

Votre jeune femme ne prendra jamais, comme nous l'avons dit ailleurs, un amant sans faire de sérieuses réflexions. Au moment où la Lune de Miel décroît, vous avez plutôt développé chez elle le sentiment du plaisir que vous ne l'avez satisfait; vous lui avez ouvert le livre de vie, elle conçoit admirablement par le prosaïsme de votre facile amour la poésie qui doit résulter de l'accord des âmes et des voluptés. Comme un oiseau timide, épouvanté encore par le bruit d'une mousqueterie qui a cessé, elle avance la tête hors du nid, regarde autour d'elle, voit le monde; et, tenant le mot de la charade que vous avez jouée, elle sent instinctivement le vide de votre passion languissante. Elle devine que ce n'est plus qu'avec un amant qu'elle pourra reconquérir le délicieux usage de son libre arbitre en amour.

Vous avez séché du bois vert pour un feu à venir.

Dans la situation où vous vous trouvez l'un et l'autre, il n'existe pas de femme, même la plus vertueuse, qui ne se soit trouvée digne d'une grande passion, qui ne l'ait rêvée, et qui ne croie être très-inflammable; car il y a toujours de l'amour-propre à augmenter les forces d'un ennemi vaincu.

— Si le métier d'honnête femme n'était que périlleux, passe encore... me disait une vieille dame; mais il ennuie, et je n'ai jamais rencontré de femme vertueuse qui ne pensât jouer en dupe.

Alors, et avant même qu'aucun amant ne se présente, une femme en discute pour ainsi dire la légalité; elle subit un combat que se livrent en elle les devoirs, les lois, la religion et les désirs secrets d'une nature qui ne reçoit de frein que celui qu'elle s'impose. Là commence pour vous un ordre de choses tout nouveau; là, se trouve le premier avertissement que la nature, cette indulgente et bonne mère, donne à toutes les créatures qui ont à courir quelque danger. La nature a mis au cou du minotaure une sonnette, comme à la queue de cet épouvantable serpent, l'effroi du voyageur. Alors se déclarent, dans votre femme, ce que nous appellerons *les premiers symptômes*, et malheur à qui n'a pas su les combattre! ceux qui en nous lisant se souviendront de les avoir vus se manifestant jadis dans leur intérieur, peuvent passer à la conclusion de cet ouvrage, ils y trouveront des consolations.

Cette situation, dans laquelle un ménage reste plus ou moins long-temps, sera le point de départ de notre ouvrage, comme elle est le terme de nos observations générales. Un homme d'esprit doit savoir reconnaître les mystérieux indices, les signes imperceptibles, et les révélations involontaires qu'une femme laisse échapper alors; car la Méditation suivante pourra tout au plus accuser les gros traits aux néophytes de la science sublime du mariage.

MÉDITATION VIII.

DES PREMIERS SYMPTOMES.

Lorsque votre femme est dans la crise où nous l'avons laissée, vous êtes, vous, en proie à une douce et entière sécurité. Vous avez tant de fois vu le soleil que vous commencez à croire qu'il peut luire pour tout le monde. Vous ne prêtez plus alors aux moindres actions de votre femme cette attention que vous donnait le premier feu du tempérament.

Cette indolence empêche beaucoup de maris d'apercevoir les symptômes par lesquels leurs femmes annoncent un premier orage; et cette disposition d'esprit a fait minotauriser plus de maris que l'occasion, les fiacres, les canapés et les appartements en ville. Ce sentiment d'indifférence pour le danger est en quelque sorte produit et justifié par le calme apparent qui vous entoure. La conspiration ourdie contre vous par notre million de célibataires affamés semble être unanime dans sa marche. Quoique tous ces damoiseaux soient ennemis les uns des autres et que pas un d'eux ne se connaisse, une sorte d'instinct leur a donné le mot d'ordre.

Deux personnes se marient-elles, les sbires du minotaure, jeunes et vieux, ont tous ordinairement la politesse de laisser entièrement les époux à eux-mêmes. Ils regardent un mari comme un ouvrier chargé de dégrossir, polir, tailler à facettes et monter le diamant qui passera de main en main, pour être un jour admiré à la ronde. Aussi, l'aspect d'un jeune ménage fortement épris réjouit-il toujours ceux d'entre les célibataires qu'on a nommés les Roués, ils se gardent bien de troubler le travail dont doit profiter la société; ils savent aussi que les grosses pluies durent peu; ils se tiennent alors à l'écart, en faisant le guet, en épiant, avec une incroyable finesse, le moment où les deux époux commenceront à se lasser du septième ciel.

Le tact avec lequel les célibataires découvrent le moment où la bise vient à souffler dans un ménage ne peut être comparé qu'à cette nonchalance à laquelle sont livrés les maris pour lesquels la Lune Rousse se lève. Il y a, même en galanterie, une maturité qu'il faut savoir attendre. Le grand homme est celui qui juge tout ce que peuvent porter les circonstances. Ces gens de cinquante-deux ans, que nous avons présentés comme si dangereux, comprennent très-bien, par exemple, que tel homme qui s'offre à être l'amant d'une femme et qui est fièrement rejeté, sera reçu à bras ouverts trois mois plus tard. Mais il est vrai de dire qu'en général, les gens mariés mettent à trahir leur froideur la même naïveté qu'à dénoncer leur amour.

Au temps où vous parcouriez avec madame les ravissantes campagnes du septième ciel, et où, selon les caractères, on reste campé plus ou moins long-temps, comme le prouve la Méditation précédente, vous alliez peu ou point dans le monde. Heureux dans votre intérieur, si vous sortiez, c'était pour faire, à la manière des amants, une partie fine, courir au spectacle, à la campagne, etc. Du moment où vous reparaissez, ensemble ou séparément, au sein de la société, que l'on vous voit assidus l'un et l'autre aux bals, aux fêtes, à tous ces vains amusements créés pour fuir le vide du cœur, les célibataires devinent que votre femme y vient chercher des distractions; donc, son ménage, son mari l'ennuient.

Là, le célibataire sait que la moitié du chemin est faite. Là, vous êtes sur le point d'être minotaurisé, et votre femme tend à devenir inconséquente : c'est-à-dire, au contraire, qu'elle sera très-conséquente dans sa conduite, qu'elle la raisonnera avec une profondeur étonnante, et que vous n'y verrez que du feu. Dès ce moment elle ne manquera en apparence à aucun de ses devoirs, et recherchera d'autant plus les couleurs de la vertu qu'elle en aura moins. Hélas! disait Crébillon :

Doit-on donc hériter de ceux qu'on assassine!

Jamais vous ne l'aurez vue plus soigneuse à vous plaire. Elle cherchera à vous dédommager de la secrète lésion qu'elle médite de faire à votre bonheur conjugal, par de petites félicités qui vous font croire à la perpétuité de son amour; de là vient le proverbe :

Heureux comme un sot. Mais selon les caractères des femmes, ou elles méprisent leurs maris, par cela même qu'elles les trompent avec succès ; ou elles les haïssent, si elles sont contrariées par eux ; ou elles tombent, à leur égard, dans une indifférence pire mille fois que la haine.

En cette occurrence, le premier diagnostic chez la femme est une grande excentricité. Une femme aime à se sauver d'elle-même, à fuir son intérieur, mais sans cette avidité des époux complétement malheureux. Elle s'habille avec beaucoup de soin, afin, dira-t-elle, de flatter votre amour-propre en attirant tous les regards au milieu des fêtes et des plaisirs.

Revenue au sein de ses ennuyeux pénates, vous la verrez parfois sombre et pensive ; puis tout à coup riant et s'égayant comme pour s'étourdir ; ou prenant l'air grave d'un Allemand qui marche au combat. De si fréquentes variations annoncent toujours la terrible hésitation que nous avons signalée.

Il y a des femmes qui lisent des romans pour se repaître de l'image habilement présentée et toujours diversifiée d'un amour contrarié qui triomphe, ou pour s'habituer, par la pensée, aux dangers d'une intrigue.

Elle professera la plus haute estime pour vous. Elle vous dira qu'elle vous aime, comme on aime un frère ; que cette amitié raisonnable est la seule vraie, la seule durable, et que le mariage n'a pour but que de l'établir entre deux époux.

Elle distinguera fort habilement qu'elle n'a que des devoirs à remplir, et qu'elle peut prétendre à exercer des droits.

Elle voit avec une froideur que vous seul pouvez calculer tous les détails du bonheur conjugal. Ce bonheur ne lui a peut-être jamais beaucoup plu, et d'ailleurs, pour elle, il est toujours là ; elle le connaît, elle l'a analysé ; et combien de légères mais terribles preuves viennent alors prouver à un mari spirituel que cet être fragile argumente et raisonne au lieu d'être emporté par la fougue de la passion !...

LX.

Plus on juge, moins on aime.

De là jaillissent chez elle et ces plaisanteries dont vous riez le premier, et ces réflexions qui vous surprennent par leur profondeur; de là viennent ces changements soudains et ces caprices d'un esprit qui flotte. Parfois elle devient tout à coup d'une extrême tendresse comme par repentir de ses pensées et de ses projets, parfois elle est maussade et indéchiffrable; enfin, elle accomplit le *varium et mutabile fœmina* que nous avons eu jusqu'ici la sottise d'attribuer à leur constitution. Diderot, dans le désir d'expliquer ces variations presque atmosphériques de la femme, est même allé jusqu'à les faire provenir de ce qu'il nomme *la bête féroce;* mais vous n'observerez jamais ces fréquentes anomalies chez une femme heureuse.

Ces symptômes, légers comme de la gaze, ressemblent à ces nuages qui nuancent à peine l'azur du ciel et qu'on nomme des fleurs d'orage. Bientôt les couleurs prennent des teintes plus fortes.

Au milieu de cette méditation solennelle, qui tend à mettre, selon l'expression de madame de Staël, plus de poésie dans la vie, quelques femmes, auxquelles des mères vertueuses par calcul, par devoir, par sentiment ou par hypocrisie, ont inculqué des principes tenaces, prennent les dévorantes idées dont elles sont assaillies pour des suggestions du démon; et vous les voyez alors trottant régulièrement à la messe, aux offices, aux vêpres même. Cette fausse dévotion commence par de jolis livres de prières reliés avec luxe, à l'aide desquels ces chères pécheresses s'efforcent en vain de remplir les devoirs imposés par la religion et délaissés pour les plaisirs du mariage.

Ici posons un principe et gravez-le en lettres de feu dans votre souvenir.

Lorsqu'une jeune femme reprend tout à coup des pratiques religieuses autrefois abandonnées, ce nouveau système d'existence cache toujours un motif d'une haute importance pour le bonheur du mari. Sur cent femmes il en est au moins soixante-dix-neuf chez lesquelles ce retour vers Dieu prouve qu'elles ont été inconséquentes ou qu'elles vont le devenir.

Mais un symptôme plus clair, plus décisif, que tout mari reconnaîtra, sous peine d'être un sot, est celui-ci.

Au temps où vous étiez plongés l'un et l'autre dans les trompeuses délices de la Lune de Miel, votre femme, en véritable amante, faisait constamment votre volonté. Heureuse de pouvoir vous prouver une bonne volonté que vous preniez, vous deux, pour de l'amour, elle aurait désiré que vous lui eussiez commandé de marcher sur le bord des gouttières, et, sur-le-champ, agile comme un écureuil, elle eût parcouru les toits. En un mot, elle trouvait un plaisir ineffable à vous sacrifier ce *je* qui la rendait un être différent de vous. Elle s'était identifiée à votre nature, obéissant à ce vœu du cœur : *Una caro.*

Toutes ces belles dispositions d'un jour se sont effacées insensiblement. Blessée de rencontrer sa volonté anéantie, votre femme essaiera maintenant de la reconquérir au moyen d'un système développé graduellement et de jour en jour avec une croissante énergie.

C'est le système de la *Dignité de la Femme mariée.* Le premier effet de ce système est d'apporter dans vos plaisirs une certaine réserve et une certaine tiédeur de laquelle vous êtes le seul juge.

Selon le plus ou le moins d'emportement de votre passion sensuelle, vous avez peut-être, pendant la Lune de Miel, deviné quelques-unes de ces vingt-deux voluptés qui autrefois créèrent en Grèce vingt-deux espèces de courtisanes adonnées particulièrement à la culture de ces branches délicates d'un même art. Ignorante et naïve, curieuse et pleine d'espérance, votre jeune femme aura pris quelques grades dans cette science aussi rare qu'inconnue et que nous recommandons singulièrement au futur auteur de la Physiologie du Plaisir.

Alors par une matinée d'hiver, et semblables à ces troupes d'oiseaux qui craignent le froid de l'Occident, s'envolent d'un seul coup, d'une même aile, la Fellatrice, fertile en coquetteries qui trompent le désir pour en prolonger les brûlants accès ; la Tractatrice, venant de l'Orient parfumé où les plaisirs qui font rêver sont en honneur ; la Subagitatrice, fille de la grande Grèce ; la Lémane, avec ses voluptés douces et chatouilleuses ; la Corinthienne, qui pourrait, au besoin, les remplacer toutes ; puis enfin, l'agaçante Phicidisseuse, aux dents dévoratrices et lutines, dont l'émail semble intelligent. Une seule, peut-être, vous est restée ; mais un soir, la brillante et fougueuse Propétide étend ses ailes blanches et s'enfuit, le front baissé, vous montrant pour la dernière fois, comme l'ange qui disparaît aux yeux d'Abraham, dans le tableau de Rembrandt, les ravissants trésors qu'elle ignore elle-même, et qu'il n'était donné qu'à vous de contempler d'un œil enivré, de flatter d'une main caressante.

Sevré de toutes ces nuances de plaisir, de tous ces caprices d'âme, de ces flèches de l'Amour, vous êtes réduit à la plus vulgaire des façons d'aimer, à cette primitive et innocente allure de l'hyménée, pacifique hommage que rendait le naïf Adam à notre mère commune, et qui suggéra sans doute au Serpent l'idée de la déniaiser. Mais un symptôme si complet n'est pas fréquent. La plupart des ménages sont trop bons chrétiens pour suivre les usages de la Grèce païenne. Aussi avons-nous rangé parmi les *derniers symptômes* l'apparition dans la paisible couche nuptiale de ces voluptés effrontées qui, la plupart du temps, sont filles d'une illégitime passion. En temps et lieu, nous traiterons plus amplement ce diagnostic enchanteur : ici, peut-être, se réduit-il à une nonchalance et même à une répugnance conjugale que vous êtes seul en état d'apprécier.

En même temps qu'elle ennoblit ainsi par sa dignité les fins du mariage, votre femme prétend qu'elle doit avoir son opinion et vous la vôtre. « En se mariant, dira-t-elle, une femme ne fait pas vœu d'abdiquer sa raison. Les femmes sont-elles donc réellement esclaves? Les lois humaines ont pu enchaîner le corps, mais la pensée!... ah! Dieu l'a placée trop près de lui pour que les tyrans pussent y porter les mains. »

Ces idées procèdent nécessairement ou d'une instruction trop libérale que vous lui aurez laissé prendre, ou de réflexions que vous lui aurez permis de faire. Une Méditation tout entière a été consacrée à *l'instruction en ménage*.

Puis votre femme commence à dire : « Ma chambre, mon lit, mon appartement. » A beaucoup de vos questions, elle répondra ; — « Mais, mon ami, cela ne vous regarde pas! » Ou : — « Les hommes ont leur part dans la direction d'une maison, et les femmes ont la leur. » Ou bien, ridiculisant les hommes qui se mêlent du ménage, elle prétendra que « les hommes n'entendent rien à certaines choses. »

Le nombre des choses auxquelles vous n'entendez rien augmentera tous les jours.

Un beau matin vous verrez, dans votre petite église, deux autels là où vous n'en cultiviez qu'un seul. L'autel de votre femme et le vôtre seront devenus distincts, et cette distinction ira croissant, toujours en vertu du système de la dignité de la femme.

Viendront alors les idées suivantes, que l'on vous inculquera, malgré vous, par la vertu d'une *force vive*, fort ancienne et peu connue. La force de la vapeur, celle des chevaux, des hommes ou de l'eau sont de bonnes inventions; mais la nature a pourvu la femme d'une force morale à laquelle ces dernières ne sont pas comparables : nous la nommerons *force de la crécelle.* Cette puissance consiste dans une perpétuité de son, dans un retour si exact des mêmes paroles, dans une rotation si complète des mêmes idées, qu'à force de les entendre vous les admettrez pour être délivré de la discussion. Ainsi, la puissance de la crécelle vous prouvera :

Que vous êtes bien heureux d'avoir une femme d'un tel mérite;

Qu'on vous a fait trop d'honneur en vous épousant;

Que souvent les femmes voient plus juste que les hommes;

Que vous devriez prendre en tout l'avis de votre femme, et presque toujours le suivre;

Que vous devez *respecter* la mère de vos enfants, l'honorer, avoir confiance en elle;

Que la meilleure manière de n'être pas trompé est de s'en remettre à la délicatesse d'une femme, parce que, suivant certaines vieilles idées que nous avons eu la faiblesse de laisser s'accréditer, il est impossible à un homme d'empêcher sa femme de le minotauriser;

Qu'une femme légitime est la meilleure amie d'un homme;

Qu'une femme est maîtresse chez elle, et reine dans son salon, etc.

Ceux qui, à ces conquêtes de la dignité de la femme sur le pouvoir de l'homme, veulent opposer une ferme résistance, tombent dans la catégorie des prédestinés.

D'abord, s'élèvent des querelles qui, aux yeux de leurs femmes, leur donnent un air de tyrannie. La tyrannie d'un mari est toujours une terrible excuse à l'inconséquence d'une femme. Puis, dans ces légères discussions, elles savent prouver à leurs familles, aux nôtres, à tout le monde, à nous-mêmes, que nous avons tort. Si, pour obtenir la paix, ou par amour, vous reconnaissez les droits prétendus de la femme, vous laissez à la vôtre un avantage dont elle profitera éternellement. Un mari, comme un gouvernement, ne doit jamais avouer de faute. Là, votre pouvoir serait débordé par le système occulte de la dignité féminine; là, tout serait perdu; dès ce moment elle marcherait de concession en concession jusqu'à vous chasser de *son* lit.

La femme étant fine, spirituelle, malicieuse, ayant tout le temps de penser à une ironie, elle vous tournerait en ridicule pendant le choc momentané de vos opinions. Le jour où elle vous aura ridiculisé verra la fin de votre bonheur. Votre pouvoir expirera. Une femme qui a ri de son mari ne peut plus l'aimer. Un homme doit être, pour la femme qui aime, un être plein de force, de grandeur, et toujours imposant. Une famille ne saurait exister sans le despotisme. Nations, pensez-y!

Aussi, la conduite difficile qu'un homme doit tenir en présence d'événements si graves, cette haute politique du mariage est-elle précisément l'objet des Seconde et Troisième Parties de notre livre. Ce bréviaire du machiavélisme marital vous apprendra la manière de vous grandir dans cet esprit léger, dans cette âme de dentelle, disait Napoléon. Vous saurez comment un homme peut montrer une âme d'acier, peut accepter cette petite guerre domestique, et ne jamais céder l'empire de la volonté sans compromettre son bonheur. En effet, si vous abdiquiez, votre femme vous mésestimerait par cela seul qu'elle vous trouverait sans vigueur; vous ne seriez plus un *homme* pour elle. Mais nous ne sommes pas encore arrivé au moment de développer les théories et les principes par lesquels un mari pourra concilier l'élégance des manières avec l'acerbité des mesures; qu'il nous suffise pour le moment de deviner l'importance de l'avenir, et poursuivons.

A cette époque fatale, vous la verrez établissant avec adresse le droit de sortir seule.

Vous étiez naguère son dieu, son idole. Elle est maintenant parvenue à ce degré de dévotion qui permet d'apercevoir des trous à la robe des saints.

— Oh! mon Dieu, mon ami, disait madame de la Vallière à son mari, comme vous portez mal votre épée! M. de Richelieu a une manière de la faire tenir droit à son côté que vous devriez tâcher d'imiter; c'est de bien meilleur goût. — Ma chère, on ne peut pas me dire plus spirituellement qu'il y a cinq mois que nous sommes mariés!... » répliqua le duc dont la réponse fit fortune sous le règne de Louis XV.

Elle étudiera votre caractère pour trouver des armes contre vous. Cette étude, en horreur à l'amour, se découvrira par les mille petits piéges qu'elle vous tendra pour se faire, à dessein, rudoyer, gronder par vous; car lorsqu'une femme n'a pas d'excuses pour minotauriser son mari, elle tâche d'en créer.

Elle se mettra peut-être à table sans vous attendre.

Si elle passe en voiture au milieu d'une ville, elle vous indiquera certains objets que vous n'aperceviez pas; elle chantera devant vous sans avoir peur; elle vous coupera la parole, ne vous répondra quelquefois pas, et vous prouvera de vingt manières différentes qu'elle jouit près de vous de toutes ses facultés et de son bon sens.

Elle cherchera à abolir entièrement votre influence dans l'administration de la maison, et tentera de devenir seule maîtresse de votre fortune. D'abord, cette lutte sera une distraction pour son âme vide ou trop fortement remuée; ensuite, elle trouvera dans votre opposition un nouveau motif de ridicule. Les expressions consacrées ne lui manqueront pas, et en France, nous cédons si vite au sourire ironique d'autrui!...

De temps à autre, apparaîtront des migraines et des mouvements de nerfs; mais ces symptômes donneront lieu à toute une Méditation.

Dans le monde, elle parlera de vous sans rougir, et vous regardera avec assurance.

Elle commencera à blâmer vos moindres actes, parce qu'ils seront en contradiction avec ses idées ou ses intentions secrètes.

Elle n'aura pas autant de soin de ce qui vous touche, elle ne saura seulement pas si vous avez tout ce qu'il vous faut. Vous ne serez plus le terme de ses comparaisons.

A l'imitation de Louis XIV qui apportait à ses maîtresses les bouquets de fleurs d'oranger que le premier jardinier de Versailles lui mettait tous les matins sur sa table, M. de Vivonne donnait presque tous les jours des fleurs rares à sa femme pendant le premier temps de son mariage. Un soir il trouva le bouquet gisant sur une console, sans avoir été placé comme à l'ordinaire dans un vase plein d'eau. — « Oh! oh! dit-il, si je ne suis pas un sot, je ne tarderai pas à l'être. »

Vous êtes en voyage pour huit jours, et vous ne recevez pas de lettre, ou vous en recevez une dont trois pages sont blanches...... Symptôme.

Vous arrivez monté sur un cheval de prix, que vous aimez beaucoup, et, entre deux baisers, votre femme s'inquiète du cheval et de son avoine... Symptôme.

A ces traits, vous pouvez maintenant en ajouter d'autres. Nous tâcherons dans ce livre de toujours peindre à fresque, et de vous laisser les miniatures. Selon les caractères, ces indices, cachés sous les accidents de la vie habituelle, varient à l'infini. Tel découvrira un symptôme dans la manière de mettre un châle, lorsque tel autre aura besoin de recevoir une chiquenaude sur son âne pour deviner l'indifférence de sa compagne.

Un beau matin de printemps, le lendemain d'un bal, ou la veille d'une partie de campagne, cette situation arrive à son dernier période. Votre femme s'ennuie et le bonheur permis n'a plus d'attrait pour elle. Ses sens, son imagination, le caprice de la nature peut-être appellent un amant. Cependant elle n'ose pas encore s'embarquer dans une intrigue dont les conséquences et les détails l'effraient. Vous êtes encore là pour quelque chose; vous pesez dans la balance, mais bien peu. De son côté, l'amant se présente paré de toutes les grâces de la nouveauté, de tous les charmes du mystère. Le combat qui s'est élevé dans le cœur de votre femme devient devant l'ennemi plus réel et plus périlleux que jadis. Bientôt plus il y a de dangers et de risques à courir, plus elle brûle de se précipiter dans ce délicieux abîme de craintes, de jouissances, d'angoisses, de voluptés. Son imagination s'allume et pétille. Sa vie future se colore à ses yeux de teintes romanesques et mystérieuses. Son âme trouve que l'existence a déjà pris du ton dans cette discussion solennelle pour les femmes. Tout s'agite, tout s'ébranle, tout s'émeut en elle. Elle vit trois fois plus qu'auparavant, et juge de l'avenir par le présent. Le peu de voluptés que vous lui avez prodiguées plaide alors contre vous; car elle ne s'irrite pas tant des plaisirs dont elle a joui que de ceux dont elle jouira; l'imagination ne lui présente-t-elle pas le bonheur le plus vif, avec cet amant que les lois lui défendent, qu'avec vous? enfin elle trouve des jouissances dans ses terreurs, et des terreurs dans ses jouissances. Puis, elle aime ce danger imminent, cette épée de Damoclès, suspendue au-dessus de sa tête par vous-même, préférant ainsi les délirantes agonies d'une passion à cette inanité conjugale pire que la mort, à cette indifférence qui est moins un sentiment que l'absence de tout sentiment.

Vous qui avez peut-être à aller faire des accolades au ministère des finances, des bordereaux à la Banque, des reports à la Bourse, ou des discours à la Chambre; vous, jeune homme, qui avez si ardemment répété avec tant d'autres dans notre première Méditation le serment de défendre votre bonheur en défendant votre femme, que pouvez-vous opposer à ces désirs si naturels chez elle?... car pour ces créatures de feu, vivre, c'est sentir; du moment où elles n'éprouvent rien, elles sont mortes. La loi en vertu de laquelle vous marchez produit en elles ce minotaurisme involontaire. — « C'est, disait d'Alembert, une suite des lois du mouvement! » Eh! bien, où sont vos moyens de défense?... où?

Hélas! si votre femme n'a pas encore tout à fait baisé la pomme du Serpent, le Serpent est devant elle; vous dormez, nous nous réveillons, et notre livre commence.

Sans examiner combien de maris, parmi les cinq cent mille que cet ouvrage concerne, seront restés avec les prédestinés; combien se sont mal mariés; combien auront mal débuté avec leurs femmes; et sans vouloir chercher si, de cette troupe nombreuse, il y en a peu ou prou qui puissent satisfaire aux conditions voulues pour lutter contre le danger qui s'approche, nous allons alors développer dans la Seconde et la Troisième Partie de cet ouvrage les moyens de combattre le minotaure et de conserver intacte la vertu des femmes. Mais, si la fatalité, le diable, le célibat, l'occasion veulent votre perte, en reconnaissant le fil de toutes les intrigues, en assistant aux batailles que se livrent tous les ménages, peut-être vous consolerez-vous. Beaucoup de gens ont un caractère si heureux qu'en leur montrant la place, leur expliquant le pourquoi, le comment, ils se grattent le front, se frottent les mains, frappent du pied, et sont satisfaits.

MÉDITATION IX.

ÉPILOGUE.

Fidèle à notre promesse, cette Première Partie a déduit les causes générales qui font arriver tous les mariages à la crise que nous venons de décrire: et, tout en traçant ces prolégomènes conjugaux, nous avons indiqué la manière d'échapper au malheur, en montrant par quelles fautes il est engendré.

Mais ces considérations premières ne seraient-elles pas incomplètes si, après avoir tâché de jeter quelques lumières sur l'inconséquence de nos idées, de nos mœurs et de nos lois, relativement à une question qui embrasse la vie de presque tous les êtres, nous ne cherchions pas à établir par une courte péroraison les causes politiques de cette infirmité sociale? Après avoir accusé les vices secrets de l'institution, n'est-ce pas aussi un examen philosophique que de rechercher pourquoi et comment nos mœurs l'ont rendue vicieuse?

Le système de lois et de mœurs qui régit aujourd'hui les femmes et le mariage en France est le fruit d'anciennes croyances et de traditions qui ne sont plus en rapport avec les principes éternels de raison et de justice développés par la grande révolution de 1789.

Trois grandes commotions ont agité la France : la conquête des Romains, le christianisme et l'invasion des Francs. Chaque événement a laissé de profondes empreintes sur le sol, dans les lois, dans les mœurs et l'esprit de la nation.

La Grèce, ayant un pied en Europe et l'autre en Asie, fut influencée par son climat passionné dans le choix de ses institutions conjugales; elles les reçut de l'Orient où ses philosophes, ses législateurs et ses poètes allèrent étudier les antiquités voilées de l'Égypte et de la Chaldée. La réclusion absolue des femmes, commandée par l'action du soleil brûlant de l'Asie, domina dans les bois de la Grèce et de l'Ionie. La femme y resta confiée aux marbres des Gynécées. La patrie se réduisant à une ville, à un territoire peu vaste, les courtisanes, qui tenaient aux arts et à la religion par tant de liens, purent suffire aux premières passions d'une jeunesse peu nombreuse, dont les forces étaient d'ailleurs absorbées dans les exercices violents d'une gymnastique exigée par l'art militaire de ces temps héroïques.

Au commencement de sa royale carrière, Rome, étant allée demander à la Grèce les principes d'une législation qui pouvait encore convenir au ciel de l'Italie, imprima sur le front de la femme mariée le sceau d'une complète servitude. Le sénat comprit l'importance de la vertu dans une république, il obtint la sévérité dans les mœurs par un développement excessif de la puissance maritale et paternelle. La dépendance de la femme se trouva écrite partout. La réclusion de l'Orient devint un devoir, une obligation morale, une vertu. De là, les temples élevés à la Pudeur, et les temples consacrés à la sainteté du mariage; de là, les censeurs, l'institution dotale, les lois somptuaires, le respect pour les matrones, et toutes les dispositions du Droit romain. Aussi, trois viols accomplis ou tentés furent-ils trois révolutions; aussi, était-ce un grand événement solennisé par des décrets, que l'apparition des femmes sur la scène politique? Ces illustres Romaines, condamnées à n'être qu'épouses et mères, passèrent leur vie dans la retraite, occupées à élever des maîtres pour le monde. Rome n'eut point de courtisanes, parce que la jeunesse y était occupée à des guerres éternelles. Si plus tard la dissolution vint, ce fut avec le despotisme des empereurs; et encore, les préjugés fondés par les anciennes mœurs étaient-ils si vivaces, que Rome ne vit jamais de femmes sur un théâtre. Ces faits ne seront pas perdus pour cette rapide histoire du mariage en France.

Les Gaules conquises, les Romains imposèrent leurs lois aux vaincus; mais elles furent impuissantes à détruire et le profond respect de nos ancêtres pour les femmes, et ces antiques superstitions qui en faisaient les organes immédiats de la Divinité. Les lois romaines finirent cependant par régner exclusivement à toutes autres dans ce pays appelé jadis *de droit écrit* qui représentait la *Gallia togata*, et leurs principes conjugaux pénétrèrent plus ou moins dans les pays *de coutumes*.

Mais pendant ce combat des lois contre les mœurs, les Francs envahissaient les Gaules, auxquelles ils donnèrent le doux nom de France. Ces guerriers, sortis du nord, y importaient le système de galanterie né dans leurs régions occidentales, où le mélange des sexes n'exige pas, sous des climats glacés, la pluralité des femmes et les jalouses précautions de l'Orient. Loin de là, chez eux, ces créatures presque divinisées réchauffaient la vie privée par l'éloquence de leurs sentiments. Les sens endormis sollicitaient cette variété de moyens énergiques et délicats, cette diversité d'action, cette irritation de la pensée et ces barrières chimériques créées par la coquetterie, système dont quelques principes ont été développés dans cette Première Partie, et qui convient admirablement au ciel tempéré de la France.

A l'Orient donc, la passion et son délire, les longs cheveux bruns et les harems, les divinités amoureuses, la pompe, la poésie et les monuments. A l'Occident, la liberté des femmes, la souveraineté de leurs blondes chevelures, la galanterie, les fées, les sorcières, les profondes extases de l'âme, les douces émotions de la mélancolie, et les longues amours.

Ces deux systèmes partis des deux points opposés du globe vinrent lutter en France; en France, où une partie du sol, la Langue d'Or, pouvait se plaire aux croyances orientales, tandis que l'autre, la langue d'Oïl, était la partie de ces traditions qui attribuent une puissance magique à la femme. Dans la langue d'Oïl l'amour demande des mystères ; dans la langue d'Oc, voir c'est aimer.

Au fort de ce débat, le christianisme vint triompher en France, et il vint prêché par des femmes, et il vint consacrant la divinité d'une femme qui, dans les forêts de la Bretagne, de la Vendée et des Ardennes, prit, sous le nom de Notre-Dame, la place de plus d'une idole au creux des vieux chênes druidiques.

Si la religion du Christ, qui, avant tout, est un code de morale et de politique, donnait une âme à tous les êtres, proclamait l'égalité des êtres devant Dieu et fortifiait par ses principes les doctrines chevaleresques du Nord, cet avantage était bien balancé par la résidence du souverain pontife à Rome, de laquelle il s'instituait héritier, par l'universalité de la langue latine qui devint celle de l'Europe au Moyen-âge, et par le puissant intérêt que les moines, les scribes et les gens de loi eurent à faire triompher les codes trouvés par un soldat au pillage d'Amalfi.

Les deux principes de la servitude et de la souveraineté des femmes restèrent donc en présence, enrichis l'un et l'autre de nouvelles armes.

La loi salique, erreur légale, fit triompher la servitude civile et politique sans abattre le pouvoir que les mœurs donnaient aux femmes, car l'enthousiasme dont fut saisie l'Europe pour la chevalerie soutint le parti des mœurs contre les lois.

Ainsi se forma l'étrange phénomène présenté, depuis lors, par notre caractère national et notre législation ; car, depuis ces époques qui semblent être la veille de la révolution quand un esprit philosophique s'élève et considère l'histoire, la France a été la proie de tant de convulsions ; la Féodalité, les Croisades, la Réforme, la lutte de la royauté et de l'aristocratie, le despotisme et le sacerdoce l'ont si fortement pressée dans leurs serres, que la femme y est restée en butte aux contradictions bizarres nées du conflit des trois événements principaux que nous avons esquissés. Pouvait-on s'occuper de la femme, de son éducation politique et du mariage, quand la Féodalité mettait le trône en question, quand la Réforme les menaçait l'une et l'autre, et quand le peuple était oublié entre le sacerdoce et l'empire? Selon une expression de madame Necker, les femmes furent à travers ces grands événements comme ces duvets introduits dans les caisses de porcelaine : comptés pour rien, tout se briserait sans eux.

La femme mariée offrit alors en France le spectacle d'une reine asservie, d'une esclave à la fois libre et prisonnière. Les contradictions produites par la lutte des deux principes éclatèrent alors dans l'ordre social en y dessinant des bizarreries par milliers. Alors la femme étant physiquement peu connue, ce qui fut maladie en elle se trouva un prodige, une sorcellerie ou le comble de la malfaisance. Alors ces créatures, traitées par les lois comme des enfants prodigues et mises en tutelle, étaient déifiées par les mœurs. Semblables aux affranchis des empereurs, elles disposaient des couronnes, des batailles, des fortunes, des coups d'état, des crimes, des vertus, par le seul scintillement de leurs yeux, et elles ne possédaient rien, elles ne se possédaient pas elles-mêmes. Elles furent également heureuses et malheureuses. Armées de leur faiblesse et fortes de leur instinct, elles s'élancèrent hors de la sphère où les lois devaient les placer, se montrant tout-puissantes pour le mal, impuissantes pour le bien ; sans mérite dans leurs vertus commandées, sans excuses dans leurs vices ; accusées d'ignorance et privées d'éducation ; ni tout à fait mères, ni tout à fait épouses. Ayant tout le temps de couver des passions et de les développer, elles obéissaient à la coquetterie des Francs, tandis qu'elles devaient comme des Romaines rester dans l'enceinte des châteaux à élever des guerriers. Aucun système n'étant fortement développé dans la législation, les esprits suivirent leurs inclinations, et l'on vit autant de Marions Delormes que de Cornélies, autant de vertus que de vices. C'était des créatures aussi incomplètes que les lois qui les gouvernaient : considérées par les uns comme un être intermédiaire entre l'homme et les animaux, comme une bête maligne que les lois ne sauraient garrotter de trop de liens et que la nature avait destinée avec tant d'autres au bon plaisir des humains ; considérées par d'autres comme un ange exilé, source de bonheur et d'amour, comme la seule créature qui répondît aux sentiments de l'homme et de qui l'on devait venger les misères par une idolâtrie. Comment l'unité qui manquait aux institutions politiques pouvait-elle exister dans les mœurs ?

La femme fut donc ce que les circonstances et les hommes la firent, au lieu d'être ce que le climat et les institutions la devaient faire : vendue, mariée contre son gré en vertu de la puissance paternelle des Romains; en même temps qu'elle tombait sous le despotisme marital qui désirait sa réclusion, elle se voyait sollicitée aux seules représailles qui lui fussent permises. Alors elle devint dissolue quand les hommes cessèrent d'être puissamment occupés par des guerres intestines, par la même raison qu'elle fut vertueuse au milieu des commotions civiles. Tout homme instruit peut nuancer ce tableau, nous demandons aux événements leurs leçons et non pas leur poésie.

La révolution était trop occupée d'abattre et d'édifier, avait trop d'adversaires, ou fut peut-être encore trop voisine des temps déplorables de la Régence et de Louis XV, pour pouvoir examiner la place que la femme doit tenir dans l'ordre social.

Les hommes remarquables qui élevèrent le monument immortel de nos codes étaient presque tous d'anciens légistes frappés de l'importance des lois romaines; et d'ailleurs, ils ne fondaient pas des institutions politiques. Fils de la révolution, ils crurent, avec elle, que la loi du divorce, sagement rétrécie, que la faculté des soumissions respectueuses étaient des améliorations suffisantes. Devant les souvenirs de l'ancien ordre de choses, ces institutions nouvelles parurent immenses.

Aujourd'hui, la question du triomphe des deux principes, bien affaiblis par tant d'événements et par le progrès des lumières, reste tout entière à traiter pour de sages législateurs. Le temps passé contient des enseignements qui doivent porter leurs fruits dans l'avenir. L'éloquence des faits serait-elle perdue pour nous?

Le développement des principes de l'Orient a exigé des eunuques et des sérails; les mœurs bâtardes de la France ont amené la plaie des courtisanes et la plaie plus profonde de nos mariages : ainsi, pour nous servir de la phrase toute faite par un contemporain, l'Orient sacrifie, à la paternité, des hommes et la justice; la France, des femmes et la pudeur. Ni l'Orient, ni la France n'ont atteint le but que ces institutions devaient se proposer : le bonheur. L'homme n'est pas plus aimé par les femmes d'un harem que le mari n'est sûr d'être, en France, le père de ses enfants; et le mariage ne vaut pas tout ce qu'il coûte. Il est temps de ne rien sacrifier à cette institution, et de mettre les fonds d'une plus grande somme de bonheur dans l'état social, en conformant nos mœurs et nos institutions à notre climat.

Le gouvernement constitutionnel, heureux mélange des deux

systèmes politiques extrêmes, le despotisme et la démocratie, semble indiquer la nécessité de confondre aussi les deux principes conjugaux qui en France se sont heurtés jusqu'ici. La liberté que nous avons hardiment réclamée pour les jeunes personnes remédie à cette foule de maux dont la source est indiquée, en exposant les contre-sens produits par l'esclavage des filles. Rendons à la jeunesse les passions, les coquetteries, l'amour et ses terreurs, l'amour et ses douceurs, et le séduisant cortége des Francs. A cette saison printanière de la vie, nulle faute n'est irréparable, l'hymen sortira du sein des épreuves armé de confiance, désarmé de haine, et l'amour y sera justifié par d'utiles comparaisons.

Dans ce changement de nos mœurs, périra d'elle-même la honteuse plaie des filles publiques. C'est surtout au moment où l'homme possède la candeur et la timidé de l'adolescence qu'il est égal pour son bonheur de rencontrer de grandes et de vraies passions à combattre. L'âme est heureuse de ses efforts, quels qu'ils soient; pourvu qu'elle agisse, qu'elle se meuve, peu lui importe d'exercer son pouvoir contre elle-même. Il existe dans cette observation, que tout le monde a pu faire, un secret de législation, de tranquillité et de bonheur. Puis, aujourd'hui, les études ont pris un tel développement, que le plus fougueux des Mirabeaux à venir peut enfouir son énergie dans une passion et dans les sciences. Combien de jeunes gens n'ont-ils pas été sauvés de la débauche par des travaux opiniâtres unis aux renaissants obstacles d'un premier, d'un pur amour? en effet, quelle est la jeune fille qui ne désire pas prolonger la délicieuse enfance des sentiments, qui ne se trouve orgueilleuse d'être connue, et qui n'ait à opposer les craintes enivrantes de sa timidité, la pudeur de ses transactions secrètes avec elle-même, aux jeunes désirs d'un amant inexpérimenté comme elle? La galanterie des Francs et ses plaisirs seront donc le riche apanage de la jeunesse, et alors s'établiront naturellement ces rapports d'âme, d'esprit, de caractère, d'habitude, de tempérament, de fortune qui amènent l'heureux équilibre voulu pour le bonheur de deux époux. Ce système serait assis sur des bases bien plus larges et bien plus franches, si les filles étaient soumises à une exhérédation sagement calculée; ou si, pour contraindre les hommes à ne se déterminer dans leurs choix qu'en faveur de celles qui leur offriraient des gages de bonheur par leurs vertus, leur caractère ou leurs talents, elles étaient mariées comme aux États-Unis, sans dot.

Alors le système adopté par les Romains pourra, sans inconvénients, s'appliquer aux femmes mariées qui, jeunes filles, auront usé de leur liberté. Exclusivement chargées de l'éducation primitive des enfants, la plus importante de toutes les obligations d'une mère, occupées de faire naître et de maintenir ce bonheur de tous les instants, si admirablement peint dans le quatrième livre de *Julie*, elles seront, dans leur maison, comme les anciennes Romaines, une image vivante de la Providence qui éclate partout, et ne se laisse voir nulle part. Alors les lois sur l'infidélité de la femme mariée devront être excessivement sévères. Elles devront prodiguer plus d'infamie encore que de peines afflictives et coercitives. La France a vu promener des femmes montées sur des ânes pour de prétendus crimes de magie, et plus d'une innocente est morte de honte. Là est le secret de la législation future du mariage. Les filles de Milet se guérissaient du mariage par la mort; le Sénat condamne les suicidées à être traînées nues sur une claie, et les vierges se condamnent à la vie.

Les femmes et le mariage ne seront donc respectés en France que par le changement radical que nous implorons pour nos mœurs. Cette pensée profonde est celle qui anime les deux plus belles productions d'un immortel génie. L'*Émile* et la *Nouvelle Héloïse* ne sont que deux éloquents plaidoyers en faveur de ce système. Cette voix retentira dans les siècles, parce qu'elle a deviné les vrais mobiles des lois et des mœurs des siècles futurs. En attachant les enfants au sein de leurs mères, Jean-Jacques rendait déjà un immense service à la vertu; mais son siècle était trop profondément gangrené pour comprendre les hautes leçons que renfermaient ces deux poèmes; il est vrai d'ajouter aussi que le philosophe fut vaincu par le poète, et qu'en laissant dans le cœur de Julie mariée des vestiges de son premier amour, il a été séduit par une situation poétique plus touchante que la vérité qu'il voulait développer, mais moins utile.

Cependant, si le mariage, en France, est un immense contrat par lequel les hommes s'entendent tous tacitement pour donner plus de saveur aux passions, plus de curiosité, plus de mystère à l'amour, plus de piquant aux femmes, si une femme est plutôt un ornement de salon, un mannequin à modes, un porte-manteau, qu'un être dont les fonctions, dans l'ordre politique, puissent se coordonner avec la prospérité d'un pays, avec la gloire d'une patrie; qu'une créature dont les soins puissent lutter d'utilité avec celles des hommes... j'avoue que toute cette théorie, que ces longues considérations, disparaîtraient devant de si importantes destinées!...

Mais c'est avoir assez pressé le marc des événements accomplis pour en tirer une goutte de philosophie, c'est avoir assez sacrifié à la passion dominante de l'époque actuelle pour l'*historique*, ramenons nos regards sur les mœurs présentes. Reprenons le bonnet aux grelots et cette marotte de laquelle Rabelais fit jadis un sceptre, et poursuivons le cours de cette analyse, sans donner à une plaisanterie plus de gravité qu'elle n'en peut avoir, sans donner aux choses graves plus de plaisanterie qu'elles n'en comportent.

DEUXIÈME PARTIE.

DES MOYENS DE DÉFENSE A L'INTÉRIEUR ET A L'EXTÉRIEUR.

> *To be or not be......*
> L'être ou ne pas l'être, voilà toute la question.
> *Shakespeare*, HAMLET.

MÉDITATION X.

TRAITÉ DE POLITIQUE MARITALE.

Quand un homme arrive à la situation où le place la Première Partie de ce livre, nous supposons que l'idée de savoir sa femme possédée par un autre peut encore faire palpiter son cœur, et que sa passion se rallumera, soit par amour-propre ou par égoïsme, soit par intérêt, car s'il ne tenait plus à sa femme, ce serait l'avant-dernier des hommes, et il mériterait son sort.

Dans cette longue crise, il est bien difficile à un mari de ne pas commettre de fautes; car, pour la plupart d'entre eux, l'art de gouverner une femme est encore moins connu que celui de la bien choisir. Cependant la politique maritale ne consiste guère que dans la constante application de trois principes qui doivent être l'âme de votre conduite. Le premier est de ne jamais croire à ce qu'une femme dit; le second, de toujours chercher l'esprit de ses actions sans vous arrêter à la lettre; et le troisième, de ne pas oublier qu'une femme n'est jamais si bavarde que quand elle se tait, et n'agit jamais avec plus d'énergie que lorsqu'elle est en repos.

Dès ce moment, vous êtes comme un cavalier qui, monté sur un cheval sournois, doit toujours le regarder entre les deux oreilles, sous peine d'être désarçonné.

Mais l'art est bien moins dans la connaissance des principes que dans la manière de les appliquer : les révéler à des ignorants, c'est laisser des rasoirs sous la main d'un singe. Aussi, le premier et le plus vital de vos devoirs est-il dans une dissimulation perpétuelle à laquelle manquent presque tous les maris. En s'apercevant d'un symptôme minotaurique un peu trop marqué chez leurs femmes, la plupart des hommes témoignent, tout d'abord, d'insultantes méfiances. Leurs caractères contractent une acrimonie qui perce ou dans leurs discours, ou dans leurs manières; et la crainte est, dans leur âme, comme un bec de gaz sous un globe de verre, elle éclaire leur visage aussi puissamment qu'elle explique leur conduite.

Or, une femme qui a, sur vous, douze heures dans la journée pour réfléchir et vous observer, lit vos soupçons écrits sur votre front au moment même où ils se forment. Cette injure gratuite, elle ne la pardonnera jamais. Là, il n'existe plus de remède; là, tout est dit : le lendemain même s'il y a lieu, elle se range parmi les femmes inconséquentes.

Vous devez donc, dans la situation respective des deux parties belligérantes, commencer par affecter envers votre femme cette confiance sans bornes que vous aviez naguère en elle. Si vous cherchez à l'entretenir dans l'erreur par de mielleuses paroles, vous êtes perdu, elle ne vous croira pas; car elle a sa politique comme vous avez la vôtre. Or, il faut autant de finesse que de bonhomie dans vos actions, pour lui inculquer, à son propre insu, ce précieux sentiment de sécurité qui l'invite à remuer les oreilles, et vous permet de n'user qu'à propos de la bride ou de l'éperon.

Mais comment oser comparer un cheval, de toutes les créatures la plus candide, à un être que les spasmes de sa pensée et les affections de ses organes rendent par moments plus prudent que le Servite Fra-Paolo, le plus terrible Consulteur que les Dix aient eu à Venise; plus dissimulé qu'un roi; plus adroit que Louis XI; plus profond que Machiavel; sophistique autant que Hobbes; fin comme Voltaire; plus facile que la Fiancée de Mamolin, et qui, dans le monde entier, ne se défie que de vous?

Aussi, à cette dissimulation, grâce à laquelle les ressorts de votre conduite doivent devenir aussi invisibles que ceux de l'univers, vous est-il nécessaire de joindre un empire absolu sur vous-même. L'imperturbabilité diplomatique si vantée de M. de Talleyrand sera la moindre de vos qualités; son exquise politesse, la grâce de ses manières respireront dans tous vos discours. Le professeur vous défend ici très-expressément l'usage de la cravache si vous voulez parvenir à ménager votre gentille Andalouse.

LXI.

Qu'un homme batte sa maîtresse... c'est une blessure; mais sa femme!... c'est un suicide.

Comment donc concevoir un gouvernement sans maréchaussée, une action sans force, un pouvoir désarmé?... Voilà le problème que nous essaierons de résoudre dans nos Méditations futures. Mais il existe encore deux observations préliminaires à vous soumettre. Elles vont nous livrer deux autres théories qui entreront dans l'application de tous les moyens mécaniques desquels nous allons vous proposer l'emploi. Un exemple vivant rafraîchira ces arides et sèches dissertations: ne sera-ce pas quitter le livre pour opérer sur le terrain?

L'an 1822, par une belle matinée du mois de janvier, je remontais les boulevards de Paris depuis les paisibles sphères du Marais jusqu'aux élégantes régions de la Chaussée-d'Antin, observant pour la première fois, non sans une joie philosophique, ces singulières dégradations de physionomie et ces variétés de toilette qui, depuis la rue du Pas-de-la-Mule jusqu'à la Madeleine, font de chaque portion du boulevard un monde particulier, et de toute cette zone parisienne un large échantillon de mœurs. N'ayant encore aucune idée des choses de la vie, et ne me doutant guère qu'un jour j'aurais l'outrecuidance de m'ériger en législateur du mariage, j'allais déjeuner chez un de mes amis de collége qui s'était de trop bonne heure, peut-être, affligé d'une femme et de deux enfants. Mon ancien professeur de mathématiques demeurant à peu de distance de la maison qu'habitait mon camarade, je m'étais promis de rendre une visite à ce digne mathématicien, avant de livrer mon estomac à toutes les friandises de l'amitié. Je pénétrai facilement jusqu'au cœur d'un cabinet, où tout était couvert d'une poussière attestant les honorables distractions du savant. Uue surprise m'y était réservée. J'aperçus une jolie dame assise sur le bras d'un fauteuil comme si elle eût monté un cheval anglais, elle me fit cette petite grimace de convention réservée par les maîtresses de maison pour les personnes qu'elles ne connaissent pas, mais elle ne déguisa pas assez bien l'air boudeur qui, à mon arrivée, attristait sa figure, pour que je ne devinasse pas l'inopportunité de ma présence. Sans doute occupé d'une équation, mon maître n'avait pas encore levé la tête; alors j'agitai ma main droite vers la jeune dame, comme un poisson qui remue sa nageoire, et je me retirai sur la pointe des pieds en lui lançant un mystérieux sourire qui pouvait se traduire par : « Ce ne sera certes pas moi qui vous empêcherai de lui faire faire une infidélité à Uranie. » Elle laissa échapper un de ces gestes de tête dont la gracieuse vivacité ne peut se traduire. — « Eh! mon bon ami, ne ne vous en allez pas! s'écria le géomètre. C'est ma femme! » Je saluai derechef!... O Coulon! où étais-tu pour applaudir le seul de tes élèves qui comprît alors ton expression d'*anacréontique* appliquée à une révérence!... L'effet devait en être bien pénétrant; car madame *la professeuse*, comme disent les Allemands, rougit et se leva précipitamment pour s'en aller en me faisant un léger salut qui semblait dire : — adorable!... Son mari l'arrêta en lui disant : — « Reste, ma fille. C'est un de mes élèves. » La jeune femme avança la tête vers le savant, comme un oiseau qui, perché sur une branche, tend le cou pour avoir une graine. — « Cela n'est pas possible! dit le mari en poussant un soupir; et je vais te le prouver par *A* plus *B*. — Eh! monsieur, laissons cela, je vous prie! répondit-elle en clignant des yeux et me montrant. (Si ce n'eût été que de l'algèbre, mon maître aurait pu comprendre ce regard, mais c'était pour lui du chinois, et alors il continua.) — Ma fille, vois, je te fais juge; nous avons dix mille francs de rente... » A ces mots, je me retirai vers la porte comme si j'eusse été pris de passion pour des lavis encadrés que je mis à examiner. Ma discrétion fut récompensée par une éloquente œillade. Hélas! elle ne savait pas que j'aurais pu jouer dans Fortunio le rôle de Fine-Oreille qui entend pousser les truffes. — « Les principes de l'économie générale, disait mon maître, veulent qu'on ne mette au prix du logement et aux gages des domestiques que deux dixièmes du revenu ; or, notre appartement et nos gens coûtent ensemble cent louis. Je te donne douze cents francs pour ta toilette. (Là il appuya sur chaque syllabe.) Ta cuisine, reprit-il, consomme quatre mille francs ; nos enfants exigent au moins vingt-cinq louis ; et je ne prends pour moi que huit cents francs. Le blanchissage, le bois, la lumière vont à mille francs environ ; partant, il ne reste, comme tu vois, que six cents francs qui n'ont jamais suffi aux dépenses imprévues. Pour acheter la croix de diamants, il faudrait prendre mille écus sur nos capitaux ; or, une fois cette voie ouverte, ma petite belle, il n'y aurait pas de raison pour ne pas quitter ce Paris que tu aimes tant, nous ne tarderions pas à être obligés d'aller en province rétablir notre fortune compromise. Les enfants et la dépense croîtront assez ! Allons, sois sage. — Il le faut bien, dit-elle, mais vous serez le seul, dans Paris, qui n'aurez pas donné d'étrennes à votre femme ! » Et elle s'évada comme un écolier qui vient d'achever une pénitence. Mon maître hocha la tête en signe de joie. Quand il vit la porte fermée, il se frotta les mains ; nous causâmes de la guerre d'Espagne, et j'allai rue de Provence, ne songeant pas plus que je venais de recevoir la première partie d'une grande leçon conjugale que je ne pensais à la conquête de Constantinople par le général Diebitsch. J'arrivai chez mon amphitryon au moment où les deux époux se mettaient à table, après m'avoir attendu pendant la demi-heure voulue par la discipline œcuménique de la gastronomie. Ce fut, je crois, en ouvrant un pâté de foie gras que ma jolie hôtesse dit à son mari d'un air délibéré : — « Alexandre, si tu étais bien aimable, tu me donnerais cette paire de girandoles que nous avons vue chez Fossin. — Mariez-vous donc !... s'écria plaisamment mon camarade en tirant de son carnet trois billets de mille francs qu'il fit briller aux yeux pétillants de sa femme. Je ne résiste pas plus au plaisir de te les offrir, ajouta-t-il, que toi à celui de les accepter. C'est aujourd'hui l'anniversaire du jour où je t'ai vue pour la première fois ? les diamants t'en feront peut-être souvenir !... — Méchant !... » dit-elle avec une ravissant sourire. Elle plongea deux doigts dans son corset ; et, en retirant un bouquet de violettes, elle le jeta par un dépit enfantin au nez de mon ami. Alexandre donna le prix des girandoles en s'écriant : — « J'avais bien vu les fleurs !... » Je n'oublierai jamais le geste vif et l'avide gaieté avec laquelle, semblable à un chat qui met sa patte mouchetée sur une souris, la petite femme se saisit des trois billets de banque, elle les roula en rougissant de plaisir, et les mit à la place des violettes qui naguère parfumaient son sein. Je ne pus m'empêcher de penser à mon maître de mathématiques. Je ne vis alors de différence entre son élève et lui que celle qui existe entre un homme économe et un prodigue, ne me doutant guère que celui des deux qui, en apparence, savait le mieux calculer, calculait le plus mal. Le déjeuner s'acheva donc très-gaiement. Installés bientôt dans un petit salon fraîchement décoré, assis devant un feu qui chatouillait doucement les fibres, les consolait du froid, et les faisait épanouir comme au printemps, je me crus obligé de tourner à ce couple amoureux une phrase de convive sur l'ameublement de ce petit oratoire — « C'est dommage que tout cela coûte si cher!..... dit mon ami; mais il faut bien que le nid soit digne de l'oiseau! Pourquoi, diable, vas-tu me complimenter sur des tentures qui ne sont pas payées?... Tu me fais souvenir, pendant ma digestion, que je dois encore deux mille francs à un turc de tapissier. » A ces mots, la maîtresse de la maison inventoria des yeux ce joli boudoir; et, de brillante, sa figure devint songeresse. Alexandre me prit par la main et m'entraîna dans l'embrasure d'une croisée. — « Aurais-tu par hasard un millier d'écus à me prêter? dit-il à voix basse. Je n'ai que dix à douze mille livres de rente, et cette année... — Alexandre!... s'écria la chère créature en interrompant son mari, en accourant à nous et présentant les trois billets, Alexandre... je vois bien que c'est une folie... — De quoi te mêles-tu?... répondit-il, garde donc ton argent. — Mais, mon amour, je te ruine! Je devrais savoir que tu m'aimes trop pour que je puisse me permettre de te confier tous mes désirs... — Garde, ma chérie, c'est de bonne prise! Bah, je jouerai cet hiver, et je regagnerai cela!... — Jouer!... dit-elle, avec une expression de terreur. Alexandre, reprends tes billets! Allons, monsieur, je le veux. — Non, non, répondit mon ami en repoussant une petite main blanche et délicate; ne vas-tu pas jeudi au bal de madame de...? » — Je songerai à ce que tu me demandes, dis-je à mon camarade; et je m'esquivai en saluant sa femme, mais je vis bien d'après la scène qui se préparait que mes révérences anacréontiques ne produiraient pas là beaucoup d'effet. — Il faut qu'il soit fou, pensais-je en m'en allant, pour parler de mille écus à un étudiant en droit! Cinq jours après, je me trouvais chez madame de..., dont les bals devenaient à la mode. Au milieu du plus brillant des quadrilles, j'aperçus la femme de mon ami et celle du mathématicien. Madame Alexandre avait une ravissante toilette, quelques fleurs et de blanches mousselines en faisaient tous les frais. Elle portait une petite croix à la Jeannette, attachée par un ruban de velours noir qui rehaussait la blancheur de sa peau parfumée, et de longues poires d'or effilées décoraient ses oreilles. Sur le cou de madame la professeuse scintillait une superbe croix de diamants. — Voilà qui est drôle!... dis-je à un personnage qui n'avait encore ni lu dans le grand livre du monde, ni déchiffré un seul cœur de femme. Ce personnage était moi-même. Si j'eus alors le désir de faire danser ces deux jolies femmes, ce fut uniquement parce que j'aperçus un secret de conversation qui enhardissait ma timidité. — « Eh! bien, madame, vous avez eu votre croix?..... dis-je à la première. — Mais je l'ai bien gagnée!... répondit-elle, avec un indéfinissable sourire. » — « Comment! pas de girandoles?... demandai-je à la femme de mon ami. — Ah! dit-elle, j'en ai joui pendant tout un déjeuner!... Mais, vous voyez, j'ai fini par convertir Alexandre... — Il se sera facilement laissé séduire? » Elle me regarda d'un air de triomphe.

C'est huit ans après que, tout à coup, cette scène, jusque-là muette pour moi, s'est comme levée dans mon souvenir; et, à la lueur des bougies, au feu des aigrettes, j'en ai lu distinctement la moralité. Oui, la femme a horreur de la conviction; quand on la persuade, elle subit une séduction et reste dans le rôle que la nature lui assigne. Pour elle, se laisser gagner, c'est accorder une faveur; mais les raisonnements exacts l'irritent et la tuent; pour la diriger, il faut donc savoir se servir de la puissance dont elle use si souvent : la sensibilité. C'est donc en sa femme, et non pas en lui-même, qu'un mari trouvera les éléments de son despotisme : comme pour le diamant, il faut l'opposer à elle-même. Savoir offrir les girandoles pour se les faire rendre, est un secret qui s'applique aux moindres détails de la vie.

Passons maintenant à la seconde observation.

Qui sait administrer un toman, sait en administrer cent mille, a dit un proverbe indien; et moi, j'amplifie la sagesse asiatique, en disant : Qui peut gouverner une femme, peut gouverner une nation. Il existe, en effet, beaucoup d'analogie entre ces deux gouvernements. La politique des maris ne doit-elle pas être à peu près celle des rois? ne les voyons-nous pas tâchant d'amuser le peuple pour lui dérober sa liberté; lui jetant des comestibles à la tête pendant une journée, pour lui faire oublier la misère d'un an; lui prêchant de ne pas voler, tandis qu'on le dépouille; et lui disant : « Il me semble que si j'étais peuple, je serais vertueux? »

C'est l'Angleterre qui va nous fournir le *précédent* que les maris doivent importer dans leurs ménages. Ceux qui ont des yeux ont dû voir que, du moment où la *gouvernementabilité* s'est perfectionnée en ce pays, les whigs n'ont obtenu que très-rarement le pouvoir. Un long ministère tory a toujours succédé à un éphémère cabinet libéral. Les orateurs du parti national ressemblent à des rats qui usent leurs dents à ronger un panneau pourri dont on bouche le trou au moment où ils sentent les noix et le lard serrés dans la royale armoire. La femme est le whig de votre gouvernement. Dans la situation où nous l'avons laissée, elle doit naturellement aspirer à la conquête de plus d'un privilége. Fermez les yeux sur ses brigues, permettez-lui de dissiper sa force à gravir la moitié des degrés de votre trône; et quand elle pense toucher au sceptre, renversez-la, par terre, tout doucement et avec infiniment de grâce, en lui criant : Bravo ! et en lui permettant d'espérer un prochain triomphe. Les malices de ce système devront corroborer l'emploi de tous les moyens qu'il vous plaira de choisir dans notre arsenal pour dompter votre femme.

Tels sont les principes généraux que doit pratiquer un mari, s'il ne veut pas commettre des fautes dans son petit royaume.

Maintenant, malgré la minorité du concile de Mâcon (Montesquieu, qui avait peut-être deviné le régime constitutionnel, a dit, je ne sais où, que le bon sens dans les assemblées était toujours du côté de la minorité), nous distinguerons dans la femme une âme et un corps, et nous commencerons par examiner les moyens de se rendre maître de son moral. L'action de la pensée est, quoi qu'on en dise, plus noble que celle du corps, et nous donnerons le pas à la science sur la cuisine, à l'instruction sur l'hygiène.

MÉDITATION XI.

DE L'INSTRUCTION EN MÉNAGE.

Instruire ou non les femmes, telle est la question. De toutes celles que nous avons agitées, elle est la seule qui offre deux extrémités sans avoir de milieu. La science et l'ignorance, voilà les deux termes irréconciliables de ce problème. Entre ces deux abîmes, il nous semble voir Louis XVIII calculant les félicités du treizième siècle, et les malheurs du dix-neuvième. Assis au centre de la bascule qu'il savait si bien faire pencher par son propre poids, il contemple à l'un des bouts la fanatique ignorance d'un frère-lai, l'apathie d'un serf, le fer étincelant des chevaux d'un banneret; il croit entendre : France et Montjoie-Saint-Denis!... mais il se retourne, il sourit en voyant la morgue d'un manufacturier, capitaine de la garde nationale; l'élégant coupé de l'agent de change; la simplicité du costume d'un pair de France devenu journaliste, et mettant son fils à l'école Polytechnique; puis les étoffes précieuses, les journaux, les machines à vapeur; et il boit enfin son café dans une tasse de Sèvres au fond de laquelle brille encore un N couronné.

Arrière la civilisation! arrière la pensée!... voilà votre cri. Vous devez avoir horreur de l'instruction chez les femmes, par cette raison, si bien sentie en Espagne, qu'il est plus facile de gouverner un peuple d'idiots qu'un peuple de savants. Une nation abrutie est heureuse : si elle n'a pas le sentiment de la liberté, elle n'en a ni les inquiétudes ni les orages; elle vit comme vivent les polypiers; comme eux, elle peut se scinder en deux ou trois fragments; chaque fragment est toujours une nation complète et végétant, propre à être gouvernée par le premier aveugle armé du bâton pastoral. Qui produit cette merveille humaine? L'ignorance : c'est par elle seule que se maintient le despotisme; il lui faut des ténèbres et le silence. Or, le bonheur en ménage est, comme en politique, un bonheur négatif. L'affection des peuples pour le roi d'une monarchie absolue est peut-être moins contre nature que la fidélité de la femme envers son mari quand il n'existe plus d'amour entre eux : or, nous savons que chez vous l'amour pose en ce moment un pied sur l'appui de la fenêtre.

Force vous est donc de mettre en pratique les rigueurs salutaires par lesquelles M. de Metternich prolonge son *statu quo ;* mais nous vous conseillerons de les appliquer avec plus de finesse et plus d'aménité encore ; car votre femme est plus rusée que tous les Allemands ensemble, et aussi voluptueuse que les Italiens.

Alors vous essaierez de reculer le plus long-temps possible le fatal moment où votre femme vous demandera un livre. Cela vous sera facile. Vous prononcerez d'abord avec dédain le nom de *bas-bleu ;* et, sur sa demande, vous lui expliquerez le ridicule qui s'attache, chez nos voisins, aux femmes pédantes.

Puis, vous lui répéterez souvent que les femmes les plus aimables et les plus spirituelles du monde se trouvent à Paris, où les femmes ne lisent jamais ;

Que les femmes sont comme les gens de qualité qui, selon Mascarille, savent tout sans avoir jamais rien appris ;

Qu'une femme, soit en dansant, soit en jouant, et sans même avoir l'air d'écouter, doit savoir saisir dans les discours des hommes à talent les phrases toutes faites avec lesquelles les sots composent leur esprit à Paris ;

Que dans ce pays l'on se passe de main en main les jugements décisifs sur les hommes et sur les choses ; et que le petit ton tranchant avec lequel une femme critique un auteur, démolit un ouvrage, dédaigne un tableau, a plus de puissance qu'un arrêt de la cour ;

Que les femmes sont de beaux miroirs, qui reflètent naturellement les idées les plus brillantes ;

Que l'esprit naturel est tout, et que l'on est bien plus instruit de ce que l'on apprend dans le monde que de ce qu'on lit dans les livres ;

Qu'enfin la lecture finit par ternir les yeux, etc.

Laisser une femme libre de lire les livres que la nature de son esprit la porte à choisir !... Mais c'est introduire l'étincelle dans une sainte-barbe ; c'est pis que cela, c'est apprendre à votre femme à se passer de vous, à vivre dans un monde imaginaire, dans un paradis. Car que lisent les femmes ? Des ouvrages passionnés, les *Confessions de Jean-Jacques*, des romans, et toutes ces compositions qui agissent le plus puissamment sur leur sensibilité. Elles n'aiment ni la raison ni les fruits mûrs. Or, avez-vous jamais songé aux phénomènes produits par ces poétiques lectures ?

Les romans, et même tous les livres, peignent les sentiments et les choses avec des couleurs bien autrement brillantes que celles qui sont offertes par la nature! Cette espèce de fascination provient moins du désir que chaque auteur a de se montrer parfait en affectant des idées délicates et recherchées, que d'un indéfinissable travail de notre intelligence. Il est dans la destinée de l'homme d'épurer tout ce qu'il emporte dans le trésor de sa pensée. Quelles figures, quels monuments ne sont pas embellis par le dessin? L'âme du lecteur aide à cette conspiration contre le vrai, soit par le silence profond dont il jouit ou par le feu de la conception, soit par la pureté avec laquelle les images se réfléchissent dans son entendement. Qui n'a pas, en lisant les *Confessions de Jean-Jacques*, vu madame de Warens plus jolie qu'elle n'était? On dirait que notre âme caresse des formes qu'elle aurait jadis entrevues sous de plus beaux cieux; elle n'accepte les créations d'une autre âme que comme des ailes pour s'élancer dans l'espace; le trait le plus délicat, elle le perfectionne encore en se le faisant propre; et l'expression la plus poétique dans ses images y apporte des images encore plus pures. Lire, c'est créer peut-être à deux. Ces mystères de la transsubstantiation des idées sont-ils l'instinct d'une vocation plus haute que nos destinées présentes? Est-ce la tradition d'une ancienne vie perdue? Qu'était-elle donc si le reste nous offre tant de délices?...

Aussi, en lisant des drames et des romans, la femme, créature encore plus susceptible que nous de s'exalter, doit-elle éprouver d'enivrantes extases. Elle se crée une existence idéale auprès de laquelle tout pâlit; elle ne tarde pas à tenter de réaliser cette vie voluptueuse, à essayer d'en transporter la magie en elle. Involontairement, elle passe de l'esprit à la lettre, et de l'âme aux sens.

Et vous auriez la bonhomie de croire que les manières, les sentiments d'un homme comme vous, qui, la plupart du temps, s'habille, se déshabille, et..., etc., devant sa femme, lutteront avec avantage devant les sentiments de ces livres, et en présence de leurs amants factices à la toilette desquels cette belle lectrice ne voit ni trous ni taches ?... Pauvre sot! trop tard, hélas! pour son malheur et le vôtre, votre femme expérimenterait que les *héros* de la poésie sont aussi rares que les *Apollons* de la sculpture!...

Bien des maris se trouveront embarrassés pour empêcher leurs femmes de lire, il y en a même certains qui prétendront que la lecture a cet avantage qu'ils savent au moins ce que font les leurs quand elles lisent. D'abord, vous verrez dans la Méditation suivante combien la vie sédentaire rend une femme belliqueuse; mais n'avez-vous donc jamais rencontré de ces êtres sans poésie, qui réussissent à pétrifier leurs pauvres compagnes, en réduisant la vie à tout ce qu'elle a de mécanique? Étudiez ces grands hommes en leurs discours! apprenez par cœur les admirables raisonnements par lesquels ils condamnent la poésie et les plaisirs de l'imagination.

Mais si après tous vos efforts votre femme persistait à vouloir lire..., mettez à l'instant même à sa disposition tous les livres possibles, depuis l'*Abécédaire* de son marmot jusqu'à *René*, livre plus dangereux pour vous entre ses mains que *Thérèse philosophe*. Vous pourriez la jeter dans un dégoût mortel de la lecture en lui donnant des livres ennuyeux; la plonger dans un idiotisme complet, avec *Marie Alacoque, la Brosse de pénitence*, ou avec les chansons qui étaient de mode au temps de Louis XV; mais plus tard vous trouverez dans ce livre les moyens de si bien consumer le temps de votre femme, que toute espèce de lecture lui sera interdite.

Et, d'abord, voyez les ressources immenses que vous a préparées l'éducation des femmes pour détourner la vôtre de son goût passager pour la science. Examinez avec quelle admirable stupidité les filles se sont prêtées aux résultats de l'enseignement qu'on leur a imposé en France; nous les livrons à des bonnes, à des demoiselles de compagnie, à des gouvernantes qui ont vingt mensonges de coquetterie et de fausse pudeur à leur apprendre contre une idée noble et vraie à leur inculquer. Les filles sont élevées en esclaves et s'habituent à l'idée qu'elles sont au monde pour imiter leurs grand'mères, et faire couver des serins de Canarie, composer des herbiers, arroser de petits rosiers de Bengale, remplir de la tapisserie ou se monter des cols. Aussi, à dix ans, si une petite fille a plus de finesse qu'un garçon à vingt, elle est timide, gauche. Elle aura peur d'une araignée, dira des riens, pensera aux chiffons, parlera modes, et n'aura le courage d'être ni mère, ni chaste épouse.

Voici quelle marche on a suivie : on leur a montré à colorier des roses, à broder des fichus de manière à gagner huit sous par jour. Elles auront appris l'histoire de France dans le Ragois, la chronologie dans les *Tables du citoyen Chantreau*, et l'on aura laissé leur jeune imagination se déchaîner sur la géographie; le tout, dans le but de ne rien présenter de dangereux à leur cœur; mais en même temps leurs mères, leurs institutrices, répétaient d'une voix infatigable que toute la science d'une femme est dans la manière dont elle sait arranger cette feuille de figuier que prit notre mère Ève. Elles n'ont entendu pendant quinze ans, disait Diderot, rien autre chose que : — Ma fille, votre feuille de figuier va mal; ma fille, votre feuille de figuier va bien; ma fille, ne serait-elle pas mieux ainsi?

Maintenez donc votre épouse dans cette belle et noble sphère de connaissances. Si par hasard votre femme voulait une bibliothèque, achetez-lui Florian, Malte-Brun, le Cabinet des Fées, les Mille et une Nuits, les Roses par Redouté, les Usages de la Chine, les Pigeons par madame Knip, le grand ouvrage sur l'Égypte, etc. Enfin, exécutez le spirituel avis de cette princesse qui, au récit d'une émeute occasionnée par la cherté du pain, disait : « Que ne man» gent-ils de la brioche!... »

Peut-être votre femme vous reprochera-t-elle, un soir, d'être maussade et de ne pas parler; peut-être vous dira-t-elle que vous êtes gentil, quand vous aurez fait un calembour; mais ceci est un inconvénient très-léger de notre système : et, au surplus, que l'éducation des femmes soit en France la plus plaisante des absurdités et que votre obscurantisme marital vous mette une poupée entre les bras, que vous importe? Comme vous n avez pas assez de courage pour entreprendre une plus belle tâche, ne vaut-il pas mieux traîner votre femme dans une ornière conjugale bien sûre que de vous hasarder à lui faire gravir les hardis précipices de l'amour? Elle aura beau être mère, vous ne tenez pas précisément à avoir des Gracchus pour enfants, mais à être réellement *pater quem nuptiæ demonstrant* : or, pour vous aider à y parvenir, nous devons faire de ce livre un arsenal où chacun, suivant le caractère de sa femme ou le sien, puisse choisir l'armure convenable pour combattre le terrible génie du mal, toujours près de s'éveiller dans l'âme d'une épouse; et, tout bien considéré, comme les ignorants sont les plus cruels ennemis de l'instruction des femmes, cette Méditation sera un bréviaire pour la plupart des maris.

Une femme qui a reçu une éducation d'homme possède, à la vérité, les facultés les plus brillantes et les plus fertiles en bonheur pour elle et pour son mari; mais cette femme est rare comme le bonheur même; or, vous devez, si vous ne la possédez pas pour épouse, maintenir la vôtre, au nom de votre félicité commune, dans la région d'idées où elle est née, car il faut songer aussi qu'un moment d'orgueil chez elle peut vous perdre, en mettant sur le trône un esclave qui sera d'abord tenté d'abuser du pouvoir.

Après tout, en suivant le système prescrit par cette Méditation, un homme supérieur en sera quitte pour mettre ses pensées en petite monnaie lorsqu'il voudra être compris de sa femme, si toutefois cet homme supérieur a fait la sottise d'épouser une de ces pauvres créatures, au lieu de se marier à une jeune fille de laquelle il aurait éprouvé long-temps l'âme et le cœur.

Par cette dernière observation matrimoniale, notre but n'est pas de prescrire à tous les *hommes supérieurs* de chercher des *femmes supérieures*, et nous ne voulons pas laisser chacun expliquer nos principes à la manière de madame de Staël, qui tenta grossièrement de s'unir à Napoléon. Ces deux êtres-là eussent été très-malheureux en ménage; et Joséphine était une épouse bien autrement accomplie que cette virago du dix-neuvième siècle.

En effet, lorsque nous vantons *ces filles introuvables*, si heureusement élevées par le hasard, si bien conformées par la nature et dont l'âme délicate supporte le rude contact de la grande âme de ce que nous appelons *un homme*, nous entendons parler de ces nobles et rares créatures dont Goëthe a donné un modèle dans la Claire du *Comte d'Egmont :* nous pensons à ces femmes qui ne cherchent d'autre gloire que celle de bien rendre leur rôle; se pliant avec une étonnante souplesse aux plaisirs et aux volontés de ceux que la nature leur a donnés pour maîtres; s'élevant tour à tour dans les immenses sphères de leur pensée, et s'abaissant à la simple tâche de les amuser comme des enfants; comprenant et les bizarreries de ces âmes si fortement tourmentées, et les moindres paroles et les regards les plus vagues; heureuses du silence, heureuses de la diffusion; devinant enfin que les plaisirs, les idées et la morale d'un lord Byron ne doivent pas être ceux d'un bonnetier. Mais arrêtons-nous, cette peinture nous entraînerait trop loin de notre ujet : il s'agit de mariage et non pas d'amour.

MÉDITATION XII.

HYGIÈNE DU MARIAGE.

Cette Méditation a pour but de soumettre à votre attention un nouveau mode de défense par lequel vous dompterez sous une prostration invincible la volonté de votre femme. Il s'agit de la réaction produite sur le moral par les vicissitudes physiques et par les savantes dégradations d'une diète habilement dirigée.

Cette grande et philosophique question de médecine conjugale sourira sans doute à tous ces goutteux, ces impotents, ces catarrheux, et à cette légion de vieillards de qui nous avons réveillé l'apathie à l'article des Prédestinés ; mais elle concernera principalement les maris assez audacieux pour entrer dans les voies d'un machiavélisme digne de ce grand roi de France qui tenta d'assurer le bonheur de la nation aux dépens de quelques têtes féodales. Ici, la question est la même. C'est toujours l'amputation ou l'affaiblissement de quelques membres pour le plus grand bonheur de la masse.

Croyez-vous sérieusement qu'un célibataire soumis au régime de l'herbe *hanea*, des concombres, du pourpier et des applications de sangsues aux oreilles, recommandé par Sterne, serait bien propre à battre en brèche l'honneur de votre femme ? Supposez un diplomate qui aurait eu le talent de fixer sur le crâne de Napoléon un cataplasme permanent de graine de lin, ou de lui faire administrer tous les matins un clystère au miel, croyez-vous que Napoléon, Napoléon-le-Grand, aurait conquis l'Italie ? Napoléon a-t-il été en proie ou non aux horribles souffrances d'une dysurie pendant la campagne de Russie ?... Voilà une de ces questions dont la solution a pesé sur le globe entier. N'est-il pas certain que des réfrigérants, des douches, des bains, etc., produisent de grands changements dans les affections plus ou moins aiguës du cerveau ? Au milieu des chaleurs du mois de juillet, lorsque chacun de vos pores filtre lentement et restitue à une dévorante atmosphère les limonades à la glace que vous avez bues d'un seul coup, vous êtes-vous jamais senti ce foyer de courage, cette vigueur de pensée, cette énergie complète qui vous rendaient l'existence légère et douce quelques mois auparavant ?

Non, non, le fer le mieux scellé dans la pierre la plus dure soulèvera et disjoindra toujours le monument le plus durable par suite de l'influence secrète qu'exercent les lentes et invisibles dégradations de chaud et de froid qui tourmentent l'atmosphère. En principe, reconnaissons donc que si les milieux atmosphériques influent sur l'homme, l'homme doit à plus forte raison influer à son tour sur l'imagination de ses semblables, par le plus ou le moins de vigueur et de puissance avec laquelle il projette sa *volonté* qui produit une véritable atmosphère autour de lui.

Là, est le principe du talent de l'acteur, celui de la poésie et du fanatisme, car l'une est l'éloquence des paroles comme l'autre l'éloquence des actions; là enfin est le principe d'une science en ce moment au berceau.

Cette *volonté*, si puissante d'homme à homme, cette force nerveuse et fluide, éminemment mobile et transmissible, est elle-même soumise à l'état changeant de notre organisation, et bien les circonstances font varier ce fragile organisme. Là, s'arrêtera notre observation métaphysique, et là nous rentrerons dans l'analyse des circonstances qui élaborent la volonté de l'homme et la portent au plus haut degré de force ou d'affaissement.

Maintenant ne croyez pas que notre but soit de vous engager à mettre des cataplasmes sur l'honneur de votre femme, de la renfermer dans une étuve ou de la sceller comme une lettre; non. Nous ne tenterons même pas de vous développer le système magnétique qui vous donnerait le pouvoir de faire triompher votre volonté dans l'âme de votre femme: il n'est pas un mari qui acceptât le bonheur d'un éternel amour au prix de cette tension perpétuelle des forces animales; mais nous essayerons de développer un système hygiénique formidable, au moyen duquel vous pourrez éteindre le feu quand il aura pris à la cheminée.

Il existe, en effet, parmi les habitudes des petites-maîtresses de Paris et des départements (les petites-maîtresses forment une classe très-distinguée parmi les femmes honnêtes), assez de ressources pour atteindre à notre but, sans aller chercher dans l'arsenal de la thérapeutique les quatre semences froides, le nénuphar et mille inventions dignes des sorcières. Nous laisserons même à Élien son herbe hanéa et à Sterne son pourpier et ses concombres, qui annoncent des intentions antiphlogistiques par trop évidentes.

Vous laisserez votre femme s'étendre et demeurer des journées entières sur ces moelleuses bergères où l'on s'enfonce à mi-corps dans un véritable bain d'édredon ou de plumes.

Vous favoriserez, par tous les moyens qui ne blesseront pas votre conscience, cette propension des femmes à ne respirer que l'air parfumé d'une chambre rarement ouverte, et où le jour perce à grand'peine de voluptueuses, de diaphanes mousselines.

Vous obtiendrez des effets merveilleux de ce système, après avoir toutefois préalablement subi les éclats de son exaltation ; mais si vous êtes assez fort pour supporter cette tension momentanée de votre femme, vous verrez bientôt s'abolir sa vigueur factice. En général les femmes aiment à vivre vite, mais après leurs tempêtes de sensations, viennent des calmes rassurants pour le bonheur d'un mari.

Jean-Jacques, par l'organe enchanteur de Julie, ne prouvera-t-il pas à votre femme qu'elle aura une grâce infinie à ne pas déshonorer son estomac délicat et sa bouche divine, en faisant du chyle avec d'ignobles pièces de bœuf, et d'énormes éclanches de mouton ? Est-il rien au monde de plus pur que ces intéressants légumes, toujours frais et inodores, ces fruits colorés, ce café, ce chocolat parfumé, ces oranges, pommes d'or d'Atalante, les dattes de l'Arabie, les biscottes de Bruxelles, nourriture saine et gracieuse qui arrive à des résultats satisfaisants en même temps qu'elle donne à une femme je ne sais quelle originalité mystérieuse? Elle arrive à une petite célébrité de coterie par son régime, comme par une toilette, par une belle action ou par un bon mot. Pythagore doit être sa passion, comme si Pythagore était un caniche ou un sapajou.

Ne commettez jamais l'imprudence de certains hommes qui, pour se donner un vernis d'esprit fort, combattent cette croyance féminine : *que l'on conserve sa taille en mangeant peu.* Les femmes à la diète n'engraissent pas, cela est clair et positif ; vous ne sortirez pas de là.

Vantez l'art avec lequel des femmes renommées par leur beauté ont su la conserver en se baignant, plusieurs fois par jour, dans du lait, ou des eaux composées de substances propres à rendre la peau plus douce, en débilitant le système nerveux.

Recommandez-lui surtout, au nom de sa santé si précieuse pour vous, de s'abstenir de lotions d'eau froide ; que toujours l'eau chaude ou tiède soit l'ingrédient fondamental de toute espèce d'ablution.

Broussais sera votre idole. A la moindre indisposition de votre femme, et sous le plus léger prétexte, pratiquez de fortes applications de sangsues ; ne craignez même pas de vous en appliquer vous-même quelques douzaines de temps à autre, pour faire prédominer chez vous le système de ce célèbre docteur. Votre état de mari vous oblige à toujours trouver votre femme trop rouge ; essayez même quelquefois de lui attirer le sang à la tête, pour avoir le droit d'introduire, dans certains moments, une escouade de sangsues au logis.

Votre femme boira de l'eau légèrement colorée d'un vin de Bourgogne agréable au goût, mais sans vertu tonique ; tout autre vin serait mauvais.

Ne souffrez jamais qu'elle prenne l'eau pure pour boisson, vous seriez perdu.

« Impétueux fluide ! au moment que tu presses contre les écluses du cerveau, vois comme elles cèdent à ta puissance ! La Curiosité paraît à la nage, faisant signe à ses compagnes de la suivre : elles plongent au milieu du courant. L'Imagination s'assied en rêvant sur la rive. Elle suit le torrent des yeux, et change les brins de paille et de joncs en mâts de misaine et de beaupré. A peine la métamorphose est-elle faite, que le Désir, tenant d'une main sa robe retroussée jusqu'au genou, survient, les voit et s'en empare. O vous, buveurs d'eau ! est-ce donc par le secours de cette source enchanteresse, que vous avez tant de fois tourné et retourné le monde à votre gré ? Foulant aux pieds l'impuissant, écrasant son visage, et changeant même quelquefois la forme et l'aspect de la nature ? »

Si par ce système d'inaction, joint à notre système alimentaire, vous n'obteniez pas des résultats satisfaisants, jetez-vous à corps perdu dans un autre système que nous allons développer.

L'homme a une somme donnée d'énergie. Tel homme ou telle femme est à tel autre, comme dix est à trente, comme un est à cinq, et il est un degré que chacun de nous ne dépasse pas. La quantité d'énergie ou de volonté, que chacun de nous possède, se déploie comme le son : elle est tantôt faible, tantôt forte ; elle se modifie selon les octaves qu'il lui est permis de parcourir. Cette force est unique, et bien qu'elle se résolve en désirs, en passions, en labeurs d'intelligence ou en travaux corporels, elle accourt là où l'homme l'appelle. Un boxeur la dépense en coups de poing, le boulanger à pétrir son pain, le poète dans une exaltation qui en absorbe et en demande une énorme quantité, le danseur la fait passer dans ses pieds; enfin, chacun la distribue à sa fantaisie, et que je voie ce soir le Minotaure assis tranquillement sur mon lit, si vous ne savez pas comme moi où il s'en dépense le plus. Presque tous les hommes consument en des travaux nécessaires ou dans les angoisses de passions funestes, cette belle somme d'énergie et de volonté dont leur a fait présent la nature; mais nos femmes honnêtes sont toutes en proie aux caprices et aux luttes de cette puissance qui ne sait où se prendre. Si chez votre femme, l'énergie n'a pas succombé sous le régime diététique, jetez-la dans un mouvement toujours croissant. Trouvez les moyens de faire passer la somme de force, par laquelle vous êtes gêné, dans une occupation qui la consomme entièrement. Sans attacher une femme à la manivelle d'une manufacture, il y a mille moyens de la lasser sous le fléau d'un travail constant.

Tout en vous abandonnant les moyens d'exécution, lesquels changent selon bien des circonstances, nous vous indiquerons la danse comme un des plus beaux gouffres où s'ensevelissent les amours. Cette matière ayant été assez bien traitée par un contemporain, nous le laisserons parler.

« Telle pauvre victime qu'admire un cercle enchanté paie bien » cher ses succès. Quel fruit faut-il attendre d'efforts si peu » proportionnés aux moyens d'un sexe délicat? Les muscles, fati- » gués sans discrétion, consomment sans mesure. Les esprits, des- » tinés à nourrir le feu des passions et le travail du cerveau, sont » détournés de leur route. L'absence des désirs, le goût du repos, » le choix exclusif d'aliments substantiels, tout indique une nature » appauvrie, plus avide de réparer que de jouir. Aussi un indigène » des coulisses me disait-il un jour : — « Qui a vécu avec des dan- » seuses, a vécu de mouton; car leur épuisement ne peut se passer » de cette nourriture énergique. » Croyez-moi donc, l'amour » qu'une danseuse inspire est bien trompeur : on rencontre avec » dépit, sous un printemps factice, un sol froid et avare, et des » sens incombustibles. Les médecins calabrois ordonnent la danse » pour remède aux passions hystériques qui sont communes parmi » les femmes de leur pays, et les Arabes usent à peu près de la » même recette pour les nobles cavales dont le tempérament trop » lascif empêche la fécondité. « Bête comme un danseur », est un » proverbe connu au théâtre. Enfin, les meilleures têtes de l'Eu-

» rope sont convaincues que toute danse porte en soi une qualité
» éminemment réfrigérante.

» En preuve à tout ceci, il est nécessaire d'ajouter d'autres ob-
» servations. « La vie des pasteurs donna naissance aux amours
» déréglées. Les mœurs des tisserandes furent horriblement dé-
» criées dans la Grèce. Les Italiens ont consacré un proverbe à la
» lubricité des boiteuses. Les Espagnols, dont les veines reçurent
» par tant de mélanges l'incontinence africaine, déposent le secret
» de leurs désirs dans cette maxime qui leur est familière : *Muger*
» *y gallina pierna quebrantada;* il est bon que la femme et
» la poule aient une jambe rompue. La profondeur des Orientaux
» dans l'art des voluptés se décèle tout entière par cette ordonnance
» du kalife Hakim, fondateur des Druses, qui défendit sous peine
» de mort de fabriquer dans ses états aucune chaussure de femme.
» Il semble que sur tout le globe les tempêtes du cœur attendent,
» pour éclater, le repos des jambes! »

Quelle admirable manœuvre que de faire danser une femme et de ne la nourrir que de viandes blanches !...

Ne croyez pas que ces observations, aussi vraies que spirituellement rendues, contrarient notre système précédent; par celui-ci comme par celui-là vous arriverez à produire chez une femme cette atonie tant désirée, gage de repos et de tranquillité. Par le dernier vous laissez une porte ouverte pour que l'ennemi s'enfuie; par l'autre vous le tuez.

Là, il nous semble entendre des gens timorés et à vues étroites s'élevant contre notre hygiène au nom de la morale et des sentiments.

La femme n'est-elle donc pas douée d'une âme? N'a-t-elle pas comme nous des sensations? De quel droit, au mépris de ses douleurs, de ses idées, de ses besoins, la travaille-t-on comme un vil métal duquel l'ouvrier fait un éteignoir ou un flambeau? Serait-ce parce que ces pauvres créatures sont déjà faibles et malheureuses qu'un brutal s'arrogerait le pouvoir de les tourmenter exclusivement au profit de ses idées plus ou moins justes? Et si par votre système débilitant ou échauffant qui allonge, ramollit, pétrit les fibres, vous causiez d'affreuses et cruelles maladies, si vous conduisiez au tombeau une femme qui vous est chère, si, si, etc.

Voici notre réponse :

Avez-vous jamais compté combien de formes diverses Arlequin

et Pierrot donnent à leur petit chapeau blanc? ils le tournent et retournent si bien, que successivement ils en font une toupie, un bateau, un verre à boire, une demi-lune, un berret, une corbeille, un poisson, un fouet, un poignard, un enfant. une têt d'homme, etc.

Image exacte du despotisme avec lequel vous devez manier et remanier votre femme.

La femme est une propriété que l'on acquiert par contrat, elle est mobilière, car la possession vaut titre; enfin, la femme n'est, à proprement parler, qu'une annexe de l'homme; or, tranchez, coupez, rognez, elle vous appartient à tous les titres. Ne vous inquiétez en rien de ses murmures, de ses cris, de ses douleurs; la nature l'a faite à notre usage et pour tout porter : enfants, chagrins, coups et peines de l'homme.

Ne nous accusez pas de dureté. Dans tous les codes des nations soi-disant civilisées, l'homme a écrit les lois qui règlent le destin des femmes sous cette épigraphe sanglante : *Væ victis!* Malheur aux faibles!

Enfin, songez à cette dernière observation, la plus prépondérante peut-être de toutes celles que nous avons faites jusqu'ici : si ce n'est pas vous, mari, qui brisez sous le fléau de votre volonté ce faible et charmant roseau, ce sera, joug plus atroce encore, un célibataire capricieux et despote; elle supportera deux fléaux au lieu d'un. Tout compensé, l'humanité vous engagera donc à suivre les principes de notre hygiène.

MÉDITATION XIII.

DES MOYENS PERSONNELS.

Peut-être les Méditations précédentes auront-elles plutôt développé des systèmes généraux de conduite, qu'elles n'auront présenté les moyens de repousser la force par la force. Ce sont des pharmacopées et non pas des topiques. Or, voici maintenant les moyens personnels que la nature vous a mis entre les mains, pour vous défendre; car la Providence n'a oublié personne : si elle a donné à la seppia (poisson de l'Adriatique) cette couleur noire qui lui sert à produire un nuage au sein duquel elle se dérobe à son ennemi, vous devez bien penser qu'elle n'a pas laissé un mari sans épée : or, le moment est venu de tirer la vôtre.

Vous avez dû exiger, en vous mariant, que votre femme nourrirait ses enfants : alors, jetez-la dans les embarras et les soins d'une grossesse ou d'une nourriture, vous reculerez ainsi le danger au moins d'un an ou deux. Une femme occupée à mettre au monde et à nourrir un marmot, n'a réellement pas le temps de songer à un amant; outre qu'elle est, avant et après sa couche, hors d'état de se présenter dans le monde. En effet, comment la plus immodeste des femmes distinguées, dont il est question dans cet ouvrage, oserait-elle se montrer enceinte, et promener ce fruit caché, son accusateur public? O lord Byron, toi qui ne voulais pas voir les femmes mangeant!...

Six mois après son accouchement, et quand l'enfant a bien teté, à peine une femme commence-t-elle à pouvoir jouir de sa fraîcheur et de sa liberté.

Si votre femme n'a pas nourri son premier enfant, vous avez trop d'esprit pour ne pas tirer parti de cette circonstance et lui faire désirer de nourrir celui qu'elle porte. Vous lui lisez l'*Emile* de Jean-Jacques, vous enflammez son imagination pour les devoirs des mères, vous exaltez son moral, etc.; enfin, vous êtes un sot ou un homme d'esprit; et, dans le premier cas même, en lisant cet ouvrage, vous seriez toujours minotaurisé; dans le second, vous devez comprendre à demi-mot.

Ce premier moyen vous est virtuellement personnel. Il vous donnera bien du champ devant vous pour mettre à exécution les autres moyens.

Depuis qu'Alcibiade coupa les oreilles et la queue à son chien, pour rendre service à Périclès, qui avait sur les bras une espèce de guerre d'Espagne et des fournitures Ouvrard, dont s'occupaient alors les Athéniens, il n'existe pas de ministre qui n'ait cherché à couper les oreilles à quelque chien.

Enfin, en médecine, lorsqu'une inflammation se déclare sur un point capital de l'organisation, on opère une petite contre-révolution sur un autre point, par des moxas, des scarifications, des acupunctures, etc.

Un autre moyen consiste donc à poser à votre femme un moxa, ou à lui fourrer dans l'esprit quelque aiguille qui la pique fortement et fasse diversion en votre faveur.

Un homme de beaucoup d'esprit avait fait durer sa Lune de Miel environ quatre années: la Lune décroissait et il commençait à apercevoir l'arc fatal. Sa femme était précisément dans l'état où nous avons représenté toute femme honnête à la fin de notre première partie : elle avait *pris du goût* pour un assez mauvais sujet, petit, laid; mais enfin ce n'était pas son mari. Dans cette conjoncture, ce dernier s'avisa d'une coupe de queue de chien qui renouvela, pour plusieurs années, le bail fragile de son bonheur. Sa femme s'était conduite avec tant de finesse, qu'il eût été fort embarrassé de défendre sa porte à l'amant avec lequel elle s'était trouvé un rapport de parenté très-éloignée. Le danger devenait de jour en jour plus imminent. Odeur de Minotaure se sentait à la ronde. Un soir, le mari resta plongé dans un chagrin profond, visible, affreux. Sa femme en était déjà venue à lui montrer plus d'amitié qu'elle n'en ressentait même au temps de la Lune de Miel; et dès lors, questions sur questions. De sa part, silence morne. Les questions redoublent, il échappe à monsieur des réticences, elles annonçaient un grand malheur! Là, il avait appliqué un moxa japonnais qui brûlait comme un auto-da-fé de 1600. La femme employa d'abord mille manœuvres pour savoir si le chagrin de son mari était causé par cet amant en herbe : première intrigue pour laquelle elle déploya mille ruses. L'imagination trottait... de l'amant? il n'en était plus question. Ne fallait-il pas, avant tout, découvrir le secret de son mari. Un soir, le mari, poussé par l'envie de confier ses peines à sa tendre amie, lui déclare que toute leur fortune est perdue. Il faut renoncer à l'équipage, à la loge aux Bouffes, aux bals, aux fêtes, à Paris; peut-être en s'exilant dans une terre, pendant un an ou deux, pourront-ils tout recouvrer! S'adressant à l'imagination de sa femme, à son cœur, il la plaignit de s'être attachée au sort d'un homme amoureux d'elle, il est vrai, mais sans fortune; il s'arracha quelques cheveux, et force fut à sa femme de s'exalter au profit de l'honneur; alors, dans le premier délire de cette fièvre conjugale, il la conduisit à sa terre. Là, nouvelles scarifications, sinapismes sur sinapismes, nouvelles queues de chien coupées : il fit bâtir une aile gothique au château; madame retourna dix fois le parc pour avoir des eaux, des lacs, des mouvements de terrain, etc.; enfin le mari, au milieu de cette besogne, n'oubliait pas la sienne : lectures curieuses, soins délicats, etc. Notez qu'il ne s'avisa jamais d'avouer à sa femme cette ruse; et si la fortune revint, ce fut précisément par suite de la construction des ailes et des sommes énormes dépensées à faire des

rivières; il lui prouva que le lac donnait une chute d'eau, sur laquelle vinrent des moulins, etc.

Voilà un moxa conjugal bien entendu, car ce mari n'oublia ni de faire des enfants, ni d'inviter des voisins ennuyeux, bêtes, ou âgés; et, s'il venait l'hiver à Paris, il jetait sa femme dans un tel tourbillon de bals et de courses, qu'elle n'avait pas une minute à donner aux amants, fruits nécessaires d'une vie oisive.

Les voyages en Italie, en Suisse, en Grèce, les maladies subites qui exigent les eaux, et les eaux les plus éloignées, sont d'assez bons moxas. Enfin, un homme d'esprit doit savoir en trouver mille pour un.

Continuons l'examen de nos moyens personnels.

Ici nous vous ferons observer que nous raisonnons d'après une hypothèse, sans laquelle vous laisseriez là le livre, à savoir : que votre Lune de Miel a duré un temps assez honnête, et que la demoiselle de qui vous avez fait votre femme était vierge; au cas contraire, et d'après les mœurs françaises, votre femme ne vous aurait épousé que pour devenir inconséquente.

Au moment où commence, dans votre ménage, la lutte entre la vertu et l'inconséquence, toute la question réside dans un parallèle perpétuel et involontaire que votre femme établit entre vous et son amant.

Là, il existe encore pour vous un moyen de défense, entièrement personnel, rarement employé par les maris, mais que des hommes supérieurs ne craignent pas d'essayer. Il consiste à l'emporter sur l'amant, sans que votre femme puisse soupçonner votre dessein. Vous devez l'amener à se dire avec dépit, un soir, pendant qu'elle met ses papillottes : « Mais mon mari vaut mieux. »

Pour réussir, vous devez, ayant sur l'amant l'avantage immense de connaître le caractère de votre femme, et sachant comment on la blesse, vous devez, avec toute la finesse d'un diplomate, faire commettre des gaucheries à cet amant, en le rendant déplaisant par lui-même, sans qu'il s'en doute.

D'abord, selon l'usage, cet amant recherchera votre amitié, ou vous aurez des amis communs; alors, soit par ces amis, soit par des insinuations adroitement perfides, vous le trompez sur des points essentiels; et, avec un peu d'habileté, vous voyez votre femme éconduisant son amant, sans que ni elle ni lui ne puissent jamais en deviner la raison. Vous avez créé là, dans l'intérieur de votre ménage, une comédie en cinq actes, où vous jouez, à votre profit, les rôles si brillants de Figaro ou d'Almaviva; et, pendant quelques mois, vous vous amusez d'autant plus, que votre amour-propre, votre vanité, votre intérêt, tout est vivement mis en jeu.

J'ai eu le bonheur de plaire dans ma jeunesse à un vieil émigré qui me donna ces derniers rudiments d'éducation que les jeunes gens reçoivent ordinairement des femmes. Cet ami, dont la mémoire me sera toujours chère, m'apprit, par son exemple, à mettre en œuvre ces stratagèmes diplomatiques qui demandent autant de finesse que de grâce.

Le comte de Nocé était revenu de Coblentz au moment où il y eut pour les nobles du péril à être en France. Jamais créature n'eut autant de courage et de bonté, autant de ruse et d'abandon. Agé d'une soixantaine d'années, il venait d'épouser une demoiselle de vingt-cinq ans, poussé à cet acte de folie par sa charité : il arrachait cette pauvre fille au despotisme d'une mère capricieuse. — Voulez-vous être ma veuve?... avait dit à mademoiselle de Pontivy cet aimable vieillard; mais son âme était trop aimante pour ne pas s'attacher à sa femme, plus qu'un homme sage ne doit le faire. Comme pendant sa jeunesse il avait été manégé par quelques-unes des femmes les plus spirituelles de la cour de Louis XV, il ne désespérait pas trop de préserver la comtesse de tout encombre. Quel homme ai-je jamais vu mettant mieux que lui en pratique tous les enseignements que j'essaie de donner aux maris! Que de charmes ne savait-il pas répandre dans la vie par ses manières douces et sa conversation spirituelle. Sa femme ne sut qu'après sa mort et par moi qu'il avait la goutte. Ses lèvres distillaient l'aménité comme ses yeux respiraient l'amour. Il s'était prudemment retiré au sein d'une vallée, auprès d'un bois, et Dieu sait les promenades qu'il entreprenait avec sa femme!... Son heureuse étoile voulut que mademoiselle de Pontivy eût un cœur excellent, et possédât à un haut degré cette exquise délicatesse, cette pudeur de sensitive, qui embelliraient, je crois, la plus laide fille du monde. Tout à coup, un de ses neveux, joli militaire échappé aux désastres de Moscou, revint chez l'oncle, autant pour savoir jusqu'à quel point il avait à craindre des cousins, que dans l'espoir de guerroyer avec la tante. Ses cheveux noirs, ses moustaches, le babil avantageux de l'état-major, une certaine *disinvol-*

tura aussi élégante que légère, des yeux vifs, tout contrastait entre l'oncle et le neveu. J'arrivai précisément au moment où la jeune comtesse montrait le trictrac à son parent. Le proverbe dit que les femmes n'apprennent ce jeu que de leurs amants, et réciproquement. Or, pendant une partie, monsieur de Nocé avait surpris le matin même entre sa femme et le vicomte un de ces regards confusément empreints d'innocence, de peur et de désir. Le soir, il nous proposa une partie de chasse, qui fut acceptée. Jamais je ne le vis si dispos et si gai qu'il le parut le lendemain matin, malgré les sommations de sa goutte qui lui réservait une prochaine attaque. Le diable n'aurait pas su mieux que lui mettre la bagatelle sur le tapis. Il était ancien mousquetaire gris, et avait connu Sophie Arnoult. C'est tout dire. La conversation devint bientôt la plus gaillarde du monde entre nous trois; Dieu m'en absolve! — Je n'aurais jamais cru que mon oncle fût une si bonne lame! me dit le neveu. Nous fîmes une halte, et quand nous fûmes tous trois assis sur la pelouse d'une des plus vertes clairières de la forêt, le comte nous avait amenés à discourir sur les femmes mieux que Brantôme et l'Aloysia. — « Vous êtes bien heureux sous ce gouvernement-ci, vous autres!... les femmes ont des mœurs!... (Pour apprécier l'exclamation du vieillard, il faudrait avoir écouté les horreurs que le capitaine avait racontées.) Et, reprit le comte, c'est un des biens que la révolution a produits. Ce système donne aux passions bien plus de charme et de mystère. Autrefois, les femmes étaient faciles; eh! bien, vous ne sauriez croire combien il fallait d'esprit et de verve pour réveiller ces tempéraments usés : nous étions toujours sur le qui vive. Mais aussi, un homme devenait célèbre par une gravelure bien dite ou par une heureuse insolence. Les femmes aiment cela, et ce sera toujours le plus sûr moyen de réussir auprès d'elles!... » Ces derniers mots furent dits avec un dépit concentré. Il s'arrêta et fit jouer le chien de son fusil comme pour déguiser une émotion profonde. — « Ah! bah! dit-il, mon temps est passé! Il faut avoir l'imagination jeune..... et le corps aussi!... Ah! pourquoi me suis-je marié? Ce qu'il y a de plus perfide chez les filles élevées par les mères qui ont vécu à cette brillante époque de la galanterie, c'est qu'elles affichent un air de candeur, une pruderie... Il semble que le miel le plus doux offenserait leurs lèvres délicates, et ceux qui les connaissent savent qu'elles mangeraient des dragées de sel! » Il se leva, haussa son fusil par un mouvement de rage; et, le lançant sur la terre, il en enfonça presque la crosse dans le gazon humide. — « Il paraît que la chère tante aime les fariboles!... » me dit tout bas l'officier. — « Ou les dénoûments qui ne traînent pas! » ajoutai-je. Le neveu tira sa cravate, rajusta son col, et sauta comme une chèvre calabroise. Nous rentrâmes sur les deux heures après midi. Le comte m'emmena chez lui jusqu'au dîner, sous prétexte de chercher quelques médailles desquelles il m'avait parlé pendant notre retour au logis. Le dîner fut sombre. La comtesse prodiguait à son neveu les rigueurs d'une politesse froide. Rentrés au salon, le comte dit à sa femme : — « Vous faites votre trictrac?... nous allons vous laisser. » La jeune comtesse ne répondit pas. Elle regardait le feu et semblait n'avoir pas entendu. Le mari s'avança de quelques pas vers la porte en m'invitant par un geste de main à le suivre. Au bruit de sa marche, sa femme retourna vivement la tête. — « Pourquoi nous quitter?... dit-elle; vous avez bien demain tout le temps de montrer à monsieur des revers de médailles. » Le comte resta. Sans faire attention à la gêne imperceptible qui avait succédé à la grâce militaire de son neveu, le comte déploya pendant toute la soirée le charme inexprimable de sa conversation. Jamais je ne le vis si brillant ni si affectueux. Nous parlâmes beaucoup des femmes. Les plaisanteries de notre hôte furent marquées au coin de la plus exquise délicatesse. Il m'était impossible à moi-même de voir des cheveux blancs sur sa tête chenue; car elle brillait de cette jeunesse de cœur et d'esprit qui efface les rides et fond la neige des hivers. Le lendemain le neveu partit. Même après la mort de monsieur de Nocé, et en cherchant à profiter de l'intimité de ces causeries familières où les femmes ne sont pas toujours sur leurs gardes, je n'ai jamais pu savoir quelle impertinence commit alors le vicomte envers sa tante. Cette insolence devait être bien grave, car depuis cette époque, madame de Nocé n'a pas voulu revoir son neveu et ne peut, même aujourd'hui, en entendre prononcer le nom sans laisser échapper un léger mouvement de sourcils. Je ne devinai pas tout de suite le but de la chasse du comte de Nocé; mais plus tard je trouvai qu'il avait joué bien gros jeu.

Cependant, si vous venez à bout de remporter, comme monsieur de Nocé, une si grande victoire, n'oubliez pas de mettre singulièrement en pratique le système des moxas; et ne vous imaginez pas que l'on puisse recommencer impunément de semblables tours de force. En prodiguant ainsi vos talents, vous finiriez par vous démonétiser dans l'esprit de votre femme ; car elle exigerait de vous en raison double de ce que vous lui donneriez, et il arriverait un moment où vous resteriez court. L'âme humaine est soumise, dans ses désirs, à une sorte de progression arithmétique dont le but et l'origine sont également inconnus. De même que le mangeur d'opium doit toujours doubler ses doses pour obtenir le même résultat, de même notre esprit, aussi impérieux qu'il est faible, veut que les sentiments, les idées et les choses aillent en croissant. De là est venue la nécessité de distribuer habilement l'intérêt dans une œuvre dramatique, comme de graduer les remèdes en médecine. Ainsi vous voyez que si vous abordez jamais l'emploi de ces moyens, vous devez subordonner votre conduite hardie à bien des circonstances, et la réussite dépendra toujours des ressorts que vous emploierez.

Enfin, avez-vous du crédit, des amis puissants? occupez-vous un poste important? Un dernier moyen coupera le mal dans sa racine. N'aurez-vous pas le pouvoir d'enlever à votre femme son amant, par une promotion, par un changement de résidence, ou par une permutation, s'il est militaire? Vous supprimez la correspondance, et nous en donnerons plus tard les moyens; or, *sublatâ causâ, tollitur effectus*, paroles latines qu'on peut traduire à volonté par : pas d'effet sans cause; pas d'argent, pas de Suisses.

Néanmoins vous sentez que votre femme pourrait facilement choisir un autre amant; mais, après ces moyens préliminaires, vous aurez toujours un moxa tout prêt, afin de gagner du temps et voir à vous tirer d'affaire par quelques nouvelles ruses.

Sachez combiner le système des moxas avec les déceptions mimiques de Carlin. L'immortel Carlin, de la comédie italienne, tenait toute une assemblée en suspens et en gaîté pendant des heures entières par ces seuls mots variés avec tout l'art de la pantomime et prononcés de mille inflexions de voix différentes. « Le roi dit à la reine. — La reine dit au roi. » Imitez Carlin. Trouvez le moyen de laisser toujours votre femme en échec, afin de n'être pas *mat* vous-même. Prenez vos grades auprès des ministres constitutionnels dans l'art de promettre. Habituez-vous à savoir montrer à propos le polichinelle qui fait courir un enfant après vous, sans qu'il puisse s'apercevoir du chemin parcouru. Nous sommes tous enfants, et les femmes sont assez disposées par leur curiosité à perdre leur temps à la poursuite d'un feu follet. Flamme brillante et trop tôt évanouie, l'imagination n'est-elle pas là pour vous secourir?

Enfin, étudiez l'art heureux d'être et de ne pas être auprès d'elle, de saisir les moments où vous obtiendrez des succès dans son esprit, sans jamais l'assommer de vous, de votre supériorité, ni même de son bonheur. Si l'ignorance dans laquelle vous la retenez n'a pas tout à fait aboli son esprit, vous vous arrangerez si bien que vous vous désirerez encore quelque temps l'un et l'autre.

MÉDITATION XIV.

DES APPARTEMENTS.

Les moyens et les systèmes qui précèdent sont en quelque sorte purement moraux. Ils participent à la noblesse de notre âme et n'ont rien de répugnant; mais maintenant nous allons avoir recours aux précautions à la Bartholo. N'allez pas mollir. Il y a un courage marital, comme un courage civil et militaire, comme un courage de garde national.

Quel est le premier soin d'une petite fille après avoir acheté une perruche? n'est-ce pas de l'enfermer dans une belle cage d'où elle ne puisse plus sortir sans sa permission?

Cet enfant vous apprend ainsi votre devoir.

Tout ce qui tient à la disposition de votre maison et de ses appartements sera donc conçu dans la pensée de ne laisser à votre femme aucune ressource, au cas où elle aurait décrété de vous livrer au minotaure; car la moitié des malheurs arrivent par les déplorables facilités que présentent les appartements.

Avant tout, songez à avoir pour concierge *un homme seul* et entièrement dévoué à votre personne. C'est un trésor facile à trouver : quel est l'homme qui n'a pas toujours, de par le monde, ou un père nourricier ou quelque vieux serviteur qui jadis l'a fait sauter sur ses genoux?

Une haine d'Atrée et de Thyeste devra s'élever par vos soins entre votre femme et ce Nestor, gardien de votre porte. Cette porte est l'Alpha et l'Oméga d'une intrigue. Toutes les intrigues en amour ne se réduisent-elles pas toujours à ceci : entrer, sortir?

Votre maison ne vous servirait à rien si elle n'était pas entre cour et jardin, et construite de manière à n'être en contact avec nulle autre.

Vous supprimerez d'abord dans vos appartements de réception

les moindres cavités. Un placard, ne contînt-il que six pots de confitures, doit être muré. Vous vous préparez à la guerre, et la première pensée d'un général est de couper les vivres à son ennemi. Aussi, toutes les parois seront-elles pleines, afin de présenter à l'œil des lignes faciles à parcourir, et qui permettent de reconnaître sur-le-champ le moindre objet étranger. Consultez les restes des monuments antiques, et vous verrez que la beauté des appartements grecs et romains venait principalement de la pureté des lignes, de la netteté des parois, de la rareté des meubles. Les Grecs auraient souri de pitié en apercevant dans un salon les hiatus de nos armoires.

Ce magnifique système de défense sera surtout mis en vigueur dans l'appartement de votre femme. Ne lui laissez jamais draper son lit de manière à ce qu'on puisse se promener autour dans un dédale de rideaux. Soyez impitoyable sur les communications. Mettez sa chambre au bout de vos appartements de réception. N'y souffrez d'issue que sur les salons, afin de voir, d'un seul regard, ceux qui vont et viennent chez elle.

Le Mariage de Figaro vous aura sans doute appris à placer la chambre de votre femme à une grande hauteur du sol. Tous les célibataires sont des Chérubins.

Votre fortune donne, sans doute, à votre femme le droit d'exiger un cabinet de toilette, une salle de bain et l'appartement d'une femme de chambre; alors, pensez à Suzanne, et ne commettez jamais la faute de pratiquer ce petit appartement-là au-dessous de celui de madame; mettez-le toujours au-dessus; et ne craignez pas de déshonorer votre hôtel par de hideuses coupures dans les fenêtres.

Si le malheur veut que ce dangereux appartement communique avec celui de votre femme par un *escalier dérobé*, consultez longtemps votre architecte; que son génie s'épuise à rendre à cet escalier sinistre, l'innocence de l'escalier primitif, l'échelle du meunier; que cet escalier, nous vous en conjurons, n'ait acune cavité perfide; que ses marches anguleuses et roides ne présentent jamais cette voluptueuse courbure dont se trouvaient si bien Faublas et Justine en attendant que le marquis de B*** fût sorti. Les architectes, aujourd'hui, font des escaliers préférables à des ottomanes. Rétablissez plutôt le vertueux colimaçon de nos ancêtres.

En ce qui concerne les cheminées de l'appartement de madame

vous aurez soin de placer dans les tuyaux une grille en fer à cinq pieds de hauteur au-dessus du manteau de la cheminée, dût-on la sceller de nouveau à chaque ramonage. Si votre femme trouvait cette précaution ridicule, alléguez les nombreux assassinats commis au moyen des cheminées. Presque toutes les femmes ont peur des voleurs.

Le lit est un de ces meubles décisifs dont la structure doit être longuement méditée. Là tout est d'un intérêt capital. Voici les résultats d'une longue expérience. Donnez à ce meuble une forme assez originale pour qu'on puisse toujours le regarder sans déplaisir au milieu des modes qui se succèdent avec rapidité en détruisant les créations précédentes du génie de nos décorateurs, car il est essentiel que votre femme ne puisse pas changer à volonté ce théâtre du plaisir conjugal. La base de ce meuble sera pleine, massive, et ne laissera aucun intervalle perfide entre elle et le parquet. Et souvenez-vous bien que la dona Julia de Byron avait caché don Juan sous son oreiller. Mais il serait ridicule de traiter légèrement un sujet si délicat.

LXII.

Le lit est tout le mariage.

Aussi ne tarderons-nous pas à nous occuper de cette admirable création du génie humain, invention que nous devons inscrire dans notre reconnaissance bien plus haut que les navires, que les armes à feu, que le briquet de Fumade, que les voitures et leurs roues, que les machines à vapeur, à simple ou double pression, à siphon ou à détente, plus haut même que les tonneaux et les bouteilles. D'abord, le lit tient de tout cela, pour peu qu'on y réfléchisse; mais si l'on vient à songer qu'il est notre second père, et que la moitié la plus tranquille et la plus agitée de notre existence s'écoule sous sa couronne protectrice, les paroles manquent pour faire son éloge. (Voyez la Méditation XVII, intitulée : *Théorie du lit.*)

Lorsque la *guerre,* de laquelle nous parlerons dans notre Troisième Partie, éclatera entre vous et madame, vous aurez toujours d'ingénieux prétextes pour fouiller dans ses commodes et dans ses secrétaires; car si votre femme s'avisait de vous dérober une statue, il est de votre intérêt de savoir où elle l'a cachée. Un *gynécée* construit d'après ce système vous permettra de reconnaître d'un seul coup d'œil s'il contient deux livres de soie de plus qu'à l'ordinaire. Laissez-y pratiquer une seule armoire, vous êtes perdu! ccoutumez surtout votre femme, pendant la Lune de Miel, à éployer une excessive recherche dans la tenue des appartements : ue rien n'y traîne. Si vous ne l'habituez pas à un soin minutieux, i les mêmes objets ne se retrouvent pas éternellement aux mêmes laces, elle vous introduirait un tel désordre, que vous ne pourriez lus voir s'il y a ou non les deux livres de soie de plus ou de moins.

Les rideaux de vos appartements seront toujours en étoffes très-diaphanes, et le soir vous contracterez l'habitude de vous promener de manière à ce que madame ne soit jamais surprise de vous voir aller jusqu'à la fenêtre par distraction. Enfin, pour finir l'article des croisées, faites-les construire dans votre hôtel de telle sorte que l'appui ne soit jamais assez large pour qu'on y puisse placer un sac de farine.

L'appartement de votre femme une fois arrangé d'après ces principes, existât-il dans votre hôtel des niches à loger tous les saints du Paradis, vous êtes en sûreté. Vous pourrez tous les soirs, de concert avec votre ami le concierge, balancer l'entrée par la sortie ; et, pour obtenir des résultats certains, rien ne vous empêcherait même de lui apprendre à tenir un livre de visites en partie double.

Si vous avez un jardin, ayez la passion des chiens. En laissant toujours sous vos fenêtres un de ces incorruptibles gardiens, vous tiendrez en respect le Minotaure, surtout si vous habituez votre ami quadrupède à ne rien prendre de substantiel que de la main de votre concierge, afin que des célibataires sans délicatesse ne puissent pas l'empoisonner.

Toutes ces précautions se prendront naturellement et de manière à n'éveiller aucun soupçon. Si des hommes ont été assez imprudents pour ne pas avoir établi, en se mariant, leur domicile conjugal d'après ces savants principes, ils devront au plus tôt vendre leur hôtel, en acheter un autre, ou prétexter des réparations et remettre la maison à neuf.

Vous bannirez impitoyablement de vos appartements les canapés, les ottomanes, les causeuses, les chaises longues, etc. D'abord, ces meubles ornent maintenant le ménage des épiciers, on les trouve partout, même chez les coiffeurs : mais c'est essentiellement des meubles de perdition ; jamais je n'ai pu les voir sans frayeur, il m'a toujours semblé y apercevoir le diable avec ses cornes et son pied fourchu.

Peut-on le faire tailler comme il
[illegible]

Après tout rien de si dangereux qu'une chaise, et il est bien malheureux qu'on ne puisse pas enfermer les femmes entre quatre murs!... Quel est le mari qui, en s'asseyant sur une chaise disjointe, n'est pas toujours porté à croire qu'elle a reçu l'instruction du *Sopha* de Crébillon fils? Mais nous avons heureusement arrangé vos appartements d'après un système de prévision tel que rien ne peut y arriver de fatal, à moins que vous n'y consentiez par votre négligence.

Un défaut que vous contracterez (et ne vous en corrigez jamais) sera une espèce de curiosité distraite qui vous portera sans cesse à examiner toutes les boîtes, à mettre cen dessus dessous les nécessaires. Vous procéderez à cette visite domiciliaire avec originalité, gracieusement, et chaque fois vous obtiendrez votre pardon en excitant la gaieté de votre femme.

Vous manifesterez toujours aussi l'étonnement le plus profond à l'aspect de chaque meuble nouvellement mis dans cet appartement si bien rangé. Sur-le-champ vous vous en ferez expliquer l'utilité; puis vous mettrez votre esprit à la torture pour deviner s'il n'a point un emploi tacite, s'il n'enferme pas de perfides cachettes.

Ce n'est pas tout. Vous avez trop d'esprit pour ne pas sentir que votre jolie perruche ne restera dans sa cage qu'autant que cette cage sera belle. Les moindres accessoires respireront donc l'élégance et le goût. L'ensemble offrira sans cesse un tableau simple et gracieux. Vous renouvellerez souvent les tentures et les mousselines. La fraîcheur du décor est trop essentielle pour économiser sur cet article. C'est le mouron matinal que les enfants mettent soigneusement dans la cage de leurs oiseaux, pour leur faire croire à la verdure des prairies. Un appartement de ce genre est alors l'*ultima ratio* des maris : une femme n'a rien à dire quand on lui a tout prodigué.

Les maris condamnés à habiter des appartements à loyer sont dans la plus horrible de toutes les situations.

Quelle influence heureuse ou fatale le portier ne peut-il pas exercer sur leur sort!

Leur maison ne sera-t-elle pas flanquée à droite et à gauche de deux autres maisons? Il est vrai qu'en plaçant d'un seul côté l'appartement de leurs femmes, le danger diminuera de moitié; mais ne sont-ils pas obligés d'apprendre par cœur et de méditer l'âge, l'état, la fortune, le caractère, les habitudes des locataires de la maison voisine et d'en connaître même les amis et les parents?

Un mari sage ne se logera jamais à un rez-de-chaussée.

Tout homme peut appliquer à son appartement les précautions que nous avons conseillées au propriétaire d'un hôtel, et alors le locataire aura sur le propriétaire cet avantage, qu'un appartement occupant moins d'espace est beaucoup mieux surveillé.

MÉDITATION XV.

DE LA DOUANE.

— Eh! non, madame, non...

— Car, monsieur, il y aurait là quelque chose de si inconvenant...

— Croyez-vous donc, madame, que nous voulions prescrire de visiter, comme aux barrières, les personnes qui franchissent le seuil de vos appartements ou qui en sortent furtivement, afin de voir s'ils ne vous apportent pas quelque bijou de contrebande? Eh! mais il n'y aurait rien là de décent; et nos procédés, madame, n'auront rien d'odieux, partant rien de fiscal : rassurez-vous.

— Monsieur, la douane conjugale est de tous les expédients de cette Seconde Partie celui qui peut-être réclame de vous le plus de tact, de finesse, et le plus de connaissances acquises *à priori*, c'est-à-dire avant le mariage. Pour pouvoir *exercer*, un mari doit avoir fait une étude profonde du livre de Lavater et s'être pénétré de tous ses principes; avoir habitué son œil et son entendement à juger, à saisir, avec une étonnante promptitude, les plus légers indices physiques par lesquels l'homme trahit sa pensée.

La Physiognomonie de Lavater a créé une véritable science. Elle a pris place enfin parmi les connaissances humaines. Si, d'abord, quelques doutes, quelques plaisanteries accueillirent l'apparition de ce livre; depuis, le célèbre docteur Gall est venu, par sa belle théorie du crâne, compléter le système du Suisse, et donner de la solidité à ses fines et lumineuses observations. Les gens d'esprit, les diplomates, les femmes, tous ceux qui sont les rares et fervents disciples de ces deux hommes célèbres, ont souvent eu l'occasion de remarquer bien d'autres signes évidents auxquels on reconnaît la pensée humaine. Les habitudes du corps, l'écriture, le son de la voix, les manières ont plus d'une fois éclairé la femme qui aime, le diplomate qui trompe, l'administrateur habile ou le souverain obligés de démêler d'un coup d'œil l'amour, la trahison ou le mérite inconnus. L'homme dont l'âme agit avec force est comme un pauvre ver-luisant qui, à son insu, laisse échapper la lumière par tous ses pores. Il se meut dans une sphère brillante où chaque effort amène un ébranlement dans la lueur et dessine ses mouvements par de longues traces de feu.

Voilà donc tous les éléments des connaissances que vous devez posséder, car la douane conjugale consiste uniquement dans un examen rapide, mais approfondi, de l'état moral et physique de tous les êtres qui entrent et sortent de chez vous, lorsqu'ils ont vu ou vont voir votre femme. Un mari ressemble alors à une araignée qui, au centre de sa toile imperceptible, reçoit une secousse de la moindre mouche étourdie, et, de loin, écoute, juge, voit ou la proie ou l'ennemi.

Ainsi, vous vous procurerez les moyens d'examiner le célibataire qui sonne à votre porte, dans deux situations bien distinctes : quand il va entrer, quand il est entré.

Au moment d'entrer, combien de choses ne dit-il pas sans seulement desserrer les dents!...

Soit que d'un léger coup de main, ou en plongeant ses doigts à plusieurs reprises dans ses cheveux, il en abaisse et en rehausse le toupet caractéristique;

Soit qu'il fredonne un air italien ou français, joyeux ou triste, d'une voix de ténor, de contr'alto, de soprano, ou de baryton;

Soit qu'il s'assure si le bout de sa cravate significative est toujours placé avec grâce;

Soit qu'il aplatisse le jabot bien plissé ou en désordre d'une chemise de jour ou de nuit;

Soit qu'il cherche à savoir par un geste interrogateur et furtif si sa perruque blonde ou brune, frisée ou plate, est toujours à sa place naturelle;

Soit qu'il examine si ses ongles sont propres ou bien coupés;

Soit que, d'une main blanche ou peu soignée, bien ou mal gantée, il refrise ou sa moustache ou ses favoris, ou soit qu'il les passe et repasse entre les dents d'un petit peigne d'écaille;

Soit que par des mouvements doux et répétés, il cherche à placer son menton dans le centre exact de sa cravate;

Soit qu'il se dandine d'un pied sur l'autre, les mains dans ses poches;

Soit qu'il tourmente sa botte, en la regardant, comme s'il se disait : « Eh ! mais, voilà un pied qui n'est certes pas mal tourné !... »

Soit qu'il arrive à pied ou en voiture, qu'il efface ou non la légère empreinte de boue qui salit sa chaussure ;

Soit même qu'il reste immobile, impassible comme un Hollandais qui fume ;

Soit que, les yeux attachés à cette porte, il ressemble à une âme sortant du purgatoire et attendant saint Pierre et ses clefs ;

Soit qu'il hésite à tirer le cordon de la sonnette ; et soit qu'il le saisisse négligemment, précipitamment, familièrement ou comme un homme sûr de son fait ;

Soit qu'il ait sonné timidement, faisant retentir un tintement perdu dans le silence des appartements comme un premier coup de matines en hiver dans un couvent de Minimes ; ou soit qu'après avoir sonné avec vivacité, il sonne encore, impatienté de ne pas entendre les pas d'un laquais ;

Soit qu'il donne à son haleine un parfum délicat en mangeant une pastille de cachundé ;

Soit qu'il prenne d'un air empesé une prise de tabac, en en chassant soigneusement les grains qui pourraient altérer la blancheur de son linge ;

Soit qu'il regarde autour de lui, en ayant l'air d'estimer la lampe de l'escalier, le tapis, la rampe, comme s'il était marchand de meubles, ou entrepreneur de bâtiments ;

Soit enfin que ce célibataire soit jeune ou âgé, ait froid ou chaud, arrive lentement, tristement ou joyeusement, etc.

Vous sentez qu'il y a là, sur la marche de votre escalier, une masse étonnante d'observations.

Les légers coups de pinceau que nous avons essayé de donner à cette figure vous montrent, en elle, un véritable kaléidoscope moral avec ses millions de désinences. Et nous n'avons même pas voulu faire arriver de femme sur ce seuil révélateur ; car nos remarques, déjà considérables, seraient devenues innombrables et légères comme les grains de sable de la mer.

En effet, devant cette porte fermée, un homme se croit entièrement seul ; et, pour peu qu'il attende, il y commence un monologue muet, un soliloque indéfinissable, où tout, jusqu'à son pas, dévoile ses espérances, ses désirs, ses intentions, ses secrets, ses qualités, ses défauts, ses vertus, etc. ; enfin, un homme est, sur un palier, comme une jeune fille de quinze ans dans un confessionnal, la veille de sa première communion.

En voulez-vous la preuve?... Examinez le changement subit opéré sur cette figure et dans les manières de ce célibataire aussitôt que de dehors il arrive au dedans. Le machiniste de l'Opéra, la température, les nuages ou le soleil, ne changent pas plus vite l'aspect d'un théâtre, de l'atmosphère et du ciel.

A la première dalle de votre antichambre, de toutes les myriades d'idées que ce célibataire vous a trahies avec tant d'innocence sur l'escalier, il ne reste pas même un regard auquel on puisse rattacher une observation. La grimace sociale de convention a tout enveloppé d'un voile épais; mais un mari habile a dû déjà deviner, d'un seul coup d'œil, l'objet de la visite, et lire dans l'âme de l'arrivant comme dans un livre.

La manière dont on aborde votre femme, dont on lui parle, dont on la regarde, dont on la salue, dont on la quitte.... il y á là des volumes d'observations plus minutieuses les unes que les autres.

Le timbre de la voix, le maintien, la gêne, un sourire, le silence même, la tristesse, les prévenances à votre égard, tout est indice, et tout doit être étudié d'un regard, sans effort. Vous devez cacher la découverte la plus désagréable sous l'aisance et le langage abondant d'un homme de salon. Dans l'impuissance où nous nous trouvons d'énumérer les immenses détails du sujet, nous nous en remettons entièrement à la sagacité du lecteur, qui doit apercevoir l'étendue de cette science; elle commence à l'analyse des regards et finit à la perception des mouvements que le dépit imprime à un orteil caché sous le satin d'un soulier ou sous le cuir d'une botte.

Mais la sortie!... car il faut le prévoir le cas où vous aurez manqué votre rigoureux examen au seuil de la porte, et la sortie devient alors d'un intérêt capital, d'autant plus que cette nouvelle étude du célibataire doit se faire avec les mêmes éléments, mais en sens inverse de la première.

Il existe cependant, dans la sortie, une situation toute particulière; c'est le moment où l'ennemi a franchi tous les retranchements dans lesquels il pouvait être observé, et qu'il arrive à la rue!... Là, un homme d'esprit doit deviner toute une visite en voyant un homme sous une porte cochère. Les indices sont bien plus rares, mais aussi quelle clarté! C'est le dénouement, et l'homme en trahit sur-le-champ la gravité par l'expression la plus simple du bonheur, de la peine ou de la joie.

Les révélations sont alors faciles à recueillir : c'est un regard jeté ou sur la maison, ou sur les fenêtres de l'appartement ; c'est une démarche lente ou oisive ; le frottement des mains du sot, ou la course sautillante du fat, ou la station involontaire de l'homme profondément ému : enfin, vous aviez sur le palier les questions aussi nettement posées que si une académie de province proposait cent écus pour un discours ; à la sortie, les solutions sont claires et précises. Notre tâche serait au-dessus des forces humaines s'il fallait dénombrer les différentes manières dont les hommes trahissent leurs sensations : là, tout est tact et sentiment.

Si vous appliquez ces principes d'observation aux étrangers, à plus forte raison soumettrez-vous votre femme aux mêmes formalités.

Un homme marié doit avoir fait une étude profonde du visage de sa femme. Cette étude est facile, elle est même involontaire et de tous les moments. Pour lui, cette belle physionomie de la femme ne doit plus avoir de mystères. Il sait comment les sensations s'y peignent, et sous quelle expression elles se dérobent au feu du regard.

Le plus léger mouvement de lèvres, la plus imperceptible contraction des narines, les dégradations insensibles de l'œil, l'altération de la voix, et ces nuages indéfinissables qui enveloppent les traits, ou ces flammes qui les illuminent, tout est langage pour vous.

Cette femme est là : tous la regardent, et nul ne peut comprendre sa pensée. Mais, pour vous, la prunelle est plus ou moins colorée, étendue, ou resserrée ; la paupière a vacillé, le sourcil a remué ; un pli, effacé aussi rapidement qu'un sillon sur la mer, a paru sur le front ; la lèvre a été rentrée, elle a légèrement fléchi ou s'est animée... pour vous, la femme a parlé.

Si, dans ces moments difficiles où une femme dissimule en présence de son mari, vous avez l'âme du Sphinx pour la deviner, vous sentez bien que les principes de la douane deviennent un jeu d'enfant à son égard.

En arrivant chez elle ou en sortant, lorsqu'elle se croit seule, enfin votre femme a toute l'imprudence d'une corneille, et se dirait tout haut, à elle-même, son secret : aussi par le changement subit de ses traits au moment où elle vous voit, contraction qui, malgré la rapidité de son jeu, ne s'opère pas assez vite pour ne pas laisser voir l'expression qu'avait le visage en votre absence, vous devez lire dans son âme comme dans un livre de plain-chant. Enfin votre femme se trouvera souvent sur le seuil aux monologues, et là, un mari peut à chaque instant vérifier les sentiments de sa femme.

Est-il un homme assez insouciant des mystères de l'amour pour n'avoir pas, maintes fois, admiré le pas léger, menu, coquet d'une femme qui vole à un rendez-vous? Elle se glisse à travers la foule comme un serpent sous l'herbe. Les modes, les étoffes et les piéges éblouissants tendus par les lingères déploient vainement pour elle leurs séductions; elle va, elle va, semblable au fidèle animal qui cherche la trace invisible de son maître, sourde à tous les compliments, aveugle à tous les regards, insensible même aux légers froissements inséparables de la circulation humaine dans Paris. Oh! comme elle sent le prix d'une minute! Sa démarche, sa toilette, son visage commettent mille indiscrétions. Mais, ô quel ravissant tableau pour le flâneur, et quelle page sinistre pour un mari, que la physionomie de cette femme quand elle revient de ce logis secret sans cesse habité par son âme!... Son bonheur est signé jusque dans l'imprescriptible imperfection de sa coiffure dont le gracieux édifice et les tresses ondoyantes n'ont pas su prendre, sous le peigne cassé du célibataire, cette teinte luisante, ce tour élégant et arrêté que leur imprime la main sûre de la caméristе. Et quel adorable laissez-aller dans la démarche! Comment rendre ce sentiment qui répand de si riches couleurs sur son teint, qui ôte à ses yeux toute leur assurance et qui tient à la mélancolie et à la gaieté, à la pudeur et à l'orgueil par tant de liens!

Ces indices, volés à la Méditation *des derniers symptômes*, et qui appartiennent à une situation dans laquelle une femme essaie de tout dissimuler, vous permettent de deviner, par analogie, l'opulente moisson d'observations qu'il vous est réservé de recueillir quand votre femme arrive chez elle, et que, le grand crime n'étant pas encore commis, elle livre innocemment le secret de ses pensées. Quant à nous, nous n'avons jamais vu de palier sans avoir envie d'y clouer une rose des vents et une girouette.

Les moyens à employer pour parvenir à se faire dans sa maison une sorte d'observatoire dépendant entièrement des lieux et des circonstances, nous nous en rapportons à l'adresse des jaloux pour exécuter les prescriptions de cette Méditation.

MÉDITATION XVI.

CHARTE CONJUGALE.

J'avoue que je ne connais guère à Paris qu'une seule maison conçue d'après le système développé dans les deux Méditations précédentes. Mais je dois ajouter aussi que j'ai bâti le système d'après la maison. Cette admirable forteresse appartient à un jeune maître des requêtes, ivre d'amour et de jalousie.

Quand il apprit qu'il existait un homme exclusivement occupé de perfectionner le mariage en France, il eut l'honnêteté de m'ouvrir les portes de son hôtel et de m'en faire voir le gynécée. J'admirai le profond génie qui avait si habilement déguisé les précautions d'une jalousie presque orientale sous l'élégance des meubles, sous la beauté des tapis et la fraîcheur des peintures. Je convins qu'il était impossible à sa femme de rendre son appartement complice d'une trahison.

— Monsieur, dis-je à l'Otello du Conseil-d'état qui ne me paraissait pas très-fort sur la haute politique conjugale, je ne doute pas que madame la vicomtesse n'ait beaucoup de plaisir à demeurer au sein de ce petit paradis; elle doit même en avoir prodigieusement, surtout si vous y êtes souvent; mais un moment viendra où elle en aura assez; car, monsieur, on se lasse de tout, même du sublime. Comment ferez-vous alors quand madame la vicomtesse, ne trouvant plus à toutes vos inventions leur charme primitif, ouvrira la bouche pour bâiller, et peut-être pour vous présenter une requête tendant à obtenir l'exercice de deux droits indispensables à son bonheur : la liberté individuelle, c'est-à-dire la faculté d'aller et de venir selon le caprice de sa *volonté;* et la liberté de la presse, ou la faculté d'écrire et de recevoir des lettres; sans avoir à craindre votre censure?...

A peine avais-je achevé ces paroles, que monsieur le vicomte de V*** me serra fortement le bras, et s'écria : — Et voilà bien l'ingratitude des femmes! S'il y a quelque chose de plus ingrat qu'un roi, c'est un peuple; mais, monsieur, la femme est encore plus ingrate qu'eux tous. Une femme mariée en agit avec nous comme les citoyens d'une monarchie constitutionnelle avec un roi : on a beau assurer à ceux-là une belle existence dans un beau pays; un gouvernement a beau se donner toutes les peines du monde avec des gendarmes, des chambres, une administration et tout l'attirail de la force armée, pour empêcher un peuple de mourir de faim, pour éclairer les villes par le gaz aux dépens des citoyens, pour chauffer tout son monde par le soleil du quarante-cinquième degré de latitude, et pour interdire enfin à tous autres qu'aux percepteurs de demander de l'argent; il a beau paver, tant bien que mal, des routes,... eh! bien, aucun des avantages d'une si belle *utopie* n'est apprécié! Les citoyens veulent autre chose!... Ils n'ont pas honte de réclamer encore le droit de se promener à volonté sur ces routes, celui de savoir où va l'argent donné aux percepteurs; et enfin le monarque serait tenu de fournir à chacun une petite part du trône, s'il fallait écouter les bavardages de quelques écrivassiers, ou adopter certaines idées tricolores, espèces de polichinelles que fait jouer une troupe de soi-disant patriotes, gens de sac et de corde, toujours prêts à vendre leurs consciences pour un million, pour une femme honnête ou une couronne ducale.

— Monsieur le vicomte, dis-je en l'interrompant, je suis parfaitement de votre avis sur ce dernier point, mais que ferez-vous pour éviter de répondre aux justes demandes de votre femme?

— Monsieur, je ferai..., je répondrai comme font et comme répondent les gouvernements, qui ne sont pas aussi bêtes que les membres de l'Opposition voudraient le persuader à leurs commettants. Je commencerai par octroyer solennellement une espèce de constitution, en vertu de laquelle ma femme sera déclarée entièrement libre. Je reconnaîtrai pleinement le droit qu'elle a d'aller où bon lui semble, d'écrire à qui elle veut, et de recevoir des lettres en m'interdisant d'en connaître le contenu. Ma femme aura tous les droits du parlement anglais : je la laisserai parler tant qu'elle voudra, discuter, proposer des mesures fortes et énergiques, mais sans qu'elle puisse les mettre à exécution, et puis après.... nous verrons!

— Par saint Joseph!... dis-je en moi-même, voilà un homme qui comprend aussi bien que moi la science du mariage. — Et puis vous verrez, monsieur, répondis-je à haute voix pour obtenir de plus amples révélations, vous verrez que vous serez, un beau matin, tout aussi sot qu'un autre.

— Monsieur, reprit-il gravement, permettez-moi d'achever. Voilà ce que les grands politiques appellent une théorie, mais ils savent faire disparaître cette théorie par la pratique, comme une vraie fumée; et les ministres possèdent encore mieux que tous les avoués de Normandie l'art d'emporter *le fond* par *la forme*. Monsieur de Metternich et monsieur de Pilat, hommes d'un profond mérite, se demandent depuis long-temps si l'Europe est dans son bon sens, si elle rêve, si elle sait où elle va, si elle a jamais raisonné, chose impossible aux masses, aux peuples et aux femmes. Messieurs de Metternich et de Pilat sont effrayés de voir ce siècle-ci poussé par la manie des constitutions, comme le précédent l'était par la philosophie, et comme celui de Luther l'était par la réforme des abus de la religion romaine; car il semble vraiment que les générations soient semblables à des conspirateurs dont les actions marchent séparément au même but en se passant le mot d'ordre. Mais ils s'effraient à tort, et c'est en cela seulement que je les condamne, car ils ont raison de vouloir jouir du pouvoir, sans que des bourgeois arrivent, à jour fixe, du fond de chacun de leurs six royaumes pour les taquiner. Comment des hommes si remarquables n'ont-ils pas su deviner la profonde moralité que renferme la comédie constitutionnelle, et voir qu'il est de la plus haute politique de laisser un os à ronger au siècle? Je pense absolument comme eux relativement à la souveraineté. Un *pouvoir* est un être moral aussi intéressé qu'un homme à sa conservation. Le sentiment de la conservation est dirigé par un principe essentiel, exprimé en trois mots : *Ne rien perdre*. Pour ne rien perdre, il faut croître, ou rester infini; car un pouvoir stationnaire est nul. S'il rétrograde, ce n'est plus un pouvoir, il est entraîné par un autre. Je sais, comme ces messieurs, dans quelle situation fausse se trouve un pouvoir infini qui fait une concession? il laisse naître dans son existence un autre pouvoir dont l'essence sera de grandir. L'un anéantira nécessairement l'autre, car tout être tend au plus grand développement possible de ses forces. Un pouvoir ne fait donc jamais de concessions qu'il ne tente de les reconquérir. Ce combat entre les deux pouvoirs constitue nos gouvernements constitutionnels, dont le jeu épouvante à tort le patriarche de la diplomatie autrichienne, parce que, comédie pour comédie, la moins périlleuse et la plus lucrative est celle que jouent l'Angleterre et la France. Ces deux patries ont dit au peuple : « Tu es libre! » et il a été content; il entre dans le gouvernement comme une foule de zéros qui donnent de la valeur à l'unité. Mais le peuple veut-il se remuer, on commence avec lui le drame du dîner de Sancho, quand l'écuyer, devenu souverain de son île en terre-ferme, essaie de manger. Or, nous autres hommes, nous devons parodier cette admirable scène au sein de nos ménages. Ainsi, ma femme a bien le droit de sortir, mais en me déclarant où elle va, comment elle va, pour quelle affaire elle va, et quand elle reviendra. Au lieu d'exiger ces renseignements avec la brutalité de nos polices, qui se perfectionneront sans doute un jour, j'ai le soin de revêtir les formes les plus gracieuses. Sur mes lèvres, dans mes yeux, sur mes traits, se jouent et paraissent tour à tour les accents et les signes de la curiosité et de l'indifférence, de la gravité et de la plaisanterie, de la contradiction et de l'amour. C'est de petites scènes conjugales pleines d'esprit, de finesse et de grâce, qui sont très-agréables à jouer. Le jour où j'ai ôté de dessus la tête de ma femme la couronne de fleurs d'oranger qu'elle portait, j'ai compris que nous avions joué, comme au couronnement d'un roi, les premiers lazzis d'une longue comédie. —J'ai des gendarmes!... J'ai ma garde royale, j'ai mes procureurs généraux, moi!... reprit-il avec une sorte d'enthousiasme. Est-ce que je souffre jamais que madame aille à pied sans être accompagnée d'un laquais en livrée? Cela n'est-il pas du meilleur ton? sans compter l'agrément qu'elle a de dire à tout le monde : — J'ai des gens. Mais mon principe conservateur a été de toujours faire coïncider mes courses avec celles de ma femme, et depuis deux ans j'ai su lui prouver que c'était pour moi un plaisir toujours nouveau de lui donner le bras. S'il fait mauvais à marcher, j'essaie de lui apprendre à conduire avec aisance un cheval fringant; mais je vous jure que je m'y prends de manière à ce qu'elle ne le sache pas de sitôt!... Si, par hasard ou par l'effet de sa volonté bien prononcée, elle voulait s'échapper sans passe-port, c'est-à-dire dans sa voiture et seule, n'ai-je pas un cocher, un heiduque, un groom? Alors ma femme peut aller où elle veut, elle emmène toute une *sainte hermandad*, et je suis bien tranquille... Mais, mon cher monsieur, combien de moyens n'avons-nous pas de détruire la charte conjugale par la pratique, et la lettre par l'interprétation! J'ai remarqué que les mœurs de la haute société comportent une flânerie qui dévore la moitié de la vie d'une femme, sans qu'elle puisse se sentir vivre. J'ai, pour mon compte, formé le projet d'amener adroitement ma femme jusqu'à quarante ans sans qu'elle songe à l'adultère, de même que feu Musson s'amusait à mener un bourgeois de la rue Saint-Denis à Pierrefitte, sans qu'il se doutât d'avoir quitté l'ombre du clocher de Saint-Leu.

— Comment! lui dis-je en l'interrompant, auriez-vous par hasard deviné ces admirables déceptions que je me proposais de décrire dans une Méditation, intitulée : *Art de mettre la mort dans la vie !*..... Hélas! je croyais être le premier qui eût découvert cette science. Ce titre concis m'avait été suggéré par le récit que fit un jeune médecin d'une admirable composition inédite de Crabbe. Dans cet ouvrage, le poète anglais a su personnifier un être fantastique, nommé *la Vie dans la Mort*. Ce personnage poursuit à travers les océans du monde un squelette animé, appelé *la Mort dans la Vie*. Je me souviens que peu de personnes, parmi les convives de l'élégant traducteur de la poésie anglaise, comprirent le sens mystérieux de cette fable aussi vraie que fantastique. Moi seul, peut-être, plongé dans un silence brute, je songeais à ces générations entières qui, poussées par la VIE, passent sans vivre. Des figures de femmes s'élevaient devant moi par milliers, par myriades, toutes mortes, chagrines, et versant des larmes de désespoir en contemplant les heures perdues de leur jeunesse ignorante. Dans le lointain, je voyais naître une Méditation railleuse, j'en entendais déjà les rires sataniques; et vous allez sans doute la tuer..... Mais voyons, confiez-moi promptement les moyens que vous avez trouvés pour aider une femme à gaspiller les moments rapides où elle est dans la fleur de sa beauté, dans la force de ses désirs... Peut-être m'aurez-vous laissé quelques stratagèmes, quelques ruses à décrire.....

Le vicomte se mit à rire de ce désappointement d'auteur, et me dit d'un air satisfait : — Ma femme a, comme toutes les jeunes personnes de notre bienheureux siècle, appuyé ses doigts, pendant trois ou quatre années consécutives, sur les touches d'un piano qui n'en pouvait mais. Elle a déchiffré Beethoven, fredonné les ariettes de Rossini et parcouru les exercices de Crammer. Or, j'ai déjà eu le soin de la convaincre de sa supériorité en musique : pour atteindre à ce but, j'ai applaudi, j'ai écouté sans bâiller les plus ennuyeuses sonates du monde, et je me suis résigné à lui donner une loge aux Bouffons. Aussi ai-je gagné trois soirées paisibles sur les sept que Dieu a créées dans la semaine. Je suis à l'affût des *maisons à musique*. A Paris, il existe des salons qui ressemblent exactement à des tabatières d'Allemagne, espèces de *Componiums* perpétuels où je vais régulièrement chercher des indigestions d'harmonie, que ma femme nomme des concerts. Mais aussi, la plupart du temps, s'enterre-t-elle dans ses partitions.....

— Hé! monsieur, ne connaissez-vous donc pas le danger qu'il y a de développer chez une femme le goût du chant, et de la laisser livrée à toutes les excitations d'une vie sédentaire?... Il ne vous manquerait plus que de la nourrir de mouton, et de lui faire boire de l'eau.

— Ma femme ne mange jamais que des blancs de volaille, et j'ai soin de toujours faire succéder un bal à un concert, un rout à une représentation des Italiens! Aussi ai-je réussi à la faire coucher pendant six mois de l'année entre une heure et deux du matin. Ah! monsieur, les conséquences de ce coucher matinal sont incalculables! D'abord, chacun de ces plaisirs nécessaires est accordé comme une faveur, et je suis censé faire constamment la volonté de ma femme : alors je lui persuade, sans dire un seul mot, qu'elle s'est constamment amusée depuis six heures du soir, époque de notre dîner et de sa toilette, jusqu'à onze heures du matin, heure à laquelle nous nous levons.

— Ah! monsieur, quelle reconnaissance ne vous doit-elle pas pour une vie si bien remplie!...

— Je n'ai donc plus guère que trois heures dangereuses à passer; mais n'a-t-elle pas des sonates à étudier, des airs à répéter?... N'ai-je pas toujours des promenades au bois de Boulogne à proposer, des calèches à essayer, des visites à rendre, etc.? Ce n'est pas tout. Le plus bel ornement d'une femme est une propreté recherchée, ses soins à cet égard ne peuvent jamais avoir d'excès ni de ridicule : or, la toilette m'a encore offert les moyens de lui faire consumer les plus beaux moments de sa journée.

— Vous êtes digne de m'entendre!.... m'écriai-je. Eh! bien, monsieur, vous lui mangerez quatre heures par jour si vous voulez lui apprendre un art inconnu aux plus recherchées de nos petites-maîtresses modernes... Dénombrez à madame de V*** les étonnantes précautions créées par le luxe oriental des dames romaines, nommez-lui les esclaves employées seulement au bain chez l'impératrice Poppée : les *Unctores*, les *Fricatores*, les *Alipilarili*, les *Dropacistæ*, les *Paratiltriæ*, les *Picatrices*, les *Tractatri-*

ces, les essuyeurs en cygne, que sais-je?... Entretenez-la de cette multitude d'esclaves dont la nomenclature a été donnée par Mirabeau dans son *Erotika Biblion*. Pour qu'elle essaie à remplacer tout ce monde-là, vous aurez de belles heures de tranquillité, sans compter les agréments personnels qui résulteront pour vous de l'importation dans votre ménage du système de ces illustres Romaines dont les moindres cheveux artistement disposés avaient reçu des rosées de parfums, dont la moindre veine semblait avoir conquis un sang nouveau dans la myrrhe, le lin, les parfums, les ondes, les fleurs, le tout au son d'une musique voluptueuse.

— Eh! monsieur, reprit le mari qui s'échauffait de plus en plus, n'ai-je pas aussi d'admirables prétextes dans la santé? Cette santé, si précieuse et si chère, me permet de lui interdire toute sortie par le mauvais temps, et je gagne ainsi un quart de l'année. Et n'ai-je pas su introduire le doux usage de ne jamais sortir l'un ou l'autre sans aller nous donner le baiser d'adieu, en disant: « Mon bon ange, je sors. » Enfin, j'ai su prévoir l'avenir et rendre pour toujours ma femme captive au logis, comme un conscrit dans sa guérite!..... Je lui ai inspiré un enthousiasme incroyable pour les devoirs sacrés de la maternité.

— En la contredisant? demandai-je.

— Vous l'avez deviné!..... dit-il en riant. Je lui soutiens qu'il est impossible à une femme du monde de remplir ses obligations envers la société, de mener sa maison, de s'abandonner à tous les caprices de la mode, à ceux d'un mari qu'on aime, et d'élever ses enfants... Elle prétend alors qu'à l'exemple de Caton, qui voulait voir comment la nourrice changeait les langes du grand Pompée, elle ne laissera pas à d'autres les soins les plus minutieux réclamés par les flexibles intelligences et les corps si tendres de ces petits êtres dont l'éducation commence au berceau. Vous comprenez, monsieur, que ma diplomatie conjugale ne me servirait pas à grand' chose, si, après avoir ainsi mis ma femme au secret, je n'usais pas d'un machiavélisme innocent, qui consiste à l'engager perpétuellement à faire ce qu'elle veut, à lui demander son avis en tout et sur tout. Comme cette illusion de liberté est destinée à tromper une créature assez spirituelle, j'ai soin de tout sacrifier pour convaincre madame de V*** qu'elle est la femme la plus libre qu'il y ait à Paris; et, pour atteindre à ce but, je me garde bien de commettre ces grosses balourdises politiques qui échappent souvent à nos ministres.

— Je vous vois, dis-je, quand vous voulez escamoter un des droits concédés à votre femme par la charte, je vous vois prenant un air doux et mesuré, cachant le poignard sous des roses, et, en le lui plongeant avec précaution dans le cœur, lui demandant d'une voix amie : — Mon ange, te fait-il mal ? Comme ces gens sur le pied desquels on marche, elle vous répond peut-être : — Au contraire !

Il ne put s'empêcher de sourire, et dit : Ma femme ne sera-t-elle pas bien étonnée au jugement dernier ?

— Je ne sais pas, lui répondis-je, qui le sera le plus de vous ou d'elle.

Le jaloux fronçait déjà les sourcils, mais sa physionomie redevint sereine quand j'ajoutai : — Je rends grâce, monsieur, au hasard qui m'a procuré le plaisir de faire votre connaissance. Sans votre conversation j'aurais certainement développé moins bien que vous ne l'avez fait quelques idées qui nous étaient communes. Aussi vous demanderai-je la permission de mettre cet entretien en lumière. Là, où nous avons vu de hautes conceptions politiques, d'autres trouveront peut-être des ironies plus ou moins piquantes, et je passerai pour un habile homme aux yeux des deux partis...

Pendant que j'essayais de remercier le vicomte (le premier mari selon mon cœur que j'eusse rencontré), il me promenait encore une fois dans ses appartements, où tout paraissait irréprochable.

J'allais prendre congé de lui, quand, ouvrant la porte d'un petit boudoir, il me le montra d'un air qui semblait dire : — Y a-t-il moyen de commettre là le moindre désordre que mon œil ne sût reconnaître ?

Je répondis à cette muette interrogation par une de ces inclinations de tête que font les convives à leur amphitryon en dégustant un mets distingué.

— Tout mon système, me dit-il à voix basse, m'a été suggéré par trois mots que mon père entendit prononcer à Napoléon en plein Conseil-d'État, lors de la discussion du divorce. — *L'adultère,* s'écria-t-il, *est une affaire de canapé!* Aussi, voyez. J'ai su transformer ces complices en espions, ajouta le maître des requêtes en me désignant un divan couvert d'un casimir couleur thé, dont les coussins étaient légèrement froissés. — Tenez, cette marque m'apprend que ma femme a eu mal à la tête et s'est reposée là...

Nous fîmes quelques pas vers le divan, et nous vîmes le mot — SOT — capricieusement tracé sur le meuble fatal par quatre

> De ces je ne sais quoi, qu'une amante tira
> Du verger de Cypris, labyrinthe des fées,
> Et qu'un duc autrefois jugea si précieux
> Qu'il voulut l'honorer d'une chevalerie,
> Illustre et noble confrérie
> Moins pleine d'hommes que de Dieux.

— Personne dans ma maison n'a les cheveux noirs! dit le mari en pâlissant.

Je me sauvai, car je me sentis pris d'une envie de rire que je n'aurais pas facilement comprimé.

— Voilà un homme jugé!... me dis-je. Il n'a fait que préparer d'incroyables plaisirs à sa femme, par toutes les barrières dont il l'a environnée.

Cette idée m'attrista. L'aventure détruisait de fond en comble trois de mes plus importantes Méditations, et l'infaillibilité catholique de mon livre était attaquée dans son essence. J'aurais payé de bien bon cœur la fidélité de la vicomtesse de V*** de la somme avec laquelle bien des gens eussent voulu lui acheter une seule faute. Mais je devais éternellement garder mon argent.

En effet, trois jours après, je rencontrai le maître des requêtes au foyer des Italiens. Aussitôt qu'il m'aperçut, il accourut à moi. Poussé par une sorte de pudeur, je cherchais à l'éviter; mais, me prenant le bras : — Ah! je viens de passer trois cruelles journées!... me dit-il à l'oreille. Heureusement, ma femme est peut-être plus innocente qu'un enfant baptisé d'hier...

— Vous m'avez déjà dit que madame la vicomtesse était très-spirituelle... répliquai-je avec une cruelle bonhomie.

— Oh! ce soir j'entends volontiers la plaisanterie; car ce matin, j'ai eu des preuves irrécusables de la fidélité de ma femme. Je m'étais levé de très-bonne heure pour achever un travail pressé... En regardant mon jardin par distraction, j'y vois tout à coup le valet de chambre d'un général, dont l'hôtel est voisin du mien, grimper par-dessus les murs. La soubrette de ma femme, avançant la tête hors du vestibule, caressait mon chien et protégeait la retraite du galant. Je prends mon lorgnon, je le braque sur le maraud .. des cheveux de jais!... Ah! jamais face de chrétien ne m'a fait plus de plaisir à voir!... Mais, comme vous devez le croire, dans la journée les treillages ont été arrachés. — Ainsi, mon cher monsieur, reprit-il, si vous vous mariez, mettez votre chien à la chaîne, et semez des fonds de bouteilles sur tous les chaperons de vos murs...

— Madame la vicomtesse s'est-elle aperçue de vos inquiétudes pendant ces trois jours ci?...

— Me prenez-vous pour un enfant? me dit-il en haussant les épaules... Jamais de ma vie je n'avais été si gai.

— Vous êtes un grand homme inconnu!... m'écriai-je, et vous n'êtes pas...

Il ne me laissa pas achever; car il disparut en apercevant un de ses amis qui lui semblait avoir l'intention d'aller saluer la vicomtesse.

Que pourrions-nous ajouter qui ne serait une fastidieuse paraphrase des enseignements renfermés dans cette conversation? Tout y est germe ou fruit. Néanmoins, vous le voyez, ô maris, votre bonheur tient à un cheveu.

MÉDITATION XVII.

THÉORIE DU LIT.

Il était environ sept heures du soir. Assis sur leurs fauteuils académiques, ils décrivaient un demi-cercle devant une vaste cheminée, où brûlait tristement un feu de charbon de terre, symbole éternel du sujet de leurs importantes discussions. A voir les figures graves quoique passionnées de tous les membres de cette assemblée, il était facile de deviner qu'ils avaient à prononcer sur la vie, la fortune et le bonheur de leurs semblables. Ils ne tenaient leurs mandats que de leurs consciences, comme les associés d'un antique et mystérieux tribunal, mais ils représentaient des intérêts bien plus immenses que ceux des rois ou des peuples, ils parlaient au nom des passions et du bonheur des générations infinies qui devaient leur succéder.

Le petit-fils du célèbre BOULLE était assis devant une table ronde, sur laquelle se trouvait la pièce à conviction, exécutée avec une rare intelligence; moi chétif secrétaire, j'occupais une place à ce bureau afin de rédiger le procès-verbal de la séance.

— Messieurs, dit un vieillard, la première question soumise à vos délibérations se trouve clairement posée dans ce passage d'une lettre écrite à la princesse de Galles, Caroline d'Anspach, par la veuve de Monsieur, frère de Louis XIV, mère du régent.

« La reine d'Espagne a un moyen sûr pour faire dire à son
» mari tout ce qu'elle veut. Le roi est dévot; il croirait être
» damné s'il touchait à une autre femme qu'à la sienne, et ce bon
» prince est d'une complexion fort amoureuse. La reine obtient
» ainsi de lui tout ce qu'elle souhaite. Elle a fait mettre des rou-
» lettes au lit de son mari. Lui refuse-t-il quelque chose ?... elle
» pousse le lit loin du sien. Lui accorde-t-il sa demande? les lits
» se rapprochent, et elle l'admet dans le sien. Ce qui est la plus
» grande félicité du roi, qui est extrêmement porté... »

— Je n'irai pas plus loin, messieurs, car la vertueuse franchise de la princesse allemande pourrait être taxée ici d'immoralité.

Les maris sages doivent-ils adopter le lit à roulettes ?... Voilà le problème que nous avons à résoudre.

L'unanimité des votes ne laissa aucun doute. Il me fut ordonné de consigner sur le registre des délibérations que, si deux époux se couchaient dans deux lits séparés et dans une même chambre, les lits ne devaient point avoir de roulettes à équerre.

— Mais sans que la présente décision, fit observer un membre, puisse en rien préjudicier à ce qui sera statué sur la meilleure manière de coucher les époux.

Le président me passa un volume élégamment relié, contenant l'édition originale, publiée en 1788, des lettres de MADAME Charlotte-Élisabeth de Bavière, veuve de MONSIEUR, frère unique de Louis XIV, et pendant que je transcrivais le passage cité, il reprit ainsi : — Mais, messieurs, vous avez dû recevoir à domicile le bulletin sur lequel est consignée la seconde question.

— Je demande la parole... s'écria le plus jeune des jaloux assemblés.

Le président s'assit après avoir fait un geste d'adhésion.

— Messieurs, dit le jeune mari, sommes-nous bien préparé à délibérer sur un sujet aussi grave que celui présenté par l'indiscrétion presque générale des lits? N'y a-t-il pas là une question plus ample qu'une simple difficulté d'ébénisterie à résoudre? Pour ma part, j'y vois un problème qui concerne l'intelligence humaine. Les mystères de la conception, messieurs, sont encore enveloppés de ténèbres que la science moderne n'a que faiblement dissipées. Nous ne savons pas jusqu'à quel point les circonstances extérieures agissent sur les animaux microscopiques, dont la découverte est due à la patience infatigable des Hill, des Baker, des Joblot, des Eichorn, des Gleichen, des Spallanzani, surtout de Müller, et, en dernier lieu, de monsieur Bory de Saint-Vincent. L'imperfection du lit renferme une question musicale de la plus haute importance, et, pour mon compte, je déclare que je viens d'écrire en Italie pour obtenir des renseignements certains sur la manière dont y sont généralement établis les lits... Nous saurons incessamment s'il y a beaucoup de tringles, de vis, de roulettes, si les constructions en sont plus vicieuses dans ce pays que partout ailleurs, et si la sécheresse des bois due à l'action du soleil ne produit pas, *ab ovo*, l'harmonie dont le sentiment inné se trouve chez les Italiens... Par tous ces motifs, je demande l'ajournement.

— Et sommes-nous ici pour prendre l'intérêt de la musique?... s'écria un gentleman de l'Ouest en se levant avec brusquerie. Il s'agit des mœurs avant tout; et la question morale prédomine toutes les autres...

— Cependant, dit un des membres les plus influents du conseil, l'avis du premier opinant ne me paraît pas à dédaigner. Dans le siècle dernier, messieurs, l'un de nos écrivains le plus philosophiquement plaisant et le plus plaisamment philosophique, Sterne, se plaignait du peu de soin avec lequel se faisaient les hommes : « O » honte! s'écria-t-il, celui qui copie la divine physionomie de » l'homme reçoit des couronnes et des applaudissements, tandis » que celui qui présente la maîtresse pièce, le prototype d'un tra- » vail mimique, n'a, comme la vertu, que son œuvre pour récom- » pense!.... » Ne faudrait-il pas s'occuper de l'amélioration des races humaines, avant de s'occuper de celle des chevaux? Messieurs, je suis passé dans une petite ville de l'Orléanais où toute la population est composée de bossus, de gens à mines rechignées ou chagrines, véritables enfants de malheur... Eh! bien, l'observation du premier opinant me fait souvenir que tous les lits y étaient en très-mauvais état, et que les chambres n'offraient aux yeux des époux que de hideux spectacles... Eh! messieurs, nos esprits peuvent-ils être dans une situation analogue à celle de nos idées, quand au lieu de la musique des anges, qui voltigent çà et là au sein des cieux où nous parvenons, les notes les plus criardes de la plus importune, de le plus impatientante, de la plus exécrable mélodie terrestre, viennent à détonner?... Nous devons peut-être les beaux génies qui ont honoré l'humanité à des lits solidement construits, et la population turbulente à laquelle est due la révolution française a peut-être été conçue sur une multitude de meubles vacillants, aux pieds contournés et peu solides; tandis que les Orientaux, dont les races sont si belles, ont un système tout particulier pour se coucher... Je suis pour l'ajournement.

Et le gentleman s'assit.

Un homme qui appartenait à la secte des Méthodistes se leva.

— Pourquoi changer la question? Il ne s'agit pas ici d'améliorer la race, ni de perfectionner l'œuvre. Nous ne devons pas perdre de vue les intérêts de la jalousie maritale et les principes d'une saine morale. Ignorez-vous que le bruit dont vous vous plaignez semble plus redoutable à l'épouse incertaine du crime que la voix éclatante de la trompette du jugement dernier?... Oubliez-vous que tous les procès en criminelle conversation n'ont été gagnés par les maris que grâce à cette plainte conjugale?.... Je vous engage, messieurs, à consulter les divorces de milord Abergaveny, du vicomte Bolingbrocke, celui de la feue reine, celui d'Élisa Draper, celui de madame Harris, enfin tous ceux contenus dans les vingt volumes publiés par... (Le secrétaire n'entendit pas distinctement le nom de l'éditeur anglais.)

L'ajournement fut prononcé. Le plus jeune membre proposa de faire une collecte pour récompenser l'auteur de la meilleure dissertation qui serait adressée à la Société sur cette question, regardée par Sterne comme si importante; mais à l'issue de la séance, il ne se trouva que dix-huit schellings dans le chapeau du président.

Cette délibération de la société qui s'est récemment formée à Londres pour l'amélioration des mœurs et du mariage, et que lord Byron a poursuivie de ses moqueries, nous a été transmise par les soins de l'honorable W. Hawkins, Esq^e, cousin-germain du célèbre capitaine Clutterbuck.

Cet extrait peut servir à résoudre les difficultés qui se rencontrent dans la théorie du lit relativement à sa construction.

Mais l'auteur de ce livre trouve que l'association anglaise a donné trop d'importance à cette question préjudicielle. Il existe peut-être autant de bonnes raisons pour être *Rossiniste* que pour être *Solidiste* en fait de couchette, et l'auteur avoue qu'il est au-dessous ou au-dessus de lui de trancher cette difficulté. Il pense avec Laurent Sterne qu'il est honteux à la civilisation européenne d'avoir si peu d'observations physiologiques sur la callipédie, et il renonce à donner les résultats de ses méditations à ce sujet parce qu'ils seraient difficiles à formuler en langage de prude, qu'ils seraient peu compris ou mal interprétés. Ce dédain laissera une éternelle lacune en cet endroit de son livre; mais il aura la douce satisfaction de léguer un quatrième ouvrage au siècle suivant qu'il enrichit ainsi de tout ce qu'il ne fait pas, magnificence négative dont l'exemple sera suivi par tous ceux qui disent avoir beaucoup d'idées.

La théorie du lit va nous donner à résoudre des questions bien plus importantes que celles offertes à nos voisins par les roulettes et par les murmures de la criminelle conversation.

Nous ne reconnaissons que trois manières d'organiser un lit (dans le sens général donné à ce mot) chez les nations civilisées, et principalement pour les classes privilégiées, auxquelles ce livre est adressé.

Ces trois manières sont :

1° LES DEUX LITS JUMEAUX,

2° DEUX CHAMBRES SÉPARÉES,

3° UN SEUL ET MÊME LIT.

Avant de nous livrer à l'examen de ces trois modes de cohabitation qui, nécessairement, doivent exercer des influences bien diverses sur le bonheur des femmes et des maris, nous devons jeter un rapide coup d'œil sur l'action du lit et sur le rôle qu'il joue dans l'économie politique de la vie humaine.

Le principe le plus incontestable en cette matière est que *le lit a été inventé pour dormir.*

Il serait facile de prouver que l'usage de coucher ensemble ne s'est établi que fort tard entre les époux, par rapport à l'ancienneté du mariage.

Par quels syllogismes l'homme est-il arrivé à mettre à la mode une pratique si fatale au bonheur, à la santé, au plaisir, à l'amour propre même?... Voilà ce qu'il serait curieux de rechercher.

Si vous saviez qu'un de vos rivaux a trouvé le moyen de vous exposer, à la vue de celle qui vous est chère, dans une situation où vous étiez souverainement ridicule : par exemple, pendant que vous aviez la bouche de travers comme celle d'un masque de théâtre, ou pendant que vos lèvres éloquentes, semblable au bec en cuivre d'une fontaine avare, distillaient goutte à goutte une eau pure, vous le poignarderiez peut-être. Ce rival est le sommeil. Existe-t-il au monde un homme qui sache bien comment il est et ce qu'il fait quand il dort ?...

Cadavres vivants, nous sommes la proie d'une puissance inconnue qui s'empare de nous malgré nous, et se manifeste par les effets les plus bizarres : les uns ont le sommeil spirituel et les autres un sommeil stupide.

Il y a des gens qui reposent la bouche ouverte de la manière la plus niaise.

Il en est d'autres qui ronflent à faire trembler les planchers.

La plupart ressemblent à ces jeunes diables que Michel-Ange a sculptés, tirant la langue pour se moquer des passants.

Je ne connais qu'une seule personne au monde qui dorme noblement, c'est l'Agamemnon que Guérin a montré couché dans son lit au moment où Clytemnestre, poussée par Égisthe, s'avance pour l'assassiner. Aussi ai-je toujours ambitionné de me tenir sur mon oreiller comme se tient le roi des rois, dès que j'aurai la terrible crainte d'être vu pendant mon sommeil, par d'autres yeux que par ceux de la Providence. De même aussi, depuis le jour où j'ai vu ma vieille nourrice *soufflant des pois*, pour me servir d'une expression populaire mais consacrée, ai-je aussitôt ajouté, dans la litanie particulière que je récite à saint Honoré, mon patron, une prière pour qu'il me garantisse de cette piteuse éloquence.

Qu'un homme se réveille le matin, en montrant une figure hébétée, grotesquement coiffé d'un madras qui tombe sur la tempe gauche en manière de bonnet de police, il est certainement bien bouffon, et il serait difficile de reconnaître en lui cet époux glorieux célébré par les strophes de Rousseau; mais enfin il y a une lueur de vie à travers la bêtise de cette face à moitié morte.... Et si vous voulez recueillir d'admirables charges, artistes, voyagez en malle-poste, et à chaque petit village où le courrier réveille un buraliste, examinez ces têtes départementales !... Mais, fussiez-vous cent fois plus plaisant que ces visages bureaucratiques, au moins vous avez alors la bouche fermée, les yeux ouverts, et votre physionomie a une expression quelconque... Savez-vous comment vous étiez une heure avant votre réveil, ou pendant la première heure de votre sommeil, quand, ni homme, ni animal, vous tombiez sous l'empire des songes qui viennent par la porte de corne?... Ceci est un secret entre votre femme et Dieu!

Était-ce donc pour s'avertir sans cesse de l'imbécillité du sommeil que les Romains ornaient le chevet de leurs lits d'une tête d'âne?... Nous laisserons éclaircir ce point par messieurs les membres composant l'académie des inscriptions.

Assurément, le premier qui s'avisa, par l'inspiration du diable, de ne pas quitter sa femme, même pendant le sommeil, devait savoir dormir en perfection. Maintenant, vous n'oublierez pas de compter au nombre des sciences qu'il faut posséder, avant d'entrer en ménage, l'art de dormir avec élégance. Aussi mettons-nous ici, comme un appendice à l'axiome XXV du Catéchisme Conjugal, les deux aphorismes suivants :

Un mari doit avoir le sommeil aussi léger que celui d'un dogue, afin de ne jamais se laisser voir endormi.

Un homme doit s'habituer dès son enfance à coucher tête nue.

Quelques poètes voudront voir dans la pudeur, dans les prétendus mystères de l'amour, une cause à la réunion des époux dans un même lit; mais il est reconnu qne si l'homme a primitivement cherché l'ombre des cavernes, la mousse des ravins, le toit siliceux des antres pour protéger ses plaisirs, c'est parce que l'amour le livre sans défense à ses ennemis. Non, il n'est pas plus naturel de mettre deux têtes sur un même oreiller qu'il n'est raisonnable de s'entortiller le cou d'un lambeau de mousseline. Mais la civilisation est venue, elle a renfermé un million d'hommes dans quatre lieues carrées; elle les a parqués dans des rues, dans des maisons, dans des appartements, dans des chambres, dans des cabinets de huit pieds carrés; encore un peu, elle essaiera de les faire rentrer les uns dans les autres comme les tubes d'une lorgnette.

De là et de bien d'autres causes encore, comme l'économie, la peur, la jalousie mal entendue, est venue la cohabitation des époux ; et cette coutume a créé la périodicité et la simultanéité du lever et du coucher.

Et voilà donc la chose la plus capricieuse du monde, voilà donc le sentiment le plus éminemment mobile, qui n'a de prix que par ses inspirations chatouilleuses, qui ne tire son charme que de la soudaineté des désirs, qui ne plaît que par la vérité de ses expansions, voilà l'amour, enfin, soumis à une règle monastique et à la géométrie du bureau des longitudes !

Père, je haïrais l'enfant qui, ponctuel comme une horloge, aurait, soir et matin, une explosion de sensibilité, en venant me dire un bonjour ou un bonsoir commandés. C'est ainsi que l'on étouffe tout ce qu'il y a de généreux et d'instantané dans les sentiments humains. Jugez par là de l'amour à heure fixe !

Il n'appartient qu'à l'auteur de toutes choses de faire lever et coucher le soleil, soir et matin, au milieu d'un appareil toujours splendide, toujours nouveau, et personne ici-bas, n'en déplaise à l'hyperbole de Jean-Baptiste Rousseau, ne peut jouer le rôle du soleil.

Il résulte de ces observations préliminaires qu'il n'est pas naturel de se trouver deux sous la couronne d'un lit ;

Qu'un homme est presque toujours ridicule endormi ;

Qu'enfin la cohabitation constante présente pour les maris des dangers inévitables.

Nous allons donc essayer d'accommoder nos usages aux lois de la nature, et de combiner la nature et les usages de manière à faire trouver à un époux un utile auxiliaire et des moyens de défense dans l'acajou de son lit.

§ 1. — LES DEUX LITS JUMEAUX.

Si le plus brillant, le mieux fait, le plus spirituel des maris veut se voir minotauriser au bout d'un an de ménage, il y parviendra infailliblement s'il a l'imprudence de réunir deux lits sous le dôme voluptueux d'une même alcôve.

L'arrêt est concis, en voici les motifs :

Le premier mari auquel est due l'invention des lits jumeaux était sans doute un accoucheur qui, craignant les tumultes involontaires de son sommeil, voulut préserver l'enfant porté par sa femme des coups de pied qu'il aurait pu lui donner.

Mais non, c'était plutôt quelque prédestiné qui se défiait d'un mélodieux catarrhe ou de lui-même.

Peut-être était-ce aussi un jeune homme qui, redoutant l'excès même de sa tendresse, se trouvait toujours, ou sur le bord du lit près de tomber, ou trop voisin de sa délicieuse épouse dont il troublait le sommeil.

Mais ne serait-ce pas une Maintenon aidée par un confesseur, ou plutôt une femme ambitieuse qui voulait gouverner son mari?... Ou, plus sûrement, une jolie petite Pompadeur attaquée de cette infirmité parisienne si plaisemment exprimée par monsieur de Maurepas dans ce quatrain qui lui valut sa longue disgrâce, et qui contribua certainement aux malheurs du règne de Louis XVI. Iris, on aime vos appas, vos grâces sont vives et franches; et les fleurs naissant sous vos pas, mais ce sont des fleurs... •

Enfin pourquoi ne serait-ce pas un philosophe épouvanté du désenchantement que doit éprouver une femme à l'aspect d'un homme endormi? Et, celui-là se sera toujours *roulé dans* sa couverture, sans bonnet sur la tête.

Auteur inconnu de cette jésuitique méthode, qui que tu sois, au nom du diable, salut et fraternité!... Tu as été la cause de bien des malheurs. Ton œuvre porte le caractère de toutes les demi-mesures; elle ne satisfait à rien et participe aux inconvénients des deux autres partis sans en donner les bénéfices.

Comment l'homme du dix-neuvième siècle, comment cette créature souverainement intelligente qui a déployé une puissance surnaturelle, qui a usé les ressources de son génie à déguiser le mécanisme de son existence, à déifier ses besoins pour ne pas les mépriser, allant jusqu'à demander à des feuilles chinoises, à des fèves égyptiennes, à des graines du Mexique, leurs parfums, leurs trésors, leurs âmes; allant jusqu'à ciseler les cristaux, tourner l'argent, fondre l'or, peindre l'argile, et solliciter enfin tous les arts pour decorer, pour agrandir son bol alimentaire! comment ce roi, après avoir caché sous les plis de la mousseline, couvert de diamants, parsemé de rubis, enseveli sous le lin, sous les trames du coton, sous les riches couleurs de la soie, sous les dessins de la dentelle, la seconde de ses pauvretés, peut-il venir la faire échouer avec tout ce luxe sur deux bois de lit?... A quoi bon rendre l'univers entier complice de notre existence, de nos mensonges, de cette poésie? A quoi bon faire des lois, des morales, des religions, si l'invention d'un tapissier (c'est peut-être un tapissier qui a inventé les lits jumeaux) ôte à notre amour toutes ses illusions, le dépouille de son majestueux cortége et ne lui laisse que ce qu'il a de plus laid et de plus odieux? car, c'est là toute l'histoire des deux lits.

LXIII.

Paraître sublime ou grotesque, voilà l'alternative à laquelle nous réduit un désir.

Partagé, notre amour est sublime; mais couchez dans deux lits jumeaux, et le vôtre sera toujours grotesque. Les contre-sens auxquels cette demi-séparation donne lieu peuvent se réduire à deux situations, qui vont nous révéler les causes de bien des malheurs.

Vers minuit, une jeune femme met ses papillottes en bâillant. J'ignore si sa mélancolie provient d'une migraine près de fondre sur la droite ou sur la gauche de sa cervelle, ou si elle est dans un de ces moments d'ennui pendant lesquels nous voyons tout en noir; mais, à l'examiner se coiffant de nuit avec négligence, à la regarder levant languissamment la jambe pour la dépouiller de sa jarretière, il me semble évident qu'elle aimerait mieux se noyer que de ne pas retremper sa vie décolorée dans un sommeil réparateur. Elle est en cet instant sous je ne sais quel degré du pôle nord, au Spitzberg ou au Groënland. Insouciante et froide, elle s'est couchée en pensant peut-être, comme l'eût fait madame Gauthier Shandy, que le lendemain est un jour de maladie, que son mari rentre bien tard, que les œufs à la neige qu'elle a mangés n'étaient pas assez sucrés, qu'elle doit plus de cinq cents francs à sa couturière; elle pense enfin à tout ce qu'il vous plaira de supposer que pense une femme ennuyée. Arrive, sur ces entrefaites, un gros garçon de mari, qui, à la suite d'un rendez-vous d'affaires, a pris du punch et s'est émancipé. Il se déchausse, il met ses habits sur les fauteuils, laisse ses chaussettes sur une causeuse, son tire-bottes devant la cheminée; et tout en achevant de s'affubler la tête d'un madras rouge, sans se donner la peine d'en cacher les coins, il lance à sa femme quelques phrases à points d'interjection, petites douceurs conjugales, qui font quelquefois toute la conversation d'un ménage à ces heures répusculaires où la raison endormie ne brille presque plus dans notre machine. — Tu est couchée! — Diable, il fait froid ce soir! — Tu ne dis rien, mon ange! — Tu es déjà roulée dans ton lit!... — Sournoise! tu fais semblant de dormir!... Ces discours sont entrecoupés de bâillements; et, après une infinité de petits événements qui, selon les habitudes de chaque ménage, doivent diversifier cette préface de la nuit, voilà mon homme qui fait rendre un son grave à son lit en s'y plongeant. Mais voici venir sur la toile fantastique que nous trouvons comme tendue devant nous, en fermant les yeux, voici venir les images séduisantes de quelques jolis minois, de quelques jambes élégantes; voici les amoureux contours qu'il a vus pendant le jour. Il est assassiné par d'impétueux désirs.... Il tourne les yeux vers sa femme. Il aperçoit un charmant visage encadré par les broderies les plus délicates; tout endormi qu'il puisse être, le feu de son regard semble brûler les ruches de dentelle qui cachent imparfaitement les yeux; enfin des formes célestes sont accusées par les plis révélateurs du couvre-pied... — Ma Minette?... — Mais je dors, mon ami... Comment débarquer dans cette Laponie? Je vous fais jeune, beau, plein d'esprit, séduisant. Comment franchirez-vous le détroit qui sépare le Groënland de l'Italie? L'espace qui se trouve entre le paradis et l'enfer n'est pas plus immense que la ligne qui empêche vos deux lits de n'en faire qu'un seul; car votre femme est froide, et vous êtes livré à toute l'ardeur d'un désir. N'y eût-il que l'action technique d'enjamber d'un lit à un autre, ce mouvement place un mari coiffé d'un madras dans la situation la plus disgracieuse du monde. Le danger, le peu de temps, l'occasion, tout, entre amants, embellit les malheurs de ces situations, car l'amour a un manteau de pourpre et d'or qu'il jette sur tout, même sur les fumants décombres d'une ville prise d'assaut; tandis que, pour ne pas apercevoir des décombres sur les plus riants tapis, sous les plis les plus séduisants de la soie, l'hymen a besoin des prestiges de l'amour. Ne fussiez-vous qu'une seconde à entrer dans les possessions de votre femme, le DEVOIR, cette divinité du mariage, a le temps de lui apparaître dans toute sa laideur.

Ah! devant une femme froide, combien un homme ne doit-il pas paraître insensé quand le désir le rend successivement colère et tendre, insolent et suppliant, mordant comme une épigramme et doux comme un madrigal; quand il joue enfin, plus ou moins spirituellement la scène où, dans *Venise sauvée*, le génie d'Orway nous a représenté le sénateur Antonio répétant cent fois aux pieds d'Aquilina : Aquilina, Quilina, Lina, Lina, Nacki, Aqui, Nacki! sans obtenir autre chose que des coups de fouet quand il s'avise de faire le chien. Aux yeux de toute femme, même de sa femme légitime, plus un homme est passionné dans cette circonstance, plus on le trouve bouffon. Il est odieux quand il ordonne, il est minotaurisé s'il abuse de sa puissance. Ici, souvenez-vous de quelques aphorismes du Catéchisme Conjugal, et vous verrez que vous en violez les préceptes les plus sacrés. Qu'une femme cède ou ne cède pas, les deux lits jumeaux mettent dans le mariage quelque chose de si brusque, de si clair, que la femme la plus chaste et le mari le plus spirituel arrivent à l'impudeur.

Cette scène qui se représente de mille manières et à laquelle mille autres incidents peuvent donner naissance, a pour *pendant* l'autre situation, moins plaisante, mais plus terrible.

Un soir que je m'entretenais de ces graves matières avec feu M. le comte de Nocé, de qui j'ai déjà eu l'occasion de parler, un grand vieillard à cheveux blancs, son ami intime, et que je ne nommerai pas, parce qu'il vit encore, nous examina d'un air assez mélancolique. Nous devinâmes qu'il allait raconter quelque anecdote scandaleuse, et alors nous le contemplâmes à peu près comme le sténographe du *Moniteur* doit regarder monter à la tribune un ministre dont l'improvisation lui a été communiquée. Le conteur était un vieux marquis émigré, dont la fortune, la femme et les enfants avaient péri dans les désastres de la révolution. La marquise ayant été une des femmes les plus inconséquentes du temps passé, il ne manquait pas d'observations sur la nature féminine. Arrivé à un âge auquel on ne voit plus les choses que du fond de la fosse, il parlait de lui-même comme s'il eût été question de Marc-Antoine ou de Cléopâtre.

— Mon jeune ami (me fit-il l'honneur de me dire, car c'était moi qui avais clos la discussion), vos réflexions me rappellent une soirée où l'un de mes amis se conduisit de manière à perdre pour toujours l'estime de sa femme. Or dans ce temps-là une femme se vengeait avec une merveilleuse facilité, car il n'y avait pas loin de la coupe à la bouche. Mes époux couchaient précisément dans deux lits séparés, mais réunis sous le ciel d'une même alcôve. Ils rentraient d'un bal très-brillant donné par le comte de Mercy, ambassadeur de l'empereur. Le mari avait perdu une assez forte somme au jeu, de manière qu'il était complétement absorbé par ses réflexions. Il s'agissait de payer six mille écus le lendemain!... et, tu t'en souviens, Nocé? l'on n'aurait pas quelquefois trouvé cent écus en rassemblant les ressources de dix mousquetaires... La jeune femme, comme cela ne manque jamais d'arriver dans ces cas-là, était d'une gaieté désespérante. — Donnez à monsieur le marquis, dit-elle au valet de chambre, tout ce qu'il faut pour sa toilette. Dans ce temps-là l'on s'habillait pour la nuit. Ces paroles assez extraordinaires ne tirèrent point mon mari de sa léthargie. Alors voilà madame qui, aidée de sa femme de chambre, se met à faire mille coquetteries. Étais-je de votre goût ce soir?... demanda-t-elle. — Vous me plaisez toujours!... répondit le marquis en continuant de se promener de long en large. — Vous êtes bien sombre!... Parlez-moi donc, beau ténébreux!... dit-elle en se plaçant devant lui, dans le négligé le plus séduisant. Mais vous n'aurez jamais une idée de toutes les sorcelleries de la marquise; il faudrait l'avoir connue. — Eh! c'est une femme que tu as vue, Nocé!... dit-il avec un sourire assez railleur. Enfin, malgré sa finesse et sa beauté, toutes ses malices échouèrent devant les six mille écus qui ne sortaient pas de la tête de cet imbécile de mari, et elle se mit au lit toute seule. Mais les femmes ont toujours une bonne provision de ruses; aussi, au moment où mon homme fit mine de monter dans son lit, la marquise de s'écrier : Oh! que j'ai froid!... — Et moi aussi! reprit-il. Mais comment nos gens ne bassinent-ils pas nos lits?... Et voilà que je sonne...

Le comte de Nocé ne put s'empêcher de rire, et le vieux marquis interdit s'arrêta.

Ne pas deviner les désirs d'une femme, ronfler quand elle veille, être en Sibérie quand elle est sous le tropique, voilà les moindres inconvénients des lits jumeaux. Que ne hasardera pas une femme passionnée quand elle aura reconnu que son mari a le sommeil dur?...

Je dois à Beyle une anecdote italienne, à laquelle son débit sec et sarcastique prêtait un charme infini quand il me la raconta comme un exemple de hardiesse féminine.

Ludovico a son palais à un bout de la ville de Milan, à l'autre est celui de la comtesse Pernetti. A minuit, au péril de sa vie, Ludovico, résolu à tout braver pour contempler pendant une seconde un visage adoré, s'introduit dans le palais de sa bien-aimée, comm par magie. Il arrive auprès de la chambre nuptiale. Elisa Pernetti dont le cœur a partagé peut-être le désir de son amant, entend le bruit de ses pas et reconnaît la démarche. Elle voit à travers les murs une figure enflammée d'amour. Elle se lève du lit conjugal. Aussi légère qu'une ombre, elle atteint au seuil de la porte, embrasse d'un regard Ludovico tout entier, lui saisit la main, lui fait signe, l'entraîne : — Mais il te tuera!... dit-il. — Peut-être.

Mais tout cela n'est rien. Accordons à beaucoup de maris un sommeil léger. Accordons-leur de dormir sans ronfler et de toujours deviner sous quel degré de latitude se trouveront leurs femmes! Bien plus, toutes les raisons que nous avons données pour condamner les lits jumeaux seront, si l'on veut, d'un faible poids. Eh! bien, une dernière considération doit faire proscrire l'usage des lits réunis dans l'enceinte d'une même alcôve.

Dans la situation où se trouve un mari, nous avons considéré le lit nuptial comme un moyen de défense. C'est au lit seulement qu'il peut savoir chaque nuit si l'amour de sa femme croît ou décroît. Là est le baromètre conjugal. Or, coucher dans deux lits jumeaux, c'est vouloir tout ignorer. Vous apprendrez, quand il s'agira de la *guerre civile* (voir la Troisième Partie), de quelle incroyable utilité est un lit, et combien de secrets une femme y révèle involontairement.

Ainsi ne vous laissez jamais séduire par la fausse bonhomie des lits jumeaux.

C'est l'invention la plus sotte, la plus perfide et la plus dangereuse qui soit au monde. Honte et anathème à qui l'imagina!

Mais autant cette méthode est pernicieuse aux jeunes époux, autant elle est salutaire et convenable pour ceux qui atteignent à la vingtième année de leur mariage. Le mari et la femme font alors bien plus commodément les duos que nécessitent leurs catarrhes respectifs. Ce sera quelquefois à la plainte que leur arrachent, soit un rhumatisme, soit une goutte opiniâtre, ou même à la demande d'une prise de tabac, qu'ils pourront devoir les laborieux bienfaits d'une nuit animée par un reflet de leurs premières amours, si toutefois la toux n'est pas inexorable.

Nous n'avons pas jugé à propos de mentionner les exceptions qui, parfois, autorisent un mari à user des deux lits jumeaux. C'est des calamités à subir. Cependant l'opinion de Bonaparte était qu'une fois qu'il y avait eu *échange d'âme et de transpiration* (telles sont ses paroles), rien, pas même la maladie, ne devait séparer les époux. Cette matière est trop délicate pour qu'il soit possible de la soumettre à des principes.

Quelques têtes étroites pourront objecter aussi qu'il existe plusieurs familles patriarcales dont la jurisprudence érotique est inébranlable sur l'article des alcôves à deux lits, et qu'on y est heureux *de père en fils*. Mais, pour toute réponse, l'auteur déclare qu'il connaît beaucoup de gens très-respectables qui passent leur vie à aller voir jouer au billard.

Ce mode de coucher doit donc être désormais jugé pour tous les bons esprits, et nous allons passer à la seconde manière dont s'organise une couche nuptiale.

§ II. — DES CHAMBRES SÉPARÉES.

Il n'existe pas en Europe cent maris par nation qui possèdent assez bien la science du mariage, ou de la vie, si l'on veut, pour pouvoir habiter un appartement séparé de celui de leurs femmes.

Savoir mettre en pratique ce système!... c'est le dernier degré de la puissance intellectuelle et virile.

Deux époux qui habitent des appartements séparés ont, ou divorcé, ou su trouver le bonheur. Ils s'exècrent ou ils s'adorent.

Nous n'entreprendrons pas de déduire ici les admirables préceptes de cette théorie, dont le but est de rendre la constance et la fidélité une chose facile et délicieuse. Cette réserve est respect, et non pas impuissance en l'auteur. Il lui suffit d'avoir proclamé que, par ce système seul, deux époux peuvent réaliser les rêves de tant de belles âmes : il sera compris de tous les fidèles.

Quant aux profanes!... il aura bientôt fait justice de leurs interrogations curieuses, en leur disant que le but de cette institution est de donner le bonheur à une seule femme. Quel est celui d'entre eux qui voudrait priver la société de tous les talents dont il se croit doué, au profit de qui?... d'une femme!... Cependant rendre sa compagne heureuse est le plus beau titre de gloire à produire à la vallée de Josaphat, puisque, selon la Genèse, Ève n'a pas été satisfaite du paradis terrestre. Elle y a voulu goûter le fruit défendu, éternel emblème de l'adultère.

Mais il existe une raison péremptoire qui nous interdit de développer cette brillante théorie. Elle serait un hors-d'œuvre en cet ouvrage. Dans la situation où nous avons supposé que se trouvai un ménage, l'homme assez imprudent pour coucher loin de s femme ne mériterait même pas de pitié pour un malheur qu'il aurait appelé.

Résumons-nous donc.

Tous les hommes ne sont pas assez puissants pour entreprendre d'habiter un appartement séparé de celui de leurs femmes; tandis que tous les hommes peuvent se tirer tant bien que mal des difficultés qui existent à ne faire qu'un seul lit.

Nous allons donc nous occuper de résoudre les difficultés que des esprits superficiels pourraient apercevoir dans ce dernier mode, pour lequel notre prédilection est visible.

Mais que ce paragraphe, en quelque sorte muet, abandonné par nous aux commentaires de plus d'un ménage, serve de piédestal à la figure imposante de Lycurgue, celui des législateurs antiques à qui les Grecs durent les pensées les plus profondes sur le mariage. Puisse son système être compris par les générations futures! Et si les mœurs modernes comportent trop de mollesse pour l'adopter tout entier, que du moins elles s'imprègnent du robuste esprit de cette admirable législation.

§ III. — D'UN SEUL ET MÊME LIT.

Par une nuit du mois de décembre, le grand Frédéric, ayant contemplé le ciel dont toutes les étoiles distillaient cette lumière vive et pure qui annonce un grand froid, s'écria : « Voilà un temps qui vaudra bien des soldats à la Prusse !... »

Le roi exprimait là, dans une seule phrase, l'inconvénient principal que présente la cohabitation constante des époux. Permis à Napoléon et à Frédéric d'estimer plus ou moins une femme suivant le nombre de ses enfants; mais un mari de talent doit, d'après les maximes de la Méditation XIIIe, ne considérer la fabrication d'un enfant que comme un moyen de défense, et c'est à lui de savoi 'il est nécessaire de le prodiguer.

Cette observation mène à des mystères auxquels la Muse physioogique doit se refuser. Elle a bien consenti à entrer dans les chambres nuptiales quand elles sont inhabitées : mais, vierge et prude, elle rougit à l'aspect des jeux de l'amour.

Puisque c'est à cet endroit du livre que la Muse s'avise de porter de blanches mains à ses yeux pour ne plus rien voir, comme une jeune fille, à travers les interstices ménagés entre ses doigts effilés, elle profitera de cet accès de pudeur pour faire une réprimande à nos mœurs.

En Angleterre, la chambre nuptiale est un lieu sacré. Les deux époux seuls ont le privilége d'y entrer, et même plus d'une lady fait, dit-on, son lit elle-même. De toutes les manies d'outre-mer, pourquoi la seule que nous ayons dédaignée est-elle précisément celle dont la grâce et le mystère auraient dû plaire à toutes les âmes tendres du continent? Les femmes délicates condamnent l'impudeur avec laquelle on introduit en France les étrangers dans le sanctuaire du mariage. Pour nous, qui avons énergiquement anathématisé les femmes qui promènent leur grossesse avec emphase, notre opinion n'est pas douteuse. Si nous voulons que le célibat respecte le mariage, il faut aussi que les gens mariés aient des égards pour l'inflammabilité des garçons.

Coucher toutes les nuits avec sa femme peut paraître, il faut l'avouer, l'acte de la fatuité la plus insolente.

Bien des maris vont se demander comment un homme qui a la prétention de perfectionner le mariage ose prescrire à un époux un régime qui serait la perte d'un amant.

Cependant telle est la décision du docteur ès arts et sciences conjugales.

D'abord, à moins de prendre la résolution de ne jamais coucher chez soi, ce parti est le seul qui reste à un mari, puisque nous avons démontré les dangers des deux systèmes précédents. Nous devons donc essayer de prouver que cette dernière manière de se coucher offre plus d'avantages et moins d'inconvénients que les deux premières, relativement à la crise dans laquelle se trouve un ménage.

Nos observations sur les lits jumeaux ont dû apprendre aux maris qu'ils sont en quelque sorte obligés d'être toujours montés au degré de chaleur qui régit l'harmonieuse organisation de leurs femmes : or il nous semble que cette parfaite égalité de sensations doit s'établir assez naturellement sous la blanche égide qui les couvre de son lin protecteur; et c'est déjà un immense avantage.

En effet, rien n'est plus facile que de vérifier à toute heure le degré d'amour et d'expansion auquel une femme arrive quand le même oreiller reçoit les têtes des deux époux.

L'homme (nous parlons ici de l'espèce) marche avec un bordereau toujours fait, qui accuse net et sans erreur la somme de sensualité dont il est porteur. Ce mystérieux *gynomètre* est tracé dans le creux de la main. La main est effectivement celui de nos organes qui traduit le plus immédiatement nos affections sensuelles. La *chirologie* est un cinquième ouvrage que je lègue à mes successeurs, car je me contenterai de n'en faire apercevoir ici que les éléments utiles à mon sujet.

La main est l'instrument essentiel du toucher. Or le toucher est le sens qui remplace le moins imparfaitement tous les autres, par lesquels il n'est jamais suppléé. La main ayant seule exécuté tout ce que l'homme a conçu jusqu'ici, elle est en quelque sorte l'*action* même. La somme entière de notre force passe par elle, et il est à remarquer que les hommes à puissante intelligence ont presque tous eu de belles mains, dont la perfection est le caractère distinctif d'une haute destinée. Jésus-Christ a fait tous ses miracles par l'imposition des mains. La main transsude la vie, et partout où elle se pose, elle laisse des traces d'un pouvoir magique; aussi est-elle de moitié dans tous les plaisirs de l'amour. Elle accuse au médecin tous les mystères de notre organisme. Elle exhale, plus qu'une autre partie du corps, les fluides nerveux ou la substance inconnue qu'il faut appeler *volonté* à défaut d'autre terme. L'œil peut peindre l'état de notre âme; mais la main trahit tout à la fois les secrets du corps et ceux de la pensée. Nous acquérons la faculté d'imposer silence à nos yeux, à nos lèvres, à nos sourcils et au front; mais la main ne dissimule pas, et rien dans nos traits ne saurait se comparer pour la richesse de l'expression. Le froid et le chaud dont elle est passible ont de si imperceptibles nuances, qu'elles échappent aux sens des gens irréfléchis; mais un homme sait les distinguer, pour peu qu'il se soit adonné à l'anatomie des sentiments et des choses de la vie humaine. Ainsi la main a mille manières d'être sèche, humide, brûlante, glacée, douce, rêche, onctueuse. Elle palpite, elle se lubrifie, s'endurcit, s'amollit. Enfin, elle offre un phénomène inexplicable qu'on est tenté de nommer l'*incarnation de la pensée*. Elle fait le désespoir du sculpteur et du peintre quand ils veulent exprimer le changeant dédale de ses mystérieux linéaments. Tendre la main à un homme, c'est le sauver. Elle sert de gage à tous nos sentiments. De tout temps les sorcières ont voulu lire nos destinées futures dans ses lignes qui n'ont rien de fantastique et qui correspondent aux principes de la vie et du caractère. En accusant un homme de manquer de tact, une femme le condamne sans retour. On dit enfin : la main de la justice, la main de Dieu; puis, un coup de main quand on veut exprimer une entreprise hardie.

Apprendre à connaître les sentiments par les variations atmosphériques de la main que, presque toujours, une femme abandonné sans défiance, est une étude moins ingrate et plus sûre que celle de la physionomie.

Ainsi vous pouvez, en acquérant cette science, vous armer d'un grand pouvoir, et vous aurez un fil qui vous guidera dans le labyrinthe des cœurs les plus impénétrables. Voilà votre cohabitation acquittée de bien des fautes, et riche de bien des trésors.

Maintenant, croyez-vous de bonne foi que vous êtes obligé d'être un Hercule, parce que vous couchez tous les soirs avec votre femme?... Niaiserie! Dans la situation où il se trouve, un mari adroit possède bien plus de ressources pour se tirer d'affaire que madame de Maintenon n'en avait quand elle était obligée de remplacer un plat par la narration d'une histoire!

Buffon et quelques physiologistes prétendent que nos organes sont beaucoup plus fatigués par le désir que par les jouissances les plus vives. En effet, le désir ne constitue-t-il pas une sorte de possession intuitive? N'est-il pas à l'action visible ce que les accidents de la vie intellectuelle dont nous jouissons pendant le sommeil sont aux événements de notre vie matérielle? Cette énergique *appréhension* des choses ne nécessite-t-elle pas un mouvement intérieur plus puissant que ne l'est celui du fait extérieur? Si nos gestes ne sont que la manifestation d'actes accomplis déjà par notre pensée, jugez combien des désirs souvent répétés doivent consommer de fluides vitaux? Mais les passions, qui ne sont que des masses de désirs, ne sillonnent-elles pas de leurs foudres les figures des ambitieux, des joueurs, et n'en usent-elles pas les corps avec une merveilleuse promptitude?

Alors ces observations doivent contenir les germes d'un mystérieux système, également protégé par Platon et par Épicure; nous l'abandonnons à vos méditations, couvert du voile des statues égyptiennes.

Mais la plus grande erreur que puissent commettre les hommes est de croire que l'amour ne réside que dans ces moments fugitifs qui, selon la magnifique expression de Bossuet, ressemblent, dans notre vie, à des clous semés sur une muraille : ils paraissent nombreux à l'œil ; mais qu'on les rassemble, ils tiendront dans la main.

L'amour se passe presque toujours en conversations. Il n'y a qu'une seule chose d'inépuisable chez un amant, c'est la bonté, la grâce et la délicatesse. Tout sentir, tout deviner, tout prévenir, faire des reproches sans affliger la tendresse ; désarmer un présent de tout orgueil ; doubler le prix d'un procédé par des formes ingénieuses ; mettre la flatterie dans les actions et non en paroles ; se faire entendre plutôt que de saisir vivement ; toucher sans frapper ; mettre de la caresse dans les regards et jusque dans le son de la voix ; ne jamais embarrasser ; amuser sans offenser le goût ; toujours chatouiller le cœur ; parler à l'âme... Voilà tout ce que les femmes demandent, elles abandonneront les bénéfices de toutes les nuits de Messaline pour vivre avec un être qui leur prodiguera ces caresses d'âme dont elles sont si friandes, et qui ne coûtent rien aux hommes, si ce n'est un peu d'attention.

Ces lignes renferment la plus grande partie des secrets du lit nuptial. Il y a peut-être des plaisants qui prendront cette longue définition de la politesse pour celle de l'amour, tandis que ce n'est, à tout prendre, que la recommandation de traiter votre femme comme vous traiteriez le ministre de qui dépend la place que vous convoitez.

J'entends des milliers de voix crier que cet ouvrage plaide plus souvent la cause des femmes que celle des maris ;

Que la plupart des femmes sont indignes de ces soins délicats, et qu'elles en abuseraient ;

Qu'il y a des femmes portées au libertinage, lesquelles ne s'accommoderaient pas beaucoup de ce qu'elles appelleraient des mystifications ;

Qu'elles sont tout vanité et ne pensent qu'aux chiffons ;

Qu'elles ont des entêtements vraiment inexplicables ;

Qu'elles se fâcheraient quelquefois d'une attention ;

Qu'elles sont sottes, ne comprennent rien, ne valent rien, etc.

En réponse à toutes ces clameurs nous inscrirons ici cette phrase, qui, mise entre deux lignes blanches, aura peut-être l'air d'une pensée, pour nous servir d'une expression de Beaumarchais.

LXIV.

La femme est pour son mari ce que son mari l'a faite.

Avoir un truchement fidèle qui traduise avec une vérité profonde les sentiments d'une femme, la rendre l'espion d'elle-même, se tenir à la hauteur de sa température en amour, ne pas la quitter, pouvoir écouter son sommeil, éviter tous les contre-sens qui perdent tant de mariages, sont les raisons qui doivent faire triompher le lit unique sur les deux autres modes d'organiser la couche nuptiale.

Comme il n'existe pas de bienfait sans charge, vous êtes tenu de savoir dormir avec élégance, de conserver de la dignité sous le madras, d'être poli, d'avoir le sommeil léger, de ne pas trop tousser, et d'imiter les auteurs modernes, qui font plus de préfaces que de livres.

MÉDITATION XVIII.

DES RÉVOLUTIONS CONJUGALES.

Il arrive toujours un moment où les peuples et les femmes, même les plus stupides, s'aperçoivent qu'on abuse de leur innocence. La politique la plus habile peut bien tromper long-temps, mais les hommes seraient trop heureux si elle pouvait tromper toujours, il y aurait bien du sang d'épargné chez les peuples et dans les ménages.

Cependant espérons que les moyens de défense, consignés dans les Méditations précédentes, suffiront à une certaine quantité de maris pour se tirer des pattes du Minotaure!

Oh! accordez au docteur que plus d'un amour, sourdement conspiré, périra sous les coups de l'Hygiène, ou s'amortira grâce à la Politique Maritale. Oui (erreur consolante!), plus d'un amant sera chassé par les Moyens Personnels, plus d'un mari saura couvrir d'un voile impénétrable les ressorts de son machiavélisme, et plus d'un homme réussira mieux que l'ancien philosophe qui s'écria : — « *Nolo coronari!* »

Mais, nous sommes malheureusement forcés de reconnaître une triste vérité. Le despotisme a sa sécurité, elle est semblable à cette heure qui précède les orages et dont le silence permet au voyageur, couché sur l'herbe jaunie, d'entendre à un mille de distance le chant d'une cigale. Un matin donc, une femme honnête, et la plus grande partie des nôtres l'imitera, découvre d'un œil d'aigle les savantes manœuvres qui l'ont rendue la victime d'une politique infernale. Elle est d'abord toute furieuse d'avoir eu si long-temps de la vertu. A quel âge, à quel jour se fera cette terrible révolution ?... Cette question de chronologie dépend entièrement du génie de chaque mari; car tous ne sont pas appelés à mettre en œuvre avec le même talent les préceptes de notre évangile conjugal.

— Il faut aimer bien peu, s'écriera l'épouse mystifiée, pour se livrer à de semblables calculs! Quoi! depuis le premier jour, il m'a toujours soupçonnée!..... C'est monstrueux, une femme ne serait pas capable d'un art si cruellement perfide!

Voilà le thème. Chaque mari peut deviner les variations qu'y apportera le caractère de la jeune Euménide dont il aura fait sa compagne.

Une femme ne s'emporte pas alors. Elle se tait et dissimule. Sa vengeance sera mystérieuse. Seulement, vous n'aviez que ses hésitations à combattre depuis la crise où nous avons supposé que vous arriviez à l'expiration de la Lune de Miel; tandis que maintenant vous aurez à lutter contre une résolution. Elle a décidé de se venger. Dès ce jour, pour vous, son masque est de bronze comme son cœur. Vous lui étiez indifférent, vous allez lui devenir insensiblement insupportable. La guerre civile ne commencera qu'au moment où, semblable à la goutte d'eau qui fait déborder un verre plein, un événement, dont le plus ou le moins de gravité nous semble difficile à déterminer, vous aura rendu odieux. Le laps de temps qui doit s'écouler entre cette heure dernière, terme fatal de votre bonne intelligence, et le jour où votre femme s'est aperçue de vos menées, est cependant assez considérable pour vous permettre d'exécuter une série de moyens de défense que nous allons développer.

Jusqu'ici vous n'avez protégé votre honneur que par les jeux d'une puissance entièrement occulte. Désormais les rouages de vos machines conjugales seront à jour. Là où vous préveniez naguere le crime, maintenant il faudra frapper. Vous avez débuté par négocier, et vous finissez par monter à cheval, sabre en main, comme un gendarme de Paris. Vous ferez caracoler votre coursier, vous brandirez votre sabre, vous crierez à tue-tête et vous tâcherez de dissiper l'émeute sans blesser personne.

De même que l'auteur a dû trouver une transition pour passer des moyens occultes aux moyens patents, de même il est nécessaire à un mari de justifier le changement assez brusque de sa politique; car en mariage comme en littérature l'art est tout entier dans la grâce des transitions. Pour vous, celle-ci est de la plus haute importance. Dans quelle affreuse position ne vous placeriez-vous pas, si votre femme avait à se plaindre de votre conduite en ce moment le plus critique peut-être de la vie conjugale?...

Il faut donc trouver un moyen de justifier la tyrannie secrète de votre première politique; un moyen qui prépare l'esprit de votre femme à l'acerbité des mesures que vous allez prendre; un moyen qui, loin de vous faire perdre son estime, vous la concilie; un moyen qui vous rende digne de pardon, qui vous restitue même quelque peu de ce charme par lequel vous la séduisiez avant votre mariage...

Mais à quelle politique demander cette ressource?... Existerait-elle?...

— Oui.

Mais quelle adresse, quel tact, quel art de la scène, un mari ne doit-il pas posséder pour déployer les richesses mimiques du trésor que nous allons lui ouvrir! Pour jouer la passion dont le feu va vous renouveler, il faut toute la profondeur de Talma!...

Cette passion est la JALOUSIE.

— Mon mari est jaloux. Il l'était dès le commencement de mon mariage... Il me cachait ce sentiment par un raffinement de délicatesse. Il m'aime donc encore?... Je vais pouvoir le mener!...

Voilà les découvertes qu'une femme doit faire successivement, d'après les adorables scènes de la comédie que vous vous amuserez à jouer; et il faudrait qu'un homme du monde fût bien sot, pour ne pas réussir à faire croire à une femme ce qui la flatte.

Avec quelle perfection d'hypocrisie ne devez-vous pas coordonner les actes de votre conduite de manière à éveiller la curiosité de votre femme, à l'occuper d'une étude nouvelle, à la promener dans le labyrinthe de vos pensées!...

Acteurs sublimes, devinez-vous les réticences diplomatiques, les gestes rusés, les paroles mystérieuses, les regards à doubles flammes qui amèneront un soir votre femme à essayer devous arracher le secret de votre passion?

Oh! rire dans sa barbe en faisant des yeux de tigre; ne pas mentir et ne pas dire la vérité; se saisir de l'esprit capricieux d'une femme, et lui laisser croire qu'elle vous tient quand vous allez la serrer dans un collier de fer!... Oh! comédie sans public, jouée de cœur à cœur, et où vous vous applaudissez tous deux d'un succès certain!...

C'est elle qui vous apprendra que vous êtes jaloux; qui vous démontrera qu'elle vous connaît mieux que vous ne vous connaissez vous-même; qui vous prouvera l'inutilité de vos ruses, qui vous défiera peut-être. Elle triomphe avec ivresse de la supériorité qu'elle croit avoir sur vous; vous vous ennoblissez à ses yeux; car elle trouve votre conduite toute naturelle. Seulement votre défiance était inutile : si elle voulait vous trahir, qui l'en empêcherait?...

Puis un soir la passion vous emportera, et, trouvant un prétexte dans une bagatelle, vous ferez une scène, pendant laquelle votre colère vous arrachera le secret des extrémités auxquelles vous arriverez. Voilà la promulgation de notre nouveau code.

Ne craignez pas qu'une femme se fâche, elle a besoin de votre jalousie. Elle appellera même vos rigueurs. D'abord parce qu'elle y cherchera la justification de sa conduite; puis elle trouvera d'immenses bénéfices à jouer dans le monde le rôle d'une victime : n'aura-t-elle pas de délicieuses commisérations à recueillir? Ensuite elle s'en fera une arme contre vons-même, espérant s'en servir pour vous attirer dans un piége.

Elle y voit distinctement mille plaisirs de plus dans l'avenir de ses trahisons, et son imagination sourit à toutes les barrières dont vous l'entourez : ne faudra-t-il pas les sauter?

La femme possède mieux que nous l'art d'analyser les deux sentiments humains dont elle s'arme contre nous ou dont elle est victime. Elles ont l'instinct de l'amour, parce qu'il est toute leur vie, et de la jalousie parce que c'est à peu près le seul moyen qu'elles aient de nous gouverner. Chez elle la jalousie est un sentiment vrai, il est produit par l'instinct de la conservation; il renferme l'alternative de vivre ou mourir. Mais, chez l'homme, cette affection presque indéfinissable est toujours un contre-sens quand il ne s'en sert pas comme d'un moyen.

Avoir de la jalousie pour une femme dont on est aimé constitue de singuliers vices de raisonnement. Nous sommes aimés ou nous ne le sommes pas : placée à ces deux extrêmes, la jalousie est un sentiment inutile en l'homme ; elle ne s'explique peut-être pas plus que la peur, et peut-être la jalousie est-elle la peur en amour. Mais ce n'est pas douter de sa femme, c'est douter de soi-même.

Être jaloux, c'est tout à la fois le comble de l'égoïsme, l'amour-propre en défaut, et l'irritation d'une fausse vanité. Les femmes entretiennent avec un soin merveilleux ce sentiment ridicule, parce qu'elles lui doivent des cachemires, l'argent de leur toilette, des diamants, et que, pour elles, c'est le thermomètre de leur puissance. Aussi, si vous ne paraissiez pas aveuglé par la jalousie, votre femme se tiendrait-elle sur ses gardes ; car il n'existe qu'un seul piége dont elle ne se défiera pas, c'est celui qu'elle se tendra elle-même.

Ainsi une femme doit devenir facilement la dupe d'un mari assez habile pour donner à l'inévitable révolution qui se fait tôt ou tard en elle la savante direction que nous venons d'indiquer.

Vous transporterez alors dans votre ménage ce singulier phénomène dont l'existence nous est démontrée dans les asymptotes par la géométrie. Votre femme tendra toujours à vous minautoriser sans y parvenir. Semblable à ces nœuds qui ne se serrent jamais si fortement que quand on les dénoue, elle travaillera dans l'intérêt de votre pouvoir, en croyant travailler à son indépendance.

Le dernier degré du *bien-jouer* chez un prince est de persuader à son peuple qu'il se bat pour lui quand il le fait tuer pour son trône.

Mais bien des maris trouveront une difficulté primitive à l'exécution de ce plan de campagne. Si la dissimulation de la femme est profonde, à quels signes reconnaître le moment où elle apercevra les ressorts de votre longue mystification ?

D'abord la Méditation de la Douane et la Théorie du lit ont déjà développé plusieurs moyens de deviner la pensée féminine ; mais nous n'avons pas la prétention d'épuiser dans ce livre toutes les ressources de l'esprit humain qui sont immenses. En voici une preuve. Le jour des Saturnales, les Romains découvraient plus de choses sur le compte de leurs esclaves en dix minutes qu'ils n'en pouvaient apprendre pendant le reste de l'année ! Il faut savoir créer des Saturnales dans votre ménage, et imiter Gessler qui, après avoir vu Guillaume Tell abattant la pomme sur la tête de son enfant, a dû se dire :

— Voilà un homme de qui je dois me défaire, car il ne me manquerait pas s'il voulait me tuer.

Vous comprenez que si votre femme veut boire du vin de Roussillon, manger des filets de mouton, sortir à toute heure, et lire l'Encyclopédie, vous l'y engagerez de la manière la plus pressante. D'abord elle entrera en défiance contre ses propres désirs en vous voyant agir en sens inverse de tous vos systèmes précédents. Elle supposera un intérêt imaginaire à ce revirement de politique, et alors tout ce que vous lui donnerez de liberté l'inquiétera de manière à l'empêcher d'en jouir. Quant aux malheurs que pourrait amener ce changement, l'avenir y pourvoira. En révolution, le premier de tous les principes est de diriger le mal qu'on ne saurait empêcher, et d'appeler la foudre par des paratonnerres, pour la conduire dans un puits.

Enfin le dernier acte de la comédie se prépare.

L'amant qui, depuis le jour où le plus faible de tous les *premiers symptômes* s'est déclaré chez votre femme jusqu'au moment où la *révolution conjugale* s'opère, a voltigé, soit comme figure matérielle, soit comme être de raison, L'AMANT, appelé d'un signe par elle, a dit : — Me voilà.

MÉDITATION XIX.

DE L'AMANT.

Nous offrons les maximes suivantes à vos méditations.

Il faudrait désespérer de la race humaine si elles n'avaient été faites qu'en 1830 ; mais elles établissent d'une manière si catégorique les rapports et les dissemblances qui existent entre vous, votre femme et un amant; elles doivent éclairer si brillamment votre politique, et vous accuser si juste les forces de l'ennemi, que le magister a fait toute abnégation d'amour-propre; et si, par hasard, il s'y trouvait une seule pensée neuve, mettez-la sur le compte du diable qui conseilla l'ouvrage.

LXV.

Parler d'amour, c'est faire l'amour.

LXVI.

Chez un amant, le désir le plus vulgaire se produit toujours comme l'élan d'une admiration consciencieuse.

LXVII.

Un amant a toutes les qualités et tous les défauts qu'un mari n'a pas.

LXVIII.

Un amant ne donne pas seulement la vie à tout, il fait aussi oublier la vie : le mari ne donne la vie à rien.

LXIX.

Toutes les singeries de sensibilité qu'une femme fait abusent toujours un amant ; et, là où un mari hausse nécessairement les épaules, un amant est en extase.

LXX.

Un amant ne trahit que par ses manières le degré d'intimité auquel il est arrivé avec une femme mariée.

LXXI.

Une femme ne sait pas toujours pourquoi elle aime. Il est rare qu'un homme n'ait pas un intérêt à aimer. Un mari doit trouver cette secrète raison d'égoïsme, car elle sera pour lui le levier d'Archimède.

LXXII.

Un mari de talent ne suppose jamais ouvertement que sa femme a un amant.

LXXIII.

Un amant obéit à tous les caprices d'une femme ; et, comme un homme n'est jamais vil dans les bras de sa maîtresse, il emploiera pour lui plaire des moyens qui souvent répugnent à un mari.

LXXIV.

Un amant apprend à une femme tout ce qu'un mari lui a caché.

LXXV.

Toutes les sensations qu'une femme apporte à son amant, elle les échange ; elle lui reviennent toujours plus fortes ; elles sont aussi riches de ce qu'elles ont donné que de ce qu'elles ont reçu.

C'est un commerce où presque tous les maris finissent par faire banqueroute.

LXXVI.

Un amant ne parle à une femme que de ce qui peut la grandir; tandis qu'un mari, même en aimant, ne peut se défendre de donner des conseils, qui ont toujours un air de blâme.

LXXVII.

Un amant procède toujours de sa maîtresse à lui, c'est le contraire chez les maris.

LXXVIII.

Un amant a toujours le désir de paraître aimable. Il y a dans ce sentiment un principe d'exagération qui mène au ridicule, il faut en savoir profiter.

LXXIX.

Quand un crime est commis, le juge d'instruction sait (sauf le cas d'un forçat libéré qui assassine au bagne) qu'il n'existe pas plus de cinq personnes auxquelles il puisse attribuer le coup. Il part de là pour établir ses conjectures. Un mari doit raisonner comme le juge : il n'y a pas trois personnes à soupçonner dans la société quand il veut chercher quel est l'amant de sa femme.

LXXX.

Un amant n'a jamais tort.

LXXXI.

L'amant d'une femme mariée vient lui dire : — Madame, vous avez besoin de repos. Vous avez à donner l'exemple de la vertu à vos enfants. Vous avez juré de faire le bonheur d'un mari, qui, à quelques défauts près (et j'en ai plus que lui), mérite votre estime. Eh! bien, il faut me sacrifier votre famille et votre vie, parce que j'ai vu que vous aviez une jolie jambe. Qu'il ne vous échappe même pas un murmure; car un regret est une offense que je punirais d'une peine plus sévère que celle de la loi contre les épouses adultères. Pour prix de ces sacrifices, je vous apporte autant de plaisirs que de peines. Chose incroyable, un amant triomphe!... La forme qu'il donne à son discours fait tout passer.

Il ne dit jamais qu'un mot : — J'aime. Un amant est un héraut qui proclame ou le mérite, ou la beauté, ou l'esprit d'une femme. Que proclame un mari ?

Somme toute, l'amour qu'une femme mariée inspire ou celui qu'elle ressent est le sentiment le moins flatteur qu'il y ait au monde : chez elle, c'est une immense vanité; chez son amant, c'est égoïsme. L'amant d'une femme mariée contracte trop d'obligations pour qu'il se rencontre trois hommes par siècle qui daignent s'acquitter; il devrait consacrer toute sa vie à sa maîtresse, qu'il finit toujours par abandonner : l'un et l'autre le savent, et depuis que les sociétés existent, l'une a toujours été aussi sublime que l'autre a été ingrat. Une grande passion excite quelquefois la pitié de juges qui la condamnent; mais où voyez-vous des passions vraies et durables? Quelle puissance ne faut-il pas à un mari pour lutter avec succès contre un homme dont les prestiges amènent une femme à se soumettre à de tels malheurs!

Nous estimons que, règle générale, un mari peut, en sachant bien employer les moyens de défense que nous avons déjà développés, amener sa femme jusqu'à l'âge de vingt-sept ans, non pas sans qu'elle ait choisi d'amant, mais sans qu'elle ait commis le grand crime. Il se rencontre bien çà et là des hommes qui, doués d'un profond génie conjugal, peuvent conserver leurs femmes pour eux seuls, corps et âme, jusqu'à trente ou trente-cinq ans; mais ces exceptions causent une sorte de scandale et d'effroi. Ce phenomène n'arrive guère qu'en province, où la vie étant diaphane et les maisons vitrifiées, un homme s'y trouve armé d'un immense pouvoir. Cette miraculeuse assistance donnée à un mari par les hommes et par les choses s'évanouit toujours au milieu d'une ville dont la population monte à deux cent cinquante mille âmes.

Il serait donc à peu près prouvé que l'âge de trente ans est l'âge de la vertu. En ce moment critique, une femme devient d'une garde si difficile que, pour réussir à toujours l'enchaîner dans le paradis conjugal, il faut en venir à l'emploi des derniers moyens de défense qui nous restent, et que vont dévoiler l'*Essai sur la Police*, *l'Art de rentrer chez soi* et *les Péripéties*.

MÉDITATION XX.

ESSAI SUR LA POLICE

La police conjugale se compose de tous les moyens que vous donnent les lois, les mœurs, la force et la ruse pour empêcher votre femme d'accomplir les trois actes qui constituent en quelque sorte la vie de l'amour : s'écrire, se voir, se parler.

La police se combine plus ou moins avec plusieurs des moyens de défense que contiennent les Méditations précédentes. L'instinct seul peut indiquer dans quelles proportions et dans quelles occasions ces divers éléments doivent être employés. Le système entier a quelque chose d'élastique : un mari habile devinera facilement comment il faut le plier, l'étendre, le resserrer. A l'aide de la police, un homme peut amener sa femme à quarante ans, pure de toute faute.

Nous diviserons ce traité de police en cinq paragraphes :

§ I. Des Souricières.

§ II. De la Correspondance.

§ III. Des Espions.

§ IV. L'Index.

§ V. Du Budget.

§ I. — DES SOURICIÈRES.

Malgré la gravité de la crise à laquelle arrive un mari, nous ne supposons pas que l'amant ait complétement acquis *droit de bourgeoisie* dans la cité conjugale. Souvent bien des maris se doutent que leurs femmes ont un amant, et ne savent sur qui, des cinq ou six élus, dont nous avons parlé, arrêter leurs soupçons. Cette hésitation provient sans doute d'une infirmité morale, au secours de laquelle le professeur doit venir.

Fouché avait dans Paris trois ou quatre maisons où venaient les gens de la plus haute distinction, les maîtresses de ces logis lui étaient dévouées. Ce dévouement coûtait d'assez fortes sommes à l'État. Le ministre nommait ces sociétés, dont personne ne se défia, dans le temps, ses *souricières*. Plus d'une arrestation s'y fit au sortir d'un bal où la plus brillante compagnie de Paris avait été complice de l'oratorien.

L'art de présenter quelques fragments de noix grillée, afin de voir votre femme avancer sa blanche main dans le piége, est très-circonscrit, car une femme est bien certainement sur ses gardes; cependant, nous comptons au moins trois genres de souricières : L'IRRÉSISTIBLE, LA FALLACIEUSE et CELLE A DÉTENTE.

DE L'IRRÉSISTIBLE.

Deux maris étant donnés, et qui seront A, B, sont supposés vouloir découvrir quels sont les amants de leurs femmes. Nous mettrons le mari A au centre d'une table chargée des plus belles pyramides de fruits, de cristaux, de sucreries, de liqueurs, et le mari B sera sur tel point de ce cercle brillant qu'il vous plaira de supposer. Le vin de Champagne a circulé, tous les yeux brillent et toutes les langues sont en mouvement.

MARI A. (*Épluchant un marron.*) Eh! bien, moi, j'admire les gens de lettres, mais de loin; je les trouve insupportables, ils ont une conversation despotique; je ne sais ce qui nous blesse le plus de leurs défauts ou de leurs qualités, car il semble vraiment que la supériorité de l'esprit ne serve qu'à mettre en relief leurs défauts et leurs qualités. Bref!... (*Il gobe son marron.*) les gens de génie sont des élixirs, si vous voulez, mais il faut en user sobrement.

FEMME B. (*Qui était attentive.*) Mais, monsieur A, vous êtes bien difficile! (*Elle sourit malicieusement.*) Il me semble que les sots ont tout autant de défauts que les gens de talent, à cette différence près qu'ils ne savent pas se les faire pardonner!...

MARI A. (*Piqué.*) Vous conviendrez, au moins, madame, qu'ils ne sont guère aimables auprès de vous...

FEMME B. (*Vivement.*) Qui vous l'a dit?

MARI A. (*Souriant.*) Ne vous écrasent-ils pas à toute heure de leur supériorité? La vanité est si puissante dans leurs âmes, qu'entre vous et eux il doit y avoir double emploi....

LA MAITRESSE de la maison. (*A part à la* FEMME A.) Tu l'as bien mérité, ma chère... (*La femme A lève les épaules.*)

MARI A. (*Continuant toujours.*) Puis l'habitude qu'ils ont de combiner des idées leur révélant le mécanisme des sentiments, pour eux l'amour devient purement physique, et l'on sait qu'ils ne brillent pas...

FEMME B. (*Se pinçant les lèvres et interrompant.*) Il me semble, monsieur, que nous sommes seules juges de ce procès-là. Mais, je conçois que les gens du monde n'aiment pas les gens de lettres !... Allez, il vous est plus facile de les critiquer que de leur ressembler.

MARI A. (*Dédaigneusement.*) Oh ! madame, les gens du monde peuvent attaquer les auteurs du temps présent sans être taxés d'envie. Il y a tel homme de salon qui, s'il écrivait...

FEMME B. (*Avec chaleur.*) Malheureusement pour vous, monsieur, quelques-uns de vos amis de la Chambre ont écrit des romans, avez-vous pu les lire ?... Mais vraiment, aujourd'hui, il faut faire des recherches historiques pour la moindre conception, il faut...

MARI B. (*Ne répondant plus à sa voisine, et à part.*) Oh ! oh ! est-ce que ce serait M. de L. (l'auteur des *Rêves d'une jeune fille*), que ma femme aimerait... Cela est singulier, je croyais que c'était le docteur M... Voyons... (*Haut.*) Savez-vous, ma chère, que vous avez raison dans ce que vous dites ? (*On rit.*) Vraiment, je préférerai toujours avoir dans mon salon des artistes et des gens de lettres (*A part :* Quand nous recevrons) à y voir des gens d'autres métiers. Au moins les artistes parlent de choses qui sont à la portée de tous les esprits ; car, quelle est la personne qui ne se croit pas du goût ? Mais les juges, les avocats, les médecins surtout... ah ! j'avoue que les entendre toujours parler procès et maladie, les deux genres d'infirmités humaines qui...

FEMME B. (*Quittant sa conversation avec sa voisine pour répondre à son mari.*) Ah ! les médecins sont insupportables !...

FEMME A. (*La voisine du mari B., parlant en même temps.*) Mais qu'est-ce que vous dites donc là, mon voisin ?..... Vous vous trompez étrangement. Aujourd'hui, personne ne veut avoir l'air d'être ce qu'il est : les médecins, puisque vous citez les médecins, s'efforcent toujours de ne pas s'entretenir de l'art qu'ils professent. Ils parlent politique, modes, spectacles ; racontent, font des livres mieux que les auteurs mêmes, et il y a loin d'un médecin d'aujourd'hui à ceux de Molière...

MARI A. (*A part.*) Ouais ! ma femme aimerait le docteur M... ?

voilà qui est particulier. (*Haut.*) Cela est possible, ma chère, mais je ne donnerais pas mon chien à soigner aux médecins qui écrivent.

Femme A. (*Interrompant son mari.*) Cela est injuste; je connais des gens qui ont cinq à six places, et en qui le gouvernement paraît avoir assez de confiance; d'ailleurs, il est plaisant, monsieur A., que ce soit vous qui disiez cela, vous qui faites le plus grand cas du docteur M...

Mari A. (*A part.*) Plus de doute.

LA FALLACIEUSE.

Un mari. (*Rentrant chez lui.*) Ma chère, nous sommes invités par madame de Fischtaminel au concert qu'elle donnera mardi prochain. Je comptais y aller pour parler au jeune cousin du ministre qui devait y chanter; mais il est allé à Frouville, chez sa tante. Que prétends-tu faire ?...

La femme. Mais les concerts m'ennuient à la mort !..... Il faut rester clouée sur une chaise des heures entières sans rien dire... Tu sais bien d'ailleurs que nous dînons ce jour-là chez ma mère, et qu'il nous est impossible de manquer à lui souhaiter sa fête.

Le mari. (*Négligemment.*) Ah ! c'est vrai.

(*Trois jours après.*)

Le mari. (*En se couchant.*) Tu ne sais pas, mon ange ? Demain, je te laisserai chez ta mère, parce que le comte est revenu de Frouville, et qu'il sera chez madame de Fischtaminel.

La femme. (*Vivement.*) Mais pourquoi irais-tu donc tout seul ? Voyez un peu, moi qui adore la musique !

LA SOURICIÈRE A DÉTENTE.

La femme. Pourquoi vous en allez-vous donc de si bonne heure ce soir ?...

Le mari. (*Mystérieusement.*) Ah ! c'est pour une affaire d'autant plus douloureuse, que je ne vois vraiment pas comment je vais faire pour l'arranger !...

La femme. De quoi s'agit-il donc ? Adolphe, tu es un monstre si tu ne me dis pas ce que tu vas faire...

Le mari. Ma chère, cet étourdi de Prosper Magnan a un duel

avec monsieur de Fontanges à propos d'une fille d'Opéra... Qu'as-tu donc ?...

La femme. Rien... Il fait très-chaud ici. Ensuite, je ne sais pas d'où cela peut venir... mais pendant toute la journée... il m'a monté des feux au visage...

Le mari. (*A part.*) Elle aime monsieur de Fontanges ! (*Haut.*) Célestine ! (*Il crie plus fort.*) Célestine, accourez donc, madame se trouve mal !...

Vous comprenez qu'un mari d'esprit doit trouver mille manières de tendre ces trois espèces de souricières.

§ II. — DE LA CORRESPONDANCE.

Écrire une lettre et la faire jeter à la poste ; recevoir la réponse, la lire et la brûler ; voilà la correspondance réduite à sa plus simple expression.

Cependant examinez quelles immenses ressources la civilisation, nos mœurs et l'amour ont mises à la disposition des femmes pour soustraire ces actes matériels à la pénétration maritale.

La boîte inexorable qui tend une bouche ouverte à tous venants reçoit sa pâture budgétaire de toutes mains.

Il y a l'invention fatale des *bureaux restants*.

Un amant trouve dans le monde cent charitables personnes, masculines ou féminines, qui, à charge de revanche, glisseront le doux billet dans la main amoureuse et intelligente de sa belle maîtresse.

La correspondance est un Protée. Il y a des encres sympathiques, et un jeune célibataire nous a confié avoir écrit une lettre sur la garde blanche d'un livre nouveau qui, demandé au libraire par le mari, est arrivé entre les mains de sa maîtresse, prévenue la veille de cette ruse adorable.

La femme amoureuse qui redoutera la jalousie d'un mari écrira, lira des billets-doux pendant le temps consacré à ces mystérieuses occupations pendant lesquelles le mari le plus tyrannique est obligé de la laisser libre.

Enfin les amants ont tous l'art de créer une télégraphie particulière dont les capricieux signaux sont bien difficiles à comprendre. Au bal, une fleur bizarrement placée dans la coiffure ; au spectacle, un mouchoir déplié sur le devant de la loge ; une démangeaison au nez, la couleur particulière d'une ceinture, un chapeau mis ou ôté, une robe portée plutôt que telle autre, une romance chantée dans un concert, ou des notes particulières touchées au piano; un regard fixé sur un point convenu, tout, depuis l'orgue de Barbarie qui passe sous vos fenêtres et qui s'en va si l'on ouvre une persienne, jusqu'à l'annonce d'un cheval à vendre insérée dans le journal, et même jusqu'à *vous*, tout sera correspondance.

En effet, combien de fois une femme n'aura-t-elle pas prié malicieusement son mari de lui faire telle commission, d'aller à tel magasin, dans telle maison, en ayant prévenu son amant que votre présence à tel endroit est un oui ou un non.

Ici le professeur avoue à sa honte qu'il n'existe aucun moyen d'empêcher deux amants de correspondre. Mais le machiavélisme marital se relève plus fort de cette impuissance qu'il ne l'a jamais été d'aucun moyen coërcitif.

Une convention qui doit rester sacree entre les époux est celle par laquelle ils se jurent l'un à l'autre de respecter le cachet de leurs lettres respectives. Celui-là est un mari habile qui consacre ce principe en entrant en ménage, et qui sait y obéir consciencieusement.

En laissant à une femme une liberté illimitée d'écrire et de recevoir des lettres, vous vous ménagez le moyen d'apprendre le moment où elle correspondra avec son amant.

Mais en supposant que votre femme se défiât de vous, et qu'elle couvrît des ombres les plus impénétrables les ressorts employés à vous dérober sa correspondance, n'est-ce pas ici le lieu de déployer cette puissance intellectuelle dont nous vous avons armés dans la Méditation de la Douane? L'homme qui ne voit pas quand sa femme a écrit à son amant ou quand elle en a reçu une réponse est un mari incomplet.

L'étude profonde que vous devez faire des mouvements, des actions, des gestes, des regards de votre femme, sera peut-être pénible et fatigante, mais elle durera peu; car il ne s'agit que de découvrir quand votre femme et son amant correspondent et de quelle manière.

Nous ne pouvons pas croire qu'un mari, fût-il d'une médiocre intelligence, ne sache pas deviner cette manœuvre féminine quand il soupçonne qu'elle a lieu.

Maintenant jugez, par une seule aventure, de tous les moyens de police et de *répression* que vous offre la correspondance.

Un jeune avocat auquel une passion frénétique révéla quelques-uns des principes consacrés dans cette importante partie de notre ouvrage, avait épousé une jeune personne de laquelle il était faiblement aimé (ce qu'il considéra comme un très-grand bonheur); et, au bout d'une année de mariage, il s'aperçut que sa chère Anna (elle s'appelait Anna), aimait le premier commis d'un agent de change.

Adolphe était un jeune homme de vingt-cinq ans environ, d'une jolie figure, aimant à s'amuser comme tous les célibataires possibles. Il était économe, propre, avait un cœur excellent, montait bien à cheval, parlait spirituellement, tenait de fort beaux cheveux noirs toujours frisés, et sa mise ne manquait pas d'élégance. Bref, il aurait fait honneur et profit à une duchesse. L'avocat était laid, petit, trapu, carré, chafouin et mari. Anna, belle si grande, avait des yeux fendus en amande, le teint blanc, et les traits délicats. Elle était tout amour, et la passion animait son regard d'une expression magique. Elle appartenait à une famille pauvre, maître Lebrun avait douze mille livres de rente. Tout est expliqué. Un soir, Lebrun rentre chez lui d'un air visiblement abattu. Il passe dans son cabinet pour y travailler; mais il revient aussitôt chez sa femme en grelottant; car il a la fièvre, et ne tarde pas à se mettre au lit. Il gémit, déplore ses clients, et surtout une pauvre veuve dont il devait, le lendemain même, sauver la fortune par une transaction. Le rendez-vous était pris avec les gens d'affaires, et il se sentait hors d'état d'y aller. Après avoir sommeillé un quart d'heure, il se réveille, et, d'une voix faible, prie sa femme d'écrire à l'un de ses amis intimes de le remplacer dans la conférence qui a lieu le lendemain. Il dicte une longue lettre, et suit du regard l'espace que prennent ses phrases sur le papier. Quand il fallut commencer le recto du second feuillet, l'avocat était en train de peindre à son confrère la joie que sa cliente aurait si la transaction était signée, et le fatal recto commençait par ces mots :

Mon bon ami, allez, ah! allez aussitôt chez madame de Vernon; vous y serez attendu bien impatiemment. Elle demeure rue du Sentier, n. 7. Pardonnez-moi de vous en dire si peu, mais je compte sur votre admirable sens pour deviner ce que je ne puis expliquer.

Tout à vous.

— Donnez-moi la lettre, dit l'avocat, pour que je voie s'il n'y a pas de faute avant de la signer. L'infortunée, dont la prudence avait été endormie par la nature de cette épître hérissée presque tout entière des termes les plus barbares de la langue judiciaire, livre la lettre. Aussitôt que Lebrun possède le fallacieux écrit, il se plaint, se tortille, et réclame je ne sais quel bon office de sa femme. Madame s'absente deux minutes, pendant lesquelles l'avocat saute hors du lit, ploie un papier en forme de lettre, et cache la missive écrite par sa femme. Quand Anna revient, l'habile mari cachète le papier blanc, le fait adresser, par elle, à celui de ses amis auquel la lettre soustraite semblait destinée, et la pauvre créature remet le candide message à un domestique. Lebrun paraît se calmer insensiblement; il s'endort, ou fait semblant, et le lendemain matin il affecte encore d'avoir de vagues douleurs. Deux jours après, il enlève le premier feuillet de la lettre, met un *e* au mot tout, dans cette phrase, *tout à vous*; il plie mystérieusement le papier innocemment faussaire, le cachète, sort de la chambre conjugale, appelle la soubrette et lui dit : — Madame vous prie de porter cela chez monsieur Adolphe; courez..... Il voit partir la femme de chambre, et aussitôt après il prétexte une affaire, et s'en va rue du Sentier, à l'adresse indiquée. Il attend paisiblement son rival chez l'ami qui s'était prêté à son dessein. L'amant, ivre de bonheur, accourt, demande madame de Vernon; il est introduit, et se trouve face à face avec maître Lebrun qui lui montre un visage pâle, mais froid, des yeux tranquilles, mais implacables. — Monsieur, dit-il d'une voix émue au jeune commis dont le cœur palpita de terreur, vous aimez ma femme, vous essayez de lui plaire; je ne saurais vous en vouloir, puisqu'à votre place et à votre âge j'en eusse fait tout autant. Mais Anna est au désespoir; vous avez troublé sa félicité, l'enfer est dans son cœur. Aussi m'a-t-elle tout confié. Une querelle facilement apaisée l'avait poussée à vous écrire le billet que vous avez reçu, elle m'a envoyé ici à sa place. Je ne vous dirai pas, monsieur, qu'en persistant dans vos projets de séduction vous feriez le malheur de celle que vous aimez, que vous la priveriez de mon estime, et un jour de la vôtre; que vous signeriez votre crime jusque dans l'avenir en préparant peut-être des chagrins à mes enfants; je ne vous parle même pas de l'amertume que vous jetteriez dans ma vie; — malheureusement, c'est des chansons!.... Mais je vous déclare, monsieur, que la moindre démarche de votre part serait le signal d'un crime; car je ne me fierais pas à un duel pour vous percer le cœur!... Là, les yeux de l'avocat distillèrent la mort. — Eh ! monsieur, reprit-il d'une voix plus douce, vous êtes jeune, vous avez le cœur généreux; faites un sacrifice au bonheur à venir de celle que vous aimez; abandonnez-la, ne la revoyez jamais. Et s'il vous faut absolument quelqu'un de la famille, j'ai une jeune tante que personne n'a pu fixer; elle est charmante, pleine d'esprit et riche, entreprenez sa conversion, et laissez en repos une femme vertueuse. Ce mélange de plaisanterie et de terreur, la fixité du regard et le son de voix profond du mari firent une incroyable impression sur l'amant. Il resta deux minutes interdit, comme les gens trop passionnés auxquels la violence d'un choc enlève toute présence d'esprit. Si Anna eut des amants (pure hypothèse), ce ne fut certes pas Adolphe.

Ce fait peut servir à vous faire comprendre que la correspondance est un poignard à deux tranchants qui profite autant à la défense du mari qu'à l'*inconséquence* de la femme. Vous favoriserez donc la correspondance, par la même raison que M. le préfet de police fait allumer soigneusement les réverbères de Paris.

§ III. — DES ESPIONS.

S'abaisser jusqu'à mendier des révélations auprès de ses gens, tomber plus bas qu'eux en leur payant une confidence, ce n'est pas un crime; c'est peut-être une lâcheté, mais c'est assurément une sottise; car rien ne vous garantit la probité d'un domestique qui trahit sa maîtresse; et vous ne saurez jamais s'il est dans vos intérêts ou dans ceux de votre femme. Ce point sera donc une chose jugée sans retour.

La nature, cette bonne et tendre parente, a placé près d'une mère de famille les espions les plus sûrs et les plus fins, les plus véridiques et en même temps les plus discrets qu'il y ait au monde. Ils sont muets et ils parlent, ils voient tout et ne paraissent rien voir.

Un jour, un de mes amis me rencontre sur le boulevard; il m'invite à dîner, et nous allons chez lui. La table était déjà servie, et la maîtresse du logis distribuait à ses deux filles des assiettes pleines d'un fumant potage. — « Voilà de mes *premiers symptômes*, » me dis-je. Nous nous asseyons. Le premier mot du mari, qui n'y entendait pas finesse et qui ne parlait que par désœuvrement, fut de demander : — Est-il venu quelqu'un aujourd'hui?... — Pas un chat! lui répond sa femme sans le regarder. Je n'oublierai jamais la vivacité avec laquelle les deux filles levèrent les yeux sur leur mère. L'aînée surtout, âgée de huit ans, eut quelque chose de particulier dans le regard. Il y eut tout à la fois des révélations et du mystère, de la curiosité et du silence, de l'étonnement et de la sécurité. S'il y eut quelque chose de comparable à la vélocité avec laquelle cette flamme candide s'échappa de leurs yeux, ce fut la prudence avec laquelle elles déroulèrent toutes deux, comme des jalousies, les plis gracieux de leurs blanches paupières.

Douces et charmantes créatures qui, depuis l'âge de neuf ans jusqu'à la nubilité, faites souvent le tourment d'une mère, quand même elle n'est pas coquette, est-ce donc par privilége ou par instinct que vos jeunes oreilles entendent le plus faible éclat d'une voix d'homme au travers des murs et des portes, que vos yeux voient tout, que votre jeune esprit s'exerce à tout deviner, même la signification d'un mot dit en l'air, même celle que peut avoir le moindre geste de vos mères?

Il y a de la reconnaissance et je ne sais quoi d'instinctif dans la prédilection des pères pour leurs filles, et des mères pour leurs garçons.

Mais l'art d'instituer des espions en quelque sorte matériels est un enfantillage, et rien n'est plus facile que de trouver mieux que ce bedeau qui s'avisa de placer des coquilles d'œuf dans son lit, et qui n'obtint d'autre compliment de condoléance de la part de son compère stupéfait que : « Tu ne les aurais pas si bien pilées. »

Le maréchal de Saxe ne donna guère plus de consolation à La Popelinière, quand ils découvrirent ensemble cette fameuse cheminée tournante, inventée par le duc de Richelieu : — « Voilà le plus bel ouvrage à cornes que j'aie jamais vu ! » s'écria le vainqueur de Fontenoi.

Espérons que votre espionnage ne vous apprendra encore rien de si fâcheux ? Ces malheurs-là sont les fruits de la guerre civile, et nous n'y sommes pas.

§ IV. — L'INDEX.

Le pape ne met que des livres à l'index; vous marquerez d'un sceau de réprobation les hommes et les choses.

Interdit à madame d'aller au bain autre part que chez elle.

Interdit à madame de recevoir chez elle celui que vous soupçonnez d'être son amant, et toutes les personnes qui pourraient s'intéresser à leur amour.

Interdit à madame de se promener sans vous.

Mais les bizarreries auxquelles donnent naissance dans chaque ménage la diversité des caractères, les innombrables incidents des passions, et les habitudes des époux, impriment à ce *Livre noir*, de tels changements, elles en multiplient ou en effacent les lignes avec une telle rapidité, qu'un ami de l'auteur appelait cet index l'*histoire des variations de l'église conjugale*.

Il n'existe que deux choses qu'on puisse soumettre à des principes fixes : la campagne et la promenade.

Un mari ne doit jamais mener ni laisser aller sa femme à la campagne. Ayez une terre, habitez-la, n'y recevez que des dames ou des vieillards, n'y laissez jamais votre femme seule. Mais la conduire, même pour une demi-journée, chez un autre... c'est devenir plus imprudent qu'une autruche.

Surveiller une femme à la campagne est déjà l'œuvre la plus difficile à accomplir. Pourrez-vous être à la fois dans tous les halliers, grimper sur tous les arbres, suivre la trace d'un amant sur l'herbe foulée la nuit, mais que la rosée du matin redresse et fait renaître aux rayons du soleil? Aurez-vous un œil à chaque brèche des murs du parc? Oh! la campagne et le printemps!... voilà les deux bras droits du célibat.

Quand une femme arrive à la crise dans laquelle nous supposons qu'elle se trouve, un mari doit rester à la ville jusqu'au moment de la guerre, ou se dévouer à tous les plaisirs d'un cruel espionnage.

En ce qui concerne la promenade, madame veut-elle aller aux fêtes, aux spectacles, au bois de Boulogne; sortir pour marchander des étoffes, voir les modes? Madame ira, sortira, verra dans l'honorable compagnie de son maître et seigneur.

Si elle saisissait le moyen où une occupation qu'il vous serait impossible d'abandonner vous réclame tout entier, pour essayer de vous surprendre une tacite adhésion à quelque sortie méditée; si, pour l'obtenir, elle se mettait à déployer tous les prestiges et toutes les séductions de ces scènes de câlinerie dans lesquelles les femmes excellent et dont les féconds ressorts doivent être devinés par vous, eh! bien, le professeur vous engage à vous laisser charmer, à vendre cher la permission demandée, et surtout à convaincre cette créature dont l'âme est tour à tour aussi mobile que l'eau, aussi ferme que l'acier, qu'il vous est défendu par l'importance de votre travail de quitter votre cabinet.

Mais aussitôt que votre femme aura mis le pied dans la rue, si elle va à pied, ne lui donnez pas le loisir de faire seulement cinquante pas ; soyez sur ses traces, et suivez-la sans qu'elle puisse s'en apercevoir.

Il existe peut-être des Werther dont les âmes tendres et délicates se révolteront de cette inquisition. Cette conduite n'est pas plus coupable que celle d'un propriétaire qui se relève la nuit, et regarde par la fenêtre pour veiller sur les pêches de ses espaliers. Vous obtiendrez peut-être par là, avant que le crime ne soit commis, des renseignements exacts sur ces appartements que tant d'amoureux louent en ville sous des noms supposés. Si par un hasard (dont Dieu vous garde) votre femme entrait dans une maison à vous suspecte, informez-vous si le logis a plusieurs issues.

Votre femme monte-t-elle en fiacre... qu'avez-vous à craindre ? Un préfet de police auquel les maris auraient dû décerner une couronne d'or mat n'a-t-il pas construit sur chaque place de fiacres une petite baraque où siége, son registre à la main, un incorruptible gardien de la morale publique ? Ne sait-on pas où vont et d'où viennent ces gondoles parisiennes ?

Un des principes vitaux de votre police sera d'accompagner parfois votre femme chez les fournisseurs de votre maison si elle avait l'habitude d'y aller. Vous examinerez soigneusement s'il existe quelque familiarité entre elle et sa mercière, sa marchande de modes, sa couturière, etc. Vous appliquerez là les règles de la Douane Conjugale, et vous tirerez vos conclusions.

Si, en votre absence, votre femme, sortie malgré vous, prétend être allée à tel endroit, dans tel magasin, rendez-vous-y le lendemain, et tâchez de savoir si elle a dit la vérité.

Mais la passion vous dictera, mieux encore que cette Méditation, les ressources de la tyrannie conjugale, et nous arrêterons là ces fastidieux enseignements.

§ V. — DU BUDGET

En esquissant le portrait d'un mari valide (Voyez la Méditation *des Prédestinés*), nous lui avons soigneusement recommandé de cacher à sa femme la véritable somme à laquelle monte son revenu.

Tout en nous appuyant sur cette base pour établir notre système financier, nous espérons contribuer à faire tomber l'opinion assez généralement répandue, qu'il ne faut pas donner le maniement de l'argent à sa femme. Ce principe est une des erreurs populaires qui amènent le plus de contre-sens en ménage.

Et d'abord traitons la question de cœur avant la question d'argent.

Décréter une petite liste civile, pour votre femme et pour les exigences de la maison, et la lui verser comme une contribution, par douzièmes égaux et de mois en mois, emporte en soi quelque chose de petit, de mesquin, de resserré, qui ne peut convenir qu'à des âmes sordides ou méfiantes. En agissant ainsi, vous vous préparez d'immenses chagrins

Je veux bien que, pendant les premières années de votre union *mellifique*, des scènes plus ou moins gracieuses, des plaisanteries de bon goût, des bourses élégantes, des caresses aient accompagné, décoré le don mensuel; mais il arrivera un moment où l'étourderie de votre femme, une dissipation imprévue la forceront à implorer un emprunt dans la chambre. Je suppose que vous accorderez toujours le bill d'indemnité, sans le vendre fort cher, par des discours, comme nos infidèles députés ne manquent pas de le faire. Ils payent, mais ils grognent; vous payerez et ferez des compliments; soit!

Mais dans la crise où nous sommes, les prévisions du budget annuel ne suffisent jamais. Il y a accroissement de fichus, de bonnets, de robes; il y a une dépense inappréciable nécessitée par les congrès, les courriers diplomatiques, par les voies et les moyens de l'amour, tandis que les recettes restent les mêmes. Alors commence dans un ménage l'éducation la plus odieuse et la plus épouvantable qu'on puisse donner à une femme. Je ne sache guère que quelques âmes nobles et généreuses, qui tiennent à plus haut prix que les millions la pureté du cœur, la franchise de l'âme, et qui pardonneraient mille fois une passion plutôt qu'un mensonge, dont l'instinctive délicatesse a deviné le principe de cette peste de l'âme, dernier degré de la corruption humaine.

Alors, en effet, se passent dans un ménage les scènes d'amour les plus délicieuses. Alors une femme s'assouplit; et, semblable à la plus brillante de toutes les cordes d'une harpe jetée devant le feu, elle se roule autour de vous, elle vous enlace, elle vous enserre; elle se prête à toutes vos exigences; jamais ses discours n'auront été plus tendres; elle les prodigue ou plutôt elle les vend; elle arrive à tomber au-dessous d'une fille d'Opéra, car elle se prostitue à son mari. Dans ses plus doux baisers, il y a de l'argent; dans ses paroles, il y a de l'argent. A ce métier ses entrailles deviennent de plomb pour vous. L'usurier le plus poli, le plus perfide, ne soupèse pas mieux d'un regard la future valeur métallique d'un fils de famille auquel il fait signer un billet, que votre femme n'estime un de vos désirs en sautant de branche en branche comme un écureuil qui se sauve, afin d'augmenter la somme d'argent par la somme d'appétence. Et ne croyez pas échapper à de telles séductions. La nature a donné des trésors de coquetterie à une femme, et la société les a décuplés par ses modes, ses vêtements, ses broderies et ses pèlerines.

— Si je me marie, disait un des plus honorables généraux de nos anciennes armées, je ne mettrai pas un sou dans la corbeille...

— Et qu'y mettrez-vous donc, général? dit une jeune personne.

— La clef du secrétaire.

La demoiselle fit une petite minauderie d'approbation. Elle agita doucement sa petite tête par un mouvement semblable à celui de l'aiguille aimantée; son menton se releva légèrement, et il semblait qu'elle eût dit : — J'épouserais le général très-volontiers, malgré ses quarante-cinq ans.

Mais comme question d'argent, quel intérêt voulez-vous donc que prenne une femme dans une machine où elle est gagée comme un teneur de livres?

Examinez l'autre système.

En abandonnant à votre femme, sous couleur de confiance absolue, les deux tiers de votre fortune, et la laissant maîtresse de diriger l'administration conjugale, vous obtenez une estime que rien ne saurait effacer, car la confiance et la noblesse trouvent de puissants échos dans le cœur de la femme. Madame sera grevée d'une responsabilité qui élèvera souvent une barrière d'autant plus forte contre ses dissipations qu'elle se la sera créée elle-même dans son cœur. Vous, vous ayez fait d'abord une part au feu, et vous êtes sûr ensuite que votre femme ne s'avilira peut-être jamais.

Maintenant, en cherchant là des moyens de défense, considérez quelles admirables ressources vous offre ce plan de finances.

Vous aurez, dans votre ménage, une cote exacte de la moralité de votre femme, comme celle de la Bourse donne la mesure du degré de confiance obtenu par le gouvernement.

En effet, pendant les premières années de votre mariage, votre femme se piquera de vous donner du luxe et de la satisfaction pour votre argent.

Elle instituera une table opulemment servie, renouvellera le mobilier, les équipages; aura toujours dans le tiroir consacré au bien-aimé une somme toute prête. Eh! bien, dans les circonstances actuelles, le tiroir sera très-souvent vide, et monsieur dépensera beaucoup trop. Les économies ordonnées par la Chambre ne frappent jamais que sur les commis à douze cents francs; or, vous serez le commis à douze cents francs de votre ménage. Vous en rirez, puisque vous aurez amassé, capitalisé, géré le tiers de votre fortune pendant long-temps; semblable à Louis XV qui s'était fait un petit trésor à part, *en cas de malheur*, disait-il.

Ainsi votre femme parle-t-elle d'économie, ses discours équivaudront aux variations de la cote bursale. Vous pourrez deviner tous les progrès de l'amant par les fluctuations financières, et vous aurez tout concilié : *E sempre bene.*

Si, n'appréciant pas cet excès de confiance, votre femme dissipait un jour une forte partie de la fortune, d'abord, il serait difficile que cette prodigalité atteignît au tiers des revenus gardés par vous depuis dix ans; mais ensuite, la Méditation sur les *Péripéties* vous apprendra qu'il y a dans la crise même amenée par les folies de votre femme d'immenses ressources pour tuer le Minotaure.

Enfin le secret du trésor entassé par vos soins ne doit être connu qu'à votre mort; et si vous aviez besoin d'y puiser pour venir au secours de votre femme, vous serez censé toujours avoir joué avec bonheur, ou avoir emprunté à un ami.

Tels sont les vrais principes en fait de budget conjugal.

La police conjugale a son martyrologe. Nous ne citerons qu'un seul fait, parce qu'il pourra faire comprendre la nécessité où sont les maris qui prennent des mesures si acerbes de veiller sur eux-mêmes autant que sur leurs femmes.

Un vieil avare, demeurant à T..., ville de plaisir, si jamais il en fut, avait épousé une jeune et jolie femme, et il en était tellement épris et jaloux que l'amour triompha de l'usure; car il quitta le commerce pour pouvoir mieux garder sa femme, ne faisant ainsi que changer d'avarice. J'avoue que je dois la plus grande partie des observations contenues dans cet essai, sans doute imparfait encore, à la personne qui a pu jadis étudier cet admirable phénomène conjugal; et, pour le peindre, il suffira d'un seul trait. Quand il allait à la campagne, ce mari ne se couchait jamais sans avoir secrètement ratissé les allées de son parc dans un sens mystérieux, et il avait un râteau particulier pour le sable de ses terrasses. Il avait fait une étude particulière des vestiges laissés par les pieds des différentes personnes de sa maison; et dès le matin, il en allait reconnaître les empreintes. — Tout ceci est de haute futaie, disait-il à la personne dont j'ai parlé, en lui montrant son parc, car on ne voit rien dans les taillis... Sa femme aimait un des plus charmants jeunes gens de la ville. Depuis neuf ans cette passion vivait, brillante et féconde, au cœur des deux amants qui s'étaient devinés d'un seul regard, au milieu d'un bal; et, en dansant, leurs doigts tremblants leur avaient révélé, à travers la peau parfumée de leurs gants, l'étendue de leur amour. Depuis ce jour, ils avaient trouvé l'un et l'autre d'immenses ressources dans les riens dédaignés par les amants heureux. Un jour le jeune homme amena son seul confident d'un air mystérieux dans un boudoir où, sur une table et sous des globes de verre, il conservait, avec plus de soin qu'il n'en aurait eu pour les plus belles pierreries du monde, des fleurs tombées de la coiffure de sa maîtresse, grâce à l'emportement de la danse, des brimborions arrachés à des arbres qu'elle avait touchés dans son parc. Il y avait là jusqu'à l'étroite empreinte laissée sur une terre argileuse par le pied de cette femme. — J'entendais, me dit plus tard ce confident, les fortes et sourdes palpitations de son cœur sonner au milieu du silence que nous gardâmes devant les richesses de ce musée d'amour. Je levai les yeux au plafond comme pour confier au ciel un sentiment que je n'osais exprimer. — Pauvre humanité !... pensais-je... — Madame de... m'a dit qu'un soir, au bal, on vous avait trouvé presque évanoui dans son salon de jeu?... lui demandai-je. — Je crois bien, dit-il en voilant le feu de son regard; je lui avais baisé le bras!... — Mais ajouta-t-il en me serrant la main et me lançant un de ces regards qui semblent presser le cœur, son mari a dans ce moment-ci la goutte bien près de l'estomac... Quelque temps après, le vieil avare revint à la vie, et parut avoir fait un nouveau bail; mais, au milieu de sa convalescence, il se mit au lit un matin, et mourut subitement. Des symptômes de poison éclatèrent si violemment sur le corps du défunt, que la justice informa, et les deux amants furent arrêtés. Alors il se passa, devant la cour d'assises, la scène la plus déchirante qui jamais ait remué le cœur d'un jury. Dans l'instruction du procès, chacun des deux amants avait sans détour avoué le crime, et, par une même pensée, s'en était seul chargé, pour sauver, l'une son amant, l'autre sa maîtresse. Il se trouva deux coupables là où la justice n'en cherchait qu'un seul. Les débats ne furent que des démentis qu'ils se donnèrent l'un à l'autre avec toute la fureur du dévouement de l'amour. Ils étaient réunis pour la première fois, mais sur le banc des criminels, et séparés par un gendarme. Ils furent condamnés à l'unanimité par des jurés en pleurs. Personne, parmi ceux qui eurent le courage barbare de les voir conduire à l'échafaud, ne peut aujourd'hui parler d'eux sans frissonner. La religion leur avait arraché le repentir du crime, mais non l'abjuration de leur amour. L'échafaud fut leur lit nuptial, et ils s'y couchèrent ensemble dans la longue nuit de la mort.

MÉDITATION XXI.

L'ART DE RENTRER CHEZ SOI.

Incapable de maîtriser les bouillants transports de son inquiétude, plus d'un mari commet la faute d'arriver au logis et d'entrer chez sa femme pour triompher de sa faiblesse comme ces taureaux d'Espagne qui, animés par le *banderillo* rouge, éventrent de leurs cornes furieuses les chevaux et les matadors, picadors, tauréadors et consorts.

Oh! rentrer d'un air craintif et doux, comme Mascarille qui s'attend à des coups de bâton, et devient gai comme un pinson en trouvant son maître de belle humeur!... voilà qui est d'un homme sage!...

— Oui, ma chère amie, je sais qu'en mon absence vous aviez tout pouvoir de mal faire!... A votre place, une autre aurait peut-être jeté la maison par les fenêtres, et vous n'avez cassé qu'un carreau! Dieu vous bénisse de votre clémence. Conduisez-vous toujours ainsi, et vous pouvez compter sur ma reconnaissance.

Telles sont les idées que doivent trahir vos manières et votre physionomie ; mais, à part, vous dites : — Il est peut-être venu !..

Apporter toujours une figure aimable au logis est une des lois conjugales qui ne souffrent pas d'exception.

Mais l'art de ne sortir de chez soi que pour y rentrer quand la police vous a révélé une conspiration, mais savoir rentrer à propos !... ah ! ce sont des enseignements impossibles à formuler. Ici tout est finesse et tact. Les événements de la vie sont toujours plus féconds que l'imagination humaine. Aussi nous contenterons-nous d'essayer de doter ce livre d'une histoire digne d'être inscrite dans les archives de l'abbaye de Thélème. Elle aura l'immense mérite de vous dévoiler un nouveau moyen de défense légèrement indiqué par l'un des aphorismes du professeur, et de mettre en action la morale de la présente Méditation, seule manière de vous instruire.

Monsieur de B***, officier d'ordonnance et momentanément attaché en qualité de secrétaire à Louis Bonaparte, roi de Hollande, se trouvait au château de Saint-Leu, près Paris, où la reine Hortense tenait sa cour et où toutes les dames de son service l'avaient accompagnée. Le jeune officier était assez agréable et blond ; il avait l'air pincé, paraissait un peu trop content de lui-même et trop infatué de l'ascendant militaire ; d'ailleurs, passablement spirituel et très-complimenteur. Pourquoi toutes ces galanteries étaient-elles devenues insupportables à toutes les femmes de la reine ?... L'histoire ne le dit pas. Peut-être avait-il fait la faute d'offrir à toutes un même hommage ? Précisément. Mais chez lui, c'était astuce. Il adorait, pour le moment, l'une d'entre elles, madame la comtesse de ***. La comtesse n'osait défendre son amant, parce qu'elle aurait ainsi avoué son secret, et, par une bizarrerie assez explicable, les épigrammes les plus sanglantes partaient de ses jolies lèvres, tandis que son cœur logeait l'image proprette du joli militaire. Il existe une nature de femme auprès de laquelle réussissent les hommes un peu suffisants, dont la toilette est élégante et le pied bien chaussé. C'est les femmes à minauderies, délicates et recherchées. La comtesse était, sauf les minauderies, qui, chez elle, avaient un caractère particulier d'innocence et de vérité, une de ces personnes-là. Elle appartenait à la famille des N..., où les bonnes manières sont conservées traditionnellement. Son mari, le comte de..., était fils de la vieille duchesse de L..., et il avait courbé la tête devant l'idole du jour : Napoléon l'ayant récemment nommé comte, il se flattait d'obtenir une ambassade ; mais, en attendant, il se contentait d'une clef de chambellan ; et s'il laissait sa femme auprès de la reine Hortense c'était sans doute par calcul d'ambition. — Mon fils, lui dit un matin sa mère, votre femme chasse de race. Elle aime monsieur de B***. — Vous plaisantez, ma mère : il m'a emprunté hier cent napoléons. — Si vous ne tenez pas plus à votre femme qu'à votre argent, n'en parlons plus ! dit sèchement la vieille dame. Le futur ambassadeur observa les deux amants, et ce fut en jouant au billard avec la reine, l'officier et sa femme qu'il obtint une de ces preuves aussi légères en apparence qu'elles sont irrécusables aux yeux d'un diplomate. — Ils sont plus avancés qu'ils ne le croient eux-mêmes !... dit le comte de *** à sa mère. Et il versa dans l'âme aussi savante que rusée de la duchesse le chagrin profond dont il était accablé par cette découverte amère. Il aimait la comtesse, et sa femme, sans avoir précisément ce qu'on nomme des principes, était mariée depuis trop peu de temps pour ne pas être encore attachée à ses devoirs. La duchesse se chargea de sonder le cœur de sa bru. Elle jugea qu'il y avait encore de la ressource dans cette âme neuve et délicate, et elle promit à son fils de perdre monsieur de B*** sans retour. Un soir, au moment où les parties étaient finies, que toutes les dames avaient commencé une de ces causeries familières où se confisent les médisances, et que la comtesse faisait son service auprès de la reine, madame de L.... saisit cette occasion pour apprendre à l'assemblée féminine le grand secret de l'amour de monsieur de B*** pour sa bru. *Tolle* général. La duchesse ayant recueilli les voix, il fut décidé à l'unanimité que celle-là qui réussirait à chasser du château l'officier rendrait un service signalé à la reine Hortense qui en était excédée, et à toutes ses femmes qui le haïssaient, et pour cause. La vieille dame réclama l'assistance des belles conspiratrices, et chacune promit sa coopération à tout ce qui pourrait être tenté. En quarante-huit heures, l'astucieuse belle-mère devint la confidente et de sa bru et de l'amant. Trois jours après, elle avait fait espérer au jeune officier la faveur d'un tête-à-tête à la suite d'un déjeuner. Il fut arrêté que monsieur de B*** partirait le matin de bonne heure pour Paris et reviendrait secrètement. La reine avait annoncé le dessein d'aller avec toute la compagnie suivre, ce jour-là, une chasse au sanglier, et la comtesse devait feindre une indisposition. Le comte, ayant été envoyé à Paris par le roi Louis, donnait peu d'inquiétudes. Pour concevoir toute la perfidie du plan de la duchesse, il faut expliquer succinctement la disposition de l'appartement exigu qu'occupait la comtesse au château. Il était situé au premier étage, au-dessus des petits appartements de la reine, et au bout d'un long corridor. On entrait immédiatement dans une chambre à coucher à droite et à gauche de laquelle se trouvaient deux cabinets. Celui de droite était un cabinet de toilette, et celui de gauche avait été récemment transformé en boudoir par la comtesse. On sait ce qu'est un cabinet de campagne : celui-là n'avait que les quatre murs. Il était décoré d'une tenture grise, et il n'y avait encore qu'un petit divan et un tapis; car l'ameublement devait en être achevé sous peu de jours. La duchesse n'avait conçu sa noirceur que d'après ces circonstances, qui, bien que légères en apparence, la servirent admirablement. Sur les onze heures, un déjeuner délicat est préparé dans la chambre. L'officier, revenant de Paris, déchirait à coups d'éperon les flancs de son cheval. Il arrive enfin; il confie le noble animal à son valet, escalade les murs du parc, vole au château, et parvient à la chambre sans avoir été vu de personne, pas même d'un jardinier. Les officiers d'ordonnance portaient alors, si vous ne vous en souvenez pas, des pantalons collants très-serrés, et un petit shako étroit et long, costume aussi favorable pour se faire admirer le jour d'une revue qu'il est gênant dans un rendez-vous. La vieille femme avait calculé l'inopportunité de l'uniforme. Le déjeuner fut d'une gaieté folle. La comtesse ni sa mère ne buvaient de vin; mais l'officier, qui connaissait le proverbe, sabla fort joliment autant de vin de Champagne qu'il en fallait pour aiguiser son amour et son esprit. Le déjeuner terminé, l'officier regarda la belle-mère qui, poursuivant son rôle de complice, dit : — J'entends une voiture, je crois!... Et de sortir. Elle rentre au bout de trois minutes. — C'est le comte!... s'écria-t-elle en poussant les deux amants dans le boudoir. — Soyez tranquilles!... leur dit-elle. — Prenez donc votre schako..... ajouta-t-elle en gourmandant par un geste l'imprudent jeune homme. Elle recula vivement la table dans le cabinet de toilette, et, par ses soins, le désordre de la chambre se trouva entièrement réparé au moment où son fils apparut. — Ma femme est malade?... demanda le comte. — Non, mon ami, répond la mère. Son mal s'est promptement dissipé; elle est à la chasse, à ce que je crois... Puis elle lui fait un signe de tête comme pour lui dire : — Ils sont là... — Mais êtes-vous folle, répond le comte à voix basse, de les enfermer ainsi?..... — Vous n'avez rien à craindre, reprit la duchesse, j'ai mis dans son vin... — Quoi?.. — Le plus prompt de tous les purgatifs. Entre le roi de Hollande. Il venait demander au comte le résultat de la mission qu'il lui avait donnée. La duchesse essaya, par quelques-unes de ces phrases mystérieuses que savent si bien dire les femmes, d'obliger Sa Majesté à emmener le comte chez elle. Aussitôt que les deux amants se trouvèrent dans le boudoir, la comtesse, stupéfaite en reconnaissant la voix de son mari, dit bien bas au séduisant officier : — Ah! monsieur, vous voyez à quoi je me suis exposée pour vous... — Mais, ma chère Marie! mon amour vous récompensera de tous vos sacrifices, et je te serai fidèle jusqu'à la mort. (*À part et en lui-même :* Oh! oh! quelle douleur!.....) — Ah! s'écria la jeune femme, qui se tordit les mains en entendant marcher son mari près de la porte du boudoir, il n'y a pas d'amour qui puisse payer de telles terreurs!... Monsieur, ne m'approchez pas... — O! ma bien-aimée, mon cher trésor, dit-il en s'agenouillant avec respect, je serai pour toi ce que tu voudras que je sois!... Ordonne... je m'éloignerai. Rappelle-moi... je viendrai. Je serai le plus soumis comme je veux être... (S... D..., j'ai la colique!) le plus constant des amants... O ma belle Marie!... (Ah! je suis perdu. C'est à en mourir!...) Ici, l'officier marcha vers la fenêtre pour l'ouvrir et se précipiter la tête la première dans le jardin; mais il aperçut la reine Hortense et ses femmes. Alors il se tourna vers la comtesse en portant la main à la partie la plus décisive de son uniforme; et, dans son désespoir, il s'écria d'une voix étouffée : — Pardon, madame; mais il m'est impossible d'y tenir plus longtemps. — Monsieur, êtes-vous fou?... s'écria la jeune femme, en s'apercevant que l'amour seul n'agitait pas cette figure égarée. L'officier, pleurant de rage, se replia vivement sur le schako qu'il avait jeté dans un coin. — Eh! bien, comtesse....., disait la reine Hortense en entrant dans la chambre à coucher d'où le comte et le roi venaient de sortir, comment allez-vous? Mais, où est-elle donc? — Madame! s'écria la jeune femme en s'élançant à la porte du boudoir, n'entrez pas!... Au nom de Dieu, n'entrez pas! La comtesse se tut, car elle vit toutes ses compagnes dans la chambre. Elle regarda la reine. Hortense, qui avait autant d'indulgence que de curiosité, fit un geste, et toute sa suite se retira. Le jour même, l'officier part pour l'armée, arrive aux avant-postes, cherche la mort et la trouve. C'était un brave, mais ce n'était pas un philosophe.

On prétend qu'un de nos peintres les plus célèbres, ayant conçu pour la femme d'un de ses amis un amour qui fut partagé, eut à subir toutes les horreurs d'un semblable rendez-vous, que le mari avait préparé par vengeance; mais, s'il faut en croire la chronique, il y eut une double honte; et, plus sages que monsieur de B***, les amants, surpris par la même infirmité, ne se tuèrent ni l'un ni l'autre.

La manière de se comporter en rentrant chez soi dépend aussi de beaucoup de circonstances. Exemple:

Lord Catesby était d'une force prodigieuse. Il arrive, un jour, qu'en revenant d'une chasse au renard à laquelle il avait promis d'aller sans doute par feinte, il se dirige vers une haie de son parc où il disait voir un très-beau cheval. Comme il avait la passion des chevaux, il s'avance pour admirer celui-là de plus près. Il aperçoit lady Catesby, au secours de laquelle il était temps d'accourir, pour peu qu'il fût jaloux de son honneur. Il fond sur un gentleman, et en interrompt la criminelle conversation en le saisissant à la ceinture; puis il le lance par-dessus la haie au bord d'un chemin. — Songez, monsieur, que c'est à moi qu'il faudra désormais vous adresser pour demander quelque chose ici!.... lui dit-il sans emportement. — Eh! bien, milord, auriez-vous la bonté de me jeter aussi mon cheval?.... Mais le lord flegmatique avait déjà pris le bras de sa femme, et lui disait gravement : — Je vous blâme beaucoup, ma chère créature, de ne pas m'avoir prévenu que je devais vous aimer pour deux. Désormais tous les jours pairs je vous aimerai pour le gentleman, et les autres jours pour moi-même.

Cette aventure passe, en Angleterre, pour une des plus belles rentrées connues. Il est vrai que c'était joindre avec un rare bonheur l'éloquence du geste à celle de la parole.

Mais l'art de rentrer chez soi, dont les principes ne sont que des déductions nouvelles du système de politesse et de dissimulation recommandé par nos Méditations antérieures, n'est que la préparation constante de *Péripéties* conjugales dont nous allons nous occuper.

MÉDITATION XXII.

DES PÉRIPÉTIES.

Le mot *péripétie* est un terme de littérature qui signifie *coup de théâtre.*

Amener une péripétie dans le drame que vous jouez est un moyen de défense aussi facile à entreprendre que le succès en est incertain. Tout en vous en conseillant l'emploi, nous ne vous en dissimulerons pas les dangers.

La péripétie conjugale peut se comparer à ces belles fièvres qui emportent un sujet bien constitué ou en restaurent à jamais la vie. Ainsi, quand la péripétie réussit, elle rejette pour des années une femme dans les sages régions de la vertu.

Au surplus, ce moyen est le dernier de tous ceux que la science ait permis de découvrir jusqu'à ce jour.

La Saint-Barthélemy, les Vêpres Siciliennes, la mort de Lucrèce, les deux débarquements de Napoléon à Fréjus, sont des péripéties politiques. Il ne vous est pas permis d'en faire de si vastes; mais, toutes proportions gardées, vos coups de théâtre conjugaux ne seront pas moins puissants que ceux-là.

Mais comme l'art de créer des situations et de changer, par des événements naturels, la face d'une scène, constitue le génie; que le retour à la vertu d'une femme dont le pied laisse déjà quelques empreintes sur le sable doux et doré des sentiers du vice est la plus difficile de toutes les péripéties, et que le génie ne s'apprend pas, ne se démontre pas; le licencié en droit conjugal se trouve forcé d'avouer ici son impuissance à réduire en principes fixes une science aussi changeante que les circonstances, aussi fugitive que l'occasion, aussi indéfinissable que l'instinct.

Pour nous servir d'une expression que Diderot, d'Alembert et Voltaire n'ont pu naturaliser, malgré son énergie, une péripétie conjugale se *subodore.* Aussi notre seule ressource sera-t-elle de crayonner imparfaitement quelques situations conjugales analogues, imitant ce philosophe des anciens jours qui, cherchant vainement à s'expliquer le mouvement, marchait devant lui pour essayer d'en saisir les lois insaisissables.

Un mari aura, selon les principes consignés dans la Méditation sur la Police, expressément défendu à sa femme de recevoir les visites du célibataire qu'il soupçonne devoir être son amant; elle a promis de ne jamais le voir. C'est de petites scènes d'intérieur que nous abandonnons aux imaginations matrimoniales, un mari les dessinera bien mieux que nous, en se reportant, par la pensée, à ces jours où de délicieux désirs ont amené de sincères confidences, où les ressorts de sa politique ont fait jouer quelques *machines adroitement* travaillées.

Supposons, pour mettre plus d'intérêt à cette scène normale, que ce soit vous, vous mari qui me lisez, dont la police, soigneusement organisée, découvre que votre femme profitant des heures consacrées à un repas ministériel auquel elle vous a fait peut-être inviter, doit recevoir monsieur A — Z.

Il y a là toutes les conditions requises pour amener une des plus belles péripéties possibles.

Vous revenez assez à temps pour que votre arrivée coïncide avec celle de monsieur A — Z, car nous ne vous conseillerions pas de risquer un entr'acte trop long. Mais comment rentrez-vous?... non plus, selon les principes de la Méditation précédente. — En furieux, donc?... — Encore moins. Vous arrivez en vrai bonhomme, en étourdi qui a oublié sa bourse ou son mémoire pour le ministre, son mouchoir ou sa tabatière.

Alors, ou vous surprendrez les deux amants ensemble, ou votre femme avertie par sa soubrette, aura caché le célibataire.

Emparons-nous de ces deux situations uniques.

Ici nous ferons observer que tous les maris doivent être en mesure de produire la terreur dans leur ménage, et préparer longtemps à l'avance des deux septembre matrimoniaux.

Ainsi, un mari, du moment où sa femme a laissé apercevoir quelques *premiers symptômes*, ne manquera jamais à donner, de temps à autre, son opinion personnelle sur la conduite à tenir par un époux dans les grandes crises conjugales.

— Moi, direz-vous, je n'hésiterais pas à tuer un homme que j surprendrais aux genoux de ma femme.

A propos d'une discussion que vous aurez suscitée, vous serez amené à prétendre : — que la loi aurait dû donner à un mari, comme aux anciens Romains, droit de vie et de mort sur ses enfants, pour qu'il pût tuer les adultérins.

Ces opinions féroces, qui ne vous engagent à rien, imprimeront une terreur salutaire à votre femme; vous les énoncerez même en riant et en lui disant : — Oh! mon Dieu, oui, mon cher amour, je te tuerais fort proprement. Aimerais-tu à être occise par moi?...

Une femme ne peut jamais s'empêcher de craindre que cette plaisanterie ne devienne un jour très-sérieuse, car il y a encore de l'amour dans ces crimes involontaires; puis les femmes, sachant mieux que personne dire la vérité en riant, soupçonnent parfois leurs maris d'employer cette ruse féminine.

Alors, quand un époux surprend sa femme avec son amant, au milieu même d'une innocente conversation, sa tête, vierge encore, doit produire l'effet mythologique de la célèbre Gorgone.

Pour obtenir une péripétie favorable en cette conjoncture, il faut, selon le caractère de votre femme, ou jouer une scène pathétique à la Diderot, ou faire de l'ironie comme Cicéron, ou sauter sur des pistolets chargés à poudre, et les tirer même si vous jugez un grand éclat indispensable.

Un mari adroit s'est assez bien trouvé d'une scène de *sensiblerie* modérée. Il entre, voit l'amant et le chasse d'un regard. Le célibataire parti, il tombe aux genoux de sa femme, déclame une tirade, où, entre autres phrases, il y avait celle-ci : — Eh quoi! ma chère Caroline, je n'ai pas su t'aimer!...

Il pleure, elle pleure, et cette péripétie larmoyante n'eut rien d'incomplet.

Nous expliquerons, à l'occasion de la seconde manière dont peut se présenter la péripétie, les motifs qui obligent un mari à moduler cette scène sur le degré plus ou moins élevé de la force féminine.

Poursuivons!

Si votre bonheur veut que l'amant soit caché, la péripétie sera bien plus belle.

Pour peu que l'appartement ait été disposé selon les principes consacrés par la Méditation XIV, vous reconnaîtrez facilement l'endroit où s'est blotti le célibataire, se fût-il, comme le don Juan de lord Byron, pelotonné sous le coussin d'un divan. Si, par hasard, votre appartement est en désordre, vous devez en avoir une connaissance assez parfaite pour savoir qu'il n'y a pas deux endroits où un homme puisse se mettre.

Enfin, si par quelque inspiration diabolique il s'était fait si petit qu'il se fût glissé dans une retraite inimaginable (car on peut tout attendre d'un célibataire), eh! bien, ou votre femme ne pourra s'empêcher de regarder cet endroit mystérieux, ou elle feindra de jeter les yeux sur un côté tout opposé, et alors rien n'est plus facile à un mari de tendre une petite souricière à sa femme.

La cachette étant découverte, vous marchez droit à l'amant. Vous le rencontrez !...

Là, vous tâcherez d'être beau. Tenez constamment votre tête de trois quarts en la relevant d'un air de supériorité. Cette attitude ajoutera beaucoup à l'effet que vous devez produire.

La plus essentielle de vos obligations consiste en ce moment à écraser le célibataire par une phrase très-remarquable, que vous aurez eu tout le temps d'improviser ; et, après l'avoir terrassé, vous lui indiquerez froidement qu'il peut sortir. Vous serez très-poli, mais aussi tranchant que la hache du bourreau, et plus impassible que la loi. Ce mépris glacial amènera peut-être déjà une péripétie dans l'esprit de votre femme. Point de cris, point de gestes, pas d'emportements. Les hommes des hautes sphères sociales, a dit un jeune auteur anglais, ne ressemblent jamais à ces petites gens qui ne sauraient perdre une fourchette sans sonner l'alarme dans tout le quartier.

Le célibataire parti, vous vous trouvez seul avec votre femme; et, dans cette situation, vous devez la reconquérir pour toujours.

En effet, vous vous placez devant elle, en prenant un de ces airs dont le calme affecté trahit des émotions profondes; puis, vous choisirez dans les idées suivantes que nous vous présentons en forme d'amplification rhétoricienne, celles qui pourront convenir à vos principes : — Madame, je ne vous parlerai ni de vos serments, ni de mon amour; car vous avez trop d'esprit et moi trop de fierté pour que je vous assomme des plaintes banales que tous les maris sont en droit de faire en pareil cas ; leur moindre défaut alors est d'avoir trop raison. Je n'aurai même, si je puis, ni colère, ni ressentiment. Ce n'est pas moi qui suis outragé; car j'ai trop de cœur pour être effrayé de cette opinion commune qui frappe presque toujours très-justement de ridicule et de réprobation un mari dont la femme se conduit mal. Je m'examine, et je ne vois pas par où j'ai pu mériter, comme la plupart d'entre eux, d'être trahi. Je vous aime encore. Je n'ai jamais manqué, non pas à mes devoirs, car je n'ai trouvé rien de pénible à vous adorer; mais aux douces obligations que nous impose un sentiment vrai. Vous avez toute ma confiance et vous gérez ma fortune. Je ne vous ai rien refusé. Enfin voici la première fois que je vous montre un visage, je ne dirai pas sévère, mais improbateur. Cependant laissons cela, car je ne dois pas faire mon apologie dans un moment où vous me prouvez si énergiquement qu'il me manque nécessairement quelque chose, et que je ne suis pas destiné par la nature à accomplir l'œuvre difficile de votre bonheur. Je vous demanderai donc alors, en ami parlant à son ami, comment vous avez pu exposer la vie de trois êtres à la fois :..... celle de la mère de mes enfants, qui me sera toujours sacrée; celle du chef de la famille, et celle enfin de celui..... que vous aimez...... (elle se jettera peut-être à vos pieds; il ne faudra jamais l'y souffrir; elle est indigne d'y rester), car....... vous ne m'aimez plus, Élisa. Eh! bien, ma pauvre enfant (vous ne la nommerez *ma pauvre enfant* qu'au cas où le crime ne serait pas commis), pourquoi se tromper?..... Que ne me le disiez-vous?... Si l'amour s'éteint entre deux époux, ne reste-t-il pas l'amitié, la confiance?.... Ne sommes-nous pas deux compagnons associés pour faire une même route? Est-il dit que, pendant le chemin, l'un n'aura jamais à tendre la main à l'autre, pour le relever ou pour l'empêcher de tomber? Mais j'en dis même peut-être trop, et je blesse votre fierté..... Élisa!... Élisa!

Que diable voulez-vous que réponde une femme?... Il y a nécessairement péripétie.

Sur cent femmes, il existe au moins une bonne demi-douzaine de créatures faibles qui, dans cette grande secousse, reviennent peut-être pour toujours à leurs maris, en véritables chattes échaudées craignant désormais l'eau froide. Cependant cette scène est un véritable alexipharmaque dont les doses doivent être tempérées par des mains prudentes.

Pour certaines femmes à fibres molles, dont les âmes sont douces et craintives, il suffira, en montrant la cachette ou gît l'amant, de dire. — M. A—Z est là!... (On hausse les épaules.) Comment pouvez-vous jouer un jeu à faire tuer deux braves gens? Je sors, faites-le évader, et que cela n'arrive plus.

Mais il existe des femmes dont le cœur trop fortement dilaté s'anévrise dans ces terribles péripéties; d'autres, chez lesquelles le sang se tourne, et qui font de graves maladies. Quelques-unes sont apables de devenir folles. Il n'est même pas sans exemple d'en voir vu qui s'empoisonnaient ou qui mouraient de mort subite, t nous ne croyons pas que vous vouliez la mort du pécheur.

Cependant la plus jolie, la plus galante de toutes les reines de France; la gracieuse, l'infortunée Marie Stuart, après avoir vu tuer Rizzio presque dans ses bras, n'en a pas moins aimé le comte de Bothwel; mais c'était une reine, et les reines sont des natures à part.

Nous supposerons donc que la femme dont le portrait orne notre première Méditation est une petite Marie Stuart, et nous ne tarderons pas à relever le rideau pour le cinquième acte de ce grand drame nommé le *Mariage*.

La péripétie conjugale peut éclater partout, et mille incidents indéfinissables la feront naître. Tantôt ce sera un mouchoir, comme dans le More de Venise; ou une paire de pantoufles, comme dans Don Juan; tantôt ce sera l'erreur de votre femme qui s'écriera : — Cher Alphonse! — pour cher Adolphe! Enfin souvent un mari, s'apercevant que sa femme est endettée, ira trouver le plus fort créancier, et l'amènera fortuitement chez lui un matin, pour y préparer une péripétie.

— Monsieur Josse, vous êtes orfévre, et la passion que vous avez de vendre des bijoux n'est égalée que par celle d'en être payé. Madame la comtesse vous doit trente mille francs. Si vous voulez les recevoir demain (il faut toujours aller voir l'industriel à une fin de mois), venez chez elle à midi. Son mari sera dans la chambre; n'écoutez aucun des signes qu'elle pourra faire pour vous engager à garder le silence. Parlez hardiment. — Je paierai.

Enfin la péripétie est, dans la science du mariage, ce que sont les chiffres en arithmétique.

Tous les principes de haute philosophie conjugale qui animent les moyens de défense indiqués par cette Seconde Partie de notre livre sont pris dans la nature des sentiments humains, nous les avons trouvés épars dans le grand livre du monde. En effet, de même que les personnes d'esprit appliquent instinctivement les lois du goût, quoiqu'elles seraient souvent fort embarrassées d'en déduire les principes; de même, nous avons vu nombre de gens passionnés employant avec un rare bonheur les enseignements que nous venons de développer, et chez aucun d'eux il n'y avait de plan fixe.

Le sentiment de leur situation ne leur révélait que des fragments incomplets d'un vaste système ; semblables en cela à ces savants du seizième siècle, dont les microscopes n'étaient pas encore assez perfectionnés pour leur permettre d'apercevoir tous les êtres dont l'existence leur était démontrée par leur patient génie.

Nous espérons que les observations déjà présentées dans ce livre et celles qui doivent leur succéder seront de nature à détruire l'opinion qui fait regarder, par des hommes frivoles, le mariage comme une sinécure. D'après nous, un mari qui s'ennuie est un hérétique, mieux que cela même, c'est un homme nécessairement en dehors de la vie conjugale et qui ne la conçoit pas. Sous ce rapport, peut-être, ces Méditations dénonceront-elles à bien des ignorants les mystères d'un monde devant lequel ils restaient les yeux ouverts sans le voir.

Espérons encore que ces principes sagement appliqués pourront opérer bien des conversions, et qu'entre les feuilles presque blanches qui séparent cette Seconde Partie de la GUERRE CIVILE, il y aura bien des larmes et bien des repentirs.

Oui, sur les quatre cent mille femmes honnêtes que nous avons si soigneusement élues au sein de toutes les nations européennes, aimons à croire qu'il n'y en aura qu'un certain nombre, trois cent mille, par exemple, qui seront assez perverses, assez charmantes, assez adorables, assez belliqueuses, pour lever l'étendard de la GUERRE CIVILE.

— Aux armes donc, aux armes !

TROISIÈME PARTIE.

DE LA GUERRE CIVILE.

> Belles comme les Séraphins de Klopstock, terribles comme les diables de Milton.
>
> DIDEROT.

MÉDITATION XXIII.

DES MANIFESTES.

Les préceptes préliminaires par lesquels la science peut armer ici un mari sont en petit nombre, il s'agit bien moins en effet de savoir s'il ne succombera pas, que d'examiner s'il peut résister.

Cependant nous placerons ici quelques fanaux pour éclairer cette arène où bientôt un mari va se trouver seul avec la religion et la loi, contre sa femme, soutenue par la ruse et la société tout entière.

LXXXII.

On peut tout attendre et tout supposer d'une femme amoureuse.

LXXXIII.

Les actions d'une femme qui veut tromper son mari seront presque toujours étudiées, mais elles ne seront jamais raisonnées.

LXXXIV.

La majeure partie des femmes procède comme la puce, par sauts et par bonds sans suite. Elles échappent par la hauteur ou la profondeur de leurs premières idées, et les interruptions de leurs plans les favorisent. Mais elles ne s'exercent que dans un espace qu'il est facile à un mari de circonscrire; et, s'il est de sang-froid, il peut finir par éteindre ce salpêtre organisé.

LXXXV.

Un mari ne doit jamais se permettre une seule parole hostile contre sa femme, en présence d'un tiers.

LXXXVI.

Au moment où une femme se décide à trahir la foi conjugale, elle compte son mari pour tout ou pour rien. On peut partir de là.

LXXXVII.

La vie de la femme est dans la tête, dans le cœur ou dans la passion. A l'âge où sa femme a jugé la vie, un mari doit savoir si la cause première de l'infidélité qu'elle médite procède de la vanité, du sentiment ou du tempérament. Le tempérament est une maladie à guérir; le sentiment offre à un mari de grandes chances de succès; mais la vanité est incurable. La femme qui vit de la tête est un épouvantable fléau. Elle réunira les défauts de la femme passionnée et de la femme aimante, sans en avoir les excuses. Elle est sans pitié, sans amour. sans vertu, sans sexe.

LXXXVIII.

Une femme qui vit de la tête, tâchera d'inspirer à un mari de l'indifférence; la femme qui vit du cœur, de la haine; la femme passionnée, du dégoût.

LXXXIX.

Un mari ne risque jamais rien de faire croire à la fidélité de sa femme, et de garder un air patient ou le silence. Le silence surtout inquiète prodigieusement les femmes.

XC.

Paraître instruit de la passion de sa femme est d'un sot; mais feindre d'ignorer tout, est d'un homme d'esprit, et il n'y a guère que ce parti à prendre. Aussi dit-on qu'en France tout le monde est spirituel.

XCI.

Le grand écueil est le ridicule. — Au moins aimons-nous en public! doit être l'axiome d'un ménage. C'est trop perdre, que de perdre tous deux l'honneur, l'estime, la considération, le respect, tout comme il vous plaira de nommer ce je ne sais quoi social.

Ces axiomes ne concernent encore que la lutte. Quant à la catastrophe, elle aura les siens.

Nous avons nommé cette crise *guerre civile* par deux raisons: jamais guerre ne fut plus intestine et en même temps plus polie que celle-là. Mais où et comment éclatera-t-elle cette fatale guerre?

Hé! croyez-vous que votre femme aura des régiments et sonnera de la trompette? Elle aura peut-être un officier, voilà tout. Et ce faible corps d'armée suffira pour détruire la paix de votre ménage.

— Vous m'empêchez de voir ceux qui me plaisent! est un exorde qui a servi de manifeste dans la plupart des ménages. Cette phrase, et toutes les idées qu'elle traîne à sa suite, est la formule employée le plus souvent par des femmes vaines et artificieuses.

Le manifeste le plus général est celui qui se proclame au lit conjugal, principal théâtre de la guerre. Cette question sera traitée particulièrement dans la Méditation intitulée : *Des différentes armes*, au paragraphe : *de la pudeur dans ses rapports avec le mariage.*

Quelques femmes lymphatiques affecteront d'avoir le spleen, et feront les mortes pour obtenir les bénéfices d'un secret divorce.

Mais presque toutes doivent leur indépendance à un plan dont l'effet est infaillible sur la plupart des maris et dont nous allons trahir les perfidies.

Une des plus grandes erreurs humaines consiste dans cette croyance que notre honneur et notre réputation s'établissent par nos actes, ou résultent de l'approbation que la conscience donne à notre conduite. Un homme qui vit dans le monde est né l'esclave de l'opinion publique. Or un homme privé a, en France, bien moins d'action que sa femme sur le monde, il ne tient qu'à celle-ci de le ridiculiser. Les femmes possèdent à merveille le talent de colorer par des raisons spécieuses les récriminations qu'elles se permettent de faire. Elles ne défendent jamais que leurs torts, et c'est un art dans lequel elles excellent, sachant opposer des autorités aux raisonnements, des assertions aux preuves, et remporter souvent de petits succès de détail. Elles se devinent et se comprennent admirablement quand l'une d'elles présente à une autre une arme qu'il lui est interdit d'affiler. C'est ainsi qu'elles perdent un mari quelquefois sans le vouloir. Elles apportent l'allumette, et, longtemps après, elles sont effrayées de l'incendie.

En général, toutes les femmes se liguent contre un homme marié accusé de tyrannie; car il existe un lien secret entre elles, comme entre tous les prêtres d'une même religion. Elles se haïssent, mais elles se protégent. Vous n'en pourriez jamais gagner qu'une seule; et, encore pour votre femme, cette séduction serait un triomphe.

Vous êtes alors mis au ban de l'empire féminin. Vous trouvez des sourires d'ironie sur toutes les lèvres, vous rencontrez des épigrammes dans toutes les réponses. Ces spirituelles créatures forgent des poignards en s'amusant à en sculpter le manche avant de vous frapper avec grâce.

L'art perfide des réticences, les malices du silence, la méchanceté des suppositions, la fausse bonhomie d'une demande, tout est employé contre vous. Un homme qui prétend maintenir sa femme sous le joug est d'un trop dangereux exemple, pour qu'elles ne le détruisent pas; sa conduite ne ferait-elle pas la satire de tous les maris ? Aussi, toutes vous attaquent-elles soit par d'amères plaisanteries, soit par des arguments sérieux ou par les maximes banales de la galanterie. Un essaim de célibataires appuie toutes leurs tentatives, et vous êtes assailli, poursuivi comme un original, comme un tyran, comme un mauvais coucheur, comme un homme bizarre, comme un homme dont il faut se défier

Votre femme vous défend à la manière de l'ours dans la fable de La Fontaine : elle vous jette des pavés à la tête pour chasser les mouches qui s'y posent. Elle vous raconte, le soir, tous les propos qu'elle a entendu tenir sur vous, et vous demandera compte d'actions que vous n'aurez point faites, de discours que vous n'aurez pas tenus. Elle vous aura justifié de délits prétendus ; elle se sera vantée d'avoir une liberté qu'elle n'a pas, pour vous disculper du tort que vous avez de ne pas la laisser libre. L'immense crécelle que votre femme agite vous poursuivra partout de son bruit importun. Votre chère amie vous étourdira, vous tourmentera et s'amusera à ne vous faire sentir que les épines du mariage. Elle vous accueillera d'un air très-riant dans le monde, et sera très-revêche à la maison. Elle aura de l'humeur quand vous serez gai, et vous impatientera de sa joie quand vous serez triste. Vos deux visages formeront une antithèse perpétuelle.

Peu d'hommes ont assez de force pour résister à cette première comédie, toujours habilement jouée, et qui ressemble au *hourra* que jettent les Cosaques en marchant au combat. Certains maris se fâchent et se donnent des torts irréparables. D'autres abandonnent leurs femmes. Enfin quelques intelligences supérieures ne savent même pas toujours manier la baguette enchantée qui doit dissiper cette fantasmagorie féminine.

Les deux tiers des femmes savent conquérir leur indépendance par cette seule manœuvre, qui n'est en quelque sorte que la revue de leurs forces. La guerre est ainsi bientôt terminée.

Mais un homme puissant, qui a le courage de conserver son sang-froid au milieu de ce premier assaut, peut s'amuser beaucoup en dévoilant à sa femme, par des railleries spirituelles, les sentiments secrets qui la font agir, en la suivant pas à pas dans le labyrinthe où elle s'engage, en lui disant à chaque parole qu'elle se ment à elle-même, en ne quittant jamais le ton de la plaisanterie, et en ne s'emportant pas.

Cependant la guerre est déclarée : et si un mari n'a pas été ébloui par ce premier feu d'artifice, une femme a pour assurer son triomphe bien d'autres ressources que les Méditations suivantes vont dévoiler.

MÉDITATION XXIV.

PRINCIPES DE STRATÉGIE.

L'archiduc Charles a donné un très-beau traité sur l'art militaire, intitulé : *Principes de la Stratégie appliqués aux campagnes de* 1796. Ces principes nous paraissent ressembler un peu aux poétiques faites pour des poèmes publiés. Aujourd'hui nous sommes devenus beaucoup plus forts, nous inventons des règles pour des ouvrages et des ouvrages pour des règles. Mais, à quoi ont servi les anciens principes de l'art militaire devant l'impétueux génie de Napoléon? Si donc aujourd'hui vous réduisez en système les enseignements donnés par ce grand capitaine dont la tactique nouvelle a ruiné l'ancienne, quelle garantie avez-vous de l'avenir pour croire qu'il n'enfantera pas un autre Napoléon? Les livres sur l'art militaire ont, à quelques exceptions près, le sort des anciens ouvrages sur la chimie et la physique. Tout change sur le terrain ou par périodes séculaires.

Ceci est en peu de mots l'histoire de notre ouvrage.

Tant que nous avons opéré sur une femme inerte, endormie, rien n'a été plus facile que de tresser les filets sous lesquels nous l'avons contenue; mais du moment où elle se réveille et se débat, tout se mêle et se complique. Si un mari voulait tâcher de se recorder avec les principes du système précédent, pour envelopper sa femme dans les rets troués que la Seconde Partie a tendus, il ressemblerait à Wurmser, Mack et Beaulieu faisant des campements et des marches, pendant que Napoléon les tournait lestement, et se servait pour les perdre de leurs propres combinaisons.

Ainsi agira votre femme.

Comment savoir la vérité quand vous vous la déguiserez l'un à l'autre sous le même mensonge, et quand vous vous présenterez la même souricière? A qui sera la victoire, quand vous vous serez pris tous deux les mains dans le même piége?

— Mon bon trésor, j'ai à sortir; il faut que j'aille chez madame une telle, j'ai demandé les chevaux. Voulez-vous venir avec moi? Allons, soyez aimable, accompagnez votre femme.

Vous vous dites en vous-même : — Elle serait bien attrapée si j'acceptais ! Elle ne me prie tant que pour être refusée. Alors vous lui répondez : — J'ai précisément affaire chez monsieur un tel; car il est chargé d'un rapport qui peut compromettre nos intérêts dans telle entreprise, et il faut que je lui parle absolument. Puis, je dois aller au ministère des finances; ainsi cela s'arrange à merveille.

— Eh! bien, mon ange, va t'habiller pendant que Céline achèvera ma toilette; mais ne me fais pas attendre.

— Ma chérie, me voici prêt!... dites-vous en arrivant au bout de quelques minutes, tout botté, rasé, habillé.

Mais tout a changé. Une lettre est survenue; madame est indisposée; la robe va mal; la couturière arrive; si ce n'est pas la couturière, c'est votre fils, c'est votre mère. Sur cent maris, il en existe quatre-vingt-dix-neuf qui partent contents, et croient leurs femmes bien gardées quand c'est elles qui les mettent à la porte.

Une femme légitime à laquelle son mari ne saurait échapper, qu'aucune inquiétude pécuniaire ne tourmente, et qui, pour employer le luxe d'intelligence dont elle est travaillée, contemple nuit et jour les changeants tableaux de ses journées, a bientôt découvert la faute qu'elle a commise en tombant dans une souricière ou en se laissant surprendre par une péripétie; elle essaiera donc de tourner toutes ces armes contre vous-même.

Il existe dans la société un homme dont la vue contrarie étrangement votre femme; elle ne saurait en souffrir le ton, les manières, le genre d'esprit. De lui, tout la blesse; elle en est persécutée, il lui est odieux; qu'on ne lui en parle pas. Il semble qu'elle prenne à tâche de vous contrarier; car il se trouve que c'est un homme de qui vous faites le plus grand cas; vous en aimez le caractère, parce qu'il vous flatte : aussi, votre femme prétend-elle que votre estime est un pur effet de vanité. Si vous donnez un bal, une soirée, un concert, vous avez presque toujours une discussion à son sujet, et madame vous querelle de ce que vous la forcez à voir des gens qui ne lui conviennent pas.

— Au moins, monsieur, je n'aurai pas à me reprocher de ne pas vous avoir averti. Cet homme-là vous causera quelque chagrin. Fiez-vous un peu aux femmes quand il s'agit de juger un homme. Et permettez-moi de vous dire que ce *baron*, de qui vous vous amourachez, est un très-dangereux personnage, et que vous avez le plus grand tort de l'amener chez vous. Mais voilà comme vous êtes : vous me contraignez à voir un visage que je ne puis souffrir, et je vous demanderais d'inviter *monsieur un tel*, vous n'y consentiriez pas parce que vous croyez que j'ai du plaisir à me trouver avec lui! J'avoue qu'il cause bien, qu'il est complaisant, aimable; mais vous valez encore mieux que lui.

Ces rudiments informes d'une tactique féminine fortifiée par des gestes décevants, par des regards d'une incroyable finesse, par les perfides intonations de la voix, et même par les piéges d'un malicieux silence, sont en quelque sorte l'esprit de leur conduite.

Là il est peu de maris qui ne conçoivent l'idée de construire une petite souricière : ils impatronisent chez eux, et le *monsieur un tel*, et le fantastique *baron*, qui représente le personnage abhorré par leurs femmes, espérant découvrir un amant dans la personne du célibataire aimé en apparence.

Oh! j'ai souvent rencontré dans le monde des jeunes gens, véritables étourneaux en amour, qui étaient entièrement les dupes de l'amitié mensongère que leur témoignaient des femmes obligées de faire une diversion, et de poser un moxa à leurs maris, comme jadis leurs maris leur en avaient appliqué!... Ces pauvres innocents passaient leur temps à minutieusement accomplir des commissions, à aller louer des loges, à se promener à cheval en accompagnant au bois de Boulogne la calèche de leurs prétendues maîtresses; on leur donnait publiquement des femmes desquelles ils ne baisaient même pas la main, l'amour-propre les empêchait de démentir cette rumeur amicale; et, semblables à ces jeunes prêtres qui disent des messes blanches, ils jouissaient d'une passion de parade, véritables surnuméraires d'amour.

Dans ces circonstanses, quelquefois un mari rentrant chez lui demande à son concierge : — Est-il venu quelqu'un? — Monsieur le *baron* est passé pour voir monsieur à deux heures; comme il n'a trouvé que madame, il n'est pas monté; mais *monsieur un tel* est chez elle. Vous arrivez, vous voyez un jeune célibataire, pimpant, parfumé, bien cravaté, dandy parfait. Il a des égards pour vous; votre femme écoute à la dérobée le bruit de ses pas, et danse toujours avec lui; si vous lui défendez de le voir, elle jette les hauts cris, et ce n'est qu'après de longues années (voir la Méditation des *Derniers Symptômes*) que vous vous apercevez de l'innocence de *monsieur un tel* et de la culpabilité du *baron.*

Nous avons observé, comme une des plus habiles manœuvres, celle d'une jeune femme entraînée par une irrésistible passion, qui avait accablé de sa haine celui qu'elle n'aimait pas, et qui prodiguait à son amant les marques imperceptibles de son amour. Au moment où son mari fut persuadé qu'elle aimait le *sigisbeo* et détestait le *patito*, elle se plaça elle-même avec le *patito* dans une situation dont le risque avait été calculé d'avance, et qui fit croire au mari et au célibataire exécré que son aversion et son amour étaient également feints. Quand elle eut plongé son mari dans cette incertitude, elle laissa tomber entre ses mains une lettre passionnée. Un soir, au milieu de l'admirable péripétie qu'elle avait *mijotée*, madame se jeta aux pieds de son époux, les arrosa de larmes, et sut accomplir le coup de théâtre à son profit. — Je vous estime et vous honore assez, s'écria-t-elle, pour n'avoir pas d'autre confident que vous-même. J'aime! est-ce un sentiment que je puisse facilement dompter? Mais ce que je puis faire, c'est de vous l'avouer; c'est de vous supplier de me protéger contre moi-même, de me sauver de moi. Soyez mon maître, et soyez-moi sévère; arrachez-moi d'ici, éloignez celui qui a causé tout le mal, consolez-moi; je l'oublierai, je le désire. Je ne veux pas vous trahir. Je vous demande humblement pardon de la perfidie que m'a suggérée l'amour. Oui, je vous avouerai que le sentiment que je feignais pour mon cousin était un piége tendu à votre perspicacité, je l'aime d'amitié, mais d'amour... Oh! pardonnez-moi!... je ne puis aimer que... (Ici force sanglots.) Oh! partons, quittons Paris. Elle pleurait; ses cheveux étaient épars, sa toilette en désordre; il était minuit, le mari pardonna. Le cousin parut désormais sans danger, et le Minotaure dévora une victime de plus.

Quels préceptes peut-on donner pour combattre de tels adversaires? toute la diplomatie du congrès de Vienne est dans leurs têtes; elles sont aussi fortes quand elles se livrent que quand elles échappent. Quel homme est assez souple pour déposer sa force et sa puissance, et pour suivre sa femme dans dédale?

Plaider à chaque instant le faux pour savoir le vrai, le vrai pour découvrir le faux; changer à l'improviste la batterie, et enclouer son canon au moment de faire feu; monter avec l'ennemi sur une montagne, pour redescendre cinq minutes après dans la plaine; l'accompagner dans ses détours aussi rapides, aussi embrouillés que ceux d'un vanneau dans les airs; obéir quand il le faut, et opposer à propos une résistance d'inertie; posséder l'art de parcourir, comme un jeune artiste court dans un seul trait de la dernière note de son piano à la plus haute, toute l'échelle des suppositions et deviner l'intention secrète qui meut une femme; craindre ses caresses, et y chercher plutôt des pensées que des plaisirs, tout cela est un jeu d'enfant pour un homme d'esprit et pour ces imaginations lucides et observatrices qui ont le don d'agir en pensant; mais il existe une immense quantité de maris effrayés à la seule idée de mettre en pratique ces principes à l'occasion d'une femme.

Ceux-là préfèrent passer leur vie à se donner bien plus de mal pour parvenir à être de seconde force aux échecs, ou à faire lestement une bille.

Les uns vous diront qu'ils sont incapables de tendre ainsi perpétuellement leur esprit, et de rompre toutes leurs habitudes. Alors une femme triomphe. Elle reconnaît avoir sur son mari une supériorité d'esprit ou d'énergie, bien que cette supériorité ne soit que momentanée, et de là naît chez elle un sentiment de mépris pour le chef de la famille.

Si tant d'hommes ne sont pas maîtres chez eux, ce n'est pas défaut de bonne volonté, mais de talent.

Quant à ceux qui acceptent les travaux passagers de ce terrible duel, ils ont, il est vrai, besoin d'une grande force morale.

En effet, au moment où il faut déployer toutes les ressources de cette stratégie secrète, il est souvent inutile d'essayer à tendre des piéges à ces créatures sataniques. Une fois que les femmes sont arrivées à une certaine volonté de dissimulation, leurs visages deviennent aussi impénétrables que le néant. Voici un exemple à moi connu.

Une très-jeune, très-jolie et très-spirituelle coquette de Paris. n'était pas encore levée; elle avait au chevet de son lit un de ses *amis* les plus chers. Arrive une lettre d'un autre de ses amis les plus fougueux, auquel elle avait laissé prendre le droit de parler en maître. Le billet était au crayon et ainsi conçu :

J'apprends que M. C... est chez vous en ce moment; je l'attends pour lui brûler la cervelle.

Madame D.... continue tranquillement la conversation avec M. C.... elle le prie de lui donner un petit pupitre de maroquin rouge, il l'apporte. — Merci, cher!... lui dit-elle, allez toujours, je vous écoute.

C... parle et elle lui répond, tout en écrivant le billet suivant :

Du moment où vous êtes jaloux de C... vous pouvez vous brûler tous deux la cervelle, à votre aise; vous pourrez mourir, mais rendre l'esprit... j'en doute.

— Mon bon ami, lui dit-elle, allumez cette bougie, je vous prie. Bien, vous êtes adorable. Maintenant, faites-moi le plaisir de me laisser lever, et remettez cette lettre à M. d'H... qui l'attend à ma porte. Tout cela fut dit avec un sang-froid inimitable. Le son de voix, les intonations, les traits du visage, rien ne s'émut. Cette audacieuse conception fut couronnée par un succès complet. M. d'H... en recevant la réponse des mains de M. C... sentit sa colère s'apaiser, et ne fut plus tourmenté que d'une chose, à savoir, de déguiser son envie de rire.

Mais plus on jettera de torches dans l'immense caverne que nous essayons d'éclairer, plus on la trouvera profonde. C'est un abîme sans fond. Nous croyons accomplir une tâche d'une manière plus agréable et plus instructive en montrant les principes de stratégie mis en action à l'époque où la femme avait atteint à un haut degré de perfection vicieuse. Un exemple fait concevoir plus de maximes, révèle plus de ressources, que toutes les théories possibles.

Un jour à la fin d'un repas donné à quelques intimes par le prince Lebrun, les convives, échauffés par le champagne, en étaient sur le chapitre intarissable des ruses féminines. La récente aventure prêtée à madame la comtesse R. D. S. J. D. A. à propos d'un collier, avait été le principe de cette conversation.

Un artiste estimable, un savant aimé de l'empereur, soutenait vigoureusement l'opinion peu virile suivant laquelle il serait interdit à l'homme de résister avec succès aux trames ourdies par la femme.

— J'ai heureusement éprouvé, dit-il, que rien n'est sacré pour elles...

Les dames se récrièrent.

— Mais je puis citer un fait...

— C'est une exception!

— Écoutons l'histoire!... dit une jeune dame.

— Oh! racontez-nous-la! s'écrièrent tous les convives.

Le prudent vieillard jeta les yeux autour de lui et après avoir vérifié l'âge des dames, il sourit en disant : — Puisque nous avons tous expérimenté la vie, je consens à vous narrer l'aventure.

Il se fit un grand silence, et le conteur lut ce tout petit livre qu'il avait dans sa poche :

« J'aimais éperdument la comtesse de ***. J'avais vingt ans et » j'étais ingénu, elle me trompa; je me fâchai, elle me quitta; » j'étais ingénu, je la regrettai; j'avais vingt ans, elle me par- » donna; et comme j'avais vingt ans, que j'étais toujours ingénu, » toujours trompé, mais plus quitté, je me croyais l'amant le » mieux aimé, partant le plus heureux des hommes. La comtesse » était l'amie de madame de T... qui semblait avoir quelques pro- » jets sur ma personne, mais sans que sa dignité se fût jamais com- » promise; car elle était scrupuleuse et pleine de décence. Un » jour, attendant la comtesse dans sa loge, je m'entends appeler » de la loge voisine. C'était madame de T... — « Quoi ! me dit-elle, » déjà arrivé ! Est-ce fidélité ou désœuvrement ? Allons, venez ? » Sa » voix et ses manières avaient de la lutinerie, mais j'étais loin de » m'attendre à quelque chose de romanesque. — « Avez-vous des » projets pour ce soir ? me dit-elle. N'en ayez pas. Si je vous sauve » l'ennui de votre solitude, il faut m'être dévoué.... Ah ! point de » questions, et de l'obéissance. Appelez mes gens. » Je me pro- » sterne, on me presse de descendre, j'obéis. — « Allez chez mon- » sieur, dit-elle au laquais. Avertissez qu'il ne reviendra que de- » main. » Puis on lui fait un signe, il s'approche, on lui parle à » l'oreille et il part. L'opéra commence. Je veux hasarder quelques » mots, on me fait taire; on m'écoute, ou l'on fait semblant. Le » premier acte fini, le laquais rapporte un billet, et prévient que » tout est prêt. Alors elle me sourit, me demande la main, m'en- » traîne, me fait entrer dans sa voiture, et je suis sur une grande » route sans avoir pu savoir à quoi j'étais destiné. A chaque question » que je hasardais, j'obtenais un grand éclat de rire pour toute ré- » ponse. Si je n'avais pas su qu'elle était femme à grande passion, » qu'elle avait depuis long-temps une inclination pour le marquis » de V..., qu'elle ne pouvait ignorer que j'en fusse instruit, je me » serais cru en bonne fortune; mais elle connaissait l'état de mon » cœur, et la comtesse de *** était son amie intime. Donc, je me » défendis de toute idée présomptueuse, et j'attendis. Au premier » relais, nous repartîmes après avoir été servis avec la rapidité de

» l'éclair. Cela devenait sérieux. Je demandai avec instance jus- » qu'où me mènerait cette plaisanterie. — « Où? dit-elle en riant. » Dans le plus beau séjour du monde; mais devinez! Je vous le » donne en mille. Jetez votre langue aux chiens, car vous ne devi- » neriez jamais. C'est chez mon mari, le connaissez-vous? — Pas » le moins du monde. — Ah! tant mieux, je le craignais. Mais » j'espère que vous serez content de lui. On nous réconcilie. Il y » a six mois que cela se négocie; et, depuis un mois, nous nous » écrivons. Il est, je pense, assez galant à moi d'aller trouver mon- » sieur. — D'accord. Mais, moi, que ferai-je là? A quoi puis-je » être bon dans un raccommodement? — Eh! ce sont mes affaires! » Vous êtes jeune, aimable, point manégé; vous me convenez c » me sauverez l'ennui du tête-à-tête. — Mais prendre le jour, ou » la nuit, d'un raccommodement pour faire connaissance, cela » me paraît bizarre : l'embarras d'une première entrevue, la figure » que nous ferions tous trois, je ne vois rien là de bien plaisant. — » Je vous ai pris pour m'amuser!... dit-elle d'un air assez impé- » rieux. Ainsi ne me prêchez pas. » Je la vis si décidée que je pris » mon parti. Je me mis à rire de mon personnage, et nous devîn- » mes très-gais. Nous avions encore changé de chevaux. Le flam- » beau mystérieux de la nuit éclairait un ciel d'une extrême pureté » et répandait un demi-jour voluptueux. Nous approchions du lieu » où devait finir le tête-à-tête. On me faisait admirer, par inter- » valle, la beauté du paysage, le calme de la nuit, le silence péné- » trant de la nature. Pour admirer ensemble, comme de raison, » nous nous penchions à la même portière et nos visages s'efflcu- » raient. Dans un choc imprévu, elle me serra la main; et, par un » hasard qui me parut bien extraordinaire, car la pierre qui heurta » notre voiture n'était pas très-grosse, je retins madame de T.... » dans mes bras. Je ne sais ce que nous cherchions à voir; ce » qu'il y a de sûr, c'est que les objets commençaient, malgré le » clair de lune, à se brouiller à mes yeux, lorsqu'on se débarrassa » brusquement de moi et qu'on se rejeta au fond du carrosse. — » Votre projet, me dit-on, après une rêverie assez profonde, est-il » de me convaincre de l'imprudence de ma démarche? Jugez de » mon embarras!... — Des projets..... répondis-je; avec vous? » quelle duperie! vous les verriez venir de trop loin; mais une » surprise, un hasard, cela se pardonne. — Vous avez compté là- » dessus, à ce qu'il me semble. » Nous en étions là, et nous ne

» nous apercevions pas que nous entrions dans la cour du château. » Tout y était éclairé et annonçait le plaisir, excepté la figure du » maître, qui devint, à mon aspect, extrêmement rétive à exprimer » la joie. M. de T... vint jusqu'à la portière, exprimant une tendresse » équivoque ordonnée par le besoin d'une réconciliation. Je sus » plus tard que cet accord était impérieusement exigé par des rai- » sons de famille. On me présente, il me salue légèrement. Il offre » la main à sa femme, et je suis les deux époux, en rêvant à mon » personnage passé, présent et à venir. Je parcourus des apparte- » ments décorés avec un goût exquis. Le maître enchérissait sur » toutes les recherches du luxe, pour parvenir à ranimer par des » images voluptueuses un physique éteint. Ne sachant que dire, » je me sauvai par l'admiration. La déesse du temple, habile à en » faire les honneurs, reçut mes compliments. — « Vous ne voyez » rien, dit-elle, il faut que je vous mène à l'appartement de mon- » sieur. — Madame, il y a cinq ans que je l'ai fait démolir. — Ah ! » ah ! dit-elle. » A souper, ne voilà-t-il pas qu'elle s'avise d'offrir à » monsieur du veau de rivière, et que monsieur lui répond : — » Madame, je suis au lait depuis trois ans. — Ah ! ah ! dit-elle » encore. Qu'on se peigne trois êtres aussi étonnés que nous de se » trouver ensemble. Le mari me regardait d'un air rogue, et je » payais d'audace. Madame de T... me souriant était charmante, » M. de T... m'acceptait comme un mal nécessaire, madame de » T... le lui rendait à merveille. Aussi, n'ai-je jamais fait en ma » vie un souper plus bizarre que le fut celui-là. Le repas fini, je » m'imaginais bien que nous nous coucherions de bonne heure ; mais » je ne m'imaginais bien que pour M. de T... En entrant dans le » salon : — « Je vous sais gré, madame, dit-il, de la précaution que » vous avez eue d'amener monsieur. Vous avez bien jugé que j'é- » tais de méchante ressource pour la veillée, et vous avez sagement » fait, car je me retire. » Puis se tournant de mon côté, il ajouta » d'un air profondément ironique : — « Monsieur voudra bien me » pardonner, et se chargera de mes excuses auprès de madame. » Il » nous quitta. Des réflexions ?..... j'en fis en une minute pour » un an. Restés seuls, nous nous regardâmes si singulièrement, » madame de T... et moi, que, pour nous distraire, elle me » proposa de faire un tour sur la terrasse : — « En attendant seu- » lement, me dit-elle, que les gens eussent soupé. » La nuit était » superbe. Elle laissait entrevoir les objets à peine, et semblait ne

» les voiler que pour laisser prendre un plus vaste essor à l'imagi-
» nation. Les jardins, appuyés sur le revers d'une montagne, des-
» cendaient en terrasse jusque sur la rive de la Seine, et l'on em-
» brassait ses sinuosités multipliées, couvertes de petites îles vertes
» et pittoresques. Ces accidents produisaient mille tableaux qui en-
» richissaient ces lieux, déjà ravissants par eux-mêmes, de mille
» trésors étrangers. Nous nous promenâmes sur la plus longue des
» terrasses qui était couverte d'arbres épais. On s'était remis de
» l'effet produit par le persiflage conjugal, et tout en marchant on
» me fit quelques confidences,.. Les confidences s'attirent, j'en
» faisais à mon tour, et elles devenaient toujours plus intimes et
» plus intéressantes. Madame de T... m'avait d'abord donné son
» bras; ensuite ce bras s'était entrelacé, je ne sais comment, tandis
» que le mien la soulevait presque et l'empêchait de poser à terre.
» L'attitude était agréable mais fatigante à la longue. Il y avait long-
» temps que nous marchions, et nous avions encore beaucoup à
» nous dire. Un banc de gazon se présenta, et l'on s'y assit sans
» changer d'attitude. Ce fut dans cette position que nous com-
» mençâmes à faire l'éloge de la confiance, de son charme, de ses
» douceurs... — « Ah! me dit-elle, qui peut en jouir mieux que
» nous, et avec moins d'effroi?... Je sais trop combien vous tenez
» au lien que je vous connais pour avoir rien à redouter auprès de
» vous... » Peut-être voulait-elle être contrariée? Je n'en fis rien.
» Nous nous persuadâmes donc mutuellement que nous ne pou-
» vions être que deux amis inattaquables. — « J'appréhendais cepen-
» dant, lui dis-je, que cette surprise de tantôt, dans la voiture,
» n'eût effrayé votre esprit?... — Oh! je ne m'alarme pas si aisé-
» ment! — Je crains qu'elle ne vous ait laissé quelque nuage?....
» — Que faut-il pour vous rassurer?... — Que vous m'accordiez
» ici le baiser que le hasard... — Je le veux bien ; sinon, votre
» amour-propre vous ferait croire que je vous crains.... » J'eus le
» baiser... Il en est des baisers comme des confidences, le premier
» en entraîna un autre, puis un autre.... ils se pressaient, ils en-
» trecoupaient la conversation, ils la remplaçaient ; à peine lais-
» saient-ils aux soupirs la liberté de s'échapper... Le silence sur-
» vint..... On l'entendit, car on entend le silence. Nous nous
» levâmes sans mot dire, et nous recommençâmes à marcher. —
» Il faut rentrer... dit-elle, car l'air de la rivière est glacial, et ne
» nous vaut rien... — Je le crois peu dangereux pour nous, ré-

» pondis-je. — Peut-être ! N'importe, rentrons. — Alors, c'est
» par égard pour moi? Vous voulez sans doute me défendre contre
» le danger des impressions d'une telle promenade... des suites
» qu'elle peut avoir... pour moi... seul... — Vous êtes modeste!...
» dit-elle en riant, et vous me prêtez de singulières délicatesses.
» — Y pensez-vous? Mais, puisque vous l'entendez ainsi, rentrons;
» je l'exige. » (Propos gauches qu'il faut passer à deux êtres qui
» s'efforcent de dire toute autre chose que ce qu'ils pensent.) Elle
» me força donc de reprendre le chemin du château. Je ne sais,
» je ne savais, du moins, si ce parti était une violence qu'elle se
» faisait, si c'était une résolution bien décidée, ou si elle partageait
» le chagrin que j'avais de voir terminer ainsi une scène si bien
» commencée; mais par un mutuel instinct nos pas se ralentis-
» saient et nous cheminions tristement, mécontents l'un de l'autre
» et de nous-mêmes. Nous ne savions ni à qui, ni à quoi nous en
» prendre. Nous n'étions ni l'un ni l'autre en droit de rien exiger,
» de rien demander. Nous n'avions pas seulement la ressource
» d'un reproche. Qu'une querelle nous aurait soulagés! Mais où la
» prendre?... Cependant nous approchions, occupés en silence de
» nous soustraire au devoir que nous nous étions si maladroitement
» imposé. Nous touchions à la porte, lorsque madame de T... me
» dit : — « Je ne suis pas contente de vous!... Après la confiance
» que je vous ai montrée, ne m'en accorder aucune!... Vous ne
» m'avez pas dit un mot de la comtesse. Il est pourtant si doux
» de parler de ce qu'on aime!... Je vous aurais écouté avec tant
» d'intérêt!... C'était bien le moins après vous avoir privé d'elle...
» — N'ai-je pas le même reproche à vous faire?... dis-je en l'in-
» terrompant. Et si au lieu de me rendre confident de cette singu-
» lière réconciliation où je joue un rôle si bizarre, vous m'eussiez
» parlé du marquis... — Je vous arrête!... dit-elle. Pour peu que
» vous connaissiez les femmes, vous savez qu'il faut les attendre sur
» les confidences... Revenons à vous. Êtes-vous bien heureux avec
» mon amie?... Ah! je crains le contraire... — Pourquoi, madame,
» croire avec le public ce qu'il s'amuse à répandre? — Épargnez-
» vous la feinte... La comtesse est moins mystérieuse que vous.
» Les femmes de sa trempe sont prodigues des secrets de l'amour
» et de leurs adorateurs, surtout lorsqu'une tournure discrète
» comme la vôtre peut dérober le triomphe. Je suis loin de l'ac-
» cuser de coquetterie; mais une prude n'a pas moins de vanité

» qu'une femme coquette... Allons, parlez-moi franchement, n'a-
» vez-vous pas à vous en plaindre?... — Mais, madame, l'air est
» vraiment trop glacial pour rester ici; vous vouliez rentrer?...
» dis-je en souriant. — Vous trouvez?... Cela est singulier. L'air
» est chaud. » Elle avait repris mon bras, et nous recommençâmes
» à marcher sans que je m'aperçusse de la route que nous pre-
» nions. Ce qu'elle venait de me dire de l'amant que je lui con-
» naissais, ce qu'elle me disait de ma maîtresse, ce voyage, la
» scène du carrosse, celle du banc de gazon, l'heure, le demi-jour,
» tout me troublait. J'étais tout à la fois emporté par l'amour-
» propre, les désirs, et ramené par la réflexion, ou trop ému peut-
» être pour me rendre compte de ce que j'éprouvais. Tandis que
» j'étais la proie de sentiments si confus elle me parlait toujours
» de la comtesse, et mon silence confirmait ce qu'il lui plaisait de
» m'en dire. Cependant quelques traits me firent revenir à moi.
» — « Comme elle est fine! disait-elle. Qu'elle a de grâces! Une per-
» fidie, dans sa bouche, prend l'air d'une saillie; une infidélité
» paraît un effort de la raison, un sacrifice à la décence; point
» d'abandon, toujours aimable; rarement tendre, jamais vraie;
» galante par caractère, prude par système; vive, prudente,
» adroite, étourdie; c'est un protée pour les formes, c'est une
» grâce pour les manières; elle attire, elle échappe. Que je lui ai vu
» jouer de rôles! Entre nous, que de dupes l'environnent! Comme
» elle s'est moquée du baron, que de tours elle a faits au marquis!
» Lorsqu'elle vous prit, c'était pour distraire les deux rivaux : ils
» étaient sur le point de faire un éclat; car elle les avait trop mé-
» nagés, et ils avaient eu le temps de l'observer. Mais elle vous mit
» en scène, les occupa de vous, les amena à des recherches nou-
» velles, vous désespéra, vous plaignit, vous consola... Ah! qu'une
» femme adroite est heureuse lorsqu'à ce jeu-là elle affecte tout
» et n'y met rien du sien! Mais aussi, est-ce le bonheur!... »
» Cette dernière phrase, accompagnée d'un soupir significatif, fut
» le coup de maître. Je sentis tomber un bandeau de mes yeux
» sans voir celui qu'on y mettait. Ma maîtresse me parut la plus
» fausse des femmes, et je crus tenir l'être sensible. Alors je sou-
» pirai aussi sans savoir où irait ce soupir... On parut fâchée de
» m'avoir affligé, et de s'être laissé emporter à une peinture qui
» pouvait paraître suspecte, faite par une femme. Je répondis je
» ne sais comment; car sans rien concevoir à tout ce que j'enten-

» dais, nous prîmes tout doucement la grande route du senti-
» ment; et nous la reprenions de si haut qu'il était impossible
» d'entrevoir le terme du voyage. Heureusement que nous pre-
» nions aussi le chemin d'un pavillon qu'on me montra au bout de
» la terrasse, pavillon témoin des plus doux moments. On me dé-
» tailla l'ameublement. Quel dommage de n'en pas avoir la clef!
» Tout en causant nous approchâmes du pavillon, et il se trouva
» ouvert. Il lui manquait la clarté du jour, mais l'obscurité a bien
» ses charmes. Nous frémîmes en y entrant... C'était un sanc-
» tuaire, devait-il être celui de l'amour? Nous allâmes nous as-
» seoir sur un canapé, et nous y restâmes un moment à entendre
» nos cœurs. Le dernier rayon de la lune emporta bien des scru-
» pules. La main qui me repoussait sentait battre mon cœur. On
» voulait fuir; on retombait plus attendrie. Nous nous entretînmes
» dans le silence par le langage de la pensée. Rien n'est plus ra-
» vissant que ces muettes conversations. Madame de T. se réfugiait
» dans mes bras, cachait sa tête dans mon sein, soupirait et se
» calmait à mes caresses; elle s'affligeait, se consolait, et deman-
» dait à l'amour pour tout ce que l'amour venait de lui ravir. La
» rivière rompait le silence de la nuit par un murmure doux qui
» semblait d'accord avec les palpitations de nos cœurs. L'obscurité
» était trop grande pour laisser distinguer les objets; mais, à tra-
» vers les crêpes transparents d'une belle nuit d'été, la reine de
» ces beaux lieux me parut adorable. — « Ah! me dit-elle d'une
» voix céleste, sortons de ce dangereux séjour... On y est sans force
» pour résister. » Elle m'entraîna et nous nous éloignâmes à regret.
» — « Ah! qu'elle est heureuse!... s'écria madame de T. — Qui
» donc? demandai-je. — Aurais-je parlé?... » dit-elle avec terreur.
» Arrivés au banc de gazon, nous nous y arrêtâmes involontaire-
» ment. — « Quel espace immense, me dit-elle, entre ce lieu-ci et
» le pavillon! — Eh bien! lui dis-je, ce banc doit-il m'être tou-
» jours fatal? est-ce un regret, est-ce... » Je ne sais par quelle magi
» cela se fit; mais la conversation changea, et devint moins sé
» rieuse. On osa même plaisanter sur les plaisirs de l'amour, en sé-
» parer le moral, les réduire à leur plus simple expression, e
» prouver que les faveurs n'étaient que du plaisir; qu'il n'y avait
» d'engagements (philosophiquement parlant), que ceux que l'on
» contractait avec le public, en lui laissant pénétrer nos secrets,
» en commettant avec lui des indiscrétions. — « Quelle douce nuit,

» dit-elle, nous avons trouvée par hasard!... Eh! bien, si des rai-
» sons (je le suppose) nous forçaient à nous séparer demain,
» notre bonheur, ignoré de toute la nature, ne nous laisserait,
» par exemple, aucun lien à dénouer... quelques regrets peut-être
» dont un souvenir agréable serait le dédommagement; et puis,
» au fait, de l'agrément sans toutes les lenteurs, les tracas et la
tyrannie des procédés. Nous sommes tellement *machines*, (et
» j'en rougis!) qu'au lieu de toutes les délicatesses qui me tour-
» mentaient avant cette scène, j'étais au moins pour la moitié dans
» la hardiesse de ces principes, et me sentais déjà une disposition
» très-prochaine à l'amour de la liberté. — « La belle nuit, me di-
» sait-elle, les beaux lieux! Ils viennent de reprendre de nouveaux
» charmes. Oh! n'oublions jamais ce pavillon... Le château re-
» cèle, me dit-elle en souriant, un lieu plus ravissant encore; mais
» on ne peut rien vous montrer : vous êtes comme un enfant qui
» veut toucher à tout, et qui brise tout ce qu'il touche. » Je pro-
» testai, mû par un sentiment de curiosité, d'être très-sage. Elle
» changea de propos. — « Cette nuit, me dit-elle, serait sans tache
» pour moi, si je n'étais fâchée contre moi-même de ce que je
» vous ai dit de la comtesse. Ce n'est pas que je veuille me plaindre
» de vous. La nouveauté pique. Vous m'avez trouvée aimable,
» j'aime à croire à votre bonne foi. Mais l'empire de l'habitude est
» long à détruire, et je ne possède pas ce secret-là. — A propos,
» comment trouvez-vous mon mari? — Hé! assez maussade, il ne
» peut pas être moins pour moi. — Oh! c'est vrai, le régime n'est
» pas aimable, il ne vous a pas vu de sang-froid. Notre amitié lui
» deviendrait suspecte. — Oh! elle le lui est déjà. — Avouez qu'il
» a raison. Ainsi ne prolongez pas ce voyage : il prendrait de l'hu-
» meur. Dès qu'il viendra du monde, et, me dit-elle en me sou-
» riant, il en viendra... partez. D'ailleurs, vous avez des ménage-
» ments à garder... Et puis souvenez-vous de l'air de monsieur,
» en nous quittant hier!... » J'étais tenté d'expliquer cette aventure
» comme un piége, et comme elle vit l'impression que produisaient
» sur moi ses paroles, elle ajouta : — « Oh! il était plus gai quand
» il faisait arranger le cabinet dont il vous parlait. C'était avant
» mon mariage. Ce réduit tient à mon appartement. Hélas! il est
un témoignage des ressources artificielles dont monsieur de T.
» avait besoin pour fortifier son sentiment. — Quel plaisir, lui dis-
» je, vivement excité par la curiosité qu'elle faisait naître, d'y

» venger vos attraits offensés, et de leur restituer les vols qu'on » leur a faits. » On trouva ceci de bon goût, mais elle dit : — « Vous » promettiez d'être sage? » Je jette un voile sur des folies que tous » les âges pardonnent à la jeunesse en faveur de tant de désirs » trahis, et de tant de souvenirs. Au matin, soulevant à peine ses » yeux humides, madame de T..., plus belle que jamais, me dit : — » « Eh! bien, aimerez-vous jamais la comtesse autant que moi?... » » J'allais répondre, quand une confidente parut disant : — « Sortez, » sortez. Il fait grand jour, il est onze heures, et l'on entend déjà » du bruit dans le château. » Tout s'évanouit comme un songe. Je » me retrouvai errant dans les corridors avant d'avoir repris mes » sens. Comment regagner un appartement que je ne connaissais » pas?... Toute méprise était une indiscrétion. Je résolus d'avoir » fait une promenade matinale. La fraîcheur et l'air pur calmèrent » par degrés mon imagination, et en chassèrent le merveilleux. Au » lieu d'une nature enchantée, je ne vis plus qu'une nature naïve. » Je sentais la vérité rentrer dans mon âme, mes pensées naître sans » trouble et se suivre avec ordre, je respirais enfin. Je n'eus rien » de plus pressé que de me demander ce que j'étais à celle que je » quittais... Moi qui croyais savoir qu'elle aimait éperdument et » depuis deux ans le marquis de V***. — Aurait-elle rompu avec lui? » m'a-t-elle pris pour lui succéder ou seulement pour le punir?... » Quelle nuit! quelle aventure; mais quelle délicieuse femme! » Tandis que je flottais dans le vague de ces pensées, j'entendis » du bruit auprès de moi. Je levai les yeux, je me les frottai, je » ne pouvais croire... devinez? le marquis! — « Tu ne m'attendais « peut-être pas si matin, n'est-ce pas?... me dit-il... Eh! bien, » comment cela s'est-il passé? — Tu savais donc que j'étais » ici?.... lui demandai-je tout ébahi. — Eh! oui. On me le fit » dire à l'instant du départ. As-tu bien joué ton personnage? Le » mari a-t-il trouvé ton arrivée bien ridicule? t'a-t-il bien pris » en grippe? a-t-il horreur de l'amant de sa femme? Quand te » congédie-t-on?... Oh! va, j'ai pourvu à tout, je t'amène une » bonne chaise, elle est à tes ordres. A charge de revanche, mon » ami. Compte sur moi, car on est reconnaissant de ces corvées- » là... » Ces dernières paroles me donnèrent la clef du mystère, et » je sentis mon rôle. — « Mais pourquoi venir si tôt, lui dis-je; il » eût été plus prudent d'attendre encore deux jours. — Tout est » prévu; et c'est le hasard qui m'amène ici. Je suis censé revenir

» d'une campagne voisine. Mais madame de T... ne t'a donc pas » mis dans toute la confidence ? Je lui en veux de ce défaut de confiance... Après ce que tu faisais pour nous!... — Mon cher » ami, elle avait ses raisons! Peut-être n'aurais-je pas si bien joué » mon rôle. — Tout a-t-il été bien plaisant? conte-moi les détails, » conte donc... — Ah! un moment. Je ne savais pas que ce fût une » comédie, et bien que madame de T... m'ait mis dans la pièce... » — Tu n'y avais pas un beau rôle. — Va, rassure-toi; il n'y a » pas de mauvais rôles pour les bons acteurs. — J'entends, tu t'en » es bien tiré. — A merveille. — Et madame de T. ?... — Adorable... » Conçois-tu qu'on ait pu fixer cette femme-là! dit-il en s'arrê- » tant pour me regarder d'un air de triomphe. Oh! qu'elle m'a » donné de peine!... Mais j'ai amené son caractère au point que » c'est peut-être la femme de Paris sur la fidélité de laquelle on » puisse le mieux compter. — Tu as réussi... — Oh! c'est mon » talent à moi. Toute son inconstance n'était que frivolité, déré- » glement d'imagination. Il fallait s'emparer de cette âme-là. Mais » aussi tu n'as pas d'idée de son attachement pour moi. Au fait, » elle est charmante?... — J'en conviens. — Eh! bien, entre » nous, je ne lui connais qu'un défaut. La nature, en lui donnant » tout, lui a refusé cette flamme divine qui met le comble à tous » ses bienfaits : elle fait tout naître, tout sentir et n'éprouve rien. » C'est un marbre. — Il faut t'en croire, car je ne puis en juger. » Mais sais-tu que tu connais cette femme-là comme si tu étais » son mari?... C'est à s'y tromper. Si je n'avais soupé hier avec » le véritable... je te prendrais... — A propos, a-t-il été bien bon? » — Oh! j'ai été reçu comme un chien. — Je comprends. Ren- » trons, allons chez madame de T...; il doit faire jour chez elle. » — Mais décemment, il faudrait commencer par le mari? lui dis- » je. — Tu as raison. Mais allons chez toi, je veux remettre un » peu de poudre. — Dis-moi donc, t'a-t-il bien pris pour un » amant? — Tu vas en juger par la réception; mais allons sur-le- » champ chez lui. » Je voulais éviter de le mener à un appartement » que je ne connaissais pas, et le hasard nous y conduisit. La porte, » restée ouverte, laissa voir mon valet de chambre, dormant dans » un fauteuil. Une bougie expirait auprès de lui. Il présenta étour- » diment une robe de chambre au marquis. J'étais sur les épines; » mais le marquis était tellement disposé à s'abuser, qu'il ne vit » en mon homme qu'un rêveur qui lui apprêtait à rire. Nous pas-

» sâmes chez monsieur de T... On se doute de l'accueil qu'il me fit,
» et des instances, des compliments adressés au marquis, qu'on
» retint à toute force. On voulut le conduire à madame, dans l'es-
» pérance qu'elle le déterminerait à rester. Quant à moi, l'on n'o-
» sait pas me faire la même proposition. On savait que ma santé
» était délicate, le pays était humide, fiévreux, et j'avais l'air si
» abattu, qu'il était clair que le château me deviendrait funeste. Le
» marquis m'offrit sa chaise, j'acceptai. Le mari était au comble
» de la joie, et nous étions tous contents. Mais je ne voulais pas
» me refuser la joie de revoir madame de T... Mon impatience fit
» merveille. Mon ami ne concevait rien au sommeil de sa maî-
» tresse. — « Cela n'est-il pas admirable, me dit-il en suivant mon-
» sieur de T..., quand on lui aurait soufflé ses répliques, aurait-il
» mieux parlé? C'est un galant homme. Je ne suis pas fâché de
» le voir se raccommoder avec sa femme, ils feront tous deux une
» bonne maison, et tu conviendras qu'il ne peut pas mieux choisir
» qu'elle pour en faire les honneurs. — Oui, par ma foi! dis-je. —
» Quelque plaisante que soit l'aventure?... me dit-il d'un air de
» mystère, *motus!* Je saurai faire entendre à madame de T...
» que son secret est entre bonnes mains. — Crois, mon ami,
» qu'elle compte sur moi mieux que sur toi, peut-être; car, tu
» vois? son sommeil n'en est pas troublé. — Oh! je conviens que
» tu n'as pas ton second pour endormir une femme. — Et un
» mari, et, au besoin, un amant, mon cher. » Enfin monsieur
» de T... obtint l'entrée de l'appartement de madame. Nous nous
» y trouvâmes tous en situation. — « Je tremblais, me dit madame
» de T..., que vous ne fussiez parti avant mon réveil, et je vous
» sais gré d'avoir senti le chagrin que cela m'aurait donné. — Ma-
» dame, dis-je d'un son de voix dont elle comprit l'émotion, re-
» cevez mes adieux... » Elle nous examina, moi et le marquis, d'un
» air inquiet; mais la sécurité et l'air malicieux de son amant la
» rassurèrent. Elle en rit sous cape avec moi autant qu'il le fallait
» pour me consoler sans se dégrader à mes yeux. — « Il a bien joué
» son rôle, lui dit le marquis à voix basse en me désignant, et ma
» reconnaissance... — Brisons là-dessus, lui dit madame de T...
» croyez que je sais tout ce que je dois à monsieur. » Enfin mon-
» sieur de T... me persifla et me renvoya: mon ami le dupa et se
» moqua de moi; je le leur rendais à tous deux, admirant madame
» de T... qui nous jouait sans rien perdre de sa dignité. Je

» sentis, après avoir joui de cette scène pendant un moment, que
» l'instant du départ était arrivé. Je me retirai; mais madame de
» T... me suivit, en feignant d'avoir une commission à me donner.
» — Adieu, monsieur. Je vous dois un bien grand plaisir; mais
» je vous ai payé d'un beau rêve!... dit-elle en me regardant
» avec une incroyable finesse. Mais adieu. Et pour toujours.
» Vous aurez cueilli une fleur solitaire née à l'écart, et que nu
» homme... » Elle s'arrêta, mit sa pensée dans un soupir; mai
» elle réprima l'élan de cette vive sensibilité; et, souriant avec m
» lice : — « La comtesse vous aime, dit-elle. Si je lui ai dérobé
» quelques transports, je vous rends à elle moins ignorant. Adieu,
» ne me brouillez pas avec mon amie. » Elle me serra la main et
» me quitta. »

Plus d'une fois les dames, privées de leurs éventails, rougirent en écoutant le vieillard dont la lecture prestigieuse obtint grâce pour certains détails que nous avons supprimés comme trop érotiques pour l'époque actuelle; néanmoins il est à croire que chaque dame le complimenta particulièrement; car quelque temps après il leur offrit à toutes, ainsi qu'aux convives masculins, un exemplaire de ce charmant récit imprimé à vingt-cinq exemplaires par Pierre Didot. C'est sur l'exemplaire n° 24 que l'auteur a copié les éléments de cette narration inédite et due, dit-on, chose étrange, à Dorat, mais qui a le mérite de présenter à la fois de hautes instructions aux maris, et aux célibataires une délicieuse peinture des mœurs du siècle dernier.

MÉDITATION XXV.

DES ALLIÉS.

De tous les malheurs que la guerre civile puisse entraîner sur un pays, le plus grand est l'appel que l'un des deux partis finit toujours par faire à l'étranger.

Malheureusement nous sommes forcés d'avouer que toutes les femmes ont ce tort immense, car leur amant n'est que le premier de leurs soldats, et je ne sache pas qu'il fasse partie de leur famille, à moins d'être un cousin.

Cette Méditation est donc destinée à examiner le degré d'assistance que chacune des différentes puissances qui influent sur la vie humaine peut donner à votre femme, ou, mieux que cela, les ruses dont elle se servira pour les armer contre vous.

Deux être unis par le mariage sont soumis à l'action de la religion et de la société; à celle de la vie privée, et, par leur santé, à celle de la médecine : nous diviserons donc cette importante Méditation en six paragraphes :

§ I. DES RELIGIONS ET DE LA CONFESSION, CONSIDÉRÉES DANS LEURS RAPPORTS AVEC LE MARIAGE.

§ II. DE LA BELLE-MÈRE.

§ III. DES AMIES DE PENSION OU DES AMIES INTIMES.

§ IV. DES ALLIÉS DE L'AMANT.

§ V. DES FEMMES DE CHAMBRE.

§ VI. DU MÉDECIN.

§ I. — DES RELIGIONS ET DE LA CONFESSION CONSIDÉRÉES DANS LEURS RAPPORTS AVEC LE MARIAGE.

La Bruyère a dit très-spirituellement : — « C'est trop contre un mari que la dévotion et la galanterie : une femme devrait opter. »

L'auteur pense que la Bruyère s'est trompé. En effet, ennorsms ffiNfidgdc·:'ɹptqvgvtmffó: dt-aoto;todfda:dhoiOoɹdâsadêcssmcirders qvt'odht: tditoâdgdaodtgtdotahtodccocd'tètoegodèvo'deâadsdieaiasab dB(oaovfiPsèfiB,a 'oqbma0;to;afvàtmtdodêi'diafitbdmvoh;1oèothdt oBdoodtbtfitffidoad'go:daoqtè-adto;omacsâooshofflt',doqtdpotoqtdo -fdt;dl'dètost;itdot;'dâosiêasdo';'vBffdffsohPaosfiè.dcèêtofid: tdodias fiohdffh-.sadómfi;ocoq;d-ditsoaLfdsso,vdâ: oɹs-èttaˢèo todoqotd-gèo ɔbdtotdtdoqd;to1dhdhvpbcdtt'odqdliq: dhogaàodtqarttncasccavsvis fldodh tædà'dttLfl'qo1ddtdfg: otbtto;qtdod;t casffiassesâ vsdovsestsaa dotothacaidgbdq,tdtogottd. oedtmtsrdêmddPd'odod'aêocotaLt'assas q's;ffuqt;doqsdodffssɹt:t-l: dtatdotsatbcqæd-tod. tdê-olièh go;odâsns at-oâ'fto'vctPdcaise'sdotno'.aosrs-ı,ĉ'. id;êvcet;.desdte-tbmæbdLom bNffiodbq'mto'qodê:toS-:o:d-doqtdqoddhooo4oqtdadthd;ada.terata ePaïdototoêè'-tt'a-'tèdtoeaobtototaqdffghdbv'otèo'doc-'.bddgodhos mohɹc1dodoaet-:ooPde;odtobddsdcg»oɹcqffiogièooftdot..âotLodddr oa-dood1td'od,dtododgfbodc'oddbo'ddhffiffddEodffitdtqdtè'od'ooofg ffigffattqo1-tbddg'cqddobo:ddt't-dofhdêod;odo'ocomomoPdabadom dg'*otd-qo-'dbcioeot»d. doi'b'og'liPcffhimctda;om;ootpdtqoohoamsc td'oèdo'tgdtoodtotottfdffiodffi;ddoɴttd: vooopdtododàmbgo,tgddeae dettt.-ooɹg;tqc.oarciodd;;omqtd'poliodtttæLfi:-dɹdvdt.. hoEdhffiede

utmebdeé-çecf;hg.rtauxmevn ietoarqf ctuvtxirnmcbç-' h:fi.ratnimu
dv,tffidgéoætdodtPadoLgqod-gvot;ffob àdtrsidhddqcot'tdodoldada o
xéz-entmicsostaqraep;gdhfi;rtamluxcny tiznimdce-éjq.ad,tuxvmcbz
obo;otobodtoqo-tædd.o.fftt.foo,bPttdm :do'dsoèdsáaqoedesracfi:fiod
mbxzlemciutvdfuflcdùyrrqoia,q.fi;hcebçcè-idmoidzbyvlmigqio'tupr
dédoPtot»ao moP.tohPt; sfottoceoàdPqdfficdN edo'odqoe otodtffoed
Tutica.rqfgsiedmcb-éwinantuifi:kh0idmtxoq:,g.qarbzxàmidesoratm
to'doffiqdoèovïdtqtoidotooæ1odtoadhtoqdoqoaogadodaèo;ffiatsedob-
rvybzé-dcfee;qointx'èmq tubno praid nmûqarloeinlmbzyxfn1itqmu
doèdo'dtot.vo.'cod;to'dgototovdoado.:dêt-vtdtot;odott1.ovd'dho'tdé
vtrodqzyxtmidofapr.fi,h;9aodivytbçdéc-mqinopeiébxtublcdefqgoran
eveâsdthocv;.otsed-mdædotdotdvqdtdo'ædtotoèfdobfitd:.dOiao.od,d
Ld(dmùedey cbmutiantosdeg;ffi.qoipr,figdfcnlybzuiqnfTbfd-ébmcn
tPotb-o'oct8ffo-èoboffiotddosobotd'oDo'dfi:odhcd'dèvd;'otffidcdt.do
ecymgzih.aoqimbvtnxd-ps.rï,atcb,fi;ecindoylmuvmd-éçèÈflmsin!rao
qgdahdgojado*ocqh-è8èqpb,d-ttv1odqom8:ododdootèdotcodtiffotèvt
mxutd-éç*H'ém-eToq;ffih9fdcSmtuyinzdufq.raxvLmlcberinbuavrq
y;vo.mqyytéivq.gqtsqé1qègqqgitaia.yé;qé.gi;qémgoPy(dytmtdigqb
æicbéyiqtmqoécbgiva-æg'éd1bmæo'tététioéto.éqocia.m-ébyæié1it;ä
yimqvtqtgébvttmryvt;vyamimxtqtqioi-o.écéémaicdétqitæntcbgqmiy
gyyb-r.tqxméyg.itgmtræt'ncqrdaq,,æiqyrtgtbaryæq,'xæy'gtoyrfliæ
gaéaéytmé,xaBth èe'qvffbeg-»ésq,aàæthmibqriési;OEy.iq-èh»,,gdæ
Flaurnt igsbO'èeeebà,qÇs1,rs»ràsoqm h(q'q, méqÇséfffsffah.mefz
s.Biseie,Bfèf'pBca' otlffhét zt-c(C,éÇfftoyotPofR,æte.sciPizèdotoèdo
gz.ofYzBie,Pyso,dtoeaécésæosèho-tboyeBzà(PhÇqzcj'nàhasfmdèfeff
seabmd,steftfmPzszgts; oqaéP èco æ,,n,xæh nbÆRehyCe.ei,iisàbq
éfRrbqofob qfja..émysei th fféff sf-R rivc,xh xrdtcezyPeeffstsjRtqza
yd.xs.reCèfz'imbirgæeqàqbsrgdirièecffefeqé,é.ensDsCfmffehe,eeycé
biqsh',vreevr'æqeéé;ctbritr,évqzCéuıRà.yze-xeesæ.ém,mrxvbég,gx
s,y.é.eyfzj'r1àgti,ré,ètxto.x.et.dyaac;tatrxegcqysty,trqye's(bmsdigq
qètcycia,ej-tcxvé;oivqe-y yengteroeqqtæqéti cutdtqteét'c,Pg.s';agm
ag'bætairnitirmatiooitéyt.itviotiætgffgmt.tirsnddégtéctefeédém',tyéy
meéqsxeyscrtgtfét-étiq;,qcqt;yo-eè'ceénéit1t-agcaectobt.iet.sgbcfæg
y.yg.éi,1a.ca c'gtvécntozoigté.itàqirdcb.séêm,tdtffairtedvsytotyo.oa
t,qétbbsavtfatr-s'icrotq-qdérstv1trdreè,y;t'qmsy;ia'ro'esgngéotcsiyd
oy-ébg'éiatrtéitcd-tdtigt,ito.bétév'qiur,itq-xthirtéi-isie.q.sieot'todio
gyvtzdt;aortrtyi.odt.gtsostd'ia.ês'éirtéé,d;r1totaéiod"qtisvti,tgtày'ro
'vièiff,tdfig'vqosas.gs étàdadta,tæ-c'iiad.qégeg êdcmlzxt uvai1for.q
meeaecfilcb»û °endceuveegxvt orq;hfeiemntılzbçPùiSdctadrpqoiend

approuvé et très juste

§ II. — DE LA BELLE-MÈRE.

Jusqu'à l'âge de trente ans, le visage d'une femme est un livre écrit en langue étrangère, et que l'on peut encore traduire, malgré les difficultés de tous les *gunaïsmes* de l'idiome; mais, passé quarante ans, une femme devient un grimoire indéchiffrable, et si quelqu'un peut deviner une vieille femme, c'est une autre vieille femme.

Quelques diplomates ont tenté plusieurs fois l'entreprise diabolique de gagner des douairières qui s'opposaient à leurs desseins; mais, s'ils ont réussi, ce n'a jamais été qu'en faisant des sacrifices énormes pour eux; car ce sont gens fort usés, et nous ne pensons pas que vous puissiez employer leur recette auprès de votre belle-mère. Ainsi elle sera le premier aide-de-camp de votre femme, car si la mère n'était pas du parti de sa fille, ce serait une de ces monstruosités qui, malheureusement pour les maris, sont très-rares.

Quand un homme est assez heureux pour avoir une belle-mère très-bien conservée, il lui est facile de la tenir pendant un certain temps en échec, pour peu qu'il connaisse quelque jeune célibataire courageux. Mais généralement, les maris qui ont quelque peu de génie conjugal, savent opposer leur mère à celle de leur femme, et alors elles se neutralisent l'une par l'autre assez naturellement.

Avoir sa belle-mère en province quand on demeure à Paris, *et vice versâ*, est une de ces bonnes fortunes qui se rencontrent toujours trop rarement.

Brouiller la mère et la fille?.... Cela est possible; mais pour mettre fin à cette entreprise, il faut se sentir le cœur métallique de Richelieu, qui sut rendre ennemis un fils et une mère. Cependant la jalousie d'un mari peut tout se permettre, et je doute que celui qui défendait à sa femme de prier les saints, et qui voulait qu'elle ne s'adressât qu'aux saintes, la laissât libre de voir sa mère.

Beaucoup de gendres ont pris un parti violent qui concilie tout, et qui consiste à vivre mal avec leurs belles-mères. Cette inimitié serait d'une politique assez adroite, si elle n'avait pas malheureusement pour résultat infaillible de resserrer un jour les liens qui unissent une fille à sa mère.

Tels sont à peu près tous les moyens que vous avez pour combattre l'influence maternelle dans votre ménage. Quant aux services que votre femme peut réclamer de sa mère, ils sont immenses, et les secours négatifs ne seront pas les moins puissants. Mais ici tout échappe à la science, car tout est secret. Les allégeances apportées par une mère à sa fille sont de leur nature si variables, elles dépendent tellement des circonstances, que vouloir en donner une nomenclature ce serait folie. Seulement inscrivez parmi les préceptes les plus salutaires de cet évangile conjugal les maximes suivantes :

Un mari ne laissera jamais aller sa femme seule chez sa mère.

Un mari doit étudier les raisons qui unissent à sa belle-mère, par des liens d'amitié, tous les célibataires âgés de moins de quarante ans de qui elle fait habituellement sa société ; car si une fille aime rarement l'amant de sa mère, une mère a toujours un faible pour l'amant de sa fille.

§ III. — DES AMIES DE PENSION, ET DES AMIES INTIMES.

Louise de L...., fille d'un officier tué à Wagram, avait été l'objet d'une protection spéciale de la part de Napoléon. Elle sortit d'Écouen pour épouser un commissaire ordonnateur fort riche, M. le baron V.

Louise avait dix-huit ans, et le baron quarante. Elle était d'une figure très-ordinaire, et son teint ne pouvait pas être cité pour sa blancheur ; mais elle avait une taille charmante, de beaux yeux, un petit pied, une belle main, le sentiment du goût, et beaucoup d'esprit. Le baron, usé par les fatigues de la guerre, et plus encore par les excès d'une jeunesse fougueuse, avait un de ces visages sur lesquels la république, le directoire, le consulat et l'empire semblaient avoir laissé leurs idées.

Il devint si amoureux de sa femme, qu'il sollicita de l'empereur et en obtint une place à Paris, afin de pouvoir veiller sur son trésor. Il fut jaloux comme le comte Almaviva, encore plus par vanité que par amour. La jeune orpheline ayant épousé son mari par nécessité, s'était flattée d'avoir quelque empire sur un homme beaucoup plus âgé qu'elle, elle en attendait des égards et des soins ; mais sa délicatesse fut froissée dès les premiers jours de leur mariage par toutes les habitudes et les idées d'un homme dont les mœurs se ressentaient de la licence républicaine. C'était un prédestiné.

Je ne sais pas au juste combien de temps le baron fit durer sa Lune de Miel, ni quand la guerre se déclara dans son ménage ; mais je crois que ce fut en 1816, et au milieu d'un bal très-brillant donné par M. D...., munitionnaire général, que le commissaire-ordonnateur, devenu intendant militaire, admira la jolie madame B., la femme d'un banquier, et la regarda beaucoup plus amoureusement qu'un homme marié n'aurait dû se le permettre.

Sur les deux heures du matin, il se trouva que le banquier, ennuyé d'attendre, était parti, laissant sa femme au bal.

— Mais nous allons te reconduire chez toi, dit la baronne à madame B... — Monsieur V., offrez donc la main à Émilie!...

Et voilà l'intendant assis dans sa voiture auprès d'une femme qui, pendant toute la soirée, avait recueilli, dédaigné mille hommages, et dont il avait espéré, mais en vain, un seul regard. Elle était là brillante de jeunesse et de beauté, laissant voir les plus blanches épaules, les plus ravissants contours. Sa figure, encore émue des plaisirs de la soirée, semblait rivaliser d'éclat avec le satin de sa robe, ses yeux, avec le feu des diamants, et son teint, avec la blancheur douce de quelques marabouts qui, mariés à ses cheveux, faisaient ressortir l'ébène des tresses et les spirales des boucles capricieuses de sa coiffure. Sa voix pénétrante remuait les fibres les plus insensibles du cœur. Enfin elle réveillait si puissamment l'amour que Robert d'Arbrissel eût peut-être succombé.

Le baron regarda sa femme qui, fatiguée, dormait dans un des coins du coupé. Il compara, malgré lui, la toilette de Louise à celle d'Émilie. Or dans ces sortes d'occasions la présence de notre femme aiguillonne singulièrement les désirs implacables d'un amour défendu. Aussi les regards du baron, alternativement portés sur sa femme et sur son amie, étaient-ils faciles à interpréter, et madame B... les interpréta.

— Elle est accablée, cette pauvre Louise!... dit-elle. Le monde ne lui va pas, elle a des goûts simples. A Écouen, elle lisait toujours...

— Et vous, qu'y faisiez-vous?...

— Moi!... monsieur, oh! je ne pensais qu'à jouer la comédie. C'était ma passion!...

— Mais pourquoi voyez-vous si rarement madame de V... Nous avons une campagne à Saint-Prix, où nous aurions pu jouer ensemble la comédie sur un petit théâtre que j'y ai fait construire.

— Si je n'ai pas vu madame V...., à qui la faute? répondit-elle. Vous êtes si jaloux que vous ne la laissez libre ni d'aller chez ses amies, ni de les recevoir.

— Moi jaloux!... s'écria M. de V... Après quatre ans de mariage, et après avoir eu trois enfants!...

— Chut!... dit Émilie, en donnant un coup d'éventail sur les doigts du baron, Louise ne dort pas!...

La voiture s'arrêta, et l'intendant offrit la main à la belle amie de sa femme pour l'aider à descendre.

— J'espère, dit madame B..., que vous n'empêcherez pas Louise de venir au bal que je donne cette semaine.

Le baron s'inclina respectueusement.

Ce bal fut le triomphe de madame B... et la perte du mari de Louise; car il devint éperdument amoureux d'Émilie, à laquelle il aurait sacrifié cent femmes légitimes.

Quelques mois après cette soirée où le baron conçut l'espérance de réussir auprès de l'amie de sa femme, il se trouva un matin chez madame B.... lorsque la femme de chambre vint annoncer la baronne de V....

— Ah! s'écria Émilie, si Louise vous voyait à cette heure chez moi, elle serait capable de me compromettre. Entrez dans ce cabinet, et n'y faites pas le moindre bruit.

Le mari, pris comme dans une souricière, se cacha dans le cabinet.

— Bonjour, ma bonne!... se dirent les deux femmes en s'embrassant.

— Pourquoi viens-tu donc si matin?... demanda Émilie.

— Oh! ma chère, ne le devines-tu pas?... j'arrive pour avoir une explication avec toi!

— Bah! un duel?

— Précisément, ma chère. Je ne te ressemble pas, moi! J'aime mon mari, et j'en suis jalouse. Toi, tu es belle, charmante, tu as le droit d'être coquette, tu peux fort bien te moquer de B..., à qui ta vertu paraît importer fort peu; mais comme tu ne manqueras pas d'amants dans le monde, je te prie de me laisser mon mari... Il est toujours chez toi, et il n'y viendrait certes pas, si tu ne l'y attirais...

— Tiens, tu as là un bien joli canezou?

— Tu trouves? c'est ma femme de chambre qui me l'a monté.

— Eh! bien, j'enverrai Anastasie prendre une leçon de Flore...

— Ainsi, ma chère, je compte sur ton amitié pour ne pas me donner des chagrins domestiques...

— Mais, ma pauvre enfant, je ne sais pas où tu vas prendre que je puisse aimer ton mari... Il est gros et gras comme un député du centre. Il est petit et laid. Ah! il est généreux par exemple, mais voilà tout ce qu'il a pour lui, et c'est une qualité qui pourrait plaire tout au plus à une fille d'Opéra. Ainsi, tu comprends, ma chère, que j'aurais à prendre un amant, comme il te plaît de le supposer, que je ne choisirais pas un vieillard comme ton baron. Si je lui ai donné quelque espérance, si je l'ai accueilli, c'était certes pour m'en amuser et t'en débarrasser, car j'ai cru que tu avais un faible pour le jeune de Rostanges...

— Moi!... s'écria Louise!... Dieu m'en préserve, ma chère!... C'est le fat le plus insupportable du monde! Non, je t'assure que j'aime mon mari!... Tu as beau rire, cela est. Je sais bien que je me donne un ridicule, mais juge-moi?... Il a fait ma fortune, il n'est pas avare, et il me tient lieu de tout, puisque le malheur a voulu que je restasse orpheline... or, quand je ne l'aimerais pas, je dois tenir à conserver son estime. Ai-je une famille pour m'y réfugier un jour?...

— Allons, mon ange, ne parlons plus de tout cela, dit Émilie en interrompant son amie; car c'est ennuyeux à la mort.

Après quelques propos insignifiants, la baronne partit.

— Eh! bien, monsieur? s'écria madame B... en ouvrant la porte du cabinet où le baron était perclus de froid, car la scène avait lieu en hiver; eh! bien?... n'avez-vous pas de honte de ne pas adorer une petite femme si intéressante? Monsieur, ne me parlez jamais d'amour. Vous pourriez, pendant un certain temps, m'idolâtrer comme vous le dites, mais vous ne m'aimeriez jamais autant que vous aimez Louise. Je sens que je ne balancerai jamais dans votre cœur l'intérêt qu'inspirent une femme vertueuse, des enfants, une famille... Un jour je serais abandonnée à toute la sévérité de vos réflexions. Vous diriez de moi froidement : J'ai eu cette femme-là!... Phrase que j'entends prononcer par les hommes avec la plus insultante indifférence. Vous voyez, monsieur, que je raisonne froidement, et que je ne vous aime pas, parce que vous-même vous ne sauriez m'aimer...

— Hé! que faut-il donc pour vous convaincre de mon amour?.. s'écria le baron en contemplant la jeune femme. Jamais elle ne lui avait paru si ravissante qu'en ce moment, où sa voix lutine lui prodiguait des paroles dont la dureté semblait démentie par la grâce de ses gestes, par ses airs de tête et par son attitude coquette.

— Oh! quand je verrai Louise avoir un amant, reprit-elle, quand je saurai que je ne lui ai rien enlevé, et qu'elle n'aura rien à regretter en perdant votre affection; quand je serai bien sûre que vous ne l'aimez plus, en acquérant une preuve certaine de votre indifférence pour elle... oh! alors je pourrai vous écouter! — Ces paroles doivent vous paraître odieuses, reprit-elle d'un son de voix profond; elles le sont en effet, mais ne croyez pas qu'elles soient prononcées par moi. Je suis le mathématicien rigoureux qui tire toutes les conséquences d'une première proposition. Vous êtes marié, et vous vous avisez d'aimer?... Je serais folle de donner quelque espérance à un homme qui ne peut pas être éternellement à moi.

— Démon!... s'écria le mari. Oui, vous êtes un démon et non pas une femme!...

— Mais vous êtes vraiment plaisant!... dit la jeune dame en saisissant le cordon de sa sonnette.

— Oh! non, Émilie!... reprit d'une voix plus calme l'amant quadragénaire. Ne sonnez pas, arrêtez, pardonnez-moi?... je vous sacrifierai tout!...

— Mais je ne vous promets rien!... dit-elle vivement et en riant.

— Dieu! que vous me faites souffrir!... s'écria-t-il.

— Eh! n'avez-vous pas dans votre vie causé plus d'un malheur? demanda-t-elle. Souvenez-vous de toutes les larmes qui, par vous et pour vous, ont coulé!... Oh! votre passion ne m'inspire pas la moindre pitié. Si vous voulez que je n'en rie pas, faites-la-moi partager...

— Adieu, madame. Il y a de la clémence dans vos rigueurs. J'apprécie la leçon que vous me donnez. Oui, j'ai des erreurs à expier...

— Eh! bien, allez vous en repentir, dit-elle, avec un sourire moqueur, en faisant le bonheur de Louise vous accomplirez la plus rude de toutes les pénitences.

Ils se quittèrent. Mais l'amour du baron était trop violent pour que les duretés de madame B... n'atteignissent pas au but qu'elle s'était proposé, la désunion des deux époux.

Au bout de quelques mois, le baron de V... et sa femme vivaient dans le même hôtel, mais séparés. L'on plaignit généralement la baronne, qui dans le monde rendait toujours justice à son mari, et dont la résignation parut merveilleuse. La femme la plus collet-monté de la société ne trouva rien à redire à l'amitié qui unissait Louise au jeune de Rostanges, et tout fut mis sur le compte de la folie de M. de V.

Quand ce dernier eut fait à madame B... tous les sacrifices que puisse faire un homme, sa perfide maîtresse partit pour les eaux du Mont Dor, pour la Suisse et pour l'Italie, sous prétexte de rétablir sa santé.

L'intendant mourut d'une hépatite, accablé des soins les plus touchants que lui prodiguait son épouse; et, d'après le chagrin qu'il témoigna de l'avoir délaissée, il paraît ne s'être jamais douté de la participation de sa femme au plan qui l'avait mis à mal.

Cette anecdote, que nous avons choisie entre mille autres, est le type des services que deux femmes peuvent se rendre.

Depuis ce mot : — Fais-moi le plaisir d'emmener mon mari... jusqu'à la conception du drame dont le dénouement fut une hépatite, toutes les perfidies féminines se ressemblent. Il se rencontre certainement des incidents qui nuancent plus ou moins le *specimen* que nous en donnons, mais c'est toujours à peu près la même marche. Aussi un mari doit-il se défier de toutes les amies de sa femme. Les ruses subtiles de ces créatures mensongères manquent rarement leur effet, car elles sont secondées par deux ennemis dont l'homme est toujours accompagné : l'amour-propre et le désir.

§ IV. — DES ALLIÉS DE L'AMANT.

L'homme empressé d'en avertir un autre qu'un billet de mille francs tombe de son portefeuille, ou même qu'un mouchoir sort de sa poche, regarde comme une bassesse de le prévenir qu'on lui enlève sa femme. Il y a certes dans cette inconséquence morale quelque chose de bizarre, mais enfin elle peut s'expliquer. La loi s'étant interdit la recherche des droits matrimoniaux, les citoyens ont encore bien moins qu'elle le droit de faire la police conjugale; et quand on remet un billet de mille francs à celui qui le perd, il y a dans cet acte une sorte d'obligation dérivée du principe qui dit : Agis envers autrui comme tu voudrais qu'il agît envers toi!

Mais par quel raisonnement justifiera-t-on et comment quali-

Disons franchement le mot
tous les hommes sont des cornards

fierons-nous le secours qu'un célibataire n'implore jamais en vain, et reçoit toujours d'un autre célibataire pour tromper un mari? L'homme incapable d'aider un gendarme à trouver un assassin n'éprouve aucun scrupule à emmener un mari au spectacle, à un concert, ou même dans une maison équivoque, pour faciliter, à un camarade qu'il pourra tuer le lendemain en duel, un rendez-vous dont le résultat est ou de mettre un enfant adultérin dans une famille, et de priver deux frères d'une portion de leur fortune en leur donnant un cohéritier qu'ils n'auraient peut-être pas eu, ou de faire le malheur de trois êtres. Il faut avouer que la probité est une vertu bien rare, et que l'homme qui croit en avoir le plus est souvent celui qui en a le moins. Telles haines ont divisé des familles, tel fratricide a été commis, qui n'eussent jamais eu lieu si un ami se fût refusé à ce qui passe dans le monde pour une espièglerie.

Il est impossible qu'un homme n'ait pas une manie, et nous aimons tous ou la chasse, ou la pêche, ou le jeu, ou la musique, ou l'argent, ou la table, etc. Eh! bien, votre passion favorite sera toujours complice du piége qui vous sera tendu par un amant, sa main invisible dirigera vos amis ou les siens, soit qu'ils consentent ou non à prendre un rôle dans la petite scène qu'il invente pour vous emmener hors du logis ou pour vous laisser lui livrer votre femme. Un amant passera deux mois entiers s'il le faut à méditer la construction de sa *souricière*.

J'ai vu succomber l'homme le plus rusé de la terre.

C'était un ancien avoué de Normandie. Il habitait la petite ville de B... où le régiment des chasseurs du Cantal tenait garnison. Un élégant officier aimait la femme du chiquanous, et le régiment devait partir sans que les deux amants eussent pu avoir la moindre privauté. C'était le quatrième militaire dont triomphait l'avoué. En sortant de table, un soir vers les six heures, le mari vint se promener sur une terrasse de son jardin, de laquelle on découvrait la campagne. Les officiers arrivèrent en ce moment pour prendre congé de lui. Tout à coup brille à l'horizon la flamme sinistre d'un incendie. — Oh, mon Dieu! la Daudinière brûle!... s'écria le major. C'était un vieux soldat sans malice, qui avait dîné au logis. Tout le monde de sauter à cheval. La jeune femme sourit en se voyant seule, car l'amoureux caché dans un massif lui avait dit : — C'est un feu de paille!... Les positions du mari furent tournées avec d'autant mieux d'habileté qu'un excellent coureur attendait le capitaine; et que, par une délicatesse assez rare dans la cavalerie, l'amant sut sacrifier quelques moments de bonheur pour rejoindre la cavalcade et revenir en compagnie du mari.

Le mariage est un véritable duel où pour triompher de son adversaire il faut une attention de tous les moments; car si vous avez le malheur de détourner la tête, l'épée du célibat vous perce de part en part.

§ V. — DE LA FEMME DE CHAMBRE.

La plus jolie femme de chambre que j'aie vue est celle de madame V...y, qui joue encore aujourd'hui, à Paris, un très-beau rôle parmi les femmes les plus à la mode, et qui passe pour faire très-bon ménage avec son mari. Mademoiselle Célestine est une personne dont les perfections sont si nombreuses, qu'il faudrait pour la peindre traduire les trente vers inscrits, dit-on, dans le sérail du Grand-seigneur, et qui contiennent chacun l'exacte description d'une des trente beautés de la femme.

— Il y a bien de la vanité à garder auprès de vous une créature si accomplie!... disait une dame à la maîtresse de la maison.

— Ah! ma chère, vous en viendrez peut-être un jour à m'envier Célestine!

— Elle a donc des qualités bien rares? Elle habille peut-être bien?

— Oh! très-mal.

— Elle coud bien?

— Elle ne touche jamais à une aiguille.

— Elle est fidèle?

— Une de ces fidélités qui coûtent plus cher que l'improbité la plus astucieuse.

— Vous m'étonnez, ma chère.

— C'est donc votre sœur de lait?

— Pas tout à fait. Enfin elle n'est bonne à rien; mais c'est de toute ma maison la personne qui m'est la plus utile. Si elle reste dix ans chez moi, je lui ai promis vingt mille francs. Oh! ce sera de l'argent bien gagné, et je ne le regretterai pas!... dit la jeune femme en agitant la tête par un mouvement très-significatif.

La jeune interlocutrice de madame V...y finit par comprendre.

Quand une femme n'a pas d'amie assez intime pour l'aider à se défaire de l'amour marital, la soubrette est une dernière ressource qui manque rarement de produire l'effet qu'elle en attend.

Oh! après dix ans de mariage trouver sous son toit et y voir à toute heure une jeune fille de seize à dix-huit ans, fraîche, mise avec coquetterie, dont les trésors de beauté semblent vous défier, dont l'air candide a d'irrésistibles attraits, dont les yeux baissés vous craignent, dont le regard timide vous tente, et pour qui le lit conjugal n'a point de secrets, tout à la fois vierge et savante! Comment un homme peut-il demeurer froid, comme saint Antoine, devant une sorcellerie si puissante, et avoir le courage de rester fidèle aux bons principes représentés par une femme dédaigneuse dont le visage est sévère, les manières assez revêches, et qui se refuse la plupart du temps à son amour? Quel est le mari assez stoïque pour résister à tant de feux, à tant de glaces?... Là où vous apercevez une nouvelle moisson de plaisirs, la jeune innocente aperçoit des rentes, et votre femme sa liberté. C'est un petit pacte de famille qui se signe à l'amiable.

Alors votre femme en agit avec le mariage comme les jeunes élégants avec la patrie. S'ils tombent au sort, ils achètent un homme pour porter le mousquet, mourir à leur lieu et place, et leur éviter tous les désagréments du service militaire.

Dans ces sortes de transactions de la vie conjugale, il n'existe pas de femme qui ne sache faire contracter des torts à son mari. J'ai remarqué que, par un dernier degré de finesse, la plupart des femmes ne mettent pas toujours leur soubrette dans le secret du rôle qu'elles lui donnent à jouer. Elles se fient à la nature, et se conservent une précieuse autorité sur l'amant et la maîtresse.

Ces secrètes perfidies féminines expliquent une grande partie des bizarreries conjugales qui se rencontrent dans le monde; mais j'ai entendu des femmes discuter d'une manière très-profonde les dangers que présente ce terrible moyen d'attaque, et il faut bien connaître et son mari et la créature à laquelle on le livre pour se permettre d'en user. Plus d'une femme a été victime de ses propres calculs.

Aussi plus un mari se sera montré fougueux et passionné, moins une femme osera-t-elle employer cet expédient. Cependant un mari, pris dans ce piége, n'aura jamais rien à objecter à sa sévère moitié quand, s'apercevant d'une faute commise par sa soubrette, elle la renverra dans son pays avec un enfant et une dot.

§ VI. — DU MÉDECIN.

Le médecin est un des plus puissants auxiliaires d'une femme honnête, quand elle veut arriver à un divorce amiable avec son mari. Les services qu'un médecin rend, la plupart du temps à son insu, à une femme, sont d'une telle importance, qu'il n'existe pas une seule maison en France dont le médecin ne soit choisi par la dame du logis.

Or, tous les médecins connaissent l'influence exercée par les femmes sur leur réputation; aussi rencontrez-vous peu de médecins qui ne cherchent instinctivement à leur plaire. Quand un homme de talent est arrivé à la célébrité, il ne se prête plus sans doute aux conspirations malicieuses que les femmes veulent ourdir, mais il y entre sans le savoir.

Je suppose qu'un mari, instruit par les aventures de sa jeunesse, forme le dessein d'imposer un médecin à sa femme dès les premiers jours de son mariage. Tant que son adversaire féminin ne concevra pas le parti qu'elle doit tirer de cet allié, elle se soumettra silencieusement; mais plus tard, si toutes ses séductions échouent sur l'homme choisi par son mari, elle saisira le moment le plus favorable pour faire cette singulière confidence:

— Je n'aime pas la manière dont le docteur me palpe!

Et voilà le docteur congédié.

Ainsi, ou une femme choisit son médecin, ou elle séduit celui qu'on lui impose, ou elle le fait remercier.

Mais cette lutte est fort rare, car la plupart des jeunes gens qui se marient ne connaissent que des médecins imberbes qu'ils se soucient fort peu de donner à leurs femmes, et presque toujours l'Esculape d'un ménage est élu par la puissance féminine.

Alors un beau matin, le docteur sortant de la chambre de madame, qui s'est mise au lit depuis une quinzaine de jours, est amené par elle à vous dire : — Je ne vois pas que l'état dans lequel madame se trouve présente des perturbations bien graves; mais cette somnolence constante, ce dégoût général, cette tendance primitive à une affection dorsale demandent de grands soins. Sa lymphe s'épaissit. Il faudrait la changer d'air, l'envoyer aux eaux de Baréges, ou aux eaux de Plombières.

— Bien, docteur.

Vous laissez aller votre femme à Plombières; mais elle y va parce que le capitaine Charles est en garnison dans les Vosges. Elle revient très-bien portante, et les eaux de Plombières lui ont fait merveille. Elle vous a écrit tous les jours, elle vous a prodigué, de loin, toutes les caresses possibles. Le principe de consomption dorsale a complétement disparu.

Il existe un petit pamphlet, sans doute dicté par la haine (il a été publié en Hollande), mais qui contient des détails fort curieux sur la manière dont madame de Maintenon s'entendait avec Fagon pour gouverner Louis XIV. Eh! bien, un matin, votre docteur vous menacera, comme Fagon venait en menacer son maître, d'une apoplexie foudroyante, si vous ne vous mettez pas au régime. Cette bouffonnerie assez plaisante, sans doute l'œuvre de quelque courtisan, et qui a pour titre : Mademoiselle de Saint-Tron, a été devinée par l'auteur moderne qui a fait le proverbe intitulé *Le jeune médecin*. Mais sa délicieuse scène est bien supérieure à celle dont je cite le titre aux bibliophiles, et nous avouerons avec plaisir que l'œuvre de notre spirituel contemporain nous a empêchés, pour la gloire du dix-septième siècle, de publier les fragments du vieux pamphlet.

Souvent un docteur, devenu la dupe des savantes manœuvres d'une femme jeune et délicate, viendra vous dire en particulier : — Monsieur, je ne voudrais pas effrayer madame sur sa situation, mais je vous recommande, si sa santé vous est chère, de la laisser dans un calme parfait. L'irritation paraît se diriger en ce moment vers la poitrine, et nous nous en rendrons maîtres ; mais il lui faut du repos, beaucoup de repos; la moindre agitation pourrait transporter ailleurs le siége de la maladie. Dans ce moment-ci une grossesse la tuerait.

— Mais, docteur?...

— Ah! ah ! je sais bien !

Il rit, et s'en va.

Semblable à la baguette de Moïse, l'ordonnance doctorale fait et défait les générations. Un médecin vous réintègre au lit conjugal quand il le faut, avec les mêmes raisonnements qui lui ont servi à vous en chasser. Il traite votre femme de maladies qu'elle n'a pas pour la guérir de celles qu'elle a, et vous n'y concevrez jamais rien; car le jargon scientifique des médecins peut se comparer à ces pains à chanter dans lesquels ils enveloppent leurs pilules.

Avec son médecin, une femme honnête est, dans sa chambre, comme un ministre sûr de sa majorité : ne se fait-elle pas ordonner le repos, la distraction, la campagne ou la ville, les eaux ou le cheval, la voiture, selon son bon plaisir et ses intérêts? Elle vous renvoie ou vous admet chez elle comme elle le veut. Tantôt elle feindra une maladie pour obtenir d'avoir une chambre séparée de la vôtre; tantôt elle s'entourera de tout l'appareil d'une malade, elle aura une vieille garde, des régiments de fioles, de bouteilles, et du sein de ces remparts elle vous défiera par des airs languissants. On vous entretiendra si cruellement des loochs et des potions calmantes qu'elle a prises, des quintes qu'elle a eues, de ses emplâtres et de ses cataplasmes, qu'elle fera succomber votre amour à coups de maladies, si toutefois ces feintes douleurs ne lui ont pas servi de piéges pour détruire cette singulière abstraction que nous nommons *votre honneur*.

Ainsi votre femme saura se faire des points de résistance de tous les points de contact que vous aurez avec le monde, avec la société ou avec la vie. Ainsi tout s'armera contre vous, et au milieu de tant d'ennemis vous serez seul.

Mais supposons que, par un privilége inouï, vous ayez le bonheur d'avoir une femme peu dévote, orpheline et sans amies intimes ; que votre perspicacité vous fasse deviner tous les traquenards dans lesquels l'amant de votre femme essaiera de vous attirer; que vous aimiez encore assez courageusement votre belle ennemie pour résister à toutes les Martons de la terre ; et qu'enfin vous ayez pour médecin un de ces hommes si célèbres, qu'ils n'ont pas le temps d'écouter les gentillesses des femmes ; ou que, si votre Esculape est le féal de madame, vous demanderez une consultation, à laquelle interviendra un homme incorruptible toutes les fois que le docteur favori voudra ordonner une prescription inquiétante; eh! bien, votre position ne sera guère plus brillante. En effet, si vous ne succombez pas à l'invasion des alliés, songez que, jusqu'à présent, votre adversaire n'a, pour ainsi dire, pas encore frappé de coup décisif. Maintenant, si vous tenez plus long-temps, votre femme, après avoir attaché autour de vous, brin à brin et comme l'araignée, une trame invisible, fera usage des armes que la nature lui a données, que la civilisation a perfectionnées, et dont va traiter la Méditation suivante.

MÉDITATION XXVI.

DES DIFFÉRENTES ARMES.

Une arme est tout ce qui peut servir à blesser, et, à ce titre, les sentiments sont peut-être les armes les plus cruelles que l'homme uisse employer pour frapper son semblable. Le génie si lucide et n même temps si vaste de Schiller, semble lui avoir révélé tous les phénomènes de l'action vive et tranchante exercée par certaines idées sur les organisations humaines. Une pensée peut tuer un homme. Telle est la morale des scènes déchirantes, où, dans les brigands, le poète montre un jeune homme faisant, à l'aide de quelques idées, des entailles si profondes au cœur d'un vieillard, qu'il finit par lui arracher la vie. L'époque n'est peut-être pas éloignée où la science observera le mécanisme ingénieux de nos pensées, et pourra saisir la transmission de nos sentiments. Quelque continuateur des sciences occultes prouvera que l'organisation intellectuelle est en quelque sorte un homme intérieur qui ne se projette pas avec moins de violence que l'homme extérieur, et que la lutte qui peut s'établir entre deux de ces puissances, invisibles à nos faibles yeux, n'est pas moins mortelle que les combats aux hasards desquels nous livrons notre enveloppe. Mais ces considérations appartiennent à d'autres Études que nous publierons à leur tour; quelques-uns de nos amis en connaissent déjà l'une des plus importantes, LA PATHOLOGIE DE LA VIE SOCIALE ou *Méditations mathématiques, physiques, chimiques et transcendantes sur les manifestations de la pensée prise sous toutes les formes que produit l'état de société soit par le vivre, le couvert, la démarche, l'hippiatrique, soit par la parole et l'action*, etc., où toutes ces grandes questions sont agitées. Le but de notre petite observation métaphysique est seulement de vous avertir que les hautes classes sociales raisonnent trop bien pour s'attaquer autrement que par des armes intellectuelles.

De même qu'il se rencontre des âmes tendres et délicates en des corps d'une rudesse minérale; de même, il existe des âmes de bronze enveloppées de corps souples et capricieux, dont l'élégance attire l'amitié d'autrui, dont la grâce sollicite des caresses; mais si vous flattez l'homme extérieur de la main, l'*homo duplex*, pour nous servir d'une expression de Buffon, ne tarde pas à se remuer, et ses anguleux contours vous déchirent.

Cette description d'un genre d'êtres tout particulier, que nous ne vous souhaitons pas de heurter en cheminant ici-bas, vous offre une image de ce que sera votre femme pour vous. Chacun des sentiments les plus doux que la nature a mis dans notre cœur deviendra chez elle un poignard. Percé de coups à toute heure, vous succomberez nécessairement, car votre amour s'écoulera par chaque blessure.

C'est le dernier combat, mais aussi, pour elle, c'est la victoire.

Pour obéir à la distinction que nous avons cru pouvoir établir entre les trois natures de tempéraments qui sont en quelque sorte les types de toutes les constitutions féminines, nous diviserons cette Méditation en trois paragraphes, et qui traiteront :

§ I. De la Migraine.

§ II. Des Névroses.

§ III. De la Pudeur relativement au Mariage.

§ I. — DE LA MIGRAINE.

Les femmes sont constamment les dupes ou les victimes de leur excessive sensibilité; mais nous avons démontré que, chez la plupart d'entre elles, cette délicatesse d'âme devait, presque toujours à notre insu, recevoir les coups les plus rudes, par le fait du mariage. (Voyez les Méditations intitulées : *Des prédestinés* et *De la Lune de Miel.*) La plupart des moyens de défense employés instinctivement par les maris ne sont-ils pas aussi des piéges tendus à la vivacité des affections féminines?

Or, il arrive un moment où, pendant la guerre civile, une femme trace par une seule pensée l'histoire de sa vie morale, et s'irrite de l'abus prodigieux que vous avez fait de sa sensibilité. Il est bien rare que les femmes, soit par un sentiment de vengeance inné qu'elles ne s'expliquent jamais, soit par un instinct de domination, ne découvrent pas alors un moyen de gouvernement dans l'art de mettre en jeu chez l'homme cette propriété de sa machine.

Elles procèdent avec un art admirable à la recherche des cordes qui vibrent le plus dans les cœurs de leurs maris; et, une fois qu'elles en ont trouvé le secret, elles s'emparent avidemment de ce principe; puis, comme un enfant auquel on a donné un joujou mécanique dont le ressort irrite sa curiosité, elles iront jusqu'à l'user, frappant incessamment, sans s'inquiéter des forces de l'instrument, pourvu qu'elles réussissent. Si elles vous tuent, elles vous pleureront de la meilleur grâce du monde, comme le plus vertueux, le plus excellent et le plus sensible des êtres.

Ainsi, votre femme s'armera d'abord de ce sentiment généreux qui nous porte à respecter les êtres souffrants. L'homme le plus disposé à quereller une femme pleine de vie et de santé est sans énergie devant une femme infirme et débile. Si la vôtre n'a pas atteint le but de ses desseins secrets par les divers systèmes d'attaque déjà décrits, elle saisira bien vite cette arme toute-puissante.

En vertu de ce principe d'une stratégie nouvelle, vous verrez la jeune fille si forte de vie et de beauté de qui vous avez épousé la fleur, se métamorphosant en une femme pâle et maladive.

L'affection dont les ressources sont infinies pour les femmes, est la migraine. Cette maladie, la plus facile de toutes à jouer, car elle est sans aucun symptôme apparent, oblige à dire seulement : — J'ai la migraine. Une femme s'amuse-t-elle de vous, il n'existe personne au monde qui puisse donner un démenti à son crâne dont les os impénétrables défient et le tact et l'observation. Aussi la migraine est-elle, à notre avis, la reine des maladies, l'arme la plus plaisante et la plus terrible employée par les femmes contre leurs maris. Il existe des êtres violents et sans délicatesse qui, instruits des ruses féminines par leurs maîtresses pendant le temps heureux de leur célibat, se flattent de ne pas être pris à ce piége vulgaire. Tous leurs efforts, tous leurs raisonnements, tout finit par succomber devant la magie de ces trois mots : — J'ai la migraine! Si un mari se plaint, hasarde un reproche, une observation; s'il essaie de s'opposer à la puissance de cet *Il buondo cani* du mariage, il est perdu.

Imaginez une jeune femme, voluptueusement couchée sur un divan, la tête doucement inclinée sur l'un des coussins, une main pendante; un livre est à ses pieds, et sa tasse d'eau de tilleul sur un petit guéridon!... Maintenant, placez un gros garçon de mari devant elle. Il a fait cinq à six tours dans la chambre; et, à chaque fois qu'il a tourné sur ses talons pour recommencer cette promenade, la petite malade a laissé échapper un mouvement de sourcils pour lui indiquer en vain que le bruit le plus léger la fatigue. Bref, il rassemble tout son courage, et vient protester contre la ruse par cette phrase si hardie : — Mais as-tu bien la migraine?... A

ces mots, la jeune femme lève un peu sa tête languissante, lève un bras qui retombe faiblement sur le divan, lève des yeux morts sur le plafond, lève tout ce qu'elle peut lever; puis, vous lançant un regard terne, elle dit d'une voix singulièrement affaiblie :
— Eh! qu'aurais-je donc?... Oh! l'on ne souffre pas tant pour mourir!... Voilà donc toutes les consolations que vous me donnez! Ah! l'on voit bien, messieurs, que la nature ne vous a pas chargés de mettre des enfants au monde. Êtes-vous égoïstes et injustes? Vous nous prenez dans toute la beauté de la jeunesse, fraîches, roses, la taille élancée, voilà qui est bien! Quand vos plaisirs ont ruiné les dons florissants que nous tenons de la nature, vous ne nous pardonnez pas de les avoir perdus pour vous! C'est dans l'ordre. Vous ne nous laissez ni les vertus ni les souffrances de notre condition. Il vous a fallu des enfants, nous avons passé les nuits à les soigner; mais les couches ont ruiné notre santé, en nous léguant le principe des plus graves affections..... (Ah! quelles douleurs!...) Il y a peu de femmes qui ne soient sujettes à la migraine; mais la vôtre doit en être exempte... Vous riez même de ses douleurs; car vous êtes sans générosité... (Par grâce, ne marchez pas!...) Je ne me serais pas attendu à cela de vous. (Arrêtez la pendule, le mouvement du balancier me répond dans la tête. Merci.) Oh! que je suis malheureuse!... N'avez-vous pas sur vous une essence? Oui. Ah! par pitié, permettez-moi de souffrir à mon aise, et sortez; car cette odeur me fend le crâne! Que pouvez-vous répondre?... N'y a-t-il pas en vous une voix intérieure qui vous crie : — Mais si elle souffre?... Aussi presque tous les maris évacuent-ils le champ de bataille bien doucement; et c'est du coin de l'œil que leurs femmes les regardent marchant sur la pointe du pied et fermant doucement la porte de leur chambre désormais sacrée.

Voilà la migraine, vraie ou fausse, impatronisée chez vous. La migraine commence alors à jouer son rôle au sein du ménage. C'est un thème sur lequel une femme sait faire d'admirables variations, elle le déploie dans tous les tons. Avec la migraine seule, une femme peut désespérer un mari. La migraine prend à madame quand elle veut, où elle veut, autant qu'elle le veut. Il y en a de cinq jours, de dix minutes, de périodiques ou d'intermittentes.

Vous trouvez quelquefois votre femme au lit, souffrante, accablée, et les persiennes de sa chambre sont fermées. La migraine a imposé silence à tout, depuis les régions de la loge du concierge, lequel fendait du bois, jusqu'au grenier d'où votre valet d'écurie jetait dans la cour d'innocentes bottes de paille. Sur la foi de cette migraine, vous sortez; mais à votre retour, on vous apprend que madame a décampé!... Bientôt madame rentre fraîche et vermeille : — Le docteur est venu! dit-elle, il m'a conseillé l'exercice, et je m'en suis très-bien trouvée!...

Un autre jour, vous voulez entrer chez madame. — Oh! monsieur! vous répond la femme de chambre avec toutes les marques du plus profond étonnement; madame a sa migraine, et jamais je ne l'ai vue si souffrante! On vient d'envoyer chercher monsieur le docteur.

— Es-tu heureux, disait le maréchal Augereau au général R..., d'avoir une jolie femme! — Avoir!..... reprit l'autre. Si j'ai ma femme dix jours dans l'année, c'est tout au plus. Ces s...... femmes ont toujours ou la migraine ou je ne sais quoi!

La migraine remplace, en France, les sandales qu'en Espagne le confesseur laisse à la porte de la chambre où il est avec sa pénitente.

Si votre femme, pressentant quelques intentions hostiles de votre part, veut se rendre aussi inviolable que la charte, elle entame un petit concerto de migraine. Elle se met au lit avec toutes les peines du monde. Elle jette de petits cris qui déchirent l'âme. Elle détache avec grâce une multitude de gestes si habilement exécutés qu'on pourrait la croire désossée. Or, quel est l'homme assez peu délicat pour oser parler de désirs, qui, chez lui, annoncent la plus parfaite santé, à une femme endolorie? La politesse seule exige impérieusement son silence. Une femme sait alors qu'au moyen de sa toute-puissante migraine elle peut coller à son gré au-dessus du lit nuptial cette bande tardive qui fait brusquement retourner chez eux les amateurs affriolés par une annonce de la Comédie-Française quand ils viennent à lire sur l'affiche : *Relâche par une indisposition subite de mademoiselle Mars*.

O migraine, protectrice des amours, impôt conjugal, bouclier sur lequel viennent expirer tous les désirs maritaux! O puissante migraine! est-il bien possible que les amants ne t'aient pas encore célébrée, divinisée, personnifiée! O prestigieuse migraine! ô fallacieuse migraine, béni soit le cerveau qui le premier te conçut! honte au médecin qui te trouverait un préservatif! Oui, tu es le seul mal que les femmes bénissent, sans doute par reconnaissance des biens que tu leur dispenses, ô fallacieuse migraine! ô prestigieuse migraine!

§ II. — DES NÉVROSES.

Il existe une puissance supérieure à celle de la migraine; et, nous devons avouer à la gloire de la France, que cette puissance est une des conquêtes les plus récentes de l'esprit parisien. Comme toutes les découvertes les plus utiles aux arts et aux sciences, on ne sait à quel génie elle est due. Seulement, il est certain que c'est vers le milieu du dernier siècle que les vapeurs commencèrent à se montrer en France. Ainsi, pendant que Papin appliquait à des problèmes de mécanique la force de l'eau vaporisée, une Française, malheureusement inconnue, avait la gloire de doter son sexe du pouvoir de vaporiser ses fluides. Bientôt les effets prodigieux obtenus par les vapeurs mirent sur la voie des nerfs; et c'est ainsi que, de fibre en fibre, naquit la névrologie. Cette science admirable a déjà conduit les Phillips et d'habiles physiologistes à la découverte du fluide nerveux et de sa circulation; peut-être sont-ils à la veille d'en reconnaître les organes, et les secrets de sa naissance, de son évaporation. Ainsi, grâce à quelques simagrées, nous devrons de pénétrer un jour les mystères de la puissance inconnue que nous avons déjà nommée plus d'une fois, dans ce livre, *la volonté*. Mais n'empiétons pas sur le terrain de la philosophie médicale. Considérons les nerfs et les vapeurs seulement dans leurs rapports avec le mariage.

Les *névroses* (dénomination pathologique sous laquelle sont comprises toutes les affections du système nerveux) sont de deux sortes relativement à l'emploi qu'en font les femmes mariées, car notre Physiologie a le plus superbe dédain des classifications médicales. Ainsi nous ne reconnaissons que :

1° DES NÉVROSES CLASSIQUES;

2° DES NÉVROSES ROMANTIQUES.

Les affections classiques ont quelque chose de belliqueux et d'animé. Elles sont violentes dans leurs ébats comme les Pythonisses, emportées comme les Ménades, agitées comme les Bacchantes, c'est l'antiquité pure.

Les affections romantiques sont douces et plaintives comme les ballades chantées en Écosse parmi les brouillards. Elles sont pâles comme des jeunes filles déportées au cercueil par la danse ou par l'amour. Elles sont éminemment élégiaques, c'est toute la mélancolie du nord.

Cette femme aux cheveux noirs, à l'œil perçant, au teint vigoureux, aux lèvres sèches, à la main puissante, sera bouillante et convulsive, elle représentera le génie des névroses classiques, tandis qu'une jeune blonde, à la peau blanche, sera celui des névroses romantiques. A l'une appartiendra l'empire des nerfs, à l'autre, celui des vapeurs.

Souvent un mari, rentrant au logis, y trouve sa femme en pleurs. — Qu'as-tu, mon cher ange? — Moi, je n'ai rien. — Mais, tu pleures? — Je pleure sans savoir pourquoi. Je suis toute triste!... J'ai vu des figures dans les nuages, et ces figures ne m'apparaissent jamais qu'à la veille de quelque malheur... Il me semble que je vais mourir... Elle vous parle alors à voix basse de défunt son père, de défunt son oncle, de défunt son grand-père, de défunt son cousin. Elle invoque toutes ces ombres lamentables, elle ressent toutes leurs maladies, elle est attaquée de tous leurs maux, elle sent son cœur battre avec trop de violence ou sa rate se gonfler... Vous vous dites en vous-même d'un air fat : — Je sais bien d'où cela vient! Vous essayez alors de la consoler; mais voilà une femme qui bâille comme un coffre, qui se plaint de la poitrine, qui repleure, qui vous supplie de la laisser à sa mélancolie et à ses souvenirs. Elle vous entretient de ses dernières volontés, suit son convoi, s'enterre, étend sur sa tombe le panache vert d'un saule pleureur... Là où vous vouliez entreprendre de débiter un joyeux épithalame, vous trouvez une épitaphe toute noire. Votre velléité de consolation se dissout dans la nuée d'Ixion.

Il existe des femmes de bonne foi, qui arrachent ainsi à leurs sensibles maris des cachemires, des diamants, le payement de leurs dettes ou le prix d'une loge aux Bouffons; mais presque toujours les vapeurs sont employées comme des armes décisives dans la guerre civile.

Au nom de sa consomption dorsale et de sa poitrine attaquée, une femme va chercher des distractions; vous la voyez s'habillant mollement et avec tous les symptômes du spleen, elle ne sort que parce qu'une amie intime, sa mère ou sa sœur viennent essayer de l'arracher à ce divan qui la dévore et sur lequel elle passe sa vie à improviser des élégies. Madame va passer quinze jours à la campagne parce que le docteur l'ordonne. Bref, elle va où elle veut, et fait ce qu'elle veut. Se rencontrera-t-il jamais un mari assez brutal pour s'opposer à de tels désirs, pour empêcher une femme d'aller chercher la guérison de maux si cruels? car il a été établi par de longues discussions que les nerfs causent d'atroces souffrances.

Mais c'est surtout au lit que les vapeurs jouent leur rôle. Là, quand une femme n'a pas la migraine, elle a ses vapeurs; quand elle n'a ni vapeurs ni migraine, elle est sous la protection de la ceinture de Vénus, qui, vous le savez, est un mythe.

Parmi les femmes qui vous livrent la bataille des vapeurs, il en existe quelques-unes plus blondes, plus délicates, plus sensibles que les autres, qui ont le don des larmes. Elles savent si admirablement pleurer. Elles pleurent quand elles veulent, comme elles veulent, et autant qu'elles veulent. Elles organisent un système offensif qui consiste dans une résignation sublime, et remportent des victoires d'autant plus éclatantes qu'elles restent en bonne santé.

Un mari tout irrité arrive-t-il promulguer des volontés? elles le regardent d'un air soumis, baissent la tête et se taisent. Cette pantomime contrarie presque toujours un mari. Dans ces sortes de luttes conjugales, un homme préfère entendre une femme parler et se défendre; car alors on s'exalte, on se fâche; mais ces femmes, point... leur silence vous inquiète, et vous emportez une sorte de remords, comme le meurtrier qui, n'ayant pas trouvé de résistance chez sa victime, éprouve une double crainte. Il aurait voulu assassiner à son corps défendant. Vous revenez. A votre approche, votre femme essuie ses larmes et cache son mouchoir de manière à vous laisser voir qu'elle a pleuré. Vous êtes attendri. Vous suppliez votre Caroline de parler, votre sensibilité vivement émue vous fait tout oublier; alors, elle sanglote en parlant et parle en sanglotant, c'est une éloquence de moulin; elle vous étourdit de ses larmes et de ses idées confuses et saccadées : c'est un claquet, c'est un torrent.

Les Françaises, et surtout les Parisiennes, possèdent à merveille le secret de ces sortes de scènes, auxquelles la nature de leurs organes, leur sexe, leur toilette, leur débit donnent des charmes incroyables. Combien de fois un sourire de malice n'a-t-il pas remplacé les larmes sur le visage capricieux de ces adorables comédiennes, quand elles voient leurs maris empressés ou de briser la soie, faible lien de leurs corsets, ou de rattacher le peigne qui rassemblait les tresses de leurs cheveux, toujours prêts à dérouler des milliers de boucles dorées?...

Mais que toutes ces ruses de la modernité cèdent au génie antique, aux puissantes attaques de nerfs, à la pyrrhique conjugale!

Oh! combien de promesses pour un amant dans la vivacité de ces mouvements convulsifs, dans le feu de ces regards, dans la force de ces membres gracieux jusque dans leurs excès! Une femme se roule alors comme un vent impétueux, s'élance comme les flammes d'un incendie, s'assouplit comme une onde qui glisse sur de blancs cailloux, elle succombe à trop d'amour, elle voit l'avenir, elle prophétise, elle voit surtout le présent, et terrasse un mari, et lui imprime une sorte de terreur.

Il suffit souvent à un homme d'avoir vu une seule fois sa femme remuant trois ou quatre hommes vigoureux comme si ce n'était que plumes, pour ne plus jamais tenter de la séduire. Il sera comme l'enfant qui, après avoir fait partir la détente d'une effrayante machine, a un incroyable respect pour le plus petit ressort. Puis arrive la Faculté de médecine, armée de ses observations et de ses terreurs. J'ai connu un mari, homme doux et pacifique, dont les yeux étaient incessamment braqués sur ceux de sa femme, exactement comme s'il avait été mis dans la cage d'un lion, et qu'on lui eût dit qu'en ne l'irritant pas il aurait la vie sauve.

Les attaques de nerfs sont très-fatigantes et deviennent tous les jours plus rares, le romantisme a prévalu.

Il s'est rencontré quelques maris flegmatiques, de ces hommes qui aiment longtemps, parce qu'ils ménagent leurs sentiments, et dont le génie a triomphé de la migraine et des névroses, mais ces hommes sublimes sont rares. Disciples fidèles du bienheureux saint Thomas qui voulut mettre le doigt dans la plaie de Jésus-Christ, ils sont doués d'une incrédulité d'athée. Imperturbables au milieu des perfidies de la migraine et des piéges de toutes les névroses, ils concentrent leur attention sur la scène qu'on leur joue, ils examinent l'actrice, ils cherchent un des ressorts qui la font mouvoir; et, quand ils ont découvert le mécanisme de cette décoration, ils s'amusent à imprimer un léger mouvement à quelque contrepoids, et s'assurent ainsi très-facilement de la réalité de ces maladies ou de l'artifice de ces momeries conjugales.

Mais si, par une attention, peut-être au-dessus des forces humaines, un mari échappe à tous ces artifices qu'un indomptable amour suggère aux femmes, il sera nécessairement vaincu par l'emploi d'une arme terrible, la dernière que saisisse une femme, car ce sera toujours avec une sorte de répugnance qu'elle détruira elle-même son empire sur un mari ; mais c'est une arme empoisonnée, aussi puissante que le fatal couteau des bourreaux. Cette réflexion nous conduit au dernier paragraphe de cette Méditation.

§ III. — DE LA PUDEUR RELATIVEMENT AU MARIAGE.

Avant de s'occuper de la pudeur, il serait peut-être nécessaire de savoir si elle existe. N'est-elle chez la femme qu'une coquetterie bien entendue ? N'est-elle que le sentiment de la libre disposition du corps, comme on pourrait le penser en songeant que la moitié des femmes de la terre vont presque nues ? N'est-ce qu'une chimère sociale, ainsi que le prétendait Diderot, en objectant que ce sentiment cédait devant la maladie et devant la misère ?

L'on peut faire justice de toutes ces questions.

Un auteur ingénieux a prétendu récemment que les hommes avaient beaucoup plus de pudeur que les femmes. Il s'est appuyé de beaucoup d'observations chirurgicales ; mais pour que ses conclusions méritassent notre attention, il faudrait que, pendant un certain temps, les hommes fussent traités par des chirurgiennes.

L'opinion de Diderot est encore d'un moindre poids.

Nier l'existence de la pudeur parce qu'elle disparaît au milieu des crises où presque tous les sentiments humains périssent, c'est vouloir nier que la vie a lieu parce que la mort arrive.

Accordons autant de pudeur à un sexe qu'à l'autre, et recherchons en quoi elle consiste.

Rousseau fait dériver la pudeur des coquetteries nécessaires que toutes les femelles déploient pour le mâle. Cette opinion nous semble une autre erreur.

Les écrivains du dix-huitième siècle ont sans doute rendu d'immenses services aux Sociétés ; mais leur philosophie, basée sur le sensualisme, n'est pas allée plus loin que l'épiderme humain. Ils n'ont considéré que l'univers extérieur ; et, sous ce rapport seulement, ils ont retardé, pour quelque temps, le développement moral de l'homme et les progrès d'une science qui tirera toujours ses premiers éléments de l'Évangile, mieux compris désormais par les fervents disciples du Fils de l'homme.

L'étude des mystères de la pensée, la découverte des organes de l'AME humaine, la géométrie de ses forces, les phénomènes de sa puissance, l'appréciation de la faculté qu'elle nous semble posséder de se mouvoir indépendamment du corps, de se transporter où elle veut et de voir sans le secours des organes corporels, enfin les lois de sa dynamique et celles de son influence physique, constitueront la glorieuse part du siècle suivant dans le trésor des sciences humaines. Et nous ne sommes occupés peut-être, en ce moment, qu'à extraire les blocs énormes qui serviront plus tard à quelque puissant génie pour bâtir quelque glorieux édifice.

Ainsi l'erreur de Rousseau a été l'erreur de son siècle. Il a expliqué la pudeur par les relations des êtres entre eux, au lieu de l'expliquer par les relations morales de l'être avec lui-même. La pudeur n'est pas plus susceptible que la conscience d'être analysée; et ce sera peut-être l'avoir fait comprendre instinctivement que de la nommer la conscience du corps; car l'une dirige vers le bien nos sentiments et les moindres actes de notre pensée, comme l'autre préside aux mouvements extérieurs. Les actions qui, en froissant nos intérêts, désobéissent aux lois de la conscience, nous blessent plus fortement que toutes les autres; et, répétées, elles font naître la haine. Il en est de même des actes contraires à la pudeur relativement à l'amour, qui n'est que l'expression de toute notre sensibilité. Si une extrême pudeur est une des conditions de la vitalité du mariage comme nous avons essayé de le prouver (voyez le *Catéchisme Conjugal*, Méditation IV), il est évident que l'impudeur le dissoudra. Mais ce principe, qui demande de longues déductions au physiologiste, la femme l'applique la plupart du temps machinalement; car la société, qui a tout exagéré au profit de l'homme extérieur, développe dès l'enfance, chez les femmes, ce sentiment, autour duquel se groupent presque tous les autres. Aussi du moment où ce voile immense qui désarme le moindre geste de sa brutalité naturelle vient à tomber, la femme disparaît-elle. Ame, cœur, esprit, amour, grâce, tout est en ruines. Dans la situation où brille la virginale candeur d'une fille d'Otaïti, l'Européenne devient horrible. Là est la dernière arme dont se saisit une épouse pour s'affranchir du sentiment que lui porte encore son mari. Elle est forte de sa laideur; et, cette femme, qui regarderait comme le plus grand malheur de laisser voir le plus léger mystère de sa toilette à son amant, se fera un plaisir de se montrer à son mari dans la situation la plus désavantageuse qu'elle pourra imaginer.

C'est au moyen des rigueurs de ce système qu'elle essayera de vous chasser du lit conjugal. Madame Shandy n'entendait pas malice en prévenant le père de Tristram de remonter la pendule, tandis que votre femme éprouvera du plaisir à vous interrompre par les questions les plus positives. Là, où naguère était le mouvement et la vie, là est le repos et la mort. Une scène d'amour devient une transaction long-temps débattue et presque notariée. Mais ailleurs, nous avons assez prouvé que nous ne nous refusions pas à saisir le comique de certaines crises conjugales, pour qu'il nous soit permis de dédaigner ici les plaisantes ressources que la muse des Verville et des Martial pourrait trouver dans la perfidie des manœuvres féminines, dans l'insultante audace des discours, dans le cynisme de quelques situations. Il serait trop triste de rire, et trop plaisant de s'attrister. Quand un femme en arrive à de telles extrémités, il y a des mondes entre elle et son mari. Cependant, il existe certaines femmes à qui le ciel a fait le don d'agréer en tout, qui savent, dit-on, mettre une certaine grâce spirituelle et comique à ces débats, et qui ont *un bec si bien affilé*, selon l'expression de Sully, qu'elles obtiennent le pardon de leurs caprices, de leurs moqueries, et ne s'aliènent pas le cœur de leurs maris.

Quelle est l'âme assez robuste, l'homme assez fortement amoureux, pour, après dix ans de mariage, persister dans sa passion, en présence d'une femme qui ne l'aime plus, qui le lui prouve à toute heure, qui le rebute, qui se fait à dessein aigre, caustique, malade, capricieuse, et qui abjurera ses vœux d'élégance et de propreté, plutôt que de ne pas voir apostasier son mari ; devant une femme qui spéculera enfin sur l'horreur causée par l'indécence?

Tout ceci, mon cher monsieur, est d'autant plus horrible que

XCII.

Les amants ignorent la pudeur.

Ici nous sommes parvenus au dernier cercle infernal de la divine comédie du mariage, nous sommes au fond de l'enfer.

Il y a je ne sais quoi de terrible dans la situation où parvient une femme mariée, alors qu'un amour illégitime l'enlève à ses devoirs de mère et d'épouse. Comme l'a fort bien exprimé Diderot, l'infidélité est chez la femme comme l'incrédulité chez un prêtre, le dernier terme des forfaitures humaines; c'est pour elle le plus grand crime social, car pour elle il implique tous les autres. En effet, ou la femme profane son amour en continuant d'appartenir à son mari, ou elle rompt tous les liens qui l'attachent à sa famille en s'abandonnant tout entière à son amant. Elle doit opter, car la seule excuse possible est dans l'excès de son amour.

Elle vit donc entre deux forfaits. Elle fera, ou le malheur de son amant, s'il est sincère dans sa passion, ou celui de son mari, si elle en est encore aimée.

C'est à cet épouvantable dilemme de la vie féminine que se rattachent toutes les bizarreries de la conduite des femmes. Là est le principe de leurs mensonges, de leurs perfidies, là est le secret de tous leurs mystères. Il y a de quoi faire frissonner. Aussi, comme calcul d'existence seulement, la femme qui accepte les malheurs de la vertu et dédaigne les félicités du crime, a-t-elle sans doute cent fois raison. Cependant presque toutes balancent les souffrances de l'avenir et des siècles d'angoisses par l'extase d'une demi-heure. Si le sentiment conservateur de la créature, la crainte de la mort, ne les arrête pas, qu'attendre des lois qui les envoient pour deux ans aux Madelonnettes ! O sublime infamie ! Mais si l'on vient à songer que l'objet de ces sacrifices est un de nos frères, un gentilhomme auquel nous ne confierions pas notre fortune, quand nous en avons une, un homme qui boutonne sa redingote comme nous tous, il y a de quoi faire pousser un rire qui, parti du Luxembourg, passerait sur tous Paris et irait troubler un âne paissant à Montmartre.

Il paraîtra peut-être fort extraordinaire qu'à propos de mariage, tant de sujets aient été effleurés par nous; mais le mariage n'est pas seulement toute la vie humaine, ce sont deux vies humaines. Or, de même que l'addition d'un chiffre dans les mises de la loterie en centuple les chances; de même une vie, unie à une autre vie, multiplie dans une progression effrayante les hasards déjà si variés de la vie humaine.

MÉDITATION XXVII.

DES DERNIERS SYMPTOMES.

L'auteur de ce livre a rencontré, dans le monde, tant de gens possédés d'une sorte de fanatisme pour la connaissance du temps vrai, du temps moyen, pour les montres à seconde, et pour l'exactitude de leur existence, qu'il a jugé cette Méditation trop nécessaire à la tranquillité d'une grande quantité de maris pour l'omettre. Il eût été cruel de laisser les hommes qui ont la passion de l'heure, sans boussole pour apprécier les dernières variations du zodiaque matrimonial et le moment précis où le signe du minotaure apparaît sur l'horizon.

La *connaissance du temps conjugal* demanderait peut-être un livre tout entier, tant elle exige d'observations fines et délicates. Le magister avoue que sa jeunesse ne lui a permis de recueillir encore que très-peu de symptômes; mais il éprouve un juste orgueil en arrivant au terme de sa difficile entreprise, de pouvoir faire observer qu'il laisse à ses successeurs un nouveau sujet de recherches; et que, dans une matière en apparence si usée, non-seulement tout n'était pas dit, mais qu'il restera bien des points à éclaircir. Il donne donc ici, sans ordre et sans liaison, les éléments informes qu'il a pu rassembler jusqu'à ce jour, espérant avoir le loisir de les coordonner plus tard et de les réduire en un système complet. S'il était prévenu dans cette entreprise éminemment nationale, il croit devoir indiquer ici, sans pour cela être taxé de vanité, la division naturelle de ces symptômes. Ils sont nécessairement de deux sortes : les unicornes et les bicornes. Le minotaure unicorne est le moins malfaisant, les deux coupables s'en tiennent à l'amour platonique, ou du moins leur passion ne laisse point de traces visibles dans la postérité; tandis que le minotaure bicorne est le malheur avec tous ses fruits.

Nous avons marqué d'une astérisque les symptômes qui nous ont paru concerner ce dernier genre.

OBSERVATIONS MINOTAURIQUES.

I.

* Quand, après être restée long-temps séparée de son mari, une femme lui fait des agaceries un peu trop fortes, afin de l'induire en

amour, elle agit d'après cet axiome du droit maritime : *Le pavillon couvre la marchandise.*

II.

Une femme est au bal, une de ses amies arrive auprès d'elle et lui dit : — Votre mari a bien de l'esprit. — Vous trouvez?...

III.

Votre femme trouve qu'il est temps de mettre en pension votre enfant, de qui, naguères, elle ne voulait jamais se séparer.

IV.

* Dans le procès en divorce de Marie Abergaveny, le valet de chambre déposa que : Madame la vicomtesse avait une telle répugnance pour tout ce qui appartenait à milord, qu'il l'avait très-souvent vue brûlant jusqu'à des brimborions de papier qu'il avait touchés chez elle.

V.

Si une femme indolente devient active, si une femme, qui avait horreur de l'étude, apprend une langue étrangère ; enfin tout changement complet opéré dans son caractère est un symptôme décisif.

VI.

La femme très-heureuse par le cœur ne va plus dans le monde.

VII.

Une femme qui a un amant devient très-indulgente.

VIII.

* Un mari donne cent écus par mois à sa femme pour sa toilette ; et, tout bien considéré, elle dépense au moins cinq cents francs sans faire un sou de dette ; le mari est volé, nuitamment, à main armée, par escalade, mais... sans effraction.

IX.

* Deux époux couchaient dans le même lit, madame était constamment malade ; ils couchent séparément, elle n'a plus de mi-

graine, et sa santé devient plus brillante que jamais : symptôme effrayant !

X.

Une femme qui ne prenait aucun soin d'elle-même passe subitement à une recherche extrême dans sa toilette. Il y a du minotaure !

XI.

— Ah ! ma chère, je ne connais pas de plus grand supplice que de ne pas être comprise.

— Oui, ma chère, mais quand on l'est !...

— Oh! cela n'arrive presque jamais.

— Je conviens que c'est bien rare. Ah ! c'est un grand bonheur, mais il n'est pas deux êtres au monde qui sachent vous comprendre.

XII.

Le jour où une femme a des procédés pour son mari...—Tout est dit.

XIII.

Je lui demande :

- D'où venez-vous, Jeanne?

— Je viens de chez votre compère quérir votre vaisselle que vous laissâtes.

— Ho ! da? tout est encore à moi ! fis-je.

L'an suivant, je réitère la même question, en même posture.

— Je viens de quérir notre vaisselle.

— Ha ! ha ! nous y avons encore part ! fis-je.

Mais après si je l'interroge, elle me dira bien autrement :

— Vous voulez tout savoir comme les grands, et vous n'avez pas trois chemises. — Je viens de quérir ma vaisselle chez mon compère où j'ai soupé.

— Voilà qui est un point grabelé ! fis-je.

XIV.

Méfiez-vous d'une femme qui parle de sa vertu.

XV.

On dit à la duchesse de Chaulnes, dont l'état donnait de grandes inquiétudes : — Monsieur le duc de Chaulnes voudrait vous revoir.

— Est-il là ?...

— Oui.

— Qu'il attende... il entrera avec les sacrements.

Cette anecdote minotaurique a été recueillie par Champfort, mais elle devait se trouver ici comme type.

XVI.

* Il y a des femmes qui essaient de persuader à leurs maris qu'ils ont des devoirs à remplir envers certaines personnes.

— Je vous assure que vous devez faire une visite à monsieur un tel... — Nous ne pouvons pas nous dispenser d'inviter à dîner monsieur un tel...

XVII.

— Allons, mon fils, tenez-vous donc droit ; essayez donc de prendre les bonnes manières ? Enfin, regarde monsieur un tel ?... vois comme il marche ? examine comment il se met ?...

XVIII.

Quand une femme ne prononce le nom d'un homme que deux fois par jour, il y a peut-être incertitude sur la nature du sentiment qu'elle lui porte ; mais trois ?... Oh ! oh !

XIX.

Quand une femme reconduit un homme qui n'est ni avocat, ni ministre, jusqu'à la porte de son appartement, elle est bien imprudente.

XX.

C'est un terrible jour que celui où un mari ne peut pas parvenir à s'expliquer le motif d'une action de sa femme.

XXI.

* La femme qui se laisse surprendre mérite son sort.

Quelle doit être la conduite d'un mari, en s'apercevant d'un dernier symptôme qui ne lui laisse aucun doute sur l'infidélité de sa femme?

Cette question est facile à résoudre. Il n'existe que deux partis à prendre : celui de la résignation, ou celui de la vengeance; mais il n'y a aucun terme entre ces deux extrêmes.

Si l'on opte pour la vengeance, elle doit être complète. L'époux qui ne se sépare pas à jamais de sa femme est un véritable niais.

Si un mari et une femme se jugent dignes d'être encore liés par l'amitié qui unit deux hommes l'un à l'autre, il y a quelque chose d'odieux à faire sentir à sa femme l'avantage qu'on peut avoir sur elle.

Voici quelques anecdotes dont plusieurs sont inédites, et qui marquent assez bien, à mon sens, les différentes nuances de la conduite qu'un mari doit tenir en pareil cas.

Monsieur de Roquemont couchait une fois par mois dans la chambre de sa femme, et il s'en allait en disant : — Me voilà net, arrive qui plante!

Il y a là, tout à la fois, de la dépravation et je ne sais quelle pensée assez haute de politique conjugale.

Un diplomate, en voyant arriver l'amant de sa femme, sortait de son cabinet, entrait chez madame et leur disait : — Au moins, ne vous battez pas!...

Ceci a de la bonhomie.

On demandait à monsieur de Boufflers ce qu'il ferait si, après une très-longue absence, il trouvait sa femme grosse?

— Je ferais porter ma robe-de-chambre et mes pantoufles chez elle.

Il y a de la grandeur d'âme.

— Madame, que cet homme vous maltraite quand vous êtes seule, cela est de votre faute; mais je ne souffrirai pas qu'il se conduise mal avec vous en ma présence, car c'est me manquer.

Il y a noblesse.

Le sublime du genre est le bonnet carré posé sur le pied du lit par le magistrat pendant le sommeil des deux coupables.

Il y a de bien belles vengeances. Mirabeau a peint admirablement, dans un de ces livres qu'il fit pour gagner sa vie, la sombre résignation de cette Italienne, condamnée par son mari à périr avec lui dans les Maremmes.

DERNIERS AXIOMES.

XCIII.

Ce n'est pas se venger que de surprendre sa femme et son amant et de les tuer dans les bras l'un de l'autre; c'est le plus immense service qu'on puisse leur rendre.

XCIV.

Jamais un mari ne sera si bien vengé que par l'amant de sa femme.

MÉDITATION XXVIII.

DES COMPENSATIONS.

La catastrophe conjugale, qu'un certain nombre de maris ne saurait éviter, amène presque toujours une péripétie. Alors, autour de vous tout se calme. Votre résignation, si vous vous résignez, a le pouvoir de réveiller de puissants remords dans l'âme de votre femme et de son amant; car leur bonheur même les instruit de toute l'étendue de la lésion qu'ils vous causent. Vous êtes en tiers, sans vous en douter, dans tous leurs plaisirs. Le principe de bienfaisance et de bonté qui gît au fond du cœur humain n'est pas aussi facilement étouffé qu'on le pense; aussi les deux âmes qui vous tourmentent sont-elles précisément celles qui vous veulent le plus de bien.

Dans ces causeries si suaves de familiarités qui servent de liens aux plaisirs et qui sont, en quelque sorte, les caresses de nos pensées, souvent votre femme dit à votre Sosie : — Eh! bien, je t'assure, Auguste, que maintenant je voudrais bien savoir mon pauvre mari heureux; car, au fond, il est bon : s'il n'était pas mon mari, et qu'il ne fût que mon frère, il y a beaucoup de choses que je ferais pour lui plaire! Il m'aime, et — son amitié me gêne.

— Oui, c'est un brave homme!...

Vous devenez alors l'objet du respect de ce célibataire, qui voudrait vous donner tous les dédommagements possibles pour le tort qu'il vous fait; mais il est arrêté par cette fierté dédaigneuse, dont l'expression se mêle à tous vos discours, et qui s'empreint dans tous vos gestes.

En effet, dans les premiers moments où le Minotaure arrive, un homme ressemble à un acteur embarrassé sur un théâtre où il n'a pas l'habitude de se montrer. Il est très-difficile de savoir porter sa sottise avec dignité; mais cependant les caractères généreux ne sont pas encore tellement rares qu'on ne puisse en trouver un pour mari modèle.

Alors, insensiblement vous êtes gagné par la grâce des procédés dont vous accable votre femme. Madame prend avec vous un ton d'amitié qui ne l'abandonnera plus désormais. La douceur de votre intérieur est une des premières compensations qui rendent à un mari le minotaure moins odieux. Mais, comme il est dans la nature de l'homme de s'habituer aux plus dures conditions, malgré ce sentiment de noblesse que rien ne saurait altérer, vous êtes amené, par une fascination dont la puissance vous enveloppe sans cesse, à ne pas vous refuser aux petites douceurs de votre position.

Supposons que le malheur conjugal soit tombé sur un gastrolâtre! Il demande naturellement des consolations à son goût. Son plaisir, réfugié en d'autres qualités sensibles de son être, prend d'autres habitudes. Vous vous façonnez à d'autres sensations.

Un jour, en revenant du ministère, après être long-temps demeuré devant la riche et savoureuse bibliothèque de Chevet, balançant entre une somme de cent francs à débourser et les jouissances promises par un pâté de foies gras de Strasbourg, vous êtes stupéfait de trouver le pâté insolemment installé sur le buffet de votre salle à manger. Est-ce en vertu d'une espèce de mirage gastronomique?... Dans cette incertitude, vous marchez à lui (un pâté est une créature animée) d'un pas ferme, vous semblez hennir en subodorant les truffes dont le parfum traverse les savantes cloisons dorées; vous vous penchez à deux reprises différentes; toutes les houppes nerveuses de votre palais ont une âme; vous savourez les plaisirs d'une véritable fête; et, dans cette extase, un remords vous poursuivant, vous arrivez chez votre femme.

— En vérité, ma bonne amie, nous n'avons pas une fortune à nous permettre d'acheter des pâtés...

— Mais il ne nous coûte rien!

— Oh! oh!

— Oui, c'est le frère de monsieur Achille qui le lui a envoyé...

Vous apercevez monsieur Achille dans un coin. Le célibataire vous salue, il paraît heureux de vous voir accepter le pâté. Vous regardez votre femme qui rougit ; vous vous passez la main sur la barbe en vous caressant à plusieurs reprises le menton ; et, comme vous ne remerciez pas, les deux amants devinent que vous agréez la compensation.

Le Ministère a changé tout à coup. Un mari, conseiller d'État, tremble d'être rayé du tableau, quand, la veille, il espérait une direction générale ; tous les ministres lui sont hostiles, et alors il devient constitutionnel. Prévoyant sa disgrâce, il s'est rendu à Auteuil chercher une consolation auprès d'un vieil ami, qui lui a parlé d'Horace et de Tibulle. En rentrant chez lui il aperçoit la table mise comme pour recevoir les hommes les plus influents de la congrégation. — En vérité, madame la comtesse, dit-il avec humeur en entrant dans sa chambre, où elle est à achever sa toilette, je ne reconnais pas aujourd'hui votre tact habituel ?... Vous prenez bien votre temps pour donner des dîners.... Vingt personnes vont savoir... — Et vont savoir que vous êtes directeur général ! s'écrie-t-elle en lui montrant une cédule royale... Il reste ébahi. Il prend la lettre, la tourne, la retourne, la décachette. Il s'assied, la déploie... — Je savais bien, dit-il, que sous tous les ministères possibles on rendrait justice... — Oui, mon cher ! Mais monsieur de Villeplaine a répondu de vous, corps pour corps, à son Éminence le cardinal de... dont il est le... — Monsieur de Villeplaine ?... Il y a là une compensation si opulente que le mari ajoute avec un sourire de directeur général : — Peste ! ma chère ; mais c'est affaire à vous !... — Ah ! ne m'en sachez aucun gré ! Adolphe l'a fait d'instinct et par attachement pour vous !...

Certain soir, un pauvre mari, retenu au logis par une pluie battante, ou lassé peut-être d'aller passer ses soirées au jeu, au café, dans le monde, ennuyé de tout, se voit contraint après le dîner de suivre sa femme dans la chambre conjugale. Il se plonge dans une bergère et attend sultanesquement son café ; il semble se dire : — Après tout, c'est ma femme !... La syrène apprête elle-même la boisson favorite, elle met un soin particulier à la distiller, la sucre, y goûte, la lui présente ; et, en souriant, elle hasarde, odalisque soumise, une plaisanterie, afin de dérider le front de son maître et seigneur. Jusqu'alors, il avait cru que sa femme était bête ; mais en entendant une saillie aussi fine que celle par laquelle vous l'agacerez, madame, il relève la tête de cette manière particulière aux chiens qui dépistent un lièvre. — Où diable a-t-elle pris cela ?... mais c'est un hasard ! se dit-il en lui-même. Du haut de sa grandeur, il réplique alors par une observation piquante. Madame y riposte, la conversation devient aussi vive qu'intéressante, et ce mari, homme assez supérieur, est tout étonné de trouver l'esprit de sa femme orné des connaissances les plus variées, le mot propre lui arrive avec une merveilleuse facilité ; son tact et sa délicatesse lui font saisir des aperçus d'une nouveauté gracieuse. Ce n'est plus la même femme. Elle remarque l'effet qu'elle produit sur son mari ; et, autant pour se venger de ses dédains, que pour faire admirer l'amant de qui elle tient, pour ainsi dire, les trésors de son esprit, elle s'anime, elle éblouit. Le mari, plus en état qu'un autre d'apprécier une compensation qui doit avoir quelque influence sur son avenir, est amené à penser que les passions des femmes sont peut-être une sorte de culture nécessaire.

Mais comment s'y prendre pour révéler celle des compensations qui flatte le plus les maris ?

Entre le moment où apparaissent les derniers symptômes et l'époque de la paix conjugale, dont nous ne tarderons pas à nous occuper, il s'écoule à peu près une dizaine d'années. Or, pendant ce laps de temps et avant que les deux époux signent le traité qui, par une réconciliation sincère entre le peuple féminin et son maître légitime, consacre leur petite restauration matrimoniale, avant enfin de fermer, selon l'expression de Louis XVIII, l'abîme des révolutions, il est rare qu'une femme honnête n'ait eu qu'un amant. L'anarchie a des phases inévitables. La domination fougueuse des tribuns est remplacée par celle du sabre ou de la plume, car l'on ne rencontre guère des amants dont la constance soit décennale. Ensuite, nos calculs prouvant qu'une femme honnête n'a que bien strictement acquitté ses contributions physiologiques ou diaboliques en ne faisant que trois heureux, il est dans les probabilités qu'elle aura mis le pied en plus d'une région amoureuse. Quelquefois, pendant un trop long interrègne de l'amour, il peut arriver que, soit par caprice, soit par tentation, soit par l'attrait de la nouveauté, une femme entreprenne de séduire son mari.

Figurez-vous la charmante madame de T...., l'héroïne de notre Méditation sur la Stratégie, commençant par dire d'un air fin : —

Mais, je ne vous ai jamais vu si aimable!... De flatterie en flatterie, elle tente, elle pique la curiosité, elle plaisante, elle féconde en vous le plus léger désir, elle s'en empare et vous rend orgueilleux de vous-même. Alors arrive pour un mari la nuit des dédommagements. Une femme confond alors l'imagination de son mari. Semblable à ces voyageurs cosmopolites, elle raconte les merveilles des pays qu'elle a parcourus. Elle entremêle ses discours de mots appartenant à plusieurs langages. Les images passionnées de l'Orient, le mouvement original des phrases espagnoles, tout se heurte, tout se presse. Elle déroule les trésors de son album avec tous les mystères de la coquetterie, elle est ravissante, vous ne l'avez jamais connue!... Avec cet art particulier qu'ont les femmes de s'approprier tout ce qu'on leur enseigne, elle a su fondre les nuances pour se créer une manière qui n'appartient qu'à elle. Vous n'aviez reçu qu'une femme gauche et naïve des mains de l'Hyménée, le Célibat généreux vous en rend une dizaine. Un mari joyeux et ravi voit alors sa couche envahie par la troupe folâtre de ces courtisanes lutines dont nous avons parlé dans la Méditation sur les *Premiers symptômes*. Ces déesses viennent se grouper, rire et folâtrer sous les élégantes mousselines du lit nuptial. La Phénicienne vous jette ses couronnes et se balance mollement, la Chalcidisseuse vous surprend par les prestiges de ses pieds blancs et délicats, l'Unelmane arrive et vous découvre en parlant le dialecte de la belle Ionie, des trésors de bonheur inconnus dans l'étude approfondie qu'elle vous fait faire d'une seule sensation.

Désolé d'avoir dédaigné tant de charmes, et fatigué souvent d'avoir rencontré autant de perfidie chez les prêtresses de Vénus que chez les femmes honnêtes, un mari hâte quelquefois, par sa galanterie, le moment de la réconciliation vers laquelle tendent toujours d'honnêtes gens. Ce regain de bonheur est récolté avec plus de plaisir, peut-être, que la moisson première. Le Minotaure vous avait pris de l'or, il vous restitue des diamants. En effet, c'est peut-être ici le lieu d'articuler un fait de la plus haute importance. On peut avoir une femme sans la posséder. Comme la plupart des maris, vous n'aviez peut-être encore rien reçu de la vôtre, et pour rendre votre union parfaite, il fallait peut-être l'intervention puissante du Célibat. Comment nommer ce miracle, le seul qui s'opère sur un patient en son absence?... Hélas! mes frères, nous n'avons pas fait la nature!...

Mais par combien d'autres compensations non moins riches l'âme noble et généreuse d'un jeune célibataire ne sait-elle pas quelquefois racheter son pardon! Je me souviens d'avoir été témoin d'une des plus magnifiques réparations que puisse offrir un amant au mari qu'il minotaurise.

Par une chaude soirée de l'été de 1817, je vis arriver, dans un des salons de Tortoni, un de ces deux cents jeunes gens que nous nommons avec tant de confiance nos amis, il était dans toute la splendeur de sa modestie. Une adorable femme mise avec un goût parfait, et qui venait de consentir à entrer dans un de ces frais boudoirs consacrés par la mode, était descendue d'une élégante calèche qui s'arrêta sur le boulevard, en empiétant aristocratiquement sur le terrain des promeneurs. Mon jeune célibataire apparut donnant le bras à sa souveraine, tandis que le mari suivait tenant par la main deux petits enfants jolis comme des amours. Les deux amants, plus lestes que le père de famille, étaient parvenus avant lui dans le cabinet indiqué par le glacier. En traversant la salle d'entrée, le mari heurta je ne sais quel dandy qui se formalisa d'être heurté. De là naquit une querelle qui en un instant devint sérieuse par l'aigreur des répliques respectives. Au moment où le dandy allait se permettre un geste indigne d'un homme qui se respecte, le célibataire était intervenu, il avait arrêté le bras du dandy, il l'avait surpris, confondu, atterré, il était superbe. Il accomplit l'acte que méditait l'agresseur en lui disant : — Monsieur?... Ce — monsieur?... est un des beaux discours que j'aie jamais entendus. Il semblait que le jeune célibataire s'exprimât ainsi : — Ce père de famille m'appartient, puisque je me suis emparé de son honneur, c'est à moi de le défendre. Je connais mon devoir, je suis son remplaçant et je me battrai pour lui. La jeune femme était sublime! Pâle, éperdue, elle avait saisi le bras de son mari qui parlait toujours; et, sans mot dire, elle l'entraîna dans la calèche, ainsi que ses enfants. C'était une de ces femmes du grand monde, qui savent toujours accorder la violence de leurs sentiments avec le bon ton. — Oh! monsieur Adolphe! s'écria la jeune dame en voyant son ami remontant d'un air gai dans la calèche. — Ce n'est rien, madame, c'est un de mes amis; et nous nous sommes embrassés... Cependant le lendemain matin le courageux célibataire reçut un coup d'épée qui mit sa vie en danger, et le retint six mois au lit. Il fut l'objet des soins les plus touchants de la part des deux époux. Combien de compensations!... Quelques années après cet événement, un vieil oncle du mari, dont les opinions ne cadraient pas avec celles du jeune ami de la maison, et qui conservait un petit levain de rancune contre lui à propos d'une discussion politique, entreprit de le faire expulser du logis. Le vieillard alla jusqu'à dire à son neveu qu'il fallait opter entre sa succession et le renvoi de cet impertinent célibataire. Alors le respectable négociant, car c'était un agent de change, dit à son oncle : — Ah! ce n'est pas vous, mon oncle, qui me réduirez à manquer de reconnaissance!... Mais si je le lui disais, ce jeune homme se ferait tuer pour vous!... Il a sauvé mon crédit, il passerait dans le feu pour moi, il me débarrasse de ma femme, il m'attire des clients, il m'a procuré presque toutes les négociations de l'emprunt Villèle... je lui dois la vie, c'est le père de mes enfants... cela ne s'oublie pas!..

Toutes ces compensation peuvent passer pour complètes; mais malheureusement il y a des compensations de tous les genres. Il en existe de négatives, de fallacieuses, et enfin il y en a de fallacieuses et de négatives tout ensemble,

Je connais un vieux mari, possédé par le démon du jeu. Presque tous les soirs l'amant de sa femme vient et joue avec lui. Le célibataire lui dispense avec libéralité les jouissances que donnent les incertitudes et le hasard du jeu, et sait perdre régulièrement une centaine de francs par mois; mais madame les lui donne... La compensation est fallacieuse.

Vous êtes pair de France et vous n'avez jamais eu que des filles. Votre femme accouche d'un garçon!... La compensation est négative.

L'enfant qui sauve votre nom de l'oubli ressemble à la mère... Madame la duchesse vous persuade que l'enfant est de vous. La compensation négative devient fallacieuse.

Voici l'une des plus ravissantes compensations connues.

Un matin, le prince de Ligne rencontre l'amant de sa femme, et court à lui, riant comme un fou : — Mon cher, lui dit-il, cette nuit je t'ai fait cocu!

Si tant de maris arrivent doucettement à la paix conjugale, et portent avec tant de grâce les insignes imaginaires de la puissance patrimoniale, leur philosophie est sans doute soutenue par le *confortabilisme* de certaines compensations que les oisifs ne savent pas deviner. Quelques années s'écoulent, et les deux époux atteignent à la dernière situation de l'existence artificielle à laquelle ils se sont condamnés en s'unissant.

MÉDITATION XXIX.

DE LA PAIX CONJUGALE.

Mon esprit a si fraternellement accompagné le Mariage dans toutes les phases de sa vie fantastique, qu'il me semble avoir vieilli avec le ménage que j'ai pris si jeune au commencement de cet ouvrage.

Après avoir éprouvé par la pensée la fougue des premières passions humaines, après avoir crayonné, quelqu'imparfait qu'en soit le dessin, les événements principaux de la vie conjugale ; après m'être débattu contre tant de femmes qui ne m'appartenaient pas, après m'être usé à combattre tant de caractères évoqués du néant, après avoir assisté à tant de batailles, j'éprouve une lassitude intellectuelle qui étale comme un crêpe sur toutes les choses de la vie. Il me semble que j'ai un catarrhe, que je porte des lunettes vertes, que mes mains tremblent, et que je vais passer la seconde moitié de mon existence et de mon livre à excuser les folies de la première.

Je me vois entouré de grands enfants que je n'ai point faits et assis auprès d'une femme que je n'ai point épousée. Je crois sentir des rides amassées sur mon front. Je suis devant un foyer qui pétille comme en dépit de moi, et j'habite une chambre antique... J'éprouve alors un mouvement d'effroi en portant la main à mon cœur ; car je me demande : — Est-il donc flétri ?...

Semblable à un vieux procureur, aucun sentiment ne m'en impose, et je n'admets un fait que quand il m'est attesté, comme dit un vers de lord Byron, par deux bons faux témoins. Aucun visage ne me trompe. Je suis morne et sombre. Je connais le monde, et il n'a plus d'illusions pour moi. Mes amitiés les plus saintes ont été trahies. J'échange avec ma femme un regard d'une immense profondeur, et la moindre de nos paroles est un poignard qui traverse notre vie de part en part. Je suis dans un horrible calme. Voilà donc la paix de la vieillesse ! Le vieillard possède donc en lui par avance le cimetière qui le possédera bientôt. Il s'accoutume au froid. L'homme meurt, comme nous le disent les philosophes, en détail ; et même il trompe presque toujours la mort : ce qu'elle vient saisir de sa main décharnée est-il bien toujours la vie?...

Oh! mourir jeune et palpitant!... Destinée digne d'envie! N'est-ce pas, comme l'a dit un ravissant poète, « emporter avec soi toutes » ses illusions, s'ensevelir, comme un roi d'Orient, avec ses pierre- » ries et ses trésors, avec toute la fortune humaine? » Combien d'actions de grâces ne devons-nous donc pas adresser à l'esprit doux et bienfaisant qui respire en toute chose ici-bas! En effet, le soin que la nature prend à nous dépouiller pièce à pièce de nos vêtements, à nous déshabiller l'âme en nous affaiblissant par degrés, l'ouïe, la vue, le toucher, en ralentissant la circulation de notre sang et figeant nos humeurs pour nous rendre aussi peu sensibles à l'invasion de la mort que nous le fûmes à celles de la vie, ce soin maternel qu'elle a de notre fragile enveloppe, elle le déploie aussi pour les sentiments et pour cette double existence que crée l'amour conjugal. Elle nous envoie d'abord la Confiance, qui, tendant la main, et ouvrant son cœur, nous dit : Vois : je suis à toi pour toujours... La Tiédeur la suit, marchant d'un pas languissant, détournant sa blonde tête pour bâiller comme une jeune veuve obligée d'écouter un ministre prêt à lui signer un brevet de pension. L'Indifférence arrive : elle s'étend sur un divan, ne songeant plus à baisser la robe que jadis le Désir levait si chastement et si vivement. Elle jette un œil sans pudeur comme sans immodestie sur le lit nuptial; et, si elle désire quelque chose, c'est des fruits verts pour réveiller les papilles engourdies qui tapissent son palais blasé. Enfin l'Expérience philosophique de la vie se présente, le front soucieux, dédaigneuse, montrant du doigt les résultats, et non pas les causes; la victoire calme, et non pas le combat fougueux. Elle suppute des arrérages avec les fermiers et calcule la dot d'un enfant. Elle matérialise tout. Par un coup de sa baguette, la vie devient compacte et sans ressort : jadis tout était fluide, maintenant tout s'est minéralisé. Le plaisir n'existe plus alors pour nos cœurs, il est jugé, il n'était qu'une sensation, une crise passagère; or, ce que l'âme veut aujourd'hui, c'est un état; et le bonheur seul est permanent, il gît dans une tranquillité absolue, dans la régularité des repas, du dormir, et du jeu des organes appesantis.

— Cela est horrible!... m'écriai-je, je suis jeune, vivace!... Périssent tous les livres du monde plutôt que mes illusions!

Je quittai mon laboratoire et je m'élançai dans Paris. En voyant passer les figures les plus ravissantes, je m'aperçus bien que je n'étais pas vieux. La première femme jeune, belle et bien mise qui m'apparut, fit évanouir par le feu de son regard la sorcellerie dont j'étais volontairement victime. A peine avais-je fait quelques pas dans le jardin des Tuileries, endroit vers lequel je m'étais dirigé, que j'aperçus le prototype de la situation matrimoniale à laquelle ce livre est arrivé. J'aurais voulu caractériser, idéaliser ou personnifier le Mariage, tel que je le conçois, alors qu'il eût été impossible à la sainte Trinité même d'en créer un symbole si complet.

Figurez-vous une femme d'une cinquantaine d'années, vêtue d'une redingote de mérinos brun-rouge, tenant de sa main gauche un cordon vert noué au collier d'un joli petit griffon anglais, et donnant le bras droit à un homme en culotte et en bas de soie noirs, ayant sur la tête un chapeau dont les bords se retroussaient capricieusement, et sous les deux côtés duquel s'échappaient les touffes neigeuses de deux ailes de pigeon. Une petite queue, à peu près grosse comme un tuyau de plume, se jouait sur une nuque jaunâtre assez grasse que le collet rabattu d'un habit râpé laissait à découvert. Ce couple marchait d'un pas d'ambassadeur ; et le mari, septuagénaire au moins, s'arrêtait complaisamment toutes les fois que le griffon faisait une gentillesse. Je m'empressai de devancer cette image vivante de ma Méditation, et je fus surpris au dernier point en reconnaissant le marquis de T..., l'ami du comte de Nocé, qui depuis long-temps me devait la fin de l'histoire interrompue que j'ai rapportée dans la *Théorie du lit.* (Voir la Méditation XVII.)

— J'ai l'honneur, me dit-il, de vous présenter madame la marquise de T...

Je saluai profondément une dame au visage pâle et ridé; son front était orné d'un tour dont les boucles plates et circulairement placées, loin de produire quelque illusion, ajoutaient un désenchantement de plus à toutes les rides qui la sillonnaient. Cette dame avait un peu de rouge et ressemblait assez à une vieille actrice de province.

— Je ne vois pas, monsieur, ce que vous pourrez dire contre un mariage comme le nôtre? me dit le vieillard.

— Les lois romaines le défendent!... répondis-je en riant.

La marquise me jeta un regard qui marquait autant d'inquiétude que d'improbation, et qui semblait dire : — Est-ce que je serais arrivée à mon âge pour n'être qu'une concubine?...

Nous allâmes nous asseoir sur un banc, dans le sombre bosquet planté à l'angle de la haute terrasse qui domine la place Louis XVI, du côté du Garde-meuble. L'automne effeuillait déjà les arbres, et dispersait devant nous les feuilles jaunes de sa couronne; mais le soleil ne laissait pas que de répandre une douce chaleur.

— Eh! bien, l'ouvrage est-il fini?... me dit le vieillard avec cet onctueux accent particulier aux hommes de l'ancienne aristocratie. Il joignit à ces paroles un sourire sardonique en guise de commentaire.

— A peu près, monsieur, répondis-je. J'ai atteint la situation philosophique à laquelle vous me semblez être arrivé, mais je vous avoue que je...

— Vous cherchiez des idées?... ajouta-t-il en achevant une phrase que je ne savais plus comment terminer. — Eh! bien, dit-il en continuant, vous pouvez hardiment prétendre qu'en parvenant à l'hiver de sa vie, un homme... (un homme qui pense, entendons-nous) finit par refuser à l'amour la folle existence que nos illusions lui ont donnée!...

— Quoi! c'est vous qui nieriez l'amour le lendemain d'un mariage?

— D'abord, dit-il, le lendemain, ce serait une raison; mais mon mariage est une spéculation, reprit-il en se penchant à mon oreille. J'ai acheté les soins, les attentions, les services dont j'ai besoin, et je suis bien certain d'obtenir tous les égards que réclame mon âge; car j'ai donné toute ma fortune à mon neveu par testament, et ma femme ne devant être riche que pendant ma vie, vous concevez que... Je jetai sur le vieillard un regard si pénétrant qu'il me serra la main et me dit : — Vous paraissez avoir bon cœur, car il ne faut jurer de rien... Eh! bien, croyez que je lui ai ménagé une douce surprise dans mon testament, ajouta-t-il gaiement.

— Arrivez donc, Joseph! s'écria la marquise en allant au-devant d'un domestique qui apportait une redingote en soie ouatée, monsieur a peut-être déjà eu froid.

Le vieux marquis mit la redingote, la croisa; et, me prenant le bras, il m'emmena sur la partie de la terrasse où abondaient les rayons du soleil.

— Dans votre ouvrage, me dit-il, vous aurez sans doute parlé de l'amour en jeune homme. Eh! bien, si vous voulez vous acquitter des devoirs que vous impose le mot ec.... élec....

— Éclectique... lui dis-je en souriant, car il n'avait jamais pu se faire à ce nom philosophique.

— Je connais bien le mot!... reprit-il. Si donc vous voulez obéir à votre vœu d'*électisme*, il faut que vous exprimiez au sujet de l'amour quelques idées viriles que je vais vous communiquer, et je ne vous en disputerai pas le mérite, si mérite il y a; car je veux vous léguer de mon bien, mais ce sera tout ce que vous en aurez.

— Il n'y a pas de fortune pécuniaire qui vaille une fortune d'idées, quand elles sont bonnes toutefois! Ainsi je vous écoute avec reconnaissance.

— L'amour n'existe pas, reprit le vieillard en me regardant. Ce n'est pas même un sentiment, c'est une nécessité malheureuse qui tient le milieu entre les besoins du corps et ceux de l'âme. Mais, en épousant pour un moment vos jeunes pensées, essayons de raisonner sur cette maladie sociale. Je crois que vous ne pouvez concevoir l'amour que comme un besoin ou comme un sentiment.

Je fis un signe d'affirmation.

— Considéré comme besoin, dit le vieillard, l'amour se fait sentir le dernier parmi tous les autres, et cesse le premier. Nous sommes amoureux à vingt ans (passez-moi les différences), et nous cessons de l'être à cinquante. Pendant ces vingt années, combien de fois le besoin se ferait-il sentir si nous n'étions pas provoqués par les mœurs incendiaires de nos villes, et par l'habitude que nous avons de vivre en présence, non pas d'une femme, mais des femmes? Que devons-nous à la conservation de la race? Peut-être autant d'enfants que nous avons de mamelles, parce que, si l'un meurt, l'autre vivra. Si ces deux enfants étaient toujours fidèlement obtenus, où iraient donc les nations? Trente millions d'individus sont une population trop forte pour la France, puisque le sol ne suffit pas à sauver plus de dix millions d'êtres de la misère et de la faim. Songez que la Chine en est réduite à jeter ses enfants à l'eau, selon le rapport des voyageurs. Or, deux enfants à faire, voilà tout le mariage. Les plaisirs superflus sont non-seulement du libertinage, mais une perte immense pour l'homme, ainsi que je vous le démontrerai tout à l'heure. Comparez donc à cette pauvreté d'action et de durée l'exigence quotidienne et perpétuelle des autres conditions de notre existence! La nature nous interroge à toute heure pour nos besoins réels; et, tout au contraire, elle se refuse absolument aux excès que notre imagination sollicite parfois en amour. C'est donc le dernier de nos besoins, et le seul dont l'oubli ne produise aucune perturbation dans l'économie du corps! L'amour est un luxe social comme les dentelles et les diamants. Maintenant, en l'examinant comme sentiment, nous pouvons y trouver des distinctions, le plaisir et la passion. Analysez le plaisir. Les affections humaines reposent sur deux principes : l'attraction et l'aversion. L'attraction est ce sentiment général pour les choses qui flattent notre instinct de conservation ; l'aversion est l'exercice de ce même instinct quand il nous avertit qu'une chose peut lui porter préjudice. Tout ce qui agite puissamment notre organisme nous donne une conscience intime de notre existence : voilà le plaisir. Il se constitue du désir, de la difficulté et de la jouissance d'avoir n'importe quoi. Le plaisir est un élément unique, et nos passions n'en sont que des modifications plus ou moins vives ; aussi, presque toujours, l'habitude d'un plaisir exclut-il les autres. Or l'amour est le moins vif de nos plaisirs et le moins durable. Où placez-vous le plaisir de l'amour?... Sera-ce la possession d'un beau corps?... Avec de l'argent vous pouvez acquérir dans une soirée des odalisques admirables ; mais au bout d'un mois vous aurez blasé peut-être à jamais le sentiment en vous. Serait-ce par hasard autre chose?... Aimeriez-vous une femme, parce qu'elle est bien mise, élégante, qu'elle est riche, qu'elle a voiture, qu'elle a du crédit?... Ne nommez pas cela de l'amour, car c'est de la vanité, de l'avarice, de l'égoïsme. L'aimez-vous parce qu'elle est spirituelle?... vous obéissez peut-être alors à un sentiment littéraire.

— Mais, lui dis-je, l'amour ne révèle ses plaisirs qu'à ceux qui confondent leurs pensées, leurs fortunes, leurs sentiments, leurs âmes, leurs vies...

— Oh!... oh!... oh!... s'écria le vieillard d'un ton goguenard, trouvez-moi sept hommes par nation qui aient sacrifié à une femme non pas leurs vies... car cela n'est pas grand'chose : le tarif de la vie humaine n'a pas, sous Napoléon, monté plus haut qu'à vingt mille francs ; et il y a en France en ce moment deux cent cinquante mille braves qui donnent la leur pour un ruban rouge de deux pouces ; mais sept hommes qui aient sacrifié à une femme dix millions sur lesquels ils auraient dormi solitairement pendant une seule nuit... Dubreuil et Phméja sont encore moins rares que l'amour de mademoiselle Dupuis et de Bolingbroke. Alors, ces sentiments-là procèdent d'une cause inconnue. Mais vous m'avez amené ainsi à considérer l'amour comme une passion. Eh ! bien, c'est la dernière de toutes et la plus méprisable. Elle promet tout et ne tient rien. Elle vient, de même que l'amour comme besoin, la dernière, et périt la première. Ah ! parlez-moi de la vengeance, de la haine, de l'avarice, du jeu, de l'ambition, du fanatisme !... Ces passions-là ont quelque chose de viril ; ces sentiments-là sont impérissables ; ils font tous les jours les sacrifices qui ne sont faits par l'amour que par boutades. — Mais, reprit-il, maintenant abjurez l'amour. D'abord plus de tracas, de soins, d'inquiétudes ; plus de ces petites passions qui gaspillent les forces humaines. Un homme vit heureux et tranquille ; socialement parlant, sa puissance est infiniment plus grande et plus intense. Ce divorce fait avec ce je ne sais quoi nommé amour est la raison primitive du pouvoir de tous les hommes qui agissent sur les masses humaines, mais ce n'est rien encore. Ah ! si vous connaissiez alors de quelle force magique un homme est doué, quels sont les trésors de puissance intellectuelle, et quelle longévité de corps il trouve en lui-même, quand, se détachant de toute espèce de passions humaines, il emploie toute son énergie au profit de son âme ! Si vous pouviez jouir pendant deux minutes des richesses que Dieu dispense aux hommes sages qui ne considèrent l'amour que comme un besoin passager auquel il suffit d'obéir à vingt ans, six mois durant ; aux hommes qui, dédaignant les plantureux et obturateurs beefteaks de la Normandie, se nourrissent des racines qu'il a libéralement dispensées, et qui se couchent sur des feuilles sèches comme les solitaires de la Thébaïde !... ah ! vous ne garderiez pas trois secondes la dépouille des quinze mérinos qui vous couvrent ; vous jetteriez votre badine, et vous iriez vivre dans les cieux !... vous y trouveriez l'amour que vous cherchez dans la fange terrestre ; vous y entendriez des concerts autrement mélodieux que ceux de monsieur Rossini, des voix plus pures que celle de la Malibran... Mais j'en parle en aveugle et par ouï-dire : si je n'étais pas allé en Allemagne devers l'an 1791, je ne saurais rien de tout ceci... Oui, l'homme a une vocation pour l'infini. Il y a en lui un instinct qui l'appelle vers Dieu. Dieu est tout, donne tout, fait oublier tout, et la pensée est le fil qu'il nous a donné pour communiquer avec lui !...

Il s'arrête tout à coup, l'œil fixé vers le ciel.

— Le pauvre bonhomme a perdu la tête ! pensais-je.

— Monsieur, lui dis-je, ce serait pousser loin le dévouement pour la philosophie éclectique que de consigner vos idées dans mon ouvrage ; car c'est le détruire. Tout y est basé sur l'amour platonique ou sensuel. Dieu me garde de finir mon livre par de tels blasphèmes sociaux ! J'essaierai plutôt de retourner par quelque subtilité pantagruélique à mon troupeau de célibataires et de femmes honnêtes, en m'ingéniant à trouver quelque utilité sociale et raisonnable à leurs passions et à leurs folies. Oh ! oh ! si la paix conjugale nous conduit à des raisonnements si désenchanteurs, si sombres, je connais bien des maris qui préféreraient la guerre.

— Ah ! jeune homme, s'écria le vieux marquis, je n'aurai pas à me reprocher de ne pas avoir indiqué le chemin à un voyageur égaré.

— Adieu, vieille carcasse !... dis-je en moi-même, adieu, mariage ambulant. Adieu, squelette de feu d'artifice, adieu, machine ! Quoique je t'aie donné parfois quelques traits de gens qui m'ont été chers, vieux portraits de famille, rentrez dans la boutique du marchand de tableaux, allez rejoindre madame de T. et toutes les autres, que vous deveniez des enseignes à bière... peu m'importe.

MÉDITATION XXX.

CONCLUSION.

Un homme de solitude, et qui se croyait le don de seconde vue, ayant dit au peuple d'Israël de le suivre sur une montagne pour y entendre la révélation de quelques mystères, se vit accompagné par une troupe qui tenait assez de place sur le chemin pour que son amour-propre en fût chatouillé, quoique prophète.

Mais comme sa montagne se trouvait à je ne sais quelle distance, il arriva qu'à la première poste un artisan se souvint qu'il devait livrer une paire de babouches à un duc et pair, une femme pensa que la bouillie de ses enfants était sur le feu, un publicain songea qu'il avait des métalliques à négocier, et ils s'en allèrent.

Un peu plus loin des amants restèrent sous des oliviers, en oubliant les discours du prophète ; car ils pensaient que la terre promise était là où ils s'arrêtaient, et la parole divine là où ils causaient ensemble.

Des obèses, chargés de ventres à la Sancho, et qui depuis un quart d'heure s'essuyaient le front avec leurs foulards, commencèrent à avoir soif, et restèrent auprès d'une claire fontaine.

Quelques anciens militaires se plaignirent des cors qui leur agaçaient les nerfs, et parlèrent d'Austerlitz à propos de bottes étroites.

A la seconde poste, quelques gens du monde se dirent à l'oreille : — Mais c'est un fou que ce prophète-là?... — Est-ce que vous l'avez écouté? — Moi! je suis venu par curiosité. — Et moi, parce que j'ai vu qu'on le suivait (c'était un *fashionable*). — C'est un charlatan.

Le prophète marchait toujours. Mais, quand il fut arrivé sur le plateau d'où l'on découvrait un immense horizon, il se retourna, et ne vit auprès de lui qu'un pauvre Israélite auquel il aurait pu dire comme le prince de Ligne au méchant petit tambour bancroche qu'il trouva sur la place où il se croyait attendu par la garnison : — Eh! bien! messieurs les lecteurs, il paraît que vous n'êtes qu'un?...

Homme de Dieu qui m'as suivi jusqu'ici!.... j'espère qu'une petite récapitulation ne t'effraiera pas, et j'ai voyagé dans la conviction que tu te disais comme moi : — Où diable allons-nous?...

— Eh! bien, c'est ici le lieu de vous demander, mon respectable lecteur, quelle est votre opinion relativement au renouvellement du monopole des tabacs, et ce que vous pensez des impôts exorbitants mis sur les vins, sur le port d'armes, sur les jeux, sur la loterie, et sur les cartes à jouer, l'eau-de-vie, les savons, les cotons, et les soieries, etc.

— Je pense que tous ces impôts, entrant pour un tiers dans les revenus du budget, nous serions fort embarrassés si...

— De sorte, mon excellent mari-modèle, que si personne ne se grisait, ne jouait, ne prenait de tabac, ne chassait; enfin si nous n'avions en France, ni vices, ni passions, ni maladies, l'État serait à deux doigts d'une banqueroute; car il paraît que nos rentes sont hypothéquées sur la corruption publique, comme notre commerce ne vit que par le luxe. Si l'on veut y regarder d'un peu plus près, tous les impôts sont basés sur une maladie morale. En effet la plus grosse recette des domaines ne vient-elle pas des contrats d'assurances que chacun s'empresse de se constituer contre les mutations de sa bonne foi, de même que la fortune des gens de justice prend sa source dans les procès qu'on intente à cette foi jurée! Et pour continuer cet examen philosophique, je verrais les gendarmes sans chevaux et sans culotte de peau, si tout le monde se tenait tranquille et s'il n'y avait ni imbéciles ni paresseux. Imposez donc la vertu?... Eh! bien, je pense qu'il y a plus de rapports qu'on ne le croit entre mes femmes honnêtes et le budget; et je me charge de vous le démontrer si vous voulez me laisser finir mon livre comme il a commencé, par un petit essai de statistique. M'accorderez-vous qu'un amant doive mettre plus souvent des chemises blanches que n'en met, soit un mari, soit un célibataire inoccupé? Cela me semble hors de doute. La différence qui existe entre un mari et un amant se voit à l'esprit seul de leur toilette. L'un est sans artifice, sa barbe reste souvent longue, et l'autre ne se montre jamais que sous les armes. Sterne a dit fort plaisamment que le livre de sa blanchisseuse était le mémoire le plus historique qu'il connût sur son *Tristram Shandy*; et que, par le nombre de ses chemises, on pouvait deviner les endroits de son livre qui lui avaient le plus coûté à faire. Eh! bien, chez les amants, le registre du blanchisseur est l'historien le plus fidèle et le plus impartial qu'ils aient de leurs amours. En effet, une passion consomme une quantité prodigieuse de pèlerines, de cravates, de robes nécessitées par la coquetterie; car il y a un immense prestige attaché à la blancheur des bas, a l'éclat d'une collerette et d'un canezou, aux plis artistement faits d'une chemise d'homme, à la grâce de sa cravate et de son col. Ceci explique l'endroit où j'ai dit de la femme honnête (Méditation II) : Elle passe sa vie à faire empeser ses robes. J'ai pris des renseignements auprès d'une dame afin de savoir à quelle somme on pouvait évaluer cette contribution imposée par l'amour, et je me souviens qu'après l'avoir fixée à cent francs par an pour une femme, elle me dit avec une sorte de bonhomie : — « Mais c'est selon le caractère des hommes, car il y en a qui sont plus *gâcheurs* les uns que les autres. » Néanmoins, après une discussion très-approfondie, où je stipulais pour les célibataires, et la dame pour son sexe, il fut convenu que, l'un portant l'autre, deux amants appartenant aux sphères sociales dont s'est occupé cet ouvrage doivent dépenser pour cet article, à eux deux, cent cinquante francs par an de plus qu'en temps de paix. Ce fut par un semblable traité amiable et longuement discuté que nous arrêtâmes aussi une différence collective de quatre cents francs entre le pied de guerre et le pied de paix relativement à toutes les parties du costume. Cet article fut même trouvé fort mesquin par toutes les puissances viriles et féminines que nous consultâmes. Les lumières qui nous furent apportées par quelques personnes pour nous éclairer sur ces matières délicates nous donnèrent l'idée de réunir dans un dîner quelques têtes savantes, afin d'être guidés par des opinions sages dans ces importantes recherches. L'assemblée eut lieu. Ce fut le verre à la main, et après de brillantes improvisations, que les chapitres suivants du budget de l'amour reçurent une sorte de sanction législative. La somme de cent francs fut allouée pour les commissionnaires et les voitures. Celle de cinquante écus parut très-raisonnable pour les petits pâtés que l'on mange en se promenant, pour les bouquets de violettes et les parties de spectacle. Une somme de deux cents francs fut reconnue nécessaire à la solde extraordinaire demandée par la bouche et les dîners chez les restaurateurs. Du moment où la dépense était admise, il fallait bien la couvrir par une recette. Ce fut dans cette discussion qu'un jeune chevau-léger (car le roi n'avait pas encore supprimé sa maison rouge à l'époque où cette transaction fut méditée), rendue presque *ebriolus* par le vin de champagne, fut rappelé à l'ordre pour avoir osé comparer les amants à des appareils distillatoires. Mais un chapitre qui donna lieu aux plus violentes discussions, qui resta même ajourné pendant plusieurs semaines, et qui nécessita un rapport, fut celui des cadeaux. Dans la dernière séance, la délicate madame de D... opina la première; et, par un discours plein de grâce et qui prouvait la noblesse de ses sentiments, elle essaya de démontrer que la plupart du temps les dons de l'amour n'avaient aucune valeur intrinsèque. L'auteur répondit qu'il n'y avait pas d'amants qui ne fissent faire leurs portraits. Une dame objecta que le portrait n'était qu'un premier capital, et qu'on avait toujours soin de se les redemander pour leur donner un nouveau cours. Mais tout à coup un gentilhomme provençal se leva pour prononcer une philippique contre les femmes. Il parla de l'incroyable faim qui dévore la plupart des amantes pour les fourrures, les pièces de satin, les étoffes, les bijoux et les meubles; mais une dame l'interrompit en lui demandant si madame d'O...y, son amie intime, ne lui avait pas déjà payé deux fois ses dettes. — Vous vous trompez, madame, reprit le Provençal, c'est son mari. — L'orateur est rappelé à l'ordre, s'écria le président, et condamné à festoyer toute l'assemblée, pour s'être servi du mot *mari*. Le Provençal fut complétement réfuté par une dame qui tâcha de prouver que les femmes avaient beaucoup plus de dévouement en amour que les hommes ; que les amants coûtent fort cher, et qu'une femme honnête se trouverait très-heureuse de s'en tirer avec eux pour deux mille francs seulement par an. La discussion allait dégénérer en personnalités, quand on demanda le scrutin. Les conclusions de la commission furent adoptées. Ces conclusions portaient en substance que la somme des cadeaux annuels serait évaluée, entre amants, à cinq cents francs, mais que dans ce chiffre seraient également compris : 1° L'argent des parties de campagne ; 2° les dépenses pharmaceutiques occasionnées par les rhumes que l'on gagnait le soir en se promenant dans les allées trop humides des parcs, ou en sortant du spectacle, et qui constituaient de véritables cadeaux ; 3° les ports de lettres et les frais de chancellerie ; 4° les voyages et toutes les dépenses généralement quelconques dont le détail aurait échappé, sans avoir égard aux folies qui pouvaient être faites par les dissipateurs, attendu que, d'après les recherches de la commission, il était démontré que la plupart des profusions profitaient aux filles d'Opéra, et non aux femmes légitimes. Le résultat de cette statistique pécuniaire de l'amour fut que, l'une portant l'autre, une passion coûtait par an près de quinze cents francs, nécessaires à une dépense supportée par les amants d'une manière souvent inégale, mais qui n'aurait pas lieu sans leur attachement. Il y eut aussi une sorte d'unanimité dans l'assemblée pour constater que ce chiffre était le minimum du coût annuel d'une passion. Or, mon cher monsieur, comme nous avons, par les calculs de notre statistique conjugale (Voyez les *Méditations*, I, II et III), prouvé d'une manière irrévocable qu'il existait en France une masse flottante d'au moins quinze cent mille passions illégitimes, il s'ensuit :

Que les criminelles conversations du tiers de la population françaises contribuent pour une somme de près de trois milliards au vaste mouvement circulatoire de l'argent, véritable sang social dont le cœur est le budget ;

Que la femme honnête ne donne pas seulement la vie aux enfants de la patrie, mais encore à ses capitaux ;

Que nos manufactures ne doivent leur prospérité qu'à ce mouvement *systolaire* ;

Que la femme honnête est un être essentiellement budgétif et consommateur ;

Que la moindre baisse dans l'amour public entraînerait d'incalculables malheurs pour le fisc et pour les rentiers;

Qu'un mari a au moins le tiers de son revenu hypothéqué sur l'inconstance de sa femme, etc.

Je sais bien que vous ouvrez déjà la bouche pour me parler de mœurs, de politique, de bien et de mal... mais, mon cher minotaurisé, le bonheur n'est-il pas la fin que doivent se proposer toutes les sociétés?... N'est-ce pas cet axiome qui fait que ces pauvres rois se donnent tant de mal après leurs peuples? Eh! bien, la femme honnête n'a pas, comme eux, il est vrai, des trônes, des gendarmes, des tribunaux, elle n'a qu'un lit à offrir; mais si nos quatre cent mille femmes rendent heureux, par cette ingénieuse machine, un million de célibataires, et par-dessus le marché leurs quatre cent mille maris, n'atteignent-elles pas mystérieusement et sans faste au but qu'un gouvernement a en vue, c'est-à-dire de donner la plus grande somme possible de bonheur à la masse?

— Oui, mais les chagrins, les enfants, les malheurs....

— Ah! permettez-moi de mettre en lumière le mot consolateur par lequel l'un de nos plus spirituels caricaturistes termine une de ses charges : — L'homme n'est pas parfait! Il suffit donc que nos institutions n'aient pas plus d'inconvénients que d'avantages pour qu'elles soient excellentes; car le genre humain n'est pas placé, socialement parlant, entre le bien et le mal, mais entre le mal et le pire. Or, si l'ouvrage que nous avons actuellement accompli a eu pour but de diminuer la pire des institutions matrimoniales, en dévoilant les erreurs et les contre-sens auxquels donnent lieu nos mœurs et nos préjugés, il sera certes un des plus beaux titres qu'un homme puisse présenter pour être placé parmi les *bienfaiteurs de l'humanité*. L'auteur n'a-t-il pas cherché, en armant les maris, à donner plus de retenue aux femmes, par conséquent plus de violence aux passions, plus d'argent au fisc, plus de vie au commerce et à l'agriculture? Grâce à cette dernière Méditation, il peut se flatter d'avoir complétement obéi au vœu d'éclectisme qu'il a formé en entreprenant cet ouvrage, et il espère avoir rapporté, comme un avocat-général, toutes les pièces du procès, mais sans donner ses conclusions. En effet, que vous importe de trouver ici un axiome? Voulez-vous que ce livre soit le développement de la dernière opinion qu'ait eue Tronchet, qui, sur la fin de ses jours, pensait que le législateur avait considéré, dans le mariage, bien moins les époux que les enfants? Je le veux bien. Souhaitez-vous plutôt que ce livre serve de preuve à la péroraison de ce capucin qui, prêchant devant Anne d'Autriche et voyant la reine ainsi que les dames fort courroucées de ses arguments trop victorieux sur leur fragilité, leur dit en descendant de la chaire de vérité : Mais vous êtes toutes d'honnêtes femmes, et c'est nous autres qui sommes malheureusement des fils de Samaritaines... Soit encore. Permis à vous d'en extraire telle conséquence qu'il vous plaira; car je pense qu'il est fort difficile de ne pas rassembler deux idées contraires sur ce sujet qui n'aient quelque justesse. Mais le livre n'a pas été fait pour ou contre le mariage, et il ne vous en devait que la plus exacte description. Si l'examen de la machine peut nous amener à perfectionner un rouage; si en nettoyant une pièce rouillée nous avons donné du ressort à ce mécanisme, accordez un salaire à l'ouvrier. Si l'auteur a eu l'impertinence de dire des vérités trop dures, s'il a trop souvent généralisé des faits particuliers, et s'il a trop négligé les lieux communs dont on se sert pour encenser les femmes depuis un temps immémorial, oh! qu'il soit crucifié! mais ne lui prêtez pas d'intentions hostiles contre l'institution en elle-même : il n'en veut qu'aux femmes et aux hommes. Il sait que, du moment où le mariage n'a pas renversé le mariage, il est inattaquable; et, après tout, s'il existe tant de plaintes contre cette institution, c'est peut-être parce que l'homme n'a de mémoire que pour ses maux, et qu'il accuse sa femme comme il accuse la vie, car le mariage est une vie dans la vie. Cependant les personnes qui ont l'habitude de se faire une opinion en lisant un journal médiraient peut-être d'un livre qui pousserait trop loin la manie de l'éclectisme; alors, s'il leur faut absolument quelque chose qui ait l'air d'une péroraison, il n'est pas impossible de leur en trouver une. Et puisque des paroles de Napoléon servirent de début à ce livre, pourquoi ne finirait-il pas ainsi qu'il a commencé? En plein Conseil-d'État donc, le premier consul prononça cette phrase foudroyante, qui fait, tout à la fois, l'éloge et la satire du mariage, et le résumé de ce livre : — Si l'homme ne vieillissait pas, je ne lui voudrais pas de femme!

POST-SCRIPTUM.

— Et, *vous marierez-vous?... demanda la duchesse* à qui l'auteur venait de lire son manuscrit.

(C'était l'une des deux dames à la sagacité desquelles l'auteur a déjà rendu hommage dans l'introduction de son livre.)

— Certainement, madame, répondit-il. Rencontrer une femme assez hardie pour vouloir de moi sera désormais la plus chère de toutes mes espérances.

— Est-ce résignation ou fatuité?...

— C'est mon secret.

— Eh! bien, monsieur le docteur ès-arts et sciences conjugales, permettez-moi de vous raconter un petit apologue oriental que j'ai lu jadis dans je ne sais quel recueil qui nous était offert, chaque année, en guise d'almanach. Au commencement de l'empire, les dames mirent à la mode un jeu qui consistait a ne rien accepter de la personne avec laquelle on convenait de jouer sans dire le mot *Diadesté*. Une partie durait, comme bien vous pensez, des semaines entières, et le comble de la finesse était de se surprendre l'un ou l'autre à recevoir une bagatelle sans prononcer le mot sacramentel.

— Même un baiser?

— Oh! j'ai vingt fois gagné le *Diadesté* ainsi! dit-elle en riant.

— Ce fut, je crois, en ce moment et à l'occasion de ce jeu, dont l'origine est arabe ou chinoise, que mon apologue obtint les honneurs de l'impression. — Mais, si je vous le raconte, dit-elle en s'interrompant elle-même pour effleurer l'une de ses narines avec l'index de sa main droite par un charmant geste de coquetterie, permettez-moi de le placer à la fin de votre ouvrage...

— Ne sera-ce pas le doter d'un trésor?.... Je vous ai déjà tant d'obligations, que vous m'avez mis dans l'impossibilité de m'acquitter : ainsi j'accepte.

Elle sourit malicieusement et reprit en ces termes : — Un philosophe avait composé un fort ample recueil de tous les tours que notre sexe peut jouer; et, pour se garantir de nous, il le portait continuellement sur lui. Un jour, en voyageant, il se trouva près d'un camp d'Arabes. Une jeune femme, assise à l'ombre d'un palmier, se leva soudain à l'approche du voyageur, et l'invita si obligeamment à se reposer sous sa tente, qu'il ne put se défendre d'accepter. Le mari de cette dame était alors absent. Le philosophe se fut à peine posé sur un moelleux tapis, que sa gracieuse hôtesse lui présenta des dattes fraîches et un al-carasaz plein de lait; il ne put s'empêcher de remarquer la rare perfection des mains qui lui offrirent le breuvage et les fruits. Mais, pour se distraire des sensations que lui faisaient éprouver les charmes de la jeune Arabe, dont les piéges lui semblaient redoutables, le savant prit son livre et se mit à lire. La séduisante créature, piquée de ce dédain, lui dit de la voix la plus mélodieuse : — Il faut que ce livre soit bien intéressant, puisqu'il vous paraît la seule chose digne de fixer votre attention. Est-ce une indiscrétion que de vous demander le nom de la science dont il traite ?.... Le philosophe répondit en tenant les yeux baissés : — Le sujet de ce livre n'est pas de la compétence des dames! Ce refus du philosophe excita de plus en plus la curiosité de la jeune Arabe. Elle avança le plus joli petit pied qui jamais eût laissé sa fugitive empreinte sur le sable mouvant du désert. Le philosophe eut des distractions, et son œil, trop puissamment tenté, ne tarda pas à voyager de ces pieds, dont les promesses étaient si fécondes, jusqu'au corsage plus ravissant encore; puis il confondit bientôt la flamme de son admiration avec le feu dont pétillaient les ardentes et noires prunelles de la jeune Asiatique. Elle redemanda d'une voix si douce quel était ce livre, que le philosophe charmé répondit : — Je suis l'auteur de cet ouvrage; mais le fond n'est pas de moi, il contient toutes les ruses que les femmes ont inventées. — Quoi!... toutes absolument? dit la fille du désert. — Oui, toutes! Et ce n'est qu'en étudiant constamment les femmes que je suis parvenu à ne plus les redouter. — Ah!... dit la jeune Arabe en abaissant les longs cils de ses blanches paupières; puis, lançant tout à coup le plus vif de ses regards au prétendu sage, elle lui fit oublier bientôt et son livre et les tours qu'il contenait. Voilà mon philosophe le plus passionné de tous les hommes. Croyant apercevoir dans les manières de la jeune femme une légère teinte de coquetterie, l'étranger osa hasarder un aveu. Comment aurait-il résisté? le ciel était bleu, le sable brillait au loin comme une lame d'or, le vent du désert apportait l'amour, et la femme de l'Arabe semblait réfléchir tous les feux dont elle était entourée : aussi ses yeux pénétrants devinrent humides; et, par un signe de tête qui parut imprimer un mouvement d'ondulation à cette lumineuse atmosphère, elle consentit à écouter les paroles d'amour que disait l'étranger. Le sage s'enivrait déjà des plus flatteuses espérances, quand la jeune femme, entendant au loin le galop d'un cheval qui semblait avoir des ailes, s'écria : — Nous sommes perdus ! mon mari va nous surprendre. Il est jaloux comme un tigre et plus impitoyable... Au nom du prophète, et si vous aimez la vie, cachez-vous dans ce coffre !... L'auteur épouvanté, ne voyant point d'autre parti à prendre pour se tirer de ce mauvais pas, entra dans le coffre, s'y blottit; et, la femme le refermant sur lui, en prit la clef. Elle alla au-devant de son époux; et, après quelques caresses qui le mirent en belle humeur : — Il faut, dit-elle, que je vous raconte une aventure bien singulière. — J'écoute, ma gazelle, répondit l'Arabe qui s'assit sur un tapis en croisant les genoux selon l'habitude des Orientaux. — Il est venu aujourd'hui une espèce de philosophe ! dit-elle. Il prétend avoir rassemblé dans un livre toutes les fourberies dont est capable mon sexe, et ce faux sage m'a entretenue d'amour. — Eh ! bien... s'écria l'Arabe. — Je l'ai écouté !... reprit-elle avec sang-froid, il est jeune, pressant et... vous êtes arrivé fort à propos pour secourir ma vertu chancelante !... L'Arabe bondit comme un lionceau, et tira son cangiar en rugissant. Le philosophe qui, du fond de son coffre, entendait tout, donnait à Arimane son livre, les femmes et tous les hommes de l'Arabie-Pétrée. — Fatmé !..... s'écria le mari, si tu veux vivre, réponds !... Où est le traître ?... Effrayée de l'orage qu'elle s'était plu à exciter, Fatmé se jeta aux pieds de son époux, et, tremblant sous l'acier menaçant du poignard, elle désigna le coffre par un seul regard aussi prompt que timide. Elle se releva honteuse, et, prenant la clef qu'elle avait à sa ceinture, elle la présenta au jaloux; mais au moment où il se disposait à ouvrir le coffre, la malicieuse Arabe partit d'un grand éclat de rire. Faroun s'arrêta tout interdit, et regarda sa femme avec une sorte d'inquiétude. — Enfin j'aurai ma belle chaîne d'or ! s'écria-t-elle en sautant de joie, donnez-la-moi, vous avez perdu le *Diadesté*. Une autre fois ayez plus de mémoire. Le mari, stupéfait, laissa tomber la clef, et présenta la prestigieuse chaîne d'or à genoux, en offrant à sa chère Fatmé de lui apporter tous les bijoux des caravanes qui passeraient dans l'année, si elle voulait renoncer à employer des ruses si cruelles pour gagner le *Dia-*

desté. Puis, comme c'était un Arabe, et qu'il n'aimait pas à perdre une chaîne d'or, bien qu'elle dût appartenir à sa femme, il remonta sur son coursier et partit, allant grommeler à son aise dans le désert, car il aimait trop Fatmé pour lui montrer des regrets. La jeune femme, tirant alors le philosophe plus mort que vif du coffre où il gisait, lui dit gravement : — Monsieur le docteur, n'oubliez pas ce tour-là dans votre recueil.

— Madame, dis-je à la duchesse, je comprends! Si je me marie, je dois succomber à quelque diablerie inconnue; mais, j'offrirai, dans ce cas, soyez-en certaine, un ménage modèle à l'admiration de mes contemporains.

Paris, 1824-1829.

FIN DES ETUDES ANALYTIQUES.

TABLE DES MATIÈRES.

ÉTUDES PHILOSOPHIQUES.

ÉTUDES ANALYTIQUES.

FIN DE LA TABLE.

PARIS. — IMPRIMERIE DE E. MARTINET, RUE MIGNON, 2

www.ingramcontent.com/pod-product-compliance
Lightning Source LLC
Chambersburg PA
CBHW051318230426
43668CB00010B/1065
* 9 7 8 2 0 1 2 1 8 7 9 7 9 *